회사에서 바로 통하는 실무 엑셀 데이터 활용+분석

개정판

오피스 분야 베스트셀러 **1위**

챗GPT 활용법 수록 with 챗GPT 예제 13개

김경자·송선영 지음

현장 밀착형 입문서

모든 버전 사용 가능

개념은 **쉽게** 기능은 **빠르게** 실무활용은 **바로**

한빛미디어

지은이 김경자

블로그 〈엑셀 여신〉 운영자로 삼성그룹, 기아그룹, 유데미, 금융감독원, 김앤장, 국가공무원인재개발원 등에서 강의하고 있습니다. IT/정보화 교육 전문회사인 컴피플 대표이며 연성대학교 겸임교수로 재직 중입니다.

저서로는 《회사에서 엑셀로 살아남기》(한빛미디어, 2023), 《회사에서 바로 통하는 엑셀 함수&수식》(한빛미디어, 2021), 《회사에서 바로 통하는 실무 엑셀 매크로&VBA》(한빛미디어, 2020), 《회사에서 바로 통하는 실무 엑셀 데이터 활용+분석》(한빛미디어, 2019), 《엑셀 2016 기본+실무》(북스홀릭퍼블리싱, 2018), 《엑셀 2016 매크로와 VBA》(정보문화사, 2016), 《엑셀 2013 기본 실무완성》(북스홀릭퍼블리싱, 2014), 《엑셀 2010 매크로와 VBA》(영진닷컴, 2012), 《엑셀 2010 기본 실무완성》(북스홀릭퍼블리싱, 2010) 등이 있습니다.

이메일 onwings@cpedu.co.kr
블로그 blog.naver.com/onwings

지은이 송선영

삼성전자, 삼성생명, 삼성카드, CJ올리브네트웍스, 한국타이어앤테크놀로지 등 기업체와 한국보건복지인재원, 단재교육연수원, 충남교육청연구정보원 등 공공기관에서 IT/정보화 교육 전문강사로 활동하고 있습니다.

저서로는 《직장인 엑셀 소화제》(패스트캠퍼스, 2022), 《회사에서 바로 통하는 엑셀 함수&수식》(한빛미디어, 2021), 《회사에서 바로 통하는 실무 엑셀 데이터 활용+분석》(한빛미디어, 2019), 《엑셀 2013 기본 실무완성》(북스홀릭퍼블리싱, 2014) 등이 있습니다.

이메일 asanyer@hanmail.net

회사에서 바로 통하는
실무 엑셀 데이터 활용+분석(개정판) – 챗GPT 활용법 수록, 모든 버전 사용 가능

초판 1쇄 발행 2025년 7월 25일

지은이 김경자, 송선영 / **펴낸이** 전태호
펴낸곳 한빛미디어(주) / **주소** 서울특별시 서대문구 연희로2길 62 한빛미디어(주) IT출판1부
전화 02-325-5544 / **팩스** 02-336-7124
등록 1999년 6월 24일 제25100-2017-000058호 / **ISBN** 979-11-6921-408-7 13000

총괄 배윤미 / **책임편집** 장용희 / **기획** 진명규 / **교정** 박서연
디자인 표지 윤혜원 내지 박정우 / **전산편집** 이윤희
영업마케팅 송경석, 김형진, 장경환, 조유미, 한종진, 이행은, 김선아, 고광일, 성화정, 김한솔 / **제작** 박성우, 김정우

이 책에 대한 의견이나 오탈자 및 잘못된 내용은 출판사 홈페이지나 아래 이메일로 알려주십시오.
파본은 구매처에서 교환하실 수 있습니다. 책값은 뒤표지에 표시되어 있습니다.

홈페이지 www.hanbit.co.kr / **이메일** ask@hanbit.co.kr

Published by HANBIT Media, Inc. Printed in Korea
Copyright © 2025 김경자, 송선영 & HANBIT Media, Inc.
이 책의 저작권은 김경자, 송선영과 한빛미디어(주)에 있습니다.
저작권법에 의해 보호를 받는 저작물이므로 무단 복제 및 무단 전재를 금합니다.

지금 하지 않으면 할 수 없는 일이 있습니다.
책으로 펴내고 싶은 아이디어나 원고를 이메일(writer@hanbit.co.kr)로 보내주세요.
한빛미디어(주)는 여러분의 소중한 경험과 지식을 기다리고 있습니다.

머리말

엑셀은 많이 아는 것보다 잘 활용하는 것이 더 중요하다!

업무 환경이 빠르게 변화하면서 우리가 다뤄야 할 데이터의 양도 기하급수적으로 늘어나고 있습니다. 자연스레 엑셀을 활용한 데이터 관리와 분석의 중요성도 커지고 있지만, 많은 분이 여전히 익숙한 기능만 반복적으로 사용하는 데 그치고 있습니다. 이렇게 하면 단기적으로는 문제를 해결할 수 있지만, 장기적으로는 업무 효율을 떨어뜨리고 많은 시간을 낭비하게 됩니다.

엑셀 실무에서 중요한 것은 기능을 많이 아는 것이 아니라, 어떤 기능을 어떻게 활용할지를 제대로 이해하고 적용하는 것입니다. 핵심 기능을 제대로 활용할 수 있다면, 불필요한 반복 작업을 줄이고 더 중요한 일에 집중할 수 있습니다.

20년 실무 강의의 노하우를 담다

이 책은 지난 20년 동안 엑셀 실무 교육을 해오며 쌓아온 경험과 노하우를 바탕으로 구성되었습니다. 실무자들이 실제로 겪는 문제를 중심으로 데이터를 보다 효율적으로 다루고 분석할 수 있도록 현장에서 검증된 예제와 설명으로 정리했습니다.

특히 강의 이후에 교육생들이 가장 많이 질문했던 내용, 이해하기 어려워했던 포인트 등을 바탕으로 실제 업무에 바로 적용할 수 있는 예제들만 차곡차곡 모았습니다. 단순한 기능 설명을 넘어 왜 이 기능이 필요한지 어떻게 업무에 연결되는지를 함께 설명하려고 노력했습니다.

엑셀과 챗GPT의 만남, 업무 효율의 새로운 전환점

최근에는 챗GPT를 비롯한 생성형 AI 기술이 업무 방식에 큰 변화를 가져오고 있습니다. 이제는 단순 반복 작업을 자동화하거나 복잡한 데이터를 요약·분석하는 데에도 AI를 적극 활용할 수 있는 시대가 되었습니다.

이 책에서는 챗GPT를 엑셀에 어떻게 접목할 수 있는지도 다루고 있습니다. 이 책에서 챗GPT와 함께 하는 실습을 잘 진행한다면, 챗GPT는 더 이상 단순한 도구가 아니라 나의 엑셀 실무에 큰 도움을 주는 똑똑한 업무 파트너가 될 것입니다.

감사의 말씀

이 책은 지난 20년 동안 강의를 수강해주신 수많은 교육생들의 질문과 피드백을 토대로 만들어졌습니다. 그분들의 끊임없는 호기심과 열정 덕분에 이 책이 완성될 수 있었습니다. 진심으로 감사의 말씀을 전합니다.

2025년 7월
김경자, 송선영

이 책의 구성

핵심 기능
엑셀을 다룰 때 반드시 알아야 할 핵심 기능과 활용 방법을 소개합니다. 핵심 기능을 통해 엑셀 기본기를 충실히 익힐 수 있습니다.

실습 파일 & 완성 파일
핵심 기능을 따라 할 때 필요한 예제와 결과 비교를 위한 완성 파일을 제공합니다.

미리보기
'회사에서 바로 통하는 키워드'로 어떤 기능을 이용해 실습을 진행하는지 알 수 있고, '한눈에 보는 작업 순서'로 실습이 어떤 과정으로 진행되는지 미리 확인할 수 있습니다.

실력향상
실습을 진행하며 헷갈리기 쉬운 부분이나 알아두면 쓸모 있는 팁을 알려드립니다.

시간단축
같은 작업이라도 조금 더 빠르게 할 수 있는 방법을 정리해드립니다.

비법 Note
따라 하기 실습 과정에서 추가로 알면 좋은 엑셀 실무 활용 방법과 함수 설명 등 엑셀 전문가의 노하우를 알려드립니다.

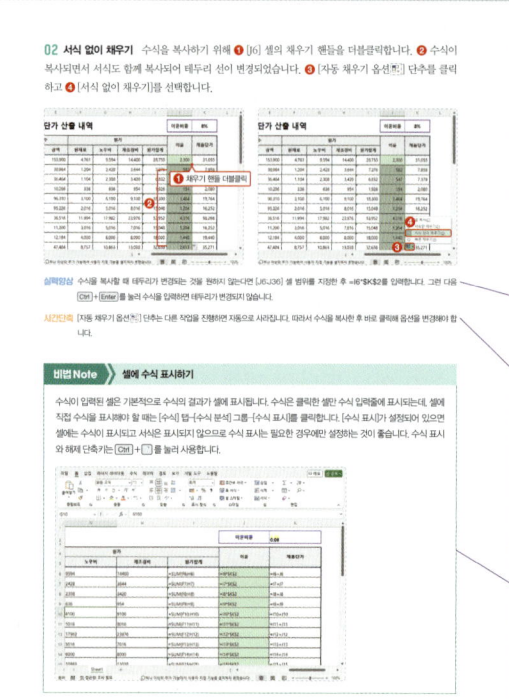

핵심 기능 with 챗GPT

엑셀의 핵심 기능을 챗GPT와 함께 익히는 방법도 안내합니다. 챗GPT를 활용해 업무 효율을 극대화할 수 있습니다.

프롬프트 & 프롬프트Tip

챗GPT에게 질문할 실제 프롬프트를 제공하며, 알아두면 좋은 프롬프트 작성 Tip도 안내합니다. 물론 챗GPT의 답변까지 살펴볼 수 있습니다.

챗GPT 활용 Note

챗GPT를 활용할 때 꼭 알아둬야 하는 내용, 챗GPT와 함께 하는 추가 실습 등을 제공합니다.

이 책의 구성 **005**

실무 프로젝트

매 챕터 끝에는 '실무 프로젝트'를 제공해 실무 감각을 끌어올립니다. 실제 업무에서 뽑아온 예제로 데이터 활용과 분석 능력을 업그레이드할 수 있습니다.

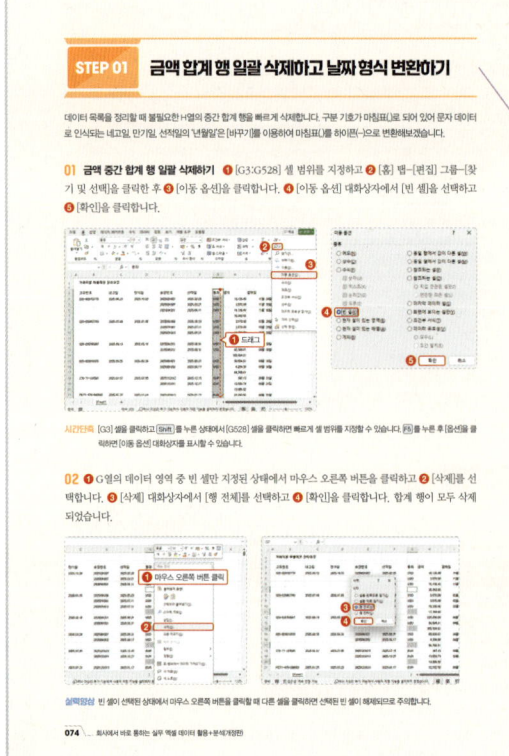

STEP별 따라 하기

복잡한 실무 프로젝트 예제도 STEP에 맞춰 차근차근 안내해 어렵지 않게 실무 감각을 끌어올릴 수 있습니다.

회사에서 바로 통하는 실습 예제 다운로드하기

이 책에 사용된 모든 실습 및 완성 예제 파일은 한빛+ 홈페이지(www.hanbit.co.kr)에서 다운로드할 수 있습니다. 예제 파일은 따라 하기를 진행할 때마다 사용되므로 컴퓨터에 복사해두고 활용합니다.

1 한빛+ 홈페이지(www.hanbit.co.kr)로 접속합니다. 메인 페이지에서 자료실을 클릭합니다.

2 자료실 도서 검색란에 도서명을 입력하여 검색합니다.

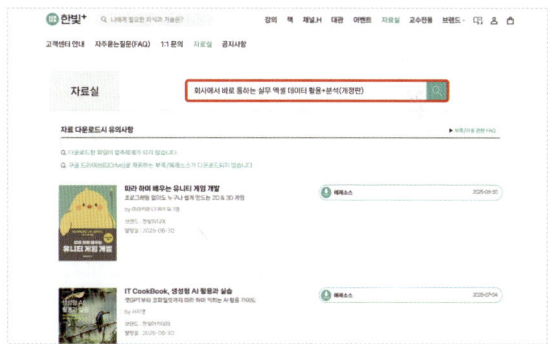

3 선택한 도서 정보가 표시되면 예제소스를 클릭해 예제 파일을 다운로드합니다.

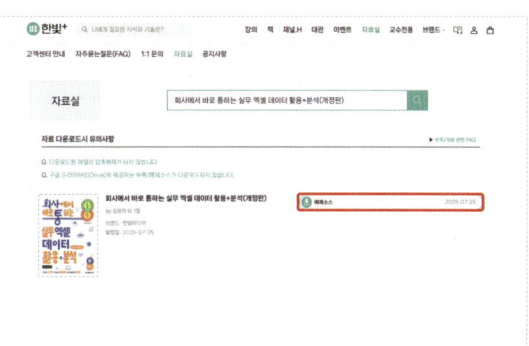

다운로드한 예제 파일은 일반적으로 [다운로드] 폴더에 저장되며, 사용하는 웹 브라우저 설정에 따라 다를 수 있습니다.

목차

CHAPTER 01   업무 시간을 단축하는 데이터 편집과 가공

- **01** 단축키를 활용한 셀 이동과 범위 지정하기 — 014
- **02** 빈 셀만 지정하여 한 번에 데이터 입력하기 — 017
- **03** 병합된 셀 해제한 후 아래로 데이터 채우기 — 020
- **04** 유효성 검사로 신청자 양식 만들기 `with 챗GPT` — 024
- **05** 공백을 일괄 제거한 후 텍스트 맞춤 설정하기 — 032
- **06** 표 목록에서 특정 값을 찾아 동시에 변경하고 삭제하기 `with 챗GPT` — 035
- **07** 텍스트 나누기로 열 분리하고 삭제하기 — 040
- **08** 빠른 채우기로 데이터 추출하고 합치기 — 046
- **09** 수식을 적용하여 값을 이동하고 빈 행 정리하기 — 049
- **10** 중복된 데이터 셀 자동 병합으로 표 정리하기 `with 챗GPT` — 054
- **11** 선택하여 붙여넣기로 숫자 데이터 한 번에 변경하기 — 063
- **12** 잘못 설정된 숫자와 날짜 형식 변환하기 — 066
- `실무 프로젝트` 사내 관리 시스템에서 다운로드한 매출채권 목록 일괄 편집하여 가공하기 — 070

CHAPTER 02   파워 쿼리를 활용한 데이터 변환과 시각화

- **01** 한 셀에 입력된 여러 줄 데이터 행으로 나누기 — 082
- **02** 병합된 셀 아래로 채우고 쉼표로 구분된 데이터 분리하기 — 087
- **03** 1차원 구조의 표를 2차원 구조로 빠르게 변환하기 — 092
- **04** 특정 문자가 포함된 단어만 추출하기 `with 챗GPT` — 096
- **05** 형식 변환이 불가능한 데이터 파워 쿼리로 변환하기 — 102
- **06** 폴더 안에 저장된 사진 파일 이름을 목록으로 만들기 — 107

07	CSV 파일을 취합하여 한 개의 목록으로 만들기	111
08	한 폴더 안에 저장된 모든 엑셀 파일 취합하기 with 챗GPT	114
09	단축키로 셀 서식 빠르게 설정하기	121
10	사용자 지정 표시 형식으로 표 시각화하기	125
11	견적서 총 금액 한글로 표시하기	130
12	연결된 그림으로 크기가 다른 표를 한 시트에 작성하기	133
13	불필요한 스타일 XLStyle Tool로 청소하기	136
실무 프로젝트	분리된 여러 개 표를 하나의 데이터 목록으로 합치기	140

CHAPTER 03 업무에 꼭 필요한 수식과 실무 함수

01	절대 참조 수식 적용하여 이윤 구하기	150
02	셀 범위 이름으로 정의하여 함수에 사용하기	153
03	혼합 참조로 여러 범위의 비율 동시에 구하기	157
04	소계와 합계를 한 번에 구하고 결과 복사하기	160
05	조건부 서식으로 제출한 서류 목록 아이콘으로 시각화하기	163
06	날짜 기한이 지나거나 다가오면 채우기 색으로 강조하기	166
07	IF 함수로 입출금 내역 정리하기	170
08	IFERROR 함수로 오류 처리하기	173
09	COUNTIF와 COUNTIFS 함수로 그룹별 개수 구하기	176
10	UNIQUE 함수로 중복 데이터 제외한 개수 구하기 with 챗GPT	179
11	SUMIF와 SUMIFS 함수로 그룹별 합계 구하기	184
12	SORT와 UNIQUE 함수로 제품 출하 목록표 만들기	188
13	VLOOKUP 함수로 일치하는 정보 찾아오기	192
14	INDEX와 MATCH 함수로 2차원 목록에서 데이터 찾아오기	196

15	XLOOKUP 함수로 지역과 차종에 맞는 통행요금 찾아오기 with 챗GPT	200
16	FILTER 함수로 조건에 맞는 데이터 모두 찾아오기 with 챗GPT	205
17	TEXTJOIN 함수로 그룹별 데이터 결합하기 with 챗GPT	212
실무 프로젝트	매입처DB 편집 후 함수를 활용하여 거래내역표 완성하기	216
실무 프로젝트	진급대상자와 교육수강자 목록 비교하여 교육이력 관리하고 집계표 작성하기 with 챗GPT	226

CHAPTER 04 데이터 특성에 맞는 차트 작성과 편집 기능

01	월별 및 주간 매출 차트 추천받아 차트 작성하기 with 챗GPT	238
02	두 개의 차트를 표시하는 혼합 차트 작성하기	246
03	편차가 큰 데이터, 중간을 생략한 차트로 표현하기	251
04	기간별 추세를 분석하는 꺾은선 차트 작성하기	255
05	겹친 막대 차트 작성하여 서식 파일로 저장하기	259
06	폭포 차트로 증감률 분석하기	263
07	데이터에 따라 평균선을 자동으로 표시하는 차트 작성하기	267
08	선택한 항목을 확인하는 강조 차트 작성하기	273
09	시장점유율을 확인하는 반원 차트 작성하기	278
10	목표와 달성률을 확인하는 와플 차트 작성하기	283
11	용도와 품목, 사이즈 등 계층별 비율을 확인하는 선버스트 차트 만들기	288
실무 프로젝트	요일별 매출금액을 분석하는 보고서 작성하기	292
실무 프로젝트	각 시트 데이터를 하나의 시트에 시각화하는 자동 차트 작성하기 with 챗GPT	304

CHAPTER 05   빠르고 효율적인 데이터 관리

01 엑셀표 적용하고 집계 확인하기 — 316

02 부분합으로 집계 구한 후 결과 편집하여 보고서 작성하기 — 323

03 고급 필터를 이용해 다양한 데이터 필터링하기 — 330

04 분산된 데이터 통합 도구로 한곳에 모으기 — 336

05 피벗 테이블로 데이터 요약 분석하기 — 339

06 효과적인 피벗 보고서 작성하기 — 343

07 피벗 테이블, 수식으로 새로운 필드 추가하기 — 348

08 필드 안의 데이터로 계산 항목 작성하기 — 354

09 피벗 테이블의 데이터를 GETPIVOTDATA로 가져와 보고서 작성하기 — 359

10 피벗 테이블 데이터 VBA로 새로 고침 설정하기 `with 챗GPT` — 364

11 중복된 데이터의 고유 개수를 표시하는 피벗 테이블 작성하기 — 373

12 두 개의 표에 관계 설정하여 피벗 테이블 작성하기 — 378

13 파워 쿼리로 데이터 편집하여 피벗 보고서 작성하기 — 385

14 슬라이서로 여러 개의 피벗 테이블 연결하기 — 393

`실무 프로젝트` 피벗 테이블과 슬라이서, 피벗 차트로 대시보드 작성하기 — 402

CHAPTER 01

업무 시간을 단축하는 데이터 편집과 가공

회사에서 바로 통하는 실무 엑셀 데이터 활용+분석

엑셀에서 사용하는 로우 데이터는 주로 사내 시스템이나 회계 프로그램에서 다운로드합니다. 이러한 데이터는 대개 편집 과정을 거쳐 함수나 피벗 테이블을 활용해 집계하게 됩니다. 편집 작업을 좀 더 빠르고 효율적으로 할 수 있는 핵심 기능을 살펴보겠습니다.

01 단축키를 활용한 셀 이동과 범위 지정하기

실습 파일 CHAPTER01\01_항구별무역통계.xlsx | **완성 파일** CHAPTER01\01_항구별무역통계(완성).xlsx

엑셀에서는 데이터를 입력하기 전에 범위를 미리 지정하거나 입력된 데이터를 셀, 행 또는 열 단위로 지정하는 일이 많습니다. 작업의 효율성을 높이기 위해서는 작업 단위에 따라 빠르게 범위를 지정하는 것이 중요합니다. 마우스와 단축키를 활용해 범위를 빠르게 지정하는 방법을 알아보겠습니다.

미리보기

항구별 무역 통계

항구	품목분류(대분류명)	1월				2월				3월			
		내국선용품		외국선용품		내국선용품		외국선용품		내국선용품		외국선용품	
		건수	금액	건수	금액	건수	금액	건수	금액	건수	금액	건수	금액
부산신항	주류	193	30,659	942	113,422	178	28,275	985	104,324	155	21,208	949	114,468
	담배	2	442	555	166,470			588	183,892			570	164,600
	육류	239	115,302	2,614	338,438	265	195,993	2,885	380,026	220	129,779	2,932	393,758
	식품류	2,131	1,112,101	13,860	505,309	2,338	1,290,857	14,727	519,814	2,247	1,018,875	15,478	565,973
	전자제품	168	134,780	35	16,157	198	272,066	39	33,828	192	380,135	35	6,438
	조리기구	2	5,064	2	344	6	19,919	45	1,262	3	1,298	11	329
	선박부품	1,173	8,059,295	634	5,303,757	1,536	9,041,434	725	102,285,973	1,801	10,194,694	684	4,805,223
	유류	17	69,592	26	8,012,765	24	150,201	26	8,087,740	37	110,988	26	5,572,078
	조건부선용품	8	1,800	234	48,764	7	3,870	314	55,103	11	4,615	255	550,653
	기타	3,557	4,208,093	2,094	1,882,587	3,299	5,423,640	2,789	2,037,257	3,874	5,620,708	2,738	3,019,136
보령항	주류	19	1,461	39	4,571	16	2,120	42	5,728	18	1,627	42	4,368
	육류	8	7,885	157	27,888	7	6,753	136	25,906	6	3,975	123	28,588
	식품류	79	110,015	783	32,100	57	137,145	823	35,970	35	121,012	480	26,902
	전자제품	9	1,420	1	29	2	3,233	5	77,283	2	2,471	1	37
	선박부품	45	341,653	45	226,516	46	648,834	44	270,259	43	337,432	31	729,462
	조건부선용품	2	160	13	3,010			7	1,030	4	660	11	2,020
	기타	127	590,135	63	30,692	83	56,885	242	18,236	79	145,552	69	92,733
제주항	기타	3	10,658	1	4,000	13	2,872	1	3,476	9	55,707	3	44,187
진해항	주류	1	104	4	335	1	28	15	433	1	69	7	212
	식품류	4	5,014	55	1,465	20	2,355	39	1,159	32	9,831	180	4,621
	선박부품	9	19,841	26	103,058	3	978	28	1,211,483	14	41,607	42	381,517
	기타	48	82,634	28	6,237	36	38,039	29	47,348	66	105,788	16	1,140,871
장항항	식품류	2	490					1	3	5	2,056	6	165
	기타	1	584			2	1,836			2	1,103		
경인항	식품류	2	1,829	8	158								
	기타	1	100										
호산항	주류	10	2,169	28	5,143	9	2,219	22	5,434	8	848	20	4,570
	담배	3	1,536	14	3,671			10	2,509			15	1,112
	육류	1	12	93	20,515	5	22,641	62	9,766	3	10,597	57	6,168
	식품류	48	66,151	457	22,593	30	51,917	321	14,985	4	41,170	132	5,335
	전자제품	2	125					1	31	4	4,149	1	918
	선박부품	5	7,154	21	145,389	17	25,315	25	150,783	5	17,680	11	45,252
	기타	82	255,259	88	21,027	78	267,138	81	14,785	17	50,498	9	2,774

회사에서 바로 통하는 키워드

Ctrl + A, Ctrl + Shift + 방향키, Shift + 클릭

한눈에 보는 작업 순서

1. 모든 데이터 한 번에 지정하기
2. 지정된 셀부터 마지막 데이터 셀까지 지정하기
3. 원하는 영역만 빠르게 범위 지정하기

01 모든 데이터 셀 범위 지정하기 ❶ [A4] 셀을 클릭하고 Ctrl + A 를 누릅니다. ❷ 빈 행과 빈 열 전까지 데이터가 입력된 셀 범위가 모두 지정됩니다.

시간단축 Ctrl + A 는 제목을 제외한 데이터를 지정할 때 주로 사용합니다. Ctrl + A 를 눌렀을 때 제목까지 범위에 포함된다면 제목과 데이터 행 사이에 빈 행을 삽입합니다.

02 클릭한 셀부터 마지막 데이터 셀까지 지정하기 ❶ [C7] 셀을 클릭하고 Ctrl + Shift + ↓ 를 누릅니다. ❷ [C7:C81] 셀 범위가 지정됩니다. [C7:C81] 셀 범위가 지정된 상태에서 Ctrl + Shift + → 를 누릅니다. ❸ [C7:R81] 셀 범위가 지정됩니다.

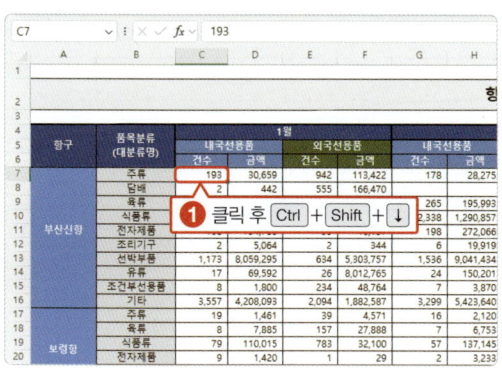

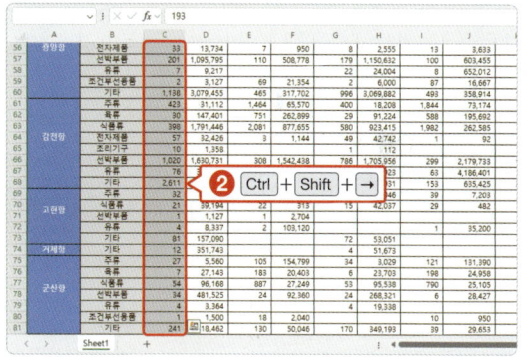

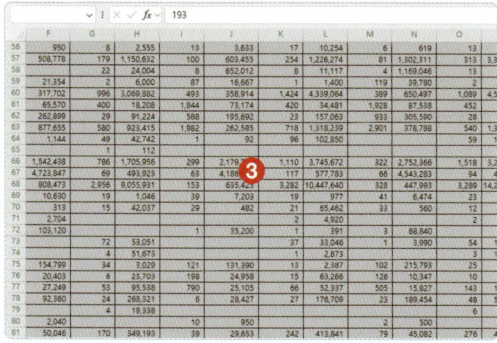

시간단축 지정하려는 셀 범위 중에 빈 셀이나 병합된 셀이 있다면 빈 셀 전까지만 범위가 지정되고 다시 한번 Ctrl + Shift + → 를 누르면 범위가 추가로 지정됩니다. 만약 Shift 와 방향키만 사용하면 ↓ 를 한 번 누를 때마다 아래쪽 방향으로 셀이 하나씩 추가되면서 범위가 지정됩니다.

03 원하는 영역만 빠르게 범위 지정하기

지정할 범위의 첫 번째 행/열에 빈 셀이나 병합된 셀이 있으면 Ctrl + Shift +방향키로 마지막 데이터까지 한 번에 지정할 수 없습니다. 이때는 지정할 범위의 첫 셀을 클릭하고 Shift 를 누른 상태에서 마지막 셀을 클릭하면 원하는 영역만 빠르게 지정할 수 있습니다. ❶ [C4] 셀을 클릭하고 ❷ Shift 를 누른 상태에서 [R81] 셀을 클릭합니다. ❸ [C4:R81] 셀 범위가 지정됩니다.

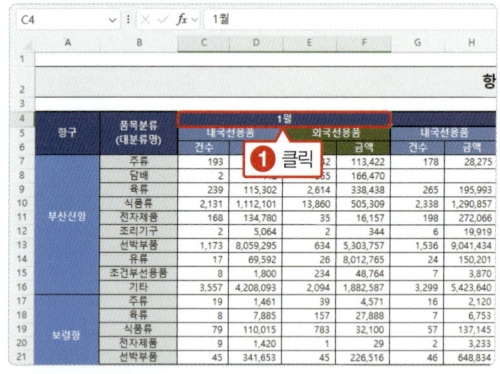
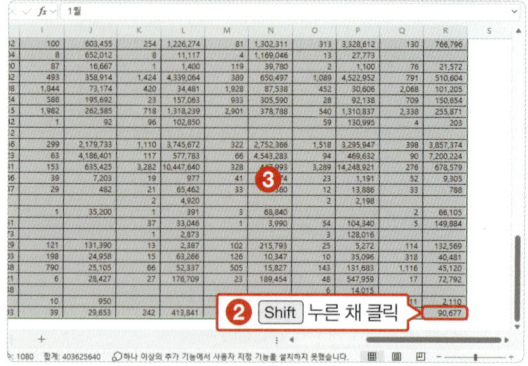

비법 Note 단축키를 이용해 셀과 범위 지정하기

마우스를 이용하지 않고 단축키로만 셀이나 셀 범위를 지정할 수 있습니다. 특히 워크시트에 데이터를 입력하고 있는 중이거나 지정할 셀 범위가 넓은 경우에는 단축키로 지정하는 것이 편리합니다.

단축키	기능
Enter	아래 셀로 이동, 반대 방향으로 이동하려면 Shift 를 함께 사용
Tab	오른쪽 셀로 이동, 반대 방향으로 이동하려면 Shift 를 함께 사용
Home	지정되어 있는 셀의 첫 번째 열(A)로 이동
Ctrl + Home	[A1] 셀로 이동
Ctrl + End	데이터가 입력된 마지막 셀로 이동
← ↑ → ↓	화살표 방향으로 한 셀씩 이동
Ctrl + ← ↑ → ↓	화살표 방향으로 데이터가 있는 마지막 셀로 이동
Shift + ← ↑ → ↓	화살표 방향으로 한 셀씩 누적으로 범위 지정
Ctrl + Shift + ← ↑ → ↓	지정되어 있는 셀에서부터 화살표 방향으로 데이터가 입력된 마지막 셀까지 범위 지정, 빈 셀 전까지 범위 지정
Ctrl + A	데이터가 입력된 셀 범위 전체 지정, 빈 행과 빈 열 전까지 범위 지정
Ctrl + Spacebar	지정된 셀의 열 전체 범위 지정
Shift + Spacebar	지정된 셀의 행 전체 범위 지정

빈 셀만 지정하여 한 번에 데이터 입력하기

실습 파일 CHAPTER01\02_품목별 입고실적.xlsx | 완성 파일 CHAPTER01\02_품목별 입고실적(완성).xlsx

빈 셀을 그대로 둔 채 데이터를 관리하면 단축키로 범위를 지정하기가 불편하고 피벗 테이블의 데이터 분석이나 그룹별 집계도 제한되는 경우가 있습니다. 비어 있는 셀을 모두 '0'으로 채우면 이러한 문제를 해결할 수 있습니다. 전체 표의 빈 셀에 0을 입력하는 방법을 알아보겠습니다.

미리보기

회사에서 바로 통하는 키워드

이동 옵션, 빈 셀만 지정, 동시 입력, Ctrl + Enter

한눈에 보는 작업 순서

1 이동 옵션으로 빈 셀 지정하기 → 2 빈 셀에 데이터 채우기

01 이동 옵션으로 빈 셀 지정하기
❶ [C5] 셀을 클릭하고 ❷ Shift 를 누른 상태에서 [N40] 셀을 클릭합니다.

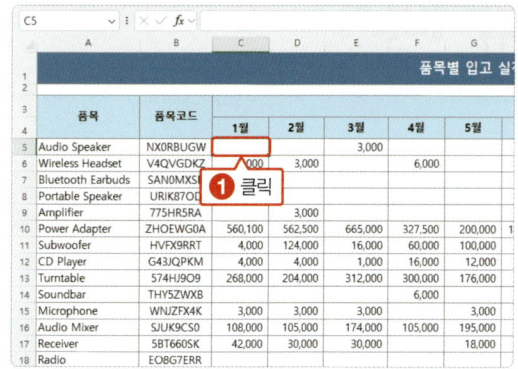

실력향상 [C5:N40] 셀 범위를 지정할 때 Ctrl + Shift + 방향키를 사용하면 범위 첫 행/열에 빈 셀이 있어 마지막 셀까지 한 번에 지정할 수 없습니다.

02
❶ [홈] 탭-[편집] 그룹-[찾기 및 선택]을 클릭하고 ❷ [이동 옵션]을 클릭합니다. ❸ [이동 옵션] 대화상자에서 [빈 셀]을 선택하고 ❹ [확인]을 클릭합니다.

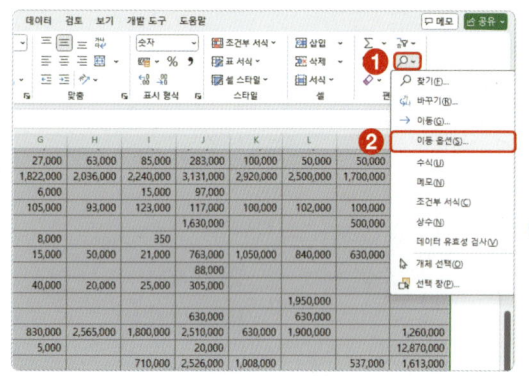 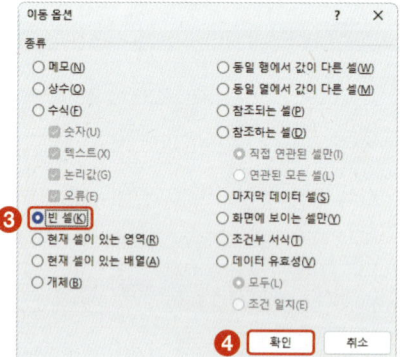

시간단축 F5 를 누른 후 [이동] 대화상자에서 [옵션]을 클릭하면 좀 더 빠르게 [이동 옵션] 대화상자를 표시할 수 있습니다.

03 빈 셀에 데이터 채우기
지정된 범위 중 빈 셀만 지정되었고, 셀 포인터는 [C5] 셀에 있습니다. ❶ [C5] 셀에 0을 입력하고 Ctrl + Enter 를 누릅니다. ❷ 지정된 모든 셀에 0이 입력됩니다.

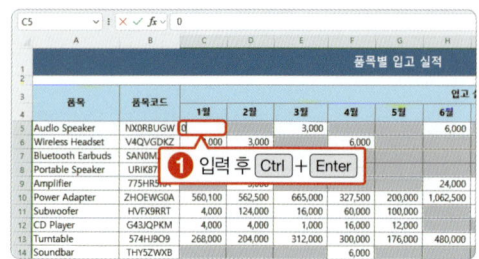 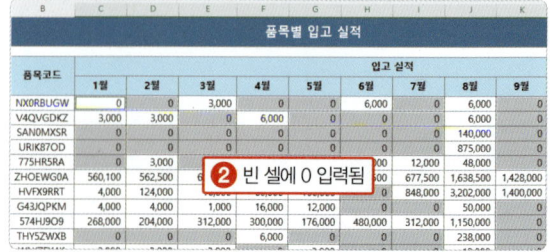

실력향상 [C5] 셀에 0을 입력할 때 [C5] 셀을 다시 클릭하지 않도록 주의해야 합니다. 빈 셀만 지정된 상태에서 [C5] 셀을 클릭하면 지정된 셀 범위가 해제됩니다.

비법 Note 이동 옵션을 이용하여 필요한 셀만 뽑아 지정하기

[이동 옵션]을 이용하면 텍스트(상수), 수식, 메모, 빈 셀, 화면에 보이는 셀만, 개체 등 종류별로 데이터를 지정할 수 있습니다.

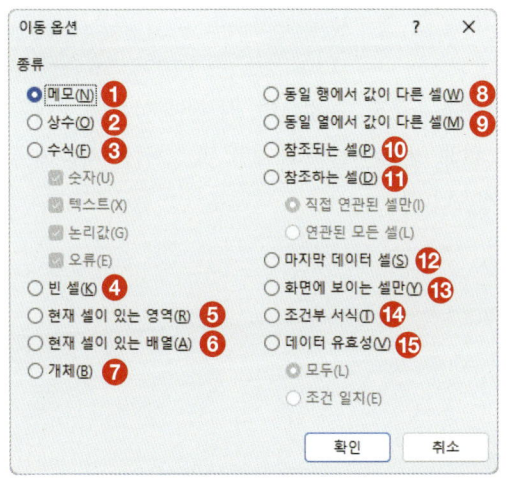

❶ **메모** : 지정된 셀 범위 또는 지정된 워크시트에서 메모가 입력된 셀을 지정합니다.

❷ **상수** : 수식을 제외하고 데이터가 입력된 셀을 지정합니다.

❸ **수식** : 수식이 입력된 셀을 지정합니다. 수식의 결과에 따라 다시 세분화하여 '숫자', '텍스트', '논리값', '오류' 등을 지정할 수 있습니다.

❹ **빈 셀** : 비어 있는 셀만 지정합니다. 수식에 의해 빈 셀이 표시된 것은 제외됩니다.

❺ **현재 셀이 있는 영역** : 지정된 셀을 중심으로 빈 행과 빈 열 전까지의 모든 데이터 영역을 지정합니다. 현재 셀이 있는 영역이란 현재 지정된 한 개 이상의 셀이 포함된 채워진 셀 블록을 말합니다.

❻ **현재 셀이 있는 배열** : Ctrl + Shift + Enter 를 눌러 배열 데이터를 입력했을 때 한 배열 안에 포함된 셀들을 지정합니다.

❼ **개체** : 워크시트나 텍스트 상자에 있는 차트 및 단추를 비롯한 그래픽 개체를 지정합니다.

❽ **동일 행에서 값이 다른 셀** : 지정된 셀의 같은 행에서 값이 다른 셀들만 지정합니다.

❾ **동일 열에서 값이 다른 셀** : 지정된 셀의 같은 열에서 값이 다른 셀들만 지정합니다.

❿ **참조되는 셀** : 현재 셀의 수식에서 사용하고 있는 셀을 지정합니다.

⓫ **참조하는 셀** : 현재 셀을 사용해서 수식이 입력된 셀을 지정합니다. 현재 셀을 직접적으로 참조하는 수식이 있는 셀만 찾으려면 [직접 연관된 셀만]을 클릭하고, 현재 셀을 직접 또는 간접적으로 참조하는 모든 셀을 찾으려면 [연관된 모든 셀]을 클릭합니다.

⓬ **마지막 데이터 셀** : 현재 워크시트에서 사용된 마지막 셀의 다음 셀을 지정합니다.

⓭ **화면에 보이는 셀만** : 숨겨진 행이나 열은 제외하고 보이는 셀만 지정합니다.

⓮ **조건부 서식** : 조건부 서식이 설정된 셀을 지정합니다.

⓯ **데이터 유효성** : 데이터 유효성 검사가 설정된 셀을 지정합니다. 데이터 유효성 검사가 적용된 모든 셀을 찾으려면 [모두]를 클릭하고, 현재 지정한 셀과 동일한 데이터 유효성 검사가 적용된 셀을 찾으려면 [조건 일치]를 지정합니다.

03 병합된 셀 해제한 후 아래로 데이터 채우기

실습 파일 CHAPTER01\03_연장근무내역.xlsx | 완성 파일 CHAPTER01\03_연장근무내역(완성).xlsx

병합된 셀이 있으면 정렬이나 피벗 테이블과 같은 기능을 사용할 수 없으며, 각 행에 함수를 입력할 때도 오류가 발생할 수 있습니다. 이 문제를 해결하기 위해 병합된 셀을 해제한 뒤, 수식을 사용해 위쪽 데이터를 아래쪽으로 한 번에 채우는 방법을 알아보겠습니다.

미리보기

회사에서 바로 통하는 키워드

이동 옵션, 빈 셀만 지정, 수식으로 값 입력, 지정하여 붙여넣기, 행 전체 삭제

한눈에 보는 작업 순서

1. 셀 병합 해제하기
2. 이동 옵션으로 빈 셀 지정하기
3. 수식으로 아래로 데이터 채우기
4. 수식을 값으로 복사하기
5. 이동 옵션으로 합계 행만 삭제하기

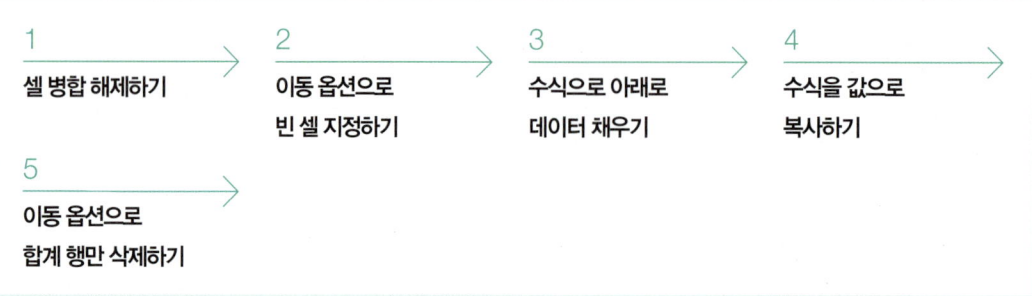

01 셀 병합 해제하기
❶ [A2] 셀을 클릭하고 ❷ Shift 를 누른 상태에서 [C36] 셀을 클릭합니다. ❸ [홈] 탭-[맞춤] 그룹-[병합하고 가운데 맞춤]을 클릭합니다.

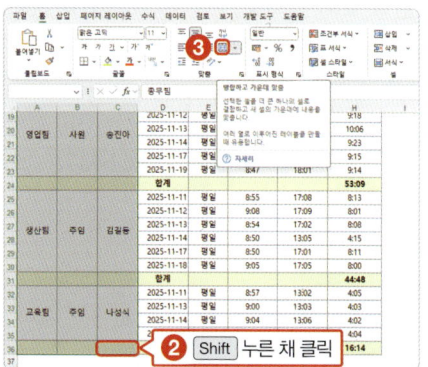

02 수식으로 데이터 아래로 채우기
❶ [A2:C36] 셀 범위가 지정된 상태에서 [홈] 탭-[편집] 그룹-[찾기 및 선택]을 클릭하고 ❷ [이동 옵션]을 클릭합니다. ❸ [이동 옵션] 대화상자에서 [빈 셀]을 선택하고 ❹ [확인]을 클릭합니다.

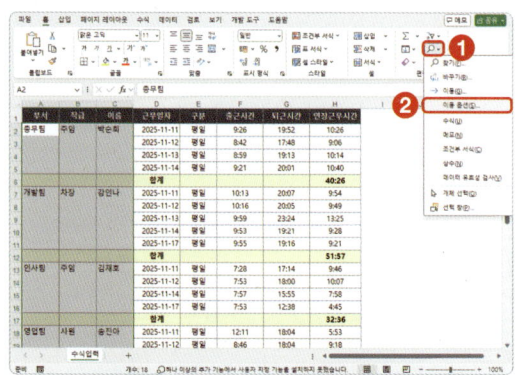
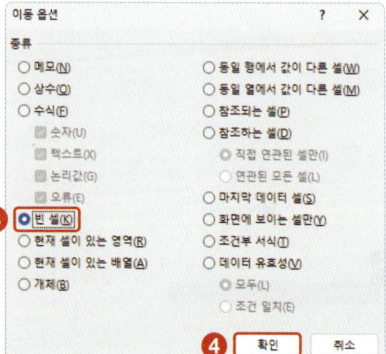

03 빈 셀만 선택된 상태에서 셀 포인터는 [A3] 셀에 있습니다. ❶ [A3] 셀에 =A2를 입력하고 Ctrl + Enter 를 누릅니다. ❷ 빈 셀의 바로 위쪽에 있는 셀의 데이터가 모두 입력되었습니다.

실력향상 Ctrl + Enter 로 수식을 입력하면 [채우기]나 [복사] 기능을 사용한 것과 똑같이, 상대 참조 수식으로 셀 주소가 변경된 채 한 번에 입력됩니다.

04 수식을 값으로 복사하기

수식으로 입력한 데이터는 참조하는 셀 데이터나 정렬이 바뀌면 데이터가 변경됩니다. 데이터가 바뀌지 않도록 수식을 값으로 변경해보겠습니다. ❶ [A:C] 열을 지정하고 Ctrl + C 를 눌러 복사합니다. ❷ [A:C] 열이 선택된 상태에서 마우스 오른쪽 버튼을 클릭하고 ❸ [붙여넣기 옵션]–[값]을 선택합니다.

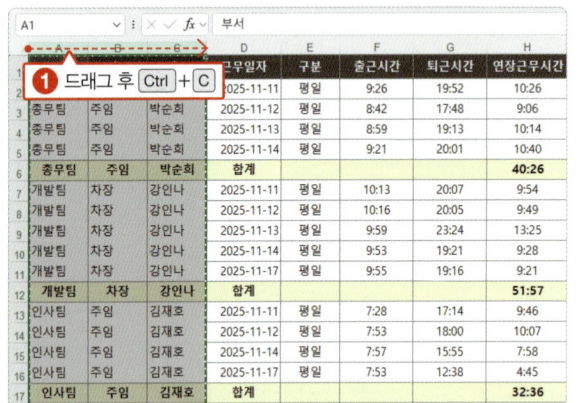
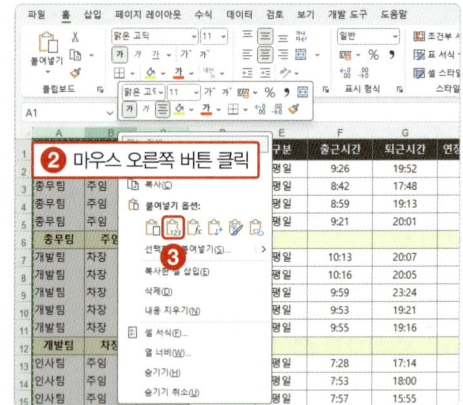

05 이동 옵션으로 합계 행만 삭제하기

❶ E열 머리글을 클릭하고 ❷ [홈] 탭–[편집] 그룹–[찾기 및 선택]을 클릭한 후 ❸ [이동 옵션]을 클릭합니다. ❹ [이동 옵션] 대화상자에서 [빈 셀]을 선택하고 ❺ [확인]을 클릭합니다.

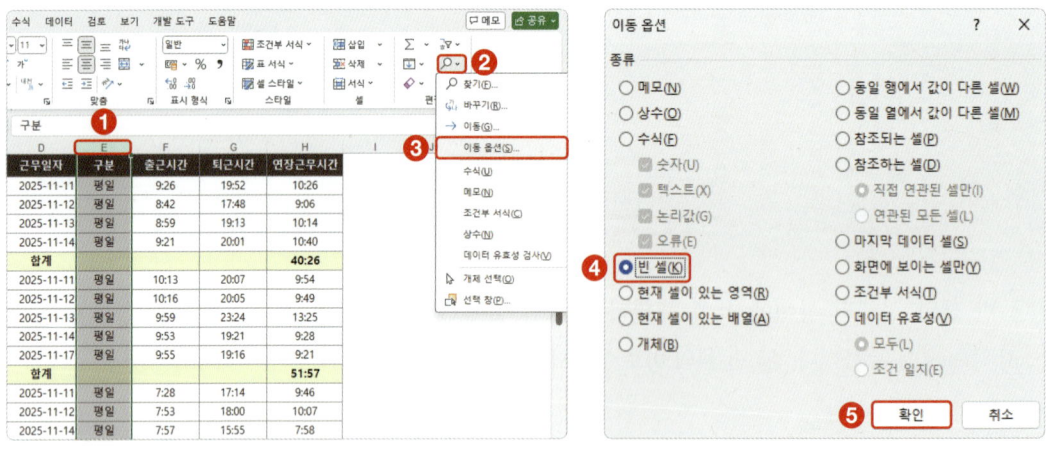

06 ❶ E열의 데이터 영역 중 빈 셀만 선택된 상태에서 마우스 오른쪽 버튼을 클릭하고 ❷ [삭제]를 선택합니다. ❸ [삭제] 대화상자에서 [행 전체]를 선택하고 ❹ [확인]을 클릭합니다.

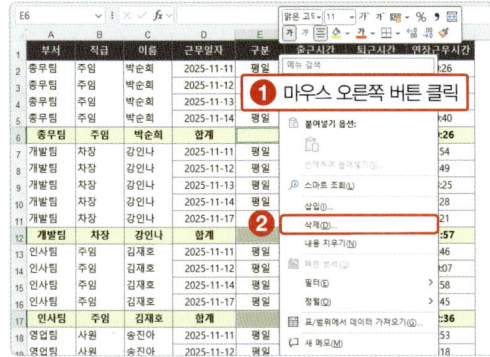
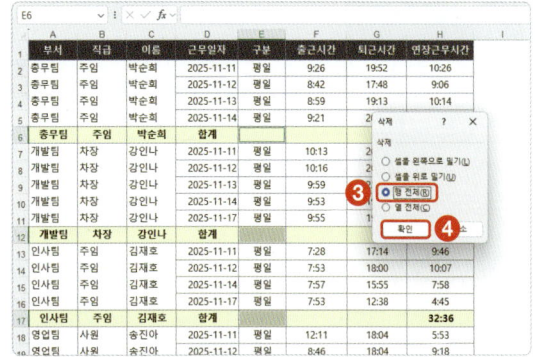

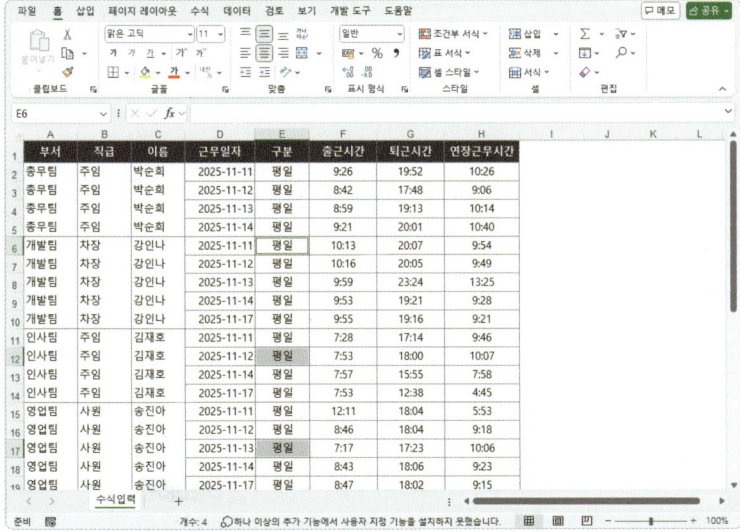

실력향상 빈 셀이 선택된 상태에서 마우스 오른쪽 버튼을 클릭할 때 다른 영역을 클릭하면 선택된 빈 셀이 해제되므로 주의합니다.

with 챗GPT

04 유효성 검사로 신청자 양식 만들기

실습 파일 CHAPTER01\04_융자신청서양식.xlsx | 완성 파일 CHAPTER01\04_융자신청서양식(완성).xlsx

데이터 유효성 검사를 사용하면 셀에 잘못된 데이터가 입력되는 것을 방지하고 목록에서 값을 선택하여 데이터를 입력할 수 있어 양식을 만들 때 유용합니다. '융자 신청서' 양식에서 주택유형과 단위는 목록에서 선택하고, 주민등록번호는 형식에 맞게 입력을 제한할 수 있는 함수식을 챗GPT를 통해 생성해 보도록 하겠습니다.

미리보기

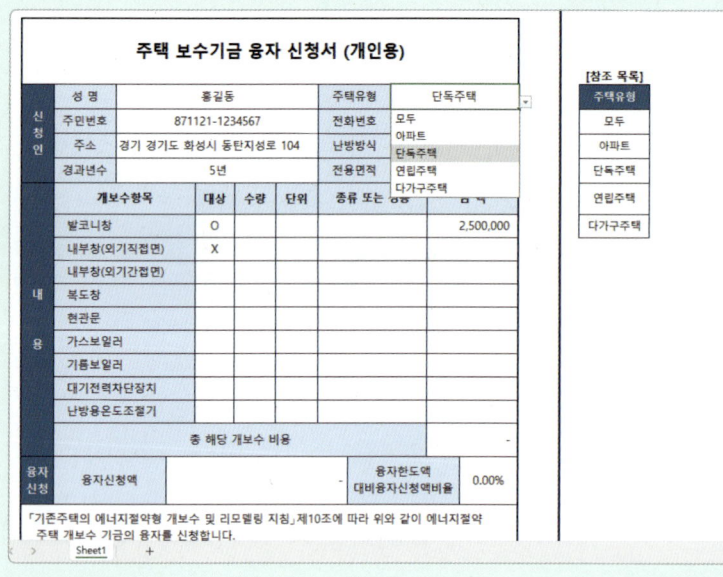

회사에서 바로 통하는 키워드

데이터 유효성 검사, 드롭다운 단추 표시, 챗GPT 함수식 생성, 금액 최댓값 제한

한눈에 보는 작업 순서

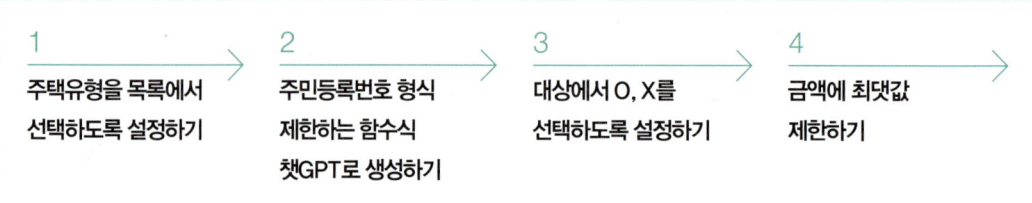

1. 주택유형을 목록에서 선택하도록 설정하기
2. 주민등록번호 형식 제한하는 함수식 챗GPT로 생성하기
3. 대상에서 O, X를 선택하도록 설정하기
4. 금액에 최댓값 제한하기

01 주택유형을 목록에서 선택하도록 설정하기 ❶ [K3] 셀을 클릭하고 ❷ [데이터] 탭–[데이터 도구] 그룹–[데이터 유효성 검사]를 클릭합니다. ❸ [데이터 유효성] 대화상자의 [설정] 탭에서 [제한 대상]에는 [목록]을 선택하고 ❹❺ [원본]에는 [R4:R8] 셀 범위를 드래그해 입력합니다. ❻ [확인]을 클릭합니다.

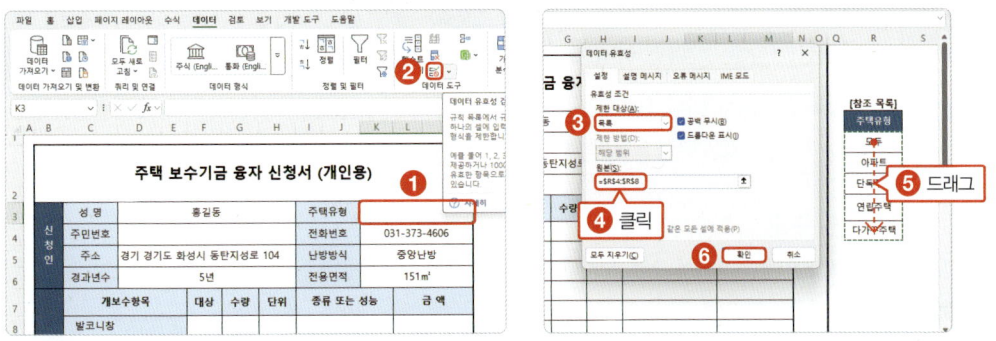

실력향상 [제한 대상]으로 [목록]을 선택하면 [제한 방법]은 비활성화되고, [드롭다운 표시] 항목이 추가로 나타납니다.

02 ❶ [K3] 셀을 클릭하면 드롭다운이 표시되고 ❷ 단추를 클릭하면 주택유형 목록이 나타납니다. ❸ 원하는 주택유형을 선택하면 자동으로 입력됩니다.

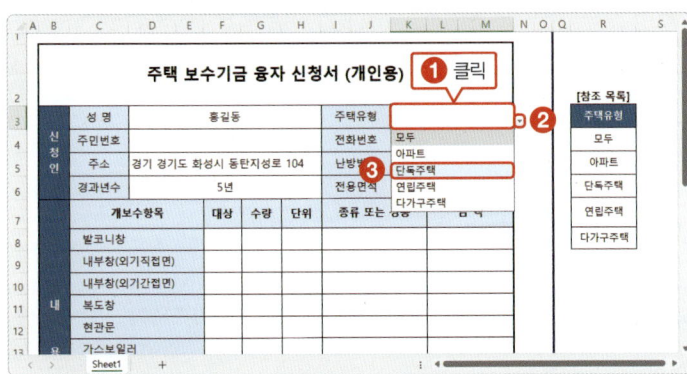

실력향상 유효성 검사에서 [목록]으로 설정된 셀은 데이터를 입력할 때 목록에서 선택하거나 목록에 지정된 데이터를 직접 입력할 수도 있습니다. 단, 목록에 없는 데이터를 입력하면 오류 메시지가 표시됩니다. 지정한 유효성 검사를 삭제할 경우 [데이터 유효성] 대화상자에서 [모두 지우기]를 클릭합니다.

03 주민등록번호 제한에 사용할 함수식 챗GPT로 생성하기 주민등록번호는 글자 수와 하이픈의 위치, 숫자로 제한하는 등 복잡한 조건을 갖추어야 합니다. 함수를 여러 개를 중첩해야 하는데 필요한 함수식을 챗GPT에서 생성해보겠습니다. 챗GPT로 이동하여 아래와 같이 프롬프트를 입력합니다.

> **프롬프트**
>
> 엑셀에서 융자신청서 양식을 만드는데, 주민등록번호를 입력하는 셀이 있어.
> 이 셀에 아래 조건에 맞는 데이터만 입력되도록 제한하고 싶어.
>
> #조건
> – 주민등록번호가 입력되는 셀은 D4셀이야.
> – 총 글자 수는 14글자이어야 하고, 7번째 글자는 "–"으로 입력해야 해.

- "−"을 기준으로 앞에는 숫자만 6글자, 뒤에는 숫자만 7글자가 입력되어야 해.

이 조건에 맞는 데이터만 입력하도록 제한하는 방법을 엑셀 기초 수준에 맞춰서 설명해줘.

프롬프트Tip 챗GPT에게 질문할 때 현재 시트에 입력된 데이터를 근거로 질문해야 한다면 셀의 위치나 셀 범위, 시트 이름 등의 정보를 먼저 제공하고, 그다음 내가 원하는 조건들을 세부적으로 알려준다면 보다 정확한 응답을 받을 수 있습니다.

프롬프트Tip 조건을 입력할 때 # 기호는 마크다운(Markdown) 문법으로 제목 서식으로 사용됩니다. # 대신 〈조건〉이나 [조건] 같은 형식으로도 표현할 수 있습니다. "−"을 입력하면 불릿기호 목록 서식으로 인식됩니다.

 주민등록번호 입력 조건을 엑셀에서 구현하려면 데이터 유효성 검사 기능을 사용하면 됩니다. 아래는 단계별로 설명한 방법입니다.

1. D4 셀 선택
엑셀 파일을 열고 주민등록번호를 입력할 D4 셀을 클릭하세요.

2. 데이터 유효성 검사 설정
1) 상단 메뉴에서 [데이터] 탭을 클릭하세요.
2) [데이터 유효성 검사]를 선택하고, 나타나는 드롭다운 메뉴에서 다시 데이터 유효성 검사를 클릭하세요.
3) 데이터 유효성 검사 창이 열리면 다음을 설정합니다.

3. 조건 설정
1) 유효성 기준 탭에서
   - 허용 : 사용자 지정을 선택하세요.
   - 수식 입력 칸에 아래 수식을 복사하여 붙여 넣으세요.

```Excel
=AND(LEN(D4)=14, MID(D4,7,1)="-", ISNUMBER(VALUE(LEFT(D4,6))), ISNUMBER(VALUE(RIGHT(D4,7))))
```

2) 수식 설명 :
   - LEN(D4)=14 : D4 셀의 총 글자 수가 14글자인지 확인합니다.
   - MID(D4,7,1)="−" : 7번째 글자가 −인지 확인합니다.
   - ISNUMBER(VALUE(LEFT(D4,6))) : 앞 6글자가 숫자인지 확인합니다.
   - ISNUMBER(VALUE(RIGHT(D4,7))) : 뒤 7글자가 숫자인지 확인합니다.

4. 오류 메시지 설정 (선택 사항) :
오류 메시지 탭으로 이동하여 적절한 제목과 메시지를 입력합니다.
   - 제목 : "잘못된 주민등록번호 형식"
   - 메시지 : "14자리로 입력하며, 7번째 글자는 '−'으로 입력해야 합니다. 예 : 123456−1234567"

04 챗GPT가 알려준 함수식 적용하기 ❶ [D4] 셀을 클릭하고 ❷ [데이터] 탭–[데이터 도구] 그룹–[데이터 유효성 검사]를 클릭합니다. ❸ [데이터 유효성] 대화상자의 [설정] 탭에서 [제한 대상]으로 [사용자 지정]을 선택합니다. ❹ [수식]에 챗GPT에서 복사한 함수식 =AND(LEN(D4)=14, MID(D4,7,1)="–", ISNUMBER(VALUE(LEFT(D4,6))), ISNUMBER(VALUE(RIGHT(D4,7))))를 붙여 넣습니다.

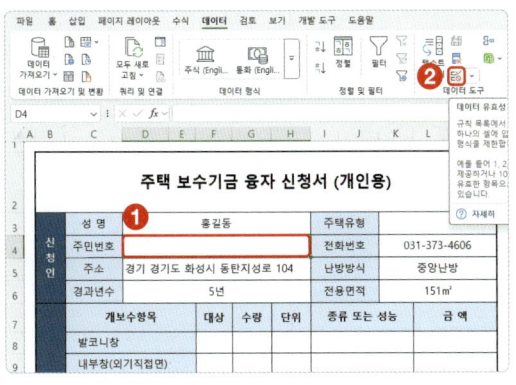
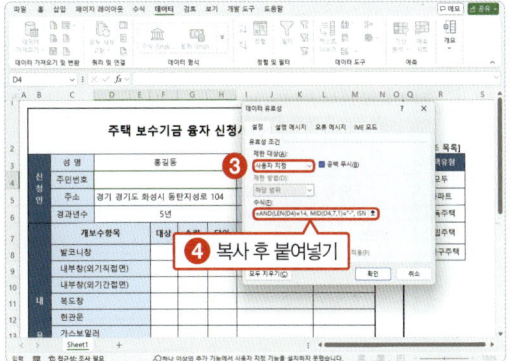

05 ❶ [오류 메시지] 탭을 클릭하고 ❷ [제목]에 **잘못된 주민등록번호 형식**을 입력, [오류 메시지]에 **14자리로 입력하며, 7번째 글자는 '–'로 입력해야 합니다.**를 입력합니다. ❸ [확인]을 클릭합니다.

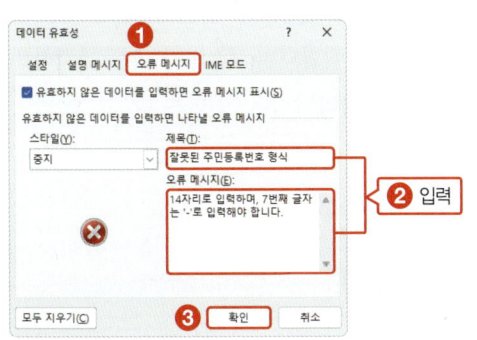

비법 Note 오류 메시지 스타일

유효성 검사 조건에 맞지 않는 데이터가 입력되었을 때 처리하는 방법을 결정합니다.

- **중지** : 데이터가 입력되지 않도록 합니다.
- **경고** : [오류 메시지] 항목의 내용이 보이고 데이터의 입력 여부는 '예', '아니오', '취소'로 선택할 수 있습니다.
- **정보** : [오류 메시지] 항목의 내용이 보이고 데이터의 입력 여부는 '확인', '취소'로 선택할 수 있습니다.

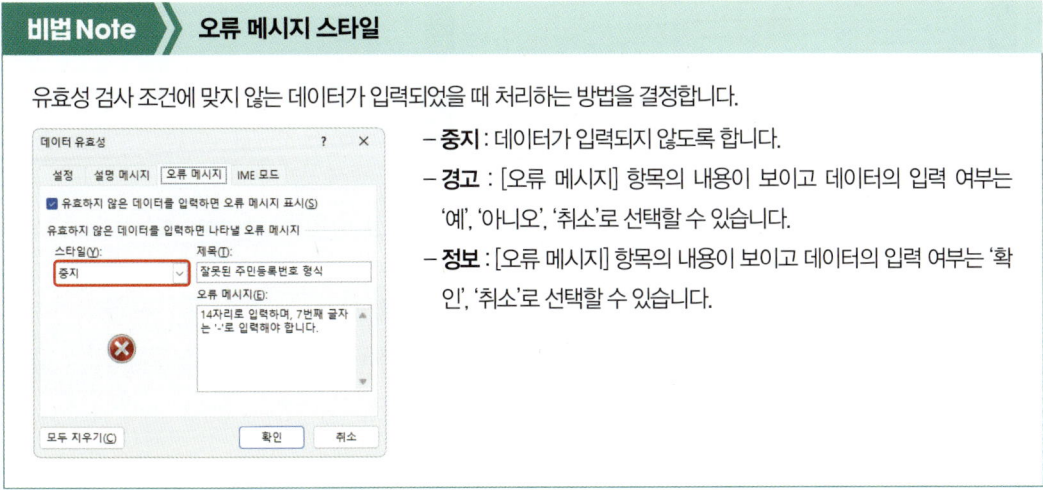

06 ① [D4] 셀에 형식에 맞지 않는 주민등록번호 **12345-12345678**을 입력해봅니다. ② 오류 메시지가 표시됩니다.

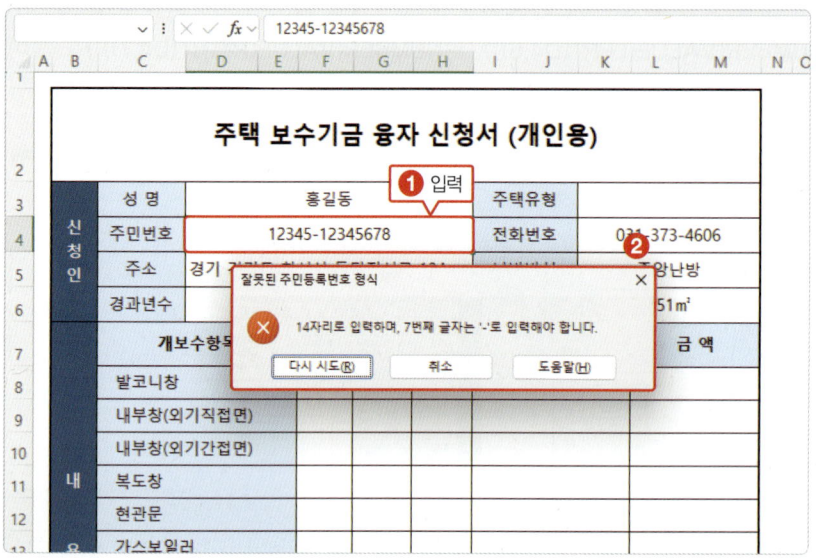

07 대상을 O, X로 선택하게 설정하기 ① [F8:F16] 셀 범위를 지정하고 ② [데이터] 탭-[데이터 도구] 그룹-[데이터 유효성 검사]를 클릭합니다. ③ [데이터 유효성] 대화상자의 [설정] 탭에서 [제한 대상]에는 [목록]을 선택합니다. ④ [원본]에 O, X를 입력하고 ⑤ [확인]을 클릭합니다. ⑥ [F8] 셀을 클릭하면 드롭다운이 표시되고 드롭다운 단추를 클릭하면 목록에 'O'와 'X'가 나타납니다. 원하는 항목을 클릭하면 자동으로 입력됩니다.

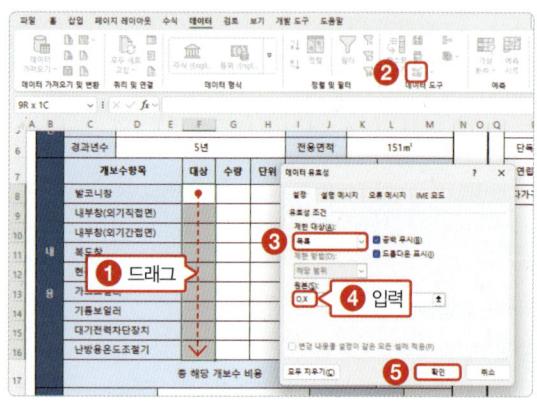 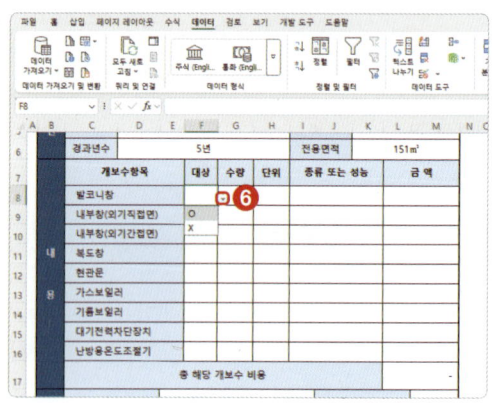

시간단축 [원본]에 지정할 데이터의 개수가 적거나 변경될 가능성이 적은 데이터 유형은 [원본]에 직접 입력하는 것이 더 좋습니다.

08 금액에 최댓값 제한하기 ❶ [L8:L16] 셀 범위를 지정하고 ❷ [데이터] 탭-[데이터 도구] 그룹-[데이터 유효성 검사]를 클릭합니다. ❸ [데이터 유효성] 대화상자의 [설정] 탭에서 [제한 대상]에는 [정수]를 선택합니다. ❹ [제한 방법]은 [<=]를 선택하고 ❺ [최대값]에는 3000000을 입력합니다.

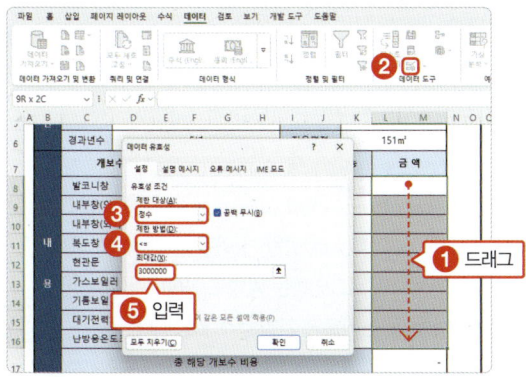

09 ❶ [설명 메시지] 탭을 클릭하고 ❷ [설명 메시지]에 **최대 금액 : 3,000,000**을 입력합니다. ❸ [오류 메시지] 탭을 클릭합니다. ❹ [제목]에는 **금액 입력 오류**를 입력하고 ❺ [오류 메시지]에는 **금액은 정수로 3,000,000원까지만 입력 가능합니다**를 입력합니다. ❻ [확인]을 클릭합니다.

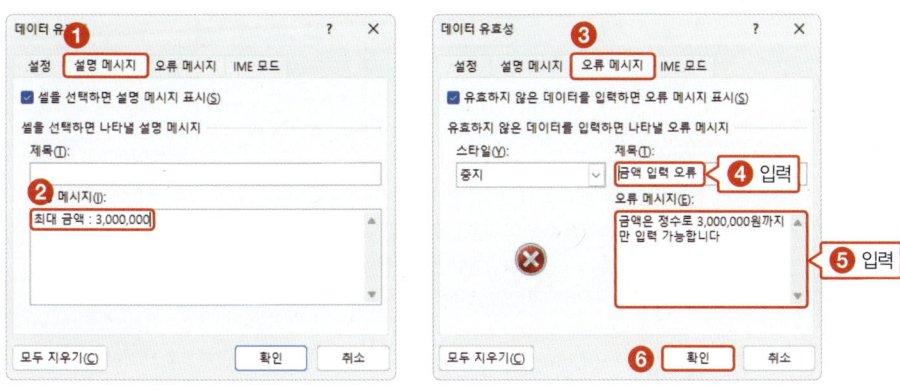

10 [L8] 셀을 클릭하면 설명 메시지가 표시됩니다. 정수가 아니거나 3,000,000을 초과하는 숫자를 입력해봅니다. 오류 메시지가 화면에 표시됩니다.

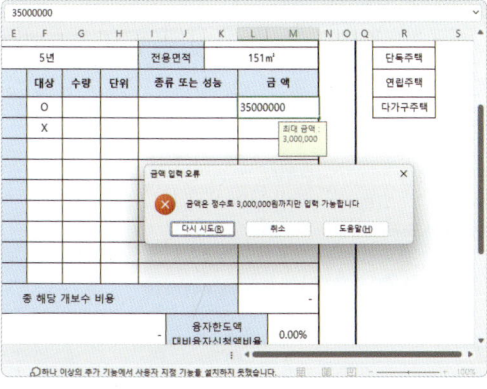

챗GPT 활용 Note ▶ 챗GPT란 무엇일까요?

챗GPT는 미국의 OpenAI에서 개발한 대화형 인공지능 서비스로 사람처럼 자연스럽게 질문을 이해하고, 그에 맞는 답을 텍스트로 생성해주는 것이 특징입니다. 특히 엑셀 사용자에게는 챗GPT가 엑셀 함수 설명, 수식 작성, 매크로 (VBA) 코드 생성, 오류 원인 분석 등 엑셀 실무에서 자주 부딪히는 문제들을 빠르게 해결해줄 수 있어 아주 유용합니다. 그러나 모든 생성형 AI는 아직 완벽하지 않기 때문에 제공되는 수식이나 코드가 항상 정답이 아닐 수도 있습니다. 따라서 결과를 반드시 확인하고, 자신의 업무 환경에 맞게 수정하고 보완하는 습관이 중요합니다.

챗GPT 연결하기

챗GPT를 사용하는 방법은 다음과 같습니다. ❶ 웹브라우저 주소 창에 https://chat.openai.com을 입력합니다. ❷ 챗GPT를 처음 사용하는 경우에는 간단한 계정 가입 절차가 필요합니다. [무료로 회원 가입]을 클릭합니다. ❸ 이메일 주소로 직접 가입할 수도 있고, Google 또는 Microsoft 계정을 연동하여 로그인하는 방법도 있습니다. 실행한 웹 브라우저가 구글에 로그인되어 있다면 [Google로 계속하기]를 클릭하면 좀 더 빠르게 가입할 수 있습니다.

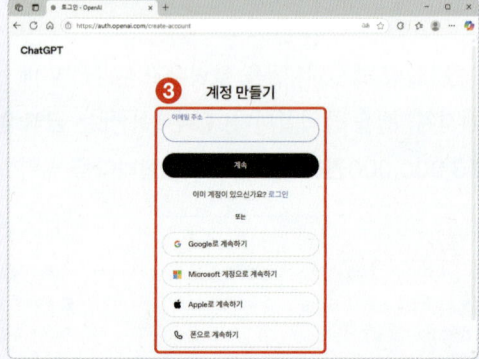

실력향상 이 책에서 소개하는 엑셀 함수 작성, VBA 코드 생성 등의 내용은 무료 버전에서도 충분히 따라 할 수 있습니다. 챗GPT는 무료 사용자라도 매일 일정량의 유료 서비스를 체험할 수 있어 파일 업로드, 더 정밀한 코드 생성, 대화 품질 향상 등을 사용해볼 수 있습니다. 단, 유료 서비스 사용량이 초과되면 자동으로 무료 서비스로 전환되고, 다음 날이 되면 사용량이 초기화되어 다시 사용할 수 있습니다.

실력향상 스마트폰 사용자를 위한 챗GPT 전용 앱도 제공합니다. App Store 또는 Play 스토어에서 'ChatGPT'를 검색하여 앱을 설치하면 PC 없이도 간편하게 질문하고 답을 받을 수 있습니다. 하지만 엑셀은 수식과 매크로 코드를 복사하여 사용해야 하므로 스마트폰보다 PC를 사용하여 챗GPT를 사용하는 것을 추천합니다.

챗GPT 화면 구성

❶ **메뉴 열기/닫기** : 사이드 메뉴 패널을 열거나 닫을 수 있습니다. 화면이 좁은 경우 자동으로 접히며, 열어서 대화 목록이나 설정 메뉴에 접근할 수 있습니다.

❷ **새 채팅** : 새로운 대화를 시작할 수 있는 버튼입니다. 기존 대화 내용과는 무관하게 처음부터 새롭게 질문할 수 있는 빈 창이 열립니다. 이전 대화는 자동 저장됩니다.

❸ **대화 목록** : 사용자가 최근에 진행한 대화들의 기록이 나타납니다. 클릭하면 해당 대화를 다시 열람하거나 이어서 질문할 수 있습니다. 대화 제목은 자동 생성되며, 사용자가 수정할 수도 있습니다.

❹ **모델 선택** : 사용할 GPT 모델을 선택할 수 있습니다. 무료 버전의 경우 기본으로 제공되는 모델이 적용되고, 유료 버전의 경우 좀 더 강력한 엔진을 선택해 사용할 수 있습니다.

❺ **프롬프트 입력 창** : 챗GPT에게 질문할 내용이나 요청 사항을 입력하는 영역입니다. [Enter] 로 입력한 프롬프트를 전송할 수 있고, 프롬프트를 입력할 때는 [Shift] + [Enter] 로 줄 바꿈이 가능합니다.

❻ **파일 첨부** : 챗GPT와 대화 중에 파일을 첨부할 수 있는 버튼입니다. 엑셀 파일이나 PDF 파일을 업로드하여 분석을 요청하는 등 활용할 수 있습니다.

❼ **도구** : 챗GPT의 다양한 확장 기능을 사용할 수 있는 버튼입니다. 이미지 생성, 웹 검색, 문서 작성, 데이터 분석 등의 기능을 제공하며, 사용 목적에 따라 선택할 수 있습니다. 각 기능은 동시에 사용할 수 없으며, 하나만 활성화할 수 있습니다.

- 이미지 생성 : 입력한 문장을 바탕으로 AI가 그림을 생성해줍니다. 시각 자료나 아이디어 스케치에 활용할 수 있습니다.
- 웹에서 검색 : 인터넷 검색을 통해 실시간 정보를 찾아 답변합니다. 시의성이 중요한 주제나 최신 뉴스 확인에 유용합니다.
- 글쓰기 또는 코딩 : 문서나 코드를 작성할 수 있는 전용 편집 환경으로 캔버스 화면으로 전환됩니다. 보고서 초안, 블로그 글, Python 코드 등을 작성하기 좋습니다.
- 심층 리서치 실행 : 파일 분석이나 수치 계산 등 복잡한 작업을 처리할 수 있는 고급 도구입니다. 엑셀 데이터 분석이나 그래프 생성에 활용됩니다.

❽ **음성 입력** : 음성으로 질문을 입력할 수 있는 버튼입니다. 마이크를 활성화하여 음성을 텍스트로 변환하고 챗GPT에 전달합니다.

❾ **음성 모드 사용** : 음성으로 채팅할 수 있도록 화면이 전환됩니다. 마이크를 통해 질문하고, 챗GPT의 답변은 스피커를 통해 음성으로 들립니다.

❿ **사용자 계정 상태** : 사용자의 계정 상태를 나타냅니다. 활성 상태나 로그아웃 여부를 확인할 수 있습니다.

실력향상 챗GPT는 질문을 동일하게 입력해도 매번 똑같은 답변을 주는 것은 아닙니다. 같은 버전의 챗GPT를 사용하고, 책에 있는 문장을 토씨 하나 틀리지 않고 그대로 입력하더라도, 상황에 따라 답변이 조금씩 달라질 수 있습니다. 이는 챗GPT가 매번 새로운 대화를 생성할 때마다 약간씩 다른 방식으로 생각하고 응답하기 때문입니다. 따라서 잘못된 결과가 나올 경우 "답변을 다시 작성해줘", 또는 "엑셀 함수식(또는 VBA 코드)을 다시 설명해줘"라고 요청하면 더 적절한 응답을 받을 수 있습니다.

공백을 일괄 제거한 후 텍스트 맞춤 설정하기

실습 파일 CHAPTER01\05_국가별배포현황.xlsx | 완성 파일 CHAPTER01\05_국가별배포현황(완성).xlsx

보고서를 보기 좋게 맞추려고 글자 사이에 공백을 입력하면 간격이 맞지 않고, 다시 편집하려면 공백을 일일이 지워야 하므로 매우 번거롭습니다. 이렇게 글자 사이에 입력된 공백을 바꾸기 기능을 이용하여 일괄 삭제한 후 가로-균등 분할(들여쓰기)을 이용해 보기 좋게 편집해보겠습니다.

미리보기

순번	국가명	우편 구분				계
		국내 우편	국내메일	국제 우편	국제 메일	
1	네덜란드	16,227	7,170	12,099	27,644	63,140
2	대만	3,743	6,958	2,438	8,057	21,196
3	대한민국	13,964	3,666	14,594	16,590	48,814
4	독일	28,482	8,013	29,061	5,651	71,207
5	러시아	11,064	27,976	22,192	21,050	82,282
6	말레이시아	20,646	1,409	2,465	7,632	32,152
7	몽고	23,001	26,801	13,910	29,879	93,591
8	미국	9,389	26,445	8,896	7,809	52,539
9	바레인	6,268	13,860	28,471	29,422	78,021
10	베트남	7,913	15,823	20,919	29,702	74,357
11	벨기에	4,949	7,840	20,623	12,188	45,600
12	사우디아라비아	24,597	24,297	14,146	20,886	83,926
13	스리랑카	27,771	8,245	13,380	22,408	71,804
14	스위스랜드	20,130	24,693	22,108	11,762	78,693
15	싱가폴	6,976	5,303	25,133	13,891	51,303
16	아랍에메레이트	10,257	15,093	221	18,518	44,089
17	에스파니아	26,752	5,705	14,542	24,852	71,851
18	영국	2,814	22,449	15,239	4,543	45,045
19	오스트레일리아	22,726	21,096	5,318	17,606	66,746
20	오스트리아	19,979	21,254	17,646	166	59,045
21	이란	13,508	7,994	1,829	5,075	28,406
22	이스라엘	2,579	26,901	24,916	4,161	58,557
23	이탈리아	5,871	13,674	1,375	17,005	37,925
24	인도	9,777	19,675	5,834	15,051	50,337
25	일본	7,468	22,149	4,567	8,371	42,555

회사에서 바로 통하는 키워드

바꾸기, 공백 일괄 제거, 셀 서식, 균등 분할 맞춤

한눈에 보는 작업 순서

1. 바꾸기로 공백 일괄 제거하기
2. 균등 분할 맞춤 설정하기

01 바꾸기로 공백 일괄 제거하기
C열의 국가명에 입력된 공백만 모두 제거해야 합니다. ❶ [C6:C39] 셀 범위를 지정하고 ❷ [홈] 탭-[편집] 그룹-[찾기 및 선택]을 클릭한 후 ❸ [바꾸기]를 클릭합니다.

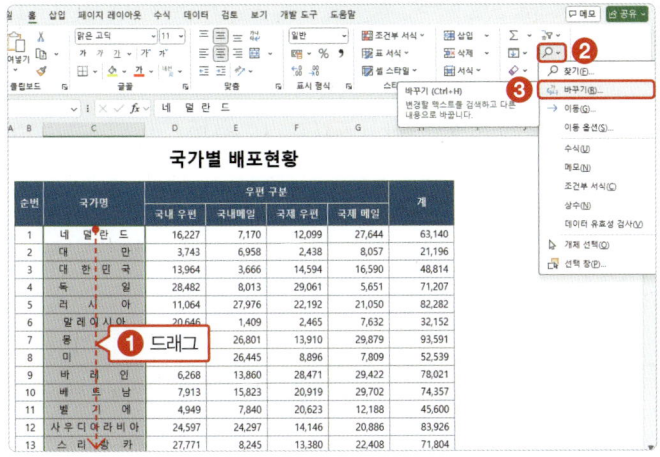

실력향상 [바꾸기] 기능을 사용할 때 셀 범위를 미리 선택하지 않으면 시트 전체에서 바꾸기가 실행됩니다.

시간단축 [바꾸기] 대화상자를 표시할 때 Ctrl + H 를 누르면 더 빠르게 대화상자를 표시할 수 있습니다.

02
❶ [찾기 및 바꾸기] 대화상자에서 [찾을 내용]에 Spacebar 를 한 번 눌러 공백을 한 칸 입력합니다. ❷ [바꿀 내용]에는 아무것도 입력하지 않습니다. ❸ [모두 바꾸기]를 클릭합니다. ❹ 변경된 개수를 보여주는 메시지 창이 나타나면 [확인]을 클릭하고 ❺ [찾기 및 바꾸기] 대화상자에서 [닫기]를 클릭합니다.

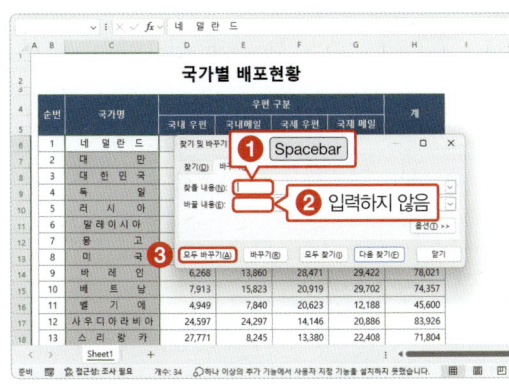 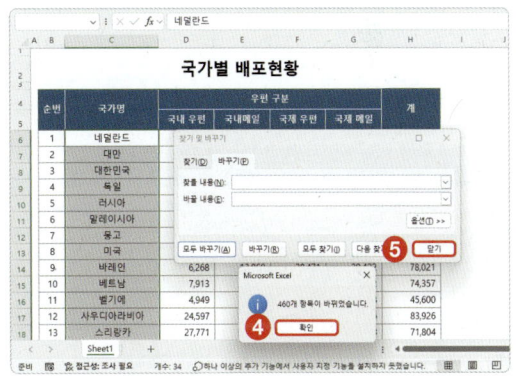

실력향상 [바꾸기] 기능은 선택된 범위에서 [찾을 내용]에 입력된 내용을 찾은 후 [바꿀 내용]으로 변경하는 기능입니다.

실력향상 [찾기 및 바꾸기] 대화상자의 [찾을 내용]과 [바꿀 내용]에 입력된 문자는 엑셀 문서를 모두 닫기 전까지 이전에 입력된 내용이 그대로 유지됩니다. 만약 '바꿀 내용을 찾지 못했습니다'라는 메시지 창이 나타나면 [찾을 내용]에 보이지 않는 다른 문자가 입력되어 있을 수 있으므로 Backspace 와 Delete 를 여러 번 눌러서 깨끗하게 삭제한 후 다시 [바꾸기]를 클릭합니다.

03 균등 분할 맞춤 설정하기

❶ [C6:C39] 셀 범위가 지정된 상태에서 마우스 오른쪽 버튼을 클릭하고 ❷ [셀 서식]을 선택합니다. ❸ [셀 서식] 대화상자의 [맞춤] 탭을 클릭합니다. ❹ [텍스트 맞춤]의 [가로]를 [균등 분할 (들여쓰기)]로 설정하고, ❺ [들여쓰기]에 **1**을 입력합니다. 들여쓰기를 1로 설정하면 셀의 왼쪽과 오른쪽 가장자리에 한 글자 정도의 여백이 생깁니다. ❻ [확인]을 클릭합니다.

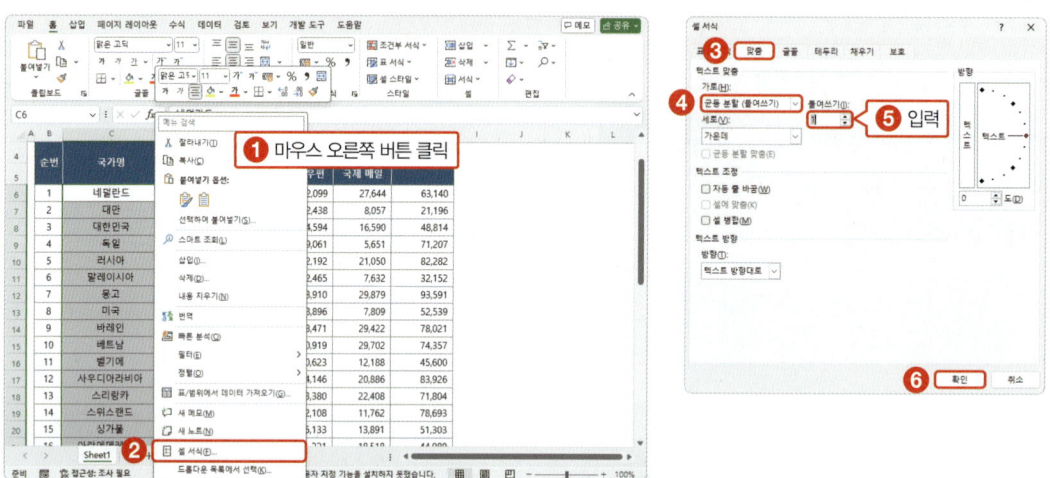

실력향상 제목의 글자를 [균등 분할 (들여쓰기)]로 지정할 경우 [균등 분할 맞춤]을 추가로 선택하면 더 편리합니다. [균등 분할 맞춤]은 왼쪽과 오른쪽 가장자리 여백과 글자 사이 여백을 모두 동일하게 맞춰주므로 들여쓰기 값을 별도로 지정할 필요가 없습니다.

시간단축 [셀 서식] 대화상자를 표시할 때 Ctrl + 1 을 누르면 더 빠르게 대화상자를 표시할 수 있습니다.

04 국가명에 입력된 테스트 간격이 깔끔하게 맞춰집니다.

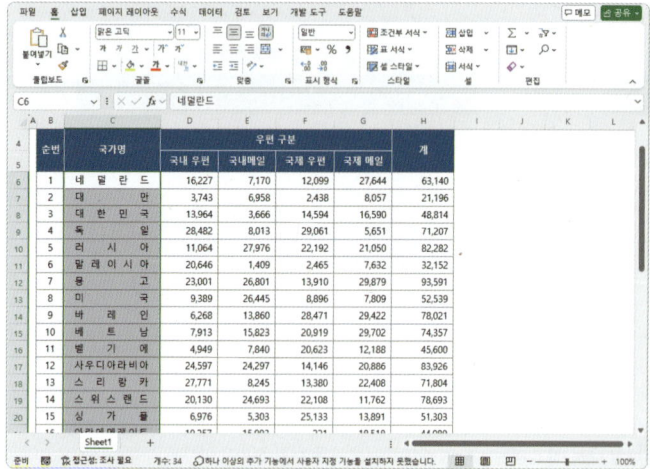

06 표 목록에서 특정 값을 찾아 동시에 변경하고 삭제하기

with 챗GPT

실습 파일 CHAPTER01\06_제품출하일지.xlsx | **완성 파일** CHAPTER01\06_제품출하일지(완성).xlsx

제품 출하일지에서 별표(*)와 0을 모두 하이픈(-)으로 변경하려고 합니다. 그런데 바꾸기 기능에서 별표(*)를 입력했더니, 예상과 다르게 모든 데이터가 하이픈(-)으로 바뀌었습니다. 이런 문제가 발생했을 때 챗GPT를 통해 원인을 살펴보고, 해결하는 방법까지 알아보겠습니다. 또한, 0을 변경할 때는 10, 20처럼 숫자에 포함된 경우는 변경되지 않도록 하는 방법도 함께 살펴보겠습니다.

미리보기

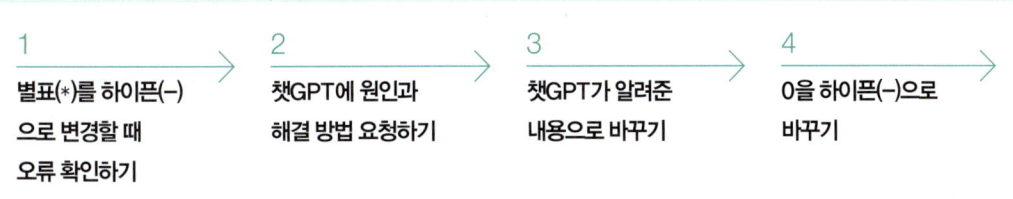

회사에서 바로 통하는 키워드

* 바꾸기, 0 바꾸기, 와일드카드 문자 변경, 서식 바꾸기, 챗GPT

한눈에 보는 작업 순서

1. 별표(*)를 하이픈(-)으로 변경할 때 오류 확인하기
2. 챗GPT에 원인과 해결 방법 요청하기
3. 챗GPT가 알려준 내용으로 바꾸기
4. 0을 하이픈(-)으로 바꾸기

01 *를 –으로 변경할 때 오류 확인하기
❶ [F5:L32] 셀 범위를 지정하고 ❷ [홈] 탭-[편집] 그룹-[찾기 및 선택]을 클릭한 후 ❸ [바꾸기]를 클릭합니다. ❹ [찾기 및 바꾸기] 대화상자에서 [찾을 내용]에는 *를 입력하고, [바꿀 내용]에는 –을 입력합니다. ❺ [모두 바꾸기]를 클릭합니다.

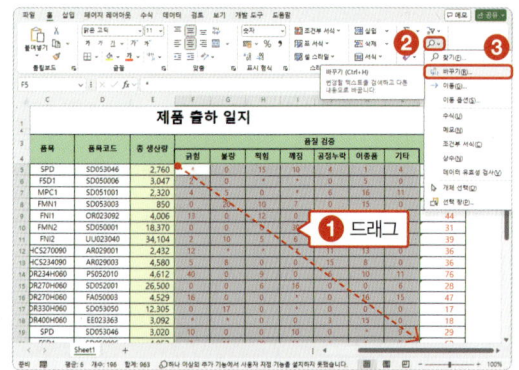
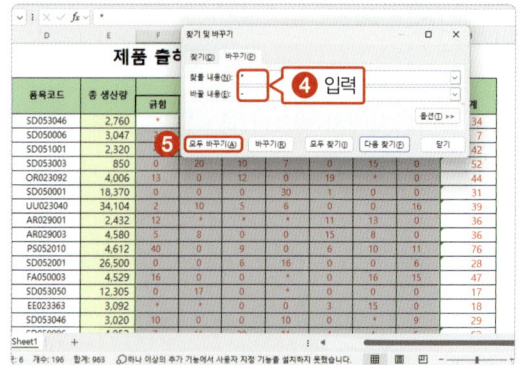

02
[F5:L32] 셀 범위의 모든 데이터가 하이픈(–)으로 변경되었습니다. 이 문제를 챗GPT에게 질문해 원인을 살펴보고, 해결 방법까지 알아보겠습니다.

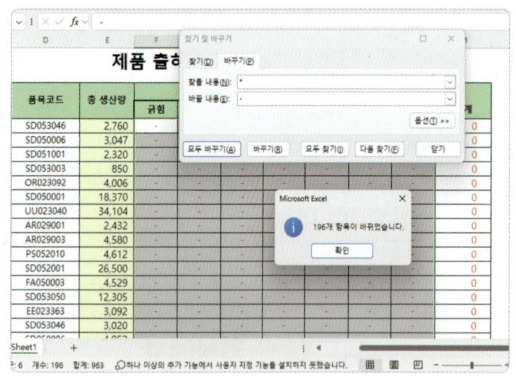

03 챗GPT에게 오류의 원인과 해결 방법 물어보기
챗GPT로 이동하여 문제가 발생한 상황을 설명하고 해결 방법을 요청하는 프롬프트를 입력합니다.

> **프롬프트**
>
> 엑셀에서 바꾸기 기능을 이용해 *를 –으로 변경하는데 오류가 발생해.
>
> #바꾸기 화면 입력 내용
> – 찾을 내용 : *
> – 바꿀 내용 : –
>
> 모두 바꾸기를 클릭하면 선택된 셀의 모든 데이터가 –으로 변경돼.
> 문제의 원인을 설명해주고, 해결 방법을 알려줘.

엑셀에서 바꾸기 기능 사용 시, *(별표)는 와일드카드 문자로 인식됩니다.
와일드카드는 여러 문자를 대표하기 때문에 찾을 내용에 *를 입력하면 해당 셀의 모든 내용을 찾은 것으로 간주합니다. 따라서, 모두 바꾸기를 클릭하면 선택된 셀의 모든 데이터가 –으로 변경됩니다.

1. 해결 방법
*를 문자 그대로 처리하려면, ~(틸드)를 사용해야 합니다. ~는 엑셀에서 와일드카드 문자를 일반 텍스트로 처리하도록 지정하는 이스케이프 문자입니다.

수정된 입력 내용 :
찾을 내용 : ~*
바꿀 내용 : –

2. 단계별 해결 방법
1) 단축키 Ctrl + H 를 눌러 바꾸기 창을 엽니다.
2) 찾을 내용에 ~*를 입력합니다.
3) 바꿀 내용에 –을 입력합니다.
4) 모두 바꾸기를 클릭합니다.
이제 *만 –으로 변경되며, 데이터 전체가 손상되지 않을 것입니다.

04 와일드카드 문자가 다른 기호는 없는지 추가 질문해보겠습니다.

프롬프트

*기호에 대해서 이해했어.
그리고, *기호처럼 사용하는 또 다른 와일드카드가 있으면 설명해줘.

 와일드카드는 엑셀에서 특정 문자를 대체하거나 검색할 때 사용하는 특수 기호입니다. 별표(*) 외에도 두 가지 와일드카드가 더 있습니다.

엑셀에서 사용하는 와일드카드
1. **별표(*)**
   - 의미 : 문자 수에 상관없이 모든 문자를 대체합니다.
   - 예 : a*를 검색하면 "apple", "account", "any"와 같이 a로 시작하는 모든 단어를 찾습니다.

2. **물음표(?)**
   - 의미 : 단일 문자 하나를 대체합니다.
   - 예 : t?st를 검색하면 "test", "tast", "tost"와 같이 첫 번째 문자와 마지막 문자가 고정된 단어를 찾습니다.

3. 틸드(~) (이스케이프 문자)

- 의미 : 와일드카드를 특수 문자로 처리하지 않고 문자 그대로 검색할 수 있도록 만듭니다.
- 예 : ~*를 입력하면 실제 별표(*) 문자를 검색합니다.
- 마찬가지로, ~?는 실제 물음표(?) 문자를 검색합니다.

4. 예시로 이해하기

- 데이터를 검색할 때, ?a*라고 입력하면 :
  - 두 번째 문자가 a이고 그 뒤에 문자가 몇 개든 올 수 있는 단어를 찾습니다. 예 : "cat", "batman", "halo"

5. 주의점

- 와일드카드는 텍스트 데이터에서만 동작하며, 숫자 데이터에는 적용되지 않습니다.
- 특수 문자를 검색할 때는 반드시 ~를 사용하여 문자 그대로 처리해야 합니다.

05 챗GPT가 알려준 내용으로 적용하기

❶ 데이터를 원래대로 되돌리기 위해 임의의 셀을 클릭하고 Ctrl + Z 를 누릅니다. ❷ [찾을 내용]에는 ~*를 입력하고, [바꿀 내용]에는 -을 입력합니다. ❸ 서식을 변경하기 위해 [옵션]을 클릭합니다.

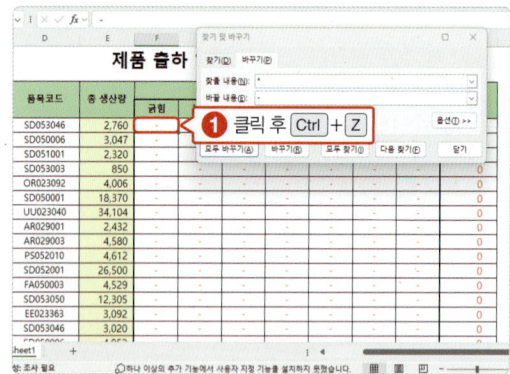 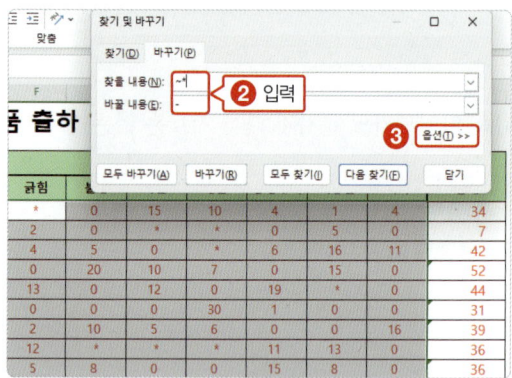

06 변경할 서식 설정하기

❶ [바꿀 내용]의 [서식]을 클릭하고 ❷ 다시 [서식]을 클릭합니다. ❸ [서식 바꾸기] 대화상자에서 [글꼴] 탭을 클릭합니다. ❹ [색]을 [검정]으로 변경한 후 ❺ [확인]을 클릭합니다.

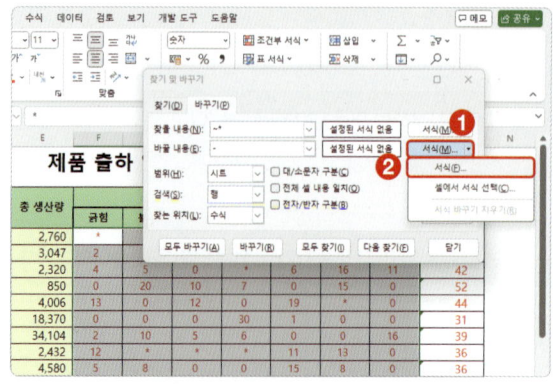 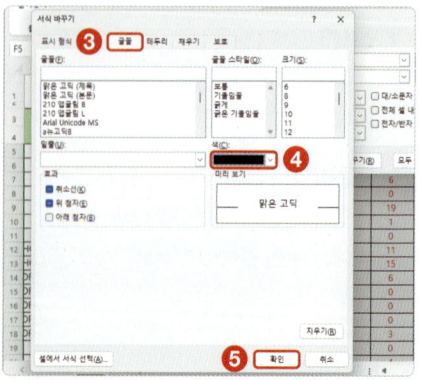

시간단축 설정된 서식을 지울 경우 [서식 바꾸기] 대화상자 하단에 있는 [지우기]를 클릭합니다.

07 서식에 [미리 보기] 글자가 표시됩니다. ❶ [모두 바꾸기]를 클릭하고 ❷ 변경된 개수를 보여주는 메시지 창이 나타나면 [확인]을 클릭합니다.

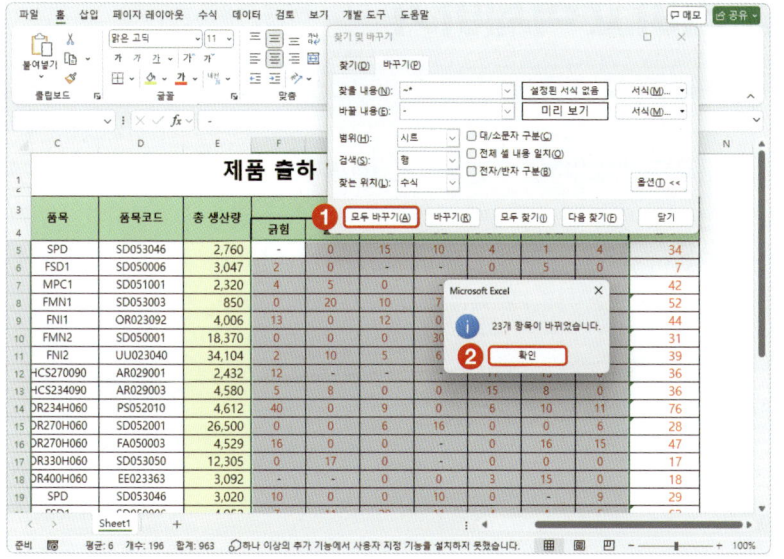

08 0을 –으로 변경하기 [F5:L32] 셀 범위가 그대로 지정된 상태에서 [찾기 및 바꾸기] 대화상자에서 ❶ [찾을 내용]에는 0을 입력하고, [바꿀 내용]에는 –을 입력합니다. ❷ [전체 셀 내용 일치]에 체크하고 ❸ [모두 바꾸기]를 클릭합니다. ❹ 변경된 개수를 보여주는 메시지 창이 나타나면 [확인]을 클릭하고 ❺ [찾기 및 바꾸기] 대화상자에서 [닫기]를 클릭합니다. *와 0이 모두 –으로 변경되고 –에는 검은색 글꼴 색이 적용되었습니다.

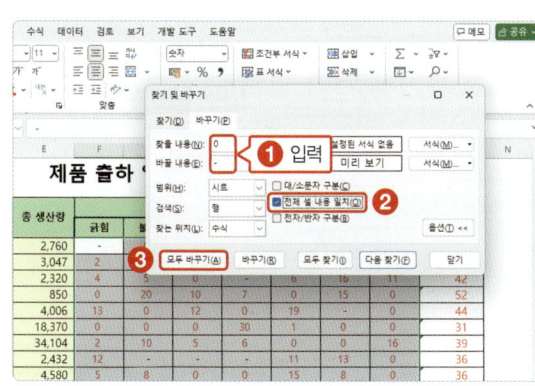 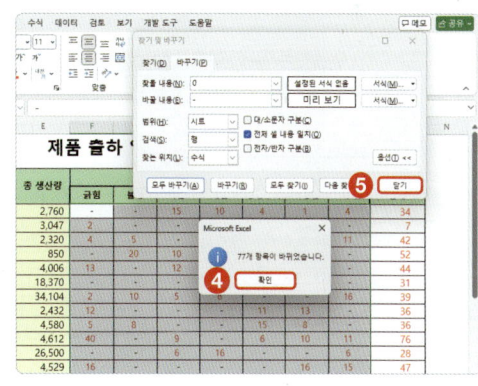

실력향상 [전체 셀 내용 일치]에 체크하지 않으면 선택된 셀 범위의 숫자 중 '10' 또는 '20' 등의 데이터도 찾아 '1–' 또는 '2–'으로 변경합니다. 바꿀 서식은 변경하지 않았으므로 '0'이 '–'로 변경되면서 [글꼴 색]도 [검정]으로 변경됩니다.

07 텍스트 나누기로 열 분리하고 삭제하기

실습 파일 CHAPTER01\07_사내식당식자재.xlsx | 완성 파일 CHAPTER01\07_사내식당식자재(완성).xlsx

사내 관리 시스템이나 웹에서 다운로드한 데이터를 엑셀에서 편집하면 한 열에 다양한 정보가 포함된 경우가 많습니다. 이러한 데이터는 다른 열로 분리하거나 삭제해야 표 목록을 활용하고 분석하기 편리합니다. 텍스트 나누기 기능을 이용하여 텍스트를 빠르게 분리하고 삭제해보겠습니다.

미리보기

회사에서 바로 통하는 **키워드**

텍스트 나누기, 두 개의 열로 나누기, 열 나누어 삭제하기

한눈에 보는 **작업 순서**

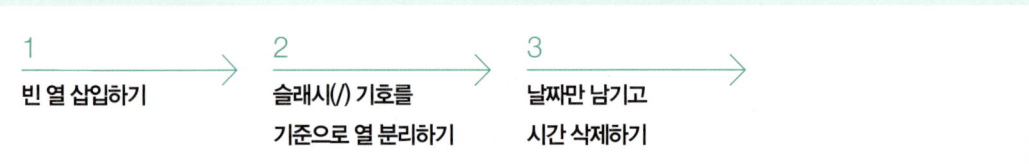

1. 빈 열 삽입하기
2. 슬래시(/) 기호를 기준으로 열 분리하기
3. 날짜만 남기고 시간 삭제하기

01 빈 열 삽입하기 B열에는 식품명과 상세식품명이 함께 입력되어 있습니다. 슬래시(/) 기호를 기준으로 열을 분리하여 상세식품명은 C열에 입력되도록 텍스트 나누기를 적용해보겠습니다. 텍스트 나누기를 하기 전에 C열에 빈 열이 준비되어 있어야 합니다. ❶ C열 머리글에서 마우스 오른쪽 버튼을 클릭하고 ❷ [삽입]을 선택합니다.

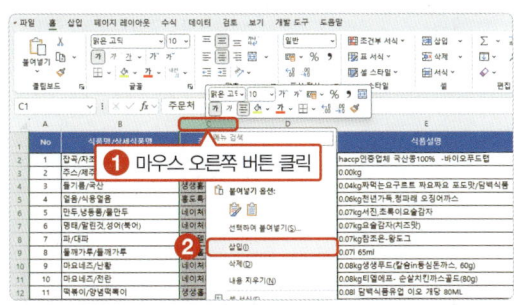

실력향상 빈 열이 없는 상태에서 텍스트 나누기를 실행하면 상세식품명이 주문처에 입력되어 주문처 데이터가 삭제됩니다. 만약 한 개의 열을 세 개로 나눈다면 빈 열을 두 개 삽입한 후 텍스트 나누기를 실행합니다.

02 슬래시(/) 기호를 기준으로 열 분리하기 ❶ B열 머리글을 클릭하고 ❷ [데이터] 탭–[데이터 도구] 그룹–[텍스트 나누기]를 클릭합니다. ❸ [텍스트 마법사 1단계]에서 [구분 기호로 분리됨]을 선택합니다. ❹ [다음]을 클릭합니다.

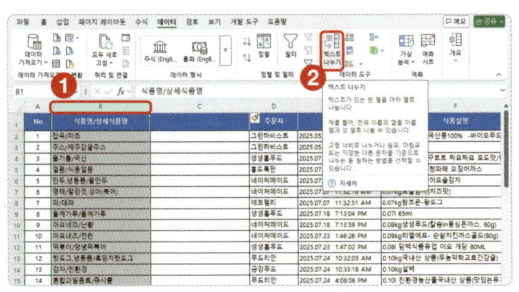 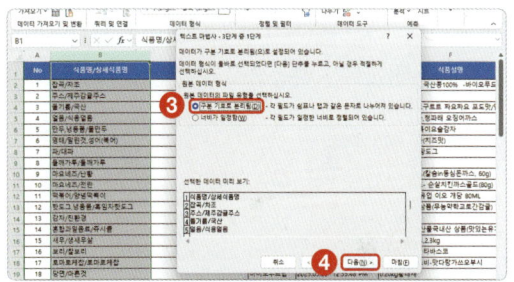

실력향상 식품명과 상세식품명은 슬래시(/)로 구분되어 있으므로 [구분 기호로 분리됨]을 선택합니다. 텍스트 마법사는 1단계에서 어떤 항목을 선택하느냐에 따라 2단계에 나타나는 화면이 다릅니다.

03 ❶ [텍스트 마법사 2단계]의 구분 기호에서 [기타]에 체크합니다. ❷ 입력란에 /를 입력하고 ❸ [다음]을 클릭합니다. ❹ [텍스트 마법사 3단계]에서 [열 데이터 서식]은 두 개 열 모두 [일반]으로 선택하고 ❺ [마침]을 클릭합니다.

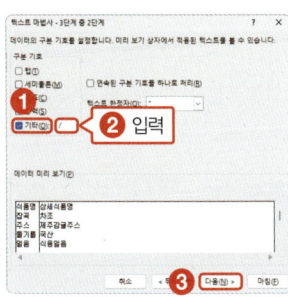 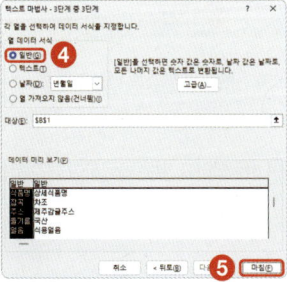

실력향상 만약 한 셀에 구분 기호로 지정된 슬래시(/)가 두 개 이상 있을 경우 해당 셀만 세 개 이상의 열로 분리됩니다. [열 데이터 서식]을 [일반]으로 선택하면 전체 셀 데이터가 숫자일 경우 '숫자'로, 문자가 포함되어 있으면 '문자'로 설정됩니다.

04 ❶ '해당 영역에 이미 데이터가 있습니다. 기존 데이터를 바꾸시겠습니까?' 메시지 창이 나타나면 [확인]을 클릭합니다. ❷ 데이터가 분리되어 '상세식품명'은 C열에 입력되었습니다.

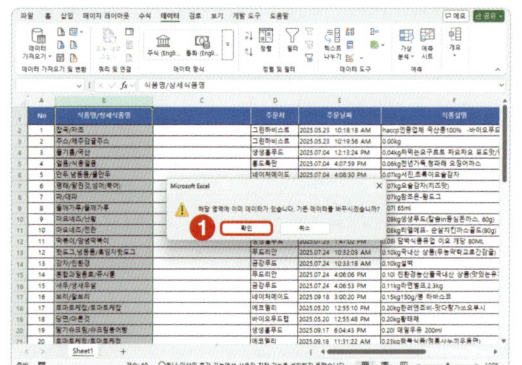 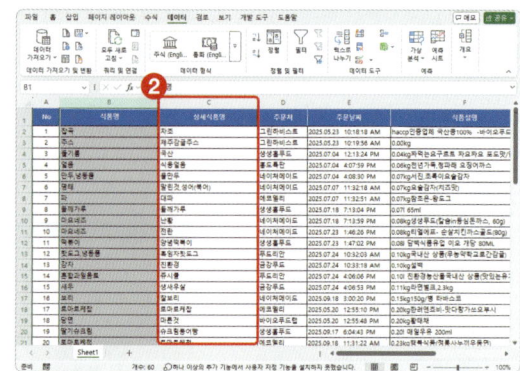

실력향상 [텍스트 마법사 3단계]에서 결과가 표시될 셀을 [B1] 셀로 선택했기 때문에 원본 데이터의 보존 여부를 묻는 메시지가 나타났습니다. 만약 3단계에서 결과가 표시될 셀을 데이터가 없는 빈 셀로 선택했다면 이 메시지 창은 나타나지 않고 바로 텍스트 나누기가 완료됩니다.

05 **날짜만 남기고 시간 삭제하기** E열의 '주문날짜'에서 날짜만 남기고 시간 데이터는 일괄 제거해보겠습니다. ❶ E열 머리글을 클릭하고 ❷ [데이터] 탭-[데이터 도구] 그룹-[텍스트 나누기]를 클릭합니다. ❸ [텍스트 마법사 1단계]에서 [너비가 일정함]을 선택하고 ❹ [다음]을 클릭합니다. ❺ [텍스트 마법사 2단계]에서는 자동으로 구분선이 표시됩니다. ❻ [다음]을 클릭합니다.

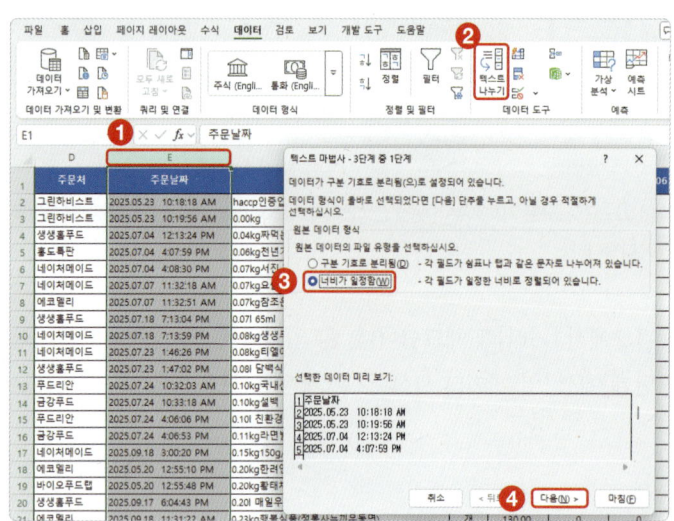 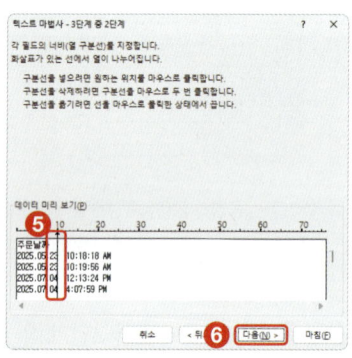

실력향상 주문날짜에서 [구분 기호로 분리됨]을 선택하여 '공백' 기준으로 텍스트 나누기를 할 경우 세 개의 열로 분리되므로 [너비가 일정함]으로 선택하는 것이 좋습니다.

시간단축 구분선 위치를 옮기려면 선을 클릭한 후 드래그하여 이동합니다. 잘못 클릭하여 생긴 구분선은 밖으로 드래그하거나 구분선을 더블클릭하여 삭제합니다.

06 ❶ [텍스트 마법사 3단계]에서 첫 번째 열 데이터 서식은 [날짜]로 ❷ 두 번째 열 데이터 서식은 [열 가져오지 않음(건너뜀)]으로 선택합니다. ❸ [마침]을 클릭합니다.

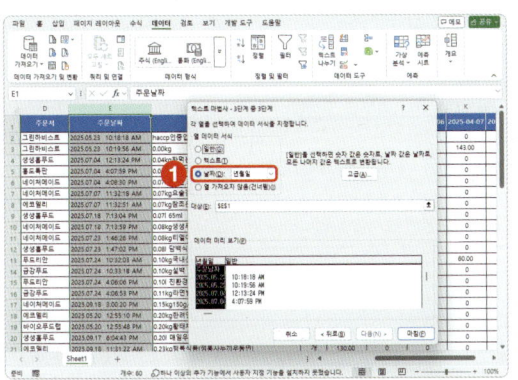 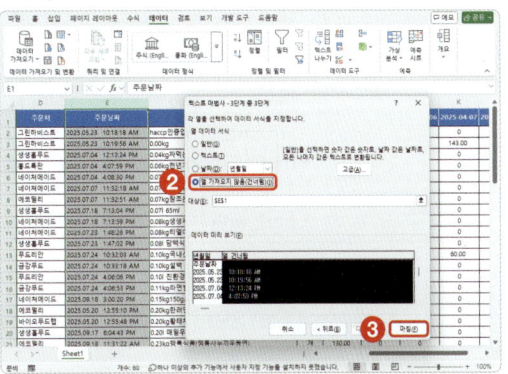

07 E열의 '주문날짜'에서 시간은 삭제되고 날짜만 남았고, 문자 형식에서 날짜 형식으로 변경되었습니다.

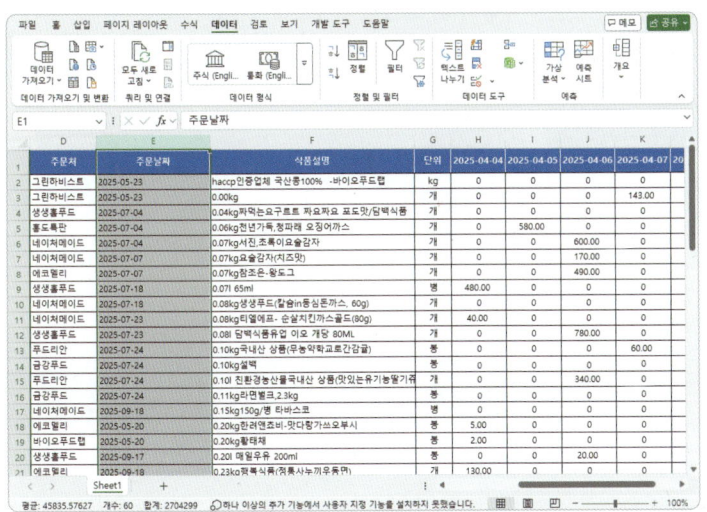

시간단축 '주문날짜'에서 날짜만 남기고 시간을 삭제할 때 바꾸기를 이용할 수도 있습니다. [홈] 탭-[편집] 그룹-[찾기 및 선택]-[바꾸기]를 클릭합니다. [찾기 및 바꾸기] 대화상자에서 [찾을 내용]에는 Spacebar 를 한 번 눌러 공백 한 칸과 별표(*)를 입력하고, [바꿀 내용]에는 아무것도 입력하지 않습니다. [모두 바꾸기]를 클릭하면 시간이 삭제됩니다. 그다음 [찾을 내용]에는 마침표(.)를 입력하고, [바꿀 내용]에 하이픈(-)을 입력하면 날짜 형식으로 변경할 수 있습니다.

> **비법 Note** **TEXTSPLIT 함수로 데이터 나누기**
>
> 한 셀에 입력된 데이터를 여러 개의 열이나 행으로 나눌 때 TEXTSPLIT 함수를 사용할 수 있습니다. [데이터]-[텍스트 나누기]는 데이터를 열 방향으로만 나눌 수 있지만, TEXTSPLIT 함수는 행 방향, 열 방향 모두 나눌 수 있습니다. 결과는 배열 형태로 반환되는 동적 배열 함수로 엑셀 2024와 마이크로소프트 365에서 사용할 수 있습니다.

함수 형식	=TEXTSPLIT(text,col_delimiter,[row_delimiter],[ignore_empty],[match_mode],[pad_with])
	=TEXTSPLIT(나눌 문자,열_구분자,[행_구분자],[빈 셀_무시],[일치_유형],[채울_값])
인수	- **text** : 분할하려는 텍스트로 문자를 입력하거나 셀 주소를 입력합니다. - **col_delimiter** : 열 방향으로 텍스트를 나눌 때 사용할 구분 기호입니다. - **row_delimiter** : 행 방향으로 텍스트를 나눌 때 사용할 구분 기호입니다. - **ignore_empty** : 나눠지는 항목에 빈 셀이 있을 경우 무시 여부를 결정합니다. TRUE는 빈 셀을 무시하고, FALSE는 빈 셀도 포함하여 나눕니다. 기본 값은 FALSE입니다. - **match_mode** : 대소문자 구분 여부를 지정합니다. 0은 대소문자를 구분하고, 1은 구분하지 않습니다. 기본 값은 0입니다. - **pad_with** : 나누지 못하거나 빈 셀로 입력되어야 하는 셀에 표시할 값입니다. 기본 값은 #N/A입니다.

비법 Note TEXTSPLIT 함수로 데이터 나누기 따라 해보기

실습 파일 CHAPTER01\07_사내식당식자재_비법노트.xlsx
완성 파일 CHAPTER01\07_사내식당식자재_비법노트(완성).xlsx

❶ [C2] 셀에 **=TEXTSPLIT(B2,"/")**를 입력하고 Enter 를 누릅니다. [B2] 셀에 입력된 텍스트가 '/' 기호를 기준으로 나눠서 [C2:D2] 셀에 표시됩니다. ❷ TEXTSPLIT 함수는 동적 배열 함수로 결과가 두 개의 열에 표시됩니다.

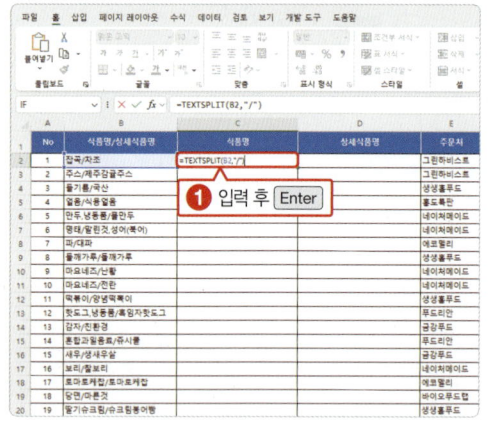 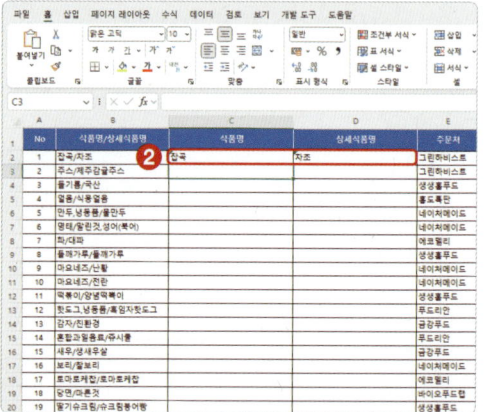

[C2:D2] 셀 범위의 채우기 핸들을 드래그하여 수식을 복사합니다.

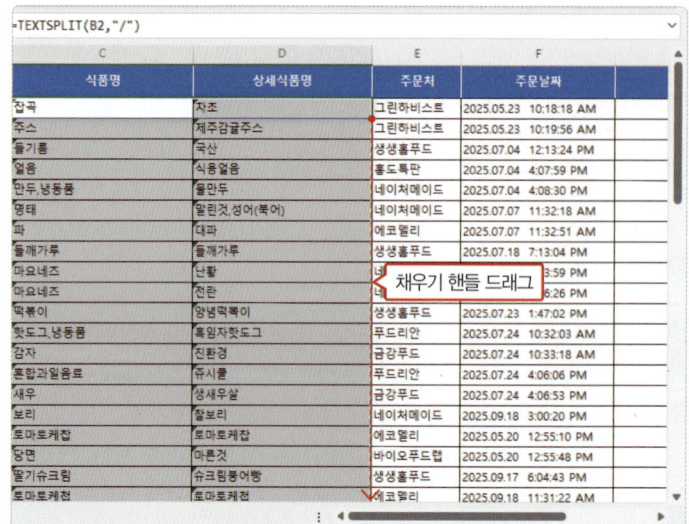

❶ [F2] 셀의 날짜와 시간을 공백 두 개를 기준으로 나누어 [G2] 셀과 [H2] 셀에 표시되도록 [G2] 셀에 **=TEXTSPLIT(F2," ")**를 입력합니다. 따옴표 안에 공백을 두 개 입력합니다. 공백을 한 개 입력하면 날짜와 시간 사이에 빈 열이 추가되고, 시간 데이터의 AM도 열이 분리됩니다. ❷ [G2:H2] 셀 범위의 채우기 핸들을 드래그하여 수식을 복사합니다.

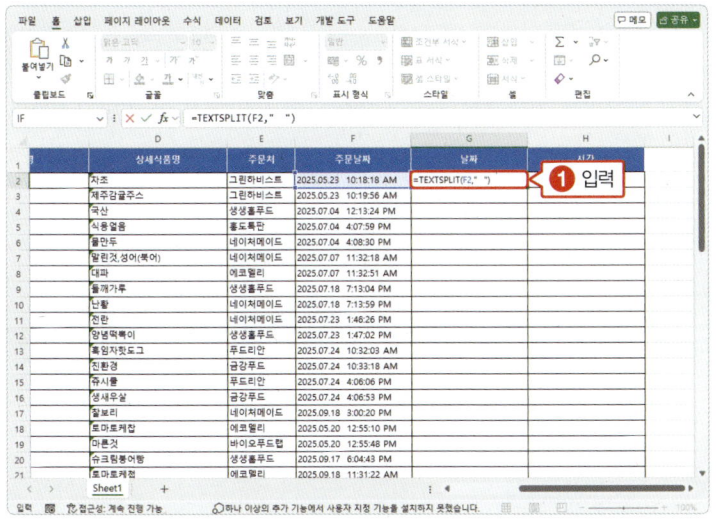

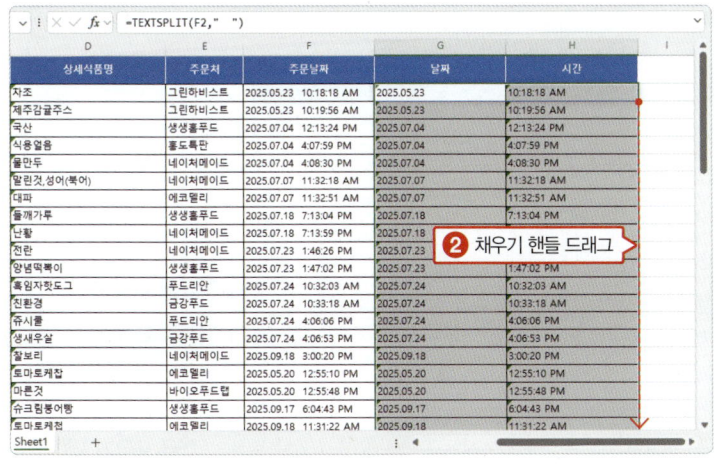

빠른 채우기로 데이터 추출하고 합치기

실습 파일 CHAPTER01\08_전국주소록.xlsx | 완성 파일 CHAPTER01\08_전국주소록(완성).xlsx

빠른 채우기는 첫 번째 셀에 입력된 데이터를 기준으로 패턴을 파악하여 동일한 열의 나머지 데이터를 자동으로 채워주는 기능입니다. 이 기능을 활용하면 반복 작업을 줄이고 데이터를 분리하거나 합치는 작업을 쉽고 간단하게 해결할 수 있습니다. 빠른 채우기를 이용하여 한 셀에 입력된 긴 주소를 '시도, 행정구, 도로명주소'로 나눠 추출하고, 셀에 입력된 도메인에 문자를 추가하여 홈페이지 주소를 만들어보 겠습니다.

미리보기

회사에서 바로 통하는 키워드

빠른 채우기, 데이터 추출, 데이터 합치기, Ctrl + E

한눈에 보는 작업 순서

1. 빠른 채우기 자동 실행으로 추출하기 →
2. 도구 단추로 빠른 채우기 실행하기 →
3. 단축키로 빠른 채우기 실행하기 →
4. 빠른 채우기로 데이터 합치기

01 빠른 채우기 자동 실행으로 시도 추출하기
A열에 입력된 주소에서 시도만 추출하여 B열에 입력해보겠습니다. ❶ [B4] 셀에 **경기도**를 입력하고 ❷ [B5] 셀에 **강**을 입력합니다. 빠른 채우기가 실행되어 [B6:B162] 셀 범위에 시도가 모두 표시됩니다. ❸ Enter 를 누릅니다.

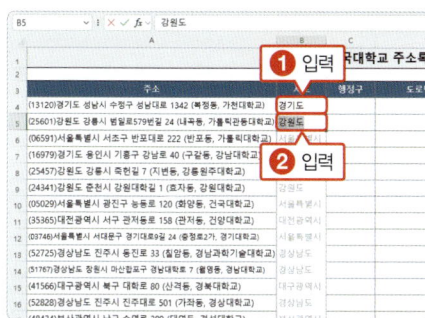 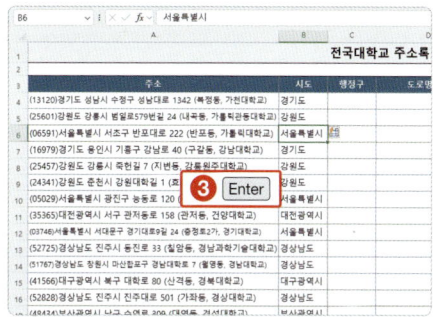

실력향상 같은 열에 동일한 패턴의 데이터가 두 번 이상 반복적으로 입력되면 빠른 채우기가 자동으로 실행되며, 희미하게 표시된 데이터를 확인할 수 있습니다. 이 데이터를 적용하려면 Enter 를 누르고, 적용하지 않으려면 원하는 데이터를 계속 입력합니다.

02 도구 단추로 빠른 채우기 실행하기
C열에는 행정구를 추출하여 입력해보겠습니다. ❶ [C4] 셀에 **성남시**를 입력하고 ❷ [데이터] 탭-[데이터 도구] 그룹-[빠른 채우기]를 클릭합니다. ❸ C열에 행정구 데이터가 모두 입력됩니다.

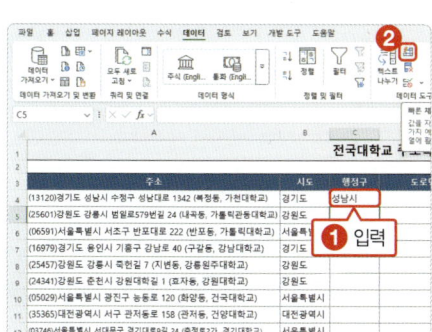 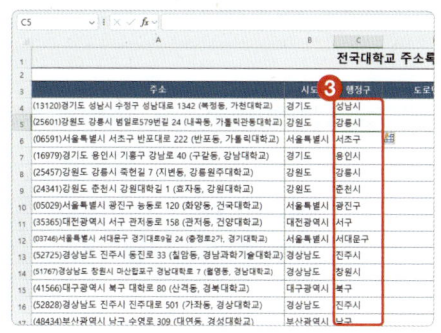

03 단축키로 빠른 채우기 실행하기
D열에는 도로명주소를 추출하여 입력해보겠습니다. ❶ [D4] 셀에 **수정구 성남대로 1342**를 입력하고 Ctrl + E 를 누릅니다. ❷ D열에 도로명주소 데이터가 모두 입력됩니다.

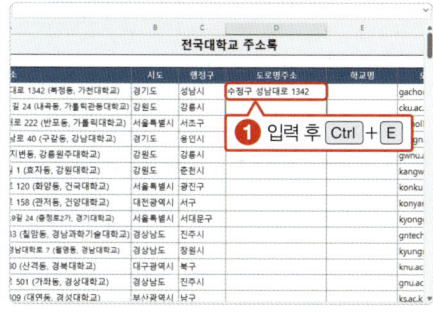

시간단축 [D4] 셀에 도로명주소를 입력할 때 [A4] 셀의 도로명주소 부분을 복사하여 [D4] 셀에 붙여 넣은 후 Ctrl + E 를 눌러도 됩니다.

04 빠른 채우기로 데이터 합치기

G열에 도메인 주소와 'http://www.'을 합쳐서 홈페이지 주소를 만들어보겠습니다. ❶ [G4] 셀에 **http://www.gachon.ac.kr**을 입력하고 Enter 를 누른 후 Ctrl + E 를 누릅니다. ❷ F열의 도메인을 합쳐서 G열에 홈페이지 주소가 작성됩니다.

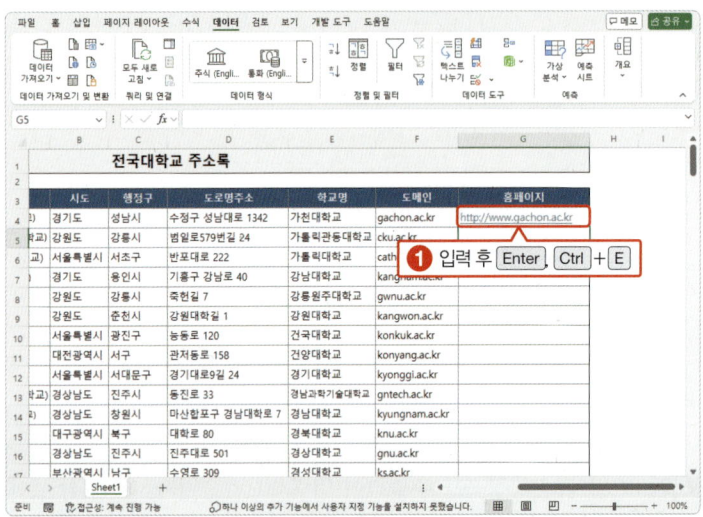

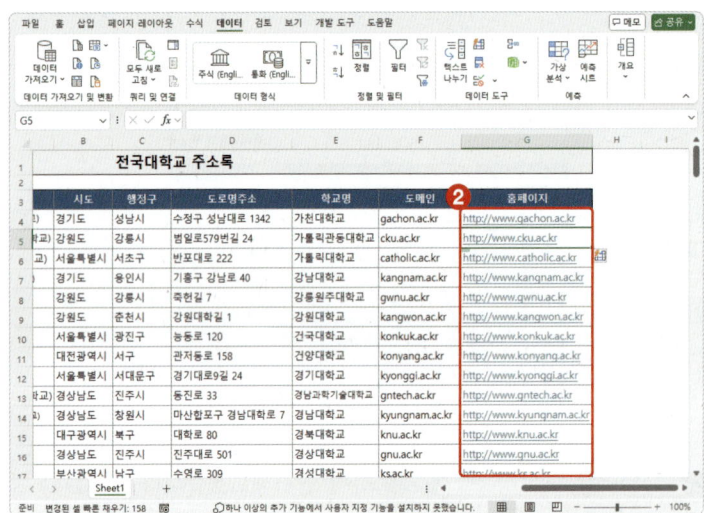

실력향상 입력한 홈페이지 주소에 하이퍼링크가 설정되지 않는다면 [파일]-[옵션]-[언어 교정]-[자동 고침 옵션]을 클릭하고 [입력할 때 자동 서식] 탭에서 [인터넷과 네트워크 경로를 하이퍼링크로 설정]에 체크합니다.

수식을 적용하여 값을 이동하고 빈 행 정리하기

실습 파일 CHAPTER01\09_품목별납품내역.xlsx | 완성 파일 CHAPTER01\09_품목별납품내역(완성).xlsx

다운로드한 원본 데이터에 반복해서 나타나는 불필요한 데이터를 삭제하고 수식을 적용해 값을 다른 열로 이동해보겠습니다. 같은 규칙을 가진 데이터 이동에 수식을 사용하면 한 번에 편집 작업을 완료할 수 있고, 이동 옵션을 이용하여 중복되는 행을 한 번에 삭제할 수 있습니다.

미리보기

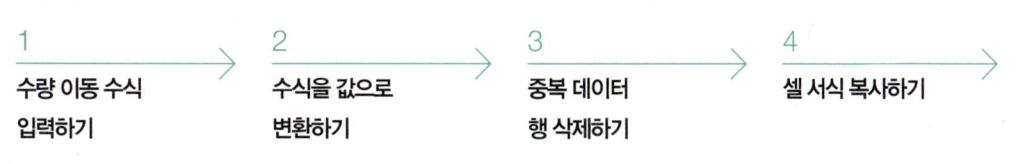

회사에서 바로 통하는 키워드

수식으로 데이터 이동, 값 붙여넣기, 이동 옵션, 열 서식 복사

한눈에 보는 작업 순서

1. 수량 이동 수식 입력하기 →
2. 수식을 값으로 변환하기 →
3. 중복 데이터 행 삭제하기 →
4. 셀 서식 복사하기

01 수량 이동 수식 입력하기
이 표에는 한 개의 품목과 거래처가 A열과 B열에 반복해 입력되어 있고, 납기와 수량이 서로 다른 행에 입력되어 있습니다. A열에는 '품목', B열에는 '거래처', C열에는 '일자', D열에는 '개수'가 표시되도록 정리해보겠습니다. ❶ [D1] 셀에 **일자** ❷ [E1] 셀에 **개수**를 각각 입력합니다. ❸ [E2] 셀에 **=D3**을 입력합니다.

실력향상 =D3을 입력하면 [D3] 셀 값이 그대로 [E2] 셀에 표시됩니다.

02
❶ [E2:E3] 셀 범위를 지정하고 ❷ 채우기 핸들을 더블클릭합니다. ❸ [E105] 셀까지 수식이 복사됩니다. [E2] 셀에는 수식이 입력되어 있고 [E3] 셀은 빈 셀이므로 수식과 빈 셀이 반복해서 복사됩니다.

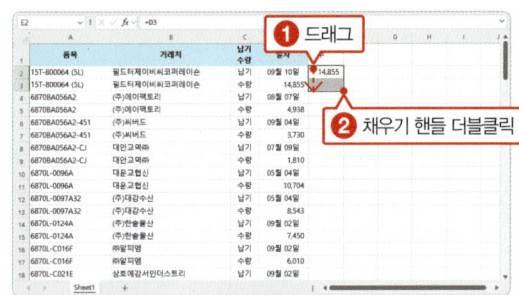
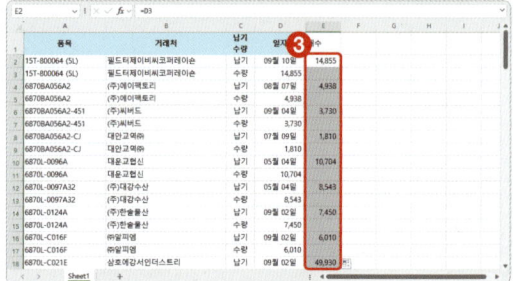

시간단축 수식이나 값을 복사할 때 채우기 핸들을 드래그하면 드래그하는 셀까지 복사되고, 더블클릭하면 왼쪽 열을 기준으로 빈 셀 직전까지 복사됩니다. 만약 왼쪽 열이 모두 비어 있다면 그다음 오른쪽 열을 기준으로 복사됩니다.

실력향상 [E2] 셀만 선택하여 수식을 복사하면 D열의 날짜 데이터도 숫자로 변환되어 복사됩니다. 수식을 복사한 후 E열에 빈 셀이 있어야 다음 작업에서 중복되는 품목과 거래처를 한 번에 삭제할 수 있습니다.

03 수식을 값으로 변환하기
중복되는 품목과 거래처 행을 삭제할 경우 수식이 입력된 E열에 오류가 표시됩니다. 행을 삭제해도 오류가 발생하지 않도록 수식을 값으로 변경해보겠습니다. ❶ E열 머리글을 클릭하고 Ctrl + C 를 눌러 복사합니다. ❷ E열이 그대로 선택된 상태에서 마우스 오른쪽 버튼을 클릭하고 ❸ [붙여넣기 옵션]-[값]을 선택합니다.

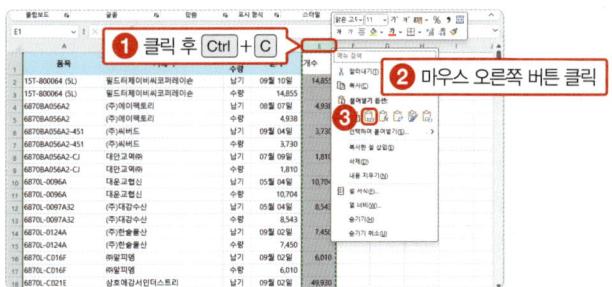

| 비법 Note | 붙여넣기 옵션의 기능 알아보기 |

셀이나 범위를 복사한 후 붙여 넣을 때 [선택하여 붙여넣기]의 목록 단추를 클릭하면 14개의 붙여넣기 항목이 표시됩니다.

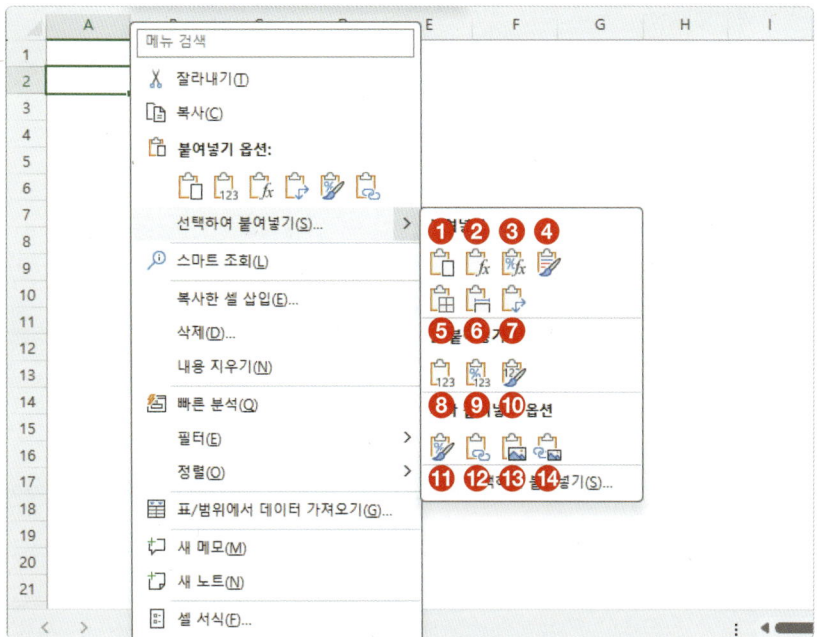

① **붙여넣기** : 셀 내용은 물론, 서식, 수식, 메모 등 셀 전체를 붙여 넣습니다. [붙여넣기] 대화상자에서 [모두]를 선택한 것과 동일합니다.

② **수식** : 값과 동일한 결과로 표시되지만 수식도 함께 붙여 넣습니다.

③ **수식 및 숫자 서식** : 수식과 함께 숫자 서식도 붙여 넣습니다.

④ **원본 서식 유지** : 원본 데이터의 서식을 그대로 함께 붙여 넣습니다.

⑤ **테두리 없음** : 테두리 서식만 제외하고 복사합니다. [선택하여 붙여넣기] 대화상자에서 [테두리만 제외]를 선택한 것과 동일합니다.

⑥ **원본 열 너비 유지** : 원본 데이터의 열 너비를 그대로 적용합니다.

⑦ **행/열 바꿈** : 행과 열의 구조를 바꿔서 복사합니다. [선택하여 붙여넣기] 대화상자에서 [행/열 바꿈]을 선택한 것과 동일합니다.

⑧ **값** : 원본 데이터의 값만 복사하되 수식은 수식의 결괏값만 붙여 넣습니다.

⑨ **값 및 숫자 서식** : 값과 함께 숫자에 사용된 서식도 함께 복사합니다. 수식이 있을 경우 결괏값을 붙여 넣습니다.

⑩ **값 및 원본 서식** : 원본 데이터의 모든 것을 복사하되 수식만 결괏값으로 대체하여 붙여 넣습니다.

⑪ **서식** : 적용된 서식(글꼴, 맞춤, 표시 형식, 테두리, 채우기 색 등)만 붙여 넣습니다.

⑫ **연결하여 붙여넣기** : 원본 데이터와 연결하여 복사합니다. 즉, 원본 데이터를 수정하면 복사한 데이터도 자동으로 수정됩니다.

⑬ **그림** : 그림 형식으로 붙여 넣습니다.

⑭ **연결된 그림** : 원본 데이터를 그림 형식으로 원본 데이터와 연결하여 붙여 넣습니다. 이때 원본 데이터가 변경되면 이 그림도 자동으로 변경됩니다.

04 중복 데이터 행 삭제하기 중복되는 품목과 거래처를 삭제해보겠습니다. ❶ E열 머리글을 클릭하고 ❷ [홈] 탭-[편집] 그룹-[찾기 및 선택]을 클릭한 후 ❸ [이동 옵션]을 클릭합니다. ❹ [이동 옵션] 대화상자에서 [빈 셀]을 선택하고 ❺ [확인]을 클릭합니다.

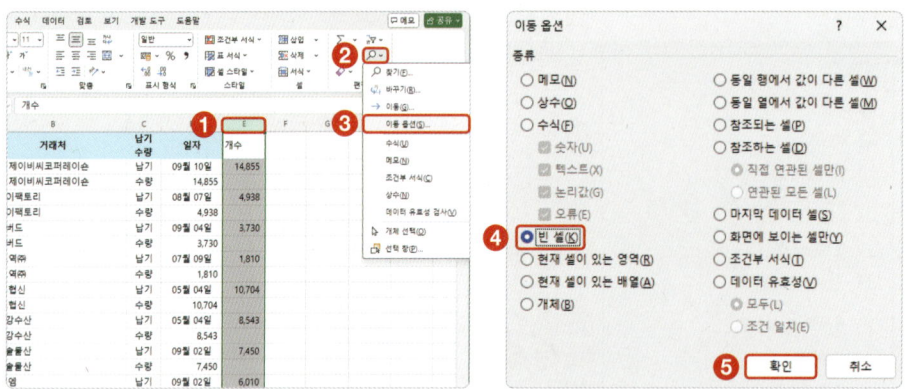

실력향상 E열을 선택한 상태에서 빈 셀을 선택했으므로 E열 중에서 빈 셀만 선택됩니다.

05 ❶ 선택된 셀에서 마우스 오른쪽 버튼을 클릭하고 ❷ [삭제]를 선택합니다. ❸ [삭제] 대화상자에서 [행 전체]를 선택하고 ❹ [확인]을 클릭합니다.

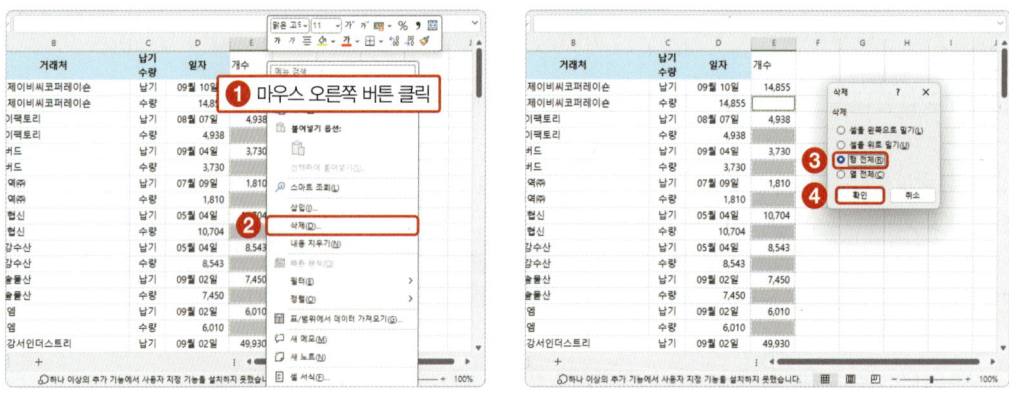

실력향상 마우스 오른쪽 버튼을 클릭할 때 반드시 선택된 빈 셀 위에서 클릭해야 선택된 빈 셀이 해제되지 않습니다.

06 E열을 기준으로 빈 셀의 행 전체가 삭제되어 품목과 거래처는 한 개씩만 남았습니다.

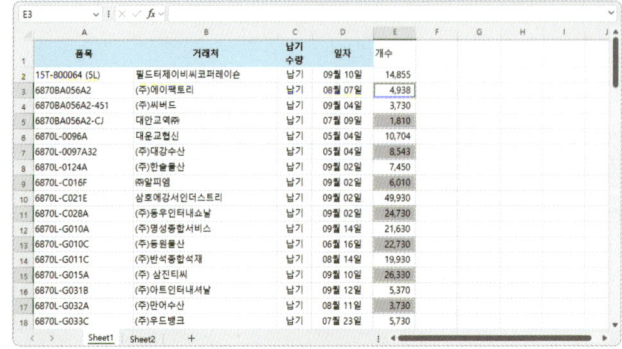

07 셀 서식 복사하기

[D1] 셀의 서식을 [E1] 셀로 복사해보겠습니다. ❶ [D1] 셀을 클릭하고 ❷ [홈] 탭-[클립보드] 그룹-[서식 복사]를 클릭합니다. 마우스 포인터가 서식 복사 도구 모양으로 바뀌면 ❸ [E1] 셀을 클릭합니다. [E1] 셀의 서식이 [D1] 셀의 서식으로 바뀌었습니다.

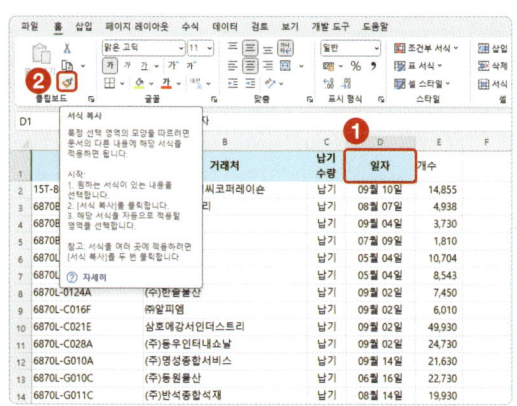 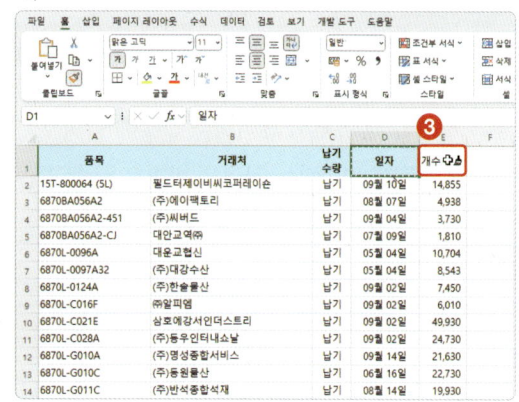

시간단축 [서식 복사]는 한 번 클릭하면 한 번 붙여 넣을 수 있고 더블클릭하면 여러 번 붙여 넣을 수 있습니다. 더블클릭으로 서식 복사가 선택된 경우에는 Esc 를 누르거나 [서식 복사]를 한 번 더 클릭하면 해제됩니다.

08 ❶ C열 머리글에서 마우스 오른쪽 버튼을 클릭하고 ❷ [삭제]를 선택합니다. C열이 삭제됩니다.

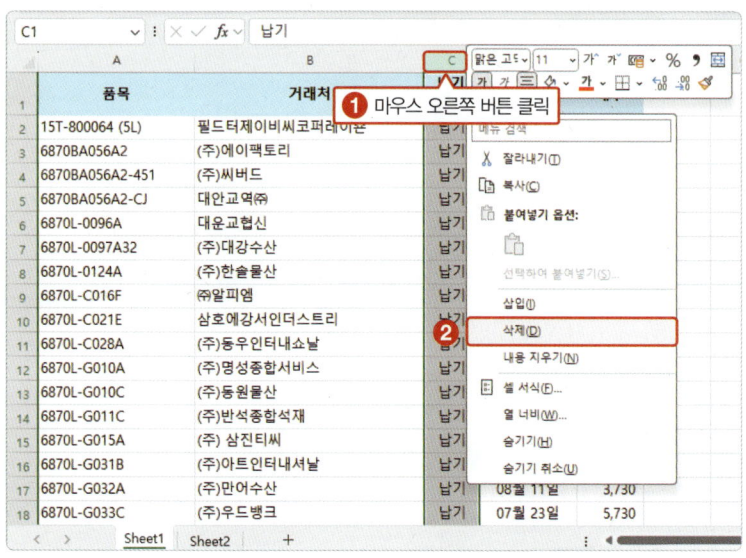

with 챗GPT

10 중복된 데이터 셀 자동 병합으로 표 정리하기

실습 파일 CHAPTER01\10_매출현황집계.xlsx | 완성 파일 CHAPTER01\10_매출현황집계(완성).xlsx

표를 작성할 때 중복된 데이터를 한눈에 알아보기 쉽게 병합하면 훨씬 깔끔해집니다. 하지만 셀 범위를 하나씩 선택해 병합하는 작업은 번거로울 수 있습니다. 이를 해결하기 위해 피벗 테이블을 활용해 자동으로 병합된 표를 만들고, 결과를 일반 표로 변환해 표를 정리하는 방법을 알아보겠습니다.

미리보기

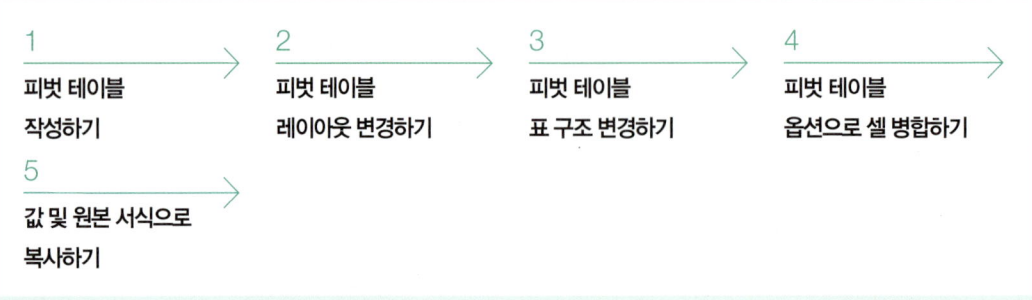

회사에서 바로 통하는 **키워드**

피벗 테이블, 셀 병합, 값 및 원본 서식

한눈에 보는 작업 순서

1. 피벗 테이블 작성하기
2. 피벗 테이블 레이아웃 변경하기
3. 피벗 테이블 표 구조 변경하기
4. 피벗 테이블 옵션으로 셀 병합하기
5. 값 및 원본 서식으로 복사하기

01 피벗 테이블 작성하기 ❶ [A3] 셀을 클릭하고 ❷ [삽입] 탭-[표] 그룹-[피벗 테이블]-[테이블/범위에서]를 클릭합니다. ❸ [표 또는 범위의 피벗 테이블] 대화상자에서 [표/범위]는 자동으로 추가된 셀 범위를 그대로 유지하고 [피벗 테이블을 배치할 위치를 선택 합니다.]에는 [새 워크시트]를 유지합니다. ❹ [확인]을 클릭합니다.

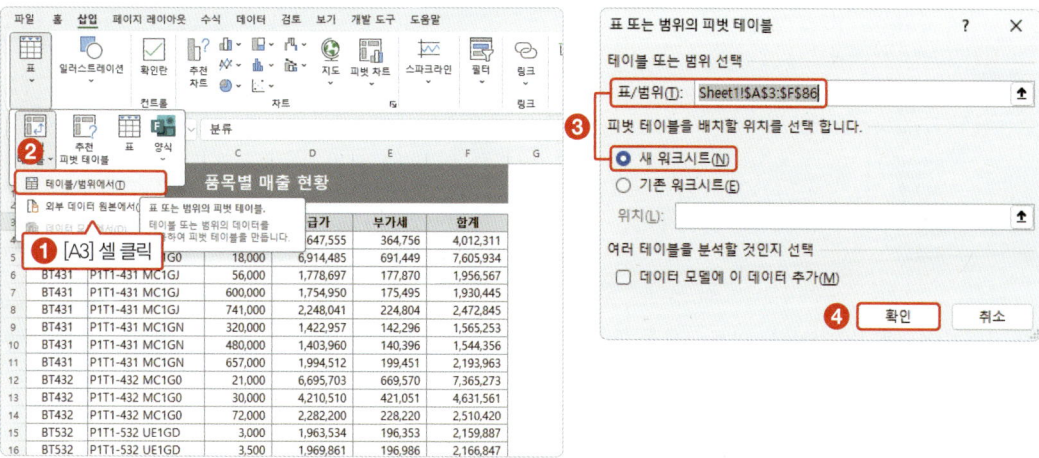

02 새 시트가 추가되고 피벗 테이블 작업 영역이 표시됩니다. 오른쪽에는 [피벗 테이블 필드] 창이 나타납니다.

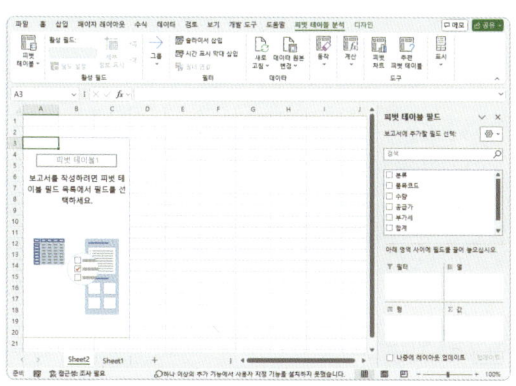

03 피벗 테이블 레이아웃 변경하기 [피벗 테이블 필드] 창의 필드 목록에서 ❶ [분류] 필드부터 ❷ [합계] 필드까지 순서대로 [행] 영역으로 드래그합니다.

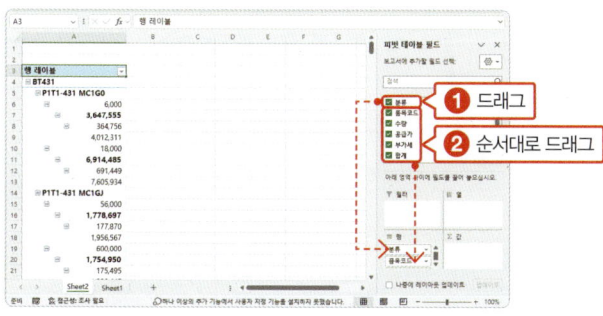

실력향상 필드를 [행] 영역에 추가할 때 필드 목록에서 체크하면 [분류]와 [품목코드]는 [행] 영역에 추가되지만, 다른 필드는 [값] 영역에 추가됩니다. 필드를 직접 드래그하여 [행] 영역에 추가하세요.

04 피벗 테이블 구조 변경하기 ❶ [디자인] 탭-[레이아웃] 그룹-[보고서 레이아웃]-[테이블 형식으로 표시]를 클릭합니다. ❷ 필드가 열로 분리되어 표시됩니다.

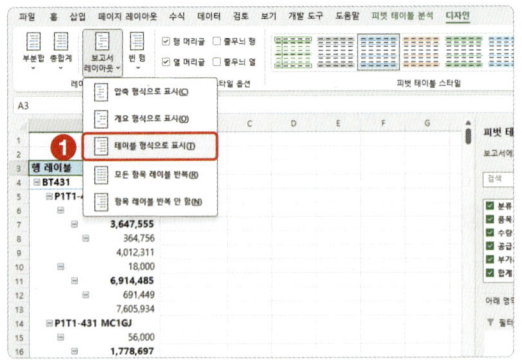 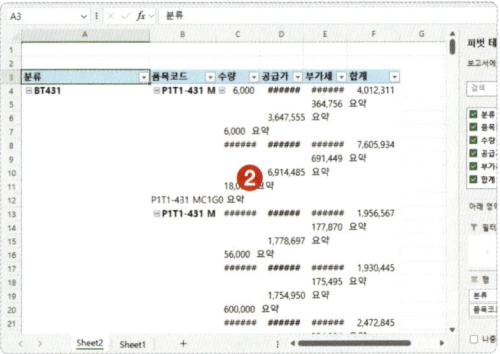

05 [디자인] 탭-[레이아웃] 그룹-[총합계]-[행 및 열의 총합계 해제]를 클릭합니다. 87행에 표시된 총합계가 제거됩니다.

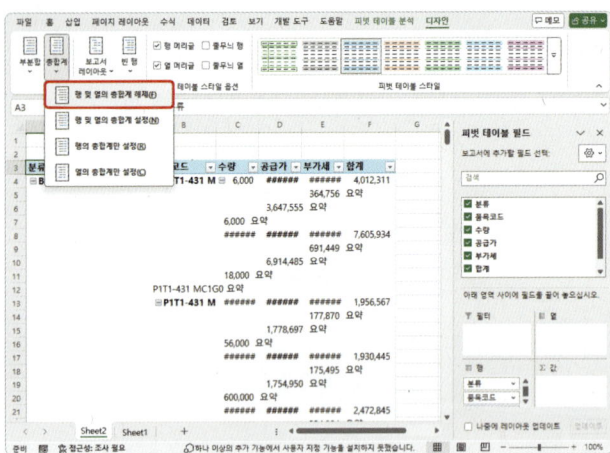

06 [디자인] 탭-[레이아웃] 그룹-[부분합]-[부분합 표시 안 함]을 클릭합니다. 요약 행이 제거됩니다.

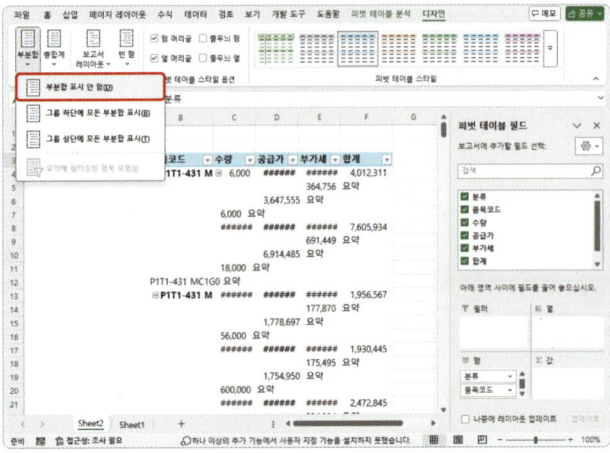

07 피벗 테이블 옵션으로 셀 병합하기 ❶ [A3] 셀에서 마우스 오른쪽 버튼을 클릭하고 ❷ [피벗 테이블 옵션]을 선택합니다. ❸ [피벗 테이블 옵션] 대화상자의 [레이아웃 및 서식] 탭에서 [레이블이 있는 셀 병합 및 가운데 맞춤]에 체크하고 ❹ [확인]을 클릭합니다.

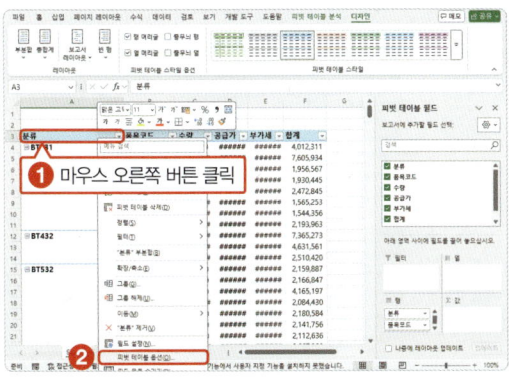 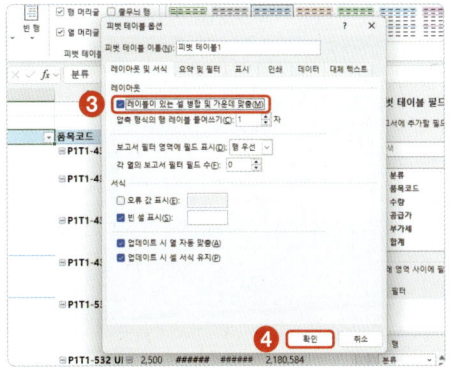

08 분류와 분류코드 열 데이터가 병합되었습니다. ❶ [A3] 셀에서 Ctrl + A 를 누릅니다. ❷ 피벗 테이블 전체 범위가 지정된 상태에서 [홈] 탭-[글꼴 그룹]-[테두리]-[모든 테두리]를 클릭합니다.

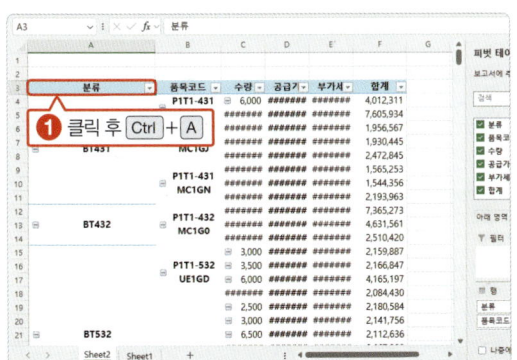 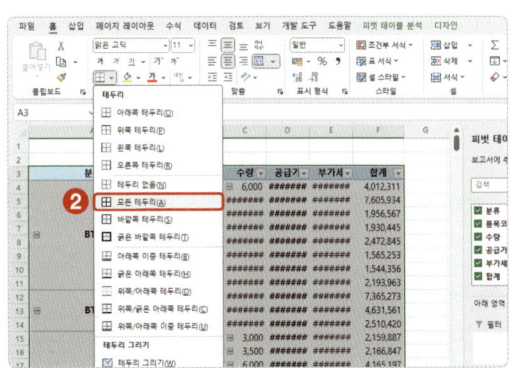

09 값 및 원본 서식으로 복사하기 ❶ 피벗 테이블 전체 범위가 지정된 상태에서 Ctrl + C 를 눌러 복사합니다. ❷ [Sheet1] 시트를 클릭하고 ❸ [H3] 셀에서 마우스 오른쪽 버튼을 클릭한 후 ❹ [선택하여 붙여넣기]-[값 및 원본 서식]을 선택합니다.

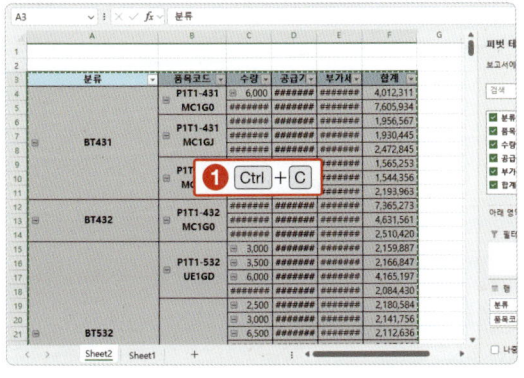 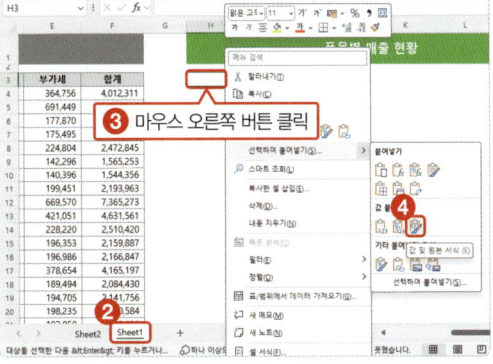

10 ① '이 작업을 수행하려면 병합하려는 모든 셀의 크기가 동일해야 합니다.' 메시지 창에서 [확인]을 클릭합니다. ② '복사 영역과 붙여 넣을 영역의 크기가 달라서 항목을 붙여 넣을 수 없습니다.' 메시지 창에서도 [확인]을 클릭합니다.

실력향상 셀 병합 상태를 유지하면서 데이터를 일반 표로 붙여 넣으려면 [값 및 원본 서식] 옵션을 선택해야 합니다. 붙여넣기를 할 때 나타나는 메시지 창은 병합된 셀을 붙여 넣을 때 표시되는 것으로, [확인]을 클릭하면 정상적으로 붙여넣기가 완료됩니다.

11 분류와 품목코드가 같은 데이터끼리 셀 병합된 표가 작성되었습니다.

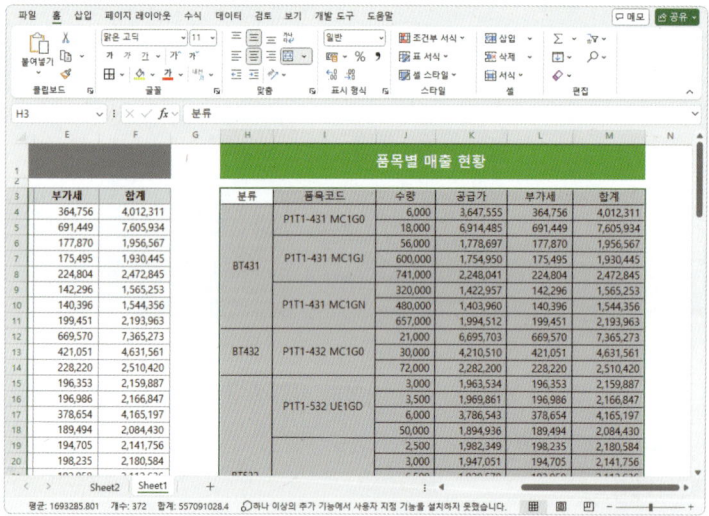

챗GPT 활용 Note 챗GPT로 셀을 자동 병합하는 VBA 코드 작성하기

실습 파일 CHAPTER01\10_매출현황집계_챗GPT.xlsm
완성 파일 CHAPTER01\10_매출현황집계_챗GPT(완성).xlsm

중복되는 셀 데이터를 자동으로 병합하는 작업을 자주 해야 한다면 VBA를 활용하는 것이 좋습니다. VBA 코드를 직접 작성하는 것은 어려우므로 챗GTP에서 VBA 코드를 생성한 후 엑셀에서 실행해보겠습니다. 우선 챗GPT로 이동하여 프롬프트를 입력합니다.

> **프롬프트**
>
> 엑셀에 작성된 표에서 데이터가 같으면 자동으로 셀을 병합해주는 VBA 코드를 작성해줘.
>
> #현재 표 모양
> - 품목별 매출 현황표가 A4셀부터 작성되어 있어.
> - 열 순서는 '분류, 품목코드, 수량, 공급가, 부가세, 합계' 순서이고,
> - 분류와 품목코드 순서로 오름차순 정렬되어 있어.
>
> #조건
> - A열 : 분류가 같으면 셀 병합하고,
> - B열 : 품목코드가 같으면 셀 병합해줘.
> - 병합할 때 확인 메시지 창은 표시되지 않게 하고,
> - 현재 파일의 선택된 시트에서 동작하게 해줘.

프롬프트Tip 엑셀 표에 대한 정보를 텍스트로 입력할 수 있고, 엑셀 셀 데이터를 직접 복사해서 붙여넣기를 해도 됩니다. VBA 코드를 요청할 때는 프로그램이 동작하는 시트와 파일 정보도 함께 제공해주어야 정확한 코드가 생성됩니다.

 아래는 요청하신 VBA 코드입니다. 이 코드는 현재 활성화된 워크시트에서 "분류"와 "품목코드" 열의 값이 같으면 셀을 자동으로 병합합니다. 병합 작업 중에는 확인 메시지가 나타나지 않도록 설정되어 있습니다. 아래 코드를 VBA 편집기에 붙여 넣고 실행해보세요.

```vba
VBA                                                            복사
Sub MergeCellsByCategoryAndItemCode()
    Dim ws As Worksheet
    Dim lastRow As Long
    Dim i As Long
    Dim mergeStart As Long
    
    ' 현재 활성화된 시트 설정
    Set ws = ActiveSheet
    
    ' 마지막 행 찾기
    lastRow = ws.Cells(ws.Rows.Count, "A").End(xlUp).Row
    
    ' 경고 메시지 비활성화
    Application.DisplayAlerts = False
```

```
    ' "분류" 열 병합
    mergeStart = 4  ' 데이터 시작 행
    For i = 5 To lastRow + 1  ' 마지막 행까지
        If ws.Cells(i, "A").Value <> ws.Cells(i - 1, "A").Value Or i > lastRow
Then
            If mergeStart < i - 1 Then
                ws.Range(ws.Cells(mergeStart, "A"), ws.Cells(i - 1, "A")).Merge
                ws.Cells(mergeStart, "A").VerticalAlignment = xlCenter
                ws.Cells(mergeStart, "A").HorizontalAlignment = xlCenter
            End If
            mergeStart = i
        End If
    Next i

    ' "품목코드" 열 병합
    mergeStart = 4  ' 데이터 시작 행
    For i = 5 To lastRow + 1  ' 마지막 행까지
        If ws.Cells(i, "B").Value <> ws.Cells(i - 1, "B").Value Or i > lastRow
Then
            If mergeStart < i - 1 Then
                ws.Range(ws.Cells(mergeStart, "B"), ws.Cells(i - 1, "B")).Merge
                ws.Cells(mergeStart, "B").VerticalAlignment = xlCenter
                ws.Cells(mergeStart, "B").HorizontalAlignment = xlCenter
            End If
            mergeStart = i
        End If
    Next i

    ' 경고 메시지 다시 활성화
    Application.DisplayAlerts = True

    MsgBox "셀 병합이 완료되었습니다!", vbInformation
End Sub
```

설명

1. 작업 대상 시트 : 현재 활성화된 워크시트에서만 동작합니다.

2. 병합 로직 :
- A열("분류")의 값이 같으면 같은 값을 병합합니다.
- B열("품목코드")의 값이 같으면 같은 값을 병합합니다.

3. 마지막 행 자동 감지 : 데이터를 찾기 위해 A열을 기준으로 마지막 행을 자동으로 감지합니다.

4. 병합 설정 : 병합된 셀의 내용을 수직 및 수평 가운데 정렬합니다.

5. 메시지 박스 : 병합 작업이 완료되면 안내 메시지를 표시합니다.

VBA 코드를 사용하기 위해서는 [개발 도구] 탭이 필요합니다. ① 리본 메뉴에서 마우스 오른쪽 버튼을 클릭하고 ②
[리본 메뉴 사용자 지정]을 선택합니다. ③ [리본 메뉴 사용자 지정]에서 [개발 도구]에 체크하고 ④ [확인]을 클릭합니다. [개발 도구] 탭이 표시됩니다.

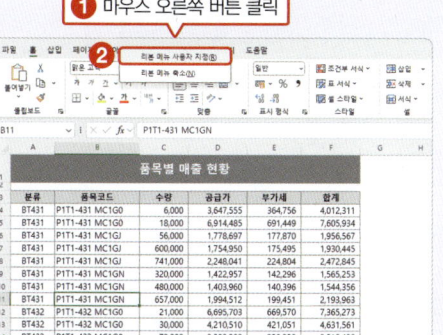
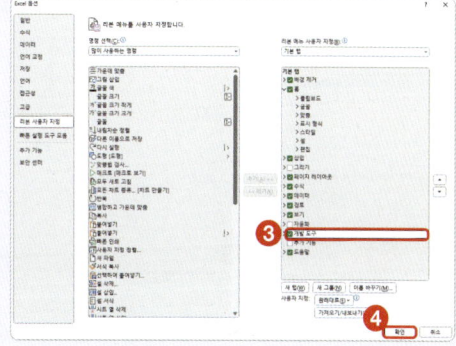

실력향상 VBA 매크로를 사용할 때는 엑셀 파일을 'Excel 매크로 사용 통합 문서'를 의미하는 .xlsm 확장자로 변경해줘야 합니다. 엑셀 파일이 열려 있는 상태에서 F12를 누르면 [다른 이름으로 저장] 대화상자가 나타나는데, 하단의 파일 형식에서 확장자를 변경할 수 있습니다. 제공한 예제 파일은 .xlsm 확장자로 변경돼 있어 별도로 변경할 필요가 없으나 실제 업무에서 VBA 매크로를 쓸 때는 확장자를 변경해 사용하면 됩니다.

① [개발 도구] 탭-[코드] 그룹-[Visual Basic]을 클릭합니다. [Visual Basic 편집기] 창이 나타납니다. ② [삽입]-[모듈]을 클릭합니다.

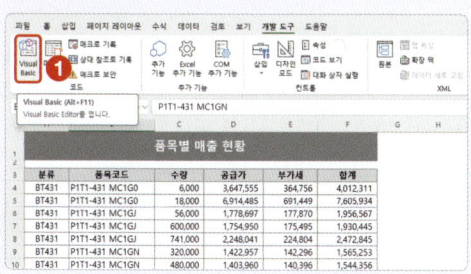
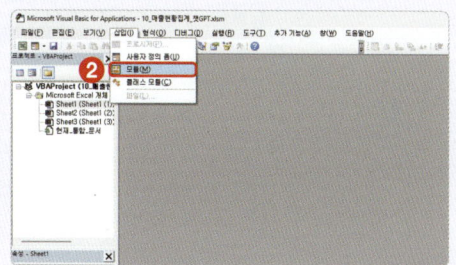

[Module1]이 추가되고, [Module1] 코드 창이 나타납니다. 코드 창에 챗GPT가 생성해준 VBA 코드를 붙여 넣습니다.

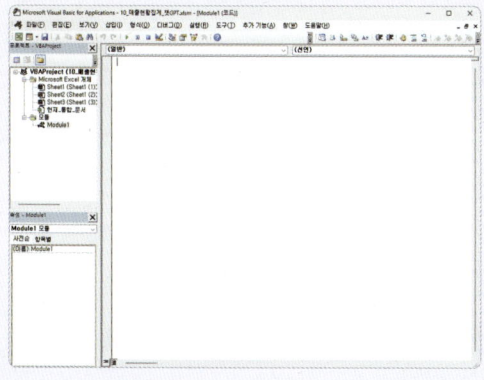
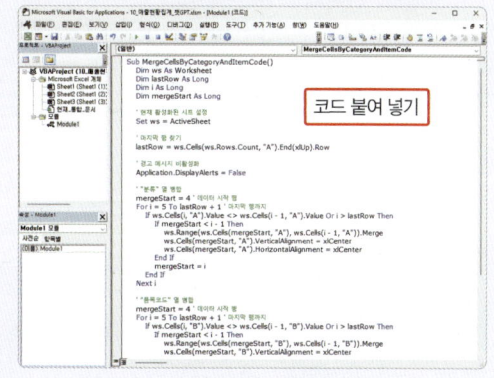

실력향상 제공된 예제 파일과 같은 폴더 안에 책에서 활용한 코드를 텍스트 파일로 넣어두었습니다. **셀 자동 병합(코드).txt**를 복사해 붙여 넣으면 됩니다.

❶ 엑셀 시트 창으로 이동하여 [Sheet1]을 클릭합니다. ❷ [개발 도구] 탭–[코드] 그룹–[매크로]를 클릭합니다. ❸ [매크로] 대화상자에서 표시되는 매크로 이름이 선택된 상태에서 [실행]을 클릭합니다. 매크로가 실행되고 셀 병합이 완료됩니다. ❹ '셀 병합이 완료되었습니다!' 메시지 창이 나타나면 [확인]을 클릭합니다.

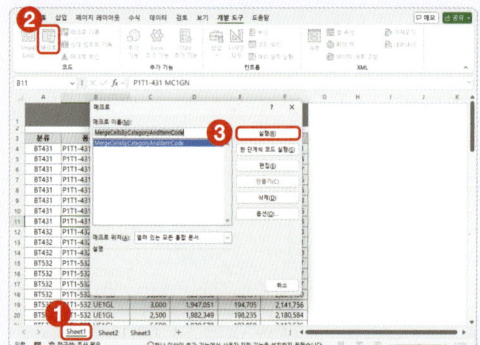

실력향상 챗GPT가 작성해준 VBA 코드를 실행했을 때 오류가 발생할 수도 있습니다. 매크로를 실행했을 때 오류가 발생하면 [종료]를 클릭합니다.

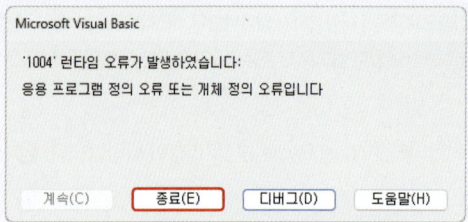

만약 [디버그]를 클릭했다면 [Visual Baisc 편집기] 창에서 [재설정]을 클릭합니다.

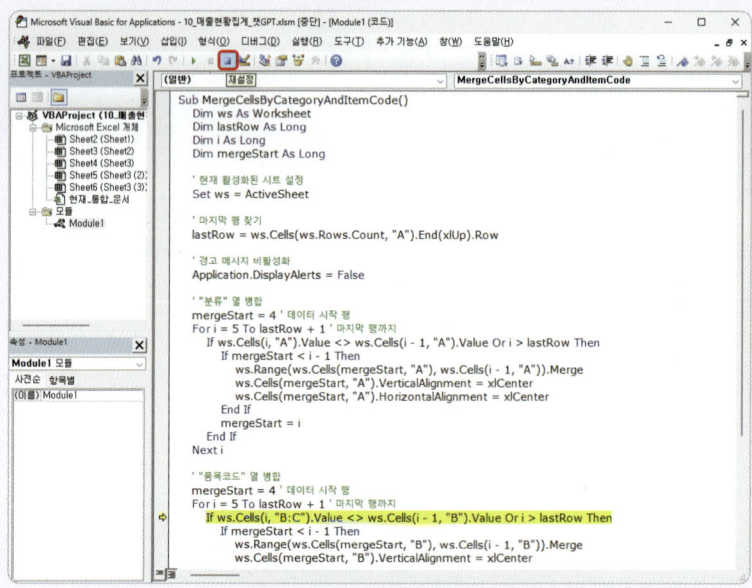

실력향상 챗GPT가 생성해준 VBA 코드에 오류가 발생했을 경우, 오류 메시지와 함께 코드를 수정해달라고 요청하면 새로운 VBA 코드를 생성해줍니다.

실력향상 VBA 코드로 실행된 엑셀 작업은 실행을 취소할 수 없습니다.

선택하여 붙여넣기로 숫자 데이터 한 번에 변경하기

실습 파일 CHAPTER01\11_강의실대관료.xlsx | 완성 파일 CHAPTER01\11_강의실대관료(완성).xlsx

값을 일정 비율로 일괄적으로 인상하거나 인하하여 변경해야 하는 경우, 따로 계산을 수행한 뒤 해당 결과를 복사해서 붙여 넣는 과정은 상당히 번거롭습니다. 그러나 선택하여 붙여넣기 기능을 활용하면, 이러한 작업을 훨씬 간편하게 처리할 수 있습니다. 이 기능을 사용하면 계산과 복사를 별도로 수행할 필요 없이 한 번의 작업으로 동시에 적용할 수 있어 업무 효율성을 높일 수 있습니다. 이번에는 선택하여 붙여넣기 기능을 활용해 값을 빠르게 변경하는 방법에 대해 알아보겠습니다.

미리보기

회사에서 바로 통하는 키워드

연산 복사, 값 복사, 선택하여 붙여넣기

한눈에 보는 작업 순서

1. 기본 사용료 10% 인상하기
2. 고객사 사용료 20,000원 인상하기

01 기본 사용료 10% 인상하기 강의실 대관료 기준 표에서 기본 사용료는 10%, 고객사 사용료는 20,000원을 일괄 인상한 금액으로 변경해보겠습니다. ❶ 비어 있는 임의의 셀에 **1.1**을 입력하고 Ctrl + C 를 눌러 복사합니다. ❷ [C6:E12] 셀 범위를 지정하고 마우스 오른쪽 버튼을 클릭한 후 ❸ [선택하여 붙여넣기]를 선택합니다.

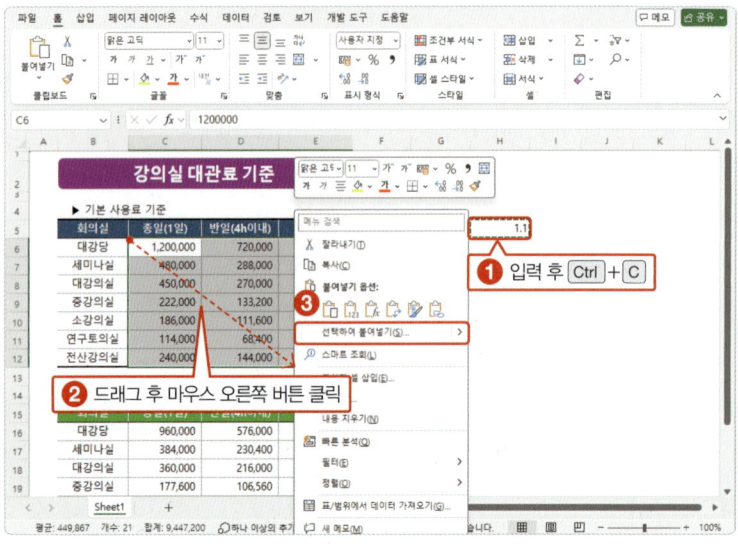

시간단축 선택하여 붙여넣기 단축키는 Ctrl + Alt + V 입니다.

02 ❶ [선택하여 붙여넣기] 대화상자의 [붙여넣기]에서 [값], ❷ [연산]에서 [곱하기]를 선택하고 ❸ [확인]을 클릭합니다. 기본 사용료 기준이 10% 인상된 금액으로 변경되었습니다.

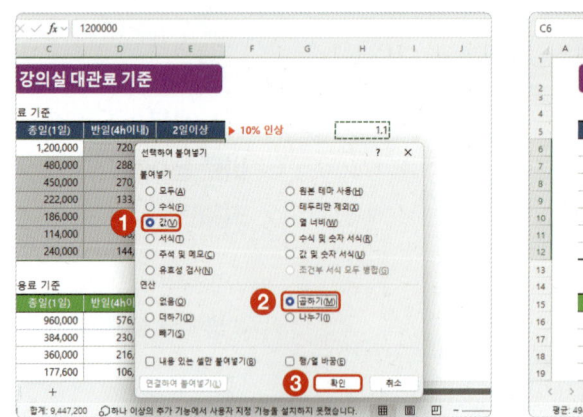
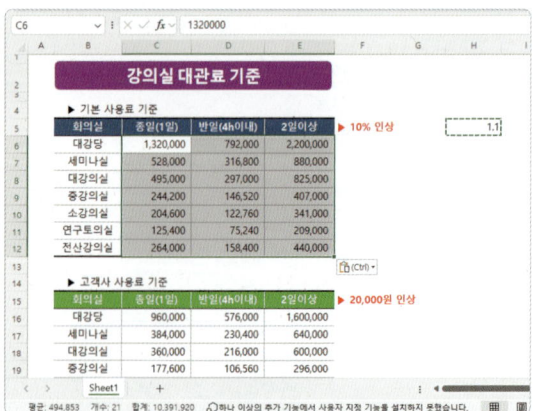

실력향상 [붙여넣기]를 [모두]로 선택하면 '1.1'이 입력된 셀의 서식이 함께 복사됩니다. 서식은 복사하지 않기 위해 [값]을 선택합니다. [선택하여 붙여넣기]의 연산으로 계산된 결과는 수식으로 입력되지 않기 때문에 원본 데이터와는 연결되지 않습니다.

03 고객사 사용료 20,000원 인상하기 ❶ 비어 있는 임의의 셀에 20000을 입력하고 Ctrl + C 를 눌러 복사합니다. ❷ [C16:E22] 셀 범위를 지정하고 마우스 오른쪽 버튼을 클릭한 후 ❸ [선택하여 붙여넣기]를 선택합니다.

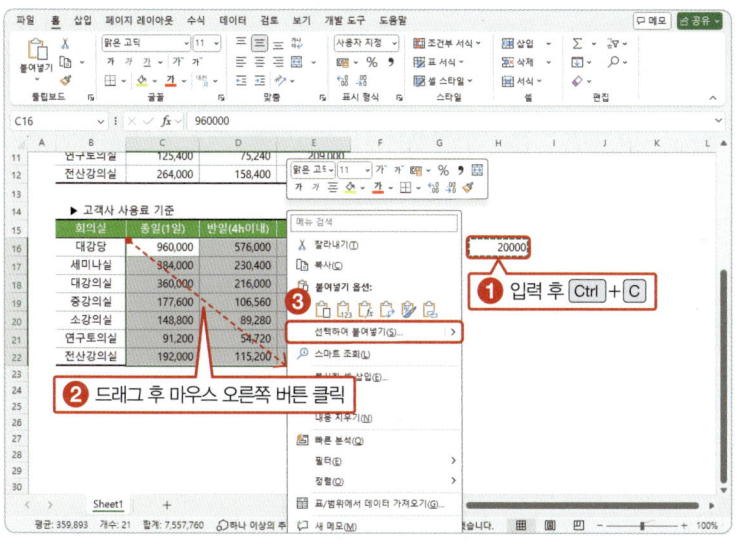

04 ❶ [선택하여 붙여넣기] 대화상자의 [붙여넣기]에서 [값], ❷ [연산]에서 [더하기]를 선택하고 ❸ [확인]을 클릭합니다. 고객사 사용료 기준이 20000원 인상된 금액으로 변경되었습니다.

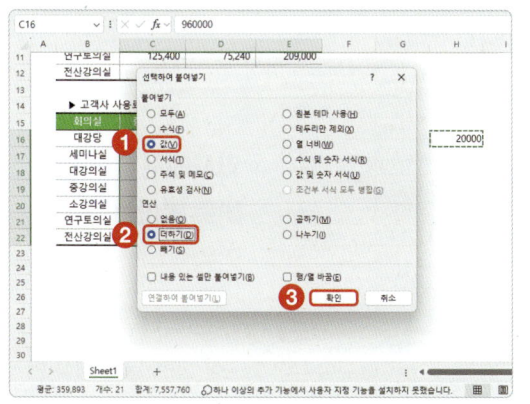 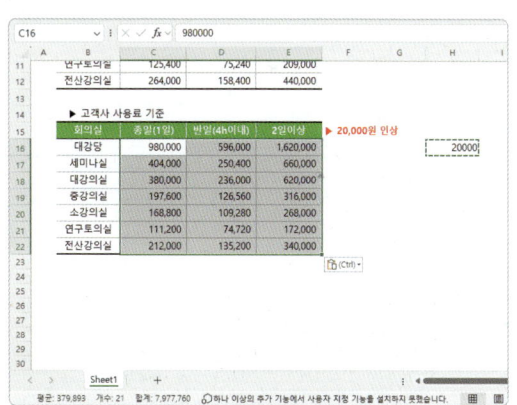

실력향상 복사한 셀 윤곽선이 깜빡거리면 Esc 를 눌러 해제합니다.

12 잘못 설정된 숫자와 날짜 형식 변환하기

실습 파일 CHAPTER01\12_수출입실적.xlsx | 완성 파일 CHAPTER01\12_수출입실적(완성).xlsx

외부 데이터를 엑셀 파일 형식으로 저장하면 숫자나 날짜 데이터가 문자 형식으로 지정되어 있는 경우가 많습니다. 문자 형식으로 지정되면 셀 서식이나 계산 작업을 할 수 없으므로 올바른 데이터 형식으로 변환해야 합니다. 텍스트 나누기와 선택하여 붙여넣기 기능을 이용해 숫자와 날짜 형식으로 변환해보겠습니다.

미리보기

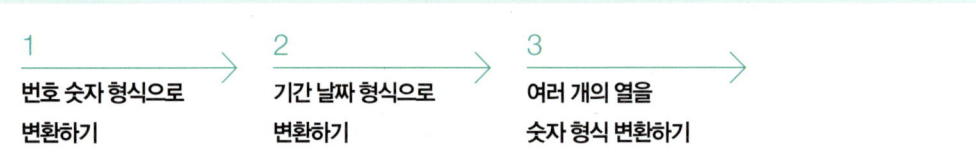

회사에서 바로 통하는 키워드

텍스트 나누기, 숫자 형식 변환, 날짜 형식 변환, 선택하여 붙여넣기

한눈에 보는 작업 순서

1. 번호 숫자 형식으로 변환하기 →
2. 기간 날짜 형식으로 변환하기 →
3. 여러 개의 열을 숫자 형식 변환하기

01 기간 숫자 형식 변환하기
❶ B열 머리글을 클릭하고 ❷ [데이터] 탭–[데이터 도구] 그룹–[텍스트 나누기]를 클릭합니다.

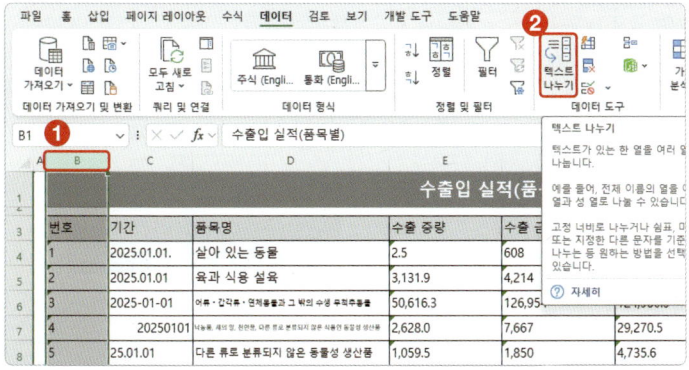

02
[텍스트 마법사 1단계]에서는 [마침]을 클릭합니다. 번호 데이터가 숫자로 변환됩니다.

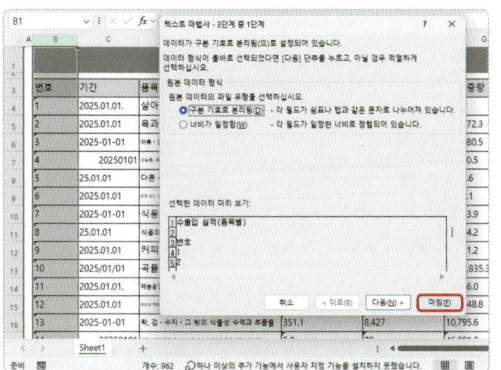
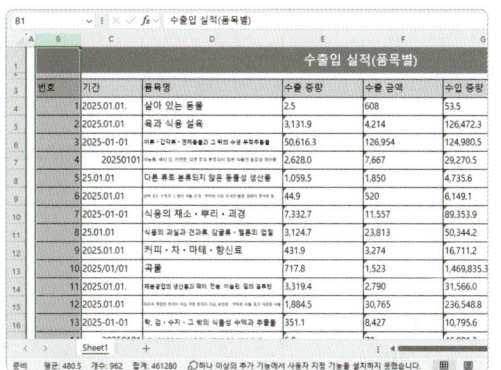

실력향상 번호 데이터는 숫자 사이에 구분 기호가 없고, 여러 데이터가 혼합되어 있지도 않습니다. [텍스트 나누기]의 2단계와 3단계를 수정하지 않고 기본 설정으로 진행하면, 3단계에서 [열 데이터] 서식이 일반으로 적용되어 숫자로 변환됩니다.

03 기간 날짜 형식 변환하기
❶ C열 머리글을 클릭하고 ❷ [데이터] 탭–[데이터 도구] 그룹–[텍스트 나누기]를 클릭합니다. ❸ [텍스트 마법사 1단계]에서는 [구분 기호로 분리됨]을 선택하고 ❹ [다음]을 클릭합니다.

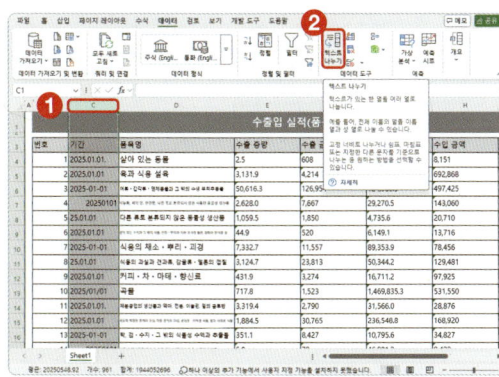
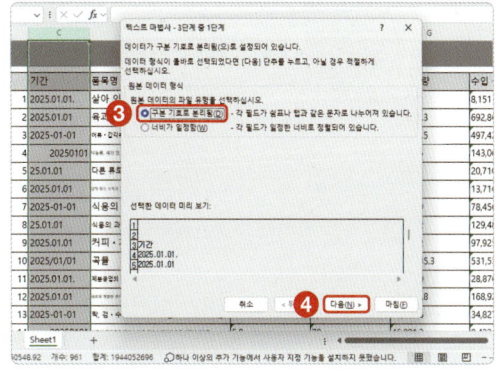

CHAPTER 01 업무 시간을 단축하는 데이터 편집과 가공 **067**

04
① [텍스트 마법사 2단계]에서는 [구분 기호]의 체크를 모두 해제하고 ② [다음]을 클릭합니다. ③ [텍스트 마법사 3단계]의 [열 데이터 서식]을 [날짜]로 선택하고 ④ [마침]을 클릭합니다.

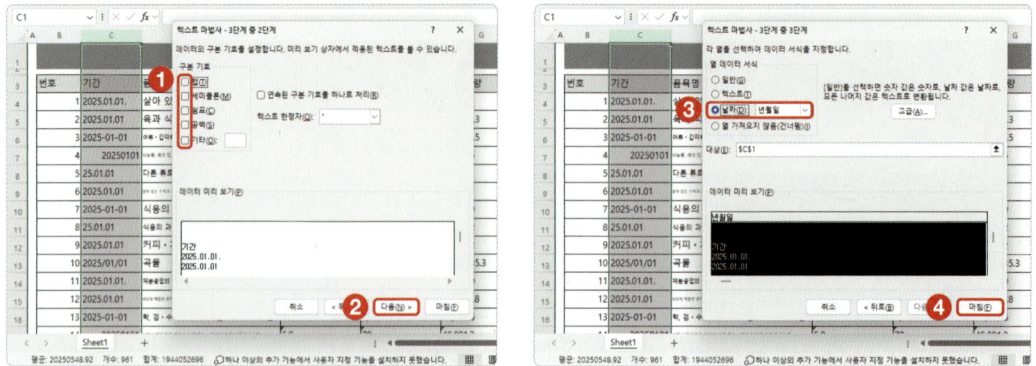

실력향상 [열 데이터 서식]에서 [날짜]로 설정할 때는 날짜의 순서를 지정할 수 있습니다. [날짜]의 목록 단추를 클릭하면 [월일년], [일월년], [월년일] 등으로 변경할 수 있는데, 이 순서는 셀에 입력된 숫자 데이터를 연도로 사용할 것인지, 월로 사용할 것인지 등을 지정하는 것으로 표시 형식과는 관련이 없습니다.

05
기간의 모든 데이터가 날짜로 변환되어 년월일 구분 기호로 하이픈(-)이 표시됩니다.

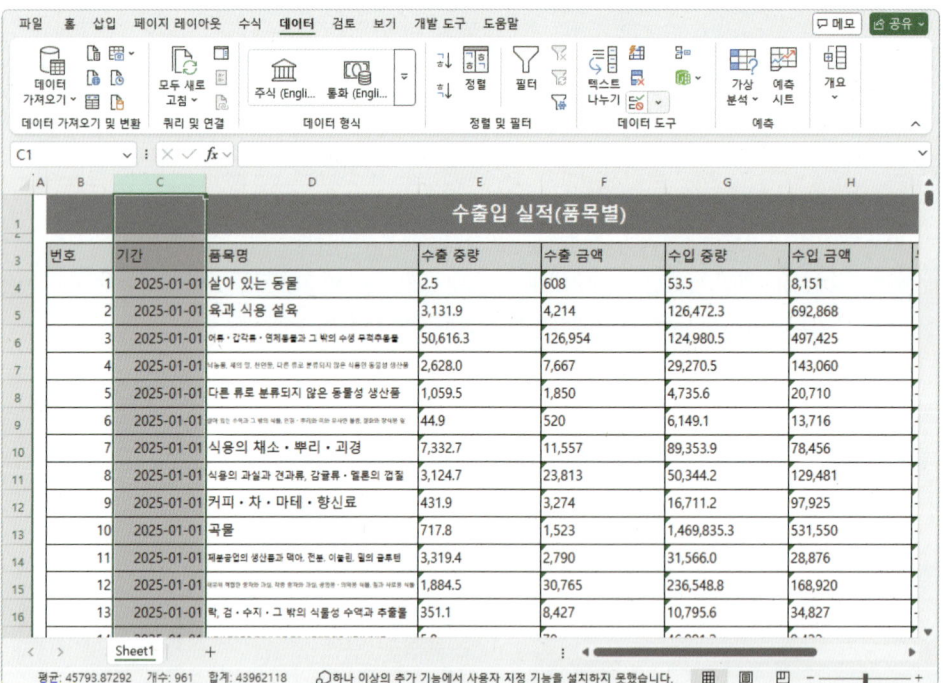

06 여러 개의 열을 숫자 형식으로 변환하기
수출 중량부터 무역수지 데이터를 모두 숫자 형식으로 변환하려고 하는데 [텍스트 나누기] 기능을 이용하려면 한 번에 한 개 열만 적용할 수 있습니다. 다섯 개 열을 모두 한 번에 변환하기 위해 [선택하여 붙여넣기]를 이용해보겠습니다. ❶ 비어 있는 임의의 셀에 1을 입력하고 Ctrl + C 를 눌러 복사합니다. ❷ [E4:I963] 셀 범위를 지정하고 마우스 오른쪽 버튼을 클릭한 후 ❸ [선택하여 붙여넣기]를 선택합니다.

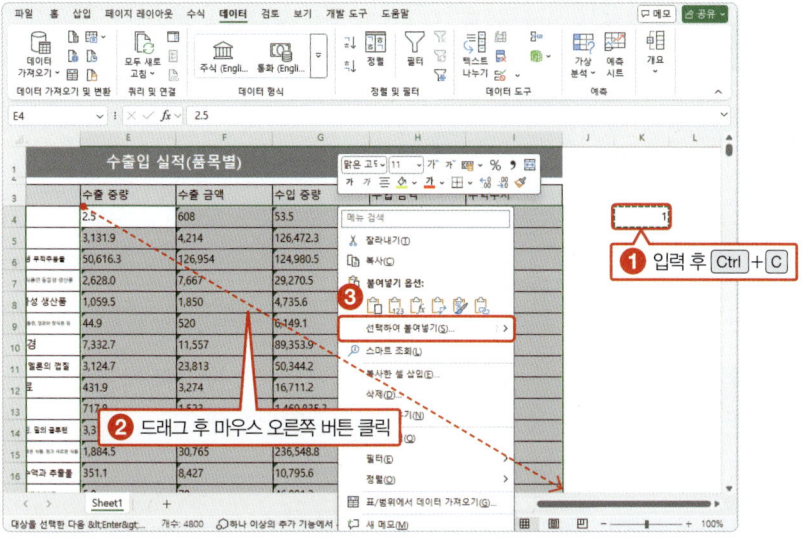

시간단축 [E4:I963] 셀 범위를 지정할 때 [E4] 셀을 클릭하고 Ctrl + Shift + → 를 누른 다음 Ctrl + Shift + ↓ 를 누르면 빠르게 지정할 수 있습니다.

07
❶ [선택하여 붙여넣기] 대화상자의 [붙여넣기]에서 [값], ❷ [연산]에서 [곱하기]를 선택하고 ❸ [확인]을 클릭합니다. 모두 숫자로 변경되었습니다.

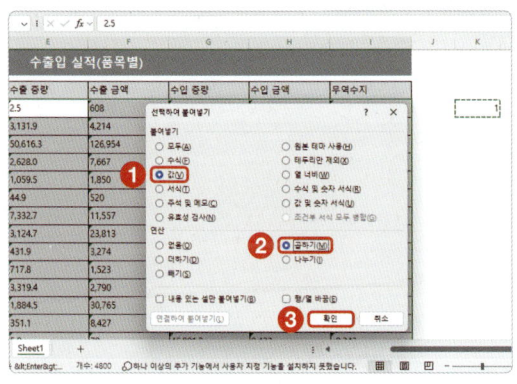 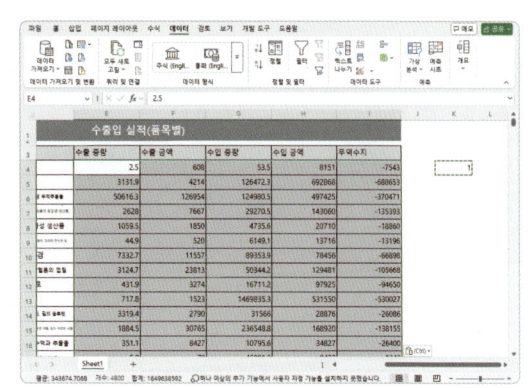

사내 관리 시스템에서 다운로드한 매출채권 목록 일괄 편집하여 가공하기

실습 파일 CHAPTER01\프로젝트_매출채권관리.xlsx | **완성 파일** CHAPTER01\프로젝트_매출채권관리(완성).xlsx

01 프로젝트 시작하기

매출채권에 대해 네고일과 만기일 기준으로 분석 보고서를 작성하기 위해 관리 시스템에서 관련되는 매출채권 정보를 다운로드하여 엑셀 파일 형식으로 저장했습니다. 사내 관리 시스템에서 다운로드한 매출채권 데이터 목록은 고유번호를 기준으로 정렬 및 그룹화되어 있는데 만약 '네고일'을 기준으로 정렬하거나 필터를 적용하려면 데이터를 다음과 같이 편집합니다.

필요 없는 금액의 합계 행은 모두 삭제하고, 문자 형식으로 지정된 날짜는 올바른 날짜 형식으로 변환합니다. 같은 고유번호와 네고일, 만기일은 빈 셀인데 이 빈 셀에 관련 데이터를 모두 입력합니다. 이러한 단순 반복 작업을 빠르게 처리하기 위해서는 빈 행 일괄 삭제와 바꾸기, 수식으로 연속되는 값 입력하기 등의 기능을 상황에 따라 적절하게 사용합니다. 실제 업무 현장에서 다른 부서에서 받은 데이터 목록이나 통계 정보, 회계 시스템 다운로드 자료 등을 편집, 가공할 때 이와 같은 기능을 유용하게 사용할 수 있습니다.

회사에서 바로 통하는 키워드

이동 옵션으로 빈 셀 선택, 바꾸기, 수식으로 값 입력, 선택하여 붙여넣기 값 복사, 선택 영역 가운데 맞춤

02 프로젝트 예제 미리보기

거래처별 매출채권 관리대장

고유번호	네고일	만기일	송장번호	선적일	통화	금액	결재일	비고
820-028152778	2025.04.23	2025.10.20	202502K007	2025.02.25	USD	16,136.40	11월 30일	
			202503K007	2025.03.21	USD	3,570.00	11월 30일	
			202504K001	2025.04.11	USD	16,136.40	11월 30일	
						35,842.80		
820-028467749	2025.07.09	2026.01.05	202505K006	2025.05.23	USD	3,570.00	02월 28일	
			202507K001	2025.07.11	USD	3,570.00	02월 28일	
			202507K013	2025.07.21	USD	10,200.00	02월 28일	
						17,340.00		
820-028793887	2025.09.19	2026.03.18	202508K021	2025.08.31	USD	225,000.00	04월 30일	
			202508K021	2025.08.31	USD	80,504.61	04월 30일	
						305,504.61		
820-028816970	2025.09.25	2026.03.24	202508K021	2025.08.31	USD	80,504.61	04월 30일	
			202508K002	2025.08.17	USD	4,284.00	04월 30일	
						84,788.61		
276-71-107565	2025.01.07	2025.07.05	202512Q012	2025.12.15	EUR	347.13	08월 31일	
			202512Q011	2025.12.27	EUR	13,559.79	08월 31일	
						13,906.92		
FET1-475-000083	2025.01.25	2025.07.23	202512Q013	2025.01.17	EUR	22,292.50	08월 31일	
			202501Q011	2025.01.31	EUR	14,077.48	08월 31일	
			202502Q012	2025.02.05	EUR	153.98	08월 31일	
						36,523.96		

거래처별 매출채권 관리대장

고유번호	네고일	만기일	송장번호	선적일	통화	금액	결재일	비고
820-028152778	2025-04-23	2025-10-20	202502K007	2025-02-25	USD	16,136.40	11월 30일	
820-028152778	2025-04-23	2025-10-20	202503K007	2025-03-21	USD	3,570.00	11월 30일	
820-028152778	2025-04-23	2025-10-20	202504K001	2025-04-11	USD	16,136.40	11월 30일	
820-028467749	2025-07-09	2026-01-05	202505K006	2025-05-23	USD	3,570.00	02월 28일	
820-028467749	2025-07-09	2026-01-05	202507K001	2025-07-11	USD	3,570.00	02월 28일	
820-028467749	2025-07-09	2026-01-05	202507K013	2025-07-21	USD	10,200.00	02월 28일	
820-028793887	2025-09-19	2026-03-18	202508K021	2025-08-31	USD	225,000.00	04월 30일	
820-028793887	2025-09-19	2026-03-18	202508K021	2025-08-31	USD	80,504.61	04월 30일	
820-028816970	2025-09-25	2026-03-24	202508K021	2025-08-31	USD	80,504.61	04월 30일	
820-028816970	2025-09-25	2026-03-24	202508K002	2025-08-17	USD	4,284.00	04월 30일	
276-71-107565	2025-01-07	2025-07-05	202512Q012	2025-12-15	EUR	347.13	08월 31일	
276-71-107565	2025-01-07	2025-07-05	202512Q011	2025-12-27	EUR	13,559.79	08월 31일	
FET1-475-000083	2025-01-25	2025-07-23	202512Q013	2025-01-17	EUR	22,292.50	08월 31일	
FET1-475-000083	2025-01-25	2025-07-23	202501Q011	2025-01-31	EUR	14,077.48	08월 31일	
FET1-475-000083	2025-01-25	2025-07-23	202502Q012	2025-02-05	EUR	153.98	08월 31일	
276-71-110840	2025-03-08	2025-09-04	202502Q013	2025-02-16	EUR	189.00	10월 31일	
276-71-110840	2025-03-08	2025-09-04	202502Q014	2025-02-26	EUR	415.80	10월 31일	
276-71-110840	2025-03-08	2025-09-04	202502Q011	2025-02-28	EUR	7,153.56	10월 31일	
276-71-110840	2025-03-08	2025-09-04	202502Q015	2025-02-28	EUR	7,851.75	10월 31일	
FET1-475-000332	2025-03-31	2025-09-27	202503Q012	2025-03-12	EUR	119.80	10월 31일	
FET1-475-000332	2025-03-31	2025-09-27	202503Q011	2025-03-21	EUR	26,133.61	10월 31일	

한눈에 보는 **작업 순서**

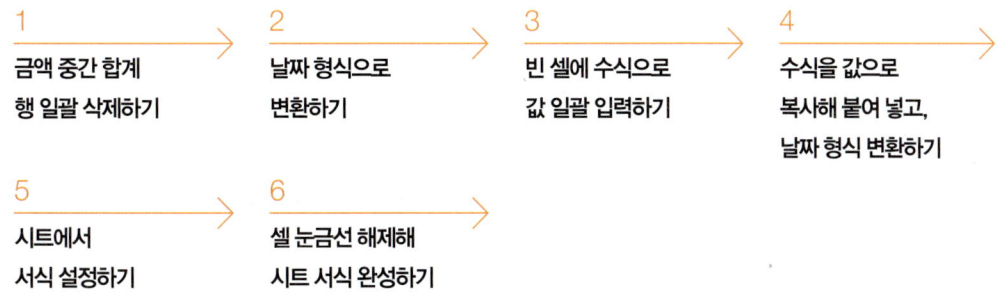

1 금액 중간 합계 행 일괄 삭제하기

2 날짜 형식으로 변환하기

3 빈 셀에 수식으로 값 일괄 입력하기

4 수식을 값으로 복사해 붙여 넣고, 날짜 형식 변환하기

5 시트에서 서식 설정하기

6 셀 눈금선 해제해 시트 서식 완성하기

03 핵심 기능 미리보기

STEP 01 금액 합계 행 일괄 삭제와 날짜 형식 변환하기

❶ [이동 옵션] 기능을 이용하여 G열을 기준으로 빈 셀을 모두 선택한 후 행 전체를 삭제합니다.

❷ [바꾸기] 기능을 이용하여 네고일, 만기일, 선적일의 마침표(.)를 하이픈(-)으로 모두 바꾼 후 날짜 형식으로 변환합니다.

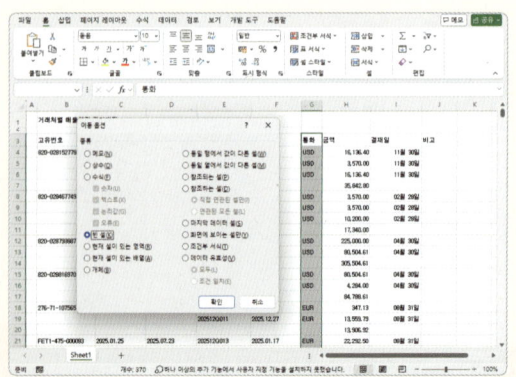 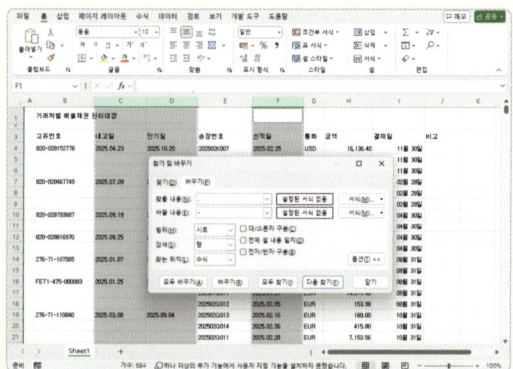

STEP 02 빈 셀에 값 일괄 입력하기

❶ 고유번호, 네고일, 만기일 셀 범위에서 [이동 옵션] 기능으로 빈 셀만 선택한 후 수식으로 위쪽 셀 데이터를 일괄 입력합니다.

❷ 수식으로 입력된 셀은 [선택하여 붙여넣기] 기능을 이용하여 [값]으로 변경합니다.

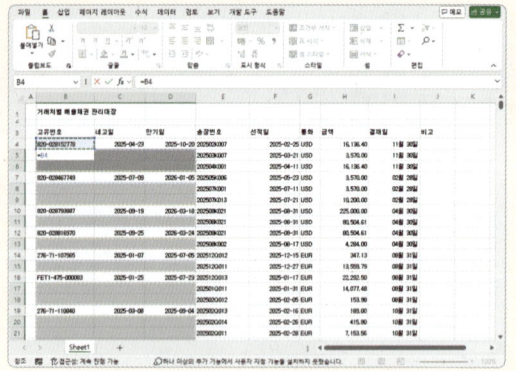 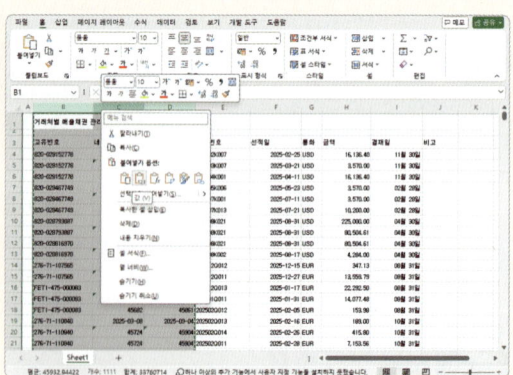

STEP 03 셀 서식 설정하기

❶ 제목은 글꼴 크기와 종류를 변경한 후 [B1:J1] 셀 범위를 기준으로 [선택 영역 가운데 맞춤]을 설정합니다.

❷ 내용 데이터 목록은 글꼴 크기와 종류를 변경하고 모든 테두리를 실선으로 서식을 설정합니다. 문자와 날짜는 가운데 맞춤, 숫자는 오른쪽 맞춤합니다.

❸ [보기] 탭-[표시] 그룹-[눈금선]의 체크를 해제합니다.

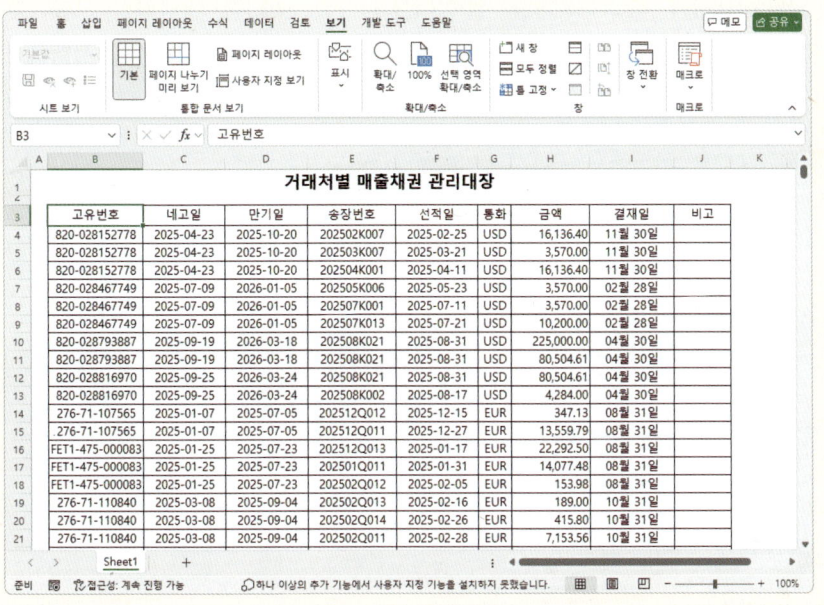

STEP 01   금액 합계 행 일괄 삭제하고 날짜 형식 변환하기

데이터 목록을 정리할 때 불필요한 H열의 중간 합계 행을 빠르게 삭제합니다. 구분 기호가 마침표(.)로 되어 있어 문자 데이터로 인식되는 네고일, 만기일, 선적일의 '년월일'은 바꾸기를 이용하여 마침표(.)를 하이픈(-)으로 변환해보겠습니다.

01 금액 중간 합계 행 일괄 삭제하기 ❶ [G3:G528] 셀 범위를 지정하고 ❷ [홈] 탭–[편집] 그룹–[찾기 및 선택]을 클릭한 후 ❸ [이동 옵션]을 클릭합니다. ❹ [이동 옵션] 대화상자에서 [빈 셀]을 선택하고 ❺ [확인]을 클릭합니다.

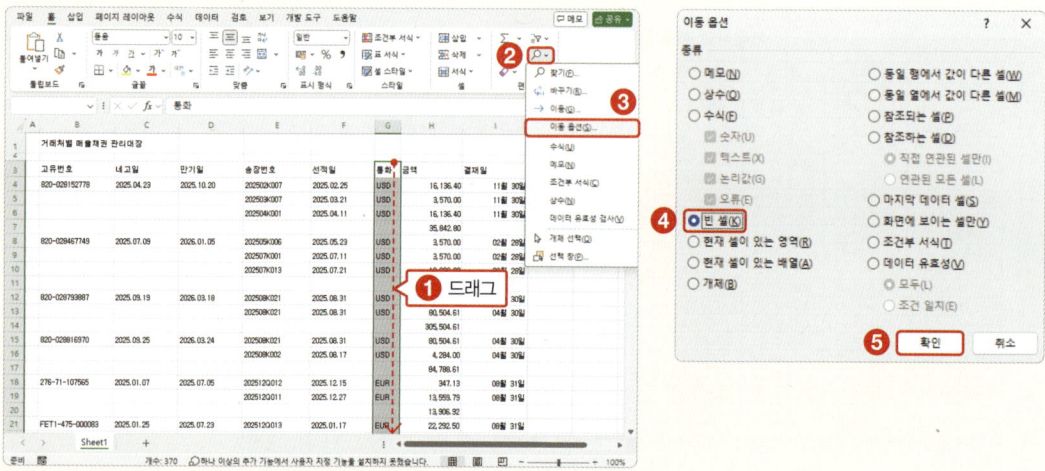

시간단축   [G3] 셀을 클릭하고 Shift 를 누른 상태에서 [G528] 셀을 클릭하면 빠르게 셀 범위를 지정할 수 있습니다. F5 를 누른 후 [옵션]을 클릭하면 [이동 옵션] 대화상자를 표시할 수 있습니다.

02 ❶ G열의 데이터 영역 중 빈 셀만 지정된 상태에서 마우스 오른쪽 버튼을 클릭하고 ❷ [삭제]를 선택합니다. ❸ [삭제] 대화상자에서 [행 전체]를 선택하고 ❹ [확인]을 클릭합니다. 합계 행이 모두 삭제되었습니다.

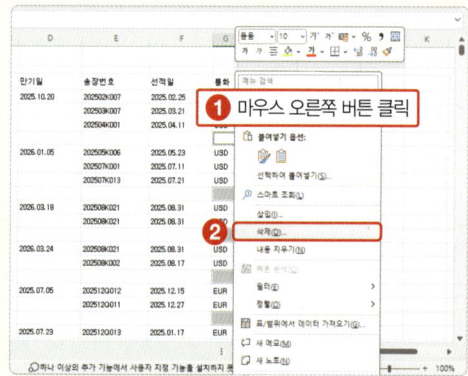
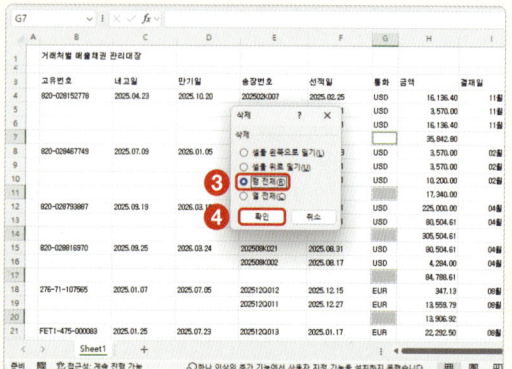

실력향상   빈 셀이 선택된 상태에서 마우스 오른쪽 버튼을 클릭할 때 다른 셀을 클릭하면 선택된 빈 셀이 해제되므로 주의합니다.

03 날짜 형식으로 변환하기 연월일 구분 기호인 마침표(.)를 하이픈(-)으로 변경해보겠습니다. ❶ [C:D] 열을 지정하고 ❷ Ctrl 을 누른 상태에서 F열 머리글을 클릭합니다. ❸ [홈] 탭-[편집] 그룹-[찾기 및 선택]을 클릭하고 ❹ [바꾸기]를 클릭합니다. ❺ [찾기 및 바꾸기] 대화상자에서 [찾을 내용]에 .를 입력, [바꿀 내용]에 –을 입력하고 ❻ [모두 바꾸기]를 클릭합니다. ❼ '1362개 항목이 바뀌었습니다' 메시지 창이 나타나면 [확인]을 클릭합니다. ❽ [찾기 및 바꾸기] 대화상자의 [닫기]를 클릭합니다.

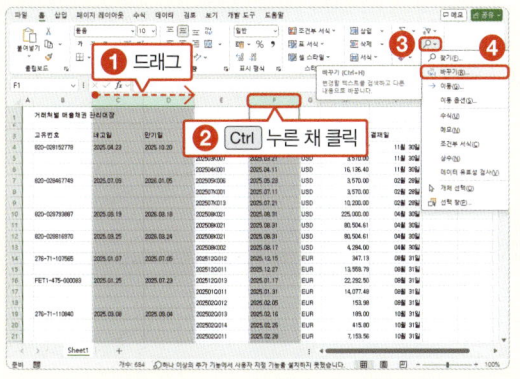 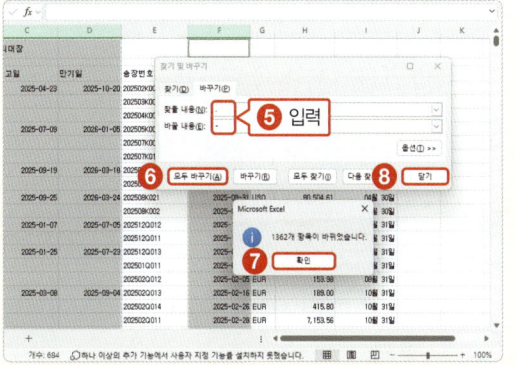

STEP 02 빈 셀에 값 일괄 입력하기

데이터 목록에서 고유번호와 네고일, 만기일이 같은 데이터는 한 번씩만 입력되어 있습니다. 이러한 데이터는 정렬과 함수 사용에 문제가 되므로 빈 셀에 모두 데이터를 채워야 합니다. 수식으로 빈 셀을 채우고 입력된 데이터가 변하지 않도록 값으로 변경해보겠습니다.

01 수식으로 값 일괄 입력하기 [채우기]나 [복사] 기능으로 데이터를 입력하려면 시간이 많이 소요되므로 빈 셀을 일괄 선택한 후 수식으로 입력해보겠습니다. ❶ [B3:D372] 셀 범위를 지정하고 ❷ [홈] 탭-[편집] 그룹-[찾기 및 선택]을 클릭한 후 ❸ [이동 옵션]을 클릭합니다. ❹ [이동 옵션] 대화상자에서 [빈 셀]을 선택하고 ❺ [확인]을 클릭합니다.

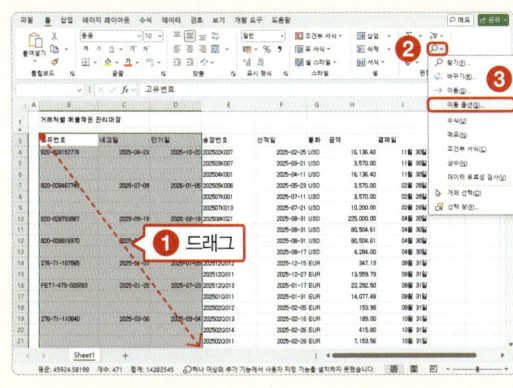 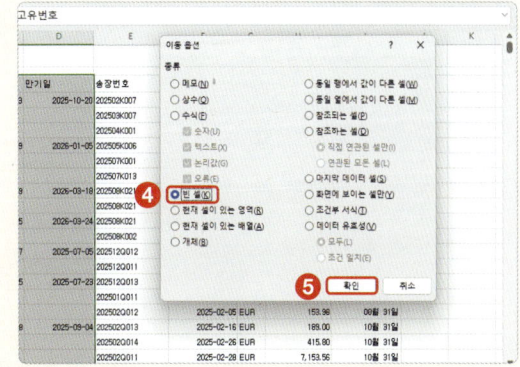

02 빈 셀만 선택된 상태에서 셀 포인터는 [B5] 셀에 있습니다. 바로 위 셀인 [B4] 셀의 데이터를 가져오기 위해 ❶ **=B4**를 입력하고 Ctrl + Enter 를 누릅니다. ❷ 빈 셀의 바로 위쪽에 있는 셀의 데이터가 모두 입력되었습니다.

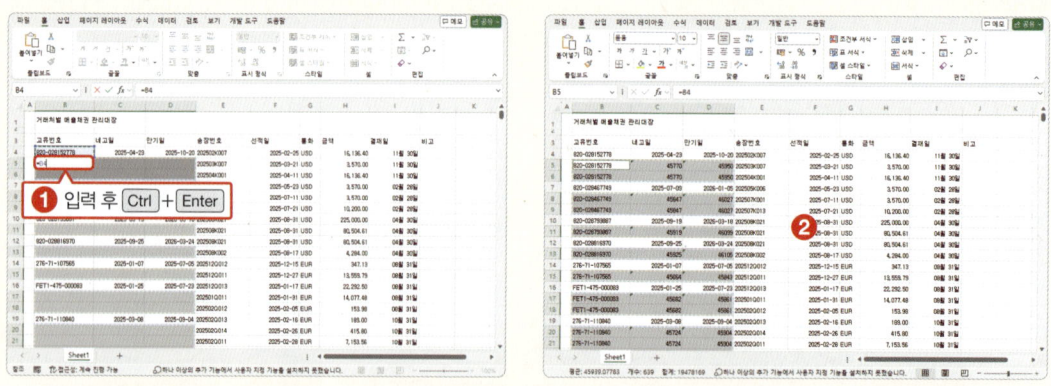

실력향상 Ctrl + Enter 로 수식을 입력하면 [채우기]나 [복사] 기능을 사용한 것과 똑같이 상대 참조 수식으로 셀 주소가 변경된 채 한 번에 입력됩니다.

03 수식을 값으로 복사하기 수식으로 입력된 데이터는 참조하는 셀 데이터나 정렬이 바뀌면 데이터가 변경됩니다. 데이터가 바뀌지 않도록 수식을 값으로 변경해보겠습니다. ❶ [B:D] 열을 지정하고 Ctrl + C 를 눌러 복사합니다. ❷ [B:D] 열이 그대로 선택된 상태에서 마우스 오른쪽 버튼을 클릭하고 ❸ [붙여넣기 옵션]-[값]을 선택합니다. 수식으로 입력된 데이터가 값으로 모두 변경되었습니다. ❹ Esc 를 눌러 복사 범위를 해제합니다.

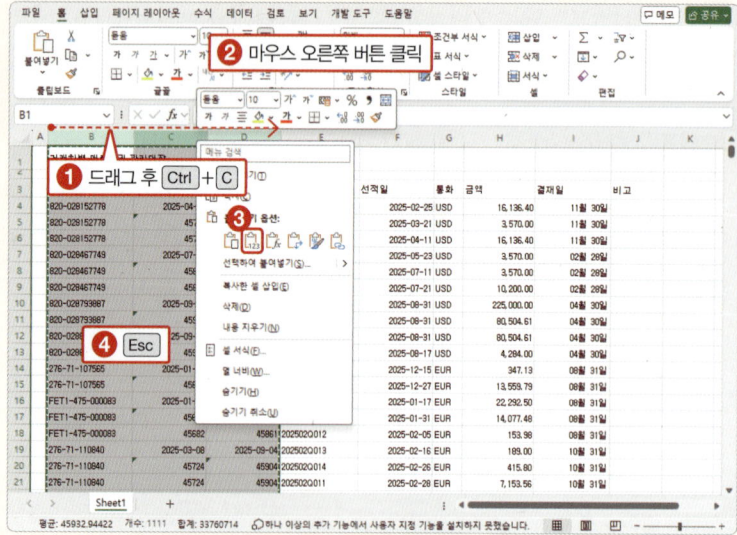

04 날짜 표시 형식 변경하기 [C:D] 열에는 날짜 데이터 표시 형식이 설정되지 않아 숫자로 표시되는 셀이 있습니다. ❶ [C:D] 열을 지정합니다. ❷ [홈] 탭-[표시 형식] 그룹-[표시 형식] 목록 단추를 클릭하고 ❸ [간단한 날짜]를 클릭합니다. 날짜 형식이 적용됩니다.

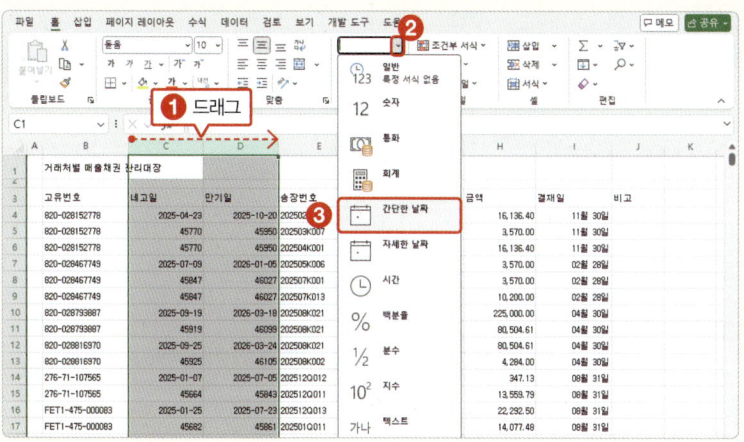

STEP 03 셀 서식 설정하기

편집과 가공이 완료된 데이터 목록을 보기 좋게 정리하기 위해 셀 서식을 설정해보겠습니다. 제목은 [B1:J1] 셀을 기준으로 [선택영역 가운데 맞춤]을 설정합니다. 데이터의 글꼴 크기와 종류를 변경하고 테두리를 적용한 후 맞춤을 설정해보겠습니다.

01 제목 서식 설정하기 ❶ [B1] 셀을 클릭하고 ❷ [홈] 탭-[글꼴] 그룹에서 [글꼴]은 [맑은 고딕], [크기]는 16 ❸ [굵게] 서식을 설정합니다.

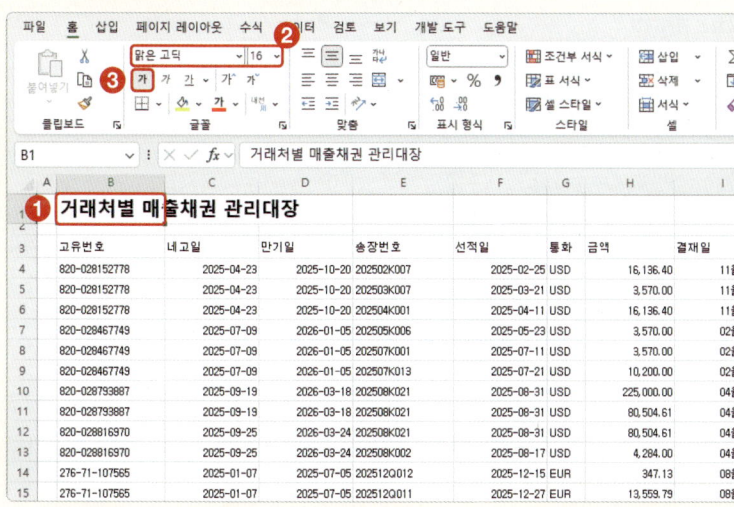

02 제목은 병합하지 않고 B열과 J열의 가운데로 맞춰보겠습니다. ❶ [B1:J1] 셀 범위를 지정하고 마우스 오른쪽 버튼을 클릭한 후 ❷ [셀 서식]을 선택합니다. ❸ [셀 서식] 대화상자의 [맞춤] 탭에서 ❹ [가로]는 [선택 영역의 가운데로]를 선택하고 ❺ [확인]을 클릭합니다.

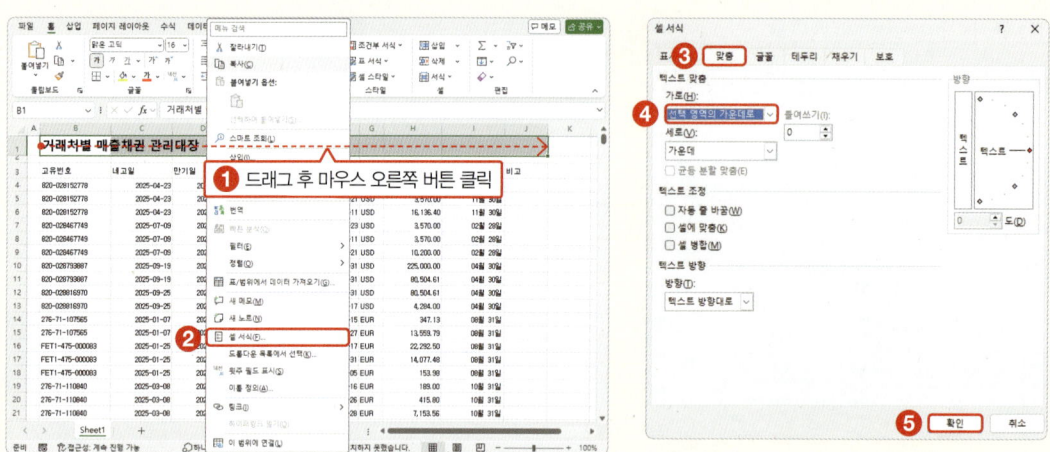

실력향상 셀을 병합하여 맞춤 설정하면 열 단위 서식 복사나 열 데이터 편집에 제한이 따르므로 꼭 필요한 경우가 아니면 병합하지 않는 것이 좋습니다.

시간단축 [셀 서식] 대화상자를 표시하는 단축키는 Ctrl + 1 입니다.

03 내용 서식 설정하기 ❶ [B3] 셀을 클릭하고 Ctrl + A 를 누릅니다. ❷ [홈] 탭-[글꼴] 그룹에서 [글꼴]은 [맑은 고딕], [크기]는 11로 설정합니다. ❸ [테두리]의 목록 단추를 클릭하고 ❹ [모든 테두리]를 클릭합니다. ❺ [홈] 탭-[맞춤] 그룹에서 [가운데 맞춤]을 클릭합니다.

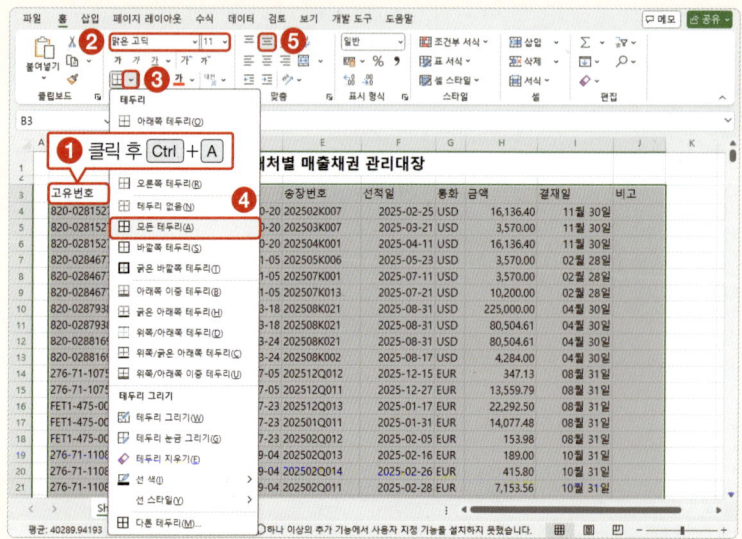

시간단축 Ctrl + A 는 데이터가 입력된 셀 범위 전체를 선택하는 단축키로 빈 행과 빈 열 전까지 셀 범위가 선택됩니다. 단, 주변에 데이터가 없는 빈 셀에서 Ctrl + A 를 누르면 셀 전체가 선택됩니다.

04 ❶ [H4:H372] 셀 범위를 지정하고 ❷ [홈] 탭–[맞춤] 그룹에서 [오른쪽 맞춤]을 클릭합니다.

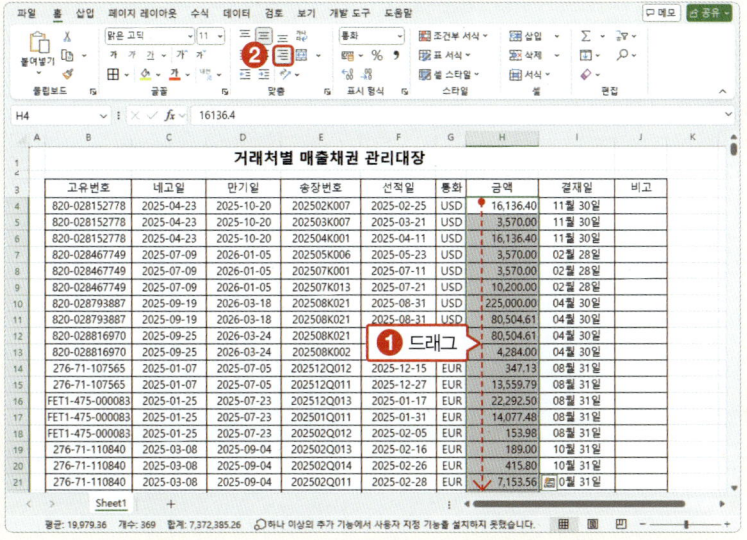

시간단축 [H4] 셀을 클릭하고 Ctrl + Shift + ↓ 를 누르면 빠르게 범위를 선택할 수 있습니다.

05 셀 눈금선 해제하기 [보기] 탭–[표시] 그룹–[눈금선]의 체크를 해제합니다. 셀 눈금선이 표시되지 않습니다.

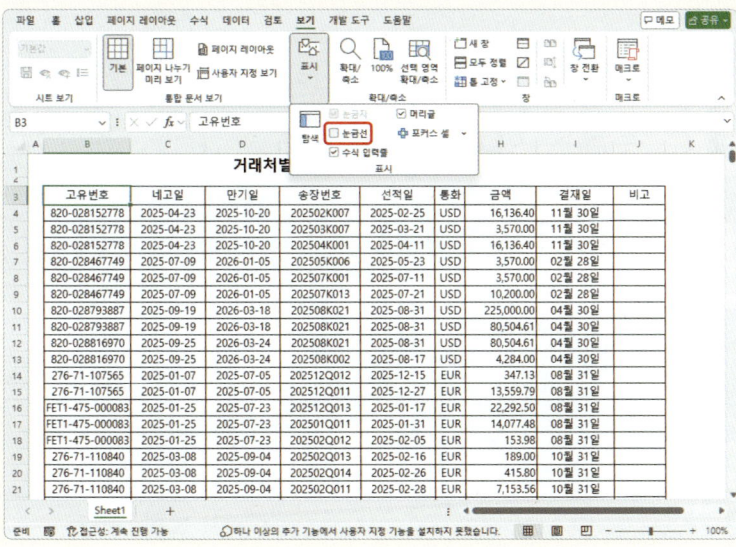

CHAPTER 02

파워 쿼리를 활용한 데이터 변환과 시각화

회사에서 바로 통하는 실무 엑셀 데이터 활용+분석

엑셀 파워 쿼리는 방대한 데이터를 쉽고 빠르게 변환하고 가공할 수 있는 기능입니다. 엑셀의 일반적인 기능에서 여러 단계를 거쳐서 편집하거나 가공이 불가능한 데이터도 파워 쿼리에서는 몇 번의 클릭만으로 빠르게 변환할 수 있습니다. 이 기능은 엑셀 2016 버전에서 처음 도입되었으며, 2019 버전부터는 더욱 안정적이고 완성된 형태로 자리 잡았습니다.

한 셀에 입력된 여러 줄 데이터 행으로 나누기

실습 파일 CHAPTER02\01_안전관리세부항목.xlsx | **완성 파일** CHAPTER02\01_안전관리세부항목(완성).xlsx

엑셀에서 한 셀에 여러 줄로 입력된 데이터를 나눌 때 텍스트 나누기를 이용하면 열 단위로 분리가 가능하지만 행 단위로는 불가능합니다. 이때 파워 쿼리의 열 분할 기능을 이용하면 빠르게 행 단위로 나눌 수 있고, 여러 개의 행으로 표 구조가 변경되면서 반복되는 데이터는 자동으로 채워집니다.

미리보기

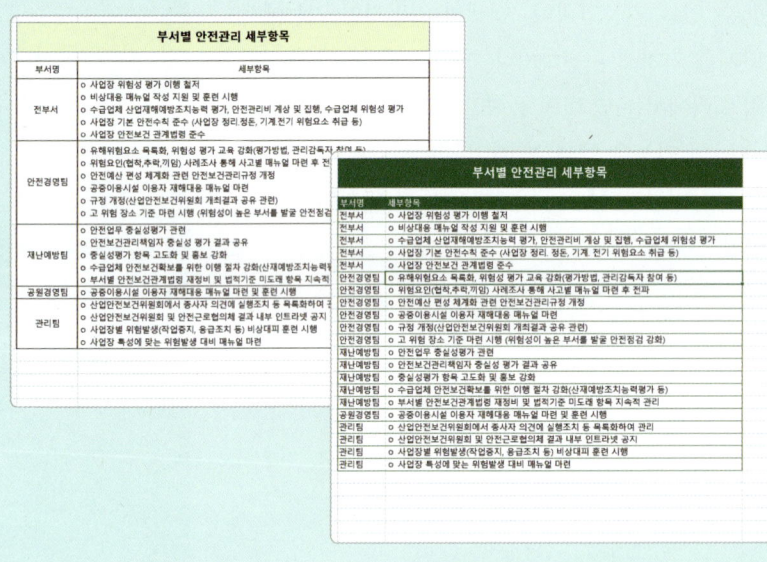

**회사에서
바로 통하는
키워드**

표 만들기, 파워 쿼리,
행으로 나누기

한눈에 보는 작업 순서

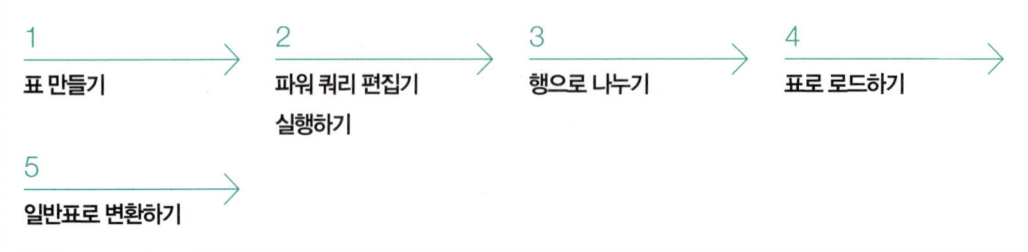

01 표 만들기 시트에 입력된 데이터를 파워 쿼리에서 편집하려면 먼저 표로 만들어야 합니다. ❶ [B4] 셀을 클릭하고 ❷ [삽입] 탭-[표] 그룹-[표]를 클릭합니다. [표 만들기] 대화상자가 나타나면 입력된 셀 범위를 그대로 유지하고, [머리글 포함]이 체크되어 있는지 확인한 후 ❸ [확인]을 클릭합니다. [B4:C9] 셀 범위가 표로 만들어집니다.

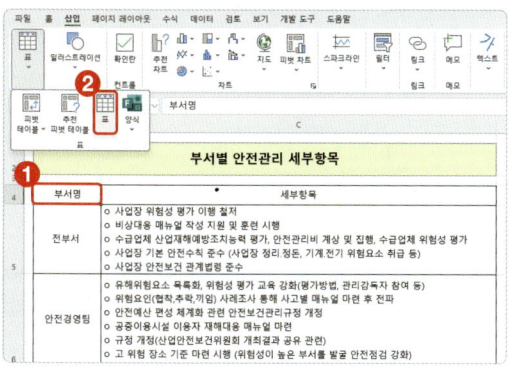 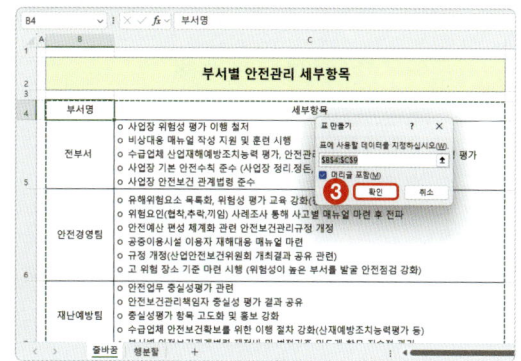

시간단축 표 만들기 단축키는 Ctrl + T 입니다.

실력향상 셀 범위를 표로 만들지 않고 파워 쿼리를 실행하면 자동으로 표 만들기 화면이 표시됩니다. 여기서 표로 만든 후 파워 쿼리를 실행해도 됩니다.

02 표로 만들어지면서 서식이 함께 적용되었습니다. 서식을 해제해보겠습니다. ❶ [테이블 디자인] 탭-[표 스타일] 그룹-[빠른 스타일]에서 ❷ [없음]을 클릭합니다.

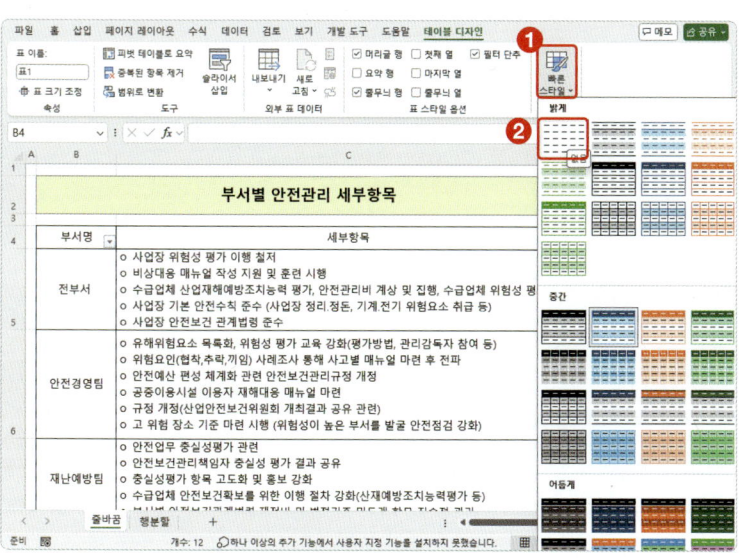

실력향상 표 이름은 표1, 표2, 표3 … 등으로 자동 부여되는데 [테이블 디자인] 탭-[속성] 그룹-[표 이름]에서 변경할 수 있습니다. 표를 해제하려면 [테이블 디자인] 탭-[도구] 그룹-[범위로 변환]을 클릭합니다.

03 파워 쿼리 편집기 실행하기
❶ [B4] 셀을 클릭하고 ❷ [데이터] 탭-[데이터 가져오기 및 변환] 그룹-[테이블/범위에서]를 클릭합니다. ❸ [Power Query 편집기] 창이 나타납니다.

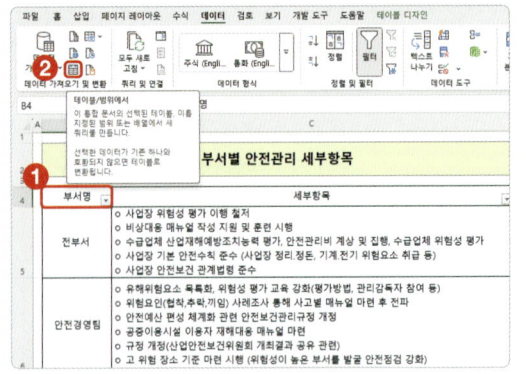 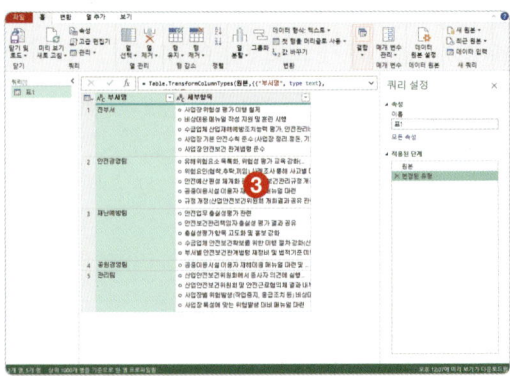

실력향상 엑셀 2016에서는 [데이터] 탭-[가져오기 및 변환] 그룹-[테이블에서]를 클릭합니다.

04 행으로 나누기
❶ [세부항목] 열 머리글에서 마우스 오른쪽 버튼을 클릭하고 ❷ [열 분할]-[구분 기호 기준]을 선택합니다. ❸ [구분 기호에 따라 열 분할] 대화상자에서 [구분 기호 선택 또는 입력]의 입력란에 표시된 '('를 삭제합니다. ❹ [다음 위치에 분할]에서 [각 구분 기호에서]가 선택된 상태에서 ❺ [고급 옵션]을 클릭하고 ❻ [행]을 선택합니다. ❼ [특수 문자를 사용하여 분할]에 체크하고 ❽ [특수 문자 삽입]을 클릭한 후 ❾ [줄 바꿈]을 선택합니다. 특수 문자로 줄바꿈을 선택하면 [구분 기호 선택 또는 입력]의 입력란에 '#(lf)'가 표시됩니다. ❿ [확인]을 클릭합니다.

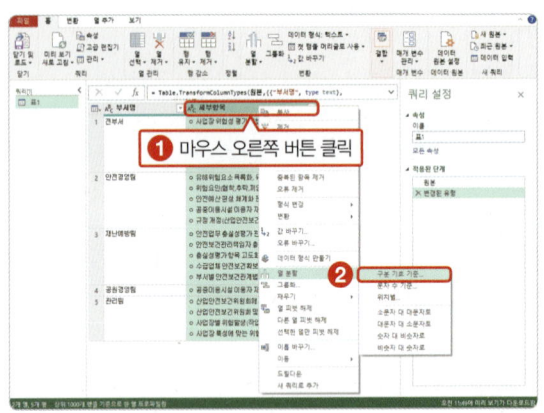 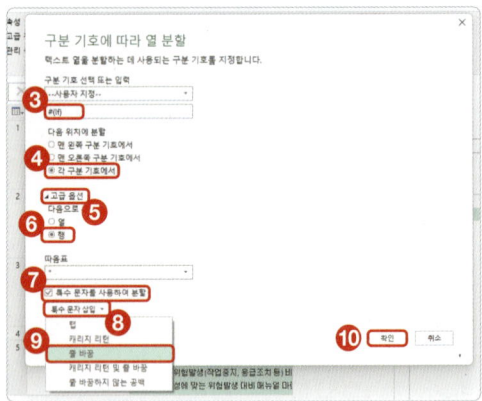

실력향상 파워 쿼리에는 실행 취소 기능이 없습니다. 이전에 작업한 내용을 취소하려면 [적용된 단계]에서 해당 항목을 클릭한 후 [x] 아이콘을 클릭합니다. [Power Query 편집기] 창이 표시된 상태에서는 [워크시트] 창이 선택되지 않고, 편집되는 쿼리는 현재 작업 중인 통합 문서에 저장됩니다.

05 표로 로드하기

❶ [세부항목] 열 데이터가 줄 바꿈을 기준으로 행으로 분리되고 ❷ [부서명] 열은 데이터가 자동으로 채워졌습니다. 편집된 결과를 시트로 로드해보겠습니다. ❸ [홈] 탭-[닫기] 그룹-[닫기 및 로드]-[닫기 및 다음으로 로드]를 클릭합니다.

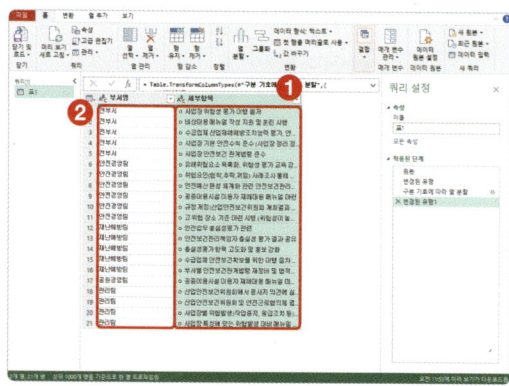 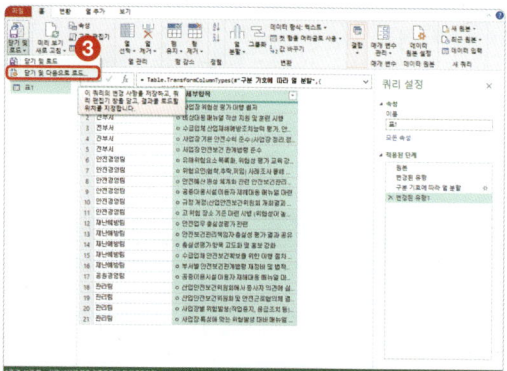

06

❶ [데이터 가져오기] 대화상자에서 [현재 통합 문서에서 이 데이터를 표시할 방법을 선택하십시오]에는 [표]를 선택하고, ❷ [데이터가 들어갈 위치를 선택하십시오]에는 [기존 워크시트]를 선택합니다. ❸ [행분할] 시트의 ❹ [B4] 셀을 클릭한 후 ❺ [확인]을 클릭합니다. ❻ [테이블 디자인] 탭-[표 스타일] 그룹-[빠른 스타일]에서 ❼ [진한 녹색, 표 스타일 밝게 11]을 선택합니다.

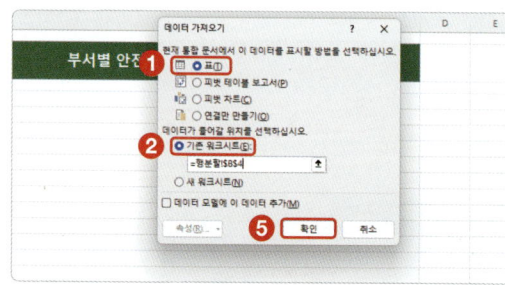

실력향상 쿼리 편집을 수정할 경우 [쿼리 및 연결] 창에서 [표1]을 더블클릭합니다.

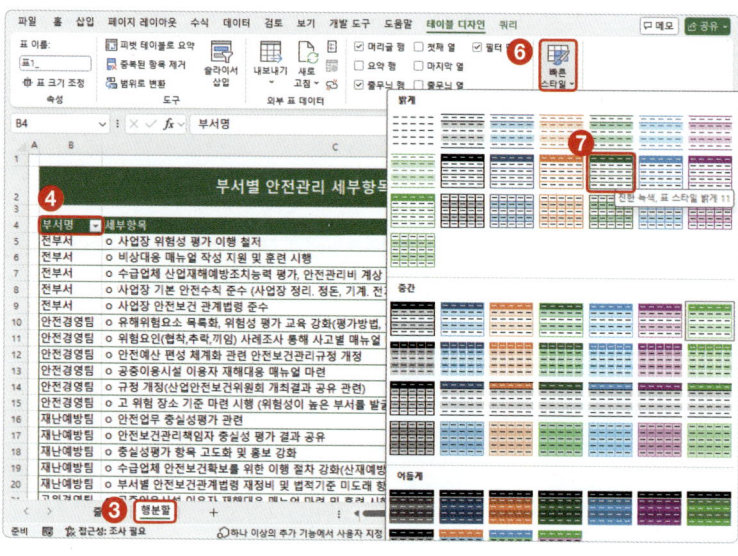

CHAPTER 02 파워 쿼리를 활용한 데이터 변환과 시각화   **085**

07 일반 범위로 변환하기

시트로 로드된 파워 쿼리의 결과는 표로 등록되어 있습니다. 일반 범위로 변환해보겠습니다. ❶ [테이블 디자인] 탭-[도구] 그룹-[범위로 변환]을 클릭합니다. ❷ '계속하면 시트에서 쿼리 정의가 영구히 제거되고 표가 정상 범위로 변환됩니다. 계속하시겠습니까?' 메시지 창이 나타나면 [확인]을 클릭합니다.

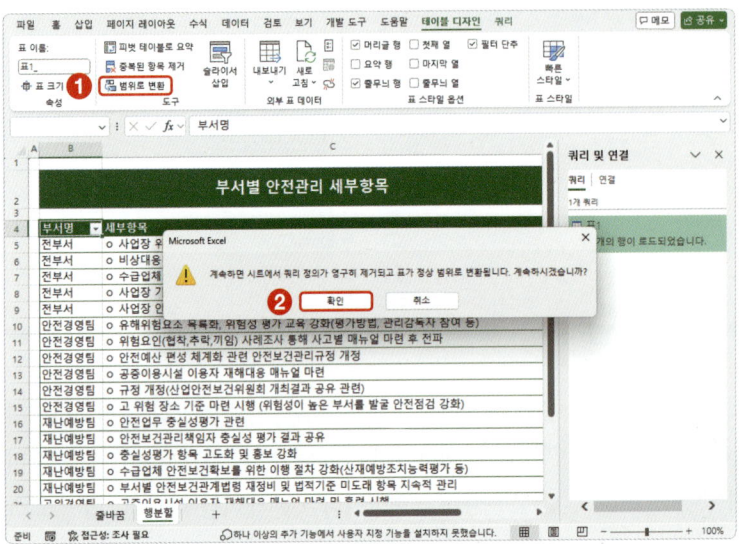

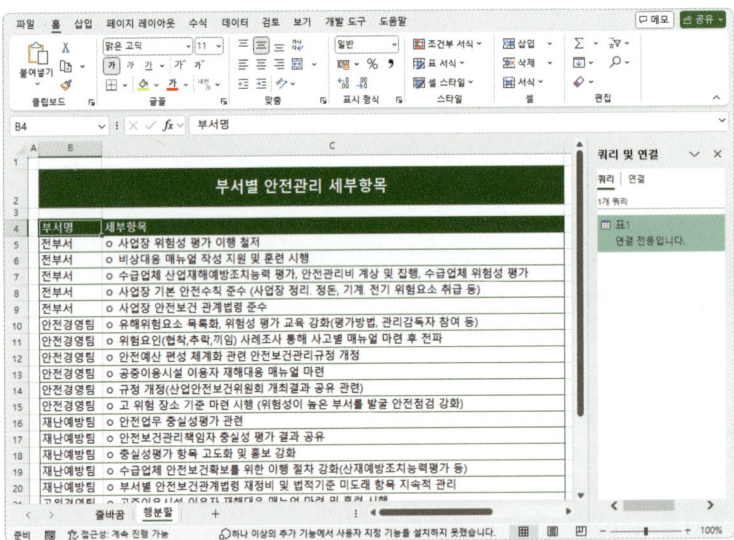

실력향상 시트로 로드된 파워 쿼리의 결과를 일반 범위로 변환하면 쿼리 연결도 해제되어 [쿼리 및 연결] 작업 창에 [표1]이 '연결전용입니다.'로 표시됩니다. 다시 쿼리와 연결된 표 목록을 만들려면 [쿼리 및 연결] 작업 창의 [표1]에서 마우스 오른쪽 버튼을 클릭하고 [다음으로 로드]를 선택한 후 [데이터 가져오기]에서 [표]를 선택합니다.

병합된 셀 아래로 채우고 쉼표로 구분된 데이터 분리하기

실습 파일 CHAPTER02\02_급지별지역분류.xlsx | **완성 파일** CHAPTER02\02_급지별지역분류(완성).xlsx

엑셀 데이터 목록은 병합된 셀이 없고, 데이터가 행 단위로 정리되어 있어야 함수나 피벗 테이블을 원활하게 사용할 수 있습니다. 만약 병합된 셀이 있거나 한 셀에 쉼표로 구분된 데이터가 있다면, 이를 데이터베이스 구조에 맞게 변환해야 합니다. 이때 파워 쿼리를 활용하면 변환 작업을 빠르고 효율적으로 처리할 수 있습니다.

미리보기

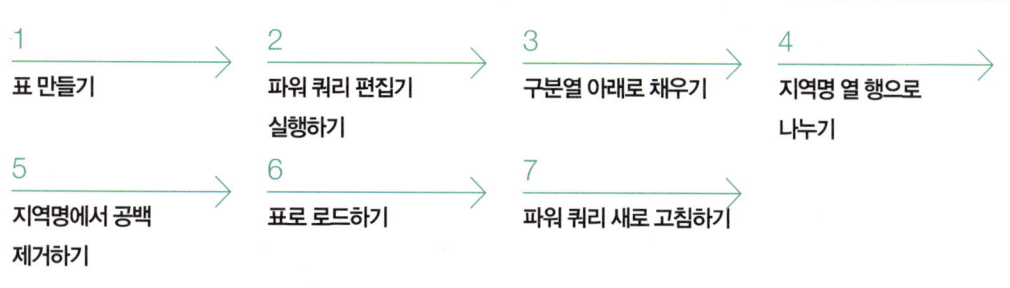

회사에서 바로 통하는 키워드

표 만들기, 파워 쿼리, 아래로 채우기, 행으로 나누기, 공백 제거

한눈에 보는 작업 순서

1. 표 만들기 → 2. 파워 쿼리 편집기 실행하기 → 3. 구분열 아래로 채우기 → 4. 지역명 열 행으로 나누기 →
5. 지역명에서 공백 제거하기 → 6. 표로 로드하기 → 7. 파워 쿼리 새로 고침하기

01 표 만들기 ❶ [A1] 셀을 클릭하고 ❷ [삽입] 탭-[표] 그룹-[표]를 클릭합니다. [표 만들기] 대화상자가 나타나면 입력된 셀 범위를 그대로 유지하고, [머리글 포함]이 체크되어 있는지 확인한 후 ❸ [확인]을 클릭합니다. [A4:C26] 셀 범위가 표로 만들어집니다.

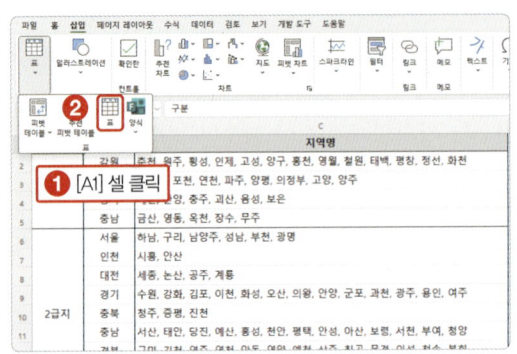 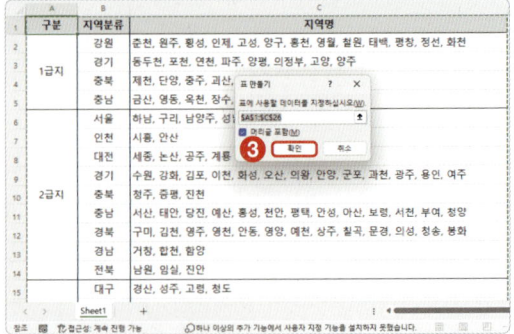

실력향상 표로 만들어지면 병합된 셀은 자동으로 병합이 해제되고, 데이터는 첫 번째 셀에만 표시됩니다.

02 ❶ [테이블 디자인] 탭-[표 스타일] 그룹-[빠른 스타일]에서 ❷ [없음]을 클릭합니다.

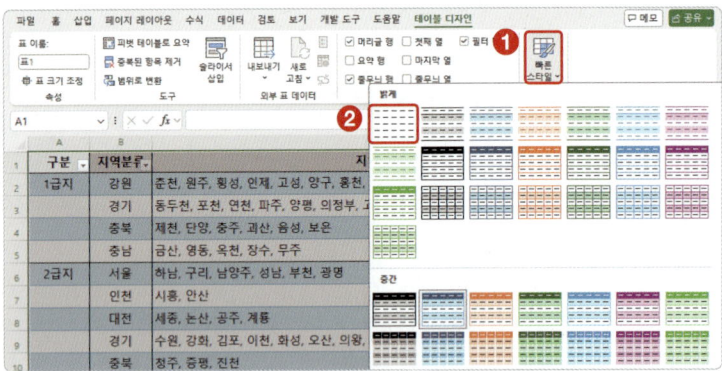

실력향상 표로 만들기 전에 설정된 셀 서식이 있다면 그 서식은 그대로 유지되고, 표 서식의 내용이 추가로 적용됩니다.

03 파워 쿼리 편집기 실행하기 ❶ [A1] 셀을 클릭하고 ❷ [데이터] 탭-[데이터 가져오기 및 변환] 그룹-[테이블/범위에서]를 클릭합니다. ❸ [Power Query 편집기] 창이 나타납니다.

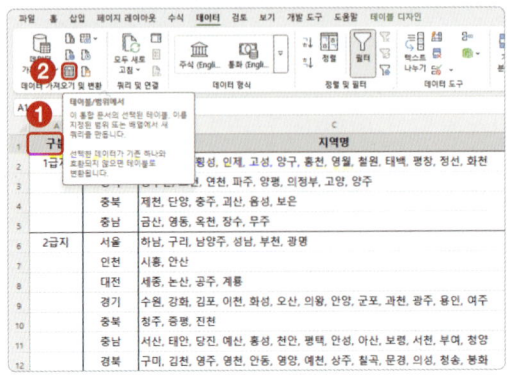 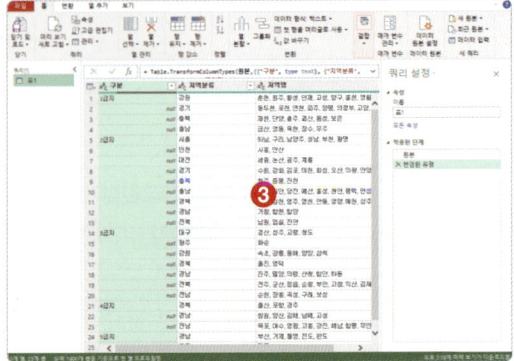

04 구분 열 아래로 채우기
❶ [구분] 열 머리글에서 마우스 오른쪽 버튼을 클릭하고 ❷ [채우기]-[아래로]를 선택합니다. 빈 셀에 위쪽 데이터가 아래로 채워집니다.

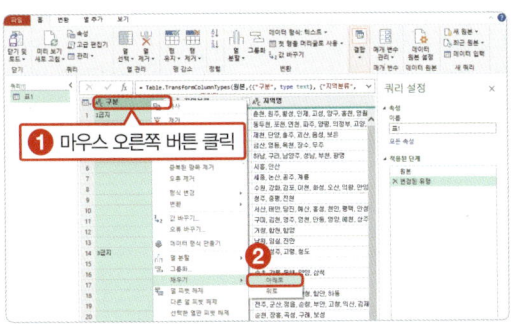
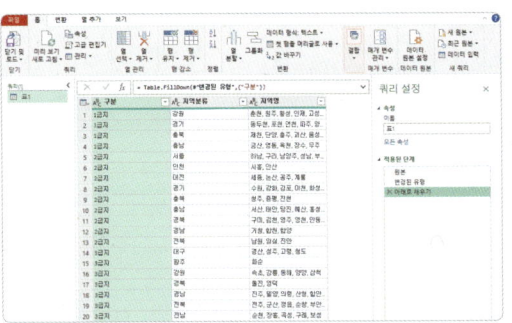

05 지역명 열 행으로 나누기
❶ [지역명] 열 머리글에서 마우스 오른쪽 버튼을 클릭하고 ❷ [열 분할]-[구분 기호 기준]을 선택합니다. ❸ [구분 기호에 따라 열 분할] 대화상자에서 [구분 기호 선택 또는 입력]에는 [쉼표]를 선택하고 ❹ [다음 위치에 분할]에는 [각 구분 기호에서]를 선택합니다. ❺ [고급 옵션]을 클릭하고 ❻ [행]을 선택한 후 ❼ [확인]을 클릭합니다.

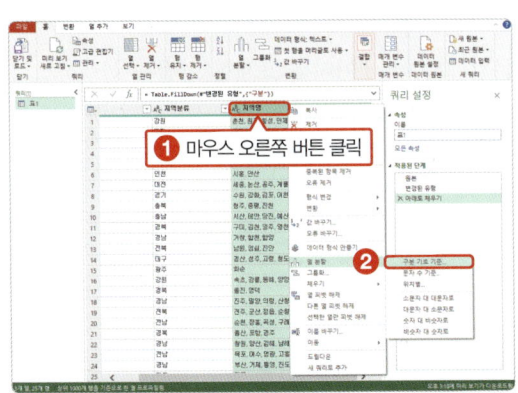
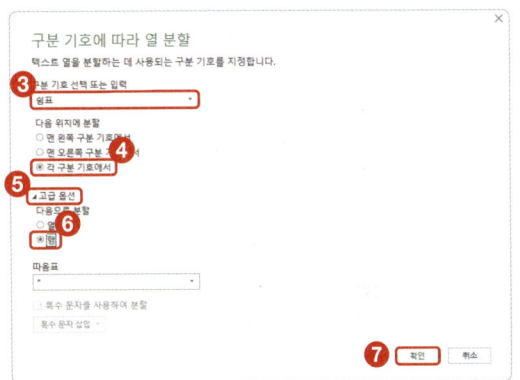

06 지역명에서 공백 제거하기
지역명이 쉼표를 기준으로 행으로 분리되면서 앞쪽에 공백이 한 칸 포함됩니다. 공백을 제거해보겠습니다. ❶ [지역명] 열 머리글에서 마우스 오른쪽 버튼을 클릭하고 ❷ [값 바꾸기]를 선택합니다. ❸ [값 바꾸기] 대화상자에서 [찾을 값]에 Spacebar 를 한 번 눌러 공백을 한 칸 입력합니다. ❹ [바꿀 항목]은 입력하지 않습니다. ❺ [확인]을 클릭합니다.

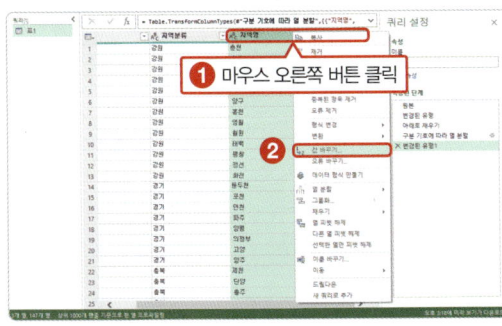
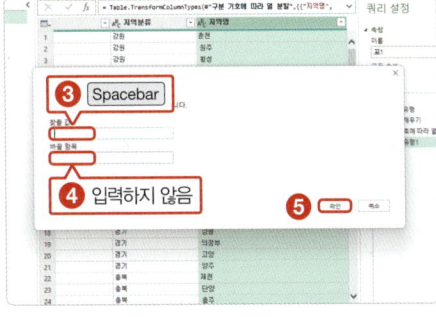

실력향상 [값 바꾸기]에서 [찾을 값]만 입력하고 [바꿀 항목]을 입력하지 않으면 찾을 값이 제거됩니다.

07 표로 로드하기 [지역명] 열에 공백이 모두 제거되었습니다. 편집된 결과를 시트로 로드해보겠습니다. ❶ [홈] 탭-[닫기] 그룹-[닫기 및 로드]를 클릭하고 ❷ [닫기 및 다음으로 로드]를 클릭합니다.

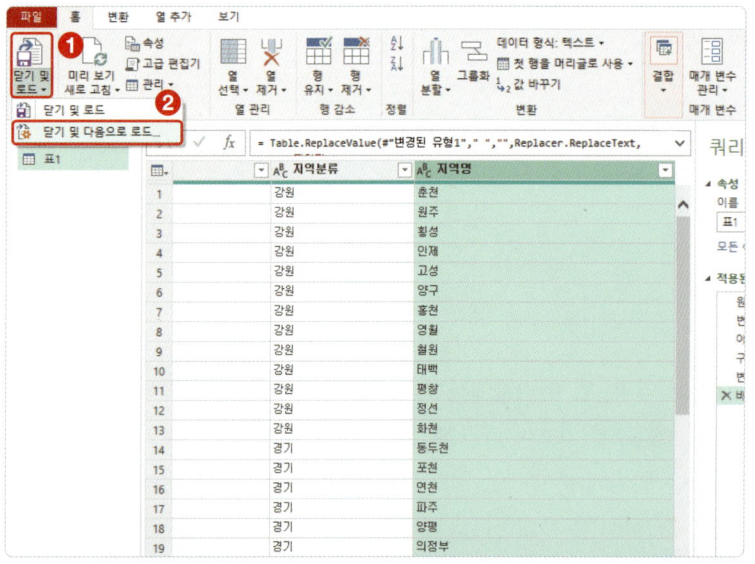

08 ❶ [데이터 가져오기] 대화상자에서 [현재 통합 문서에서 이 데이터를 표시할 방법을 선택하십시오]에는 [표]를 선택하고 ❷ [데이터가 들어갈 위치를 선택하십시오]에는 [새 워크시트]를 선택합니다. ❸ [확인]을 클릭합니다. 편집된 결과가 새로운 시트에 로드되었습니다.

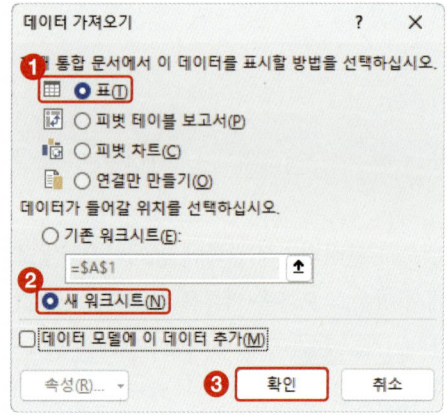
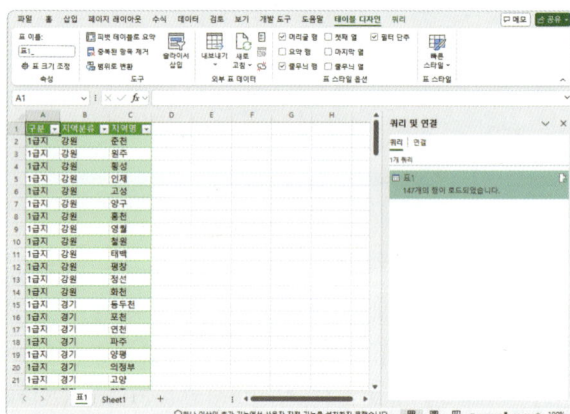

09 파워 쿼리 새로 고침하기 [Sheet1]에 있는 원본 데이터를 변경하여 파워 쿼리를 업데이트해보겠습니다. ❶ [Sheet1] 시트를 클릭하고 ❷ [C26] 셀을 **제주,서귀포**로 변경합니다. ❸ 파워 쿼리 결과가 있는 [표1]을 클릭하고 ❹ 데이터가 있는 임의의 셀에서 마우스 오른쪽 버튼을 클릭한 후 ❺ [새로 고침]을 선택합니다. ❻ 변경된 원본 데이터가 반영되어 [C148:C149] 셀에 표시됩니다.

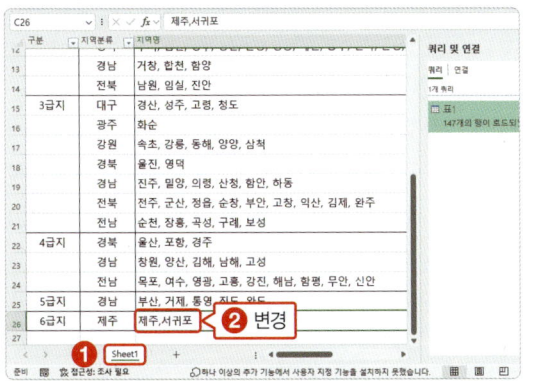
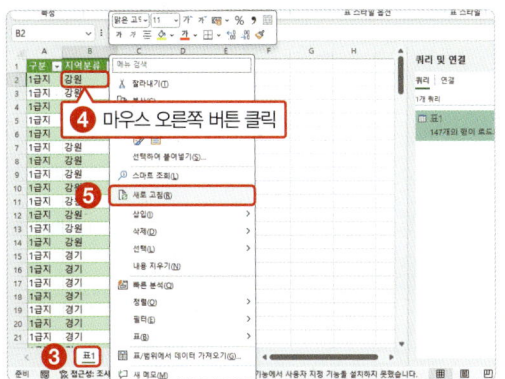
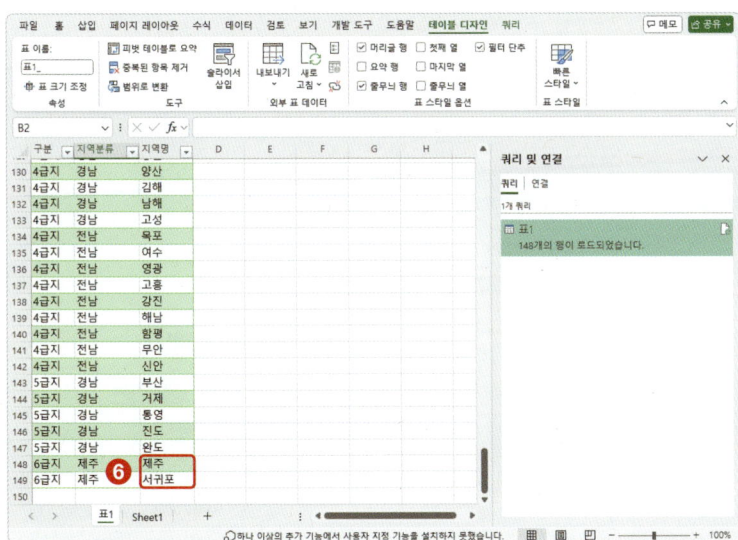

실력향상 파워 쿼리 결과를 [일반 범위]로 변환하면 파워 쿼리와 연결이 해제되기 때문에 원본 데이터가 변경되더라도 [새로 고침]을 할 수 없습니다.

1차원 구조의 표를 2차원 구조로 빠르게 변환하기

실습 파일 CHAPTER02\03_건축폐기물분류기준.xlsx | 완성 파일 CHAPTER02\03_건축폐기물분류기준(완성).xlsx

항목이 세로로 나열되어 있으면 행이 많아 전체적인 내용을 이해하기가 어렵습니다. 이런 이유로 보고서에서는 직관적일 수 있도록 크로스탭 형식의 표를 많이 사용합니다. 1차원 구조의 표를 2차원 크로스탭 형식으로 변환할 때 대부분 피벗 테이블을 사용합니다. 그러나 피벗 테이블은 [값] 영역에 텍스트 형식의 필드가 배치되면 [개수]로 계산되기 때문에 텍스트를 그대로 표시할 수 없습니다. 이때 파워 쿼리의 [피벗 열]을 이용하면 계산하지 않고 그대로 텍스트를 표시하여 쉽게 변환할 수 있습니다.

미리보기

회사에서 바로 통하는 키워드

파워 쿼리, 피벗 열, 일반 범위로 변환

한눈에 보는 작업 순서

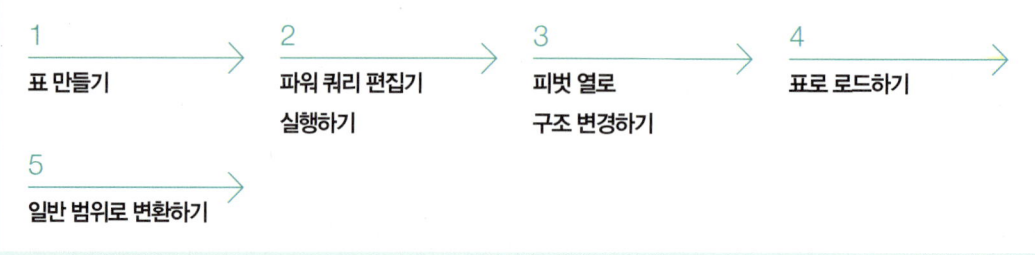

1 표 만들기 → 2 파워 쿼리 편집기 실행하기 → 3 피벗 열로 구조 변경하기 → 4 표로 로드하기

5 일반 범위로 변환하기

01 표 만들기 ❶ [B4] 셀을 클릭하고 ❷ [삽입] 탭-[표] 그룹-[표]를 클릭합니다. [표 만들기] 대화상자가 나타나면 입력된 셀 범위를 그대로 유지하고, [머리글 포함]이 체크되어 있는지 확인한 후 ❸ [확인]을 클릭합니다. [B4:E51] 셀 범위가 표로 만들어집니다.

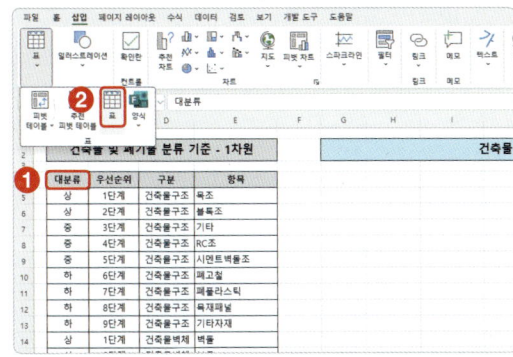
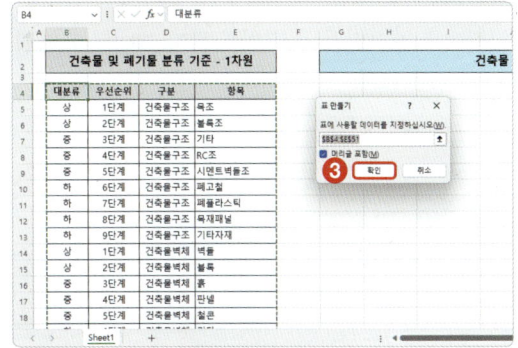

02 ❶ [테이블 디자인] 탭-[표 스타일] 그룹-[빠른 스타일]에서 ❷ [없음]을 클릭합니다.

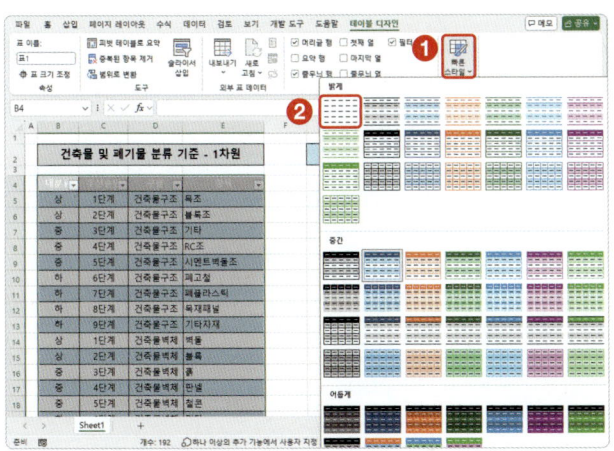

03 파워 쿼리 편집기 실행하기 ❶ [B4] 셀을 클릭하고 ❷ [데이터] 탭-[데이터 가져오기 및 변환] 그룹-[테이블/범위에서]를 클릭합니다.

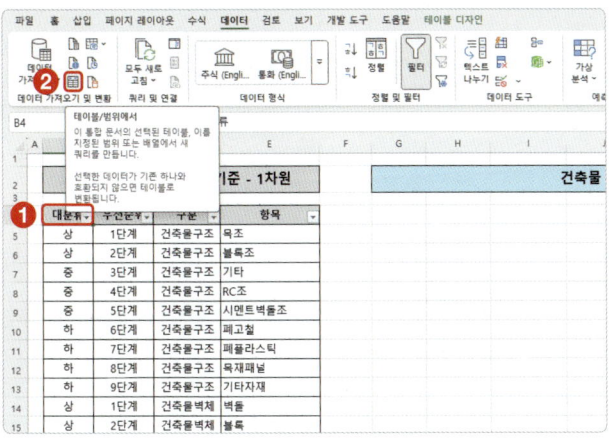

CHAPTER 02 파워 쿼리를 활용한 데이터 변환과 시각화 **093**

04 피벗 열로 구조 변경하기 표의 구조를 [구분] 열은 행, [우선순위] 열은 열, [항목] 열은 값 위치로 배치해보겠습니다. ❶ [구분] 열 머리글을 클릭하고 ❷ [변환] 탭-[열] 그룹-[피벗 열]을 클릭합니다. ❸ [피벗 열] 대화상자에서 [값 열]에는 [항목]을 선택하고 ❹ [고급 옵션]을 클릭한 후 ❺ [값 집계 함수]-[집계 안 함]을 선택합니다. ❻ [피벗 열] 대화상자에서 [확인]을 클릭합니다. [항목]이 '값 열'로 배치되어도 계산되지 않고 원본 문자 그대로 표시됩니다.

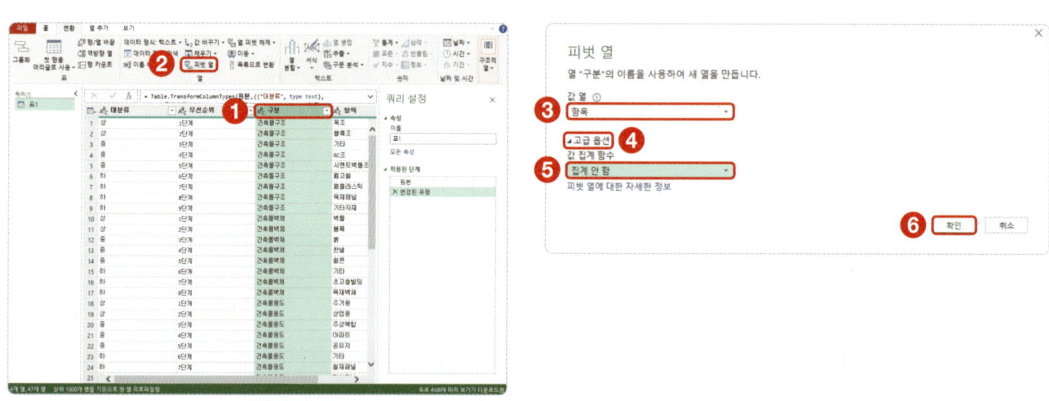

실력향상 열 방향으로 배치해야 할 [우선순위] 열을 선택한 상태에서 [피벗 열]을 실행해야 합니다. 만약 다른 열이 선택된 상태에서 [피벗 열]을 실행하면 선택된 열이 열 방향으로 구조가 변경됩니다. [피벗 열] 대화상자의 [값 집계 함수]를 '개수', '최대값', '최소값' 등으로 선택하면 [항목] 열의 데이터가 계산되어 결괏값이 숫자로 표시됩니다.

05 표로 로드하기 2차원 구조로 변경되었습니다. 결과를 표로 로드해보겠습니다. ❶ [홈] 탭-[닫기] 그룹-[닫기 및 로드]를 클릭하고 ❷ [닫기 및 다음으로 로드]를 클릭합니다. ❸ [데이터 가져오기] 대화상자에서 [현재 통합 문서에서 이 데이터를 표시할 방법을 선택하십시오.]에는 [표]를 선택하고 ❹ [데이터가 들어갈 위치를 선택하십시오.]에는 [기존 워크시트]를 선택합니다. ❺ [Sheet1] 시트의 [G4] 셀을 클릭하고 ❻ [확인]을 클릭합니다.

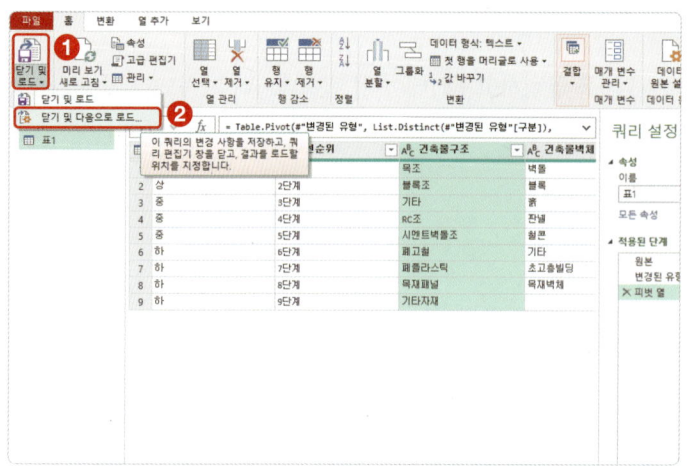
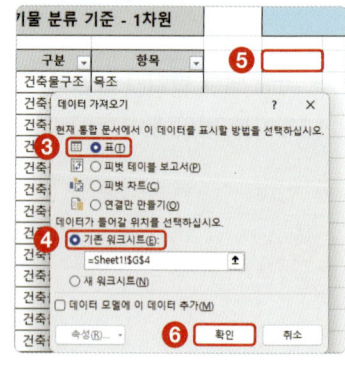

06 표로 로드되었습니다. ❶ [G4] 셀을 클릭하고 ❷ [테이블 디자인] 탭-[표 스타일] 그룹-[빠른 스타일]에서 ❸ [옥색, 표 스타일 밝게 12]를 선택합니다.

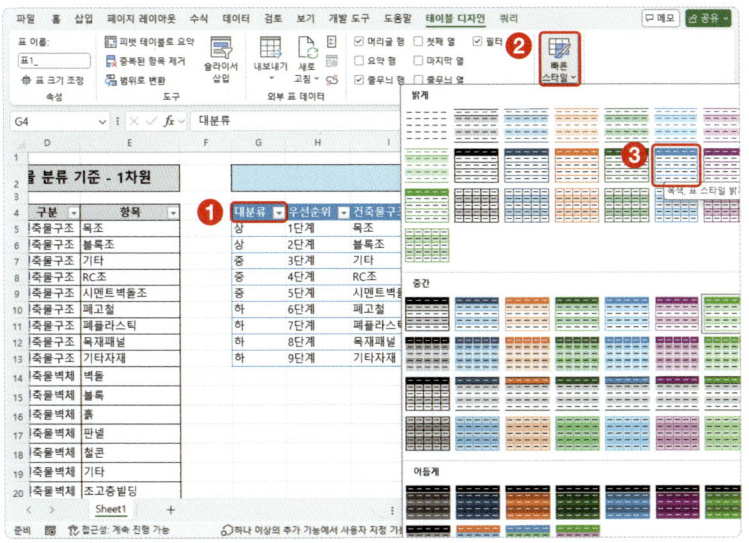

07 일반 범위로 변환하기 ❶ [테이블 디자인] 탭-[도구] 그룹-[범위로 변환]을 클릭합니다. ❷ '계속하면 시트에서 쿼리 정의가 영구히 제거되고 표가 정상 범위로 변환됩니다. 계속하시겠습니까?' 메시지 창이 나타나면 [확인]을 클릭합니다.

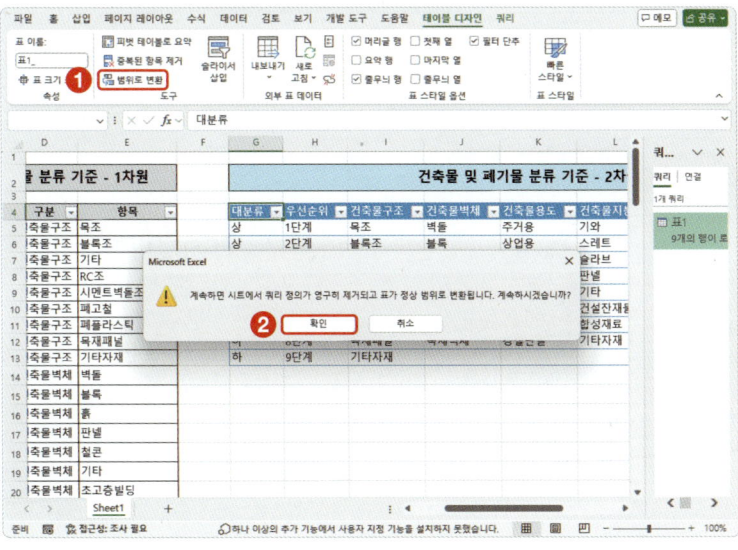

with 챗GPT

04 특정 문자가 포함된 단어만 추출하기

실습 파일 CHAPTER02\04_제품정보모델명.xlsx | 완성 파일 CHAPTER02\04_제품정보모델명(완성).xlsx

한 셀에 여러 항목의 제품 정보가 슬래시(/)로 구분되어 있습니다. 이 중에서 'KPO'라는 단어가 포함된 항목이 모델명인데, 이 모델명을 추출하려고 합니다. 모델명이 모두 같은 위치에 있다면 텍스트 나누기 기능으로 쉽게 추출할 수 있지만 셀마다 위치가 다르기 때문에 파워 쿼리를 사용해 추출해보겠습니다.

미리보기

회사에서
바로 통하는
키워드

파워 쿼리, 열 분할, 필터, 범위로 변환

한눈에 보는 작업 순서

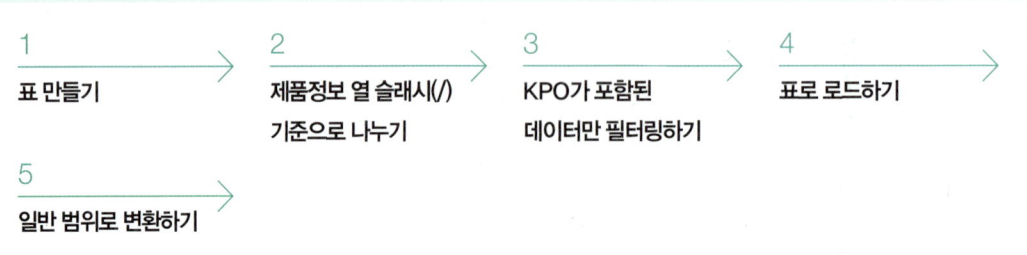

01 표 만들기

❶ [A1] 셀을 클릭하고 ❷ [삽입] 탭-[표] 그룹-[표]를 클릭합니다. [표 만들기] 대화상자가 나타나면 입력된 셀 범위를 그대로 유지하고, [머리글 포함]이 체크되어 있는지 확인한 후 ❸ [확인]을 클릭합니다. [A1:A85] 셀 범위가 표로 만들어집니다.

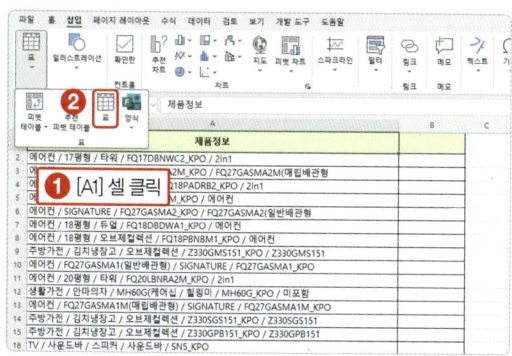
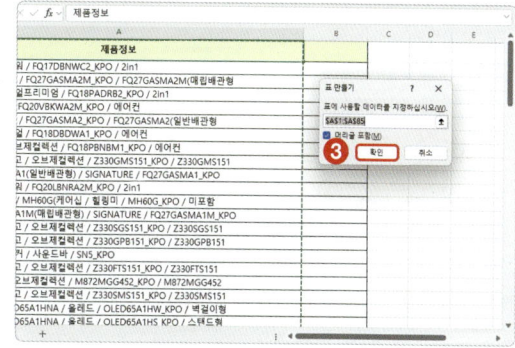

실력향상 [A1] 셀을 클릭한 후 표 만들기를 하면 [A1:A85] 셀 범위만 표로 만들어집니다. 비어 있는 B열에 파워 쿼리에서 모델명만 추출하여 표시할 예정이므로 B열은 표 범위에 포함하지 않습니다.

02

❶ [테이블 디자인] 탭-[표 스타일] 그룹-[빠른 스타일]에서 ❷ [없음]을 클릭합니다. ❸ [A1] 셀을 클릭하고 ❹ [데이터] 탭-[데이터 가져오기 및 변환] 그룹-[테이블/범위에서]를 클릭합니다.

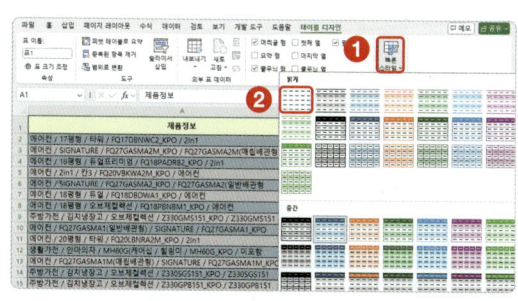
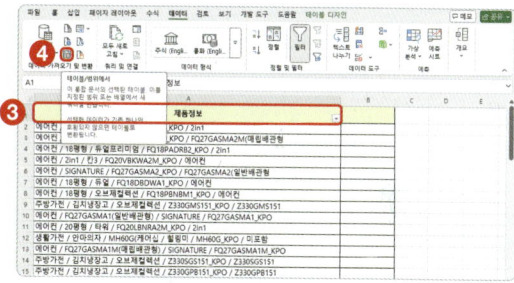

03 제품정보 열 슬래시(/) 기준으로 나누기

❶ [제품정보] 열의 첫 번째 데이터를 클릭합니다. ❷ [데이터 미리 보기]에서 /를 드래그한 후 Ctrl + C 를 눌러 복사합니다. ❸ [제품정보] 열 머리글에서 마우스 오른쪽 버튼을 클릭하고 ❹ [열 분할]-[구분 기호 기준]을 선택합니다.

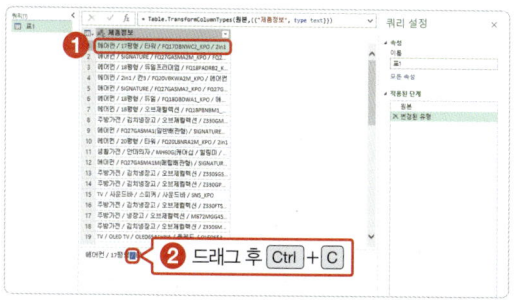
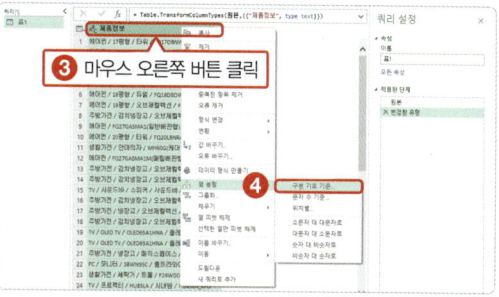

실력향상 [제품정보] 열의 데이터는 사내 관리 시스템에서 다운로드한 것으로, 문자 사이에 입력된 슬래시(/)가 키보드로 입력한 슬래시(/)와 다릅니다. 따라서 열 분할 시 구분 기호에 키보드로 슬래시(/)를 입력하면 분할되지 않습니다. 이 경우 데이터에 실제로 사용된 슬래시(/)를 복사하여 구분 기호로 사용하는 것이 정확합니다.

04 ❶ [구분 기호에 따라 열 분할] 대화상자에서 [구분 기호 선택 또는 입력]의 입력란에 기존에 입력되어 있는 언더 바(_)는 삭제하고 Ctrl + V 를 눌러 복사해둔 /를 붙여 넣습니다. ❷ [다음 위치에 분할]에서 [각 구분 기호에서]를 선택합니다. ❸ [고급 옵션]을 클릭하고 ❹ [행]을 선택한 후 ❺ [확인]을 클릭합니다. 행으로 분리되었습니다.

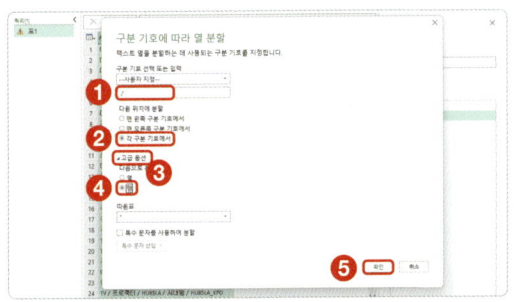 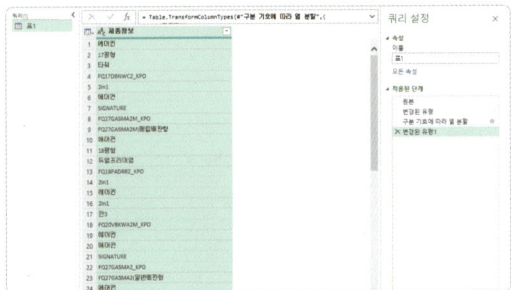

실력향상 제품정보에서 'KPO' 단어가 포함된 항목만 필터링하려면 행으로 분리해야 합니다.

05 KPO가 포함된 데이터만 필터링하기 ❶ [제품정보] 열의 필터 단추를 클릭하고 ❷ 검색란에 KPO를 입력한 후 ❸ [확인]을 클릭합니다. ❹ 열 제목을 더블클릭하고 **모델명**으로 변경합니다.

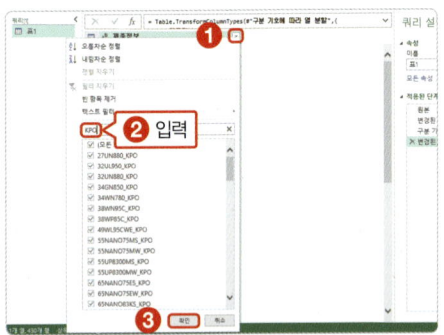 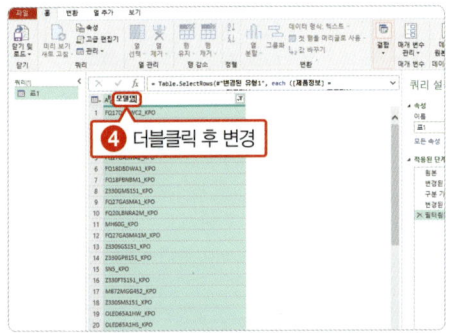

06 표로 로드하기 결과를 [Sheet1]의 [B1] 셀로 로드해보겠습니다. ❶ [홈] 탭–[닫기] 그룹–[닫기 및 로드]를 클릭한 후 ❷ [닫기 및 다음으로 로드]를 클릭합니다. ❸ [데이터 가져오기] 대화상자에서 [현재 통합 문서에서 이 데이터를 표시할 방법을 선택하십시오.]에는 [표]를 선택하고 ❹ [데이터가 들어갈 위치를 선택하십시오.]에는 [기존 워크시트]를 선택합니다. ❺ [Sheet1]의 [B1] 셀을 클릭하고 ❻ [확인]을 클릭합니다.

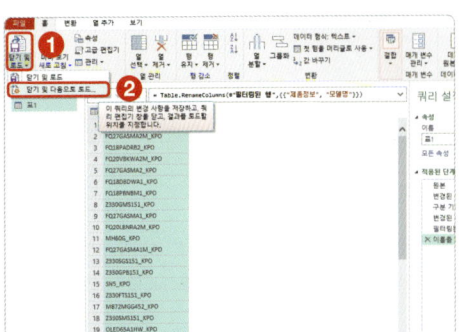 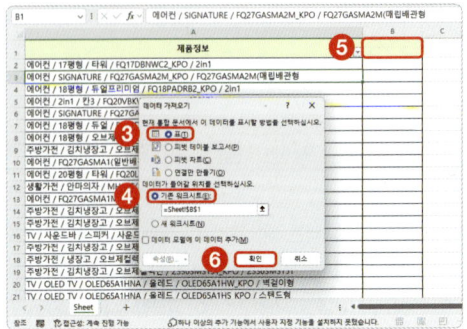

07 일반 범위로 변환하기 ❶ [B1] 셀을 클릭하고 ❷ [테이블 디자인] 탭-[표 스타일] 그룹-[빠른 스타일]에서 ❸ [없음]을 클릭합니다.

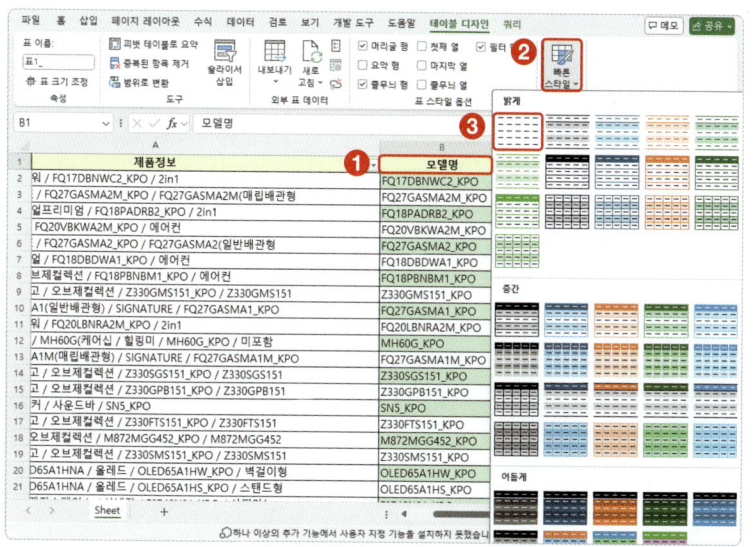

08 ❶ [테이블 디자인] 탭-[도구] 그룹-[범위로 변환]을 클릭합니다. ❷ '계속하면 시트에서 쿼리 정의가 영구히 제거되고 표가 정상 범위로 변환됩니다. 계속하시겠습니까?' 메시지 창이 나타나면 [확인]을 클릭합니다.

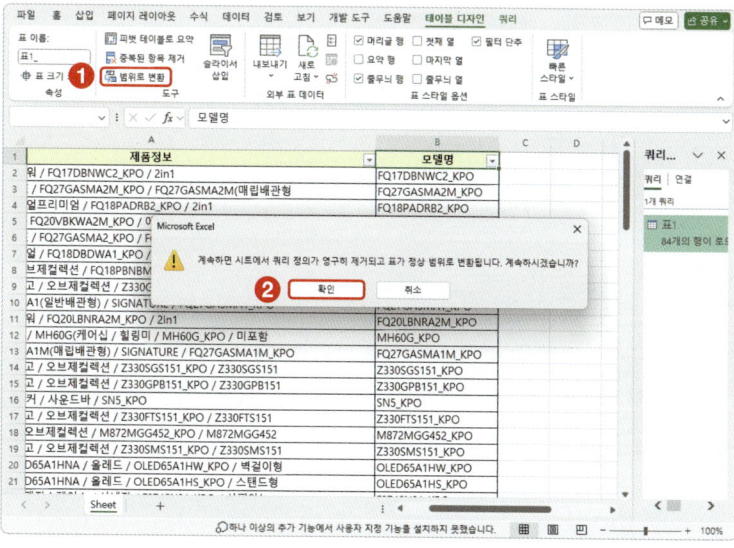

09 A열의 제품정보도 일반 범위로 변환해보겠습니다. ❶ [A1] 셀을 클릭하고 ❷ [테이블 디자인] 탭-[도구] 그룹-[범위로 변환]을 클릭합니다. ❸ '표를 정상 범위로 변환하시겠습니까?' 메시지 창이 나타나면 [예]를 클릭합니다. 두 표 모두 일반 범위로 변환되었습니다.

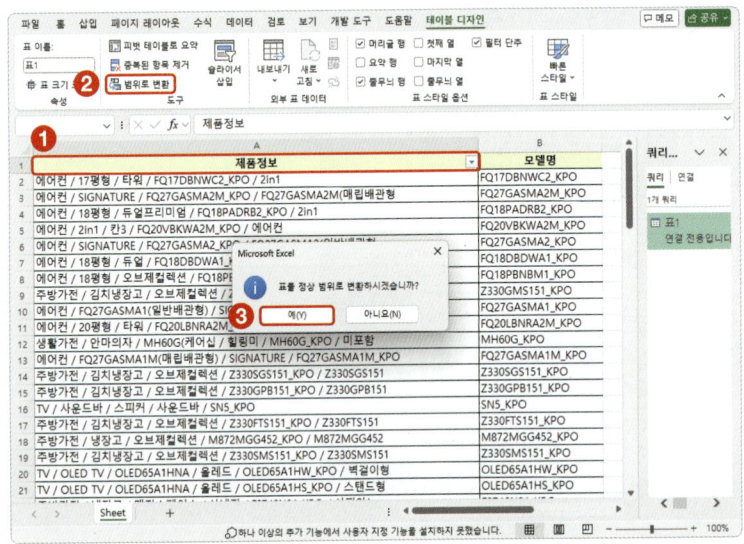

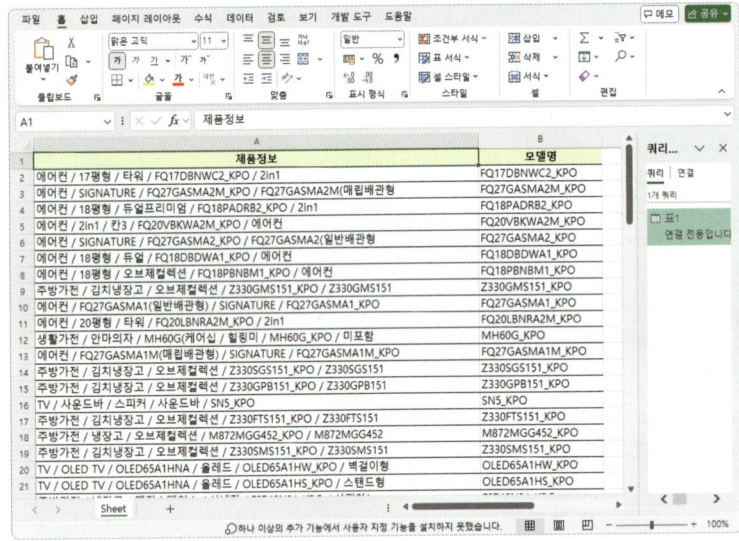

실력향상 B열 데이터는 파워 쿼리로 로드된 표이고, A열 데이터는 [표 만들기]로 생성된 표이기 때문에 서로 다른 표입니다. 일반 범위로 변환하려면 두 표를 각각 따로 변환해야 합니다.

챗GPT 활용 Note — 챗GPT에 파일 업로드하여 데이터 추출 요청하기

실습 파일 CHAPTER02\04_제품정보모델명_챗GPT.xlsx
완성 파일 CHAPTER02\04_제품정보모델명_챗GPT(완성).xlsx

챗GPT에 엑셀 파일을 업로드하여 원하는 결과를 요청할 수 있습니다. 물론 시트에 입력된 셀 데이터를 복사해 프롬프트에 붙여 넣어 요청할 수도 있지만, 데이터 양이 많을 경우 입력 가능한 문자 수에 제한이 있어 모든 데이터를 복사하기 어렵습니다. 이러한 상황에서는 엑셀 파일을 첨부하고, 데이터 변환을 요청한 뒤 결과 파일을 다운로드할 수 있도록 합니다. 챗GPT로 이동하여 프롬프트를 입력합니다.

> **프롬프트**
>
> **첨부 파일** : CHAPTER02\04_제품정보모델명_챗GPT.xlsx
>
> 첨부한 엑셀 파일 '제품정보' 열에서 모델명만 추출하여 B열에 입력하려고 해.
>
> #추출 조건
> - 제품정보 열에는 /로 구분된 여러 제품정보들이 입력되어 있어.
> - 이 데이터 항목에서 'KPO' 문자가 포함된 내용이 모델명이야.
> - 각 셀에 입력된 모델명을 추출하여 B열에 입력해줘.
> - 결과는 엑셀 파일로 다운로드할 수 있도록 링크를 만들어줘.

프롬프트 Tip 챗GPT 프롬프트에 입력할 수 있는 글자 수는 한글 기준으로 약 2,000~3,000자 정도입니다. 챗GTP가 처리하는 단위는 토큰(token)인데, 한글은 한 글자가 1~3개의 토큰으로 계산됩니다. 즉, 한글로 작성된 데이터는 약 2,000자 내외까지 안정적으로 입력할 수 있습니다.

프롬프트 Tip 챗GPT에서 엑셀 파일을 업로드하려면 유료 버전을 사용해야 하는데, 무료 버전 사용자에게도 하루에 제한된 양의 유료 버전 사용량이 할당됩니다. 만약 챗GPT 무료 계정에서 엑셀 파일 업로드가 안 된다면 24시간 지난 후에 다시 시도해보세요.

> 모델명을 추출한 결과를 엑셀 파일로 저장했습니다. 아래 링크를 클릭하여 다운로드할 수 있습니다.
>
> 엑셀 파일 다운로드

 [엑셀 파일 다운로드]를 클릭하여 결과 파일을 다운로드합니다. ❷ 다운로드한 파일을 열면 B열에 '모델명'이 입력되어 있습니다.

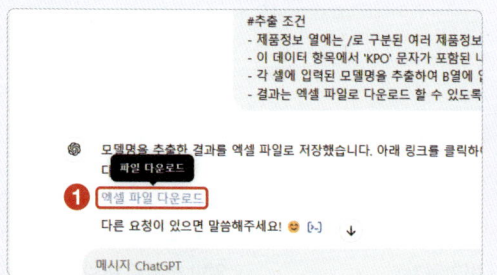
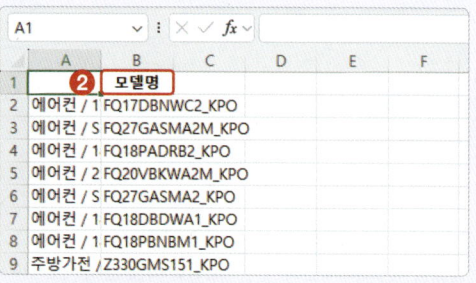

05 형식 변환이 불가능한 데이터 파워 쿼리로 변환하기

실습 파일 CHAPTER02\05_주택실거래목록.csv | 완성 파일 CHAPTER02\05_주택실거래목록(완성).xlsx

외부에서 다운로드한 CSV 파일을 엑셀로 열 때, 날짜나 문자 데이터가 잘못 표시되는 경우가 종종 있습니다. 예를 들어, '월/일/년 시:분' 형식의 데이터는 엑셀에서 텍스트 나누기를 사용해도 날짜 형식으로 변환하기 어렵습니다. 또한, 하이픈(-)이 포함된 문자 데이터는 자동으로 날짜 형식으로 변환되기도 합니다. 이러한 문제를 해결하려면 파워 쿼리를 사용하여 데이터를 가져오는 방법을 사용합니다.

미리보기

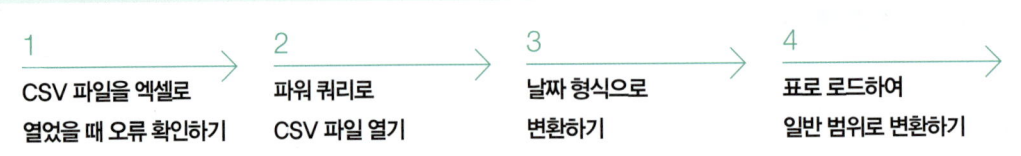

회사에서 바로 통하는 키워드

날짜 형식 변환, 하이픈 문자 오류, 파워 쿼리, 텍스트/CSV

한눈에 보는 작업 순서

1. CSV 파일을 엑셀로 열었을 때 오류 확인하기 →
2. 파워 쿼리로 CSV 파일 열기 →
3. 날짜 형식으로 변환하기 →
4. 표로 로드하여 일반 범위로 변환하기

01 CSV 파일을 엑셀로 열었을 때 오류 확인하기 CSV 파일을 더블클릭하여 엑셀로 열기합니다. C열의 거래일은 슬래시(/)로 구분된 문자 형식으로 되어 있습니다. 이 데이터는 시간 정보가 포함되어 있어 [텍스트 나누기] 기능을 사용해도 날짜로 변환되지 않습니다. E열의 지번은 일부가 날짜 형식으로 잘못 설정되어 있습니다. 이는 '89-5', '21-3'처럼 숫자 사이에 하이픈(-)이 포함된 데이터를 엑셀이 자동으로 날짜로 인식하여 변환했기 때문입니다.

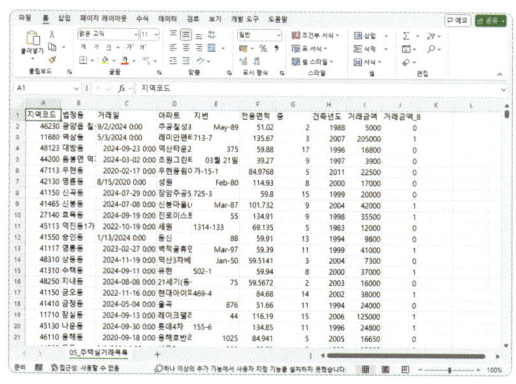

실력향상 CSV 파일을 더블클릭했을 때 메모장으로 열린다면 CSV 파일 이름에서 마우스 오른쪽 버튼을 클릭한 후 [연결 프로그램]–[Excel]을 선택합니다.

02 파워 쿼리로 CSV 파일 열기 ❶ 새 통합 문서를 열고 ❷ [데이터] 탭–[데이터 가져오기 및 변환] 그룹–[텍스트/CSV에서]를 클릭합니다. ❸ [데이터 가져오기] 대화상자에서 **05_주택실거래목록.csv** 파일을 클릭하고 ❹ [가져오기]를 클릭합니다.

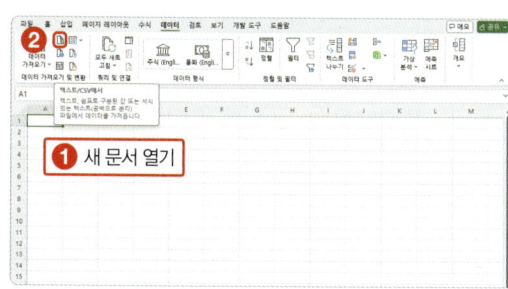 

실력향상 [데이터 가져오기]로 다른 파일을 파워 쿼리에서 연결하여 사용할 때는 표 만들기를 하지 않습니다.

03 선택한 CSV 파일을 미리 보기로 표시합니다. ❶ [데이터 변환]을 클릭합니다. ❷ [Power Query 편집기] 창이 나타납니다.

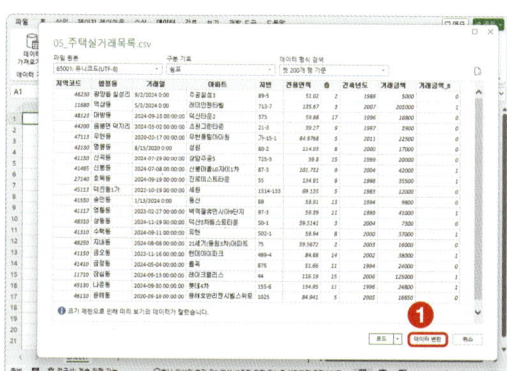 

04 날짜 형식으로 변환하기 ❶ [거래일] 열의 [형식 ABC]을 클릭하고 ❷ [날짜/시간]을 클릭합니다. ❸ [열 형식 변경] 창에서 [새 단계 추가]를 클릭합니다.

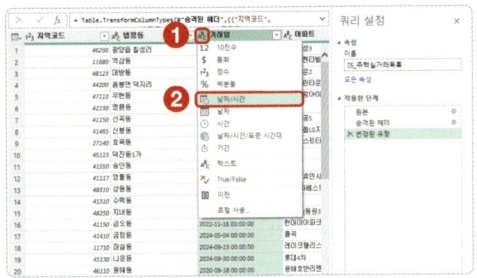 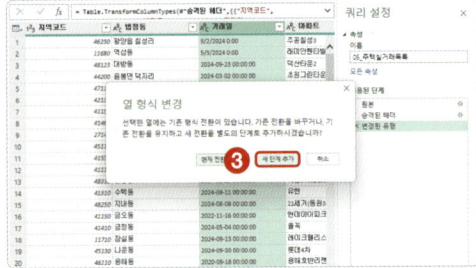

실력향상 [거래일] 데이터에는 날짜와 시간이 함께 입력되어 있어, 형식을 '날짜'로 변경하면 시간 데이터 때문에 오류가 발생합니다. 이 문제를 해결하려면 먼저 형식을 '날짜/시간'으로 변경한 후 다시 '날짜' 형식으로 바꿉니다. 오류 없이 날짜로 변경할 수 있습니다.

실력향상 [열 형식 변경] 창에서 [현재 전환 바꾸기]를 클릭하면 [적용된 단계]에 있는 [변경된 유형]에 작업 내역이 포함되고, [새 단계 추가]를 클릭하면 [적용된 단계]에 새로운 단계가 추가되어 [변경된 유형1]이 생성됩니다. 이렇게 [새 단계 추가]를 클릭하면 작업 기록이 별도의 단계로 나뉘어 저장되므로, 실행 취소하거나 이전 단계를 확인하고 복원하기가 더욱 편리합니다.

05 ❶ 다시 [거래일] 열의 [형식]을 클릭하고 ❷ [날짜]를 클릭합니다. ❸ [열 형식 변경] 창에서 [새 단계 추가]를 클릭합니다.

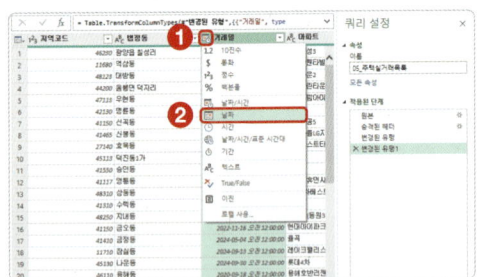 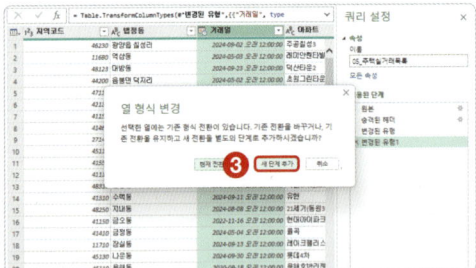

06 [거래일] 열의 데이터가 날짜 형식으로 변환되었습니다. [지번] 열은 모든 데이터가 문자 형식으로 자동 설정되었습니다.

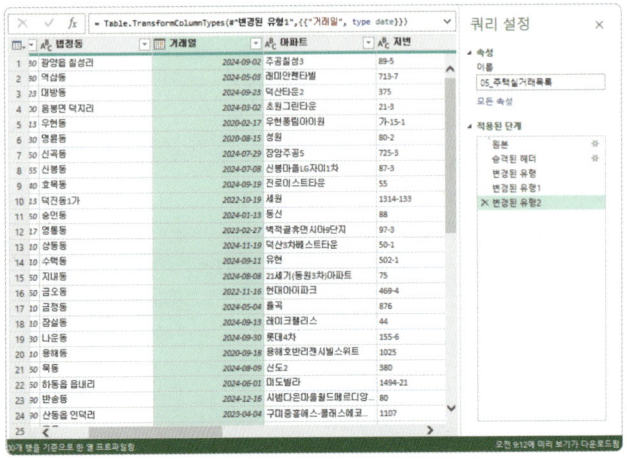

07 표로 로드하여 일반 범위로 변환하기 ❶ [홈] 탭-[닫기] 그룹-[닫기 및 로드]를 클릭하고 ❷ [닫기 및 다음으로 로드]를 클릭합니다.

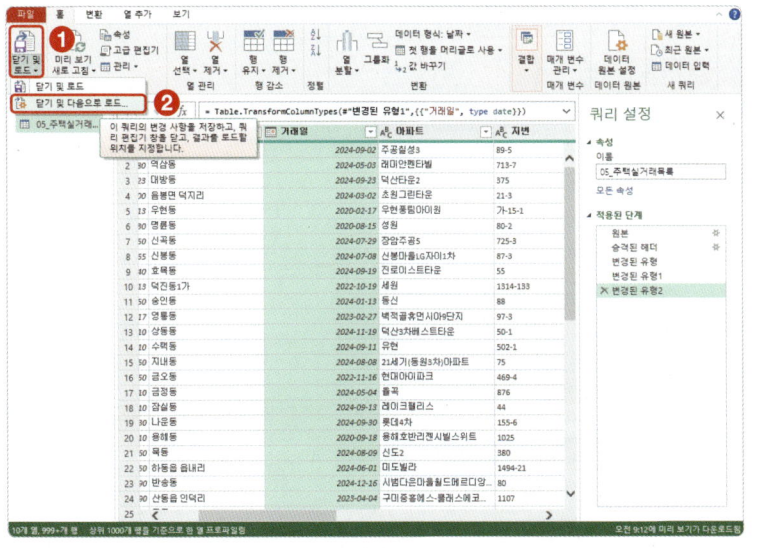

08 ❶ [데이터 가져오기] 대화상자에서 [현재 통합 문서에서 이 데이터를 표시할 방법을 선택하십시오.]에는 [표]를 선택하고 ❷ [데이터가 들어갈 위치를 선택하십시오.]에는 [기존 워크시트]를 클릭합니다. ❸ [Sheet1] 시트의 [A1] 셀을 클릭하고 ❹ [확인]을 클릭합니다.

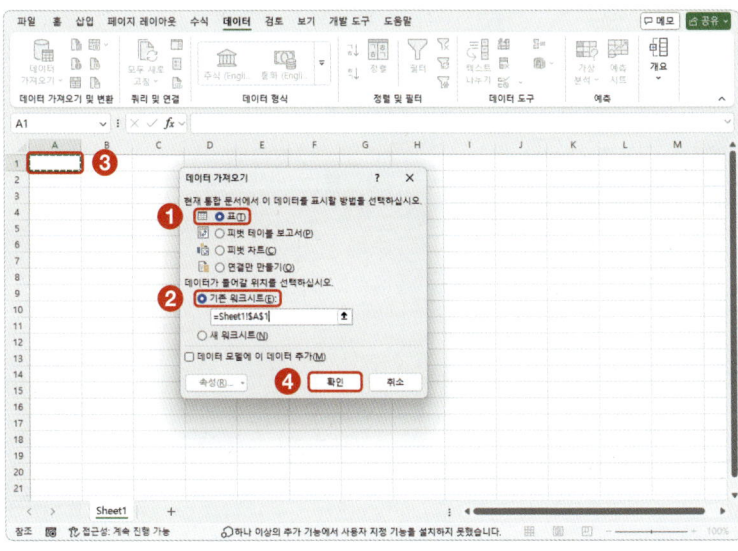

09 ① [테이블 디자인] 탭-[표 스타일] 그룹-[빠른 스타일]에서 ② [없음]을 클릭합니다.

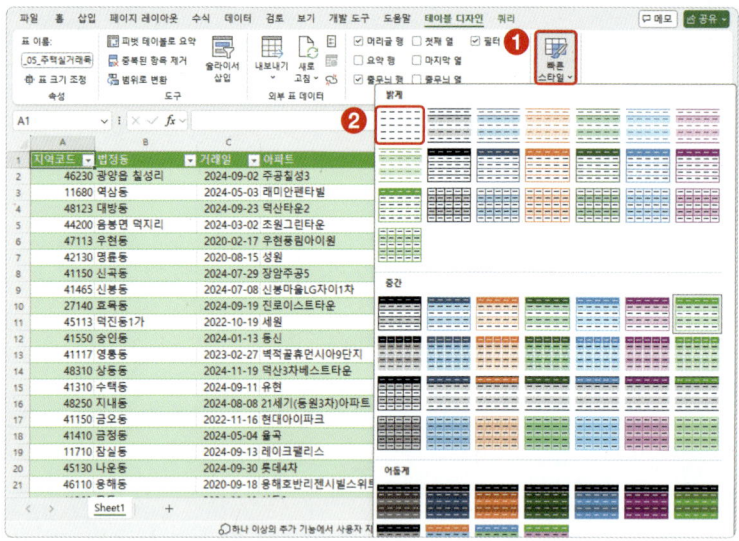

10 ① [테이블 디자인] 탭-[도구] 그룹-[범위로 변환]을 클릭합니다. ② '계속하면 시트에서 쿼리 정의가 영구히 제거되고 표가 정상 범위로 변환됩니다. 계속하시겠습니까?' 메시지 창이 나타나면 [확인]을 클릭합니다.

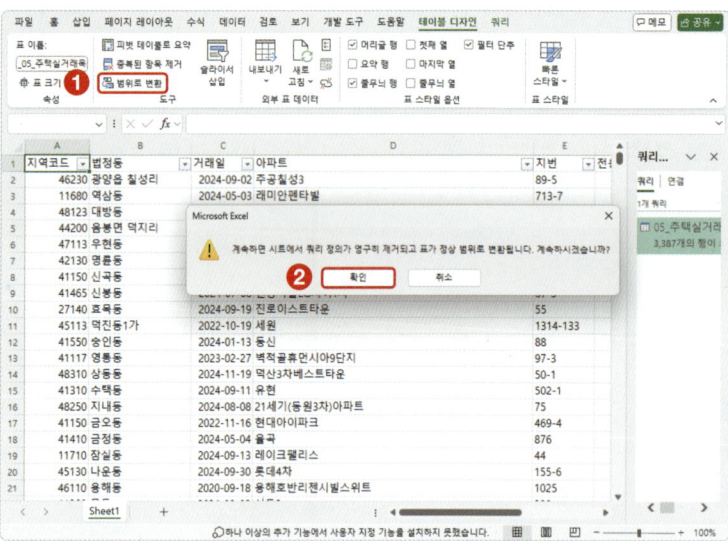

폴더 안에 저장된 사진 파일 이름을 목록으로 만들기

실습 파일 CHAPTER02\도서목록 폴더 | 완성 파일 CHAPTER02\06_도서목록(완성).xlsx

특정 폴더에 저장된 파일 목록을 엑셀로 정리해야 할 때, 파워 쿼리의 데이터 가져오기 기능을 사용하면 쉽고 빠르게 목록을 생성할 수 있습니다. 이렇게 파워 쿼리로 만든 목록은 해당 폴더의 파일이 추가되거나 삭제될 때 새로 고침 기능을 통해 자동으로 업데이트할 수 있습니다. [도서목록] 폴더에 저장된 도서 표지의 파일 이름을 엑셀 시트에 목록으로 작성해보겠습니다.

미리보기

회사에서 바로 통하는 키워드

파일 목록 만들기, 파워 쿼리, 추출, 값 바꾸기

한눈에 보는 작업 순서

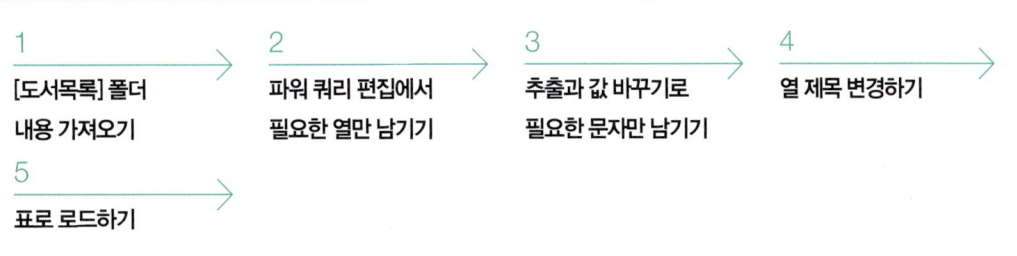

1 [도서목록] 폴더 내용 가져오기
2 파워 쿼리 편집에서 필요한 열만 남기기
3 추출과 값 바꾸기로 필요한 문자만 남기기
4 열 제목 변경하기
5 표로 로드하기

01 [도서목록] 폴더 내용 가져오기

❶ 새 통합 문서를 열고 ❷ [데이터 탭]-[데이터 가져오기 및 변환] 그룹-[데이터 가져오기]를 클릭한 후 ❸ [파일에서]-[폴더에서]를 클릭합니다. ❹ [도서목록] 폴더를 선택하고 ❺ [열기]를 클릭합니다.

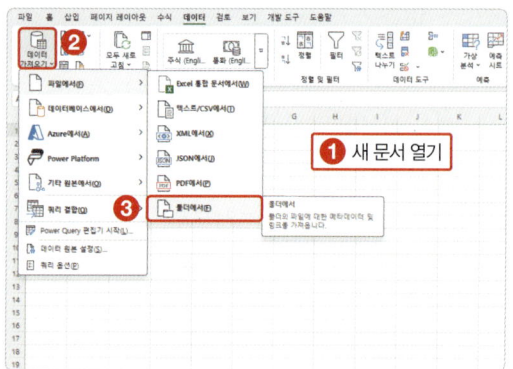
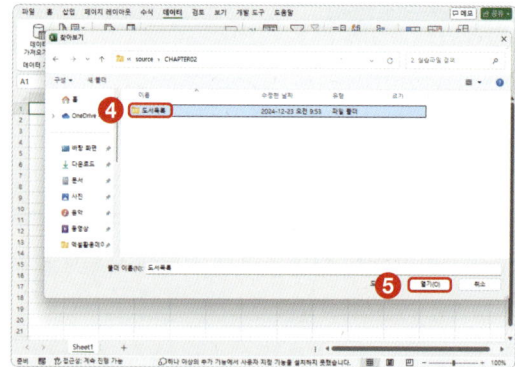

02

[도서목록] 폴더에 있는 파일들의 목록이 나타납니다. [데이터 변환]을 클릭합니다.

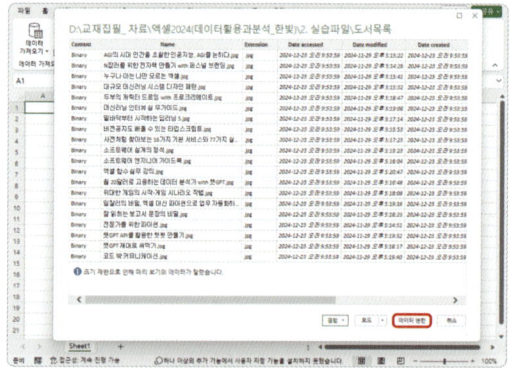

실력향상 [도서목록] 폴더 안에 다른 폴더가 있다면 그 폴더 안에 있는 모든 파일도 함께 가져옵니다.

03 파워 쿼리 편집에서 필요한 열만 남기기

[Power Query 편집기] 창이 나타납니다. ❶ [Name] 열 머리글을 클릭하고 ❷ Ctrl 을 누른 상태에서 [Extension] 열 머리글을 클릭합니다. ❸ 마우스 오른쪽 버튼을 클릭하고 ❹ [다른 열 제거]를 선택합니다.

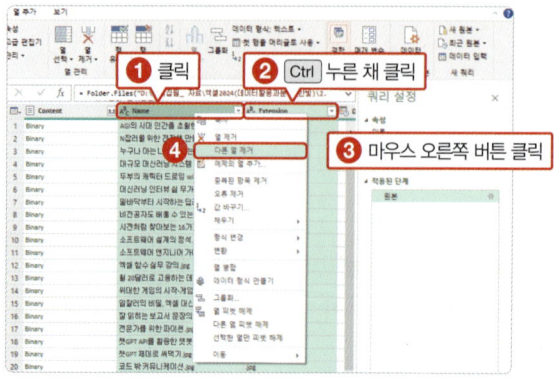

시간단축 제거할 열만 선택하여 [열 제거]를 선택해도 되지만 남겨야 할 열의 개수가 적을 경우 [다른 열 제거]를 선택하는 것이 더 편리합니다.

04 추출과 값 바꾸기로 필요한 문자만 남기기 [Name] 열에 확장명을 삭제해보겠습니다. ❶ [Name] 열이 선택된 상태에서 [변환] 탭-[텍스트] 그룹-[추출]을 클릭하고 ❷ [구분 기호 앞 텍스트]를 클릭합니다. ❸ [구분 기호 앞 텍스트] 대화상자에서 [구분 기호]에 .을 입력하고 ❹ [확인]을 클릭합니다.

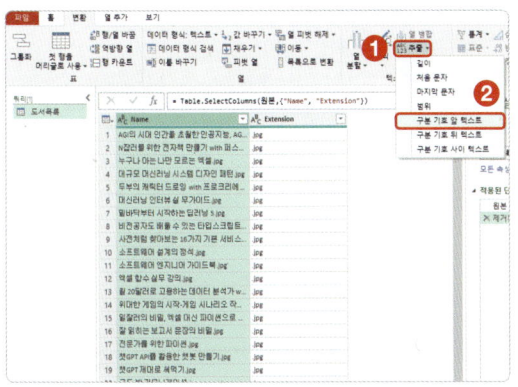
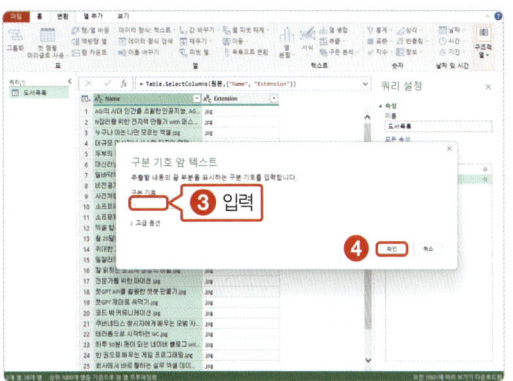

05 [Extension] 열에 있는 마침표를 삭제해보겠습니다. ❶ [Extension] 열 머리글에서 마우스 오른쪽 버튼을 클릭하고 ❷ [값 바꾸기]를 선택합니다. ❸ [값 바꾸기] 대화상자에서 [찾을 값]에 .을 입력하고 ❹ [바꿀 항목]에는 아무것도 입력하지 않습니다. ❺ [확인]을 클릭합니다.

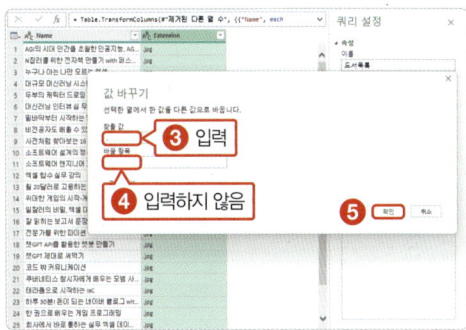

실력향상 확장명 앞에 있는 마침표(.)는 [추출]-[구분 기호 뒤 텍스트] 명령을 실행해 추출해도 됩니다.

06 열 제목 변경하기 ❶ [Name] 열 머리글을 더블클릭하여 **도서명**으로 변경하고 ❷ [Extension] 열 머리글을 더블클릭하여 **파일형식**으로 변경합니다.

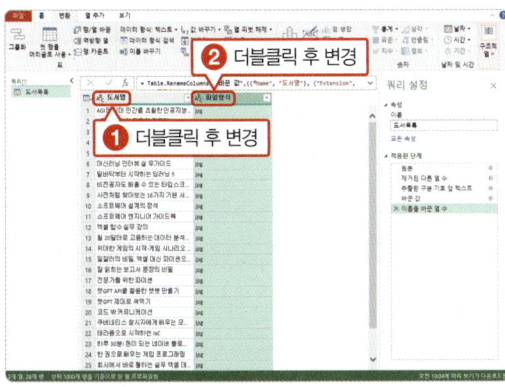

07 표로 로드하기

❶ [홈] 탭-[닫기] 그룹-[닫기 및 로드]를 클릭하고 ❷ [닫기 및 다음으로 로드]를 클릭합니다. ❸ [데이터 가져오기] 대화상자에서 [현재 통합 문서에서 이 데이터를 표시할 방법을 선택하십시오.]에는 [표]를 선택하고 ❹ [데이터가 들어갈 위치를 선택하십시오.]에는 [기존 워크시트]를 선택합니다. ❺ [Sheet1] 시트의 [A1] 셀을 클릭하고 ❻ [확인]을 클릭합니다.

08

[도서목록] 폴더에 저장된 파일 목록이 엑셀 시트로 작성되었습니다.

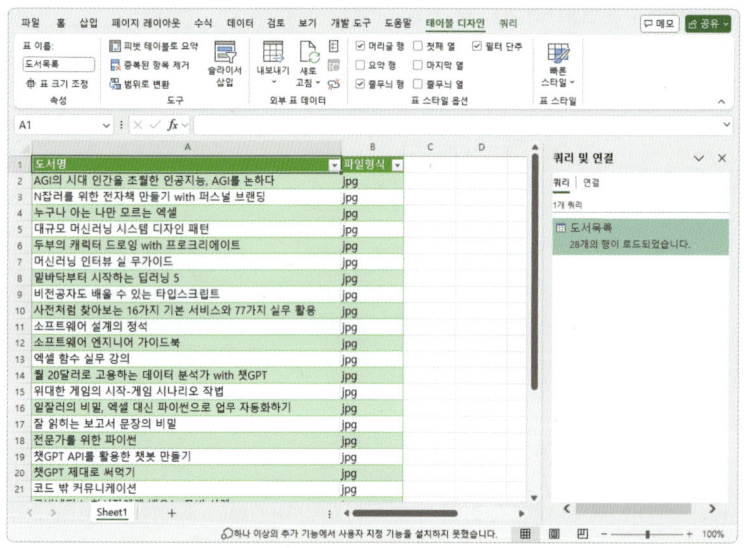

실력향상 [도서목록] 폴더에 파일이 삭제되거나 추가된 경우에는, 엑셀 시트에 저장된 파워 쿼리 결과에서 마우스 오른쪽 버튼을 클릭한 후 [새로 고침]을 클릭합니다. 자동으로 업데이트됩니다.

CSV 파일을 취합하여 한 개의 목록으로 만들기

실습 파일 CHAPTER02\파일취합(csv) 폴더 | 완성 파일 CHAPTER02\07_텍스트파일취합(완성).xlsx

엑셀에서 폴더 안에 저장된 여러 CSV 파일을 한 번에 취합해 엑셀 시트로 가져오려면 파워 쿼리의 [데이터 가져오기]-[폴더에서] 기능을 사용하면 매우 편리합니다. 이 기능을 이용하면 같은 형식의 CSV 파일을 자동으로 병합하여 하나의 데이터 테이블로 정리할 수 있습니다. 특히, 폴더에 파일이 추가되거나 삭제될 때 [새로 고침]을 통해 데이터를 쉽게 업데이트할 수 있어 효율적입니다.

미리보기

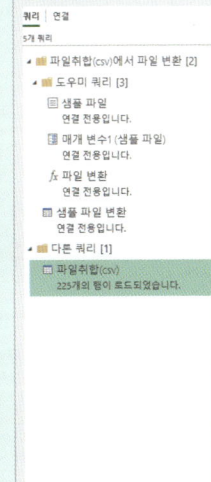

회사에서 바로 통하는 키워드

CSV 파일 취합, 파워 쿼리, 텍스트 추출

한눈에 보는 작업 순서

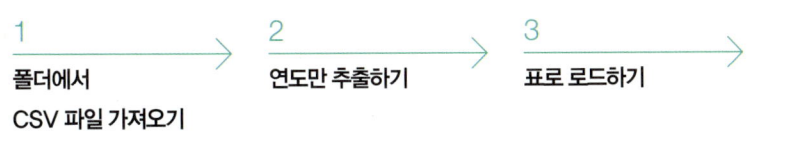

1 폴더에서 CSV 파일 가져오기 → 2 연도만 추출하기 → 3 표로 로드하기

01 폴더에서 CSV 파일 가져오기

❶ 새 통합 문서를 열고 ❷ [데이터 탭]-[데이터 가져오기 및 변환] 그룹-[데이터 가져오기]를 클릭한 후 ❸ [파일에서]-[폴더에서]를 클릭합니다. ❹ [파일취합(csv)] 폴더를 선택하고 ❺ [열기]를 클릭합니다.

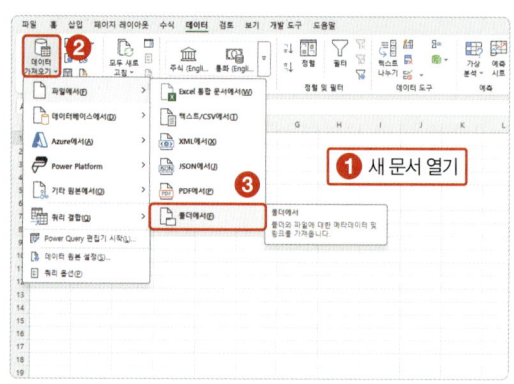
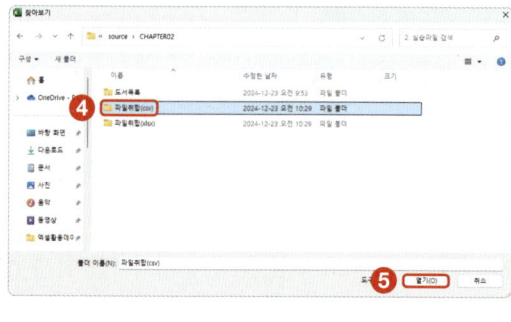

02

[파일취합(csv)] 폴더에 있는 파일들의 목록이 나타납니다. ❶ [결합]-[데이터 결합 및 변환]을 클릭합니다. ❷ [파일 병합] 창이 나타나고 첫 번째 파일이 미리 보기로 표시됩니다. ❸ [확인]을 클릭합니다.

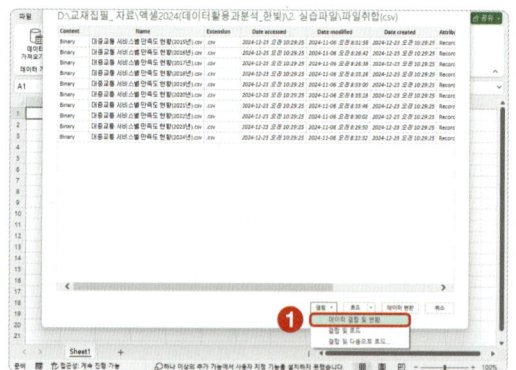
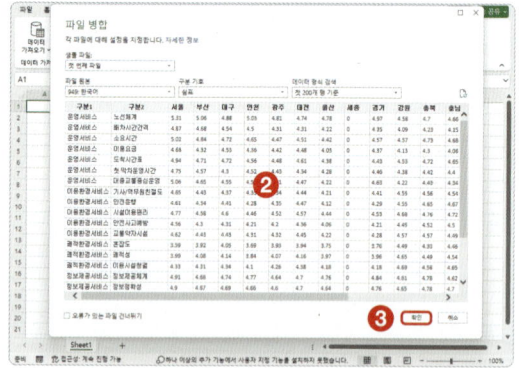

실력향상 [결합]에서 [결합 및 로드]나 [결합 및 다음으로 로드]를 클릭하면 [Power Query 편집기] 창이 표시되지 않고, 결합된 결과를 바로 시트에 로드할 수 있습니다. [Power Query 편집기]를 통해 편집할 내용이 있을 경우 [데이터 결합 및 변환]을 클릭합니다.

03 연도만 추출하기

[Power Query 편집기] 창에 취합된 내용이 표시됩니다. ❶ [Source.Name] 열이 선택된 상태에서 [변환] 탭-[텍스트] 그룹-[추출]을 클릭하고 ❷ [구분 기호 사이 텍스트]를 클릭합니다.

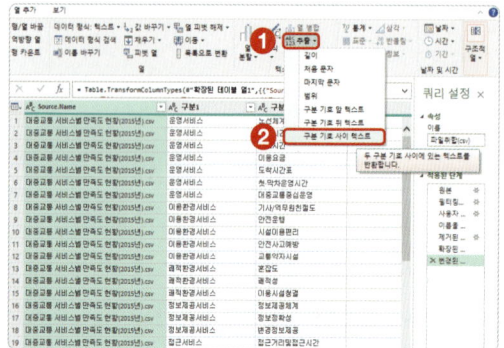

04 ❶ [구분 기호 사이 텍스트] 대화상자에서 [시작 구분 기호]에 **(**를 입력하고 [종결 구분 기호]에 **)**를 입력한 후 ❷ [확인]을 클릭합니다. 연도만 추출됩니다. ❸ [Source.Name] 열 머리글을 더블클릭하여 **연도**로 변경합니다.

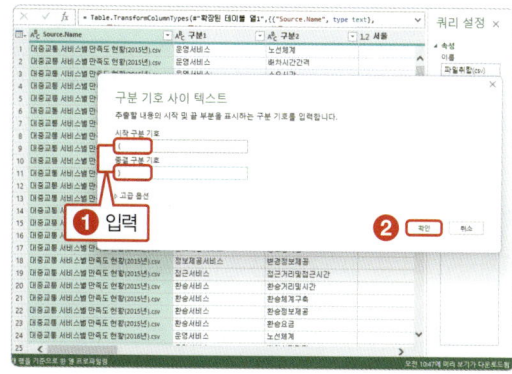
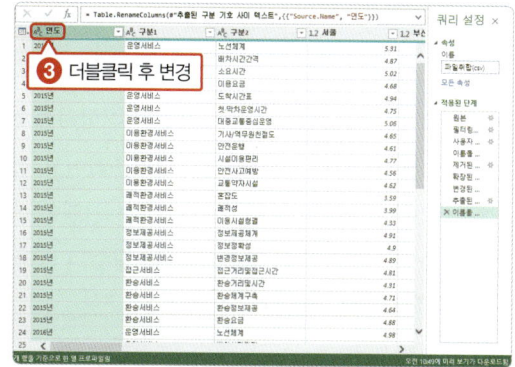

05 표로 로드하기 ❶ [홈] 탭-[닫기] 그룹-[닫기 및 로드]를 클릭하고 ❷ [닫기 및 다음으로 로드]를 클릭합니다. ❸ [데이터 가져오기] 대화상자에서 [현재 통합 문서에서 이 데이터를 표시할 방법을 선택하십시오.]에는 [표]를 선택하고 ❹ [데이터가 들어갈 위치를 선택하십시오.]에는 [기존 워크시트]를 선택합니다. ❺ [Sheet1] 시트의 [A1] 셀을 클릭하고 ❻ [확인]을 클릭합니다.

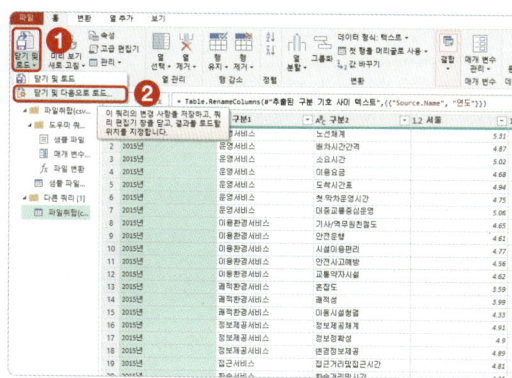
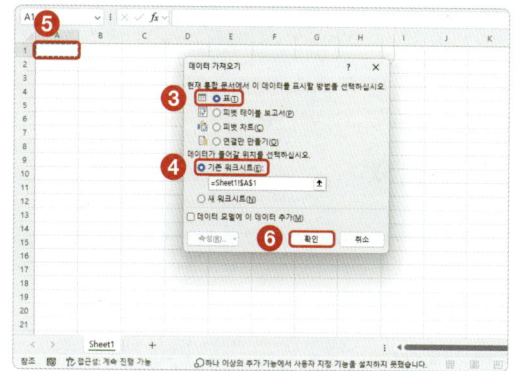

06 취합된 결과가 시트에 표시됩니다.

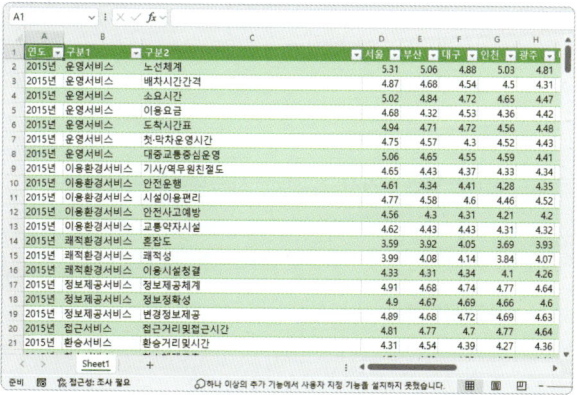

08 한 폴더 안에 저장된 모든 엑셀 파일 취합하기

with 챗GPT

실습 파일 CHAPTER02\파일취합(xlsx) 폴더 | 완성 파일 CHAPTER02\08_엑셀파일취합(완성).xlsx

여러 개의 파일로 분리된 엑셀 파일을 취합하여 한 시트에 합치려고 할 때, 파일을 일일이 열어서 복사하여 붙여넣기를 하려면 상당히 비효율적이고 힘이 듭니다. 이때, 파워 쿼리 기능 중 [데이터 가져오기]-[파일에서]-[폴더에서]를 이용하면 선택한 폴더 안에 저장된 모든 엑셀 파일을 한 번에 취합할 수 있습니다. 단, 취합할 파일 목록의 행 개수는 달라도 되지만 열의 순서와 개수는 같아야 합니다.

미리보기

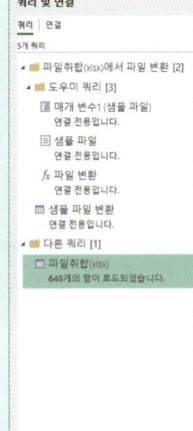

회사에서 바로 통하는 키워드

엑셀 파일 취합, 모든 시트 취합, 파워 쿼리, 첫 행을 머리글로, 형식 변환

한눈에 보는 작업 순서

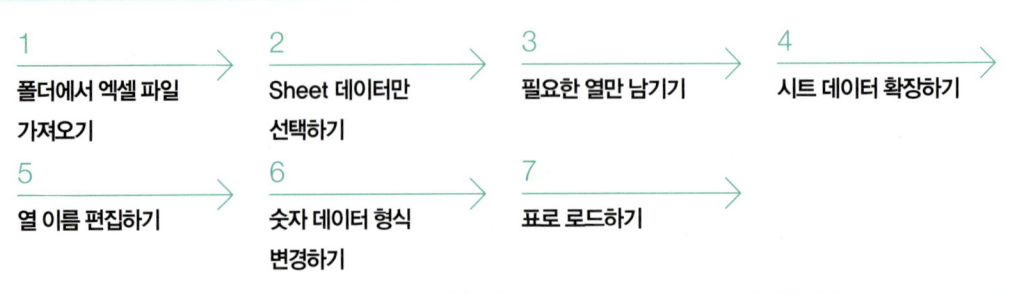

1. 폴더에서 엑셀 파일 가져오기
2. Sheet 데이터만 선택하기
3. 필요한 열만 남기기
4. 시트 데이터 확장하기
5. 열 이름 편집하기
6. 숫자 데이터 형식 변경하기
7. 표로 로드하기

01 폴더에서 엑셀 파일 가져오기

❶ 새 통합 문서를 열고 ❷ [데이터 탭]-[데이터 가져오기 및 변환] 그룹-[데이터 가져오기]를 클릭한 후 ❸ [파일에서]-[폴더에서]를 클릭합니다. ❹ [파일취합(xlsx)] 폴더를 선택하고 ❺ [열기]를 클릭합니다.

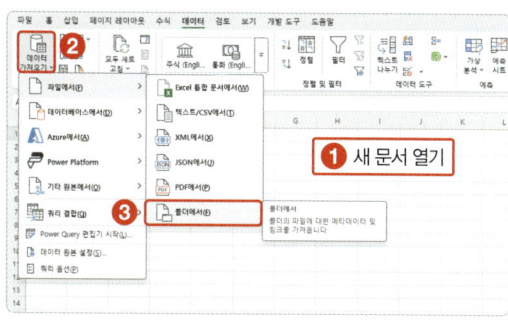
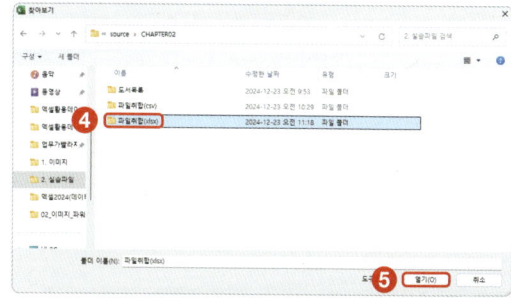

실력향상 취합할 파일은 하나의 폴더에 저장되어 있어야 하며, 엑셀 파일 형식이 아닌 다른 파일은 포함되지 않도록 해야 합니다. 다른 형식의 파일이 있으면 파워 쿼리 편집 과정이 복잡해질 수 있으므로, 작업 전 폴더를 정리하는 것이 좋습니다.

02

[파일취합(xlsx)] 폴더에 있는 파일들의 목록이 나타납니다. ❶ [결합]-[데이터 결합 및 변환]을 클릭하고 ❷ [파일 병합] 대화상자에서 [표시 옵션] 항목의 [매개 변수1]을 클릭한 후 ❸ [확인]을 클릭합니다.

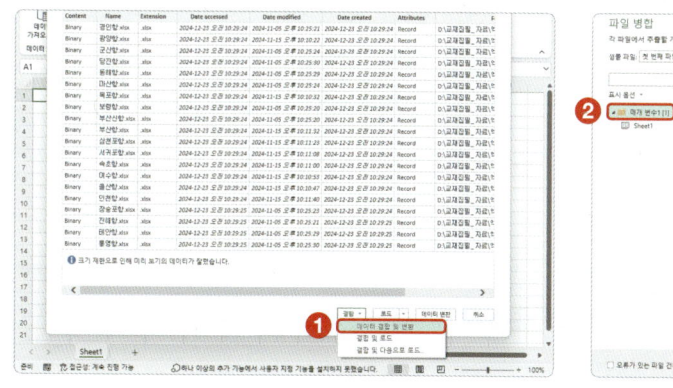
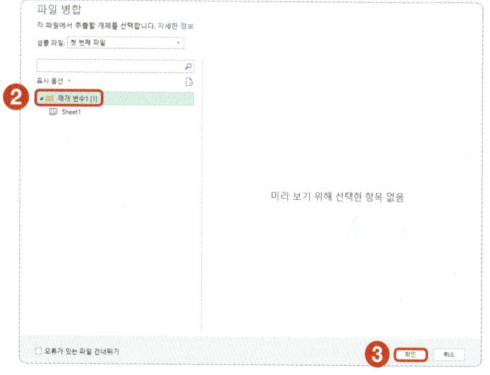

실력향상 [파일 병합] 단계에서 매개 변수의 역할은 특정 이름, 확장자, 날짜 또는 사용자 정의 조건에 맞는 파일을 선택적으로 병합할 수 있도록 하는 것입니다. 파워 쿼리가 파일의 내용을 기준으로 자동으로 이 작업을 실행합니다. 그러므로 [파일 병합] 대화상자에서는 [매개 변수]를 클릭하고 [확인]만 클릭하면 병합이 진행됩니다.

03 Sheet 데이터만 선택하기

[Power Query 편집기] 창이 나타납니다. ❶ [Kind] 열의 필터 단추를 클릭하고 ❷ [Sheet]만 체크한 후 ❸ [확인]을 클릭합니다.

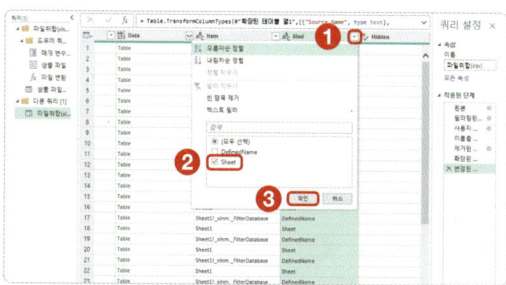

실력향상 [Kind] 열 목록에 표시되는 [DefinedName]은 취합할 엑셀 데이터에 정의된 이름이 있거나 필터, 인쇄 영역이 설정되어 있으면 표시되는 항목입니다. 이 항목을 그대로 유지하면 중복되는 행이 생기므로 [Kind] 열에서 [Sheet]만 선택합니다. 만약 [Kind] 열에 [Sheet]만 있다면 이 단계는 생략해도 됩니다.

04 필요한 열만 남기기 ❶ [Data] 열 머리글에서 마우스 오른쪽 버튼을 클릭하고 ❷ [다른 열 제거]를 선택합니다. [Data] 열만 남습니다.

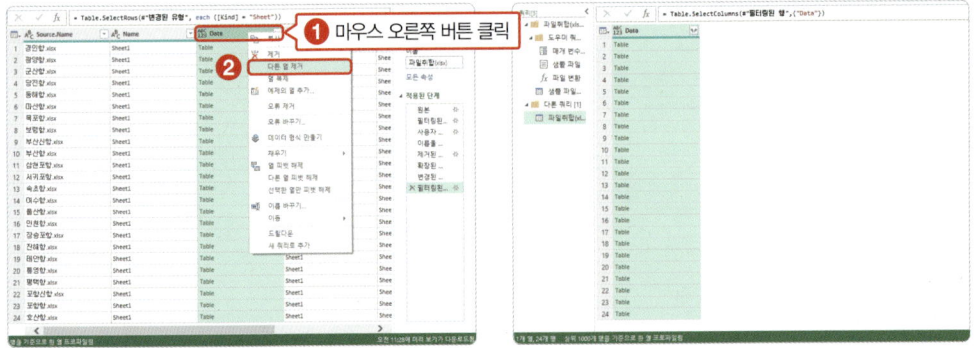

실력향상 [Data] 열에 시트의 셀 데이터가 모두 저장되어 있습니다. 만약 파일 이름을 남기려면 [Source.Name] 열은 유지합니다.

05 시트 데이터 확장하기 ❶ [Data] 열의 [확장 단추]를 클릭하고 ❷ [확인]을 클릭합니다. [파일취합(xlsx)] 폴더에 있는 모든 엑셀 파일의 시트 데이터가 표시됩니다.

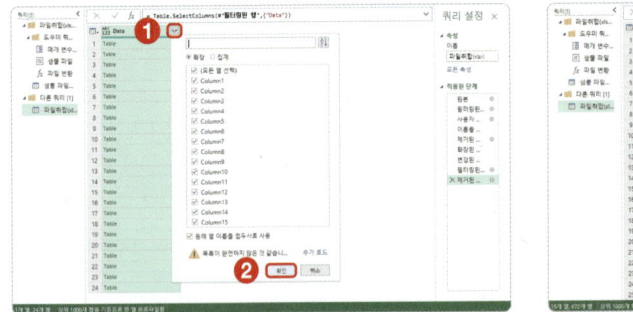

실력향상 [Data] 열에 시트 데이터가 모두 저장되어 있는 상태이므로 이 열을 확장하면 시트의 셀 데이터가 모두 표시됩니다.

06 열 이름 편집하기 ❶ [홈] 탭-[변환] 그룹-[첫 행을 머리글로 사용]을 클릭합니다. 1행 데이터가 머리글로 승격되었습니다. 아래로 스크롤하면 반복되는 머리글이 남아 있는 것을 확인할 수 있습니다. 반복되는 머리글을 제거하기 위해 ❷ [년도] 열 필터 단추를 클릭하고 ❸ [년도]의 체크를 해제한 후 ❹ [확인]을 클릭합니다.

07 숫자 데이터 형식 변경하기 ❶ [1월] 열 머리글을 클릭하고 ❷ Shift 를 누른 상태에서 [12월] 열 머리글을 클릭합니다. ❸ 마우스 오른쪽 버튼을 클릭하고 ❹ [형식 변경]-[정수]를 선택합니다.

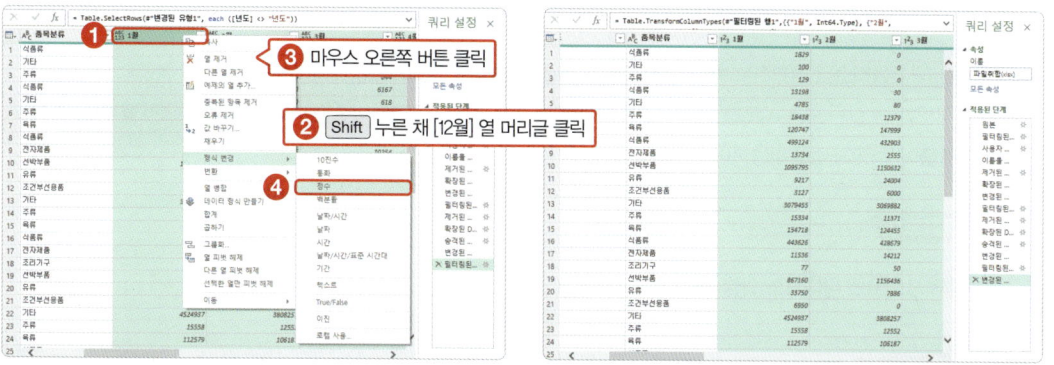

08 표로 로드하기 ❶ [홈] 탭-[닫기] 그룹-[닫기 및 로드]를 클릭하고 ❷ [닫기 및 다음으로 로드]를 클릭합니다. ❸ [데이터 가져오기] 대화상자에서 [현재 통합 문서에서 이 데이터를 표시할 방법을 선택하십시오.]에는 [표]를 선택하고 ❹ [데이터가 들어갈 위치를 선택하십시오.]에는 [기존 워크시트]를 선택합니다. ❺ [Sheet1] 시트의 [A1] 셀을 클릭하고 ❻ [확인]을 클릭합니다.

 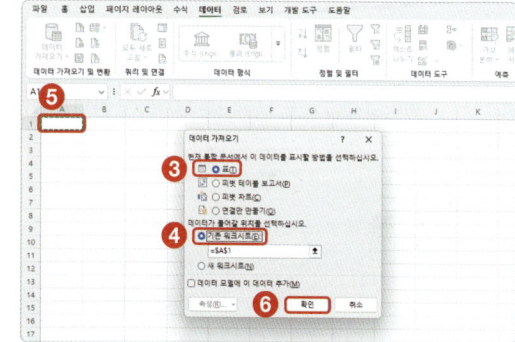

09 취합된 결과가 시트에 표시됩니다.

CHAPTER 02 파워 쿼리를 활용한 데이터 변환과 시각화 **117**

> **챗GPT 활용 Note** 　**선택한 파일을 한 시트로 취합해주는 VBA 코드 작성하기**

실습 파일 CHAPTER02\08_폴더취합_챗GPT.xlsx, 파일취합(xlsx) 폴더
완성 파일 CHAPTER02\08_폴더취합_챗GPT(완성).xlsx

엑셀 파일을 효율적으로 취합하는 방법 중 하나로 VBA를 활용하는 방법이 있습니다. 사용자가 직접 취합할 파일을 선택하고, 파일에 포함된 모든 시트를 자동으로 통합하여 하나의 목록으로 만들어주는 VBA 코드를 챗GPT를 이용해 작성해보겠습니다. 챗GPT로 이동하여 프롬프트를 입력합니다.

> **프롬프트**
>
> 엑셀에서 선택한 파일들을 취합하는 VBA 코드를 작성해줘.
>
> #조건
> – 엑셀에서 취합할 파일을 내가 선택할 수 있도록 "열기" 대화상자를 표시해줘.
> – 선택한 파일의 1행을 제외한 모든 데이터를 복사하고,
> – 시트가 여러 개 있을 경우 모든 시트를 복사해줘.
> – 붙여 넣을 때 확인 메시지 창이 표시되지 않도록 해줘.
> – 결과는 VBA 코드가 있는 현재 파일의 첫 번째 시트에 모아줘.

아래는 요청하신 조건에 맞는 Excel VBA 코드입니다. 이 코드는 여러 파일을 선택하여 취합하고, 선택한 파일의 모든 시트 데이터를 복사하여 현재 워크북의 첫 번째 시트에 취합합니다.

```vba
Sub MergeSelectedFiles()
    Dim wsTarget As Worksheet
    Dim wsSource As Worksheet
    Dim wbSource As Workbook
    Dim FileNames As Variant
    Dim FileName As Variant
    Dim TargetRow As Long
    Dim SourceRange As Range
    Dim LastRow As Long
    
    ' 현재 워크북의 첫 번째 시트 설정
    Set wsTarget = ThisWorkbook.Sheets(1)
    TargetRow = wsTarget.Cells(wsTarget.Rows.Count, 1).End(xlUp).Row + 1
    
    ' 파일 열기 대화상자 표시
    FileNames = Application.GetOpenFilename(FileFilter:="Excel Files (*.xls; *.xlsx; *.xlsm), *.xls; *.xlsx; *.xlsm", MultiSelect:=True, Title:="Select Files to Merge")
    
    ' 파일이 선택되지 않은 경우 종료
```

```vb
        If IsArray(FileNames) = False Then Exit Sub
        Application.ScreenUpdating = False
        Application.DisplayAlerts = False

        ' 선택한 파일 반복
        For Each FileName In FileNames
            Set wbSource = Workbooks.Open(FileName)

            ' 소스 파일의 모든 시트를 반복
            For Each wsSource In wbSource.Sheets
                ' 데이터 범위 설정 (1행 제외)
                LastRow = wsSource.Cells(wsSource.Rows.Count, 1).End(xlUp).Row
                If LastRow > 1 Then
                    Set SourceRange = wsSource.Range("A2", wsSource.Cells(LastRow, wsSource.Cells(1, wsSource.Columns.Count).End(xlToLeft).Column))
                    SourceRange.Copy
                    wsTarget.Cells(TargetRow, 1).PasteSpecial Paste:=xlPasteValues
                    TargetRow = wsTarget.Cells(wsTarget.Rows.Count, 1).End(xlUp).Row + 1
                End If
            Next wsSource

            ' 소스 파일 닫기
            wbSource.Close SaveChanges:=False
        Next FileName

        Application.CutCopyMode = False
        Application.DisplayAlerts = True
        Application.ScreenUpdating = True

        MsgBox "Selected files have been successfully merged!", vbInformation
End Sub
```

설명

이 코드는 다음 작업을 수행합니다 :
파일 열기 대화상자 표시 : 여러 파일을 선택할 수 있도록 대화상자가 표시됩니다.
1행 제외 복사 : 각 시트의 첫 번째 행을 제외한 데이터를 복사합니다.
모든 시트 복사 : 선택한 파일의 모든 시트를 처리합니다.
확인 메시지 비활성화 : 데이터를 붙여 넣을 때 메시지가 표시되지 않도록 설정합니다.
결과 취합 : 취합된 데이터는 현재 워크북의 첫 번째 시트에 모입니다.

이 코드를 VBA 편집기(Alt + F11)에서 삽입한 후 실행하시면 됩니다.

① [개발 도구] 탭–[코드] 그룹–[Visual Basic]을 클릭합니다. [Visual Basic 편집기] 창이 나타납니다. ② [삽입]–[모듈]을 클릭합니다.

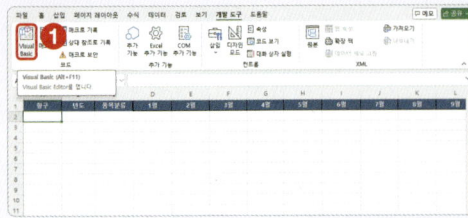 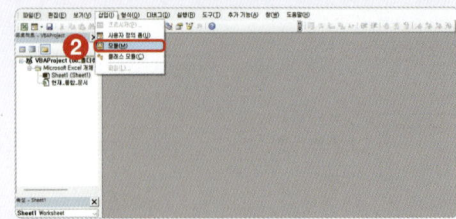

실력향상 리본 메뉴에 [개발 도구]가 없다면 리본 메뉴에서 마우스 오른쪽 버튼을 클릭하고 [리본 메뉴 사용자 지정]을 클릭합니다. [리본 메뉴 사용자 지정]에서 [개발 도구]에 체크합니다.

[Module1]이 추가되고 [Module1] 코드 창이 나타나면 챗GPT가 생성해준 VBA 코드를 복사한 후 붙여 넣습니다.

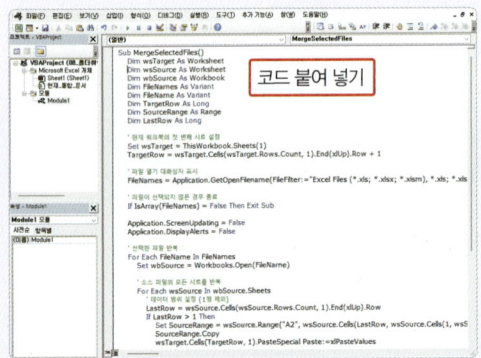

실력향상 제공된 예제 파일과 같은 폴더 안에 책에서 활용한 코드를 텍스트 파일로 넣어두었습니다. **한 시트로 취합(코드).txt**를 복사해 붙여 넣으면 됩니다.

엑셀 시트 창으로 이동한 후 ① [개발 도구] 탭–[코드] 그룹–[매크로]를 클릭합니다. ② [매크로] 대화상자에서 매크로 이름이 선택된 상태에서 [실행]을 클릭합니다. ③ 파일을 선택하는 [Select Files To Merge] 대화상자에서 [파일취합(xlsx)] 폴더에 있는 파일을 Ctrl + A 를 눌러 모두 선택합니다. ④ [열기]를 클릭합니다.

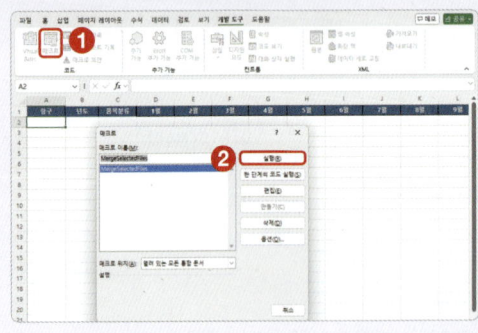 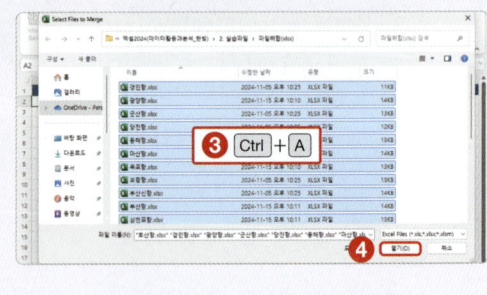

매크로가 실행되어 선택한 파일들의 데이터가 모두 취합되었습니다.

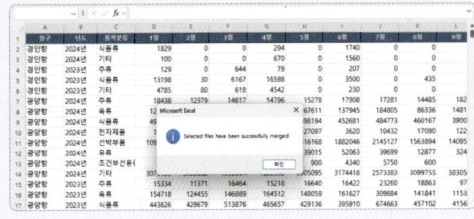

실력향상 매크로 포함 문서는 저장할 때 파일 형식을 'Excel 매크로 사용 통합 문서(xlsm)'로 지정해야 합니다. 만약 'Excel 통합 문서(xlsx)'로 저장하면 매크로가 제거된다는 경고 메시지가 나타나며, [예]를 클릭해 저장한 후 닫으면 매크로가 삭제됩니다.

단축키로 셀 서식 빠르게 설정하기

실습 파일 CHAPTER02\09_상하반기매출비교.xlsx | 완성 파일 CHAPTER02\09_상하반기매출비교(완성).xlsx

표 데이터를 시각적으로 더욱 돋보이게 만들기 위해 맞춤, 테두리 설정, 채우기 색 지정 등과 같은 작업을 수행하기도 합니다. 이를 반복적으로 수행해야 하는 상황이라면, 단축키 F4 를 활용하여 이전 작업을 빠르게 진행할 수 있습니다. 또한, 셀 데이터를 그대로 유지하면서 셀 병합 작업을 해야 할 때는 데이터를 손실하지 않도록 양쪽 맞춤 기능을 사용하면 깔끔하게 정리할 수 있습니다.

미리보기

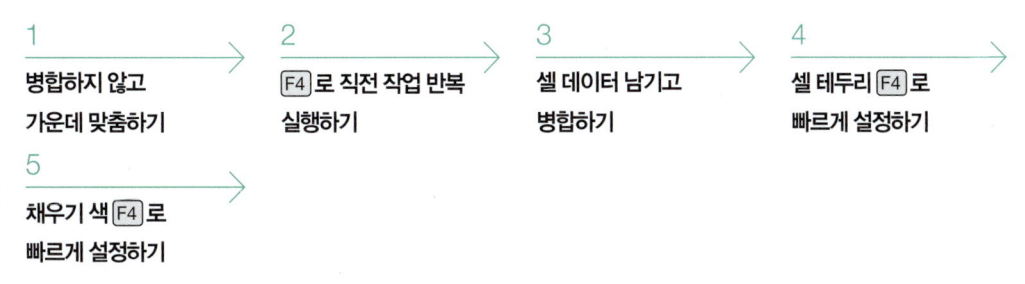

회사에서 바로 통하는 키워드

선택 영역의 가운데로, 양쪽 맞춤, F4 , Ctrl + 1

한눈에 보는 작업 순서

1. 병합하지 않고 가운데 맞춤하기 →
2. F4 로 직전 작업 반복 실행하기 →
3. 셀 데이터 남기고 병합하기 →
4. 셀 테두리 F4 로 빠르게 설정하기
5. 채우기 색 F4 로 빠르게 설정하기

01 병합하지 않고 가운데 맞춤하기

❶ [D3:F3] 셀 범위를 지정하고 Ctrl + 1 을 누릅니다. ❷ [셀 서식] 대화상자의 [맞춤] 탭에서 ❸ [가로]-[선택 영역의 가운데로]를 선택하고 ❹ [확인]을 클릭합니다.

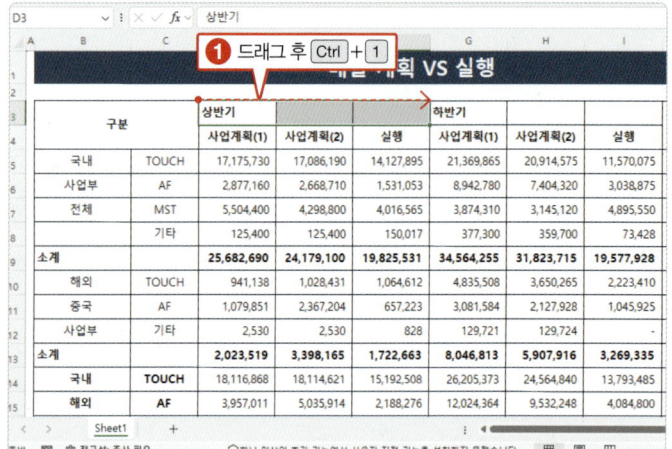
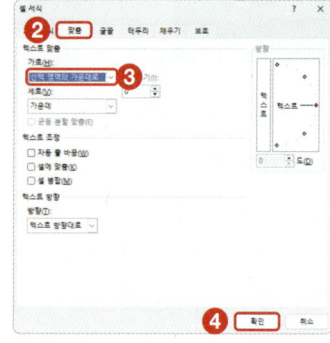

실력향상 [D3:F3] 셀 범위를 지정하고 마우스 오른쪽 버튼을 클릭한 후 [셀 서식]을 선택해도 됩니다.

02 F4 로 직접 직전 작업 반복 실행하기

❶ [G3:I3] 셀 범위를 지정하고 F4 를 누릅니다. F4 는 마지막 작업을 반복 실행하는 단축키로 [선택 영역의 가운데로] 맞춤이 실행됩니다. ❷❸❹ 같은 방법으로 [B9:C9], [B13:C13], [B18:C18] 셀 범위도 각각 지정하고 F4 를 눌러 [선택 영역 가운데 맞춤]을 설정합니다.

시간단축 F4 는 엑셀에서 바로 직전에 수행한 작업을 반복하는 기능으로, 서식 지정, 삽입, 삭제 등 다양한 작업에 사용할 수 있습니다.

03 셀 데이터 남기고 병합하기
① [B5:B7] 셀 범위를 지정하고 ② [홈] 탭-[편집] 그룹-[채우기]의 목록 단추를 클릭한 후 ③ [양쪽 맞춤]을 클릭합니다. [B5] 셀에 데이터가 모두 합쳐집니다. ④ [B10:B12] 셀 범위를 지정하고 F4를 누르면 [양쪽 맞춤]이 실행됩니다. ⑤ 같은 방법으로 [B14:B16] 셀 범위를 지정하고 F4를 누릅니다.

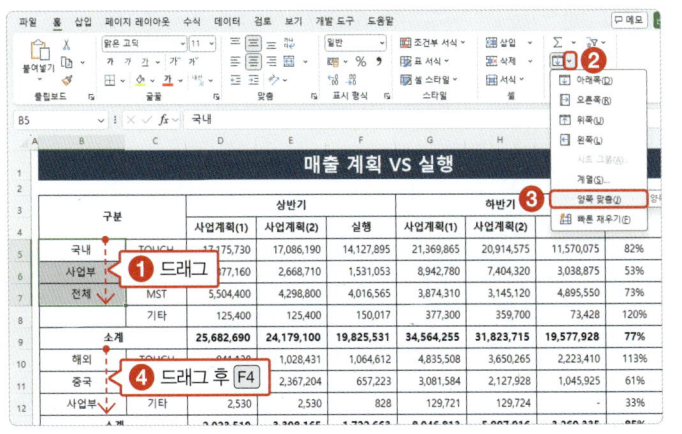

실력향상 [양쪽 맞춤]은 셀의 데이터를 직접 분할하지 않고 여러 셀에 걸쳐 텍스트를 입력할 수 기능입니다. 첫 번째 셀부터 데이터가 채워지고 이후 다음 셀에 차례로 채워집니다. 이때 모든 글자가 첫 번째 셀에 입력 가능한 길이라면 첫 번째 셀에 합쳐진 결과가 표시됩니다. 만약 첫 번째 셀에 데이터가 합쳐지지 않는다면 열 너비를 조정한 후 [양쪽 맞춤]을 실행합니다.

04 셀 테두리 F4로 빠르게 설정하기
① [B5:B8] 셀 범위를 지정하고 Ctrl + 1 을 누릅니다. ② [셀 서식] 대화상자의 [맞춤] 탭에서 ③ [셀 병합]에 체크합니다. ④ [테두리] 탭을 클릭하고 ⑤ [스타일]에서 [없음]을 클릭한 후 ⑥ [테두리]에서 아래쪽을 선택합니다. ⑦ 확인을 클릭합니다.

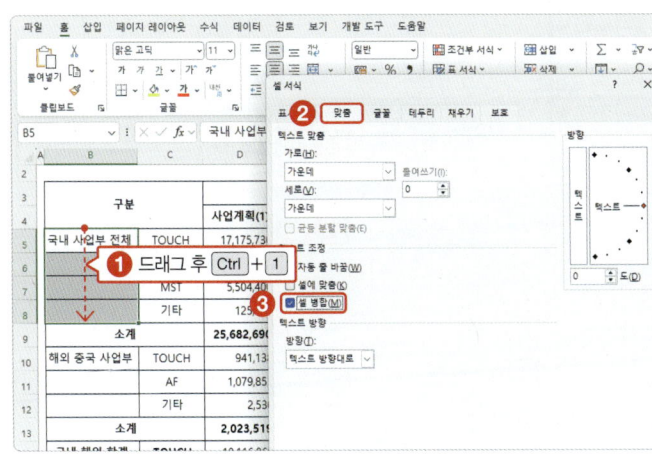
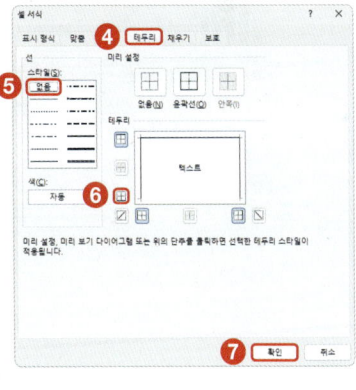

05 ❶ [B10:B12] 셀 범위를 지정하고 F4 를 누릅니다. 셀 병합과 아래쪽 테두리 없음 서식이 설정됩니다. ❷ 같은 방법으로 [B14:B17] 셀 범위를 지정하고 F4 를 누릅니다.

06 채우기 색 F4 로 빠르게 설정하기 ❶ [D9:K9] 셀 범위를 지정하고 ❷ [홈] 탭-[글꼴] 그룹-[채우기 색]의 목록 단추를 클릭한 후 ❸ [진한 청록, 강조 1, 80% 더 밝게]를 선택합니다. ❹ ❺ [D13:K13], [D18:K18] 셀 범위를 각각 지정하고 F4 를 눌러 같은 채우기 색을 설정합니다.

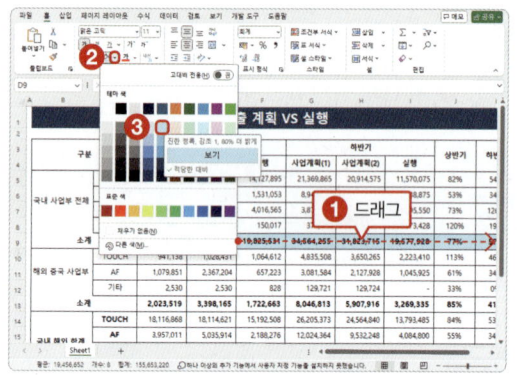
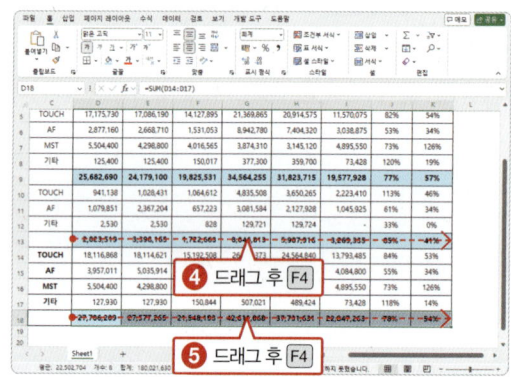

사용자 지정 표시 형식으로 표 시각화하기

실습 파일 CHAPTER02\10_지점별매출증감.xlsx | 완성 파일 CHAPTER02\10_지점별매출증감(완성).xlsx

셀에 직접 입력한 데이터나 수식에 의해 표시된 값에, 표시 형식을 적용하면 표 데이터를 시각화하여 강조하거나 조건에 따라 색상을 다르게 나타낼 수 있습니다. 표시 형식은 화면에서 어떻게 보여줄지만 결정하므로 표시 형식으로 문자나 기호를 추가해도 입력된 원본 데이터는 변경되지 않습니다.

미리보기

지점코드	지점명	4월	5월	증감	증감률
04511	서울 강남지점	2,177,700	2,339,200	161,500	▲7.42%
57393	서울 광진지점	2,735,100	2,581,300	(153,800)	▼5.62%
57394	서울 동대문지점	3,447,300	3,449,900	2,600	▲0.08%
04512	서울 관악지점	2,738,100	2,738,100	0	0
04513	서울 송파지점	1,838,200	2,521,200	683,000	▲37.16%
57395	서울 강동지점	3,207,900	3,276,800	68,900	▲2.15%
04514	서울 서초지점	3,085,800	3,046,600	(39,200)	▼1.27%
57396	서울 동작지점	2,328,400	2,658,900	330,500	▲14.19%
57392	서울 성북지점	2,519,300	2,543,000	23,700	▲0.94%
57391	서울 은평지점	3,689,500	2,943,800	(745,700)	▼20.21%
57397	서울 도봉지점	3,073,860	2,906,500	(167,360)	▼5.44%
57398	서울 서대문지점	2,201,200	2,924,000	722,800	▲32.84%
57399	서울 양천지점	3,181,900	3,181,900	0	0
57400	서울 강북지점	3,001,500	2,587,100	(414,400)	▼13.81%
04515	서울 금천지점	1,897,100	2,976,000	1,078,900	▲56.87%

전월 대비 지점별 매출증감 분석 (5월)

회사에서 바로 통하는 키워드

사용자 지정 표시 형식

한눈에 보는 작업 순서

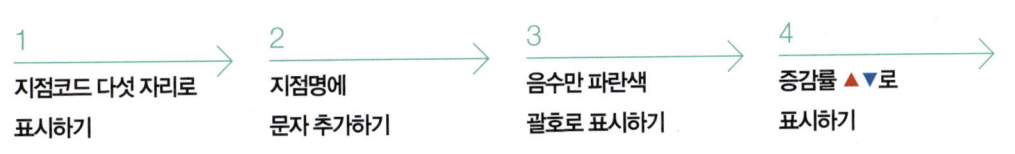

1. 지점코드 다섯 자리로 표시하기
2. 지점명에 문자 추가하기
3. 음수만 파란색 괄호로 표시하기
4. 증감률 ▲▼로 표시하기

01 지점코드 다섯 자리로 표시하기 ❶ [B4:B18] 셀 범위를 지정하고 Ctrl + 1 을 누릅니다. ❷ [셀 서식] 대화상자의 [표시 형식] 탭에서 ❸ [사용자 지정]을 클릭합니다. ❹ [형식] 입력란에 **00000**을 입력하고 ❺ [확인]을 클릭합니다.

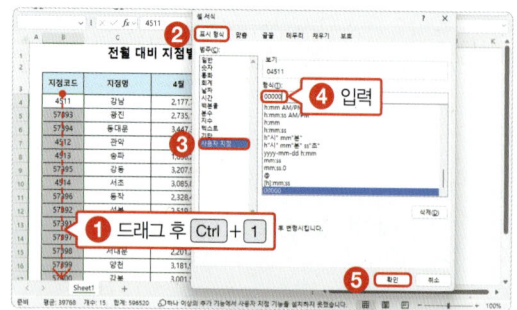

실력향상 숫자에 동일한 자릿수를 적용할 때는 '0' 기호를 사용합니다. '0' 기호가 다섯 개면 모든 숫자 데이터는 다섯 자리로 표시됩니다. 만약 셀에 입력된 숫자의 자릿수가 부족하면 오른쪽을 기준으로 셀에 입력된 숫자를 먼저 표시하고 부족한 왼쪽 자리에는 0으로 채워서 표시합니다.

비법 Note　'#'과 '0' 기호의 차이점

사용자 지정 표시 형식에서 숫자를 표시하기 위한 대표적인 코드로 '0'과 '#'이 있습니다. 이 두 개의 코드는 모두 숫자의 자리를 표시하는 기호입니다. '0'은 해당 자리에 숫자가 없을 경우 '0'을 대신 표시하고, '#'은 유효하지 않은 '0'은 표시하지 않습니다. 숫자에서 천 단위 구분 기호를 사용할 때 '#,##0'을 주로 사용하고, 소수점 자리는 '#,##0.00'으로 주로 사용합니다.

입력 값	#,### 표시 형식	0,000 표시 형식
1234	1,234	1,234
123	123	0,123
0	표시되지 않음	0,000

---

02 지점명 문자 추가하기 지점명에 '강남', '광진' 등으로 입력된 데이터가 '서울 ○○지점'으로 표시되도록 표시 형식을 설정해보겠습니다. ❶ [C4:C18] 셀 범위를 지정하고 Ctrl + 1 을 누릅니다. ❷ [셀 서식] 대화상자의 [표시 형식] 탭에서 [사용자 지정]을 클릭합니다. ❸ [형식] 입력란에 **서울 @지점**을 입력하고 ❹ [확인]을 클릭합니다.

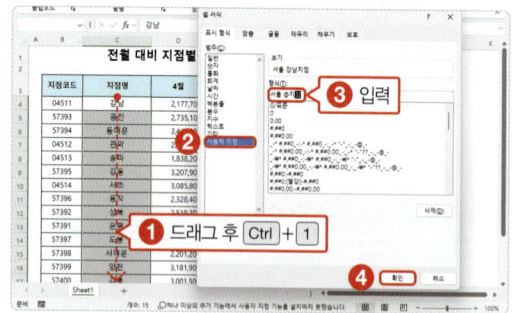

실력향상 '@' 기호는 문자를 표시하는 기호로 @ 기호 앞에 입력되는 문자는 셀 데이터 앞에 표시되고, @ 기호 뒤에 입력되는 문자는 셀 데이터 뒤에 표시됩니다.

03 음수만 파란색 괄호로 표시하기 증감에는 5월과 4월 실적의 차액을 구하고 차액이 음수일 경우에는 파란색 괄호로 표시해보겠습니다. ❶ [F4] 셀에 **=E4-D4**를 입력하고 ❷ [F4] 셀 채우기 핸들을 더블클릭하여 [F18] 셀까지 복사합니다. ❸ [F4:F18] 셀 범위가 지정된 상태에서 Ctrl + 1 을 누릅니다. ❹ [셀 서식] 대화상자의 [표시 형식] 탭에서 [숫자]를 클릭합니다. ❺ [음수] 목록에서 빨간색 괄호로 음수를 표시하는 (1,234)를 클릭합니다.

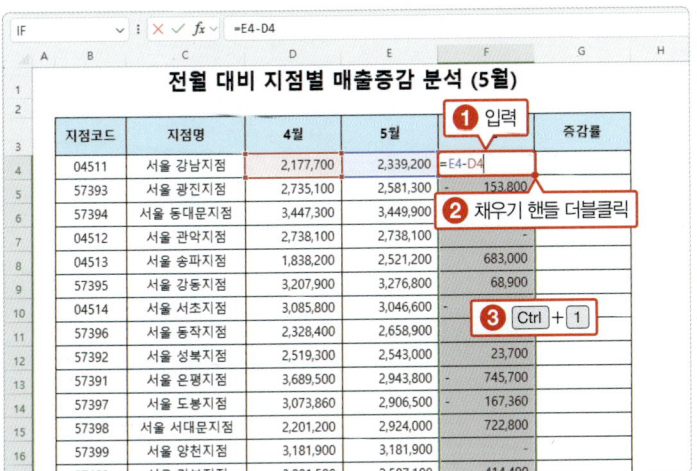
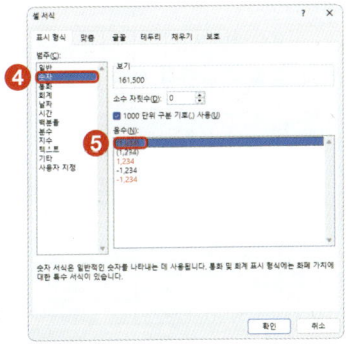

04 음수를 파란색으로 변경하기 위해 ❶ [사용자 지정]을 클릭합니다. ❷ [형식] 입력란에 표시되는 [빨강]을 **[파랑]**으로 변경하고 ❸ [확인]을 클릭합니다.

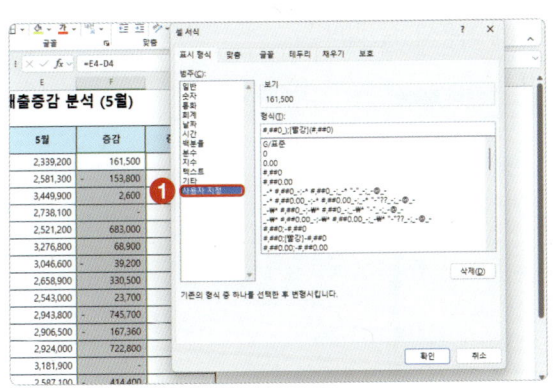
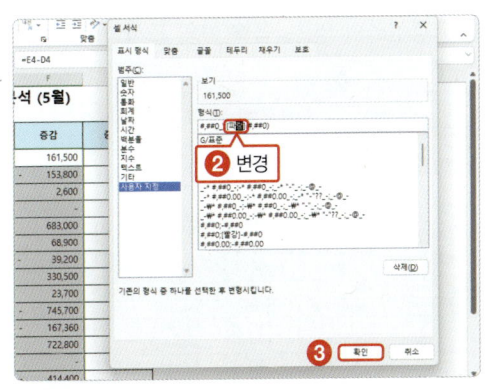

실력향상 사용자 지정 표시 형식은 한 셀에 총 네 개까지 지정할 수 있으며 각 표시 형식 구분 기호로 세미콜론(;)을 사용합니다. 순서는 '양수;음수;0;문자'로 지정하되, 네 개를 모두 지정할 필요는 없습니다. 예를 들어 두 개의 표시 형식을 지정하면 첫 번째 표시 형식은 '양수 및 0'에 적용되고, 두 번째 표시 형식은 '음수'에 적용됩니다. 한 개의 표시 형식만 지정하면 모든 숫자에 적용됩니다. 또한 문자 데이터는 '문자' 표시 형식을 생략할 경우 '일반' 표시 형식이 적용됩니다.

실력향상 표시 형식에서 색상은 대괄호([ ])로 묶어서 표시하고 색상 이름은 [검정], [파랑], [녹청], [녹색], [자홍], [빨강], [흰색], [노랑]만 사용할 수 있습니다.

05 증감률 ▲▼로 표시하기 증감률에는 전월 대비 증감 비율을 구하고 표시 형식을 '▲6.90%', '▼5.96%' 등으로 표시해보겠습니다. ❶ [G4] 셀에 **=F4/D4** 수식을 입력하고 ❷ [G4] 셀 채우기 핸들을 더블클릭하여 [F18] 셀까지 복사합니다. ❸ [G4:G18] 셀 범위가 지정된 상태에서 Ctrl + 1 을 누릅니다. ❹ [셀 서식] 대화상자의 [표시 형식] 탭에서 [사용자 지정]을 클릭합니다. ❺ [형식] 입력란에 **[빨강]▲0.00%;[파랑]▼0.00%;0**을 입력하고 ❻ [확인]을 클릭합니다.

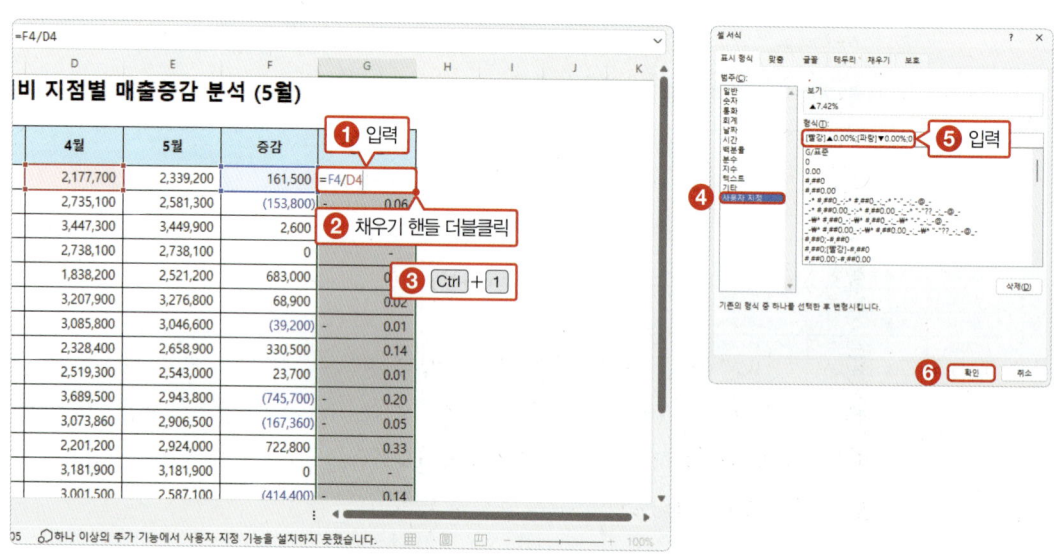

실력향상 특수 문자를 입력할 때는 자음 [ㅁ]을 누르고 [한자]를 누릅니다. 특수 문자 목록에서 ▲를 선택합니다.

06 증감률에 양수, 음수, 0의 표시 형식이 모두 다르게 적용되었습니다.

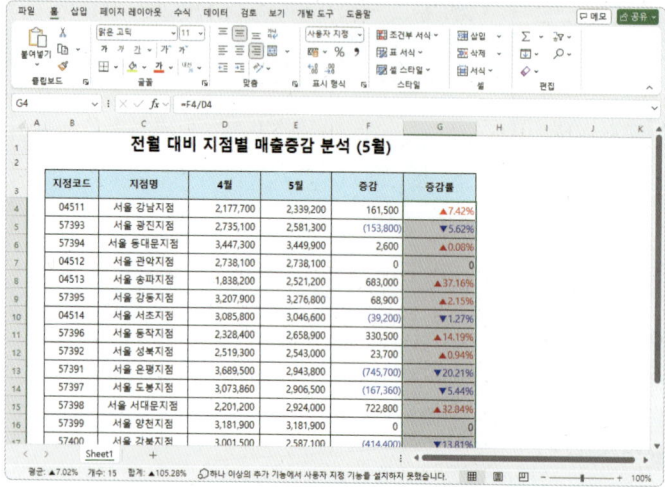

비법 Note — 사용자 지정 표시 형식 기호

표시 형식에 사용되는 코드는 다음과 같으며 해당 코드를 여러 가지로 조합하여 사용자가 직접 표시 형식을 지정할 수 있습니다.

기호	기능	입력 데이터	표시 형식	화면 표시
#	숫자를 표시하는 기호로 무효의 0을 표시하지 않습니다. 소수점을 기준으로 왼쪽 값의 자릿수가 '#' 기호보다 많은 경우는 입력된 데이터를 초과하여 모두 표시하지만 소수점 기준으로 오른쪽에 입력하는 데이터는 지정한 '#' 기호 개수만큼만 표시합니다.	12345.10	#,###.##	12,345.1
0	숫자를 표시하는 기호로 무효의 0을 모두 표시합니다.	123.1	0,000.00	0,123.10
?	숫자를 표시하는 기호로 무효의 0은 공백으로 처리하여 자릿수를 맞추고자 할 때 사용합니다.	12.67 5.3	??.??	12.67 공백5.3공백
@	문자의 자리를 표시합니다.	홍길동	@님	홍길동님
_(언더 바)	_ 기호 다음에 오는 기호 너비만큼 공백을 줍니다. '#,##0_엑'으로 하면 '엑' 문자 크기의 공백이 숫자 다음에 들어갑니다.	1230	#,##0_엑	1,230공백
*	* 기호 다음에 입력된 데이터를 셀이 채워질 때까지 반복합니다.	123	*●#	●●●123
;	항목을 구분하는 기호로 '양수;음수;0;문자'를 구분합니다.		▲#,##0;▼#,##0;-;@	
yy yyyy	연도를 두 자리 또는 네 자리로 표시합니다.	2025-01-06	yy yyyy	25 2025
m mm	월을 한 자리 또는 두 자리로 표시합니다.	2025-01-06	m mm	1 01
d dd	일을 한 자리 또는 두 자리로 표시합니다.	2025-01-06	d dd	6 06
ddd dddd	요일을 영문 세 글자 또는 영문 전체로 표시합니다.	2025-01-06	ddd dddd	mon monday
aaa aaaa	요일을 한글로 한 글자 또는 세 글자로 표시합니다.	2025-01-06	aaa aaaa	월 월요일
[조건 값]	숫자 데이터에 조건을 지정할 수 있습니다. 조건은 <, >, >=, <=, <>, =의 비교 연산자로 입력할 수 있습니다.	12300	[>=10000] #","###0	1,2300
[파랑][빨강]…	셀에 있는 데이터의 색상을 지정합니다. [검정], [파랑], [녹청], [녹색], [자홍], [빨강], [흰색], [노랑] 중에서 지정할 수 있습니다. 그 이외의 색은 [색n]으로 표기합니다. n은 1~56까지 지정할 수 있습니다.			

견적서 총 금액 한글로 표시하기

실습 파일 CHAPTER02\11_거래명세서.xlsx | 완성 파일 CHAPTER02\11_거래명세서(완성).xlsx

견적서에서 총 금액을 계산하면 숫자로 표시됩니다. 총 금액을 숫자로도 표시해야 하지만 한글로도 표시해야 할 경우가 있습니다. 이때, 총 금액을 두 셀에 표시한 후 한 셀은 숫자 표시 형식을 적용하고, 다른 한 셀은 [표시 형식]-[기타] 범주에서 제공하는 [숫자(한글)]을 적용해 쉽게 한글로 표시할 수 있습니다.

미리보기

회사에서 바로 통하는 키워드

숫자를 한글로 표시, 표시 형식

한눈에 보는 작업 순서

1. 합계 금액 두 번 표시하기 →
2. 숫자를 한글로 표시하기 →
3. 괄호가 포함된 통화 형식으로 표시하기

01 합계 금액 두 번 표시하기 [D11] 셀에는 합계 금액을 한글로, [I11] 셀에는 합계 금액을 숫자로 각각 표시해보겠습니다. ❶ [D11] 셀에 **=G24+I24**를 입력하고 ❷ [I11] 셀에 **=D11**을 입력합니다.

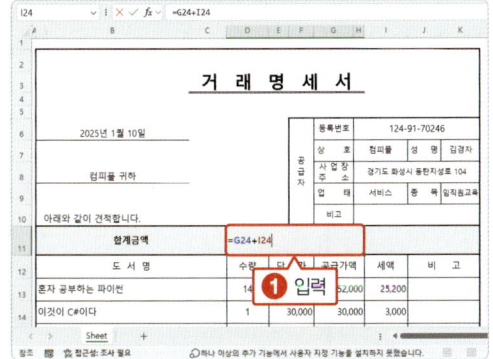 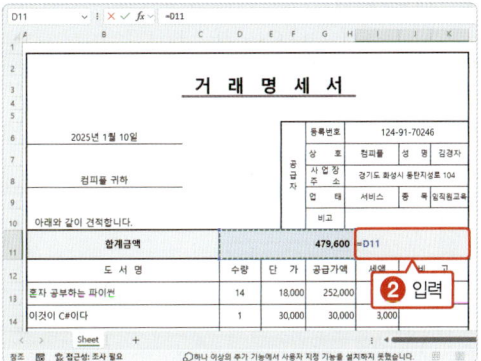

02 숫자를 한글로 표시하기 ❶ [D11] 셀을 클릭하고 Ctrl + 1 을 누릅니다. ❷ [셀 서식] 대화상자의 [표시 형식] 탭에서 [기타]를 클릭하고 ❸ [숫자(한글)]을 클릭합니다. ❹ [사용자 지정]을 클릭하면 [형식] 입력란에 [숫자(한글)]의 표시 형식 기호가 표시됩니다. ❺ 표시된 기호 맨 앞에 **일금**을 입력하고 Spacebar 를 눌러 공백 한 칸을 입력합니다. ❻ 맨 뒤에 **원정**을 입력하고 ❼ [확인]을 클릭합니다.

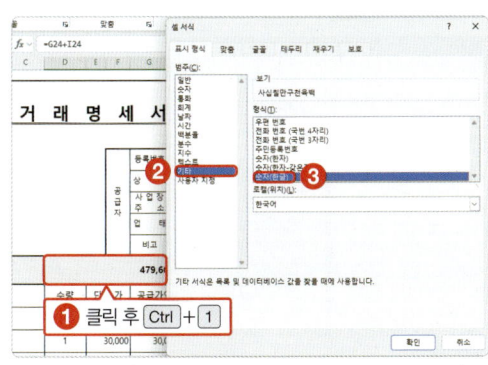 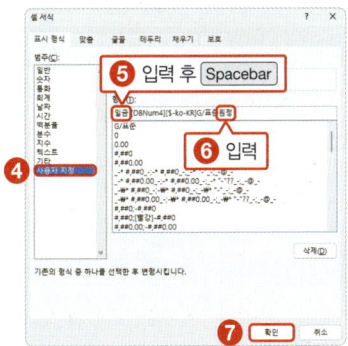

> **실력향상** [기타]–[숫자(한글)]을 선택하지 않고 [사용자 지정]–[입력란]에 바로 **일금 [DBNum4][$-ko-KR]G/표준원정**을 입력해도 됩니다. 하지만 기호를 기억하기가 어려우므로 [숫자(한글)]을 선택한 후 수정하는 것이 편리합니다.

03 [D11] 셀의 숫자가 한글로 표시되었습니다.

04 괄호가 포함된 통화 형식으로 표시하기

❶ [I11] 셀을 클릭하고 Ctrl + 1 을 누릅니다. ❷ [셀 서식] 대화상자의 [표시 형식] 탭에서 [사용자 지정]을 클릭하고 ❸ **(₩#,##0)**를 입력한 후 ❹ [확인]을 클릭합니다. ❺ [I11] 셀이 선택된 상태에서 [홈] 탭-[맞춤] 그룹-[왼쪽 맞춤]을 클릭합니다.

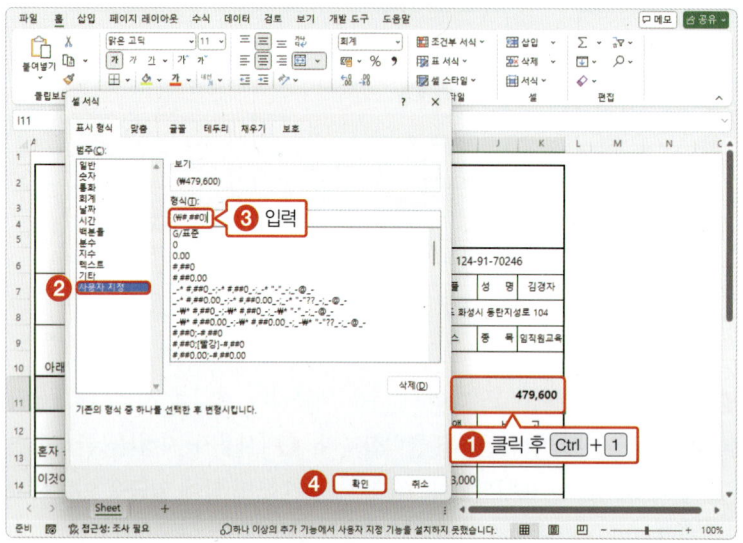

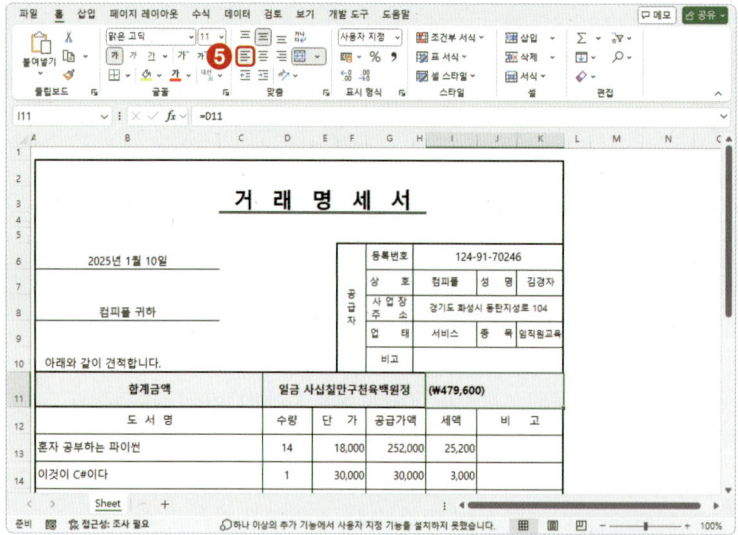

실력향상 두 개의 합계 금액이 다른 셀에 있지만 두 셀을 구분 짓는 테두리가 없어 한 셀에 입력된 것처럼 보입니다.

연결된 그림으로 크기가 다른 표를 한 시트에 작성하기

실습 파일 CHAPTER02\12_경쟁사분석.xlsx | 완성 파일 CHAPTER02\12_경쟁사분석(완성).xlsx

행 높이와 열 너비가 서로 다른 두 표를 한 시트에 작성하면 편집하는 데 번거롭고 어렵습니다. 서로 다른 시트에 내용을 작성한 후 [연결된 그림]으로 붙여 넣어 한 시트에 표시해보겠습니다. 또한 보고서에서 사용하지 않는 빈 행과 빈 열을 모두 숨겨서 깔끔한 보고서로 완성해보겠습니다.

미리보기

회사에서 바로 통하는 키워드

연결된 그림으로 붙여 넣기, 행 숨기기, 열 숨기기

한눈에 보는 작업 순서

1 연결된 그림으로 복사하기 → 2 행/열 숨기기

01 연결된 그림으로 복사하기 [연구소] 시트는 연구소의 조직 구성에 대한 내용이고, [직급별] 시트는 직급별 인원수와 급여에 대한 내용이 정리되어 있습니다. 두 시트의 내용을 [보고서] 시트에 연결된 그림으로 붙여 넣어보겠습니다. ❶ [연구소] 시트에서 ❷ [A1:D14] 셀 범위를 지정하고 Ctrl + C 를 눌러 복사합니다. ❸ [보고서] 시트의 ❹ [B14] 셀을 클릭하고 ❺ [홈] 탭-[클립보드] 그룹-[붙여넣기]를 클릭합니다. ❻ [기타 붙여넣기 옵션]-[연결된 그림]을 클릭합니다.

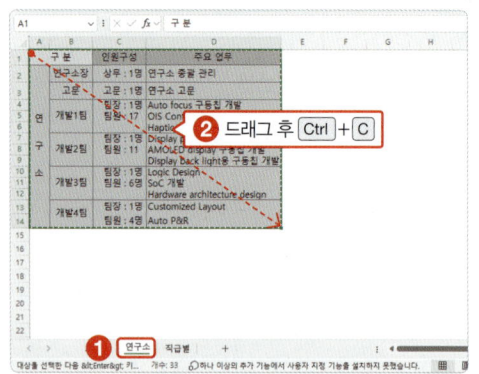 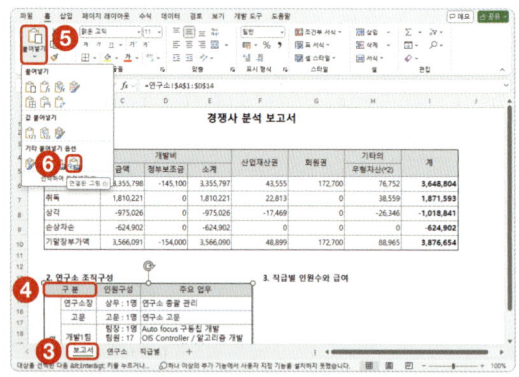

시간단축 [B14] 셀에서 마우스 오른쪽 버튼을 클릭하고 [선택하여 붙여넣기]-[기타 붙여넣기 옵션]-[연결된 그림]을 선택해도 됩니다.

02 ❶ 같은 방법으로 [직급별] 시트에서 ❷ [A1:G9] 셀 범위를 지정하고 Ctrl + C 를 눌러 복사합니다. ❸ [보고서] 시트의 ❹ [G14] 셀을 클릭하고 ❺ [홈] 탭-[클립보드] 그룹-[붙여넣기]를 클릭합니다. ❻ [기타 붙여넣기 옵션]-[연결된 그림]을 클릭합니다.

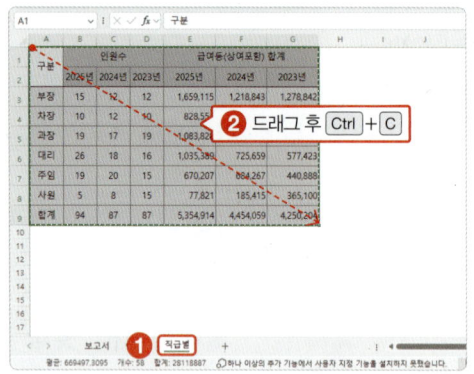 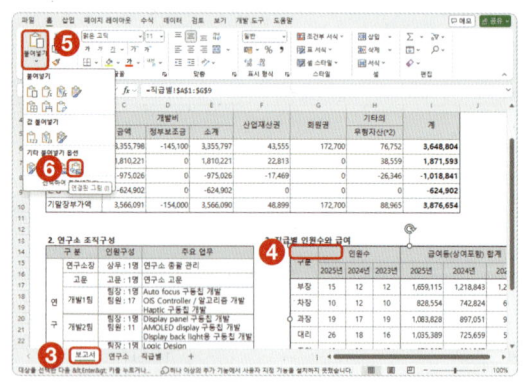

실력향상 연결된 그림으로 붙여 넣은 그림은 원본 데이터를 수정하면 자동으로 변경됩니다. 만약 원본 시트가 삭제되면 그림은 그대로 유지되지만 더 이상 수정할 수 없습니다.

03 붙여 넣은 그림을 적절한 위치로 이동하여 정렬합니다.

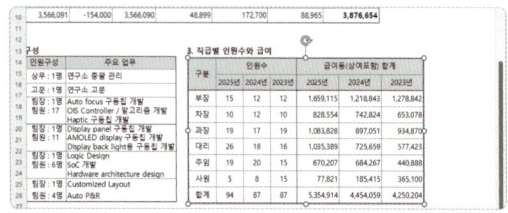

실력향상 [연구소] 시트와 [직급별] 시트는 삭제하지 않고 숨겨놓는 것이 좋습니다. [연구소] 시트에서 마우스 오른쪽 버튼을 클릭한 후 [숨기기]를 클릭합니다.

04 행/열 숨기기 [보고서] 시트에서 사용하지 않는 행과 열을 모두 숨겨보겠습니다. ❶ 28행 머리글을 클릭하고 Ctrl + Shift + ↓ 를 누릅니다. 시트의 가장 아래인 1,048,576행까지 모두 지정됩니다. ❷ 마우스 오른쪽 버튼을 클릭하고 ❸ [숨기기]를 선택합니다.

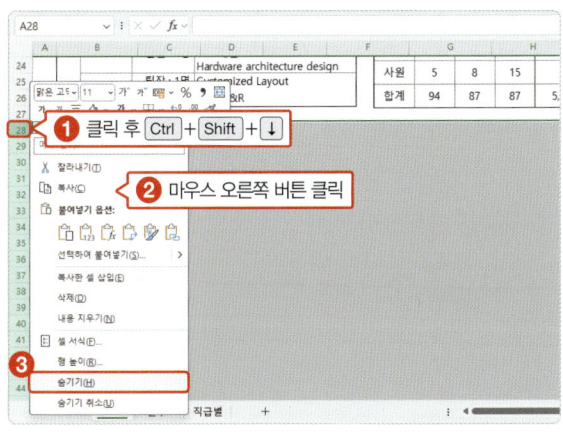

실력향상 숨긴 행을 다시 표시할 때는 현재 시트의 전체 셀을 선택하고 행 머리글에서 마우스 오른쪽 버튼을 클릭하여 [숨기기 취소]를 선택합니다. 숨기기 취소는 행과 열 머리글에서 마우스 오른쪽 버튼을 클릭해야 적용됩니다.

05 ❶ L열 머리글을 클릭하고 Ctrl + Shift + → 를 누릅니다. L열부터 시트의 오른쪽 끝인 XFD열까지 모두 지정됩니다. ❷ 마우스 오른쪽 버튼을 클릭하고 ❸ [숨기기]를 선택합니다.

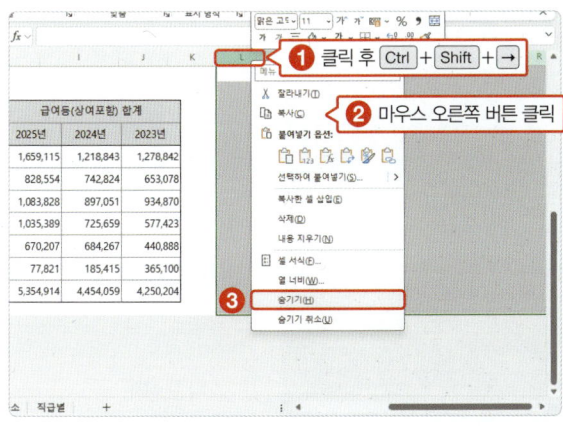

06 사용하지 않는 행과 열을 모두 숨겨서 깔끔한 보고서가 완성되었습니다.

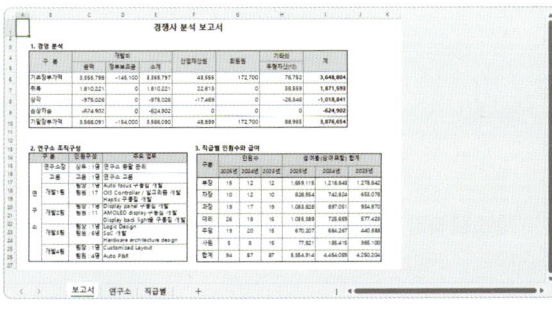

13 불필요한 스타일 XLStyle Tool로 청소하기

실습 파일 CHAPTER02\13_그룹별비교분석.xlsx | 완성 파일 CHAPTER02\13_그룹별비교분석(완성).xlsx

엑셀 문서를 오랫동안 사용하며 복사와 붙여넣기를 반복하다 보면 불필요한 셀 스타일과 숨겨진 이름들이 점점 쌓이게 됩니다. 이는 파일 용량을 증가시키고, 파일을 열거나 계산하는 속도를 느리게 만드는 원인이 됩니다. 이러한 문제는 XLStyles Tool을 사용해 불필요한 스타일과 숨겨진 이름을 일괄적으로 삭제함으로써 해결할 수 있습니다.

미리보기

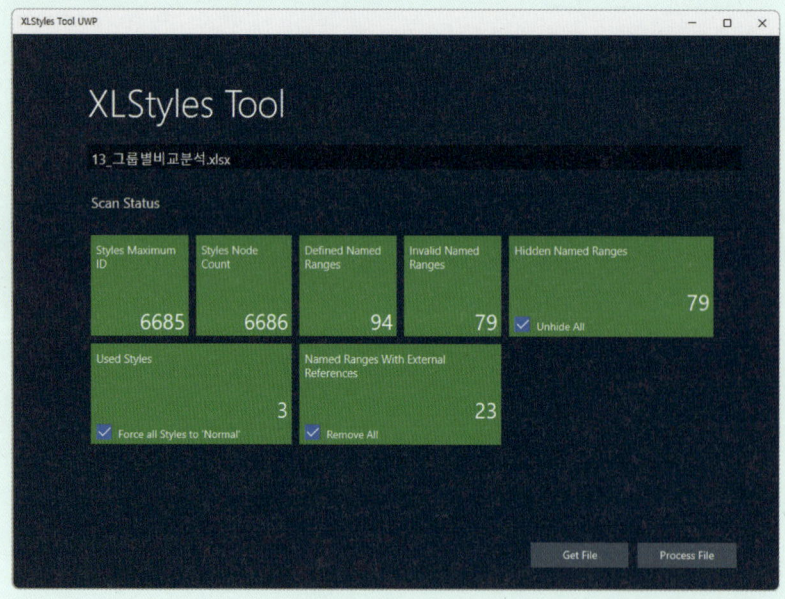

회사에서
바로 통하는
키워드

스타일 삭제,
숨겨진 이름 삭제,
XLStylesTool

한눈에 보는 작업 순서

01 XLStyles Tool 다운로드하기 [G4] 셀에 링크된 URL을 클릭합니다.

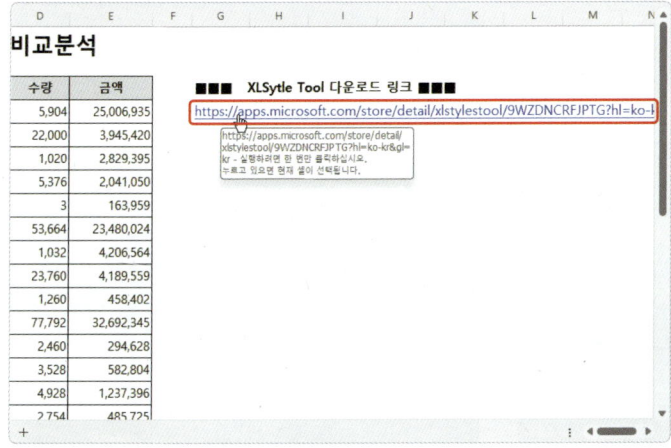

02 [Microsoft Store]로 이동되고 [XLStylesTool]이 표시됩니다. ❶ [다운로드]를 클릭합니다. ❷ [열기]를 클릭하여 프로그램을 다운로드한 후 설치합니다.

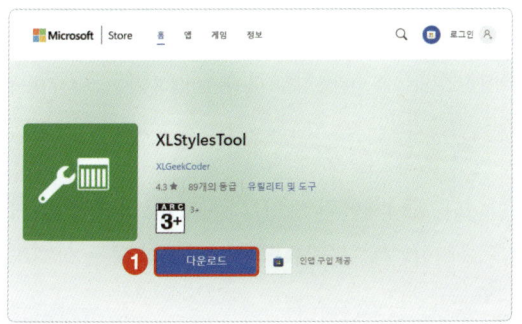
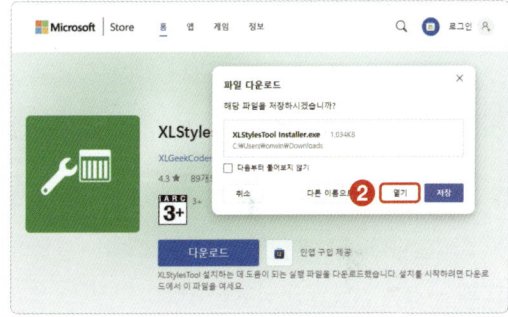

실력향상 Microsoft Store에서 제공되는 앱이므로 일반적으로 안전하게 사용할 수 있습니다.

03 불필요한 스타일과 숨겨진 이름 삭제하기 [XLStylesTool] 앱을 열고 청소할 엑셀 파일은 닫겠습니다. ❶ [Get File]을 클릭하고 ❷ 청소할 엑셀 파일을 선택한 후 ❸ [Scan Selected File]을 클릭합니다.

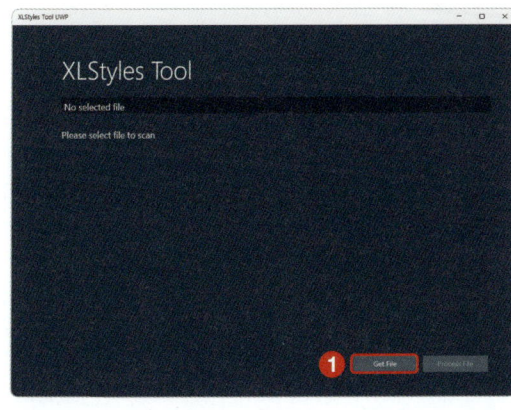
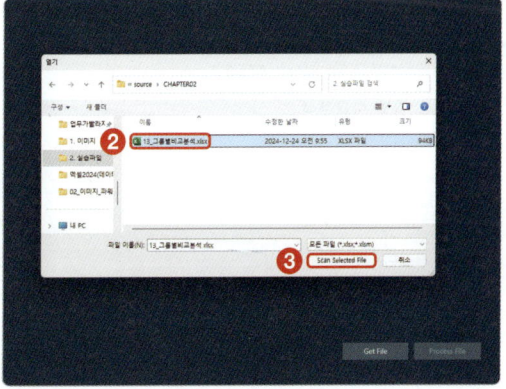

실력향상 청소할 엑셀 파일이 열려 있으면 [XLStylesTool]에서 오류가 발생합니다. 엑셀 파일은 닫고 실행하는 것이 안전합니다.

CHAPTER 02 파워 쿼리를 활용한 데이터 변환과 시각화 **137**

04 선택한 파일을 확인하여 문제가 되는 목록의 개수를 표시해줍니다. ❶ [Hidden Named Ranges]에서 [Unhide All]에 체크하고 ❷ [Used Styles]에서 [Force all Styles to 'Normal']에 체크합니다. ❸ [Named Ranges With External References]에서 [Remove All]에 체크하고 ❹ [Process File]을 클릭합니다. 청소가 진행되고 항목별로 남아 있는 개수가 표시됩니다.

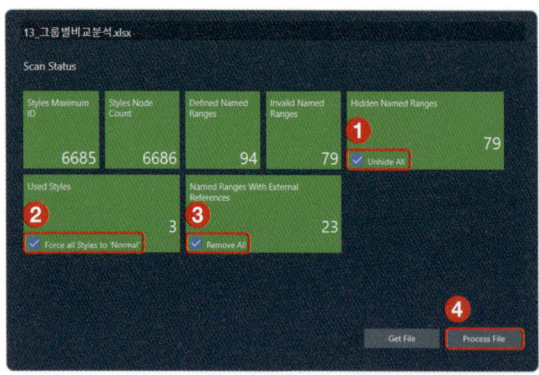
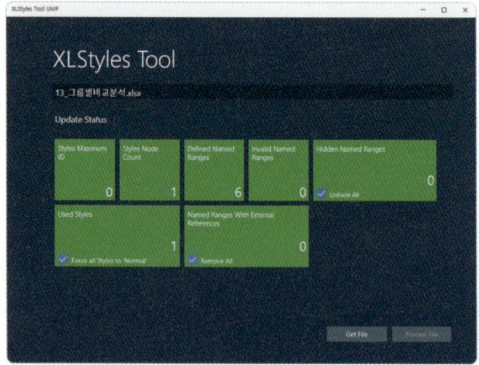

실력향상
- **Hidden Named Ranges** : 필터나 인쇄 영역 등을 설정하면 숨겨진 이름들이 생성되는데, 이 항목들을 모두 보이게 하여 불필요할 경우 삭제합니다.
- **Used Styles** : 파일에 적용된 사용자 정의 스타일을 제거하고, 기본 스타일로 변경합니다. 다른 파일에서 데이터를 복사하여 붙여 넣으면서 추가되는 사용자 정의 스타일을 정리해줍니다.
- **Named Ranges With External References** : 다른 파일을 참조하는 이름 범위를 식별하여, 해당 이름이 셀 수식에서 사용되지 않는 경우 삭제합니다.

05 청소된 파일 확인하기 청소된 엑셀 파일을 확인합니다. ❶ [제한된 보기] 메시지에서 [편집 사용]을 클릭합니다. ❷ [홈] 탭-[스타일] 그룹-[셀 스타일]을 클릭합니다. 불필요한 스타일들이 모두 삭제되고 엑셀 기본 스타일만 남았습니다.

실력향상 제한된 보기 메시지는 [XLStylesTool] 앱이 파일을 수정하고 자동 저장까지 했기 때문에 표시됩니다.

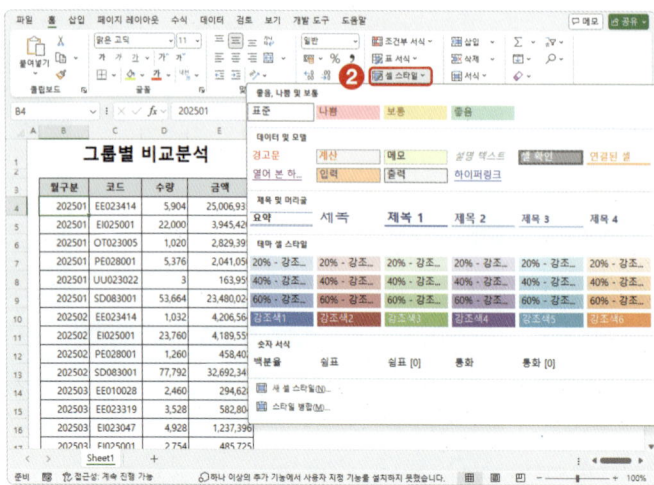

06 ❶ [수식] 탭-[정의된 이름] 그룹-[이름 관리자]를 클릭합니다. ❷ 숨겨져 있던 이름 중 삭제되지 않은 이름이 있을 경우 Shift 와 Ctrl 을 이용하여 선택하고 ❸ [삭제]를 클릭합니다. ❹ '선택한 이름을 삭제하시겠습니까?' 메시지 창에서 [확인]을 클릭합니다.

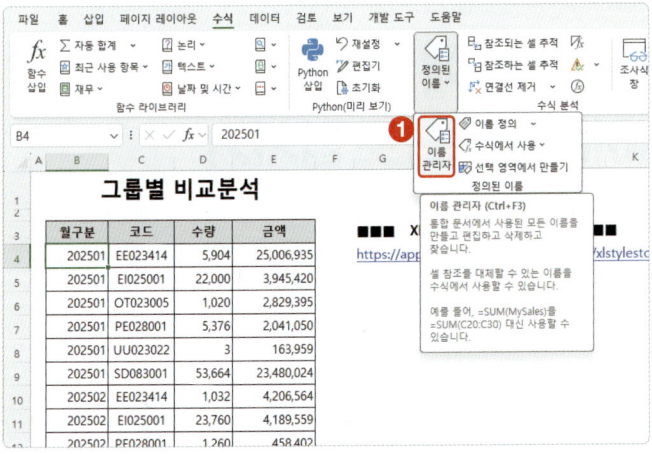

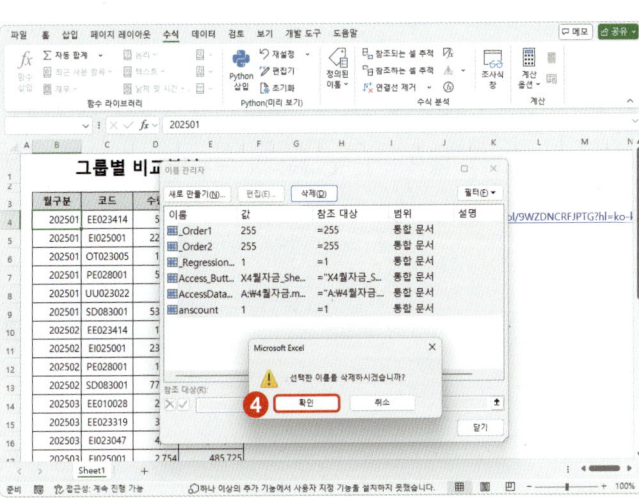

분리된 여러 개 표를
하나의 데이터 목록으로 합치기

실습 파일 CHAPTER02\프로젝트_지역별설문분석.xlsx | **완성 파일** CHAPTER02\프로젝트_지역별설문분석(완성).xlsx

01 프로젝트 시작하기

엑셀로 작성된 지역별 설문조사 결과표가 있습니다. 이 표는 지역별로 분리되어 행 단위로 나열되어 있으며, 각 표의 첫 번째 셀에만 지역명이 입력되어 있습니다. 설문 결과는 2차원 구조로 작성되어 있어 엑셀에서 데이터 관리나 함수 활용에 제약이 따릅니다.

이 문제를 해결하기 위해 파워 쿼리를 사용하여 지역명 열을 추가하고, 2차원 구조의 표를 1차원으로 변환해보겠습니다. 이는 실제 업무에서 여러 표 데이터를 행으로 붙여 넣는 경우에 자주 발생하는 문제를 해결하는 방법입니다. 새로운 열을 추가하거나 표 구조를 데이터베이스 형식으로 변경해야 하는 가공 작업에 유용합니다.

회사에서 바로 통하는 키워드

조건 열 추가, 아래로 채우기, 첫 행을 머리글로 사용, 열 피벗 해제

02 프로젝트 예제 미리보기

지역명	서울특별시						
문 항	매우만족	만족	보통	불만	매우불만	기타	무응답
1	1	0	15	10	4	1	1
2	2	0	1	1	0	0	0
3	4	5	0	1	6	2	0
4	0	20	10	7	0	0	0
5	1	5	4	5	2	1	1
지역명	경기도						
문 항	매우만족	만족	보통	불만	매우불만	기타	무응답
1	13	0	12	0	1	1	0
2	0	0	0	30	0	0	0
3	2	10	5	6	11	2	1
4	12	1	1	1	15	0	0
지역명	충청북도						
문 항	매우만족	만족	보통	불만	매우불만	기타	무응답
1	5	8	0	0	6	0	0
2	40	0	9	0	0	1	0
3	0	0	6	16	0	1	0
4	14	10	5	6	7	0	1
5	16	0	0	1	0	1	0
지역명	충청남도						
문 항	매우만족	만족	보통	불만	매우불만	기타	무응답
1	1	1	0	0	3	2	0
2	10	0	0	10	0	0	1
3	7	11	20	11	4	1	0
4	0	1	0	0	2	1	1
5	1	0	3	2	4	0	0
지역명	경상북도						
문 항	매우만족	만족	보통	불만	매우불만	기타	무응답
1	19	5	9	19	0	1	0
2	1	4	0	3	1	0	1
3	13	1	1	0	0	2	1
4	0	15	0	1	1	1	1

지역명	문 항	응답항목	응답값
서울특별시	1	매우만족	1
서울특별시	1	만족	0
서울특별시	1	보통	15
서울특별시	1	불만	10
서울특별시	1	매우불만	4
서울특별시	1	기타	1
서울특별시	1	무응답	1
서울특별시	2	매우만족	2
서울특별시	2	만족	0
서울특별시	2	보통	1
서울특별시	2	불만	1
서울특별시	2	매우불만	0
서울특별시	2	기타	0
서울특별시	2	무응답	0
서울특별시	3	매우만족	4
서울특별시	3	만족	5
서울특별시	3	보통	0
서울특별시	3	불만	1
서울특별시	3	매우불만	6
서울특별시	3	기타	2
서울특별시	3	무응답	0
서울특별시	4	매우만족	0
서울특별시	4	만족	20
서울특별시	4	보통	10
서울특별시	4	불만	7
서울특별시	4	매우불만	0
서울특별시	4	기타	0
서울특별시	4	무응답	0
서울특별시	5	매우만족	1
서울특별시	5	만족	5
서울특별시	5	보통	4
서울특별시	5	불만	5

한눈에 보는 작업 순서

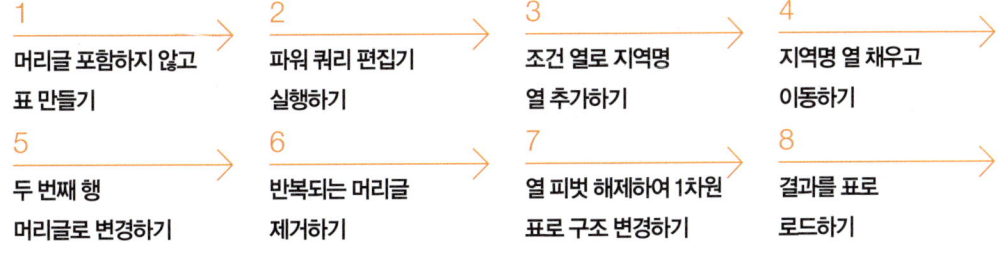

03 핵심 기능 미리보기

STEP 01 표 만들고 파워 쿼리 편집기에서 [지역명] 열 추가하기

❶ 데이터가 입력된 셀 범위를 머리글 포함하지 않고 표로 만듭니다.

❷ [Power Query 편집기]에서 [조건 열]을 추가하여 [지역명] 열을 만듭니다.

❸ [지역명] 열에서 [채우기] 기능을 이용하여 빈 셀에 위쪽 데이터를 채웁니다.

❹ [지역명] 열을 맨 앞으로 이동합니다.

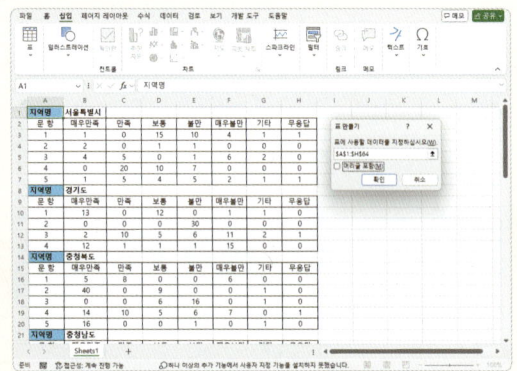 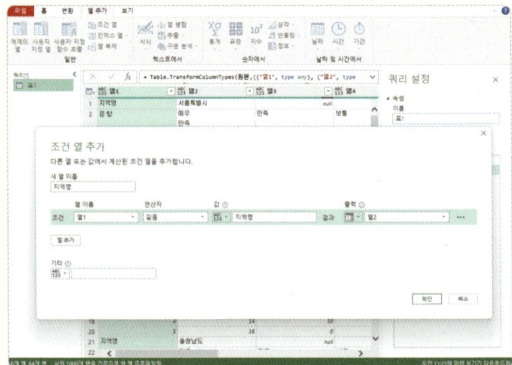

STEP 02 머리글을 편집하고 1차원 표로 변환하기

❶ 두 번째 행 데이터를 머리글로 사용하고, [필터] 기능을 이용하여 반복되는 머리글과 빈 행을 제거합니다.

❷ [열 피벗 해제] 기능을 이용하여 2차원 표를 1차원 표 구조로 변경합니다.

 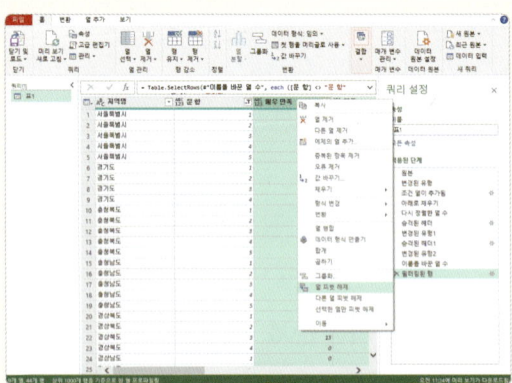

❸ 파워 쿼리 결과를 새 워크시트로 로드합니다.

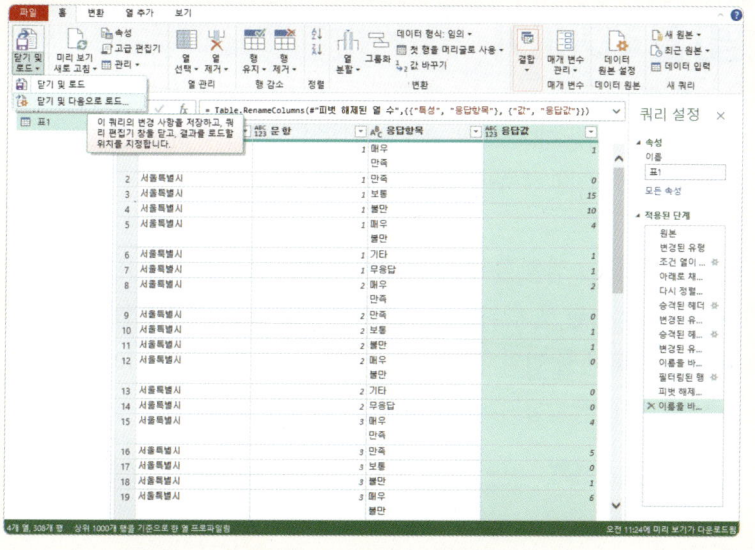

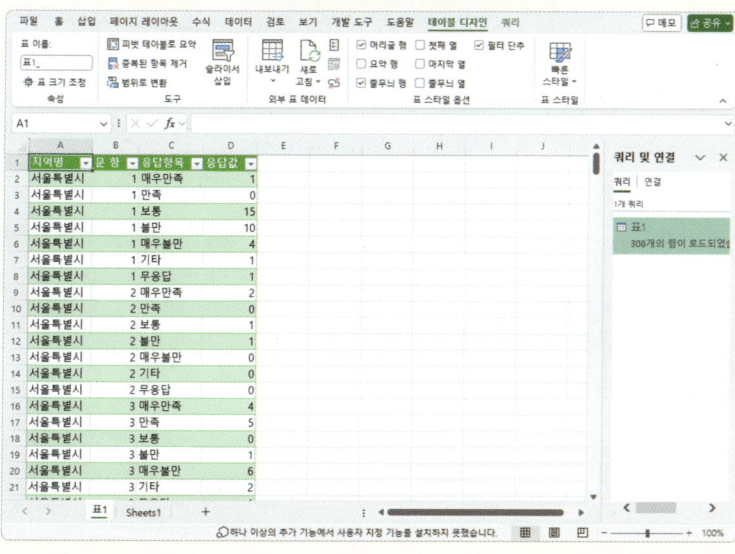

STEP 01 표 만들고 파워 쿼리 편집기에서 [지역명] 열 추가하기

파워 쿼리에서 편집하기 위해 셀 데이터를 표로 만듭니다. 이때 첫 행을 머리글로 사용할 수 없으므로 머리글은 포함하지 않 겠습니다. 파워 쿼리 편집기가 실행되면 조건 열을 추가하여 지역명을 만들어보겠습니다.

01 머리글 포함하지 않고 표 만들기 ❶ [A1] 셀을 클릭하고 ❷ [삽입] 탭-[표] 그룹-[표]를 클릭합니다. ❸ [표 만들기] 대화상자가 나타나면 입력된 셀 범위는 그대로 유지하고 ❹ [머리글 포함]의 체크는 해제한 후 ❺ [확인]을 클릭합니다. [A1:H65] 셀 범위가 표로 만들어지고 1행에 새로운 머리글이 추가되었습니다. ❻ [테이블 디자인] 탭-[표 스타일] 그룹-[빠른 스타일]을 클릭하고 ❼ [없음]을 클릭합니다.

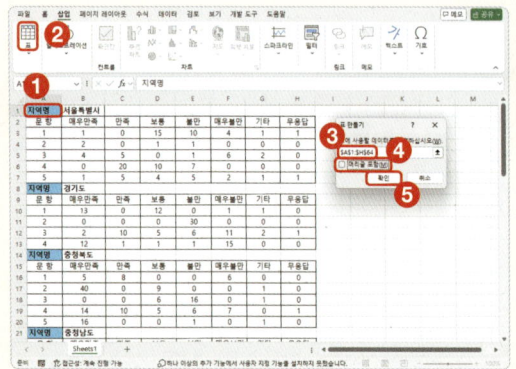 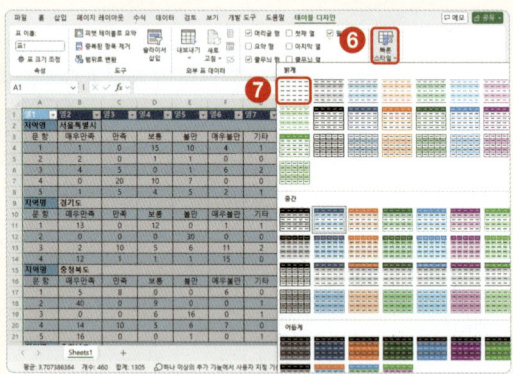

02 파워 쿼리 편집기 실행하기 ❶ [A1] 셀을 클릭하고 ❷ [데이터] 탭-[데이터 가져오기 및 변환] 그룹-[테이블/범위에서]를 클릭합니다. ❸ [Power Query 편집기] 창이 나타납니다.

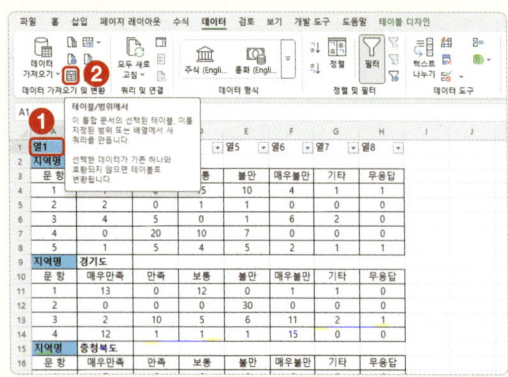 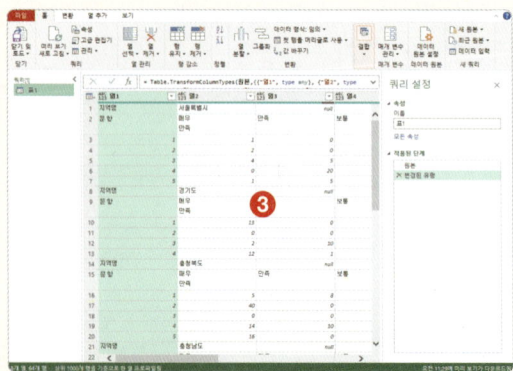

03 지역명 열 추가하기 각 행 데이터를 구분할 수 있는 지역명 열이 필요합니다. [열2]에 입력된 지역명 데이터를 이용하여 새로운 열을 추가해보겠습니다. ❶ [열 추가] 탭-[일반] 그룹-[조건 열]을 클릭합니다. ❷ [조건 열 추가] 대화상자에서 [새 열 이름]에 **지역명**을 입력하고 ❸ [조건]에 [열 이름]은 [열1], [연산자]는 [같음]을 선택합니다. ❹ [값]은 **지역명**을 입력하고 ❺ [출력]은 [열 선택]으로 지정한 후 ❻

[열2]를 선택합니다. [열1]이 '지역명' 글자와 같으면 새로운 열에 [열2] 값을 입력해주는 조건식입니다.
❼ [확인]을 클릭합니다. 마지막에 [지역명] 열이 추가되었습니다.

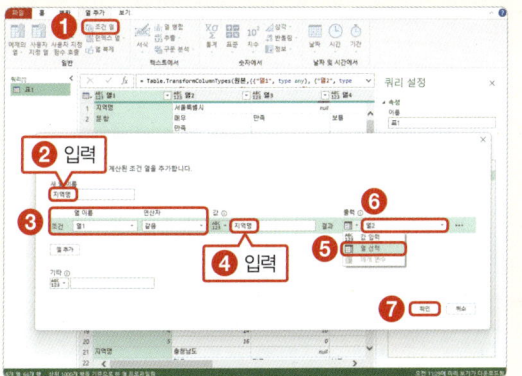

04 지역명 열 채우고 이동하기 [지역명] 열의 빈 셀에 위쪽 데이터를 아래로 채우고, 순서를 맨 앞으로 이동해보겠습니다. ❶ [지역명] 열이 선택된 상태에서 마우스 오른쪽 버튼을 클릭하고 ❷ [채우기]-[아래로]를 선택합니다. 빈 셀에 위쪽 데이터가 채워집니다.

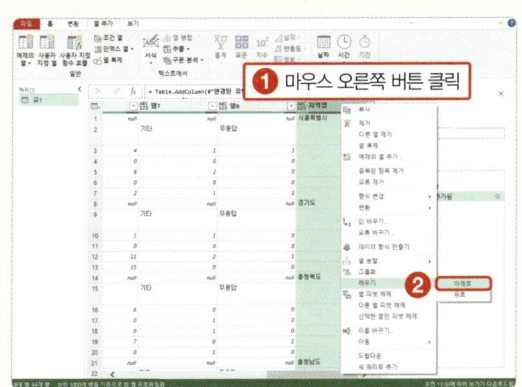
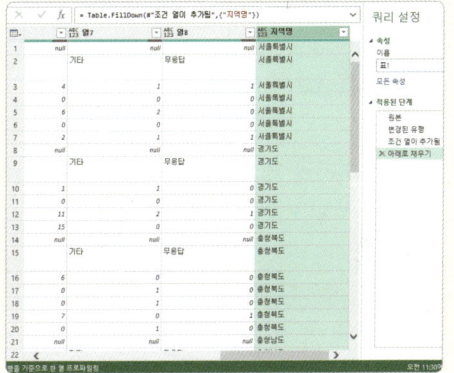

05 ❶ [지역명] 열 머리글에서 마우스 오른쪽 버튼을 클릭하고 ❷ [이동]-[처음으로]를 선택합니다. [지역명] 열이 첫 번째 열로 이동합니다.

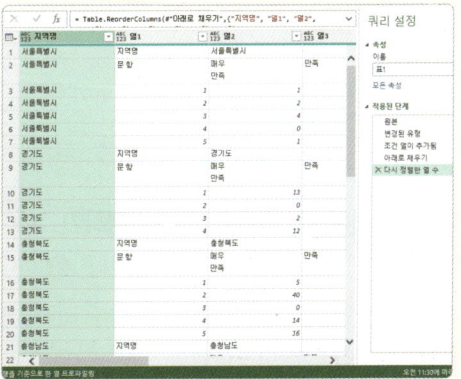

CHAPTER 02 파워 쿼리를 활용한 데이터 변환과 시각화 **145**

STEP 02 머리글을 편집하고 1차원 표로 변환하기

두 번째 행 데이터를 머리글로 설정하고, 필터 기능을 이용하여 불필요한 행을 모두 제거합니다. 그런 다음 [매우 만족] 열부터 [무응답] 열은 열 피벗 해제 기능을 이용하여 1차원 표 구조를 변경하겠습니다.

01 두 번째 행 머리글로 변경하기 ❶ [홈] 탭-[변환] 그룹-[첫 행을 머리글로 사용]을 두 번 클릭합니다. 두 번째 행이 머리글로 변경됩니다. ❷ 첫 번째 열 이름을 **지역명**으로 변경합니다.

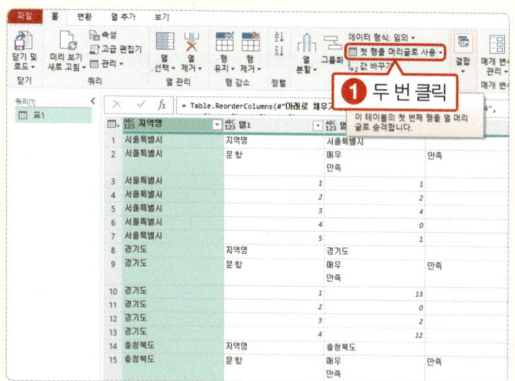 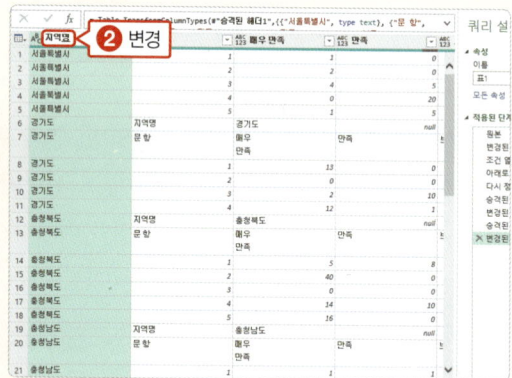

02 반복되는 머리글 제거하기 6행과 7행에 반복되는 머리글을 필터를 이용하여 제거해보겠습니다. ❶ [문항] 열의 목록 단추를 클릭하고 ❷ [문항]과 [지역명]의 체크를 해제합니다. ❸ [확인]을 클릭하면 불필요한 행들이 모두 제거됩니다.

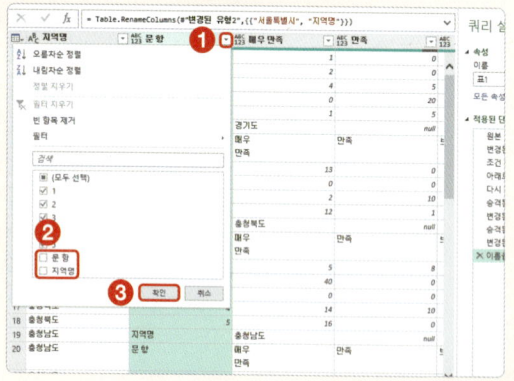 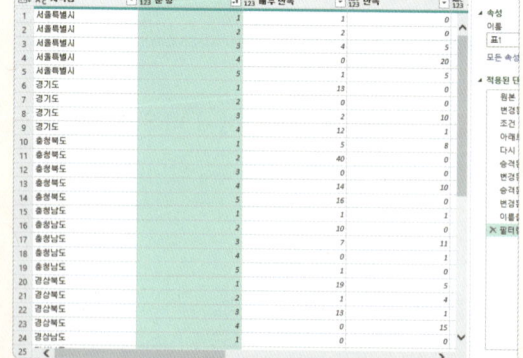

03 열 피벗 해제하여 1차원 표로 구조 변경하기 ❶ [매우 만족] 열 머리글을 클릭하고 ❷ Shift 를 누른 상태에서 [무응답] 열 머리글을 클릭합니다. ❸ 마우스 오른쪽 버튼을 클릭하고 ❹ [열 피벗 해제]를 선택합니다. 1차원 구조로 변경되면서 [특성]과 [값] 열이 만들어졌습니다. ❺ 열 이름을 더블클릭하여 각각 **응답항목, 응답값**으로 변경합니다.

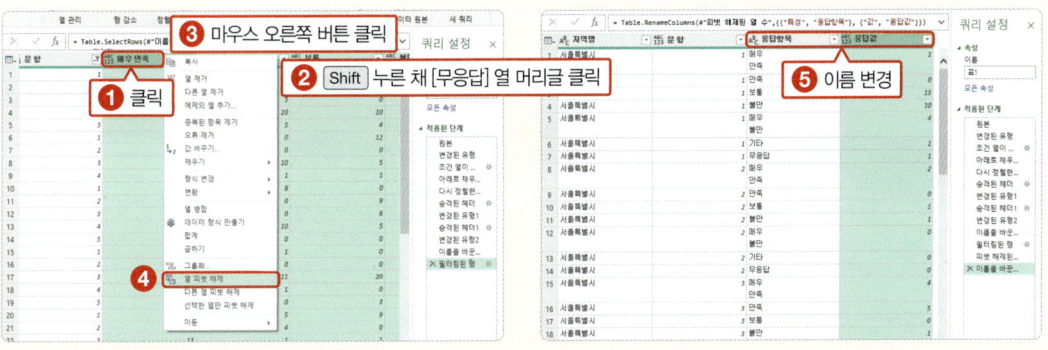

04 표로 로드하기 ❶ [홈] 탭-[닫기] 그룹-[닫기 및 로드]를 클릭하고 ❷ [닫기 및 다음으로 로드]를 클릭합니다. ❸ [데이터 가져오기] 대화상자에서 [현재 통합 문서에서 이 데이터를 표시할 방법을 선택하십시오.]에는 [표]를 선택하고 ❹ [데이터가 들어갈 위치를 선택하십시오.]에는 [새 워크시트]를 선택합니다. ❺ [확인]을 클릭합니다.

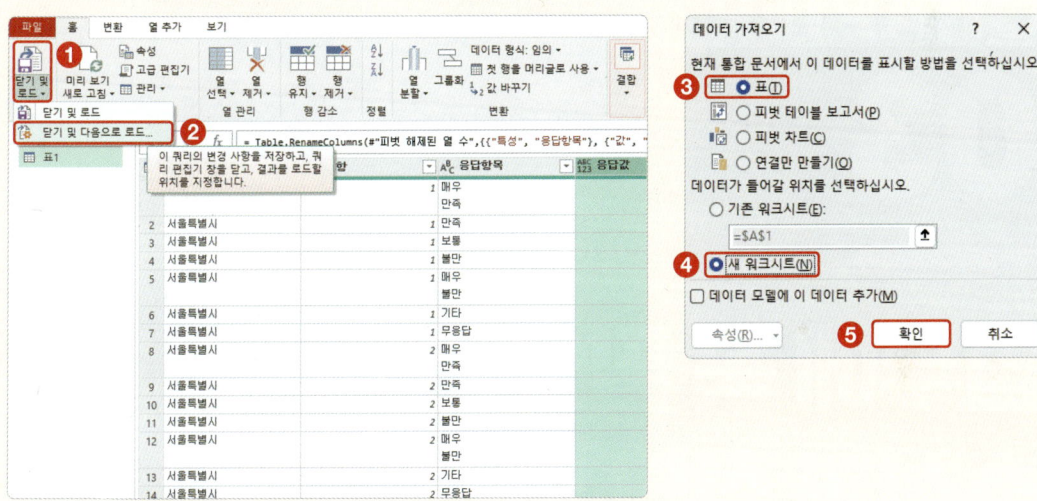

05 새로운 시트에 파워 쿼리 편집 결과가 표로 로드되었습니다.

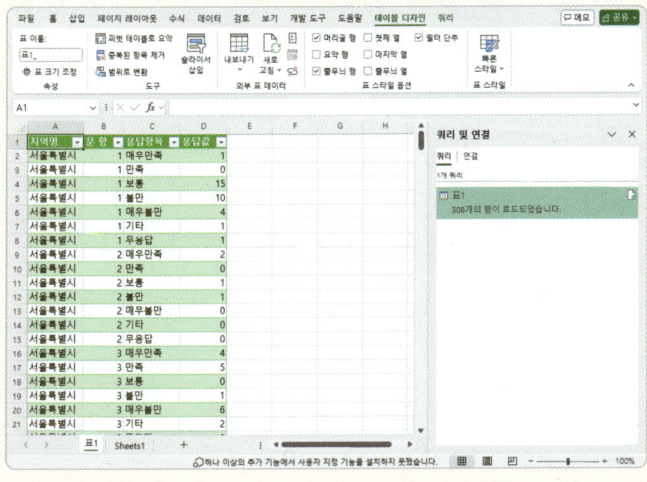

CHAPTER 03

업무에 꼭 필요한 수식과 실무 함수

회사에서 바로 통하는 실무 엑셀 데이터 활용+분석

엑셀에서 가장 폭넓게 활용되는 기능은 바로 수식과 함수입니다. 엑셀의 강력한 계산 기능 덕분에 많은 사용자가 데이터를 효율적으로 처리하고 분석하기 위해 엑셀을 선택한다고 해도 과언이 아닙니다. 모든 함수를 완벽히 알 필요는 없지만, 데이터 관리에 필요한 집계와 분석 함수를 적절히 활용하면 복잡하고 시간이 많이 드는 작업도 간단하게 해결할 수 있습니다. 최근 엑셀의 업그레이드로 여러 개의 함수를 중첩해 해결해야 했던 작업이 동적 배열 함수로 간단히 처리될 수 있게 되었습니다. 이제 이러한 배열 함수와 실무에서 꼭 필요한 주요 함수를 살펴보겠습니다.

절대 참조 수식 적용하여 이윤 구하기

실습 파일 CHAPTER03\01_제품별단가산출.xlsx | 완성 파일 CHAPTER03\01_제품별단가산출(완성).xlsx

절대 참조를 이용해 제품별 단가 산출 내역에서 원가합계와 이윤비율을 곱하여 이윤을 구해보겠습니다. 셀을 참조하여 입력한 수식을 복사했을 때 복사한 수식의 셀 주소가 바뀌면 상대 참조, 바뀌지 않으면 절대 참조, 행과 열 중에서 하나만 바뀌면 혼합 참조라고 합니다.

미리보기

회사에서 바로 통하는 키워드

상대 참조, 절대 참조, F4

한눈에 보는 작업 순서

1. 이윤에 절대 참조 수식 입력하기 → 2. 서식 없이 채우기

01 이윤에 절대 참조 수식 입력하기

I열의 원가합계와 [K2] 셀의 이윤비율을 곱하여 이윤을 계산해보겠습니다. 원가합계는 각 제품에 따라 다르지만 이윤비율은 여러 셀에서 동일하게 참조해야 하므로 절대 참조를 지정합니다. ❶ [J6] 셀에 **=I6*K2**를 입력하고 F4 를 누릅니다. [K2] 셀 주소에 $ 기호가 추가되어 절대 참조로 지정됩니다. ❷ Enter 를 누릅니다.

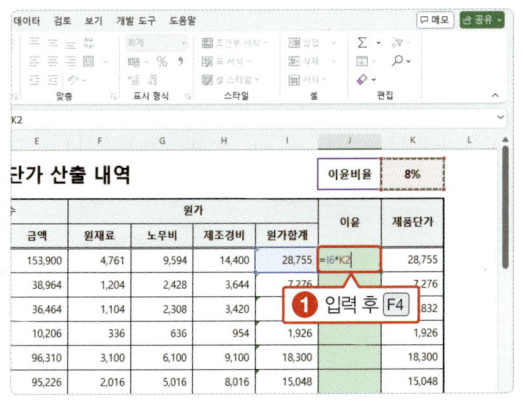 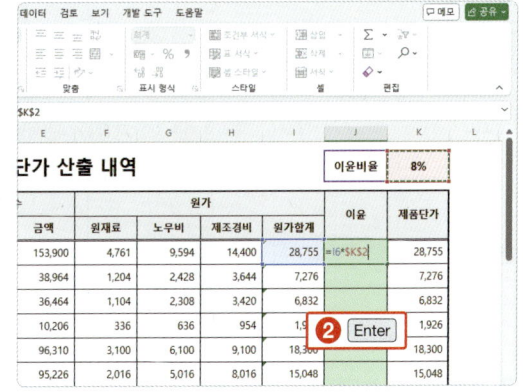

비법 Note 상대 참조, 절대 참조, 혼합 참조

셀을 참조하여 입력한 수식을 복사했을 때 복사한 수식의 셀 주소가 바뀌면 상대 참조, 바뀌지 않으면 절대 참조, 행과 열 중에서 하나만 바뀌면 혼합 참조라고 합니다. 셀 참조 방식을 변경하려면 $ 기호를 직접 입력하거나 F4 를 누릅니다. 상대 참조(A1)로 지정된 셀 주소에 F4 를 누르면 절대 참조($A$1)로 바뀌고, 절대 참조에서 F4 를 누르면 행 고정 혼합 참조(A$1)로 바뀌며 다시 F4 를 누르면 열 고정 혼합 참조($A1)로 바뀝니다. 열 고정 혼합 참조에서 F4 를 누르면 처음인 상대 참조(A1)로 바뀌는 순환 형태로 진행됩니다.

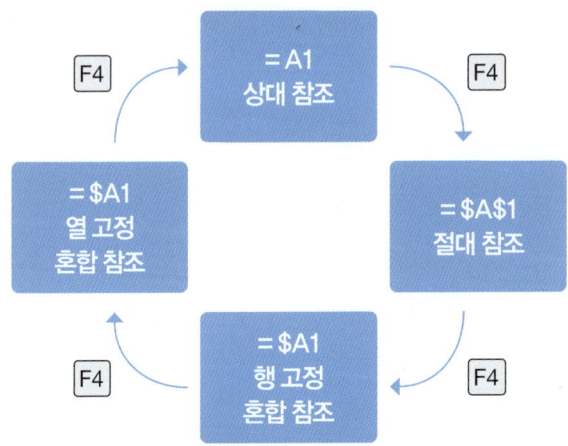

절대 참조는 행 번호와 열 이름 앞에 모두 $ 기호가 붙은 형태로 항상 특정 위치의 셀을 나타내므로 절대 참조 방식으로 입력된 수식은 복사하더라도 상대 참조처럼 셀 주소가 바뀌지 않습니다. 한 셀이나 동일한 범위를 여러 셀에서 참조할 때 절대 참조를 사용합니다.

02 서식 없이 채우기

수식을 복사하기 위해 ❶ [J6] 셀의 채우기 핸들을 더블클릭합니다. ❷ 수식이 복사되면서 서식도 함께 복사되어 테두리 선이 변경되었습니다. ❸ [자동 채우기 옵션] 단추를 클릭하고 ❹ [서식 없이 채우기]를 선택합니다.

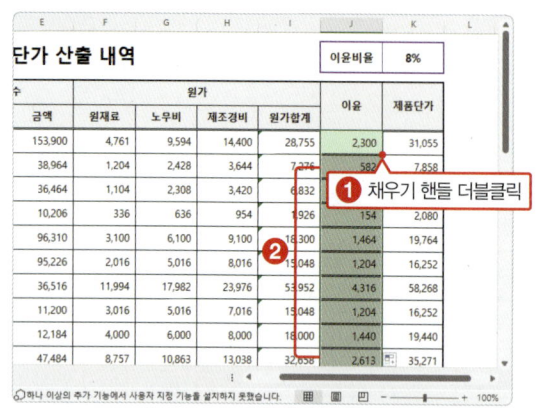

실력향상 수식을 복사할 때 테두리가 변경되는 것을 원하지 않는다면 [J6:J36] 셀 범위를 지정 후 =I6*$K$2를 입력합니다. 그런 다음 Ctrl + Enter 를 눌러 수식을 입력하면 테두리가 변경되지 않습니다.

시간단축 [자동 채우기 옵션] 단추는 다른 작업을 진행하면 자동으로 사라집니다. 따라서 수식을 복사한 후 바로 클릭해 옵션을 변경해야 합니다.

> **비법 Note**   셀에 수식 표시하기

수식이 입력된 셀은 기본적으로 수식의 결과가 셀에 표시됩니다. 수식은 클릭한 셀만 수식 입력줄에 표시되는데, 셀에 직접 수식을 표시해야 할 때는 [수식] 탭-[수식 분석] 그룹-[수식 표시]를 클릭합니다. [수식 표시]가 설정되어 있으면 셀에는 수식이 표시되고 서식은 표시되지 않으므로 수식 표시는 필요한 경우에만 설정하는 것이 좋습니다. 수식 표시와 해제 단축키는 Ctrl + ` 를 눌러 사용합니다.

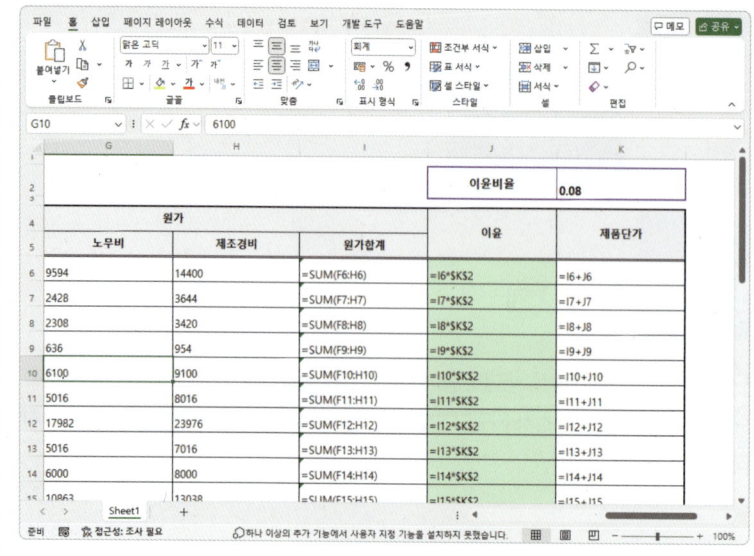

셀 범위 이름으로 정의하여 함수에 사용하기

실습 파일 CHAPTER03\02_급여항목별집계.xlsx | **완성 파일** CHAPTER03\02_급여항목별집계(완성).xlsx

셀 주소는 열 이름과 행 번호로 구성되므로 상대 참조 수식을 복사하면 셀 주소가 바뀝니다. 그러나 셀 주소를 일반적인 문자로 정의하면 상대 참조 수식이 적용되지 않아 절대 참조 수식으로 편리하게 계산할 수 있습니다. 이렇게 특정한 영역을 문자 이름으로 지정하는 것을 '이름 정의'라고 합니다.

미리보기

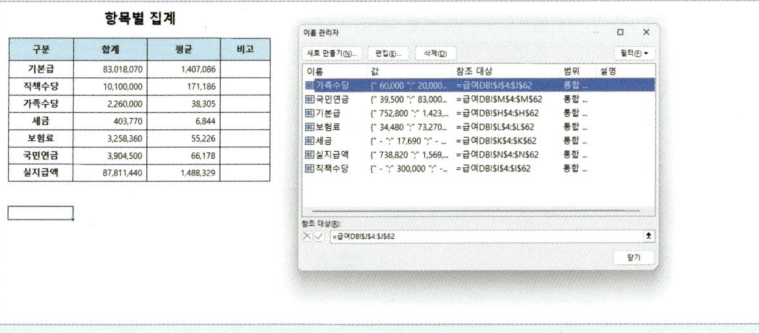

회사에서 바로 통하는 키워드

이름 정의, 선택 영역에서 만들기, SUM, AVERAGE, INDIRECT

한눈에 보는 작업 순서

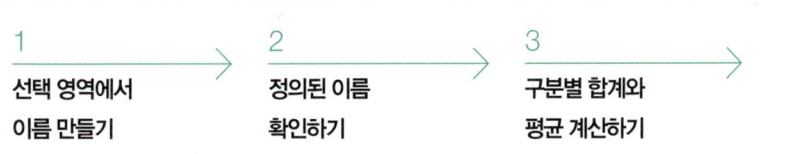

1. 선택 영역에서 이름 만들기
2. 정의된 이름 확인하기
3. 구분별 합계와 평균 계산하기

01 선택 영역에서 이름 만들기 [급여DB] 시트에서 기본급부터 실지급액까지 각 범위를 이름으로 정의하여 집계표를 작성해보겠습니다. ❶ [H3:N62] 셀 범위를 지정하고 ❷ [수식] 탭-[정의된 이름] 그룹-[선택 영역에서 만들기]를 클릭합니다. ❸ [선택 영역에서 이름 만들기] 대화상자에서 [첫 행]에 체크하고 ❹ [확인]을 클릭합니다.

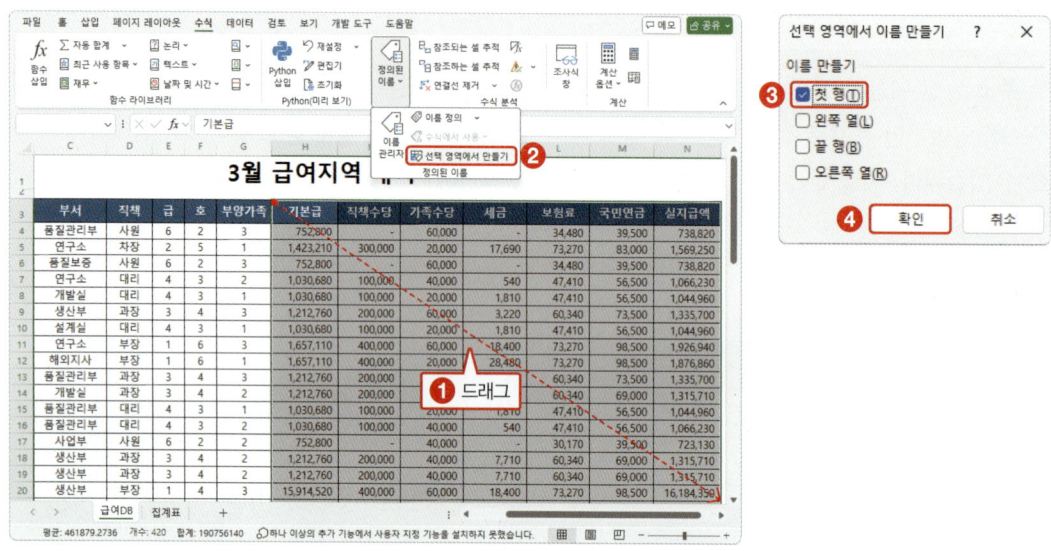

시간단축 [H3] 셀을 클릭하고 Ctrl + Shift + → 를 누른 후 다시 Ctrl + Shift + ↓ 를 누르면 빠르게 셀 범위를 지정할 수 있습니다.

실력향상 [H3:N62] 셀 범위를 지정한 상태에서 [선택 영역에서 만들기]를 실행하면 각 열의 첫 번째 셀은 이름 문자로 사용되고, 두 번째 셀부터 마지막 셀까지는 이름의 범위로 적용됩니다.

02 정의된 이름 확인하기 정의된 이름은 [이름 상자]의 목록 단추를 클릭하여 확인할 수 있습니다.

실력향상 정의된 이름은 [수식] 탭-[정의된 이름] 그룹-[이름 관리자]에서도 확인할 수 있습니다.

03 구분별 합계와 평균 계산하기

❶ [집계표] 시트를 클릭합니다. 구분별로 합계를 구할 때는 SUM 함수를 사용하여 =SUM(기본급), =SUM(직책수당) 등으로 수식을 입력할 수 있는데, 이 경우에는 이름 정의한 셀 범위가 고정되어 있어 수식을 복사할 수 없습니다. [C5] 셀에 수식을 한 번만 입력한 후 [C11] 셀까지 복사하여 계산할 수 있도록 SUM과 INDIRECT 함수를 중첩해보겠습니다. ❷ [C5] 셀에 **=SUM(INDIRECT(B5))**를 입력하고 Enter 를 누릅니다. INDIRECT 함수에 의해서 [B5] 셀에 입력된 문자가 이름으로 사용되어 =SUM(기본급) 수식이 계산됩니다. ❸ [D5] 셀에 **=AVERAGE(INDIRECT(B5))**를 입력하고 Enter 를 누릅니다.

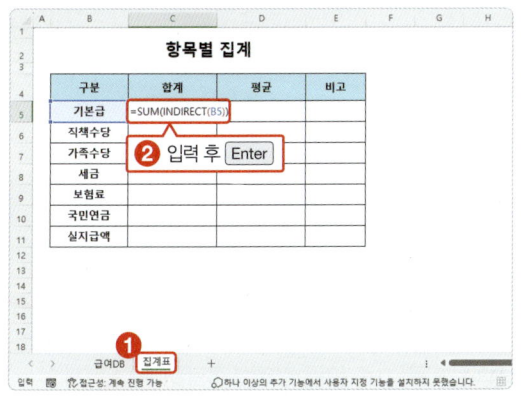 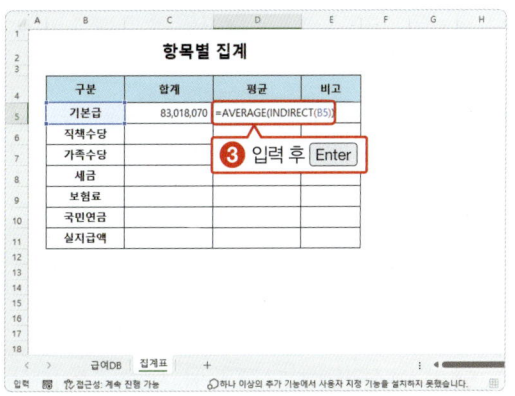

실력향상 INDIRECT 함수는 문자열 형태로 지정된 셀 주소나 이름을 실제 셀 주소나 이름으로 만듭니다.

INDIRECT(문자열, 참조 유형)
- **문자열** : 셀 주소 또는 이름 형태의 문자열, "A"&1이 입력되면 [A1] 셀로 인식합니다. B5가 입력되면 [B5] 셀에 입력되어 있는 문자를 셀 주소나 이름으로 사용하게 됩니다.
- **참조 유형** : 논리 값으로 TRUE로 지정하거나 생략하면 A1 스타일로, FALSE로 지정하면 R1C1 스타일로 참조합니다. R1C1 스타일은 행과 열의 이름을 모두 숫자로 표시하는 것을 의미합니다.

04

❶ [C5:D5] 셀 범위를 지정하고 ❷ 채우기 핸들을 더블클릭하여 수식을 복사합니다. 정의된 이름으로 항목별 집계가 계산되었습니다.

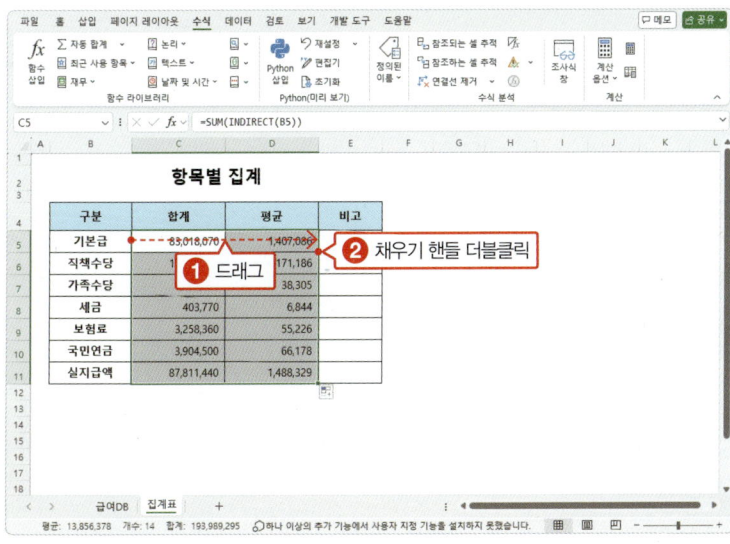

비법 Note 이름을 정의하는 또 다른 방법과 이름 관리자 알아보기

이름 문자 규칙

- 이름의 첫 글자는 반드시 문자(가나다, ABC 등)로 시작해야 하며 문자 뒤에는 숫자를 사용할 수 있습니다.
- 특수 문자와 공백은 사용할 수 없으며 언더 바(_)는 사용할 수 있습니다.

이름 정의하는 다른 방법

❶ 이름을 정의할 셀이나 셀 범위를 지정하고 ❷ [이름 상자]에 정의할 이름을 직접 입력한 후 Enter 를 누릅니다.

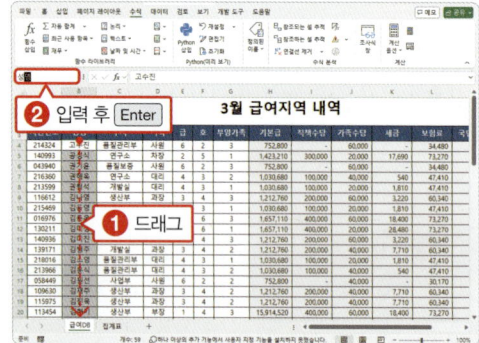

❶ 이름을 정의할 셀이나 셀 범위를 지정하고 ❷ [수식] 탭-[정의된 이름] 그룹-[이름 정의]를 클릭합니다. ❸ [새 이름] 대화상자가 나타나면 [이름]에 정의할 이름을 입력하고 ❹ [확인]을 클릭합니다.

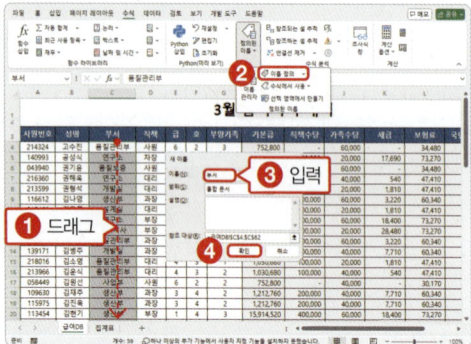

이름을 수정하고 삭제하는 방법

정의된 이름을 편집하거나 삭제할 때는 [수식] 탭-[정의된 이름] 그룹-[이름 관리자]를 클릭하면 나타나는 [이름 관리자] 대화상자에서 진행합니다.

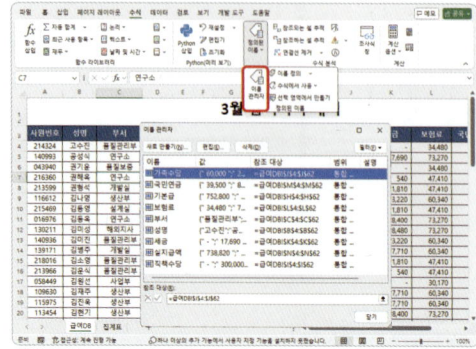

03 혼합 참조로 여러 범위의 비율 동시에 구하기

실습 파일 CHAPTER03\03_주택보급통계.xlsx | 완성 파일 CHAPTER03\03_주택보급통계(완성).xlsx

혼합 참조 셀 주소는 열을 고정하거나 행을 고정하는 방식으로 $A1 또는 A$1로 사용합니다. 수식을 행 방향, 열 방향으로 모두 복사해야 할 때 주로 사용하며, 셀 주소에서 $ 기호가 붙은 부분은 수식을 복사해도 변경되지 않습니다.

미리보기

주택 보급 통계

1. 보금자리 주택 보급현황

구분	서울강남	서울서초	고양원흥	하남미사	계
배정물량	102	65	187	695	1,049
비율	10%	6%	18%	66%	100%
신청물량	102	63	136	576	877
비율	12%	7%	16%	66%	100%

2. 수요자 맞춤형 주거지원사업

구 분		수도권			지방		
		1순위	2순위	계	1순위	2순위	계
청년층 지원	수(개)	19,132	18,483	37,615	9,425	88,323	97,748
	비율(%)	9%	62%	16%	30%	88%	74%
신혼부부 지원	수(개)	79,438	8,355	87,793	12,830	9,664	22,494
	비율(%)	38%	28%	37%	40%	10%	17%
고령자 지원	수(개)	95,991	2,258	98,249	4,809	1,192	6,001
	비율(%)	46%	8%	41%	15%	1%	5%
취약계층 지원	수(개)	13,791	694	14,485	4,761	1,261	6,022
	비율(%)	7%	2%	6%	15%	1%	5%
계	수(개)	208,352	29,790	238,142	31,825	100,440	132,265
	비율(%)	100%	100%	100%	100%	100%	100%

회사에서 바로 통하는 키워드

혼합 참조, 이동 옵션, F4, Ctrl + Enter

한눈에 보는 작업 순서

1. 혼합 참조로 비율 계산하기 → 2. 이동 옵션으로 범위 지정하기 → 3. 혼합 참조 수식 동시 입력하기

01 혼합 참조로 비율 계산하기

첫 번째 표에서는 전체 물량 대비 각 지역의 배정물량 비율을 8행과 10행에 각각 구해야 합니다. 절대 참조를 사용하면 비율 수식을 두 번 입력해야 하지만 혼합 참조를 사용하면 한 번만 입력해도 구할 수 있습니다. ❶ [C8:G8] 셀 범위를 지정하고 ❷ Ctrl 을 누른 상태에서 [C10:G10] 셀 범위를 지정합니다. ❸ =C9/$G9를 입력하고 Ctrl + Enter 를 누릅니다.

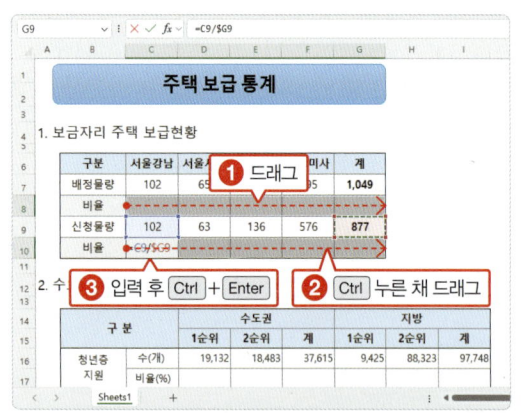 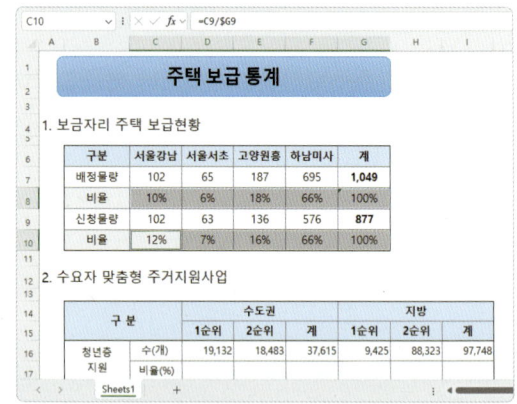

실력향상 셀 범위가 지정된 상태에서 활성화된 셀이 [C10] 셀이므로 [C10] 셀에 비율 수식을 입력합니다.

시간단축 $G9는 열을 고정하는 혼합 참조로 F4 를 세 번 눌러서 지정합니다. Ctrl + Enter 를 누르면 범위가 지정된 셀에 동시에 수식이 입력되며 수식을 복사하는 것처럼 상대 참조와 혼합 참조가 반영됩니다.

02 이동 옵션으로 범위 지정하기

두 번째 표는 비율을 구해야 할 영역이 다섯 개이므로 이동 옵션을 이용하여 범위를 지정해보겠습니다. ❶ [D16:I25] 셀 범위를 지정하고 ❷ [홈] 탭–[편집] 그룹–[찾기 및 선택]을 클릭한 후 ❸ [이동 옵션]을 클릭합니다. ❹ [이동 옵션] 대화상자에서 [빈 셀]을 선택하고 ❺ [확인]을 클릭합니다.

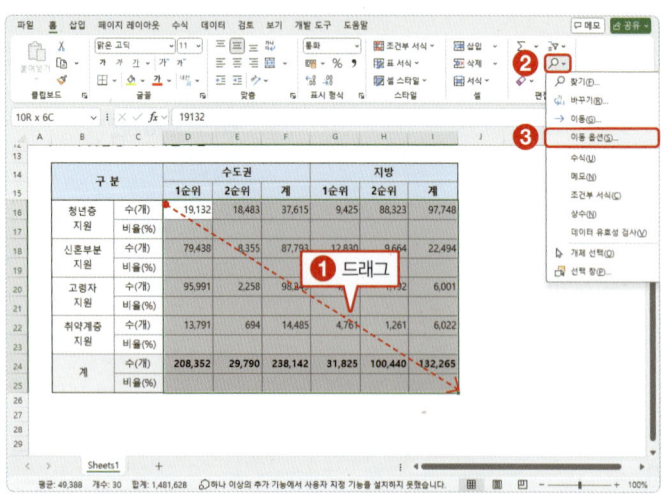 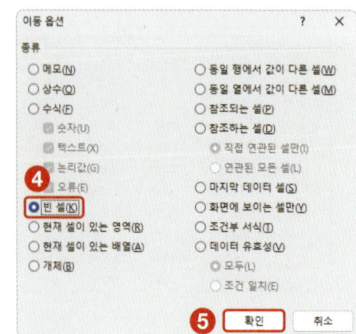

03 비율이 입력될 셀만 지정되었습니다. **=D16/D$24**를 입력하고 Ctrl + Enter 를 누릅니다. 이동 옵션으로 범위를 지정하면 [D17] 셀이 활성화되므로 [D17] 셀에 비율 수식을 입력합니다. D$24는 행을 고정하는 혼합 참조로 F4 를 두 번 눌러서 지정합니다.

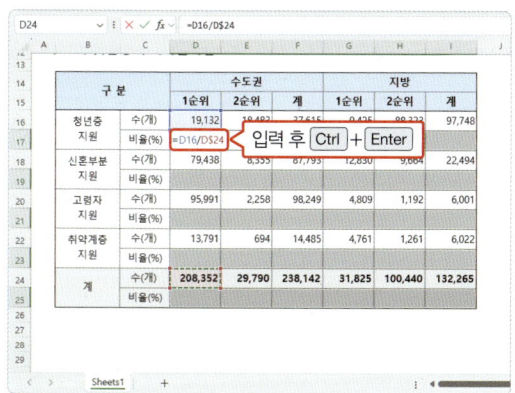
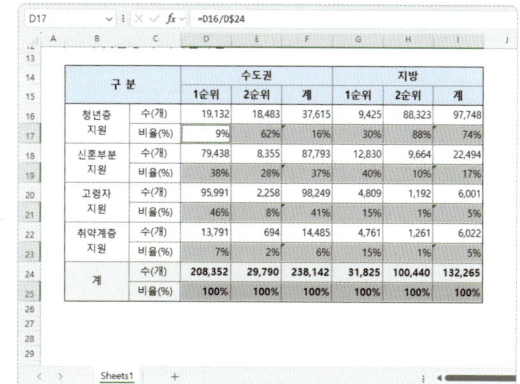

비법 Note — 수식 오류의 종류와 해결 방법

수식을 입력할 때 오류 표시가 나타나는 경우가 있습니다. 오류 표시별로 의미를 이해하면 원인도 쉽게 찾을 수 있습니다.

오류 표시	오류 원인과 해결 방법
#DIV/0!	나눗셈에서 어떤 값을 0으로 나눌 때 나타나는 오류입니다. 나누는 값이 0이거나 빈 셀이므로 0이 아닌 값으로 바꿉니다.
#NAME?	주로 함수 이름을 잘못 입력하거나 정의하지 않은 이름을 사용할 경우 표시되는 오류입니다. 정의된 이름이나 함수에 오타를 확인합니다.
#REF!	참조된 셀이 없을 때 나타나는 오류입니다. 수식에 참조된 셀이 삭제되지는 않았는지 확인합니다.
#VALUE!	값이 잘못되었다는 오류입니다. 연산이나 함수의 인수로 사용된 값이 잘못되었는지 확인합니다.
#N/A	사용할 수 없는 값을 참조했을 때 나타나는 오류입니다. 수식에서 참조된 셀의 값이 맞는지 확인합니다.
#NUM!	숫자를 잘못 사용했을 때 나타나는 오류입니다. 인수에 사용된 숫자가 올바르게 입력되었는지 확인합니다.
#NULL!	존재하지 않는 값을 사용했을 때 나타나는 오류입니다. 교차되지 않은 셀 범위를 지정했는지 확인합니다.
######	셀에 입력된 숫자 데이터에 비해 열 너비가 좁을 경우 나타납니다. 열 너비를 넓혀줍니다. 표시 형식을 적용했을 때 표시할 수 있는 데이터 유형일 경우에도 이러한 오류가 발생합니다. 이때는 표시 형식을 일반으로 변경합니다.

소계와 합계를 한 번에 구하고 결과 복사하기

실습 파일 CHAPTER03\04_사업비내역.xlsx | 완성 파일 CHAPTER03\04_사업비내역(완성).xlsx

집계표를 작성할 때 그룹별 소계를 계산한 뒤 이를 합산하여 전체 총계를 구하는 경우가 많습니다. 하나의 표에서 소계와 총계를 구할 때 이동 옵션으로 셀 범위를 지정하고 합계 도구를 이용하면 빠르게 소계와 총계를 구할 수 있습니다.

미리보기

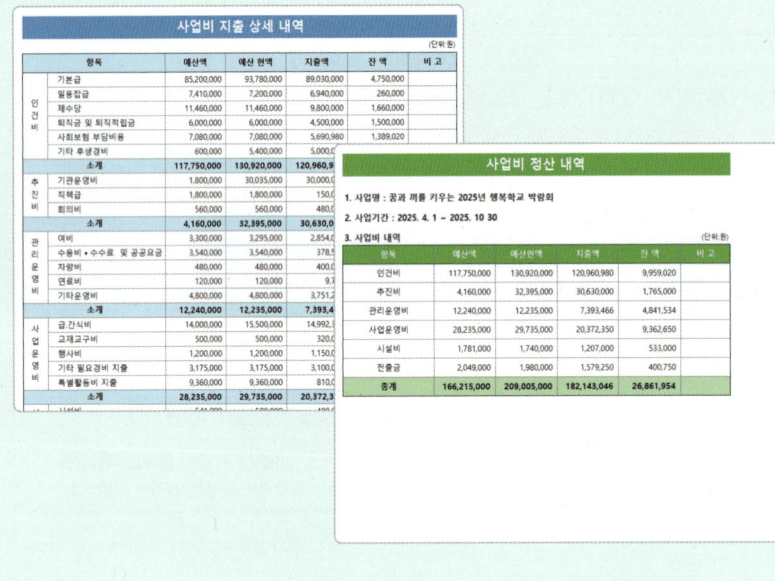

회사에서 바로 통하는 키워드

소계와 총계, 자동 합계, 연결하여 붙여넣기

한눈에 보는 작업 순서

1. 소계가 입력될 셀만 지정하기
2. 자동 합계로 소계와 총계 구하기
3. 소계와 총계만 복사하기
4. 연결하여 수식으로 붙여넣기

01 소계가 입력될 셀만 지정하기
[지출내역] 시트에서 여섯 개의 소계를 한 번에 계산해보겠습니다. ❶ [D5:G36] 셀 범위를 지정하고 ❷ [홈] 탭–[편집] 그룹–[찾기 및 선택]을 클릭한 후 ❸ [이동 옵션]을 클릭합니다. ❹ [이동 옵션] 대화상자에서 [빈 셀]을 선택하고 ❺ [확인]을 클릭합니다.

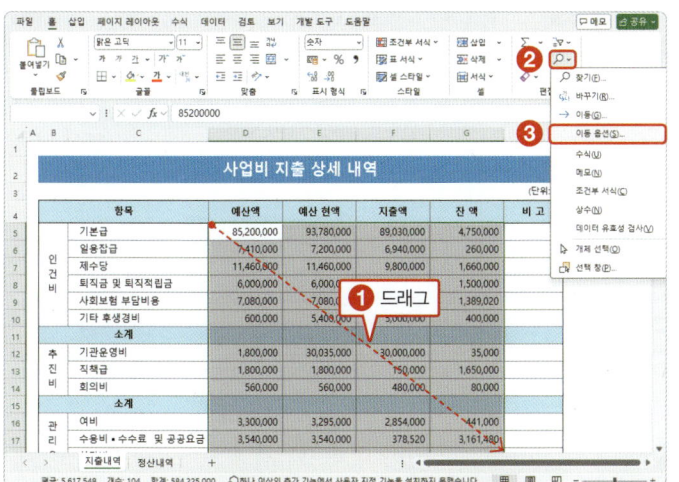
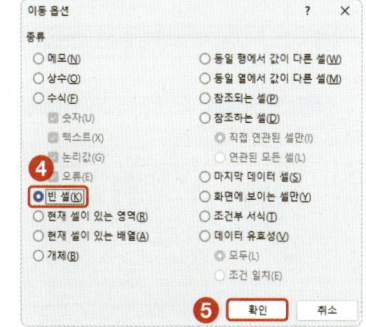

02 자동 합계로 소계와 총계 구하기
[홈] 탭–[편집] 그룹–[합계]를 클릭합니다. 여섯 개의 소계가 구해집니다.

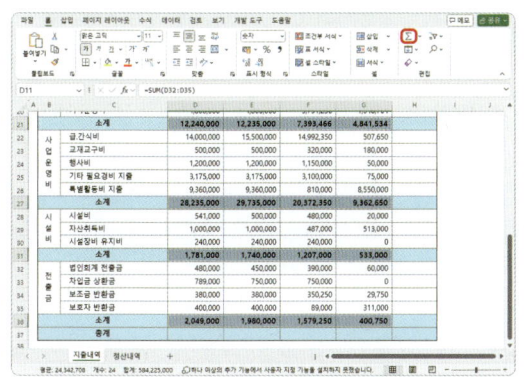

실력향상 [합계] 명령은 셀 범위에 숫자가 연속적으로 입력되어 있고 마지막 행이 빈 행이면 범위의 마지막 행에 자동으로 합계를 표시합니다. 또한, 같은 열에서 SUM으로 계산된 수식이 있을 때는 그 계산 결과만 다시 합계를 구해줍니다. 단, 같은 열에 숫자 데이터가 연속적으로 있어야 합니다.

03
❶ [D37:G37] 셀 범위를 지정하고 ❷ [홈] 탭–[편집] 그룹–[합계]를 클릭합니다. ❸ 소계들만 더하여 총계가 구해집니다.

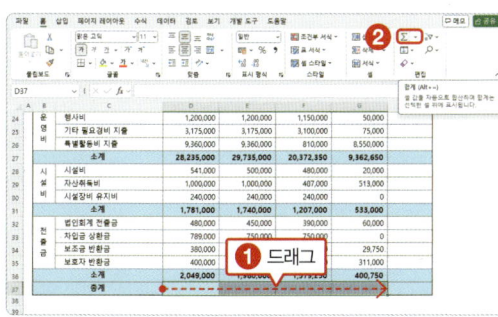
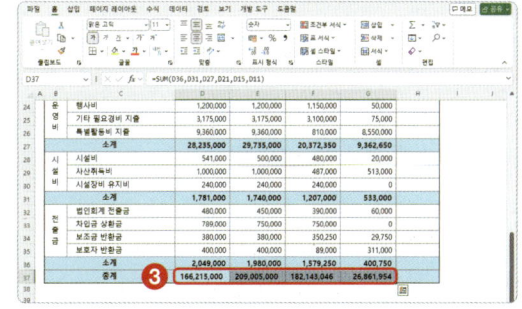

04 소계와 총계만 복사하기
[지출내역] 시트의 소계와 합계만 복사하여 [정산내역] 시트로 붙여 넣어 보겠습니다. ❶ [D5:G37] 셀 범위를 지정하고 ❷ [홈] 탭–[편집] 그룹–[찾기 및 선택]을 클릭한 후 ❸ [수식]을 클릭합니다. 소계와 총계만 지정되었습니다. ❹ Ctrl + C 를 눌러 복사합니다.

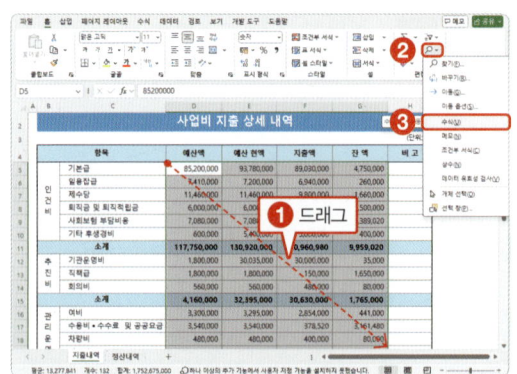 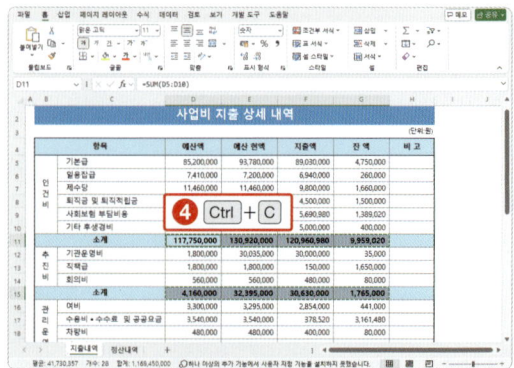

05 연결하여 수식으로 붙여넣기
❶ [정산내역] 시트를 클릭하고 ❷ [C10] 셀에서 마우스 오른쪽 버튼을 클릭한 후 ❸ [붙여넣기 옵션]–[연결하여 붙여넣기]를 선택합니다. ❹ 수식으로 연결되어 소계와 총계만 복사되었습니다.

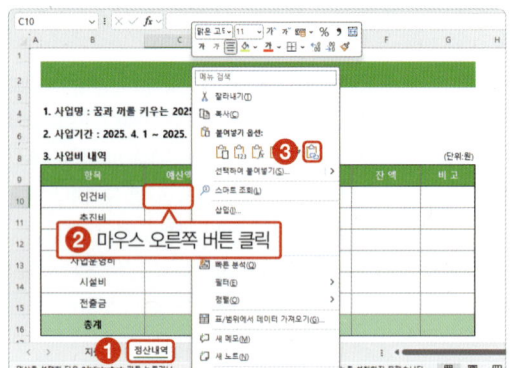 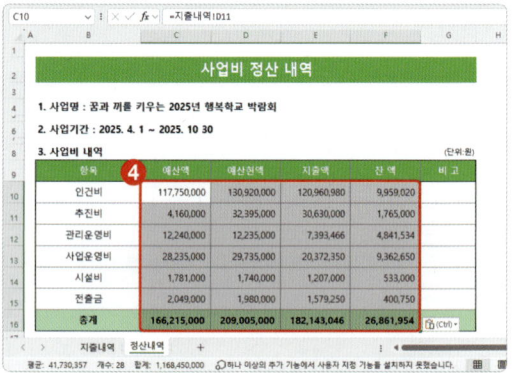

실력향상 [연결하여 붙여넣기]로 복사하면 **=시트명!셀주소**의 수식이 입력되므로 원본 데이터가 바뀌었을 때 자동으로 값이 변경됩니다. [선택하여 붙여넣기] 대화상자에서 [연결하여 붙여넣기]를 클릭해도 됩니다. [선택하여 붙여넣기] 대화상자를 표시하는 단축키는 Ctrl + Alt + V 입니다.

조건부 서식으로 제출한 서류 목록 아이콘으로 시각화하기

실습 파일 CHAPTER03\05_서류제출목록.xlsx | 완성 파일 CHAPTER03\05_서류제출목록(완성).xlsx

신입사원 입사 서류 제출 현황을 관리하는 표에서 셀에 '0'이라는 값만 입력될 수 있도록 데이터 유효성 검사를 설정하겠습니다. 또한, 입력된 '0'이 단순히 숫자로 표시되지 않고 좀 더 시각적으로 확인할 수 있도록 조건부 서식을 적용하여 '0'이 체크 아이콘으로 표시되도록 설정해보겠습니다.

미리보기

회사에서 바로 통하는 키워드

데이터 유효성 검사, 목록, 조건부 서식, 아이콘 표시

한눈에 보는 작업 순서

1. 데이터 유효성 검사 설정하기
2. 체크 아이콘으로 표시되도록 조건부 서식 설정하기

01 데이터 유효성 검사 설정하기

❶ [D4:I30] 셀 범위를 지정하고 ❷ [데이터] 탭–[데이터 도구] 그룹–[데이터 유효성 검사]를 클릭합니다. ❸ [데이터 유효성] 대화상자의 [설정] 탭에서 [제한 대상]에는 [정수]를 선택하고 ❹ [제한 방법]에는 [=]을 선택합니다. ❺ [값]에는 **0**을 입력합니다.

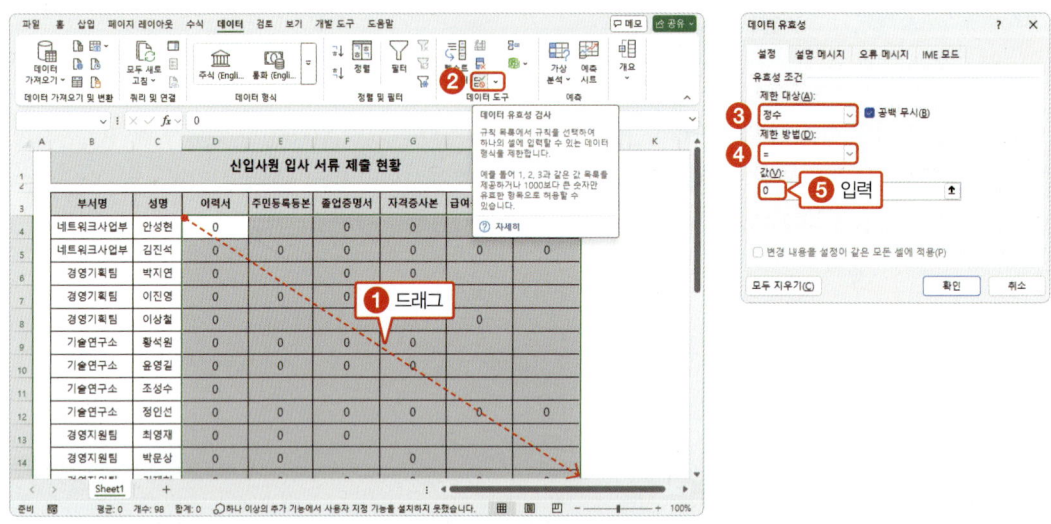

실력향상 유효성 검사를 사용하면 셀에 잘못된 데이터가 입력되는 것을 방지할 수 있습니다. 다음 단계에서 셀 데이터가 0일 때 체크 아이콘으로 표시하는 조건부 서식을 설정하기 위해 입력 가능한 값을 0으로 제한합니다.

02

❶ [오류 메시지] 탭을 클릭하고 ❷ [오류 메시지]에 **숫자 0만 입력 가능합니다.**를 입력한 후 ❸ [확인]을 클릭합니다. ❹ [E4] 셀에 0이 아닌 숫자나 텍스트를 입력한 후 Enter 를 누릅니다. ❺ 오류 메시지가 화면에 나타납니다.

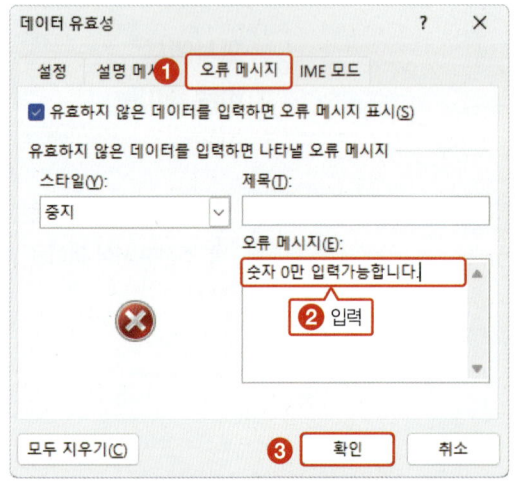
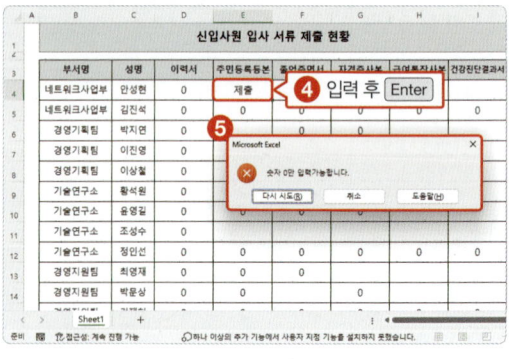

03 체크 아이콘 조건부 서식 설정하기 ❶ [D4:I30] 셀 범위를 지정하고 ❷ [홈] 탭-[스타일] 그룹-[조건부 서식]을 클릭한 후 ❸ [아이콘 집합]-[기타 규칙]을 클릭합니다. ❹ [새 서식 규칙] 대화상자의 [아이콘 스타일]에는 [3가지 기호(원 없음)]을 선택하고 ❺ [아이콘만 표시]에 체크합니다. ❻ [아이콘]에서 첫 번째 조건은 [√]가 선택된 상태로 두고 두세 번째 아이콘은 [셀 아이콘 없음]을 선택합니다. ❼ [값]에는 모두 0을 입력하고 ❽ [종류]는 [숫자]로 변경한 후 ❾ [확인]을 클릭합니다.

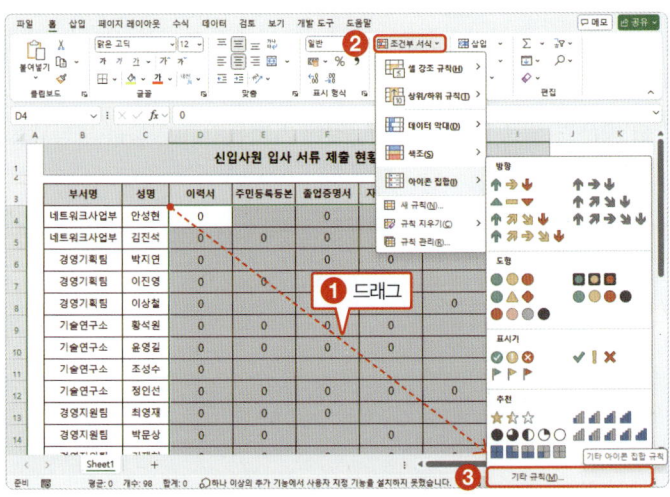
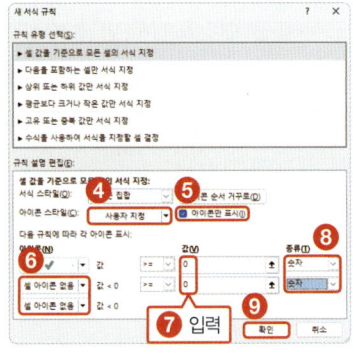

실력향상 [아이콘만 표시]에 체크하면 셀에 입력된 숫자가 표시되지 않고 조건부 서식 아이콘만 표시됩니다. 셀에 입력되는 데이터는 0으로 한 종류이므로 조건부 서식의 첫 번째 아이콘만 설정하면 됩니다.

04 0이 입력되어 있던 셀에 아이콘이 표시됩니다.

실력향상 조건부 서식이 설정된 셀에 다시 [셀 강조 규칙]이나 [새 규칙]을 선택하면 중복으로 설정됩니다. 이미 설정된 조건부 서식을 변경하거나 삭제할 때는 [조건부 서식]-[규칙 관리]를 클릭합니다. 한 셀이나 동일한 범위에 두 개 이상 지정된 조건부 서식 중 한 개만 삭제할 때는 [규칙 관리]를 이용하고, 모두 삭제할 때는 [규칙 지우기]를 클릭합니다.

06 날짜 기한이 지나거나 다가오면 채우기 색으로 강조하기

실습 파일 CHAPTER03\06_도서대출현황.xlsx | **완성 파일** CHAPTER03\06_도서대출현황(완성).xlsx

도서 대출 현황표에서 반납 예정일에 따라 데이터를 시각적으로 구분할 수 있도록 조건부 서식을 설정해보겠습니다. 반납 예정일이 지났다면 해당 도서의 행 데이터에 주황색 채우기 색을 표시하고, 반납 예정일이 3일 이내로 다가온 경우 노란색 채우기 색을 적용하여 반납일이 가까워지고 있음을 나타내도록 해보겠습니다.

미리보기

도서 대출 현황

기준날짜	2025-05-10

번호	도서명	저자	출판사	등록번호	대출날짜	반납예정일
1	가위손 사장님	진수경	천개의바람	KA155516	2025-04-28	2025-05-25
2	가장 빨리 내다보는 미래 핵심 이슈와 투자 전략	백영찬	한스미디어	KA156525	2025-05-05	2025-05-25
3	가장 아름다운 반려 식물 안내서	홀랜드, 마이클	너머학교	KA155840	2025-05-03	2025-06-15
4	간 떨어지는 분식집	박현숙	아울북	KA155515	2025-04-15	2025-05-07
5	간니닌니 마법의 도서관	지유리	아울북	KA155520	2025-05-06	2025-05-16
6	갈라파고스에서 보물찾기	강경효	MiraeN아이세움	KA155519	2025-04-13	2025-05-12
7	감장바위 깜장바위	윤여림	북멘토	KA154583	2025-05-04	2025-06-16
8	강력한 소설 쓰기 비법!	벨, 제임스 스콧	21세기문화원	KA156237	2025-05-03	2025-05-16
9	강석회 장편소설	강석회	책폴	KA155097	2025-04-23	2025-05-22
10	강아지랑 마음이 통하는 대화법	신현경	크레용하우스	KA155524	2025-04-30	2025-05-09
11	거의 모든 묘사 표현의 영어	최주연	사람in	KA155029	2025-04-26	2025-05-13
12	거짓과 정전	오가와 사토시	비채	KA156037	2025-05-09	2025-05-31
13	건축과 국가 권력 이야기	서윤영	철수와영희	KA156164	2025-05-06	2025-06-05
14	경제야 쉬워져라, 뚝딱!	황근기	개암나무	KA155540	2025-05-07	2025-05-25
15	경찰관 원도가 현장에서 수집한 생애 사전	원도	세미콜론	KA155187	2025-04-18	2025-05-16
16	고양이가 된 고양이	박서진	보랏빛소어린이	KA155542	2025-05-04	2025-05-21
17	고전학자와 함께 둘러보는 신화와 문학의 고향	강대진	도도네	KA156059	2025-04-22	2025-05-15
18	고타 선생과 우주	김울림	문학과지성사	KA155539	2025-04-22	2025-05-16
19	공간에서 바라본 다각형과 다면체	권현직	자음과모음	KA156046	2025-05-10	2025-05-31
20	공동체 의식에 대한 조금 색다른 접근	슈나벨, 울리히	디 이니셔티브	KA155273	2025-04-28	2025-05-13
21	공룡 편의점	이혜원	해와나무	KA155548	2025-05-04	2025-07-04
22	과도한 인공 빛은 위험해요	테레로스 마틴, 안나	바나나북	KA154805	2025-04-14	2025-05-11
23	과학잡학사전 통조림	히라가 쇼조	사람과나무사이	KA156050	2025-04-25	2025-05-14
24	광고의 역사부터 애드테크까지	김재인	그림씨	KA155024	2025-04-14	2025-05-11
25	괴담 잡는 과학 특공대	조인하	산하	KA154592	2025-04-28	2025-05-22
26	괴물의 마음을 들여다보는 하드코어 심리학	야오야오	더페이지	KA155176	2025-05-01	2025-06-18
27	구름에 달 가리운 방금 전까지 인간이었다	미야베 미유키	북스피어	KA155068	2025-04-27	2025-05-19
28	구병모 중편소설	구병모	문학실험실	KA155058	2025-04-18	2025-05-08
29	[illegible]	[illegible]	[illegible]	KA156175	2025-05-06	2025-05-16

회사에서 바로 통하는 키워드

조건부 서식, 수식을 이용하여 서식 설정, 혼합 참조

한눈에 보는 작업 순서

1 → 반납 예정일 3일 이내인 경우 설정하기

2 → 반납 예정일이 지난 경우 설정하기

01 반납 예정일 3일 이내인 경우 설정하기 [G3] 셀의 기준날짜를 기준으로 하여 반납 예정일이 3일 이내로 다가온 경우 노란색으로 채우기를 설정해보겠습니다. ❶ [A6:G474] 셀 범위를 지정하고 ❷ [홈] 탭-[스타일] 그룹-[조건부 서식]을 클릭한 후 ❸ [규칙 관리]를 클릭합니다. ❹ [조건부 서식 규칙 관리자] 대화상자에서 [새 규칙]을 클릭합니다.

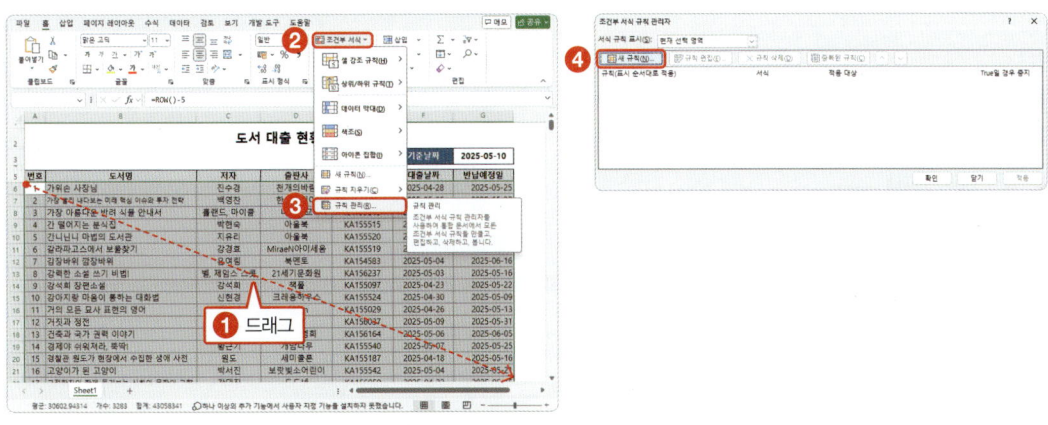

시간단축 같은 셀 범위에 조건부 서식을 두 개 이상 설정해야 하는 경우 [규칙 관리]를 사용하는 것이 편리합니다.

02 ❶ [새 서식 규칙] 대화상자의 [규칙 유형 선택]에서 [수식을 사용하여 서식을 지정할 셀 결정]을 선택하고 ❷ [다음 수식이 참인 값의 서식 지정]에 =$G6-$G$3<=3을 입력합니다. ❸ [서식]을 클릭합니다. ❹ [채우기] 탭을 클릭하고 ❺ [다른 색]을 클릭한 후 ❻ 노란색을 클릭합니다. ❼ [색] 대화상자에서 [확인]을 클릭하고 ❽ [셀 서식] 대화상자에서 [확인]을 클릭합니다.

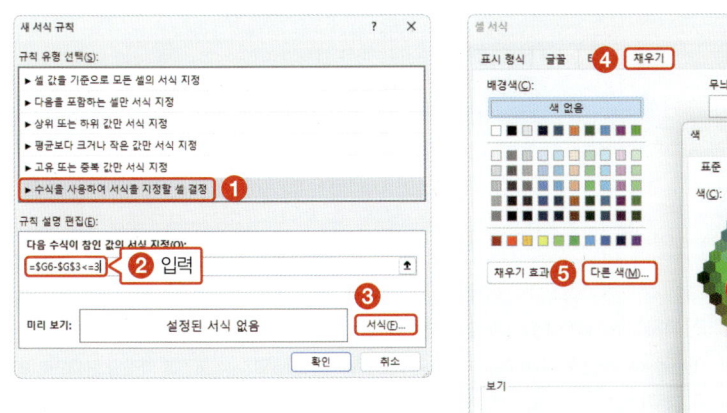

실력향상 조건부 서식에서 수식을 입력할 때 셀을 클릭하면 자동으로 절대 참조로 설정됩니다. 모든 열이 G열의 날짜를 기준으로 비교하도록 F4 를 두 번 눌러 [열 고정 혼합 참조]로 지정합니다.

03 [새 서식 규칙] 대화상자의 [미리 보기]에 설정된 서식이 표시됩니다. [확인]을 클릭합니다.

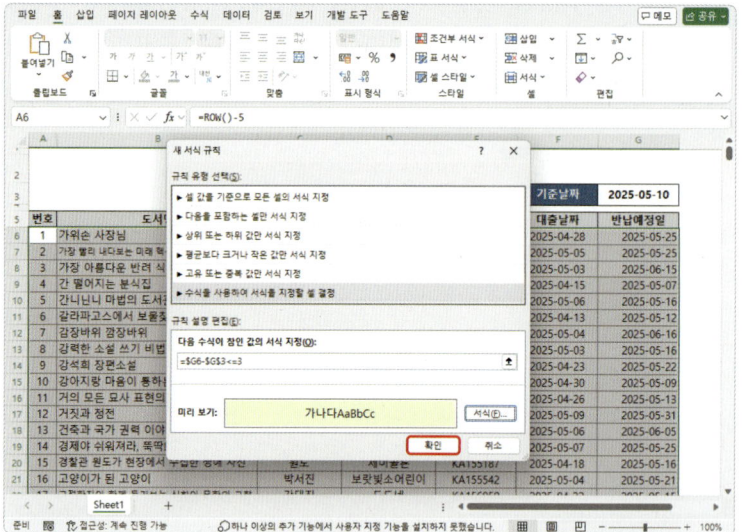

04 반납 예정일이 지난 경우 설정하기 두 번째 조건부 서식으로 반납 예정일이 지난 경우 주황색으로 채우기를 설정해보겠습니다. ❶ [조건부 서식 규칙 관리자] 대화상자에서 [새 규칙]을 클릭합니다. ❷ [새 서식 규칙] 대화상자의 [규칙 유형 선택]에서 [수식을 사용하여 서식을 지정할 셀 결정]을 선택하고 ❸ [다음 수식이 참인 값의 서식 지정]에 **=$G6<$G$3**을 입력합니다. ❹ [서식]을 클릭합니다.

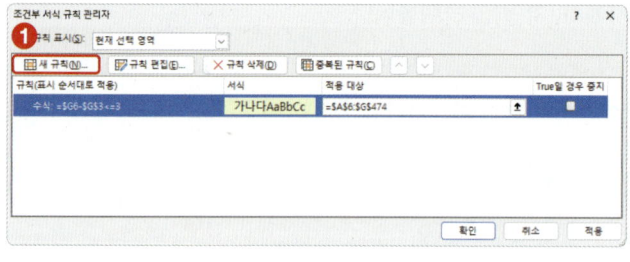
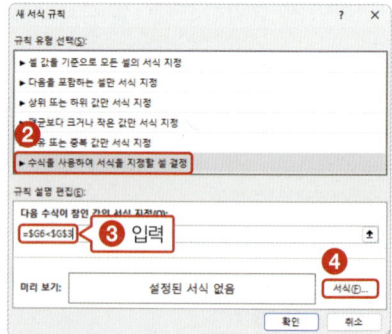

실력향상 조건부 서식을 두 개 이상 설정하면 가장 마지막에 설정한 조건이 우선 적용됩니다. 반납 예정일이 지난 경우의 조건을 먼저 설정하고, 이후 반납 예정일 3일 이내인 경우의 조건을 추가하면, 반납 예정일이 지난 경우도 반납 예정일 3일 이내 조건에 따라 노란색으로 표시됩니다. 만약 설정 순서가 잘못되었을 경우 [조건부 서식 규칙 관리자] 대화상자의 [위로 이동 ∧], [아래로 이동 ∨]을 클릭하여 순서를 변경합니다.

05 ❶ [채우기] 탭에서 [다른 색]을 클릭하고 ❷ 주황색 계열을 선택합니다. ❸ [색] 대화상자에서 [확인]을 클릭하고 ❹ [셀 서식] 대화상자에서 [확인]을 클릭합니다. ❺ [새 서식 규칙] 대화상자의 [미리 보기]에 설정된 서식이 표시됩니다. ❻ [확인]을 클릭합니다.

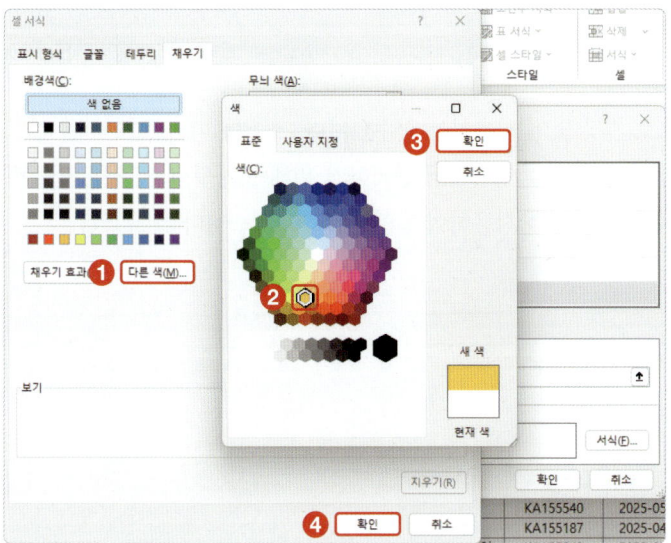

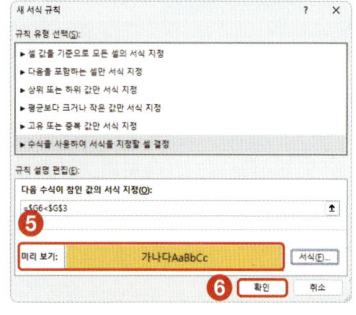

06 조건부 서식이 두 개 설정되었습니다. [조건부 서식 규칙 관리자] 대화상자에서 [확인]을 클릭합니다. 지정된 셀 범위에 조건부 서식이 적용되어 반납 예정일을 기준으로 채우기 색이 표시됩니다.

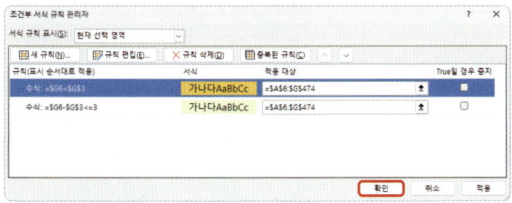

CHAPTER 03 업무에 꼭 필요한 수식과 실무 함수 **169**

IF 함수로 입출금 내역 정리하기

실습 파일 CHAPTER03\07_입출금내역.xlsx | 완성 파일 CHAPTER03\07_입출금내역(완성).xlsx

IF 함수는 엑셀에서 SUM 함수 다음으로 가장 많이 사용하는 함수입니다. 조건에 따라 서로 다른 값을 셀에 표시할 수 있습니다. 입출금 통장거래 내역을 엑셀에서 관리하기 위해 숫자로 되어 있는 입출력 구분을 입금, 출금, 취소로 변경하고 중첩 IF 함수를 사용하여 잔액을 구해보겠습니다.

미리보기

상반기 입출금 내역

거래일자	구분	항목	금액	잔액	비고
		이월잔액		1,300,000	
2025-01-02	입금	현금입금	1,825,000	3,125,000	지성동
2025-01-02	입금	전자금융	1,807,000	4,932,000	312251
2025-01-02	입금	전자금융	8,355,950	13,287,950	815270
2025-01-02	출금	모바일뱅킹	6,025,000	7,262,950	동탄동
2025-01-02	출금	모바일뱅킹	1,189,000	6,073,950	동탄동
2025-01-02	출금	모바일뱅킹	3,025,000	3,048,950	동탄동
2025-01-02	출금	모바일뱅킹	825,000	2,223,950	동탄동
2025-01-05	입금	현금입금	4,025,000	6,248,950	강남
2025-01-05	입금	현금입금	825,000	7,073,950	동탄역
2025-01-05	출금	모바일뱅킹	5,025,000	2,048,950	동탄동
2025-01-05	입금	CD공동입금	325,000	2,373,950	059310
2025-01-05	출금	ATM출금	675,000	1,698,950	대치동
2025-01-08	출금	ATM출금	115,000	1,583,950	대치동
2025-01-08	출금	CMS공동	133,527	1,450,423	인터넷뱅킹
2025-01-09	입금	인터넷뱅킹	455,000	1,905,423	동탄역
2025-01-10	출금	대출이자	54,076	1,851,347	068097
2025-01-12	입금	인터넷뱅킹	1,475,000	3,326,347	대치동
2025-01-12	입금	ATM이체	325,000	3,651,347	대치동
2025-01-12	입금	인터넷뱅킹	1,525,000	5,176,347	대치동
2025-01-12	입금	인터넷뱅킹	75,000	5,251,347	대치동
2025-01-12	출금	ATM출금	125,000	5,126,347	동탄역
2025-01-12	출금	BC출금	679,756	4,446,591	동탄동
2025-01-12	출금	모바일뱅킹	425,600	4,020,991	동탄동
2025-01-12	출금	CMS공동	630,592	3,390,399	인터넷뱅킹

회사에서 바로 통하는 키워드

바꾸기, 중첩 IF

한눈에 보는 작업 순서

1 구분 항목 바꾸기 → 2 IF 함수로 잔액 구하기

01 구분 항목 바꾸기 구분 항목의 숫자를 입금, 출금, 취소로 변경해보겠습니다. ❶ [B6:B473] 셀 범위를 지정하고 ❷ [홈] 탭–[편집] 그룹–[찾기 및 선택]을 클릭한 후 ❸ [바꾸기]를 클릭합니다. ❹ [찾기 및 바꾸기] 대화상자에서 [찾을 내용]에 **1**, [바꿀 내용]에 **입금**을 입력합니다. ❺ [모두 바꾸기]를 클릭하고 ❻ 바꾼 개수를 보여주는 메시지 창이 나타나면 [확인]을 클릭합니다.

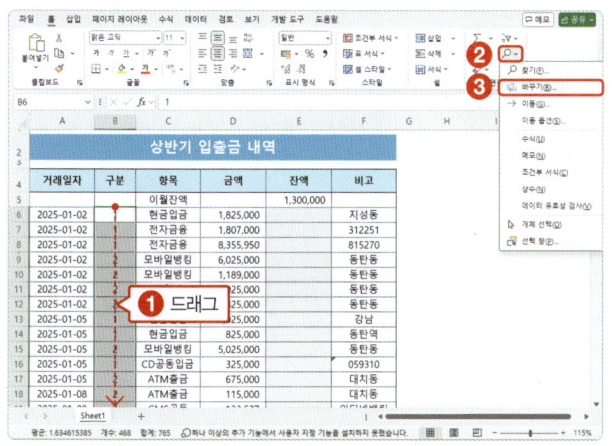
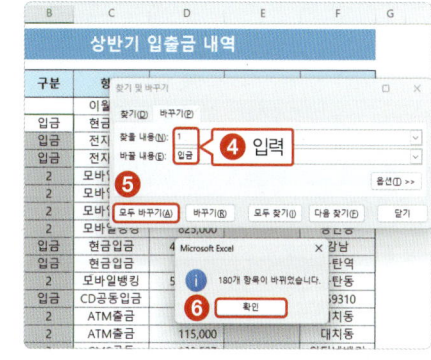

실력향상 셀 범위를 지정하지 않고 바꾸기를 진행하면 현재 시트 전체 범위에서 바꾸기가 실행됩니다. 바꾸기를 실행할 셀 범위를 먼저 지정해줍니다.

시간단축 [B6] 셀을 클릭하고 Ctrl + Shift + ↓ 를 누르면 빠르게 셀 범위를 지정할 수 있습니다.

02 ❶ 같은 방법으로 [찾을 내용]에 **2**, 바꿀 내용에 **출금**을 입력하고 ❷ [모두 바꾸기]를 클릭합니다. ❸ 바꾼 개수를 보여주는 메시지 창이 나타나면 [확인]을 클릭합니다. ❹ 이번에는 [찾을 내용]에 **3**, [바꿀 내용]에 **취소**를 입력하고 ❺ [모두 바꾸기]를 클릭합니다. ❻ 바꾼 개수를 보여주는 메시지 창이 나타나면 [확인]을 클릭합니다. ❼ [찾기 및 바꾸기] 대화상자를 닫습니다.

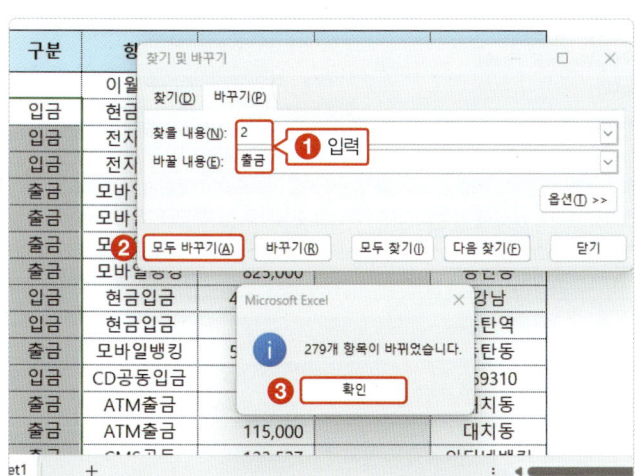
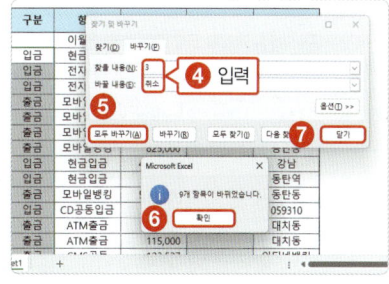

03 IF 함수로 잔액 구하기

C열에 바뀐 입금, 출금, 취소 구분을 기준으로 일자별 잔액을 구해보겠습니다. 잔액은 구분이 '입금'이면 이전 잔액에 금액을 더하고, '출금'이면 이전 잔액에 금액을 빼고, '취소'이면 이전 잔액을 그대로 표시합니다. ❶ [E6] 셀에 **=IF(B6="입금",E5+D6,IF(B6="출금",E5-D6,E5))** 를 입력하고 ❷ [E6] 셀의 채우기 핸들을 더블클릭하여 수식을 복사합니다. 수식을 복사하면서 마지막 셀 [E473] 셀의 테두리가 점선으로 변경됩니다. ❸ 서식은 제외하고 복사하기 위해 [자동 채우기 옵션 🖳] 단추를 클릭하고 ❹ [서식 없이 채우기]를 클릭합니다. E열에 잔액이 모두 계산됩니다.

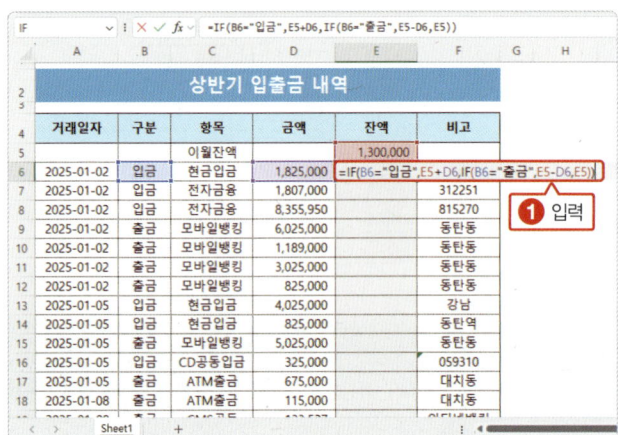

실력향상 [B6] 셀이 '입금'이면 E5+D6 식이 계산되고, [B6] 셀이 '출금'이면 E5-D6 식이 계산됩니다. [B6] 셀이 '입금'과 '출금' 모두에 해당되지 않으면 '취소'에 해당되므로 [E5] 셀 값을 그대로 가져옵니다.

비법 Note IF 함수

IF 함수는 지정한 조건에 맞으면 참(TRUE) 값을, 맞지 않으면 거짓(FALSE) 값을 반환합니다. 참과 거짓에 해당하는 인수는 숫자, 문자, 수식 등 다양하게 지정할 수 있습니다.

함수 형식	= IF(Logical_test,[Value_if_true],[Value_if_false]) = IF(조건식,참일 때 값,거짓일 때 값)
인수	- **Logical_test** : 참과 거짓을 판단할 수 있는 값이나 식으로 비교 연산자(>, <, >=, <=, <>)를 함께 사용합니다. - **Value_if_true** : 조건식의 결과가 참일 때 셀에 입력할 값이나 계산할 수식으로, 생략하면 TRUE가 입력됩니다. - **Value_if_false** : 조건식의 결과가 거짓일 때 셀에 입력할 값이나 계산할 수식으로, 생략하면 FALSE가 입력됩니다.

08 IFERROR 함수로 오류 처리하기

실습 파일 CHAPTER03\08_매출증감률.xlsx | 완성 파일 CHAPTER03\08_매출증감률(완성).xlsx

영업소별 매출 증감률 표에서 증감률을 구하려고 합니다. 증감률 수식은 증감/4월 수식으로 입력해야 하는데 4월 실적이 없는 영업소가 있습니다. 실적이 없는 영업소는 0이 입력되어 있어 수식에서 0으로 나누었을 때 #DIV/0 오류가 표시됩니다. 오류 대신 빈 셀이 표시되도록 IFERROR 함수를 사용해보겠습니다.

미리보기

영업소별 매출 증감률

번호	영업소	4월	5월	증감	증감률
1	강동영업소	26,132,000	28,070,000	1,938,000	7.42%
2	구로영업소	32,821,000	30,976,000	-1,845,000	-5.62%
3	마포영업소	0	41,399,000	41,399,000	
4	사당영업소	32,857,000	32,857,000	0	0.00%
5	서초영업소	22,058,000	30,254,000	8,196,000	37.16%
6	성북영업소	38,495,000	39,321,000	826,000	2.15%
7	송파영업소	0	36,559,000	36,559,000	
8	신촌영업소	27,941,000	31,907,000	3,966,000	14.19%
9	용산영업소	30,231,000	30,516,000	285,000	0.94%
10	종로영업소	44,274,000	35,325,000	-8,949,000	-20.21%
11	중랑영업소	0	34,878,000	34,878,000	
12	영등포영업소	33,466,800	35,088,836	1,622,036	4.85%
13	관악영업소	34,695,400	34,695,400	0	0.00%
14	강북영업소	0	35,510,509	35,510,509	
15	금천영업소	37,152,600	35,721,345	-1,431,255	-3.85%
16	동작영업소	38,381,200	35,932,182	-2,449,018	-6.38%

회사에서 바로 통하는 키워드

IFERROR

한눈에 보는 작업 순서

1 IFERROR 함수로 오류 없는 증감률 구하기 → 2 표시 형식 설정하기

01 IFERROR 함수로 오류 없는 증감률 구하기 F열의 증감과 D열의 4월 데이터를 나누었을 때 오류가 발생하지 않도록 IFERROR 함수를 사용해보겠습니다. [G4] 셀에 **=IFERROR(F4/D4,"")**를 입력하고 Enter 를 누릅니다.

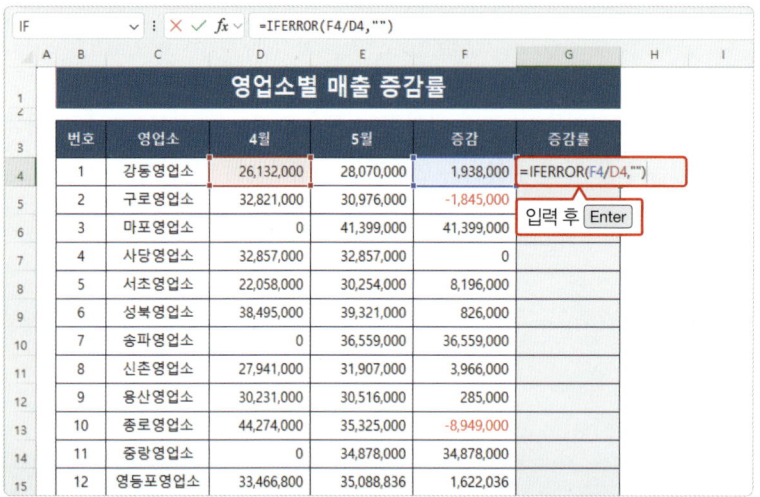

02 표시 형식 설정하기 ❶ [G4] 셀을 클릭하고 ❷ [홈] 탭-[표시 형식] 그룹-[백분율]을 클릭합니다. ❸ [자릿수 늘림]을 두 번 클릭해서 소수점 둘째 자리까지 값을 표시합니다. ❹ [G4] 셀의 채우기 핸들을 더블클릭하여 수식을 복사합니다. 4월에 값이 없는 영업소는 #DIV/0가 나타나지 않고 빈 셀로 대체되었습니다.

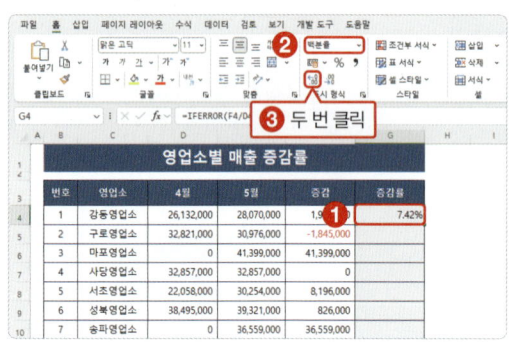 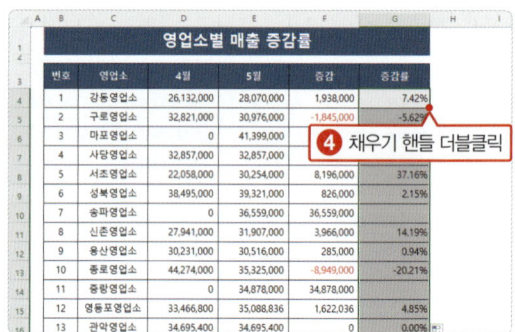

비법 Note **IFERROR 함수**

수식을 사용하다 보면 #Value!, #N/A, #DIV/0 등과 같은 오류가 나타날 때가 있습니다. 이때는 IFERROR 함수를 사용하여 오류가 없을 때는 수식의 결과를 표시하고, 오류가 발생하면 다른 값으로 대체할 수 있습니다.

함수 형식	=IFERROR(Value,Value_if_error) =IFERROR(오류를 검사할 수식,오류가 발생했을 때 대체할 값)
인수	- **Value** : 오류가 발생했는지 확인하는 수식으로 오류가 없을 때는 셀에 이 수식의 결과가 표시됩니다. - **Value_if_error** : Value 인수의 결과가 오류일 때 대체해서 셀에 입력할 값이나 계산할 수식입니다.

비법 Note 오류를 확인해주는 ISERROR 정보 함수

IS로 시작되는 정보 함수는 주로 IF 함수와 같이 사용되며 셀 값이나 수식 결과의 오류를 검사합니다. 오류가 발생하면 참인 값을 반환하고 오류가 발생하지 않으면 거짓 값을 반환합니다. 이러한 정보 함수에는 ISBLANK, ISERR, ISNA, ISERROR, ISEVEN, ISFORMULA, ISODD, ISLOGICAL, ISNUMNER, ISNOTEXT, ISTEXT, ISREF가 있습니다. 이 중에서 모든 오류에 대해 검사하는 ISERROR 함수와 빈 셀인지 검사하는 ISBLANK 함수가 많이 사용됩니다.

함수 형식	=ISERROR(Value) =ISERROR(수식)
인수	**Value** : 오류가 있는지 검사할 수식이나 셀 주소입니다.

비법 Note 정보 함수 종류

함수	참을 반환하는 경우
ISBLANK	값이 빈 셀을 참조하는 경우
ISERR	값이 #N/A를 제외한 오류 값을 참조하는 경우
ISERROR	값이 임의의 오류 값(#N/A, #Value!, #REF!, #DIV/0!, #NUM!, #NAME?, #NULL!)을 참조하는 경우
ISEVEN	값이 짝수를 참조하는 경우
ISFORMULA	수식을 포함하는 셀을 참조하는 경우
ISLOGICAL	값이 논리 값을 참조하는 경우
ISNA	값이 #N/A(사용할 수 없는 값) 오류 값을 참조하는 경우
ISNONTEXT	값이 텍스트가 아닌 항목을 참조하는 경우로 이 함수는 값이 빈 셀을 참조하는 경우에 TRUE를 반환
ISNUMBER	값이 숫자를 참조하는 경우
ISODD	값이 홀수를 참조하는 경우
ISREF	값이 참조를 참조하는 경우
ISTEXT	값이 텍스트를 참조하는 경우

09 COUNTIF와 COUNTIFS 함수로 그룹별 개수 구하기

실습 파일 CHAPTER03\09_분류별구매요약.xlsx | 완성 파일 CHAPTER03\09_분류별구매요약(완성).xlsx

조건에 만족하는 셀 개수를 구할 때 COUNTIF와 COUNTIFS 함수를 사용합니다. 고객별 구매금액 집계표에서 COUNTIF 함수를 이용하여 거주지별로 고객 인원수를 구하고, COUNTIFS 함수를 이용하여 거주지와 고객 구분별로 각각 인원수가 몇 명인지 구해보겠습니다.

미리보기

4월 고객별 구입금액 내역

이름	고객구분	거주지	구입금액
양기용	비회원	인천	369,900
오청미	회원	서울	312,700
김민수	회원	인천	69,300
박영환	비회원	인천	111,000
홍성옥	회원	인천	80,900
배준형	비회원	부산	446,400
조상흠	회원	부산	493,800
김태희	회원	부산	375,900
박정환	회원	대구	397,100
윤정태	비회원	인천	117,700
유미선	회원	서울	271,400
송완호	회원	대구	525,600
김아영	회원	부산	129,100
권병철	비회원	인천	486,900
박현경	비회원	인천	155,600
주세형	비회원	인천	193,300
임주연	회원	부산	297,400
김신재	비회원	부산	492,500
박정일	회원	서울	394,000

1. 거주지별 인원수

거주지	인원수
인천	12
서울	8
부산	14
대구	8
대전	5

2. 고객구분과 거주지별 인원수

거주지	회원	비회원
인천	5	7
서울	6	2
부산	7	7
대구	4	4
대전	2	3

회사에서 바로 통하는 키워드

COUNTIF, COUNTIFS, 선택 영역에서 이름 만들기, 혼합 참조

한눈에 보는 작업 순서

1. 거주지별 인원수 구하기
2. 함수에 사용할 셀 범위 이름 정의하기
3. 고객 구분과 거주지별 인원수 구하기

01 거주지별 인원수 구하기

D열의 거주지 데이터를 이용하여 거주지별 인원수를 COUNTIF 함수로 구해보겠습니다. ❶ [J4] 셀에 **=COUNTIF($D$4:$D$50,I4)**를 입력하고 Enter 를 누릅니다. [D4:D50] 셀 범위에서 [I4] 셀과 같은 데이터의 개수를 구합니다. ❷ [J4] 셀의 채우기 핸들을 더블클릭하여 수식을 복사합니다.

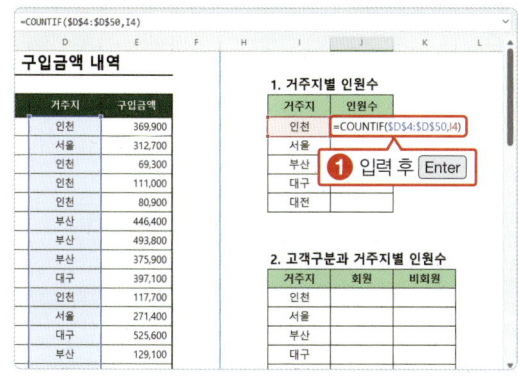 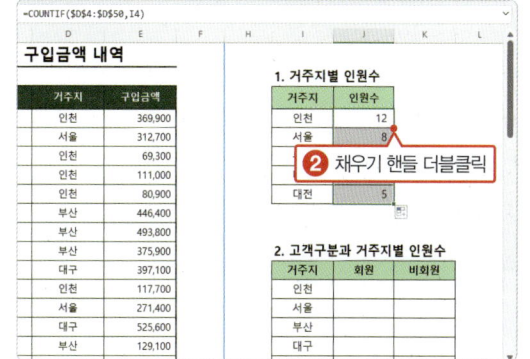

시간단축 함수에서 셀 범위를 입력할 때 단축키를 사용하면 편리합니다. [$D$4:$D$50] 범위를 입력하려면 먼저 [D4] 셀을 클릭하고 Ctrl + Shift + ↓ 를 눌러 범위를 지정한 후 F4 를 눌러 절대 참조로 설정하면 됩니다.

02 함수에 사용할 셀 범위 이름 정의하기

COUNTIFS 함수를 사용하여 고객구분과 거주지별 인원수를 구해보겠습니다. 이 함수에 사용될 [고객구분]과 [거주지] 셀 범위 모두 절대 참조로 사용되므로 이름을 정의하여 함수를 입력해보겠습니다. ❶ [C3:E50] 셀 범위를 지정하고 ❷ [수식] 탭-[정의된 이름] 그룹-[선택 영역에서 만들기]를 클릭합니다. ❸ [선택 영역에서 이름 만들기] 대화상자에서 [첫 행]만 체크하고 ❹ [확인]을 클릭합니다.

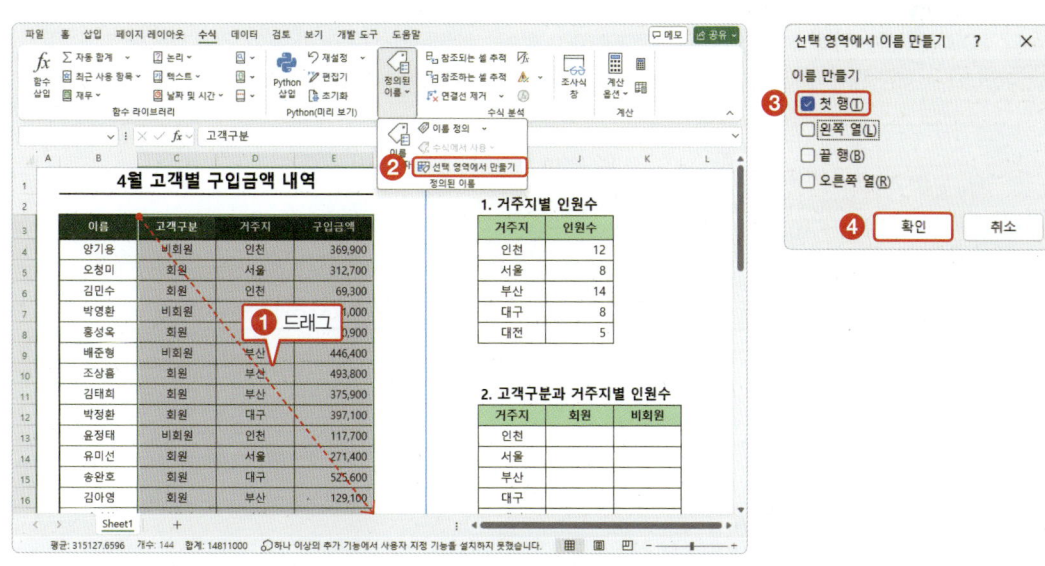

실력향상 셀 범위를 지정한 상태에서 [선택 영역에서 만들기]를 실행하면 각 열의 첫 번째 셀은 이름 문자로 사용되고 두 번째 셀부터 마지막 셀까지는 이름의 범위로 적용됩니다. 정의된 이름은 [이름 상자]의 목록 단추를 클릭하거나 [이름 관리자]에서 확인할 수 있습니다.

03 구분과 거주지별 인원수 구하기

C열의 고객구분과 D열의 거주지 조건을 모두 비교하여 개수를 구해야 하므로 COUNTIFS 함수를 사용합니다. ❶ [J13] 셀에 **=COUNTIFS(거주지,$I13,고객구분,J$12)**를 입력하고 Enter 를 누릅니다. '거주지'로 정의된 셀 범위에서 [I13] 셀과 같고, '고객구분'으로 정의된 셀 범위에서 [J12] 셀과 같은 데이터의 셀 개수를 구합니다. ❷ [J13] 셀의 채우기 핸들을 [K13] 셀까지 드래그합니다. ❸ [J13:K13] 셀 범위가 선택된 상태에서 채우기 핸들을 더블클릭하여 수식을 복사합니다.

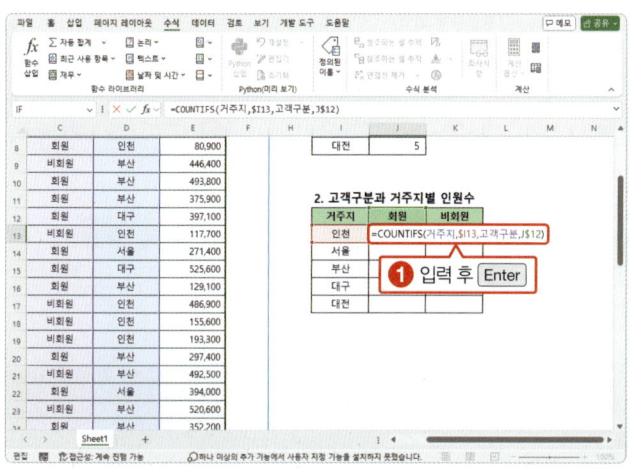
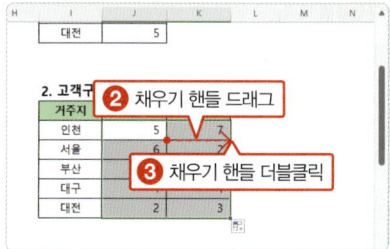

시간단축 수식을 입력하다가 정의해둔 이름이 생각나지 않을 때는 [수식] 탭-[정의된 이름] 그룹-[수식에서 사용]을 클릭합니다. 현재 통합 문서에 정의된 모든 이름이 나타나고 원하는 이름을 클릭하면 수식에 자동으로 입력됩니다.

비법 Note   COUNTIF 함수, COUNTIFS 함수

COUNT 함수 뒤에 조건을 의미하는 IF가 붙은 COUNTIF 함수는 셀 범위에서 한 개 조건에 맞는 셀의 개수를 구합니다. COUNTIF 함수 뒤에 'S(복수형)'가 붙은 COUNTIFS 함수는 셀 범위에서 두 개 이상의 조건에 맞는 셀의 개수를 구합니다.

함수 형식	=COUNTIF(Range,Criteria) =COUNTIF(셀 범위,조건) =COUNTIFS(Criteria_range1,Criteria1,[Criteria_range2],[Criteria2],…) =COUNTIFS(셀 범위1,조건1,셀 범위2,조건2,…)
인수	– **Range** : 조건이 맞는지 비교할 셀 범위입니다. – **Criteria** : 개수를 구할 조건으로 셀 주소, 상수, 비교 연산자를 포함한 조건 등이 입력될 수 있습니다.

10 UNIQUE 함수로 중복 데이터 제외한 개수 구하기

with 챗GPT

실습 파일 CHAPTER03\10_고객별주문집계.xlsx | **완성 파일** CHAPTER03\10_고객별주문집계(완성).xlsx

제품 주문현황 목록에서 고객별 주문 건수와 주문 횟수를 집계하려고 합니다. 주문 건수는 COUNTIF 함수를 사용해 쉽게 계산할 수 있습니다. 주문 횟수는 한 번에 여러 개 제품을 주문한 경우 한 개로 계산하려면 COUNTIF 함수를 사용할 수 없습니다. 이 경우 FILTER 함수로 고객별 데이터를 필터링한 후 UNIQUE 함수를 사용해 고유 목록의 개수를 구합니다. FILTER와 UNIQUE 함수는 엑셀 2021부터 사용할 수 있습니다.

미리보기

회사에서 바로 통하는 키워드

COUNTIF, UNIQUE, FILTER, COUNTA, 고유 개수

한눈에 보는 작업 순서

1. 함수에 사용할 셀 범위 이름 정의하기 → 2. 고유한 고객명 표시하기 → 3. 고객별 주문 건수 구하기 → 4. 중복되는 거래번호 제외하고 개수 구하기

CHAPTER 03 업무에 꼭 필요한 수식과 실무 함수 **179**

01 함수에 사용할 셀 범위 이름 정의하기
함수에 사용될 [거래번호]와 [고객] 셀 범위 모두 절대 참조로 사용되므로 이름을 정의하여 함수를 입력해보겠습니다. ❶ [A4:B485] 셀 범위를 지정하고 ❷ [수식] 탭-[정의된 이름] 그룹-[선택 영역에서 만들기]를 클릭합니다. ❸ [선택 영역에서 이름 만들기] 대화상자에서 [첫 행]만 체크하고 ❹ [확인]을 클릭합니다.

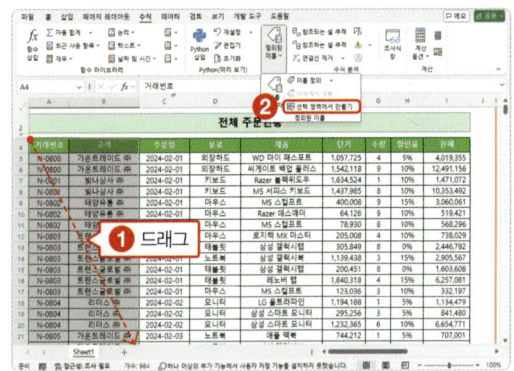
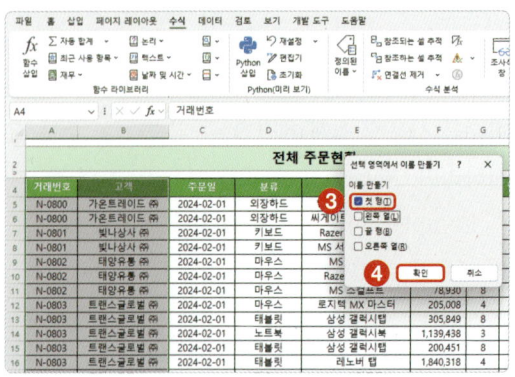

02 고유한 고객명 표시하기
UNIQUE 함수를 이용하여 M열에 고객명을 표시해보겠습니다. [M5] 셀에 **=UNIQUE(고객)**을 입력하고 Enter 를 누릅니다. '고객' 이름으로 정의된 셀 범위에서 중복 데이터를 제거하고 고유한 데이터만 배열로 표시됩니다.

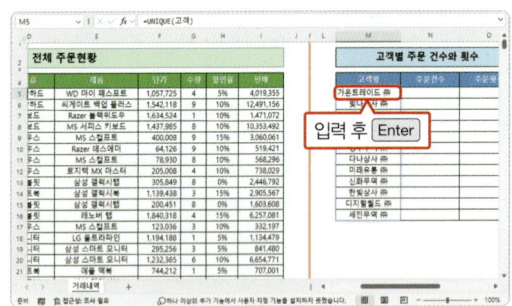

실력향상 UNIQUE 함수는 동적 배열 함수로 결과가 스필(SPILL) 영역에 자동으로 표시됩니다. 수식을 채우기 핸들로 복사할 필요 없이 동적으로 데이터가 업데이트됩니다. 결과는 [M5:M16] 셀 범위에 표시되지만 수식을 수정할 때는 항상 [M5] 셀에서 변경해야 하고, 결과가 들어갈 공간이 부족할 경우 #SPILL! 오류가 표시됩니다.

03 고객별 주문 건수 구하기
B열의 고객 데이터를 이용하여 주문 건수를 COUNTIF 함수로 구해보겠습니다. ❶ [N5] 셀에 **=COUNTIF(고객,M5)**를 입력하고 Enter 를 누릅니다. '고객'으로 정의된 셀 범위에서 [M5] 셀과 같은 데이터의 셀 개수를 구합니다. ❷ [N5] 셀의 채우기 핸들을 더블클릭하여 수식을 복사합니다.

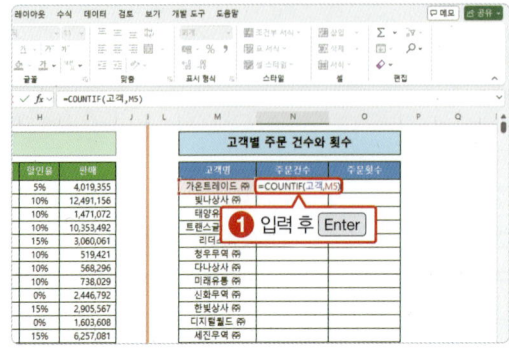
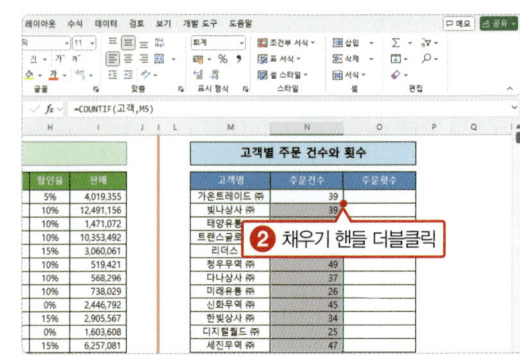

04 중복되는 거래번호 제외하고 개수 구하기 고객별 거래번호에서 중복되는 데이터를 제외하고 고유한 데이터 개수를 FILTER, UNIQUE, COUNTA 함수로 구해보겠습니다. ❶ [O5] 셀에 =COUNTA(UNIQUE(FILTER(거래번호,고객=M5)))를 입력하고 Enter 를 누릅니다. ❷ [O5] 셀의 채우기 핸들을 더블클릭하여 수식을 복사합니다.

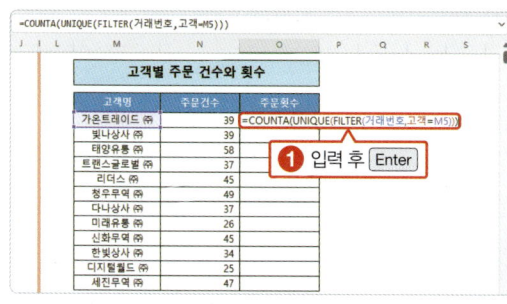
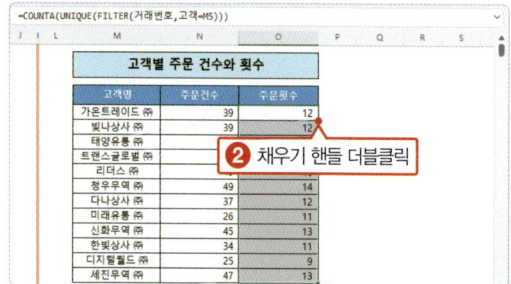

실력향상 FILTER 함수는 거래번호 데이터에서 [고객] 열이 [M5] 셀의 값과 같은 행만 추출합니다. 이렇게 필터링된 거래번호 데이터가 배열로 반환되면, UNIQUE 함수는 이 배열에서 중복된 값을 제거하고 고유한 거래번호만 남깁니다. 마지막으로 COUNTA 함수는 이 고유 값 배열에서 비어 있지 않은 값의 개수를 계산하여 결과를 표시합니다.
– FILTER(거래번호,고객=M5) : [고객] 열에서 셀 값이 [M5] 셀의 값과 동일한 행의 거래번호만 추출하여 배열로 반환합니다.
– UNIQUE(...) : FILTER 함수가 반환한 배열에서 중복된 값을 제거하고 고유 값만 반환합니다.
– COUNTA(...) : UNIQUE 함수로 얻은 고유 거래번호 배열에서 비어 있지 않은 값의 개수를 세어줍니다.

비법 Note   UNIQUE 함수

UNIQUE 함수는 셀 범위에서 중복되는 데이터를 제거하고 고유 데이터만 추출하는 함수입니다. 결과는 배열 형태로 반환되는 동적 배열 함수로 엑셀 2021 이후 버전부터 사용할 수 있습니다.

함수 형식	=UNIQUE(Array,[By_col],[Exactly_once]) =UNIQUE(배열 범위,[배열의 방향],[하나의 고유 값 또는 중복 제거 선택])
인수	– Array : 고유 데이터를 반환할 범위를 지정합니다. – By_col : 지정한 범위의 데이터가 행 기준인지 열 기준인지 지정합니다. FALSE는 열 기준, TRUE는 행 기준입니다. 기본 값은 False입니다. – Exactly_once : 중복된 항목 제거를 할 것인지 고유 데이터만 추출할 것인지 선택합니다. FALSE를 입력하면 중복 데이터를 제거하여 하나만 추출하고, TRUE를 입력하면 중복 데이터가 없는 고유 데이터만 추출합니다. 기본 값은 FALSE입니다.

비법 Note   FILTER 함수

FILTER 함수는 지정된 조건에 따라 범위나 배열에서 원하는 데이터만 추출하여 반환하는 필터링 기능을 제공합니다. 결과는 배열 형태로 반환되는 동적 배열 함수로 엑셀 2021 이후 버전부터 사용할 수 있습니다.

함수 형식	=FILTER(array,include,[if_empty]) =FILTER(원본 범위,필터 조건,[결과가 없을 때 표시할 문자])
인수	– array : 필터링할 데이터가 있는 범위 또는 배열입니다. – include : 필터링 기준을 지정하며, 논리 값(TRUE/FALSE)을 반환하는 조건식을 입력합니다. – if_empty : 필터링 조건에 맞는 데이터가 없을 때 표시할 문자를 입력합니다. 생략하면 기본 값으로 #CALC! 오류가 표시됩니다.

챗GPT 활용 Note — 엑셀 2019 이하에서 중복 데이터 제외하고 카운터하는 수식 만들기

실습 파일 CHAPTER03\10_고객별주문집계_GPT.xlsx
완성 파일 CHAPTER03\10_고객별주문집계_GPT(완성).xlsx

UNIQUE 함수와 FILTER 함수는 마이크로소프트 365 또는 엑셀 2021 버전부터 사용할 수 있습니다. 엑셀 2019 이하 버전에서는 중복 데이터를 제외하고 고유 데이터 개수를 구하려면 더 많은 함수를 복잡하게 중첩해야 합니다. 챗GPT로 이동하여 함수식을 쉽게 만들어보겠습니다. 다음과 같이 프롬프트를 입력합니다.

> **프롬프트**
>
> 엑셀 2019 이하에서 중복된 항목을 제거하고 고유한 개수만 카운터하는 방법을 알려줘.
>
> #엑셀 표 모양
> - 고객주문현황 목록이 A4셀부터 작성되어 있어.
> - 열 순서는 '거래번호, 고객, 주문일, 분류, 제품' 순서야.
> - 마지막 데이터 행 번호는 485행이야.
>
> #조건
> - 고객 기준으로 중복되지 않는 거래번호를 카운터하고 싶어.
> - 조건으로 사용할 첫 고객은 M5셀에 입력되어 있어.
>
> 이 조건에 맞는 함수식을 알려줘.

프롬프트 Tip 엑셀 2021 이상에서 사용하는 함수식을 그대로 챗GPT에게 알려주고 이 함수식을 2019 이하에서 사용할 수 있도록 변경해달라고 요청해도 됩니다.

엑셀 2024에서 사용하는 함수식을 2019 이하에서 사용할 수 있도록 변경해줘.
#엑셀 2024에 입력한 수식
=COUNTA(UNIQUE(FILTER(거래번호,고객=M5)))
중복된 데이터를 제외하고 고유개수만 구하는 수식이야.

 엑셀 2019 이하에서는 COUNTIF와 UNIQUE 함수를 사용할 수 없으니, 대신 배열 수식을 활용해 조건에 맞는 고유 거래번호 개수를 계산할 수 있습니다. 아래는 M5셀에 입력된 고객을 기준으로 중복되지 않은 거래번호를 카운트하는 함수식입니다.

```Excel
=SUM(IF(FREQUENCY(IF(B5:B485=M5, MATCH(A5:A485, A5:A485, 0), ""),
ROW(A5:A485)-ROW(A5)+1), 1))
```

사용 방법

1. 이 수식을 입력한 후 Ctrl + Shift + Enter 를 눌러 배열 수식으로 입력합니다.
   - 배열 수식으로 입력하면 수식이 중괄호 { }로 감싸져 표시됩니다.
   - 예 : {=SUM(IF(FREQUENCY(…), 1))}
2. 각 범위의 의미
   - **B5:B485** : 고객 이름이 들어 있는 범위
   - **M5** : 조건으로 사용할 특정 고객 이름
   - **A5:A485** : 거래번호가 들어 있는 범위
   - **MATCH(A5:A485,A5:A485,0)** : 거래번호의 고유한 위치를 찾아냅니다.
   - **IF(B5:B485=M5, …)** : 특정 고객 이름에 해당하는 거래번호만 계산하도록 조건을 설정합니다.
3. 결과는 M5셀의 고객 이름 기준으로 중복되지 않는 거래번호 개수를 반환합니다.

예시

M5셀에 "고객 A"가 입력되어 있고, 해당 고객이 가진 거래번호 중 중복되지 않은 개수를 계산합니다. 결과로 고유한 거래번호의 수가 표시됩니다.

---

❶ 챗GPT가 알려준 함수식을 복사한 후 [O5] 셀에 붙여 넣고 Ctrl + Shift + Enter 를 누릅니다. ❷ [O5] 셀의 채우기 핸들을 더블클릭하여 수식을 복사합니다.

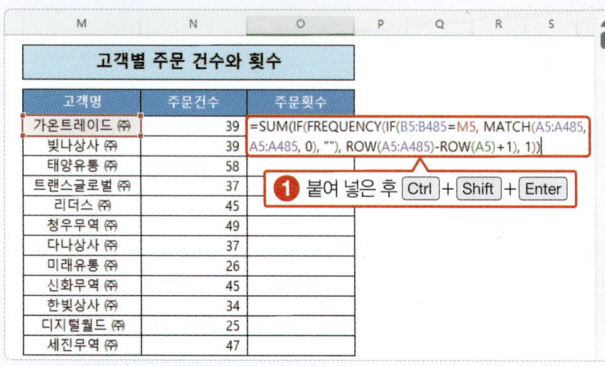

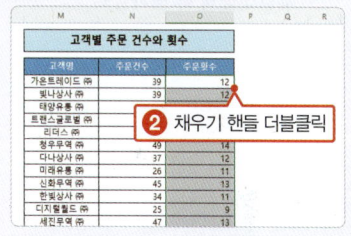

SUMIF와 SUMIFS 함수로 그룹별 합계 구하기

실습 파일 CHAPTER03\11_매출액과매출원가.xlsx | 완성 파일 CHAPTER03\11_매출액과매출원가(완성).xlsx

조건에 맞는 데이터만 찾아서 합계를 구할 때 SUMIF와 SUMIFS 함수를 사용합니다. 제품매출액과 원가금액을 비교하는 표에서 SUMIF 함수를 이용하여 매출월별 수량합계를 구하고, SUMIFS 함수를 이용하여 월별 자재그룹 매출합계와 원가금액을 구해보겠습니다.

미리보기

키워드: SUMIF, SUMIFS

한눈에 보는 작업 순서

1. 매출월별 수량합계 구하기 →
2. 함수에 사용할 셀 범위 이름 정의하기 →
3. 월별 자재그룹 매출합계 구하기 →
4. 월별 자재그룹 원가합계 구하기

01 매출월별 수량합계 구하기 SUMIF 함수를 사용하여 월별로 판매된 자재의 수량합계를 구해보겠습니다. ❶ [K6] 셀에 **=SUMIF($A$4:$A$31,J6,$D$4:$D$31)**를 입력합니다. A열의 매출월에서 [J6] 셀에 입력된 월과 동일한 행의 D열 수량을 모두 합산합니다. ❷ [K6] 셀의 채우기 핸들을 [K9] 셀까지 드래그하여 수식을 복사합니다.

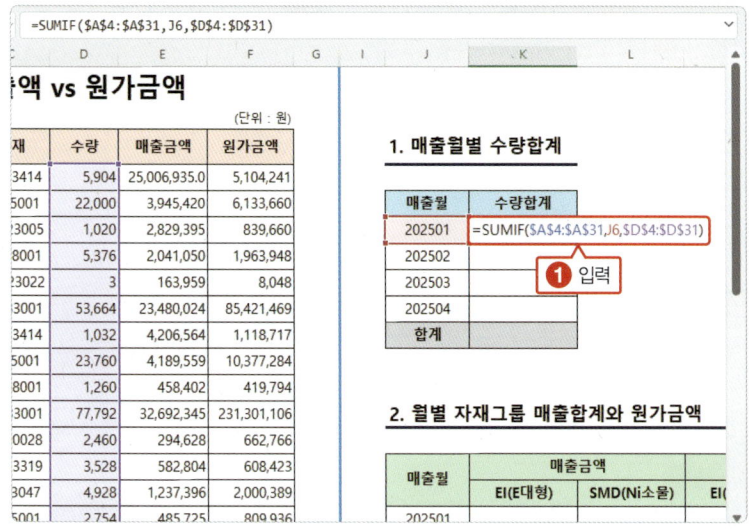

02 ❶ [K6:K10] 셀 범위를 지정하고 ❷ [수식] 탭-[함수 라이브러리] 그룹-[자동 합계]를 클릭합니다. [K10] 셀에 합계가 표시됩니다.

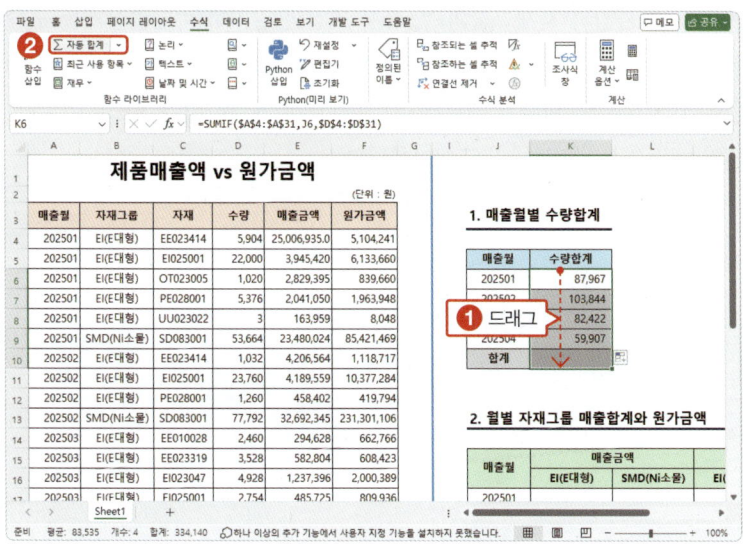

03 함수에 사용할 셀 범위 이름 정의하기

월별 자재그룹 매출합계와 원가금액은 SUMIFS 함수로 구할 때 네 개의 절대 참조 범위와 두 개의 혼합 참조 셀이 사용됩니다. 수식이 복잡해지지 않도록 이름을 정의하여 구해보겠습니다. 절대 참조로 수식에 사용할 셀 범위는 매출월, 자재그룹, 매출금액, 원가금액입니다. ❶ [A3:B31] 셀 범위를 지정하고 ❷ Ctrl 을 누른 상태에서 [E3:F31] 셀 범위를 지정합니다. ❸ [수식] 탭-[정의된 이름] 그룹-[선택 영역에서 만들기]를 클릭합니다. ❹ [선택 영역에서 이름 만들기] 대화상자에서 [첫 행]만 체크하고 ❺ [확인]을 클릭합니다.

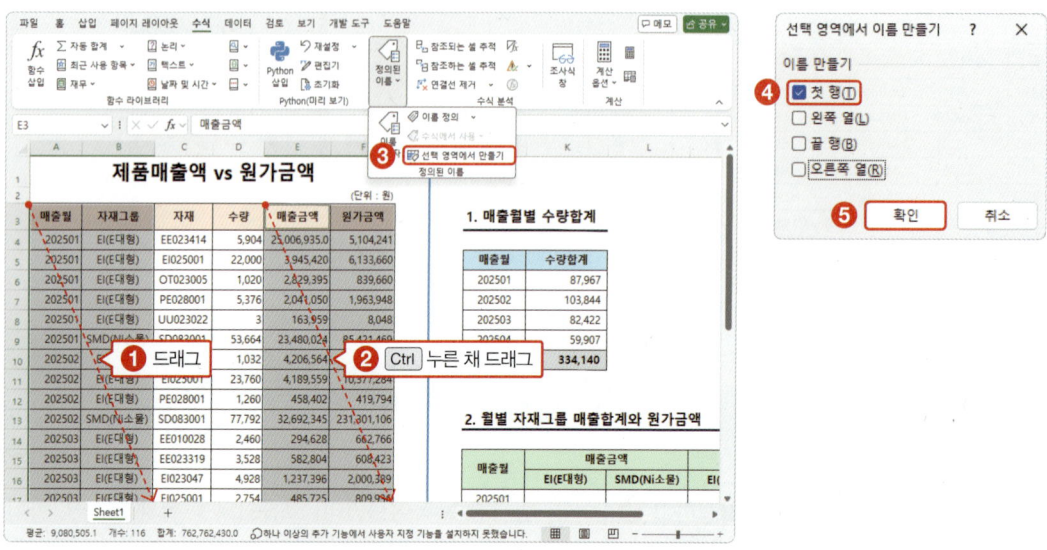

04 월별 자재그룹 매출합계 구하기

매출월과 자재그룹의 두 가지 조건과 일치하는 매출합계를 구해야 하므로 SUMIFS 함수를 사용합니다. ❶ [K17] 셀에 **=SUMIFS(매출금액,매출월,$J17,자재그룹,K$16)**를 입력하고 Enter 를 누릅니다. ❷ [K17] 셀의 채우기 핸들을 [L17] 셀로 드래그합니다. ❸ [K17:L17] 셀 범위가 지정된 상태에서 채우기 핸들을 [L20] 셀까지 드래그합니다.

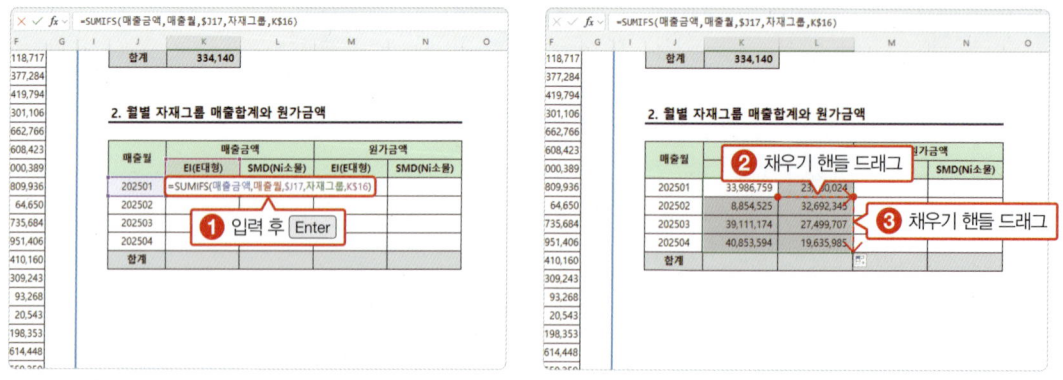

실력향상 SUMIF 함수에서는 '합을 구할 범위'가 세 번째 인수로 사용되지만 SUMIFS 함수에서는 '합을 구할 범위'가 첫 번째 인수로 사용됩니다. '매출금액'으로 정의된 셀 범위의 합을 구하는데, 첫 번째 조건은 '매출월'이 [J17] 셀과 같고, 두 번째 조건은 '자재그룹'이 [K16] 셀과 같습니다. 두 조건 모두 일치하는 행의 매출금액 합계가 계산됩니다.

05 월별 자재그룹 원가합계 구하기

❶ [M17] 셀에 =SUMIFS(원가금액,매출월,$J17,자재그룹,M$16)를 입력하고 Enter 를 누릅니다. ❷ [M17] 셀의 채우기 핸들을 [N17] 셀로 드래그합니다. ❸ [M17:N17] 셀 범위가 지정된 상태에서 채우기 핸들을 [N20] 셀까지 드래그합니다.

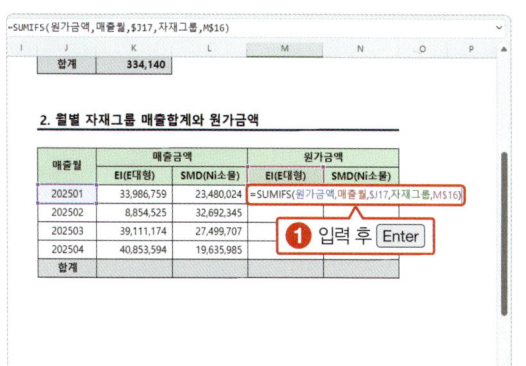
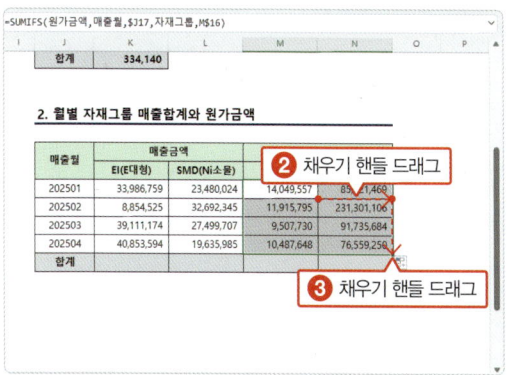

06

❶ [K17:N21] 셀 범위를 지정하고 ❷ [수식] 탭-[함수 라이브러리] 그룹-[자동 합계]를 클릭합니다. ❸ [K21:N21] 셀 범위에 합계가 표시됩니다.

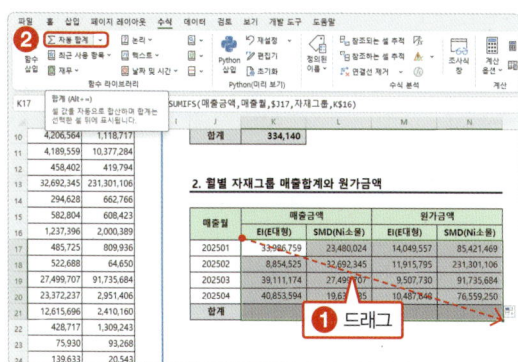
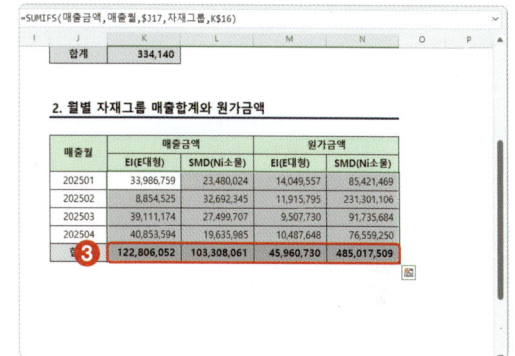

비법 Note SUMIF 함수와 SUMIFS 함수

SUMIF 함수는 SUM 함수 뒤에 조건을 뜻하는 'IF'가 붙은 것처럼 전체 합계가 아니라 조건에 맞는 데이터만 찾아서 합계를 구합니다. 또한, 조건이 두 개 이상일 경우에는 복수형을 의미하는 'S'가 붙은 SUMIFS 함수를 사용합니다. SUMIF 함수는 '합을 구할 범위' 인수가 마지막에 입력되지만, SUMIFS 함수는 첫 번째 인수로 '합을 구할 범위'를 입력합니다.

함수 형식	=SUMIF(Range,Criteria,[Sum_range]) =SUMIF(조건 범위,조건,[합을 구할 범위])
	=SUMIFS(Sum_range,Criteria_range1,Criteria1,[Criteria_range2,Criteria2],…) =SUMIFS(합을 구할 범위,조건 범위1,조건1,조건 범위2,조건2,…)
인수	– Range : 조건을 비교할 범위입니다. – Criteria : 합계를 구할 조건입니다. – Sum_range : 실제 합을 구할 범위로 조건을 비교할 범위가 실제 합을 구할 범위일 경우 생략할 수 있습니다.

12 SORT와 UNIQUE 함수로 제품 출하 목록표 만들기

실습 파일 CHAPTER03\12_제품출하현황.xlsx | 완성 파일 CHAPTER03\12_제품출하현황(완성).xlsx

사내 시스템에서 다운로드한 제품 출하 목록을 이용하여 납품처별 출하 현황표를 작성하려고 합니다. 먼저 SORT와 UNIQUE 함수로 납품처, 품목코드, 품목명을 기준으로 고유한 데이터 목록을 생성한 후 SUMIFS 함수를 사용해 납품처별 출하수량 합계를 구해보겠습니다.

미리보기

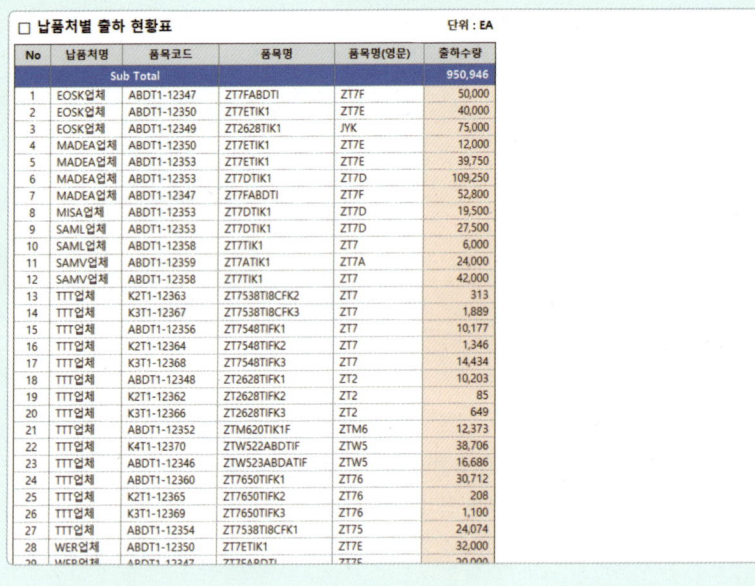

회사에서
바로 통하는
키워드

ROW, SORT,
UNIQUE, SUMIFS

한눈에 보는 작업 순서

1. ROW 함수로 번호 입력하기 →
2. SORT와 UNIQUE 함수로 목록 만들기 →
3. 함수에 사용할 셀 범위 이름 정의하기 →
4. SUMIFS 함수로 출하수량 합계 구하기

01 ROW 함수로 번호 입력하기

❶ [출하현황표] 시트에서 ❷ [B6] 셀에 =ROW()-5를 입력하고 Enter 를 누릅니다. ❸ [B6] 셀의 채우기 핸들을 [B55] 셀까지 드래그하여 수식을 복사합니다. ❹ [자동 채우기 옵션 ⚏] 단추를 클릭하고 ❺ [서식 없이 채우기]를 선택합니다.

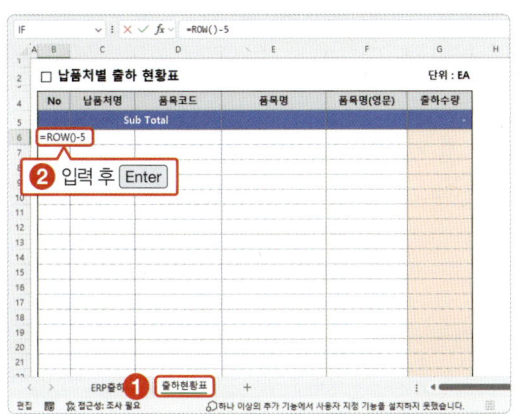 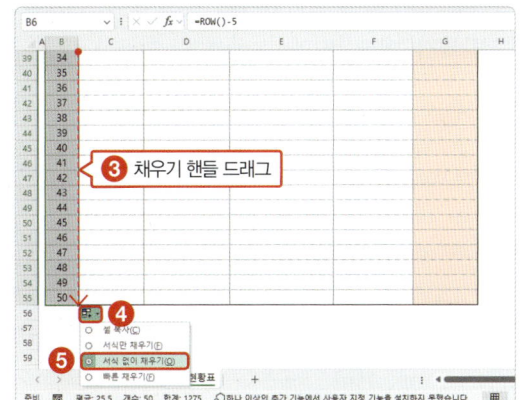

실력향상 [B6] 셀에 =ROW()로 수식을 입력하면 현재 셀의 행 번호가 반환되어 6이 표시됩니다. 1이 되도록 수식에서 5를 뺍니다.

실력향상 [B6] 셀의 채우기 핸들을 더블클릭하면 수식이 복사되지 않습니다. 채우기 핸들을 더블클릭하면 주변 열의 마지막 데이터가 있는 행까지 복사되는데 현재는 5행까지만 데이터가 입력되어 있기 때문입니다. 이때는 채우기 핸들을 직접 드래그하여 원하는 셀까지 복사합니다. 채우기 옵션에서 [서식 없이 채우기]를 선택하지 않으면 마지막 데이터의 아래쪽 테두리가 실선으로 변경됩니다.

02 SORT와 UNIQUE 함수로 목록 만들기

[ERP출하목록] 시트에서 중복되는 목록은 제외하고 종류별 한 제품 정보만 추출하여 납품처별 기준으로 정렬된 목록을 만들어보겠습니다. ❶ [C6] 셀에 =SORT(UNIQUE(ERP출하목록!C2:F95))를 입력하고 Enter 를 누릅니다. ❷ UNIQUE 함수로 고유 데이터를 추출한 후 SORT 함수로 납품처명 기준으로 정렬된 결과가 [C6:F41] 셀 범위에 표시됩니다.

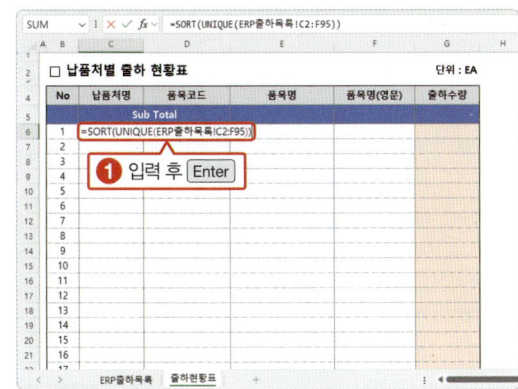 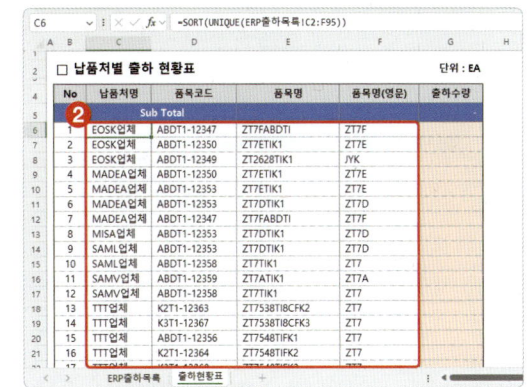

실력향상 UNIQUE 함수는 지정한 셀 범위에서 고유 값의 목록을 반환하는 함수로, [ERP출하목록!C2:F95] 셀 범위에서 납품처명, 품목코드, 품목명, 품목명(영문)이 모두 일치하는 중복 데이터를 제거하고 고유한 데이터만 추출합니다. SORT 함수는 정렬 함수로 정렬 기준열 번호가 없으면 첫 번째 열(납품처명)을 기준으로 정렬합니다.

03 함수에 사용할 셀 범위 이름 정의하기 SUMIFS 함수에 사용되는 [ERP출하목록] 시트의 납품처명, 품목코드, 품목명, 출하수량이 모두 절대 참조로 사용되므로 이름으로 정의하겠습니다. ❶ [ERP출하목록] 시트에서 ❷ [C1:E95] 셀 범위를 지정하고 ❸ Ctrl 을 누른 상태에서 [G1:G95] 셀 범위를 지정합니다. ❹ [수식] 탭-[정의된 이름] 그룹-[선택 영역에서 만들기]를 클릭합니다. ❺ [선택 영역에서 이름 만들기] 대화상자에서 [첫 행]만 체크하고 ❻ [확인]을 클릭합니다.

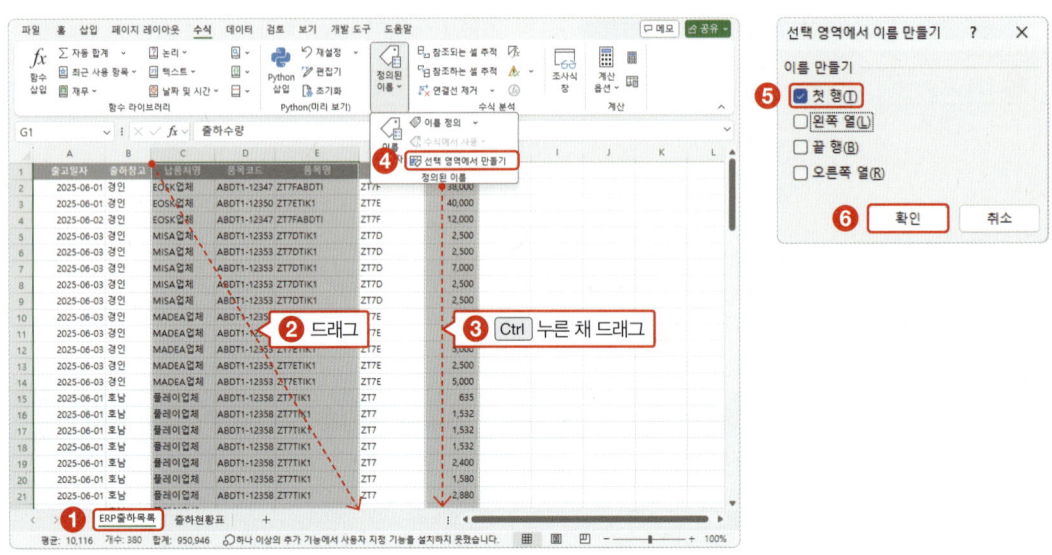

04 SUMIFS 함수로 출하수량 합계 구하기 ❶ [출하현황표] 시트에서 ❷ [G6] 셀에 =SUMIFS(출하수량,납품처명,C6,품목코드,D6,품목명,E6)를 입력하고 Enter 를 누릅니다. ❸ [G6] 셀의 채우기 핸들을 더블클릭하여 수식을 복사합니다. ❹ [자동 채우기 옵션🖳] 단추를 클릭하고 ❺ [서식 없이 채우기]를 선택합니다.

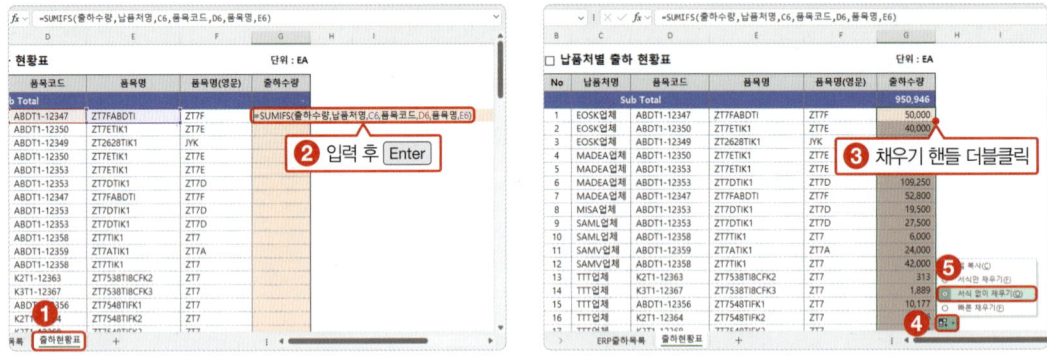

실력향상 '출하수량'으로 정의된 셀 범위의 합을 구하는데, 첫 번째 조건은 '납품처명'이 [C6] 셀과 같고, 두 번째 조건은 '품목코드'가 [D6] 셀과 같고, 세 번째 조건은 '품목명'이 [E6] 셀과 같습니다. 세 조건 모두 일치하는 행의 출하수량 합계가 계산됩니다.

비법 Note SORT 함수

SORT 함수는 지정한 셀 범위나 배열의 데이터를 정렬해주는 함수입니다. 결과는 배열 형태로 반환되는 동적 배열 함수로 엑셀 2021 이후 버전부터 사용할 수 있습니다.

함수 형식	=SORT(array,[sort_index],[sort_order],[by_col]) =SORT(셀 범위,[정렬 기준 열/행 번호],[sort_order],[by_col])
함수 인수	- **array** : 정렬하려는 데이터가 있는 범위나 배열입니다. - **sort_index** : 정렬 기준이 될 열이나 행 번호를 지정합니다. 선택 사항이며 기본 값은 1입니다. - **sort_order** : 정렬 방법으로 오름차순(1) 또는 내림차순(-1)을 지정합니다. 선택 사항이며 기본 값은 1입니다. - **[by_col]** : 정렬 방향으로 FALSE는 행 방향(위쪽에서 아래쪽), TRUE는 열 방향(왼쪽에서 오른쪽)으로 정렬합니다. 기본 값은 FALSE입니다.

비법 Note ROW 함수와 COLUMN 함수

ROW 함수는 셀의 행 번호를 표시하고, COLUMN 함수는 셀의 열 번호를 표시합니다. 1, 2, 3,…처럼 번호를 입력할 때 사용하면 행과 열이 삭제 또는 삽입될 경우 자동으로 번호가 변경되어 편리합니다.

함수 형식	=ROW(Reference) =ROW(), =ROW(셀 주소)
	=COLUMN(Reference) =COLUMN(), =COLUMN(셀 주소)
인수	**Reference** : 행과 열 번호를 표시할 셀 주소입니다. 생략할 경우 수식이 입력된 셀의 행 번호/열 번호를 표시합니다.

13 VLOOKUP 함수로 일치하는 정보 찾아오기

실습 파일 CHAPTER03\13_전산소모품발주서.xlsx | **완성 파일** CHAPTER03\13_전산소모품발주서(완성).xlsx

VLOOKUP 함수는 데이터 목록의 첫 열에서 찾고자 하는 기준 값을 검색한 후 세로 방향으로 원하는 항목을 찾아 셀에 표시합니다. 전산소모품 발주서를 작성할 때 품명을 입력하거나 선택하면 해당 품명의 단위와 단가가 자동으로 입력될 수 있도록 VLOOKUP 함수를 사용해보겠습니다. VLOOKUP 함수에서 사용할 찾을 기준인 품명에는 유효성 검사를 설정하여 목록에서 선택할 수 있도록 합니다.

미리보기

전산소모품 구매 발주서

번호	품명	수량	단위	단가	금액	비고
1	USB메모리		개	64,000		
2	피아톤 블루투스이어폰		개	159,000		
3	무선 키보드 콤보		세트	120,000		
4	멀티탭 안전커버		개	1,700		
5	2채널스피커		개	11,000		
6	IRIVER 키보드+마우스		세트	88,000		
7	복사용지 A4		박스	36,000		
8						
9						
10						
합계						

품명별 단가와 단위

품명	단위	단가
듀얼 게이밍 이어폰	개	63,000
피아톤 블루투스이어폰	개	159,000
USB메모리	개	64,000
IRIVER 키보드+마우스	세트	88,000
게이밍 마우스	개	39,000
무선 키보드 콤보	세트	120,000
복사용지 A4	박스	36,000
멀티탭 안전커버	개	1,700
메인알루미늄 6구 멀티탭	개	51,000
2채널스피커	개	11,000
프린텍 강력먼지제거제	개	4,900

회사에서 바로 통하는 키워드

VLOOKUP,
IFERROR,
데이터 유효성 검사

한눈에 보는 작업 순서

1 품명 데이터 유효성 검사 설정하기 → 2 기준 범위 이름으로 정의하기 → 3 VLOOKUP 함수로 단위와 단가 찾기

01 품명 데이터 유효성 검사 설정하기 ❶ [C5:C14] 셀 범위를 지정하고 ❷ [데이터] 탭-[데이터 도구] 그룹-[데이터 유효성 검사]를 클릭합니다. ❸ [데이터 유효성] 대화상자의 [설정] 탭에서 [제한 대상]을 [목록]으로 선택합니다. ❹ [원본] 입력란을 클릭하고 ❺ [L5:L15] 셀 범위를 드래그합니다.

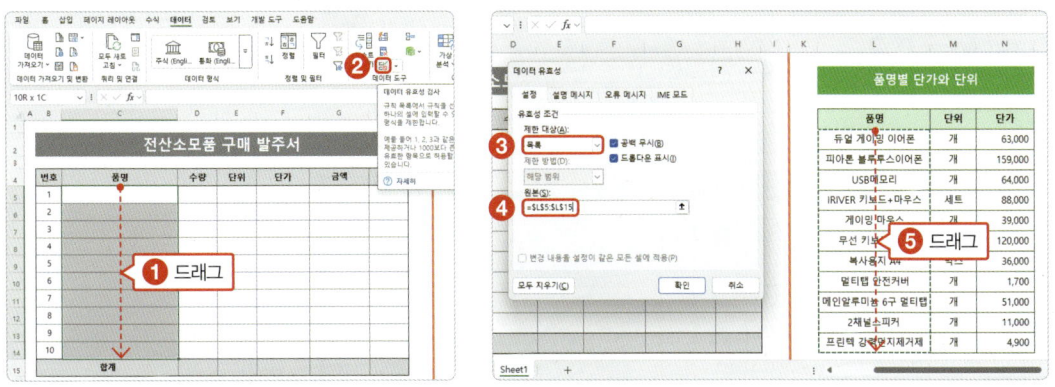

실력향상 VLOOKUP 함수를 사용할 때 찾을 기준이 되는 인수에 잘못된 데이터가 입력되면 오류가 발생할 수 있습니다. 이런 오류를 방지하려면 찾을 기준이 되는 값을 항상 목록에서 선택하도록 [유효성 검사] 기능을 함께 사용하면 편리합니다.

02 ❶ [오류 메시지] 탭을 클릭하고 ❷ [오류 메시지] 입력란에 **품명은 목록에 있는 내용만 입력 가능합니다. 목록에서 선택하세요**를 입력한 후 ❸ [확인]을 클릭합니다. ❹ 품명을 입력하는 셀에 유효성 검사가 설정되어 목록 단추에서 품명을 선택하면 셀에 입력됩니다.

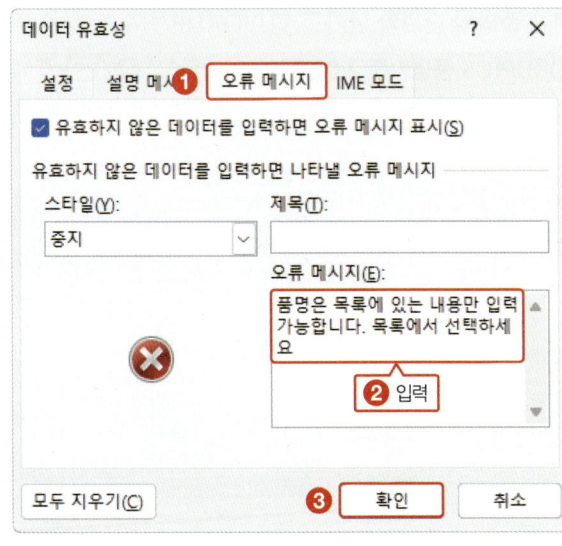
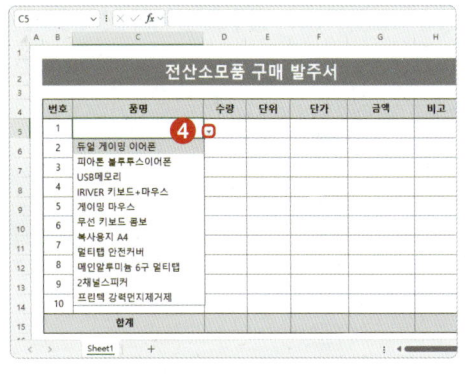

CHAPTER 03 업무에 꼭 필요한 수식과 실무 함수 **193**

03 기준 범위 이름으로 정의하기 VLOOKUP 함수에 사용할 기준 범위로 [L4:N15] 셀 범위를 사용하는데, 절대 참조를 지정해야 하므로 이름을 정의하겠습니다. ❶ [L4:N15] 셀 범위를 지정하고 ❷ [이름 상자]에 **품명기준**을 입력한 후 Enter 를 누릅니다.

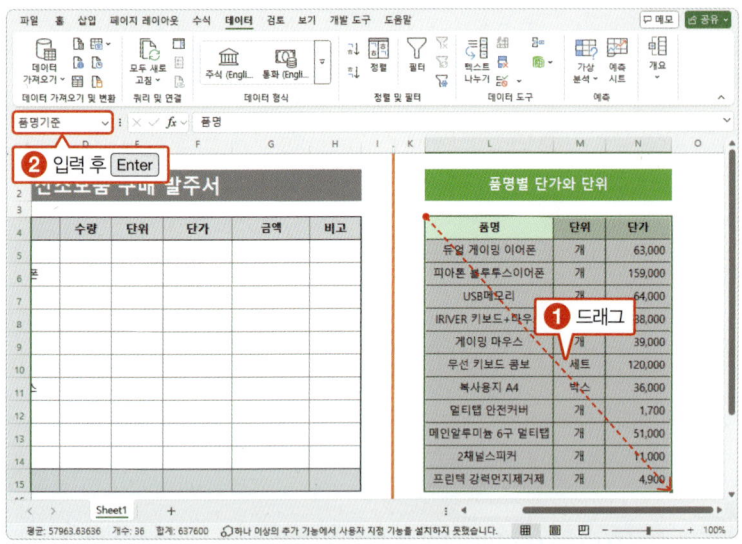

실력향상 [이름 상자]에 이름을 입력한 후 반드시 Enter 를 눌러야 이름 정의가 완료됩니다. 정의된 이름은 [이름 상자]의 목록 단추를 클릭하거나 [수식] 탭–[정의된 이름] 그룹–[이름 관리자]에서 확인할 수 있습니다.

04 VLOOKUP 함수로 단위와 단가 찾기 선택한 품명의 단위와 단가를 VLOOKUP 함수로 찾아 표시해보겠습니다. ❶ [E5] 셀에 =IFERROR(VLOOKUP(C5,품명기준,2,0),"")를 입력하고, ❷ [F5] 셀에 =IFERROR(VLOOKUP(C5,품명기준,3,0),"")를 입력합니다.

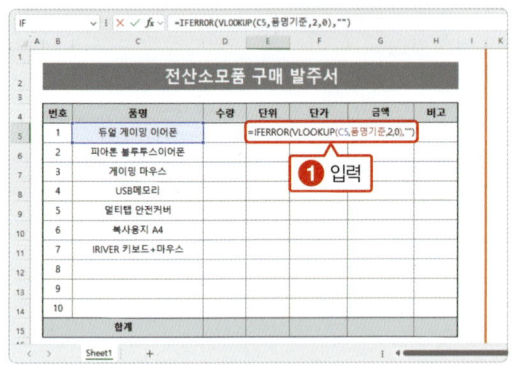 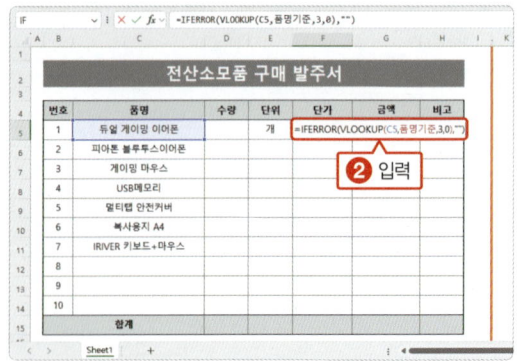

실력향상 [C5] 셀에 입력된 품명을 [품명기준] 범위의 첫 열에서 찾아 단위는 두 번째 열을 가져오고, 단가는 세 번째 열을 가져옵니다. 이때 VLOOKUP 함수의 마지막 인수에 0을 입력하면 정확하게 일치하는 품명만 찾습니다.

실력향상 C열에 품명이 선택되지 않은 행에 VLOOKUP 함수를 입력하면 오류가 발생합니다. 오류가 발생하지 않도록 VLOOKUP 함수에 IFERROR 함수를 중첩하여, 품명이 없으면 빈 셀로 표시되도록 합니다.

05 ❶ [E5:F5] 셀 범위를 지정하고 ❷ 채우기 핸들을 [F14] 셀까지 드래그하여 수식을 복사합니다. 품명이 입력된 행에는 단위와 단가가 표시되고, 품명이 없는 행에는 빈 셀로 표시됩니다.

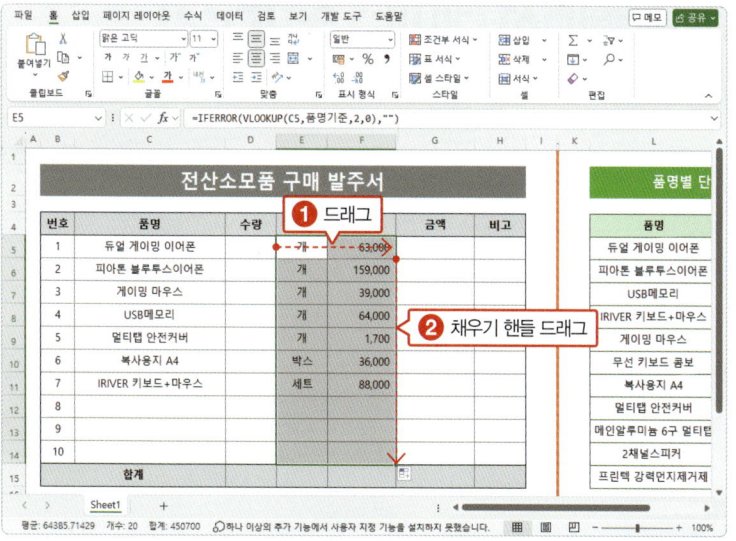

비법 Note VLOOKUP 함수

데이터 목록에서 지정한 데이터와 일치하거나 조건에 맞는 데이터를 찾아와 그 값에 따라 계산해야 할 경우 찾기/참조 범주의 함수를 사용합니다. 데이터 목록의 첫 열에서 찾고자 하는 기준 값을 검색한 후 세로(Vertical) 방향으로 원하는 항목을 찾아 셀에 표시해야 할 때 VLOOKUP 함수를 사용합니다. 만약 기준 값을 검색한 후 가로(Horizontal) 방향으로 원하는 항목을 찾아 셀에 표시해야 한다면 HLOOKUP 함수를 사용합니다.

함수 형식	=VLOOKUP(Lookup_value,Table_array,Col_index_num,[Range_lookup]) =VLOOKUP(찾을 기준 값,기준 범위,가져올 열 번호,찾는 방법)
인수	- **Lookup_value** : 데이터 목록의 첫 열에 있는 값 중에서 찾을 기준 값을 지정합니다. - **Table_array** : 찾고자 하는 데이터가 있는 목록입니다. 찾을 기준 값과 셀에 표시할 값이 모두 포함되어 있는 데이터 목록입니다. - **Col_index_num** : 셀에 표시할 항목이 있는 열 번호를 지정하는 인수로 Table_array에 지정된 데이터 목록 중 몇 번째 열 값을 셀에 표시할 것인지 숫자로 지정합니다. - **Range_lookup** : 찾을 방법을 지정하는 인수로 **FALSE** 또는 **0**을 입력하면 정확하게 일치하는 값을 찾고, **TRUE** 또는 **1**을 입력하거나 생략하면 한 단계 낮은 근삿값을 찾습니다.

14

INDEX와 MATCH 함수로 2차원 목록에서 데이터 찾아오기

실습 파일 CHAPTER03\14_퀵서비스사용내역.xlsx | 완성 파일 CHAPTER03\14_퀵서비스사용내역(완성).xlsx

퀵서비스 요금표에서 MATCH 함수를 사용해 출발지와 도착지의 행과 열 번호를 구한 뒤, INDEX 함수로 최종 요금을 찾아 표시해보겠습니다. 또한, INDEX 함수와 MATCH 함수에 사용되는 셀 범위는 모두 절대 참조로 설정되므로 각 셀 범위를 이름으로 정의한 후 함수를 입력합니다.

미리보기

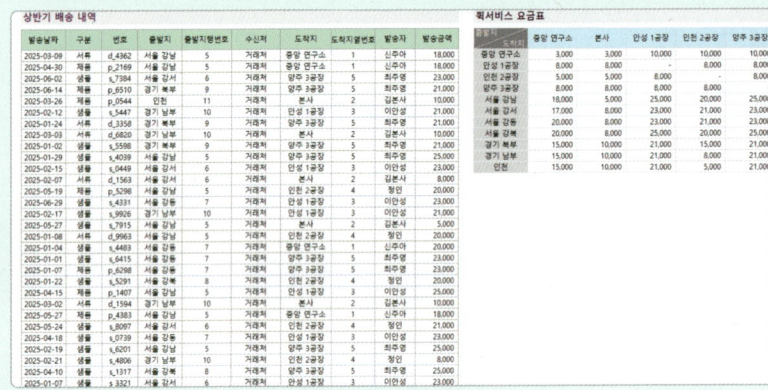

회사에서 바로 통하는 키워드

MATCH, INDEX, 2차원 표

한눈에 보는 작업 순서

1. 함수에 사용할 셀 범위 이름 정의하기
2. MATCH 함수로 출발지 행 번호 구하기
3. MATCH 함수로 도착지 열 번호 구하기
4. INDEX 함수로 요금 찾아오기

01 함수에 사용할 셀 범위 이름 정의하기 ❶ [M4:M14] 셀 범위를 지정하고 ❷ [이름 상자]에 **출발지**를 입력한 후 Enter 를 누릅니다. ❸ [N3:R3] 셀 범위를 지정하고 ❹ [이름 상자]에 **도착지**를 입력한 후 Enter 를 누릅니다.

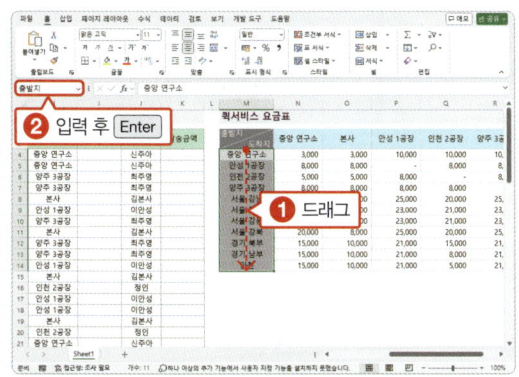 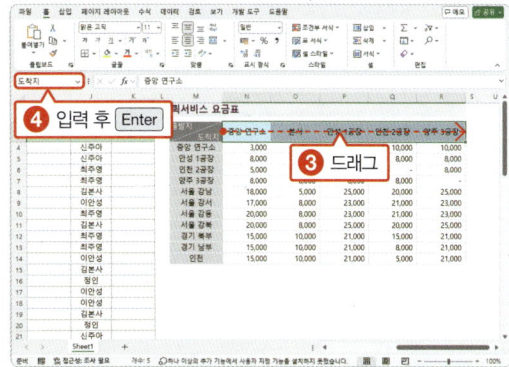

02 ❶ [N4:R14] 셀 범위를 지정하고 ❷ [이름 상자]에 **요금**을 입력한 후 Enter 를 누릅니다.

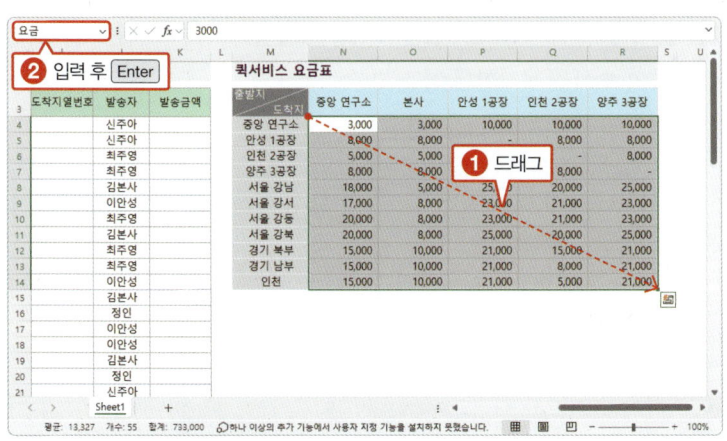

03 MATCH 함수로 출발지 행 번호 구하기 ❶ [F4] 셀에 **=MATCH(E4,출발지,0)**를 입력하고 Enter 를 누릅니다. ❷ [F4] 셀의 채우기 핸들을 더블클릭하여 수식을 복사합니다.

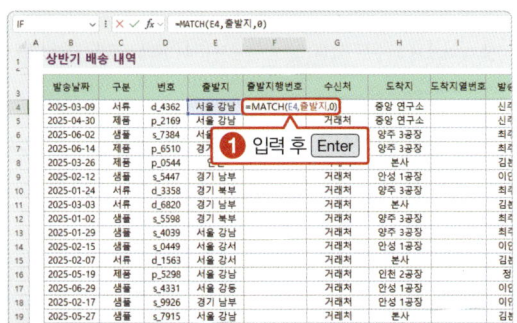

실력향상 [출발지] 셀 범위에서 [E4] 셀에 입력된 데이터를 찾아 그 값이 몇 번째 위치에 있는지를 숫자로 표시합니다. 이때 범위는 반드시 한 방향(행 또는 열)으로만 지정해야 하며, 0은 정확히 일치하는 값을 찾도록 설정하는 옵션입니다.

04 MATCH 함수로 도착지 열 번호 구하기
❶ [I4] 셀에 =MATCH(H4,도착지,0)를 입력하고 Enter를 누릅니다. ❷ [I4] 셀의 채우기 핸들을 더블클릭하여 수식을 복사합니다.

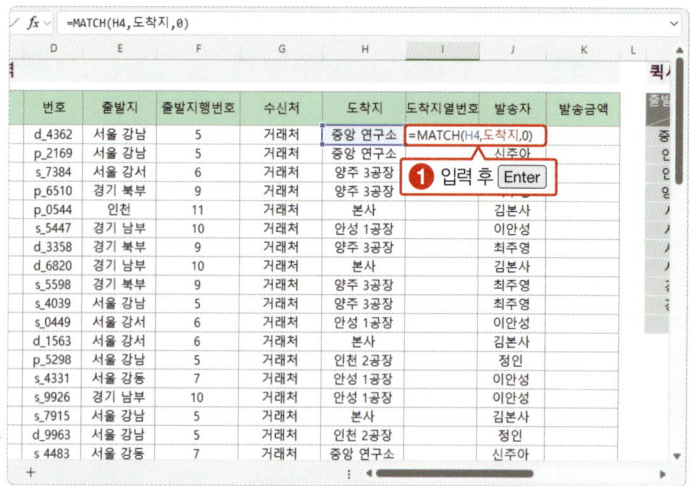 

05 INDEX 함수로 요금 찾아오기
❶ [K4] 셀에 =INDEX(요금,F4,I4)를 입력하고 Enter를 누릅니다. ❷ [K4] 셀의 채우기 핸들을 더블클릭하여 수식을 복사합니다.

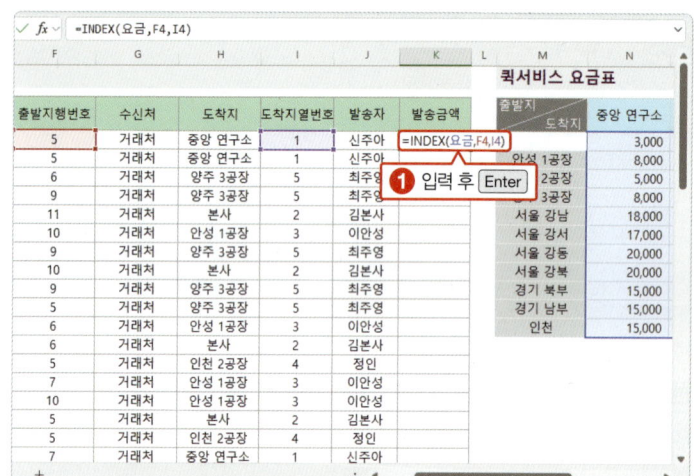 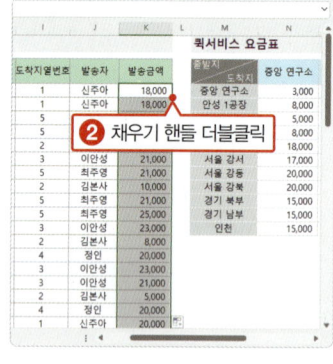

실력향상 INDEX 함수는 지정한 행 번호와 열 번호의 교차 지점 셀 데이터를 찾아오는 함수로 [요금] 셀 범위에서 [F4] 셀에 입력된 행 번호와 [I4] 셀에 입력된 열 번호가 교차하는 위치의 셀 값을 찾아옵니다.

시간단축 INDEX 함수와 MATCH 함수를 중첩하여 =INDEX(요금,MATCH(E4,출발지,0),MATCH(H4,도착지,0))를 입력하면 한 번에 요금을 찾을 수 있습니다.

비법 Note MATCH 함수

MATCH 함수는 지정된 범위 내에서 찾는 값이 몇 번째에 위치하는지 찾아 위치 번호를 반환합니다. 범위는 행 또는 열로 한 방향으로만 지정할 수 있습니다.

함수 형식	=MATCH(Lookup_value,Lookup_array,[Match_type]) =MATCH(찾을 값,범위,찾는 방법)

인수	- **Lookup_value** : 찾고자 하는 데이터를 지정합니다.
	- **Lookup_array** : 찾을 데이터가 있는 셀 범위로 행이 두 개 이상이면 열이 한 개이어야 하고, 열이 두 개 이상이면 행이 한 개이어야 합니다.
	- **Match_type** : 찾는 방법으로 세 가지 중에서 선택할 수 있습니다.
	  0 : 정확하게 일치하는 값을 찾습니다.
	  1 또는 생략 : 찾을 값이 없는 경우 찾을 값보다 한 단계 낮은 근삿값을 찾습니다. 범위는 오름차순으로 정렬되어 있어야 합니다.
	  -1 : 찾을 값이 없는 경우 찾을 값보다 한 단계 높은 근삿값을 찾습니다. 범위는 내림차순으로 정렬되어 있어야 합니다.

비법 Note INDEX 함수

함수 형식	=INDEX(Array,Row_num,[Column_num]) =INDEX(범위,행 번호,열 번호)
인수	- **Array** : 데이터 목록의 셀 범위를 지정합니다. - **Row_num** : 데이터 목록에서 찾아올 데이터의 행 번호입니다. 행이 하나인 목록이면 생략할 수 있습니다. - **Column_num** : 데이터 목록에서 찾아올 데이터의 열 번호입니다. 열이 하나인 목록이면 생략할 수 있습니다. INDEX 함수의 데이터 목록이 행과 열이 모두 두 개 이상이라면 행 번호와 열 번호를 모두 지정하고, 행 또는 열의 단방향 목록이라면 행 번호나 열 번호 중 하나만 지정합니다.

XLOOKUP 함수로 지역과 차종에 맞는 통행요금 찾아오기

실습 파일 CHAPTER03\15_출장내역과통행료.xlsx | **완성 파일** CHAPTER03\15_출장내역과통행료(완성).xlsx

고속도로 통행료 정산을 위해 개인별 출발지, 도착지 그리고 차종 정보를 활용하여 통행료를 계산하려고 합니다. 통행요금 시트에는 지역별 및 차종별 요금이 2차원 표 형식으로 정리되어 있습니다. 이 데이터를 이용하여 통행료를 구하려면 INDEX와 MATCH 함수를 배열 수식으로 사용해야 합니다. 하지만 행 개수가 많으면 처리 속도가 떨어집니다. 이러한 문제를 해결하기 위해 XLOOKUP 함수를 활용해보겠습니다.

미리보기

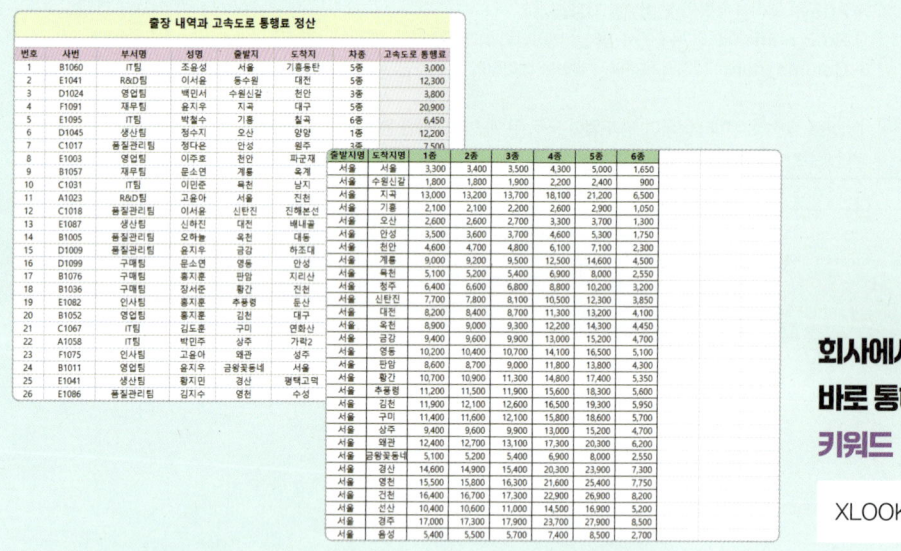

회사에서 바로 통하는 키워드

XLOOKUP

한눈에 보는 작업 순서

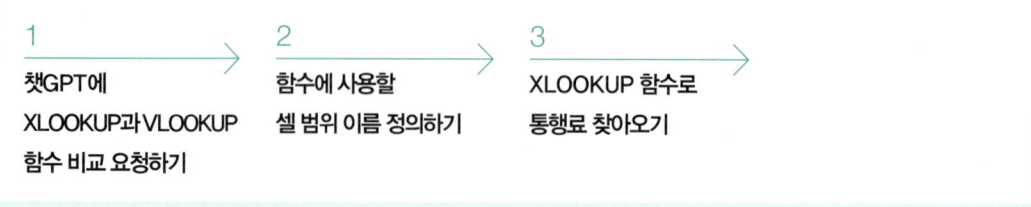

1. 챗GPT에 XLOOKUP과 VLOOKUP 함수 비교 요청하기
2. 함수에 사용할 셀 범위 이름 정의하기
3. XLOOKUP 함수로 통행료 찾아오기

01 챗GPT에 XLOOKUP과 VLOOKUP 함수 비교 요청하기

조건과 일치하는 데이터를 찾을 때 주로 많이 사용하는 VLOOKUP 함수와 엑셀 2021 버전부터 지원되는 XLOOKUP 함수를 비교해보겠습니다. 챗GPT로 이동하여 아래와 같이 프롬프트를 입력합니다.

> **프롬프트**
>
> VLOOKUP 함수와 XLOOKUP 함수의 차이점을 설명해줘.
>
> #조건
> – 두 함수에 대해 각각 설명해줘.
> – XLOOKUP 함수가 추가된 이유와 개선된 점은 무엇인지 찾고,
> – 각 함수가 어떻게 다르게 작동하는지 기능상의 차이점을 알려줘.
> – 같은 데이터를 사용할 때 차이점을 알 수 있는 예시를 들어줘.

 VLOOKUP 함수와 XLOOKUP 함수는 엑셀에서 데이터를 찾는 데 사용하는 대표적인 함수들이지만, 기능과 사용성에서 큰 차이가 있습니다. 아래에 조건에 맞춰 자세히 설명할게요.

1. VLOOKUP 함수

설명
- VLOOKUP(Vertical Lookup)은 엑셀에서 세로 방향으로 데이터를 검색하는 함수입니다.
- 특정 키 값(lookup_value)을 기준으로, 지정된 범위(table_array)의 첫 번째 열에서 값을 찾고, 해당 행의 다른 열(column_index)에서 데이터를 반환합니다.

문법

```Excel
=VLOOKUP(lookup_value,table_array,col_index_num,[range_lookup])
```

- **lookup_value** : 검색할 값
- **table_array** : 검색 범위
- **col_index_num** : 반환할 열 번호
- **[range_lookup]** : 정확히 일치하려면 FALSE, 근삿값은 TRUE

제약 사항
- 검색 키는 첫 번째 열에 있어야 합니다.
- 찾고자 하는 값의 열 번호를 고정된 숫자로 입력해야 합니다.
- 범위가 바뀌면 함수가 깨지거나 에러가 발생할 수 있습니다.

2. XLOOKUP 함수

설명
- XLOOKUP은 VLOOKUP의 한계를 보완하기 위해 마이크로소프트 365 및 엑셀 2021 버전에서 새롭게 추가된 함수입니다.
- 데이터를 양방향(세로 또는 가로)으로 검색하며, 첫 번째 열이나 행에 국한되지 않습니다.

문법

```Excel
=XLOOKUP(lookup_value,lookup_array,return_array,[if_not_found],[match_mode],[search_mode])
```

- **lookup_value** : 검색할 값
- **lookup_array** : 검색할 데이터 배열(열 또는 행)
- **return_array** : 반환할 데이터 배열
- **[if_not_found]** : 값을 찾지 못했을 때 반환할 기본값
- **[match_mode]** : 정확히 일치, 근삿값, 와일드카드 등 선택 가능
- **[search_mode]** : 검색 방향(기본은 순방향, 역방향도 가능)

개선된 점

- 검색 키가 첫 번째 열에 있을 필요가 없습니다.
- 행 또는 열 단위로도 검색이 가능합니다.
- 값을 찾지 못할 경우, 기본 값(if_not_found)을 지정할 수 있어 에러 메시지를 줄일 수 있습니다.
- 데이터 정렬 여부와 관계없이 정확히 일치 또는 근삿값을 찾을 수 있습니다.

3. 기능상의 차이점

항목	VLOOKUP	XLOOKUP
검색 방향	세로 방향 검색만 가능	세로 및 가로 방향 검색 가능
검색 위치	첫 번째 열에 키 값이 있어야 함	키 값 위치가 제한되지 않음
반환 값	열 번호를 숫자로 입력	범위를 배열로 지정
에러 처리	에러 발생 시 IFERROR로 처리해야 함	[if_not_found] 인수를 사용하여 쉽게 처리 가능
검색 모드	순방향 검색만 가능	순방향, 역방향, 이진 검색 가능
호환성	모든 엑셀 버전에서 사용 가능	마이크로소프트 365 및 엑셀 2021 이상 버전에서만 사용 가능

4. 같은 데이터를 사용할 때 차이점 예시

ID	이름	부서	연봉
101	김철수	IT팀	5,000만 원
102	이영희	마케팅	4,500만 원
103	박민수	영업팀	4,800만 원

예

이영희의 부서를 찾으려면 :

```Excel
=VLOOKUP(102,A2:D4,3,FALSE)
```

제약 : ID(102)는 첫 번째 열에 있어야 하고, "3"이라는 고정된 숫자로 열 번호를 지정해야 함

```
=XLOOKUP(102,A2:A4,C2:C4,"데이터 없음")
```

장점 : 검색 배열(A2:A4)과 반환 배열(C2:C4)을 별도로 지정할 수 있어 유연성이 높음
값이 없을 경우도 함께 지정할 수 있음

5. 요약

- VLOOKUP은 기본적인 검색과 반환 기능에 적합하지만, 구조적 제약이 많습니다.
- XLOOKUP은 유연성, 정확도, 에러 처리, 데이터 방향성에서 훨씬 강력합니다.
- 마이크로소프트 365 또는 엑셀 2021 이상을 사용하는 경우 XLOOKUP이 대부분의 경우에서 더 적합합니다.

02 함수에 사용할 셀 범위 이름 정의하기

XLOOKUP 함수가 세로와 가로 양쪽 방향에서 모두 데이터를 찾아올 수 있으므로 XLOOKUP 함수를 두 번 중첩하여 통행료를 찾아오겠습니다. 먼저 함수에 사용되는 셀 범위를 이름으로 정의합니다. ❶ [통행요금] 시트에서 ❷ [A1:B71370] 셀 범위를 지정하고 ❸ [수식] 탭-[정의된 이름] 그룹-[선택 영역에서 만들기]를 클릭합니다. ❹ [선택 영역에서 이름 만들기] 대화상자에서 [첫 행]만 체크하고 ❺ [확인]을 클릭합니다.

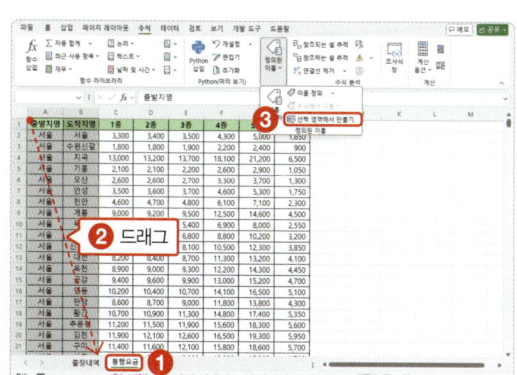

03 ❶ [C1:H1] 셀 범위를 지정하고 ❷ [이름 상자]에 **차종**을 입력한 후 Enter 를 누릅니다. ❸ [C2:H71370] 셀 범위를 지정하고 ❹ [이름 상자]에 **통행료**를 입력한 후 Enter 를 누릅니다.

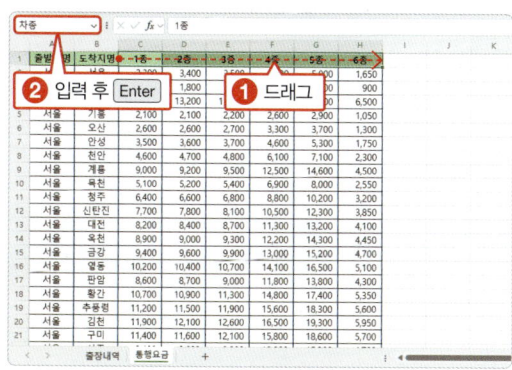

04 [이름 상자]의 목록 단추를 클릭하여 정의된 이름을 확인합니다.

05 XLOOKUP 함수로 통행료 찾아오기 ❶ [출장내역] 시트에서 ❷ [H5] 셀에 =XLOOKUP(E5&F5, 출발지명&도착지명,XLOOKUP(G5,차종,통행료))를 입력하고 Enter 를 누릅니다. ❸ [H5] 셀의 채우기 핸들을 더블클릭하여 수식을 복사합니다.

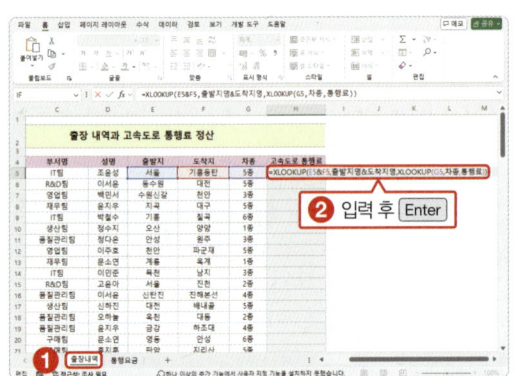
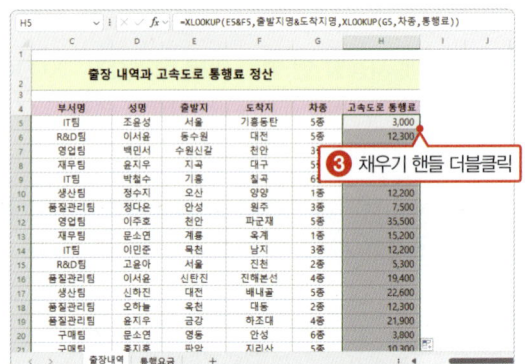

실력향상 출발지(E5)와 도착지(F5) 값을 결합해 하나의 텍스트 값을 만들고, 이를 기준으로 데이터를 검색합니다. 먼저 '출발지명&도착지명'으로 결합된 값 중에서 'E5&F5'와 같은 값을 찾아 해당 행을 지정합니다. 이후 선택된 행에서 G5에 입력된 '차종'을 기준으로 차종 범위를 검색해 해당 차종의 통행료 값을 최종적으로 찾아옵니다.

비법 Note 〉 XLOOKUP 함수

XLOOKUP 함수는 주어진 검색 값과 일치하는 항목을 데이터 목록에서 찾아 반환하는 함수입니다. 찾을 범위와 가져올 범위를 별도로 지정할 수 있어서 기존의 VLOOKUP 함수보다 좀 더 유연하게 사용할 수 있습니다. 데이터가 수평이나 수직 방향 모두에서 검색될 수 있으며, 찾는 값이 없을 경우 오류를 대체할 값도 지정할 수 있습니다. 마이크로소프트 365 또는 엑셀 2021 이상 버전부터 사용할 수 있습니다.

함수 형식	=XLOOKUP(lookup_value,lookup_array,return_array,[if_not_found],[match_mode],[search_mode]) =XLOOKUP(찾을 값,찾을 범위,가져올 범위,찾지 못할 경우 대체 값,찾는 방법,찾는 모드)
인수	– **lookup_value** : 찾을 기준 값을 지정합니다. – **lookup_array** : 찾고자 하는 데이터가 있는 목록입니다. – **return_array** : 셀에 표시할 가져올 데이터가 있는 목록입니다. – **if_not_found** : 일치하는 값을 찾을 수 없는 경우 대체할 값이나 텍스트를 지정하는 인수입니다. 생략하면 일치하는 값이 없을 경우 #N/A가 표시됩니다. – **match_mode** : 찾는 방법을 지정하는 인수로 '0'은 정확히 일치하는 값을 찾고, '–1'은 일치하는 값이 없을 경우 한 단계 낮은 근삿값을 찾고, '1'은 한 단계 높은 근삿값을 찾고, '2'는 와일드카드(*,?,~)를 포함하여 찾습니다. – **search_mode** : 찾는 모드를 지정하는 인수입니다. '1'은 첫 번째 항목부터 찾고, '–1'은 마지막 항목부터 역방향 찾기, '2'는 오름차순으로 정렬되어 있어야 하고, '–2'는 내림차순으로 정렬되어 있어야 합니다.

16 FILTER 함수로 조건에 맞는 데이터 모두 찾아오기

with 챗GPT

실습 파일 CHAPTER03\16_근무자정보검색.xlsx | **완성 파일** CHAPTER03\16_근무자정보검색(완성).xlsx

근무자 인적사항이 정리된 데이터 목록에서 원하는 소속과 직급을 선택하면 해당 조건에 일치하는 모든 데이터를 검색하여 특정 셀에 표시하려고 합니다. 이를 위해 고급 필터 기능을 사용할 수 있는데, 엑셀 2021 이상 버전에서는 FILTER 함수를 활용해 더 간편하게 해결할 수 있습니다. 검색 조건은 데이터 유효성 검사를 통해 목록에서 쉽게 선택할 수 있도록 설정하고, FILTER 함수를 사용하여 조건에 맞는 데이터를 추출해보겠습니다.

미리보기

회사에서 바로 통하는 키워드

유효성 검사, FILTER, 열 숨기기

한눈에 보는 작업 순서

1. 검색 조건에 목록 단추 표시하기 →
2. 함수에 사용할 셀 범위 이름 정의하기 →
3. FILTER 함수로 조건과 일치하는 데이터 검색하기 →
4. 조건이 빈 셀일 때 오류 확인하기
5. 모든 데이터 조건 추가하기

01 검색 조건에 목록 단추 표시하기
검색 조건을 편리하게 입력하기 위해 [J4:K4] 셀 범위에 데이터 유효성 검사로 목록 단추를 표시해보겠습니다. ❶ [J4] 셀을 클릭하고 ❷ [데이터] 탭–[데이터 도구] 그룹–[데이터 유효성 검사]를 클릭합니다. ❸ [데이터 유효성] 대화상자의 [설정] 탭에서 [제한 대상]을 [목록]으로 선택하고 ❹ [원본] 입력란을 클릭한 후 ❺ [S3:S14] 셀 범위를 드래그합니다. ❻ [확인]을 클릭합니다.

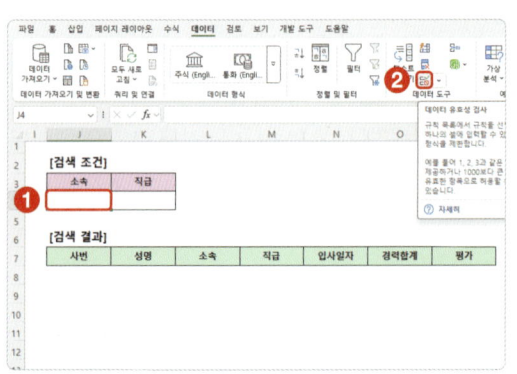
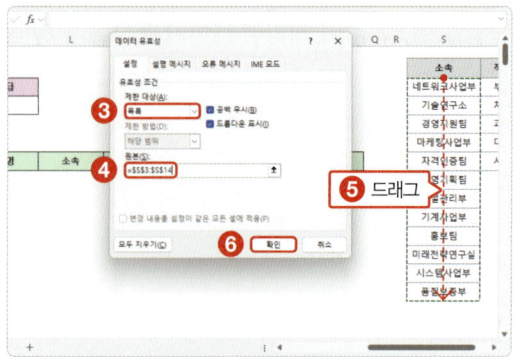

02
[J4] 셀에 목록 단추가 표시되고 소속을 선택할 수 있습니다.

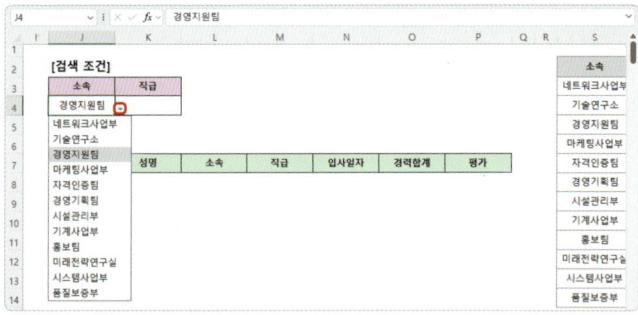

03
❶ 같은 방법으로 [K4] 셀을 클릭하고 ❷ [데이터] 탭–[데이터 도구] 그룹–[데이터 유효성 검사]를 클릭합니다. ❸ [데이터 유효성] 대화상자의 [설정] 탭에서 [제한 대상]을 [목록]으로 선택하고 ❹ [원본] 입력란을 클릭한 후 ❺ [T3:T7] 셀 범위를 드래그합니다. ❻ [확인]을 클릭합니다. ❼ [K4] 셀에 목록 단추가 표시되고 직급을 선택할 수 있습니다.

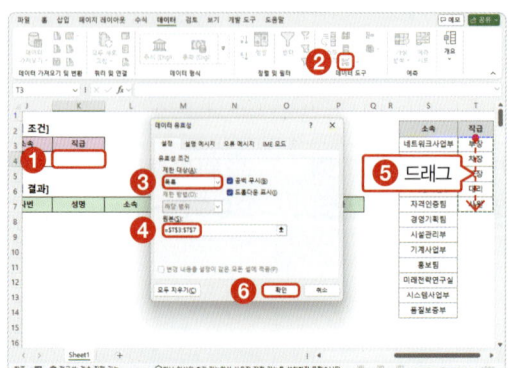
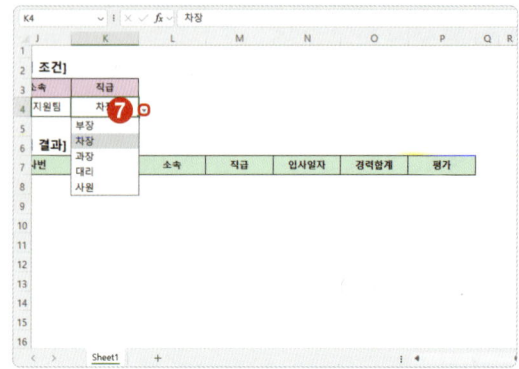

04 함수에 사용할 셀 범위 이름 정의하기 FILTER 함수에 사용할 셀 범위는 상대 참조로 사용되지만 여러 셀 범위가 사용되므로 이름으로 정의한 후 함수에 적용해보겠습니다. ❶ [C3:D303] 셀 범위를 지정하고 ❷ [수식] 탭-[정의된 이름] 그룹-[선택 영역에서 만들기]를 클릭합니다. ❸ [선택 영역에서 이름 만들기] 대화상자에서 [첫 행]만 체크하고 ❹ [확인]을 클릭합니다.

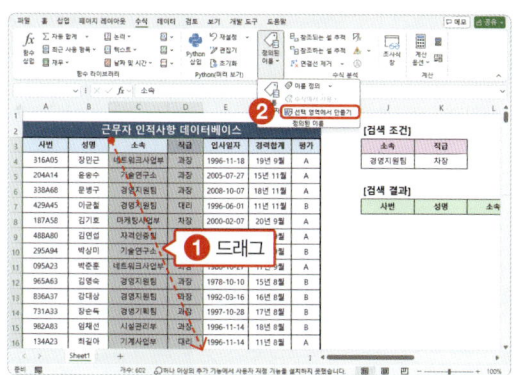 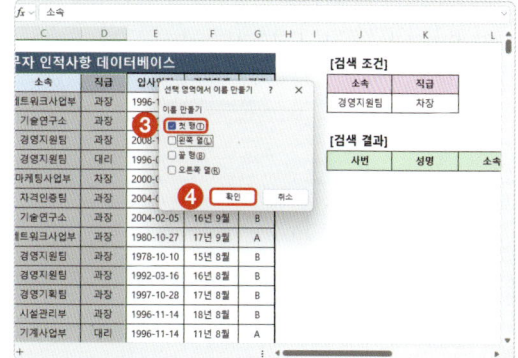

05 ❶ [A4:G303] 셀 범위를 지정하고 ❷ [이름 상자]에 **원본범위**를 입력한 후 Enter 를 누릅니다. [이름 상자]의 목록 단추를 클릭하여 정의된 이름을 확인합니다.

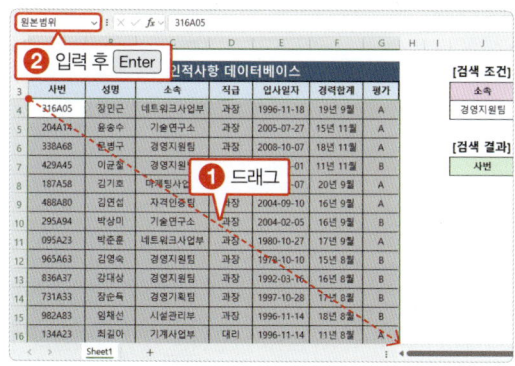

실력향상 '원본범위' 이름을 정의할 때 3행의 머리글이 포함되지 않도록 주의합니다. FILTER 함수의 결과를 표시할 셀에는 머리글(J7:P7)이 이미 입력되어 있으므로 원본 범위에는 머리글이 포함되지 않습니다.

06 FILTER 함수로 조건과 일치하는 데이터 검색하기 ❶ [J8] 셀에 =FILTER(원본범위,(소속=J4)*(직급=K4),"검색결과가 없습니다")를 입력합니다. ❷ 검색 조건으로 입력된 소속과 직급에 맞는 데이터만 추출되어 표시됩니다.

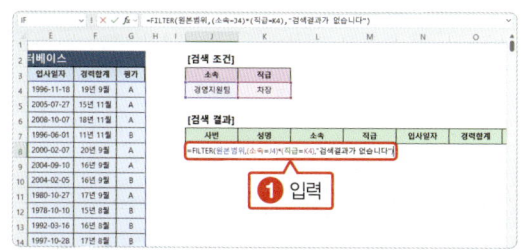

실력향상 '원본범위'에서 '(소속=J4)*(직급=K4)' 조건과 일치하는 데이터를 검색하는 수식으로, 소속이 [J4] 셀에 입력된 값과 일치하고, 직급이 [K4] 셀에 입력된 값과 일치하는 경우에 해당 데이터를 추출합니다. 두 조건은 AND 조건으로 작동하며, 조건에 맞는 데이터가 없으면 '검색결과가 없습니다' 메시지가 표시됩니다.

07 [J4:K4] 셀의 조건을 변경하면 자동으로 필터 결과가 변경됩니다. FILTER 함수는 동적 배열 함수로 수식을 채우기 핸들로 복사할 필요 없이 동적으로 데이터가 업데이트됩니다.

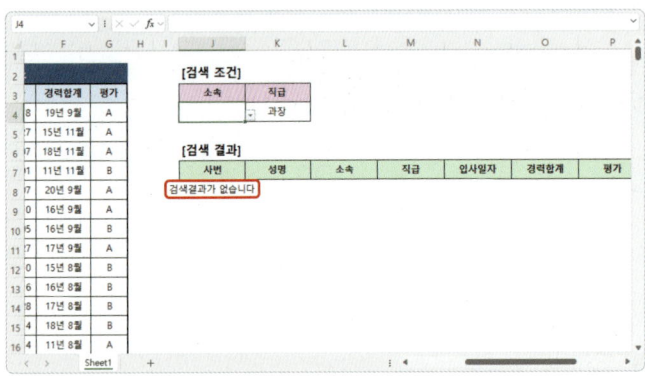

08 조건이 빈 셀일 때 오류 확인하기 검색 조건에서 [J4] 셀이 빈 셀이면 전체 소속에 해당하는 데이터가 필터링되어야 하는데 '검색결과가 없습니다'로 표시됩니다. 이 오류를 해결해보겠습니다.

09 모든 데이터 조건 추가하기 조건 셀이 비어 있으면 전체 데이터로 필터링할 수 있도록 수정해보겠습니다. [J8] 셀의 수식을 **=FILTER(원본범위,((소속=J4)+(J4=""))*((직급=K4)+(K4=""))),"검색결과가 없습니다")**로 수정합니다. 조건 셀이 비어 있으면 전체 데이터를 필터링하여 결과가 표시됩니다.

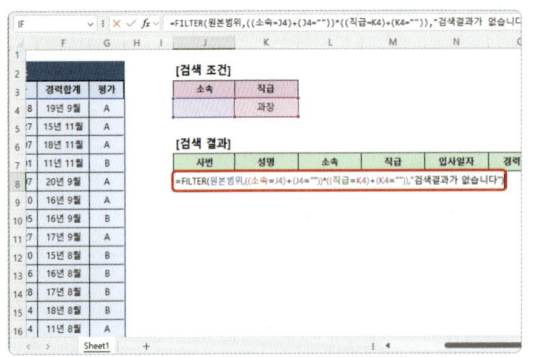 

실력향상 J4=""는 J4가 비어 있는 경우 TRUE가 되어 소속=J4의 결과와 상관없이 소속 조건이 TRUE가 됩니다. (J4="")+(소속=J4)는 OR 조건이기 때문에 한쪽만 TRUE가 되어도 됩니다.

10 ❶ [S:T] 열 범위를 지정하고 마우스 오른쪽 버튼을 클릭한 후 ❷ [숨기기]를 선택합니다.

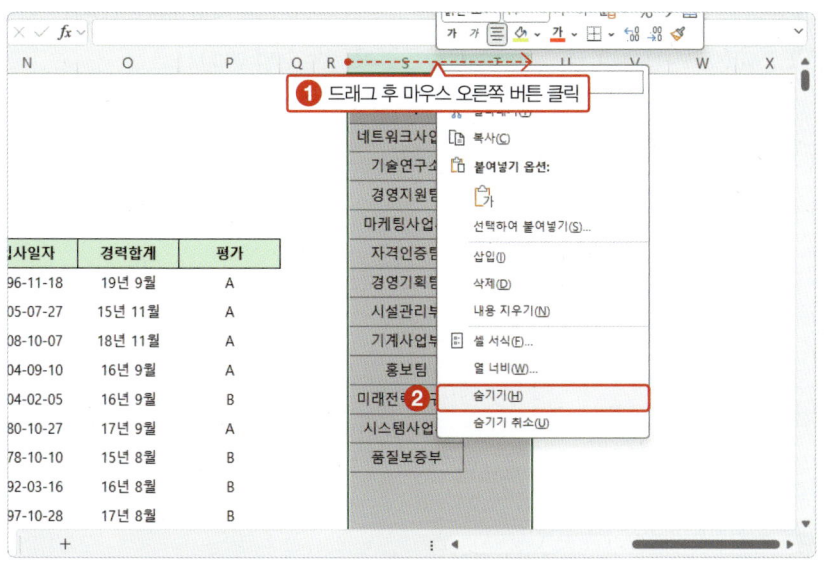

챗GPT 활용 Note 엑셀 2019 이하에서 조건에 맞는 데이터 모두 찾아오는 수식 만들기

실습 파일 CHAPTER03\16_근무자정보검색_챗GPT.xlsx
완성 파일 CHAPTER03\16_근무자정보검색_챗GPT(완성).xlsx

FILTER 함수는 마이크로소프트 365 또는 엑셀 2021 버전부터 사용할 수 있고, 2019 이하 버전에서는 고급 필터를 사용해야 합니다. 고급 필터는 조건이 변경될 때마다 직접 실행해야 하므로 실무에서 사용하기에 불편합니다. 이를 함수로 해결하기 위해서 여러 개 함수를 중첩하여 사용해야 합니다. 이 함수식을 챗GPT를 이용하여 쉽게 만들어보겠습니다. 다음과 같이 프롬프트를 입력합니다.

> **프롬프트**
>
> 엑셀 2024에서 사용하던 함수식을 2019 이하에서 사용 가능하도록 변경해줘.
>
> #엑셀 2024에 입력한 수식
> =FILTER(A4:G303,(C4:C303=J4)*(D4:D303=K4),"검색결과가 없습니다")
> 조건과 일치하는 모든 행 데이터를 찾아오는 수식이야.
>
> #조건
> – 열 순서는 '사번, 성명, 소속, 직급, 입사일자, 경력합계, 평가'로 되어 있어.
> – 첫 번째 셀에 수식을 입력한 후 열 단위로 복사할 수 있도록 함수를 알려줘.

프롬프트Tip 엑셀 2019 이하 버전에서는 동적 배열 함수가 동작하지 않습니다. 각 열에 수식이 하나씩 입력되어야 하므로 열의 정보와 복사 조건도 함께 제시해야 합니다.

> 엑셀 2019 이하 버전에서는 FILTER 함수가 지원되지 않으므로, 배열 수식이나 다른 대체 방법을 사용해야 합니다. 아래는 IF, INDEX, SMALL 등의 함수를 조합하여 같은 결과를 얻는 방법입니다.

대체 수식

아래 수식을 첫 번째 셀에 입력한 후, 열 단위로 복사하여 사용하세요.
이 수식은 조건과 일치하는 데이터를 행 단위로 반환합니다.

```Excel
=IFERROR(INDEX(A$4:A$303,SMALL(IF(($C$4:$C$303=$J$4)*($D$4:$D$303=$K$4),ROW($A$4:$A$303)-ROW($A$4)+1),ROW(A1))),"")
```

단계별 설명

1. IF 조건
- ($C$4:$C$303=$J$4)*($D$4:$D$303=$K$4)
- C열(소속)과 D열(직급)이 각각 J4와 K4의 조건과 일치하는지 확인합니다.
- 배열 계산으로 일치하는 행만 TRUE 값을 반환합니다.

2. SMALL 함수
- SMALL(…, ROW(A1))
- 조건에 맞는 행 번호를 작은 순서대로 추출합니다.
- ROW(A1)은 첫 번째 결과를 반환하며, 아래로 복사하면 ROW(A2), ROW(A3) 등으로 바뀌어 다음 결과를 반환합니다.

3. INDEX 함수
- INDEX(A$4:A$303, …)로 위에서 추출된 행 번호에 해당하는 값을 반환합니다.
- 이 예에서는 A열(사번)의 값을 가져옵니다.

4. IFERROR 함수
- 조건에 맞는 데이터가 없을 경우 ""(빈 문자열)을 반환합니다.

사용 방법

1. 첫 번째 셀에 수식을 입력합니다.
2. 오른쪽 열로 복사하면 해당 열에 맞는 데이터를 자동으로 가져옵니다.
   예를 들어
   - K열에는 =IFERROR(INDEX(B$4:B$303,…),"")
   - H열에는 =IFERROR(INDEX(C$4:C$303,…),"")
3. 아래로 드래그하여 복사하면 조건에 맞는 모든 데이터를 불러옵니다.

주의사항

- 배열 수식이므로 수식 입력 후 Ctrl + Shift + Enter 를 눌러야 작동합니다(엑셀 2019 이하 버전에서 배열 수식을 사용할 때 필요).
- 데이터 범위와 조건 셀 참조를 필요에 따라 조정하세요.

❶ 챗GPT가 알려준 함수식을 복사하고 [J8] 셀에 붙여 넣은 후 Ctrl + Shift + Enter 를 누릅니다. ❷ [J8] 셀의 채우기 핸들을 [P8] 셀까지 드래그하고 ❸ [자동 채우기 옵션] 단추를 클릭한 후 ❹ [서식 없이 채우기]를 선택합니다. 수식을 복사하면서 [N8] 셀의 날짜가 숫자로 표시되는데 [서식 없이 채우기]를 클릭하면 다시 날짜 형식으로 변환됩니다.

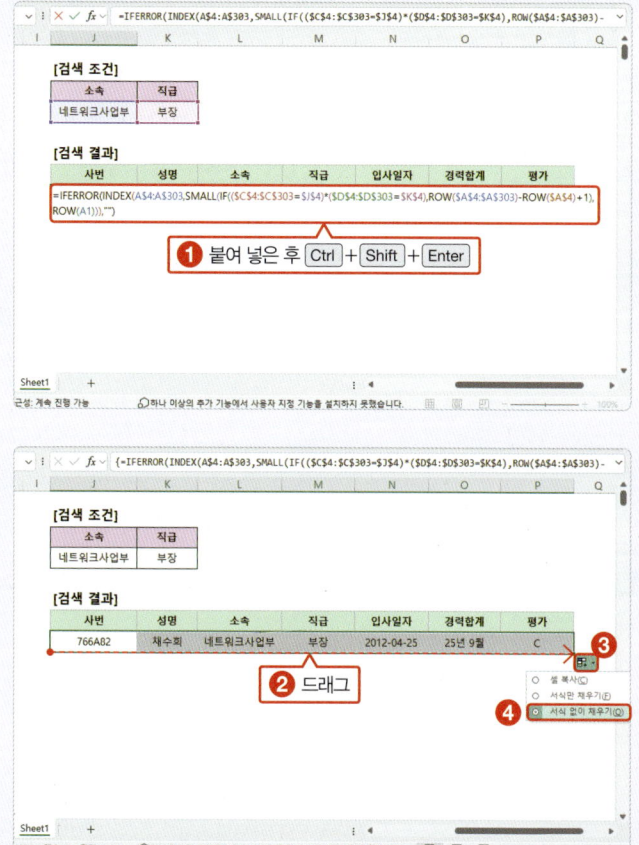

[J8:P8] 셀 범위가 지정된 상태에서 채우기 핸들을 [P50] 셀까지 드래그합니다. 필터링된 최대 행 수에 따라 복사 범위는 필요에 따라 조정합니다.

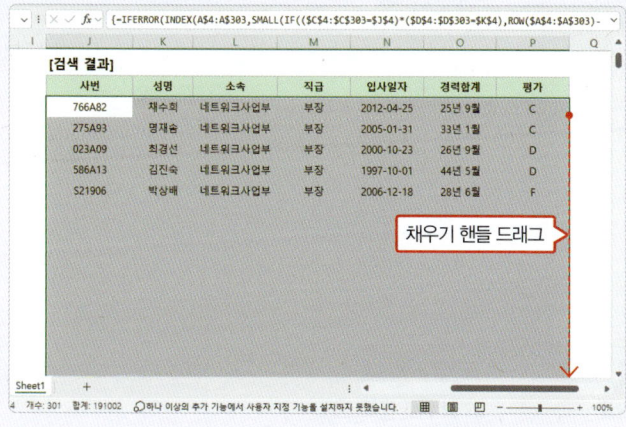

with 챗GPT

17 TEXTJOIN 함수로 그룹별 데이터 결합하기

실습 파일 CHAPTER03\17_품목코드정리.xlsx | **완성 파일** CHAPTER03\17_품목코드정리(완성).xlsx

데이터베이스 형식으로 입력된 품목 데이터 목록이 있습니다. 이 목록에는 동일한 품목번호와 품목명에 해당하는 품목코드가 여러 개 포함되어 있습니다. 동일한 품목번호와 품목명을 가진 품목코드를 하나의 셀로 합치기 위해 IF 함수를 사용하여 조건을 비교한 뒤, TEXTJOIN 함수를 이용해 결합해보겠습니다.

미리보기

표1 : 품목 종류

품목번호	품목명	품목코드
04034-11040	CKET-EHE-BRAPR	APNC2PDF
04034-11040	CKET-EHE-BRAPR	APNB2PDF
04034-11040	CKET-EHE-BRAPR	APNL2PDF
04034-11040	CKET-EHE-BRAPR	APND2PDF
04042-11040	CKET-BRAE	APNH2PDF
04042-11040	CKET-BRAG	WS02PHE
04042-11040	CKET-BRAG	WV02PHE
04042-11040	CKET-BRAG	APNA2PDF
04042-11040	CKET-BRAG	APNB2PDF
04042-11040	CKET-BRAR	APNA2PDF
04049-11040	CKET-MP-BRAGLA	APNA2PDF
04049-11040	CKET-MP-BRAGLA	APNI2PDF
04049-11040	CKET-MP-BRAGLA	APNC2PDF
04049-11040	CKET-MP-BRAGLA	APNL2PDF
04049-11040	CKET-MP-BRAGLA	APNH2PDF
04049-11040	CKET-MP-BRAGLA	APNB2PDF
04098-11040	CKET-BRAR	APNL2PDF
04098-11041	CKET-BRAG	APNJ2PDF
04098-11041	CKET-BRAG	APNA2PDF
04098-11041	CKET-BRAG	APNI2PDF
04098-11041	CKET-BRAG	APNH2PDF
04098-11041	CKET-BRAR	APND2PDF
04098-11041	CKET-TTE-BRAGBA	APNA2PDF
04098-11041	CKET-TTE-BRAGBA	APNL2PDF
04098-11041	CKET-TTE-BRAGBA	APNB2PDF
04098-11041	CKET-TTE-BRAGBA	APNE2PDF
04214-11042	CKET-GIN-BRAYEN	APNC2PDF
04214-11042	CKET-GIN-BRAYEN	APNB2PDF
04214-11042	CKET-GIN-BRAYEN	APNL2PDF

표2 : 품목 코드 정리

품목번호	품목명	품목코드
04034-11040	CKET-EHE-BRAPR	APNC2PDF, APNB2PDF, APNL2PDF, APND2PDF
04042-11040	CKET-BRAE	APNH2PDF
04042-11040	CKET-BRAG	WS02PHE, WV02PHE, APNA2PDF, APNB2PDF
04042-11040	CKET-BRAR	APNA2PDF
04049-11040	CKET-MP-BRAGLA	APNA2PDF, APNI2PDF, APNC2PDF, APNL2PDF, A
04098-11040	CKET-BRAR	APNL2PDF
04098-11041	CKET-BRAG	APNJ2PDF, APNA2PDF, APNI2PDF, APNH2PDF
04098-11041	CKET-BRAR	APND2PDF
04098-11041	CKET-TTE-BRAGBA	APNA2PDF, APNL2PDF, APNB2PDF, APNE2PDF
04214-11042	CKET-GIN-BRAYEN	APNC2PDF, APNB2PDF, APNL2PDF, APNA2PDF
04215-11042	CKET-GIN-BRAEN	APNI2PDF, APNH2PDF, APNJ2PDF
04215-11042	CKET-GIN-BRAYEN	APND2PDF, APNA2PDF, APNE2PDF
04230-11042	CKET-UNT-BRAEMO	APNJ2PDF, APNI2PDF, APNA2PDF, APNE2PDF, APND2PDF
04230-11042	CKET-UNT-BRAGMO	APNH2PDF, APNB2PDF
04232-11042	CKET-SER-BRAGRE	APNC2PDF
04241-11042	CKET-UNT-BRAEMO	APNC2PDF
04250-11042	CKET-WER-BRAELO	APNB2PDF, APNI2PDF
04250-11042	CKET-WER-BRAYLO	APNE2PDF
0425G-11042	CKET-UNT-BRAGMO	APNA2PDF, APNL2PDF
0428C-11042	CKET-LEN-BRAYSO	APNL2PDF
0500B-11050	OVER-FFL-COVBA	APNH2PDF
05010-11050	OVER-TTE-COVBA	APNA2PDF, APNC2PDF
05011-11050	OVER-TTE-COVBA	APNA2PDF
05018-11050	OVER-COVR	WS02PHE, APNA2PDF
05019-11050	OVER-COV	WS02PHE, APNA2PDF, APNH2PDF, APNA2PDF, APNI2PDF, APNA2PDF
05021-11050	OVER-COVC	APNL2PDF
05039-11050	OVER-LAY-COVERE	APND2PDF
05039-11050	OVER-LAY-COVRE	APNA2PDF, WS02PHE, APNC2PDF
05039-11050	OVER-LAY-COVRRE	WV02PHE

회사에서 바로 통하는 키워드

UNIQUE, TEXTJOIN, IF, 배열 수식

한눈에 보는 작업 순서

1 UNIQUE 함수로 품목번호와 품목명 목록 만들기 → **2** 함수에 사용할 셀 범위 이름으로 정의하기 → **3** TEXTJOIN과 IF 함수로 품목코드 결합하기

01 UNIQUE 함수로 품목번호와 품목명 목록 만들기 ❶ [F5] 셀에 =UNIQUE(A5:B303)를 입력하고 Enter 를 누릅니다. ❷ 품목번호와 품목명 셀 범위에서 중복 값을 제거하고 고유한 값만 추출하여 동적 배열 범위로 표시됩니다.

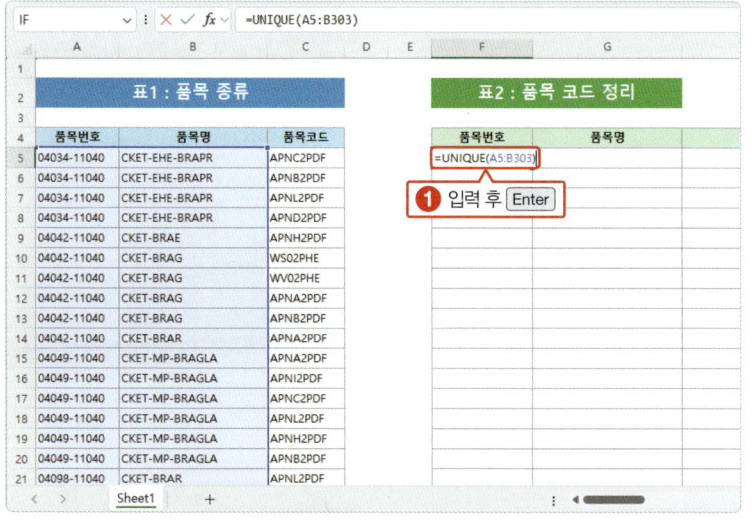

02 함수에 사용할 셀 범위 이름 정의하기 TEXTJOIN 함수에 사용할 셀 범위는 모두 절대 참조로 사용합니다. 이름으로 정의하여 사용하겠습니다. ❶ [A4:C303] 셀 범위를 지정하고 ❷ [수식] 탭-[정의된 이름] 그룹-[선택 영역에서 만들기]를 클릭합니다. ❸ [선택 영역에서 이름 만들기] 대화상자에서 [첫 행]만 체크하고 ❹ [확인]을 클릭합니다.

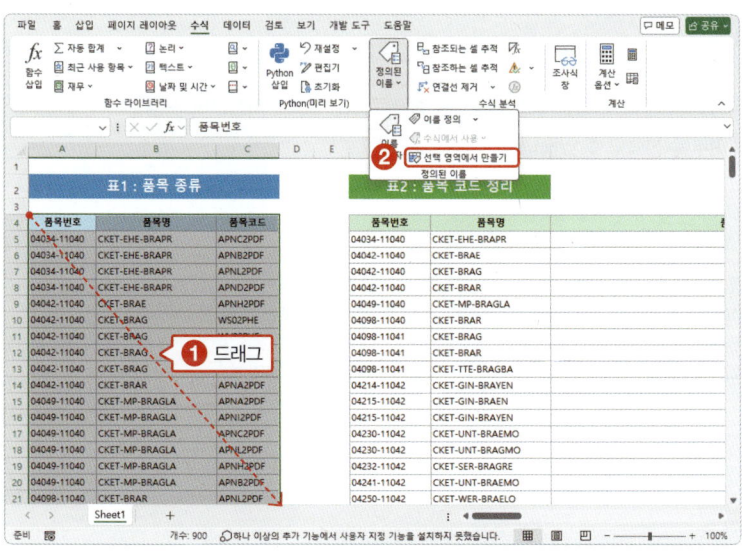
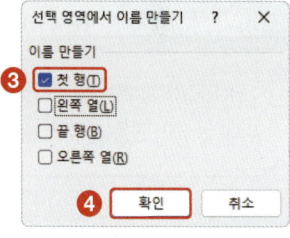

03 TEXTJOIN과 IF 함수로 품목코드 결합하기

❶ [H5] 셀에 =TEXTJOIN(", ", TRUE, IF((품목번호=F5)*(품목명=G5), 품목코드, ""))를 입력합니다. 엑셀 2019에서는 수식을 입력한 후 Ctrl + Shift + Enter 를 누릅니다. 같은 분류의 품목코드가 콤마와 공백으로 구분되어 한 셀에 결합됩니다. ❷ [H5] 셀의 채우기 핸들을 더블클릭하여 수식을 복사합니다.

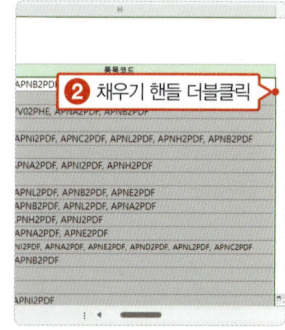

실력향상 (품목명=G5)*(품목코드=F5)는 두 조건을 곱셈으로 결합하여 모두 만족할 때만 TRUE가 나오도록 하는 배열 조건입니다. 이 조건을 IF 함수에 적용하면 조건을 만족할 경우 품목코드를 반환하고, 만족하지 않으면 빈 문자열을 반환합니다. 그다음 TEXTJOIN 함수가 반환된 결과를 쉼표와 공백(", ")으로 구분하여 하나의 문자열로 결합합니다. TEXTJOIN 함수는 여러 텍스트 값을 지정된 구분자로 결합하는 함수로 엑셀 2019 이상 버전부터 사용할 수 있습니다.

비법 Note   TEXTJOIN 함수

TEXTJOIN 함수는 구분 기호를 사용하여 범위 또는 문자열을 합치는 함수로 엑셀 2019 버전부터 지원합니다. 셀 범위에 빈 셀이 있을 경우 빈 셀 포함 여부를 선택할 수 있습니다.

함수 형식	=TEXTJOIN(delimiter,ignore_empty,text1,[text2], …) =TEXTJOIN(구분 기호,빈 셀 포함 여부,문자열1,문자열2, …)
인수	- delimiter : 합친 문자열을 구분하는 기호로 큰따옴표("")로 묶어서 입력합니다. - ignore_empty : 셀 범위에 빈 셀이 있을 경우 포함 유무를 지정합니다. TRUE는 빈 셀을 무시하고, FALSE는 빈 셀도 포함하여 합칩니다. 기본 값은 FALSE입니다. - text1, [text2], … : 합칠 텍스트 문자열 또는 셀 범위와 같은 문자열 배열입니다.

챗GPT 활용 Note — 챗GPT에 파일 업로드하여 열 단위로 분리 요청하기

실습 파일 CHAPTER03\17_품목코드정리_챗GPT.xlsx
완성 파일 CHAPTER03\17_품목코드정리_챗GPT(완성).xlsx

동일한 품목번호와 품목명을 가진 품목코드를 한 셀로 결합하지 않고 같은 행에서 열을 분리하여 편집하려면, 앞에서 사용했던 함수에 TEXTSPLIT 함수를 추가해야 합니다. TEXTSPLIT 함수는 마이크로소프트 365와 엑셀 2024 버전에서만 제공하는 함수입니다. 배열 수식이 길어지므로 챗GPT에 파일을 업로드하여 원하는 결과를 요청해보겠습니다. 다음과 같이 프롬프트를 입력합니다.

> **프롬프트**
>
> **첨부 파일** : CHAPTER03\17_품목코드정리_챗GPT.xlsx
>
> 첨부한 파일에서 품목명을 기준으로 품목코드를 열 단위로 정리해줘.
>
> #조건
> - B열의 품목명이 같은 C열의 품목코드를 오른쪽으로 나열하여 새로운 구조의 표를 만들어줘.
> - 결과의 열 순서는 '품목번호, 품목명, 품목코드'로 만들어주고,
> - 엑셀 파일로 다운로드할 수 있도록 링크를 만들어줘.

> 첨부하신 데이터를 조건에 맞게 정리하여 새로운 파일을 생성했습니다. 아래 링크를 클릭하여 결과 파일을 다운로드하세요:
>
> 품목코드_정리_결과.xlsx

 [품목코드_정리_결과.xlsx]를 클릭하여 결과 파일을 다운로드합니다. ❷ 다운로드한 파일을 열면 품목코드가 열 단위로 분리되어 있습니다.

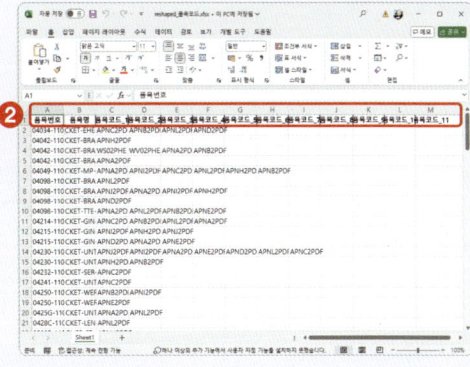

매입처DB 편집 후 함수를 활용하여 거래내역표 완성하기

실습 파일 CHAPTER03\프로젝트_매입처별정산내역.xlsx | 완성 파일 CHAPTER03\프로젝트_매입처별정산내역(완성).xlsx

01 ▶ 프로젝트 시작하기

[매입처] 시트에 있는 상호명, 사업자등록번호, 입금 계좌번호 등의 정보를 활용해 당월 거래 내역 표를 작성하려고 합니다. 이를 위해 [거래내역] 시트의 '업체명'과 [매입처] 시트의 '상호명'을 연결하여 해당 업체의 과세사업자번호와 입금 계좌번호를 찾아 입력하려고 합니다. 먼저 [매입처] 시트에서 중복 항목을 제거한 뒤 [거래내역] 시트에서 VLOOKUP 함수와 IFERROR 함수를 사용해 데이터를 표시해보겠습니다. 또한 [거래내역] 시트의 번호는 행이 추가되거나 삭제될 때 자동으로 업데이트되도록 ROW 함수를 사용하고, 거래금액의 총합을 계산해 업체별 비율을 표시합니다.

함수를 적용하기 전 사용할 데이터 목록에 문제가 없는지, 만약 문제가 있다면 데이터 목록을 어떻게 편집해야 하는지를 익히고, 특정 데이터 목록에서 원하는 기준 데이터를 찾아 셀에 표시하는 VLOOKUP 함수, 오류가 났을 때 해결하는 IFERROR 함수, 조건부 서식에 수식을 사용하는 방법 등을 알아봅니다.

회사에서 바로 통하는 키워드

공백 제거, 중복된 항목 제거, ROW, IFERROR, VLOOKUP, 조건부 서식, 색상 기준 정렬

02 프로젝트 예제 미리보기

매입처별입금계좌번호

상호명	사업자등록번호	대표자명	비용 입금 계좌번호	비고
PK테크	503-20-80097	양평호	농협 216-02-010837	
국제파트너	113-15-95151	전계영	농협 371-02-040090	
PK코리아	138-07-89589	윤병선	국민 614-20-048837	
대한에스엠	125-16-77338	이수연	농협 591-067058-02-003	
부산산업기계공업	130-81-91607	이몽호	국민 305-20-010978	
하나한전자	119-81-33352	박영선	신한 174-08-377086	
PKD테크	113-22-34579	장준식	시티 256-150925-02-002	
에이피케이디	119-86-25973	민양기	기업 115-08-071823	
피씨엠엠에스	218-81-21866	김대근	국민 371-02-040091	
토토코리아	120-86-24917	이재원	농협 361-08-064638	
행복코리아	124-87-14913	류일환	국민 291-01-0005-182	
삼화명인	113-86-61044	이호승	우체국 174-08-377085	
아이피테크	113-81-34565	배영환	외환 984-87-0384-336	
B&BTECH	121-04-19347	이은영	제일 600-20-086369	
CDKP	130-81-72288	김혜래	기업 604-20-553450	
PKCPONI	113-17-26250	전경구	우체국 591-067058-02-002	
P&P상사	113-06-77883	송대헌	국민 305-20-010977	
DTKS	606-86-13419	권문영	하나 174-08-377085	
유드코리아	134-81-15708	윤호준	씨티 240-21-0555-812	
KPKP	617-81-32236	강성조	국민 614-20-072386	
온수압구	121-86-22168	이신영	국민 614-10-010803	
윤구플랜	119-21-43195	이정희	기업 353-20-119613	
경기전기	113-81-16068	백쌍인	신한 072-02-154411	
영공기공	139-81-15004	김영선	제일 256-150925-02-001	
경원월텍	120-81-63549	문한필	기업 397-15-190133	

7월 매입처별 거래 내역

총합계 금액: 627,230,241

번호	업체명	거래금액	비율(%)	과세사업자번호	입금계좌번호	비고
1	B&BTECH	123,303,000	19.66%	121-04-19347	제일 600-20-086369	
2	CDKP	44,460,000	7.09%	130-81-72288	기업 604-20-553450	
3	DS테크	38,225,300	6.09%			
4	PKCPONI	33,912,000	5.41%	113-17-26250	우체국 591-067058-02-002	
5	PK테크	29,717,880	4.74%	503-20-80097	농협 216-02-010837	
6	P&P상사	23,264,100	3.71%	113-06-77883	국민 305-20-010977	
7	DTKS	23,155,500	3.69%	606-86-13419	하나 174-08-377085	
8	유드코리아	18,756,859	2.99%	134-81-15708	씨티 240-21-0555-812	
9	KPKP	16,795,820	2.68%	617-81-32236	국민 614-20-072386	
10	가온유압	14,900,900	2.38%			
11	윤구플랜	14,552,000	2.32%	119-21-43195	기업 353-20-119613	
12	강원전기	13,382,500	2.13%			
13	영공기공	13,300,000	2.12%	139-81-15004	제일 256-150925-02-001	
14	경원월텍	12,030,000	1.92%	120-81-63549	기업 397-15-190133	
15	우광	11,514,300	1.84%	123-81-33652	농협 115-08-071822	
16	진광	11,247,420	1.79%	118-05-67990	신한 009-037318-02-501	
17	국제파트너	9,994,250	1.59%	113-15-95151	농협 371-02-040090	

한눈에 보는 작업 순서

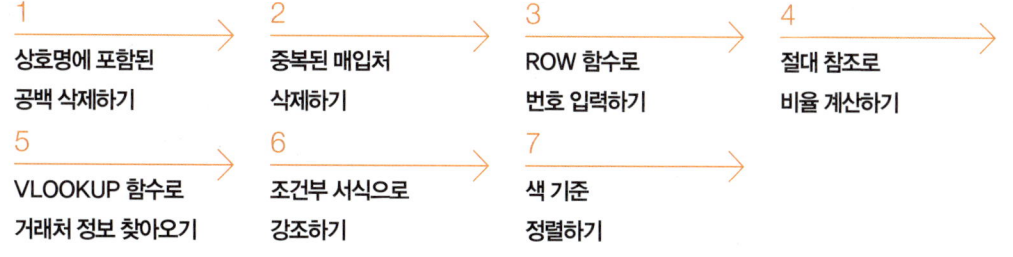

1. 상호명에 포함된 공백 삭제하기
2. 중복된 매입처 삭제하기
3. ROW 함수로 번호 입력하기
4. 절대 참조로 비율 계산하기
5. VLOOKUP 함수로 거래처 정보 찾아오기
6. 조건부 서식으로 강조하기
7. 색 기준 정렬하기

CHAPTER 03 업무에 꼭 필요한 수식과 실무 함수

03 핵심 기능 미리보기

STEP 01 상호명에 포함된 공백 삭제하고 중복된 매입처 제거하기

❶ [매입처] 시트에서 상호명에 포함된 공백을 일괄 삭제하기 위해 B열을 선택한 후 [바꾸기]를 실행합니다. [바꾸기] 탭에서 찾을 내용에 공백 한 칸을 입력한 후 [모두 바꾸기]를 실행합니다.

❷ [중복 값 제거]로 상호명과 사업자등록번호가 동일한 레코드를 모두 제거합니다.

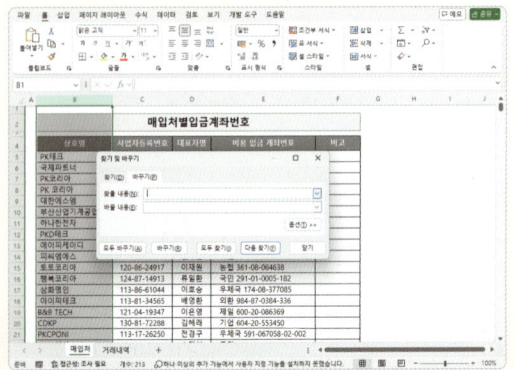 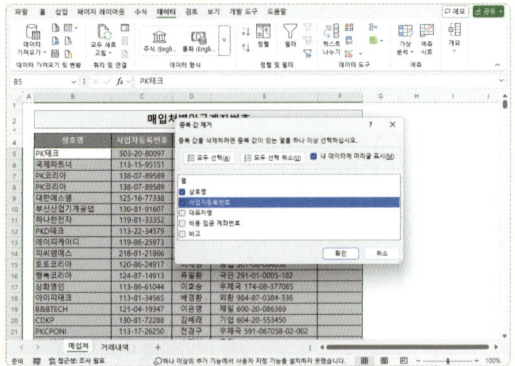

STEP 02 함수로 번호 입력한 후 비율 계산하고 과세사업자번호와 입금 계좌번호 찾아오기

❶ [거래내역] 시트의 번호는 행이 삽입되거나 삭제되더라도 자동으로 번호가 변경될 수 있도록 ROW 함수를 이용하여 번호를 매깁니다.

❷ 총합계 금액을 구한 후 거래금액에 총합계 금액을 나누어 비율을 계산합니다.

❸ [매입처] 시트의 데이터 목록을 '매입처정보'로 이름 정의한 후 VLOOKUP 함수로 과세사업자번호와 입금 계좌번호를 입력합니다. [거래내역] 시트의 업체명 중 신규 업체는 [매입처] 시트에 정보가 없으므로 IFERROR 함수를 통해 빈 셀로 표시되도록 합니다.

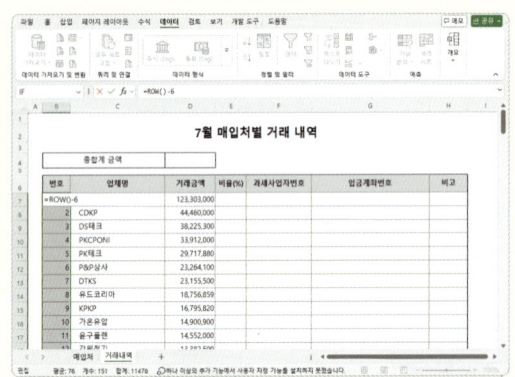 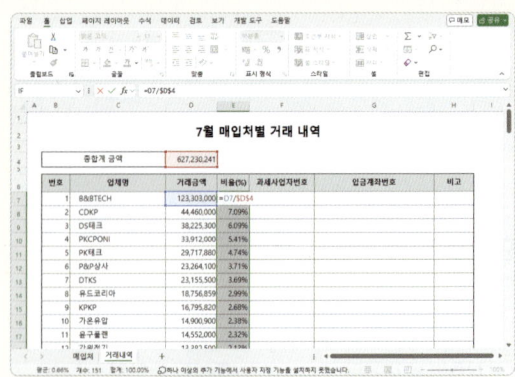

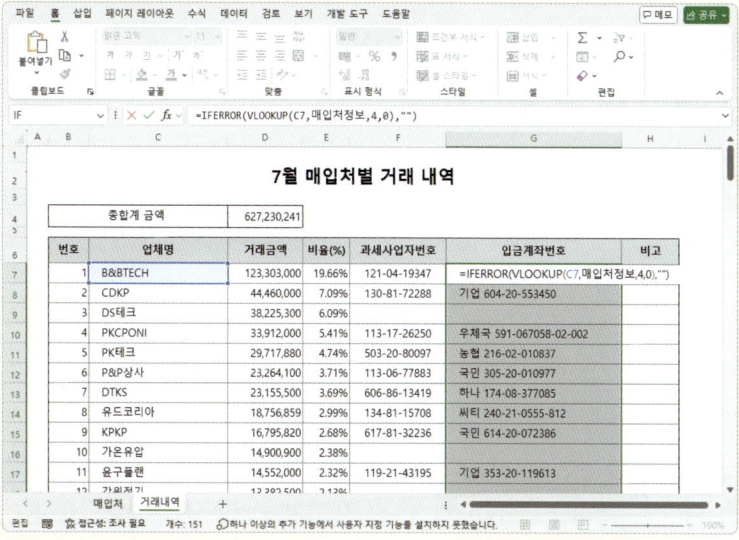

STEP 03 과세사업자번호가 없는 매입처만 채우기 색을 설정하고 아래쪽에 정렬하기

❶ [거래내역] 시트에서 과세사업자번호가 없는 행에 조건부 서식으로 채우기 색을 적용합니다.

❷ 채우기 색이 적용된 행만 정렬 기능으로 아래쪽에 정렬합니다.

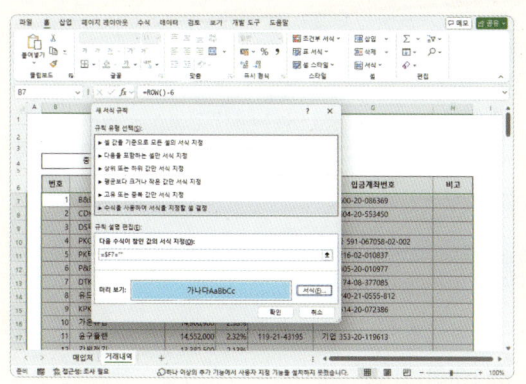
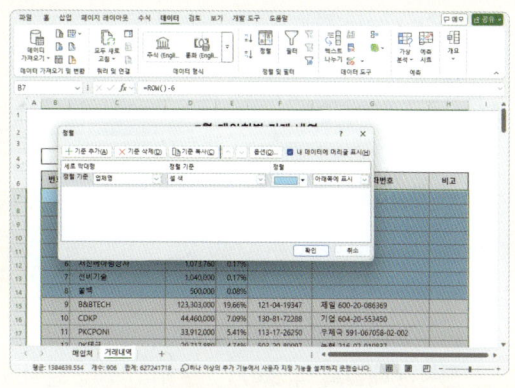

STEP 01 상호명에 포함된 공백 삭제하고 중복된 매입처 제거하기

[매입처] 시트의 상호명 데이터 목록에는 중복되는 항목이 있습니다. 상호명과 사업자등록번호가 동일한 매입처는 중복되는 매입처로 간주하는데, 공백이 있는 데이터는 중복으로 처리되지 않습니다. 먼저 [바꾸기]를 이용하여 상호명에 있는 공백을 모두 삭제하고 중복되는 매입처를 제거하겠습니다.

01 상호명에 공백 삭제하기 ❶ [매입처] 시트에서 ❷ [B5:B215] 셀 범위를 지정하고 ❸ [홈] 탭-[편집] 그룹-[찾기 및 선택]을 클릭한 후 ❹ [바꾸기]를 선택합니다. ❺ [찾기 및 바꾸기] 대화상자에서 [찾을 내용]에 Spacebar 를 한 번 눌러 공백 한 칸을 입력하고 ❻ [모두 바꾸기]를 클릭합니다. ❼ '27개 항목이 바뀌었습니다' 메시지 창이 나타나면 [확인]을 클릭합니다. ❽ [찾기 및 바꾸기] 대화상자를 닫습니다.

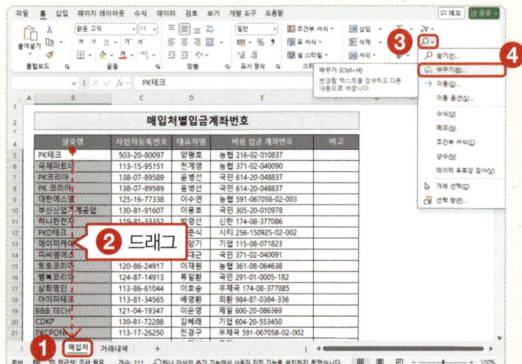 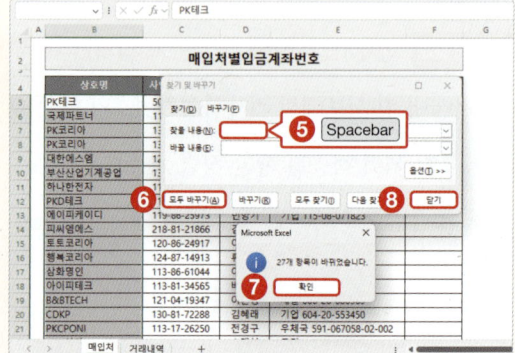

시간단축 [B5] 셀을 클릭하고 Ctrl + Shift + ↓ 를 누르면 빠르게 범위를 지정할 수 있습니다.

실력향상 [찾기 및 바꾸기] 대화상자에서 [찾을 내용]과 [바꿀 내용]에 불필요한 항목이 입력되어 있으면 바꾸기가 제대로 실행되지 않으므로 주의합니다.

02 중복된 매입처 삭제하기 ❶ [B4] 셀을 클릭하고 ❷ [데이터] 탭-[데이터 도구] 그룹-[중복된 항목 제거]를 클릭합니다. ❸ [중복 값 제거] 대화상자에서 [상호명]과 [사업자등록번호]에만 체크하고 나머지 항목은 모두 체크를 해제합니다. ❹ [확인]을 클릭합니다.

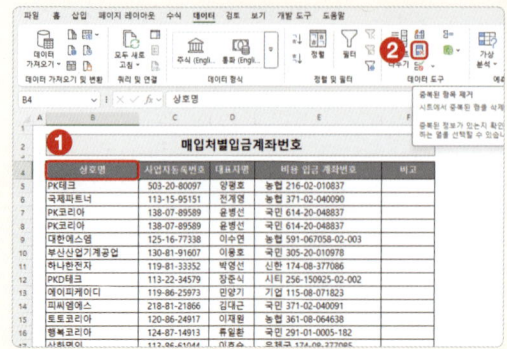 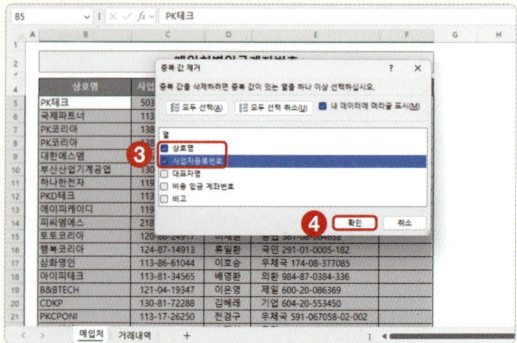

실력향상 [B4] 셀을 선택한 상태에서 [중복된 항목 제거]를 클릭하면 [B4] 셀을 기준으로 빈 행과 빈 열 전까지 범위가 지정됩니다. 만약 자동 범위가 잘못 지정되었다면 직접 범위를 지정하고 [중복된 항목 제거]를 클릭합니다.

03 중복된 항목 제거 개수와 유지되는 항목 개수를 알려주는 메시지 창이 나타납니다. [확인]을 클릭합니다.

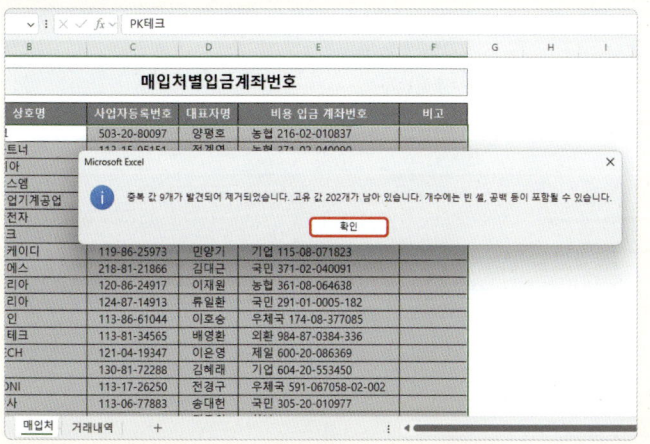

STEP 02 함수로 번호 입력한 후 비율 계산하고 과세사업자번호와 입금 계좌번호 찾아오기

[거래내역] 시트에서 ROW 함수로 번호를 입력하고, 거래금액의 합계를 계산하여 비율을 구합니다. 그런 다음 업체명을 기준으로 하여 [매입처] 시트에서 과세사업자번호와 입금 계좌번호를 찾아오도록 합니다. 단, 업체명이 [매입처] 시트에 없는 경우에는 빈 셀로 표시되도록 함수를 입력해보겠습니다.

01 번호 입력하기 ❶ [거래내역] 시트에서 ❷ [B7] 셀에 **=ROW()-6**을 입력하고 Enter 를 누릅니다. ❸ [B7] 셀의 채우기 핸들을 더블클릭하여 수식을 복사합니다.

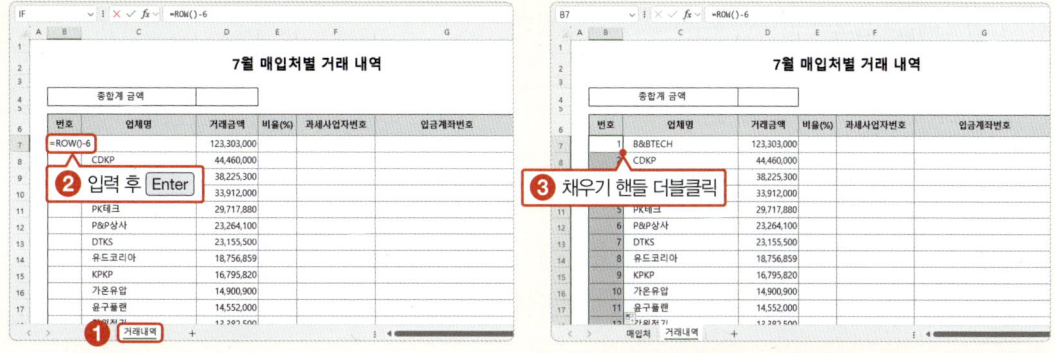

실력향상 ROW 함수를 사용하여 번호를 매기면 목록 중간에 행이 삽입되거나 삭제되더라도 번호가 자동으로 업데이트됩니다. [B7] 셀에 =ROW()로 수식을 입력하면 현재 셀의 행 번호가 반환되어 7이 표시됩니다. 1로 시작하기 위해 6을 뺍니다.

02 거래금액의 총합계와 비율 계산하기
❶ [D4] 셀에 **=SUM(D7:D157)**를 입력하고 Enter 를 누릅니다. ❷ [E7] 셀에 **=D7/$D$4**를 입력하고 Enter 를 누릅니다.

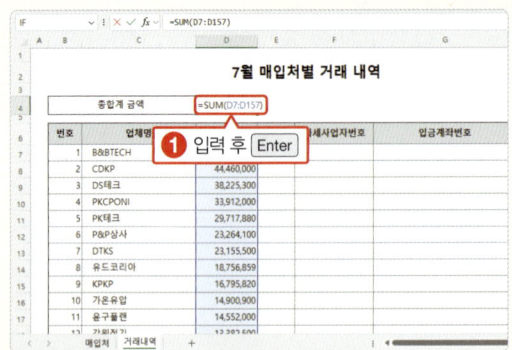
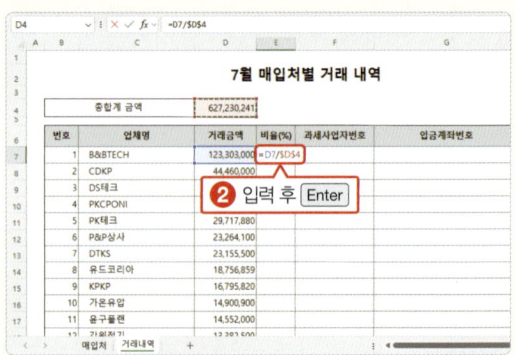

03
❶ [E7] 셀의 채우기 핸들을 더블클릭하여 수식을 복사합니다. [E7:E157] 셀 범위가 선택된 상태에서 ❷ [홈] 탭-[표시 형식] 그룹-[백분율 스타일]을 클릭합니다. ❸ [자릿수 늘림]을 두 번 클릭하여 소수점 두 자리까지 표시되도록 합니다.

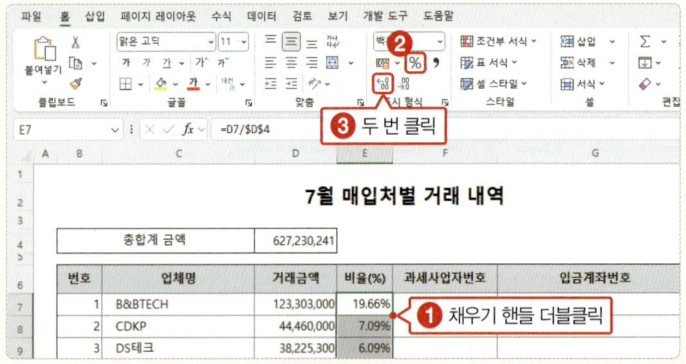

04 함수에 사용할 셀 범위 이름 정의하기
과세사업자번호에는 VLOOKUP 함수를 적용해야 하는데, 이 함수에는 [매입처] 시트의 범위를 절대 참조로 사용해야 합니다. 먼저 이름을 정의하겠습니다. ❶ [매입처] 시트에서 ❷ [B4] 셀을 클릭하고 Ctrl + A 를 눌러 [B4:F206] 셀 범위를 지정합니다. ❸ [이름 상자]에 **매입처정보**를 입력한 후 Enter 를 누릅니다.

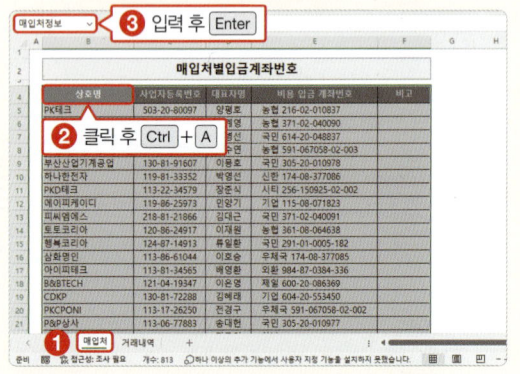

실력향상 정의된 이름은 [이름 상자] 목록 단추를 클릭하여 확인할 수 있습니다. 이때 정의된 이름을 클릭하면 이름으로 정의한 셀 범위가 자동으로 선택됩니다. 정의된 이름을 수정하거나 삭제할 때는 [수식] 탭-[정의된 이름] 그룹-[이름 관리자]를 클릭합니다.

05 과세사업자번호와 입금 계좌번호 찾아오기 ❶ [거래내역] 시트에서 ❷ [F7] 셀에 **=IFERROR (VLOOKUP(C7,매입처정보,2,0),"")** 를 입력하고 Enter 를 누릅니다. ❸ [G7] 셀에 **=IFERROR(VLOOKUP (C7,매입처정보,4,0),"")** 를 입력하고 Enter 를 누릅니다.

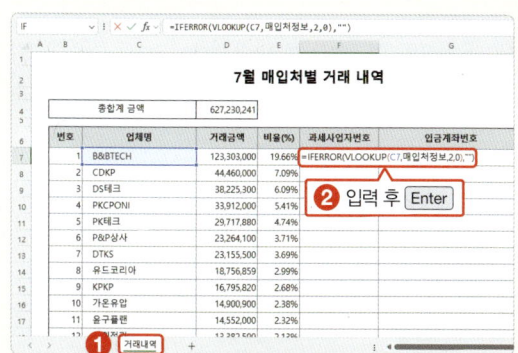 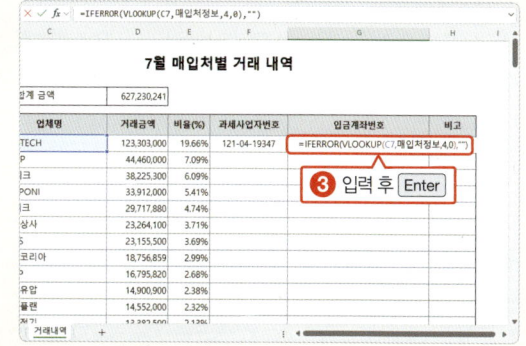

실력향상 [거래내역] 시트의 '업체명'을 [매입처] 시트의 '상호명' 범위에서 찾아 해당하는 '사업자등록번호'를 셀에 입력하는 함수식입니다. 만약 업체명이 [매입처] 시트에 없는 경우에서 VLOOKUP 함수의 결과가 오류로 표시됩니다. 이를 해결하기 위해 IFERROR 함수를 중첩하여 VLOOKUP 함수의 결과가 오류일 경우 빈 셀로 표시합니다.

함수 형식 : =VLOOKUP(찾을 기준 값,기준 범위,가져올 열 번호,찾는 방법)
=IFERROR(수식,오류가 났을 경우 대체할 값이나 식)

06 ❶ [F7:G7] 셀 범위를 지정하고 ❷ 채우기 핸들을 더블클릭하여 수식을 복사합니다. 업체명이 [매입처] 시트에 있는 경우는 과세사업자번호와 입금계좌번호가 표시되고, 없는 경우는 빈 셀로 표시됩니다.

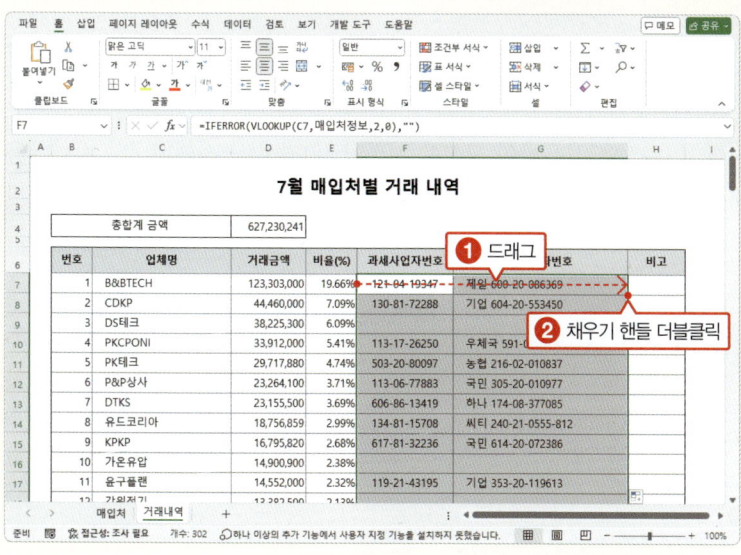

STEP 03 과세사업자번호가 없는 업체만 채우기 색을 설정하고 아래쪽에 정렬하기

VLOOKUP 함수를 이용하여 해당 업체의 과세사업자번호를 표시했는데, 일부 업체명은 [매입처] 시트에 없어 IFERROR 함수에 의해서 빈 셀로 표시되었습니다. 과세사업자번호가 없는 행 데이터에 채우기 색을 설정하고 아래쪽으로 정렬해보겠습니다.

01 조건부 서식으로 채우기 색 설정하기 ❶ [B7:H157] 셀 범위를 지정하고 ❷ [홈] 탭-[스타일] 그룹-[조건부 서식]-[새 규칙]을 클릭합니다.

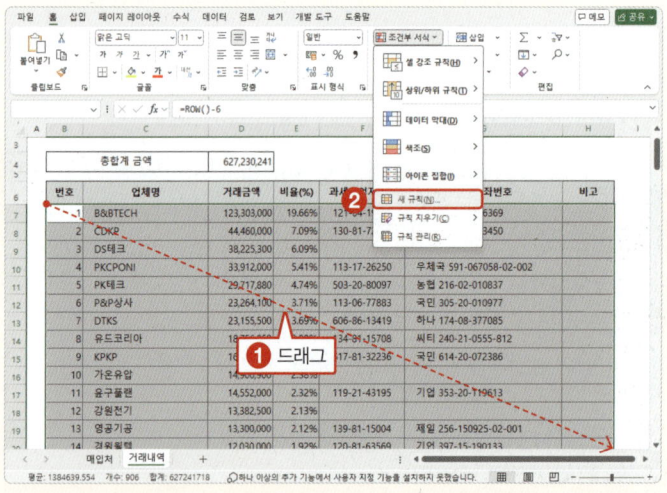

02 ❶ [새 서식 규칙] 대화상자에서 [수식을 사용하여 서식을 지정할 셀 결정]을 선택합니다. ❷ [다음 수식이 참인 값의 서식 지정]에 =$F7=""를 입력하고 [서식]을 클릭합니다. ❸ [채우기] 탭에서 ❹ 배경색을 임의로 선택하고 ❺ [확인]을 클릭합니다. ❻ [새 서식 규칙] 대화상자에서 [확인]을 클릭합니다.

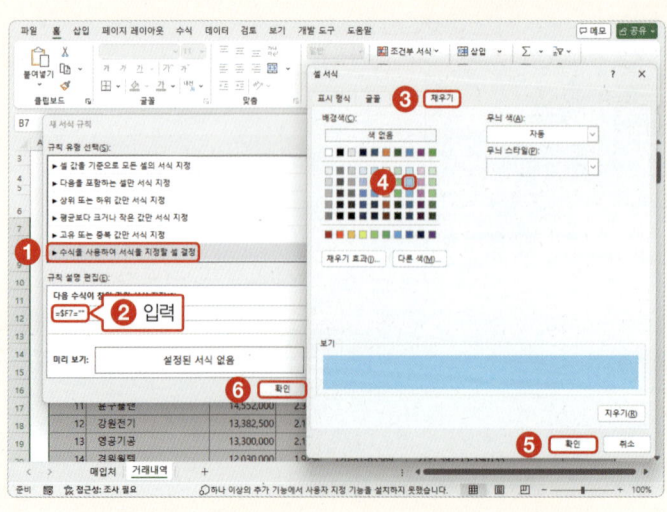

실력향상 [조건부 서식]의 규칙으로 =$F7=""를 입력하면 F열이 빈 셀일 경우 [B:H] 열의 데이터에 채우기 색이 표시됩니다. [조건부 서식]에 수식을 입력할 때 범위의 첫 셀을 기준으로 입력하면 수식을 복사한 것처럼 상대 참조, 절대 참조, 혼합 참조가 반영됩니다.

03 과세사업자번호가 없는 행 데이터만 채우기 색이 설정되었습니다.

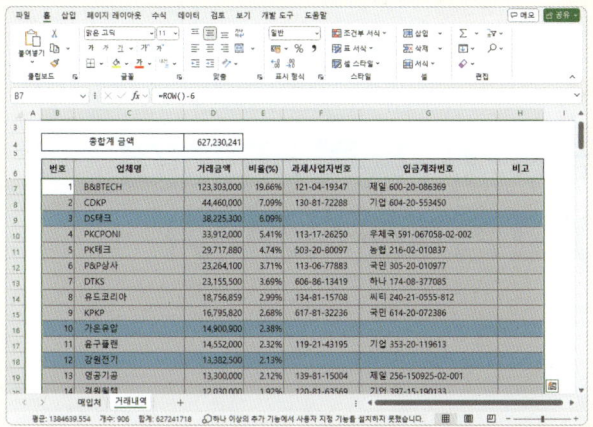

04 채우기 색이 설정된 행만 아래쪽으로 정렬하기 ❶ [B7] 셀을 클릭하고 ❷ [데이터] 탭–[정렬 및 필터] 그룹–[정렬]을 클릭합니다. ❸ [정렬] 대화상자에서 열은 [업체명], 정렬 기준은 [셀 색], 정렬은 목록에서 색상을 선택한 후 [아래쪽에 표시]를 선택합니다. ❹ [확인]을 클릭합니다.

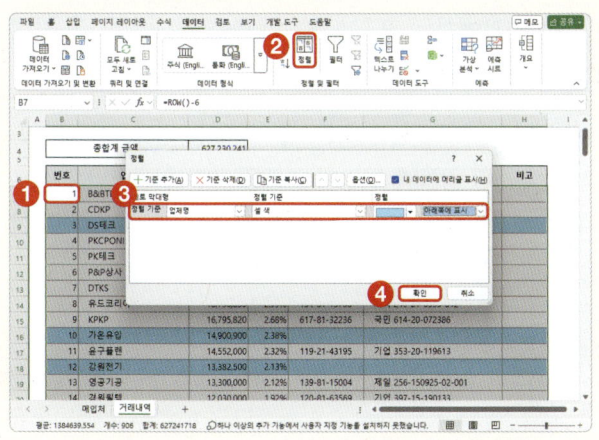

05 과세사업자번호가 없는 업체만 아래쪽으로 정렬되었습니다.

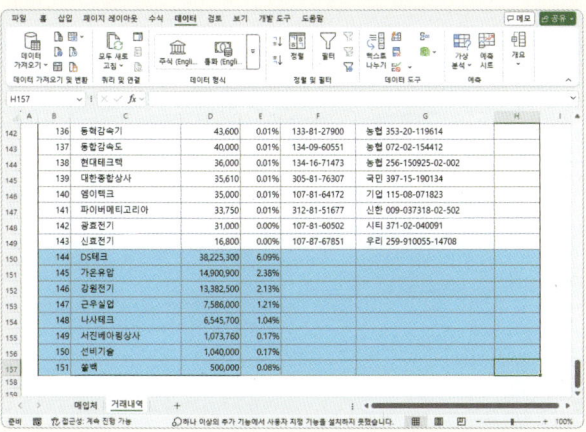

CHAPTER 03 업무에 꼭 필요한 수식과 실무 함수

진급대상자와 교육수강자 목록 비교하여 교육이력 관리하고 집계표 작성하기

실습 파일 CHAPTER03\프로젝트_진급자교육이력관리.xlsx | 완성 파일 CHAPTER03\프로젝트_진급자교육이력관리(완성).xlsx

01 프로젝트 시작하기

인사팀에서 관리하는 진급대상자 명단과 교육팀에서 관리하는 교육수료자 명단을 하나로 통합해 진급대상자가 필수 교육을 이수했는지와 의무 점수를 획득했는지 한눈에 확인할 수 있도록 함수를 적용하려고 합니다. [진급대상자] 시트에서는 진급대상자의 필수 교육 이수 여부를 표시하는데, 함수식은 챗GPT를 사용하여 만들어보겠습니다. [교육수료자] 시트에서는 교육비와 수료율을 계산하며, 셀 값에 따라 오류가 발생하는 경우 IFERROR 함수를 활용해 해당 값을 0으로 처리합니다.

이렇게 데이터를 정리한 후 부서별 진급자의 교육 수료 현황을 한눈에 분석할 수 있는 집계표를 작성합니다. 이를 통해 구데이터와 신데이터를 비교하여 추가된 항목과 누락된 항목을 점검하는 방법을 실무에 적용할 수 있습니다. 또한, 여러 시트를 활용해 항목별로 데이터를 그룹화하는 함수의 사용법도 익힐 수 있습니다.

회사에서 바로 통하는 키워드

IF, IFERROR, 조건부 서식, COUNTIF, COUNTIFS, SUMIF

02 프로젝트 예제 미리보기

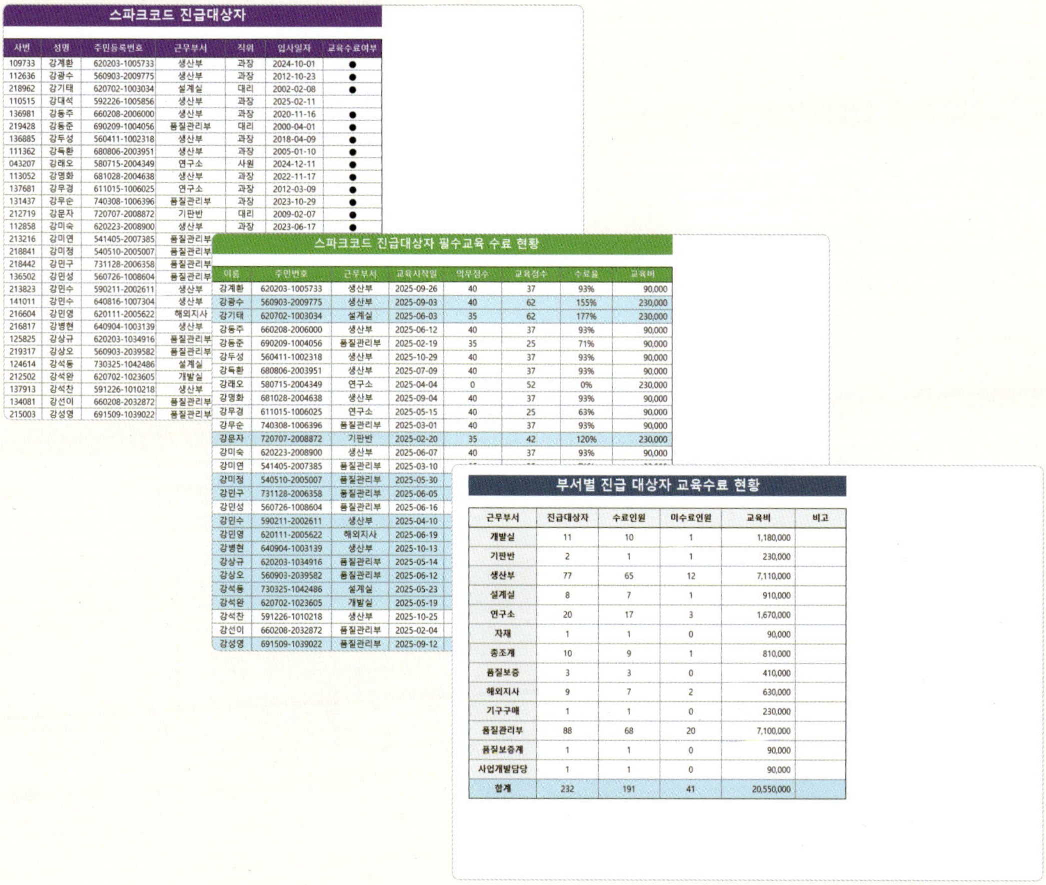

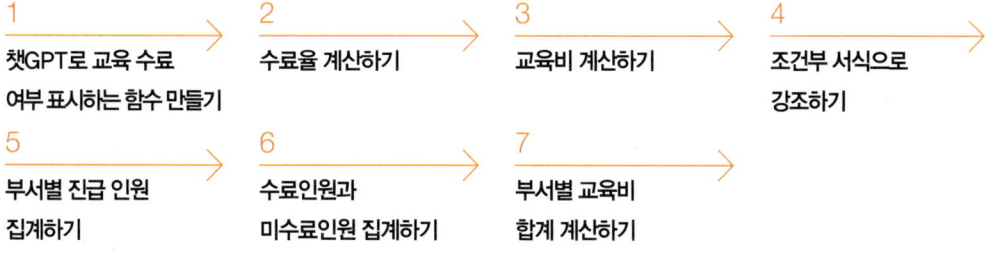

한눈에 보는 작업 순서

1. 챗GPT로 교육 수료 여부 표시하는 함수 만들기
2. 수료율 계산하기
3. 교육비 계산하기
4. 조건부 서식으로 강조하기
5. 부서별 진급 인원 집계하기
6. 수료인원과 미수료인원 집계하기
7. 부서별 교육비 합계 계산하기

03 핵심 기능 미리보기

STEP 01 진급자 교육수료여부 표시하고 교육수료율, 교육비 계산하기

❶ [교육수료자] 시트의 정보를 참조하여 [진급대상자] 시트의 교육수료여부를 표시하는 함수를 챗GPT를 활용하여 생성합니다.

❷ [교육수료자] 시트의 수료율에 IFERROR 함수로 의무점수가 '0'일 때 오류가 표시되지 않도록 합니다.

❸ [교육수료자] 시트에 IF 함수로 교육점수에 맞는 교육비를 계산합니다.

❹ [교육수료자] 시트에 조건부 서식으로 수료율이 100% 이상인 수료자 데이터에 채우기 색을 적용합니다.

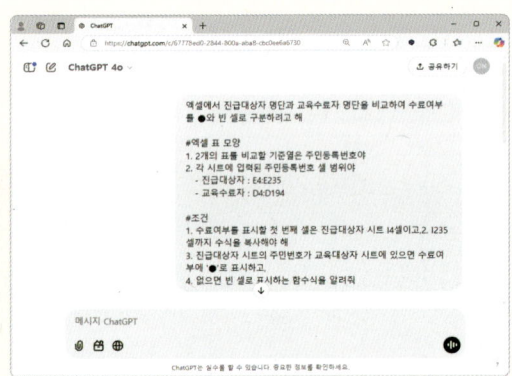
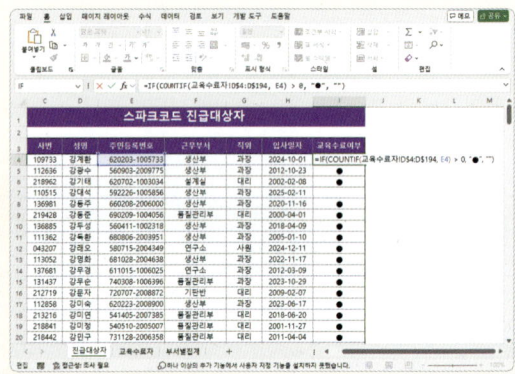
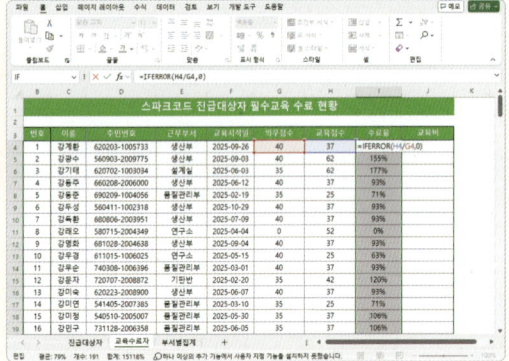
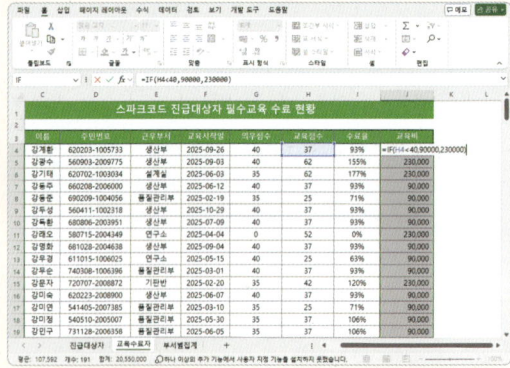

STEP 02 부서별 진급대상자와 교육수료자 통계 내기

❶ 함수에 사용할 셀 범위를 이름으로 정의합니다.

❷ [진급대상자] 시트의 근무부서 데이터 목록을 참조하여 [부서별집계] 시트에 COUNTIF 함수로 부서별로 진급대상자가 몇 명인지 계산합니다.

❸ [진급대상자] 시트의 교육수료여부 데이터 목록을 참조하여 [부서별집계] 시트에 COUNTIFS 함수로 부서별로 수료인원과 미수료인원이 몇 명인지 계산합니다.

❹ [교육수료자] 시트의 [교육비] 목록을 참조하여 [부서별집계] 시트에 SUMIF 함수로 부서별 교육비 합계를 계산합니다.

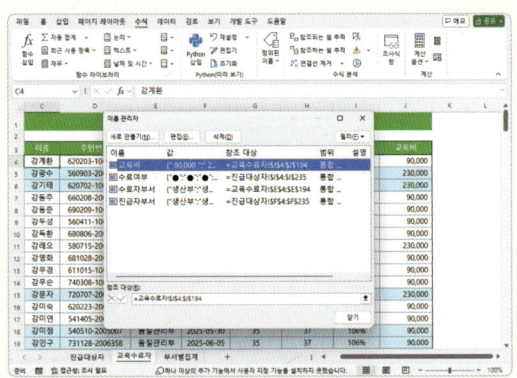
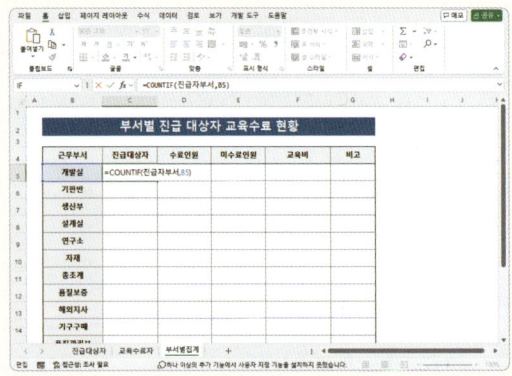
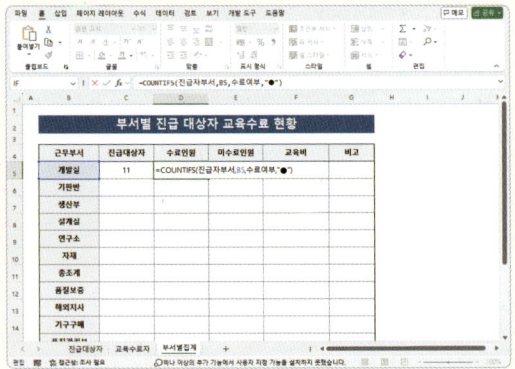
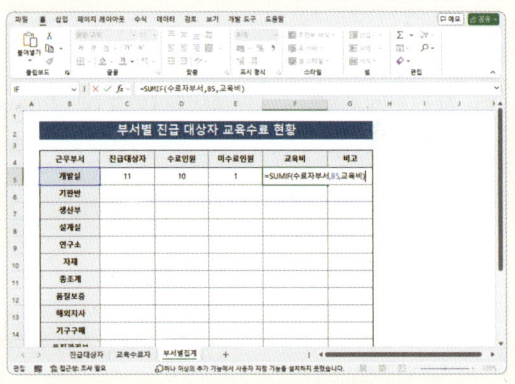

CHAPTER 03 업무에 꼭 필요한 수식과 실무 함수 **229**

STEP 01 진급자 교육수료 여부 표시하고
교육수료율, 교육비 계산하기

[교육수료자] 시트를 참조해 [진급대상자] 시트에 교육수료 여부를 표시하는 함수를 챗GPT를 사용하여 생성합니다. [교육수료자] 시트에 의무점수와 교육점수를 비교해 수료율과 교육비를 계산한 다음 수료율이 100% 이상인 대상자를 조건부 서식으로 강조해보겠습니다.

01 챗GPT로 교육수료 여부 표시하는 함수 만들기 [진급대상자] 시트의 주민등록번호와 [교육수료자] 시트의 주민번호를 비교하여 교육수료 여부를 표시하는 함수를 챗GPT를 사용하여 생성해보겠습니다. 챗GPT로 이동하여 프롬프트를 입력합니다.

프롬프트

엑셀에서 진급대상자 명단과 교육수료자 명단을 비교하여 수료여부를 ●와 빈 셀로 구분하려고 해.

#엑셀 표 모양
- 두 개의 표를 비교할 기준열은 주민등록번호야.
- 각 시트에 입력된 주민등록번호 셀 범위야.
  1) 진급대상자 : E4:E235
  2) 교육수료자 : D4:D194

#조건
- 진급자대상자 시트 I4:I235 셀 범위에 수료 여부를 표시하고 싶어.
- 진급대상자 시트의 주민번호가 교육대상자 시트에 있으면 수료여부에 ●로 표시하고,
- 없으면 빈 셀로 표시하는 함수식을 알려줘.

 이런 경우에 사용할 수 있는 가장 간단한 방법은 IF 함수와 COUNTIF 함수를 조합하는 것입니다. 아래는 제안하는 함수식입니다.

진급대상자 시트의 I4셀에 아래의 수식을 입력하고, I235셀까지 복사하세요.

```Excel
=IF(COUNTIF(교육수료자!D$4:D$194, E4) > 0, "●", "")
```

수식 설명
1. **COUNTIF(교육수료자!D$4:D$194, E4)**
   - 교육수료자!D$4:D$194 : 교육수료자 시트의 주민등록번호 범위입니다.
   - E4 : 진급대상자 시트의 주민등록번호입니다.
   - COUNTIF는 E4값이 교육수료자!D$4:D$194 범위에 존재하면 1 이상을 반환하고, 없으면 0을 반환합니다.

2. IF(...) 0, "●", "")
- 값이 1 이상이면 "●"를 표시하고, 그렇지 않으면 빈 셀("")을 반환합니다.

3. $ 사용
- D$4:D$194 : 범위의 행 번호를 고정하여 수식을 복사해도 항상 같은 범위를 참조하도록 설정합니다.

적용 방법
1. 진급대상자 시트의 I4 셀에 수식을 입력합니다.
2. I4셀의 채우기 핸들을 이용해 I235셀까지 드래그하여 수식을 복사합니다.

02 ❶ 챗GPT가 알려준 함수식을 복사하여 [진급대상자] 시트의 [I4] 셀에 붙여 넣습니다. ❷ [I4] 셀의 채우기 핸들을 더블클릭하여 수식을 복사합니다.

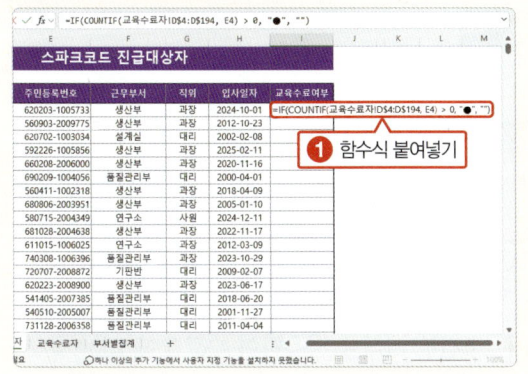
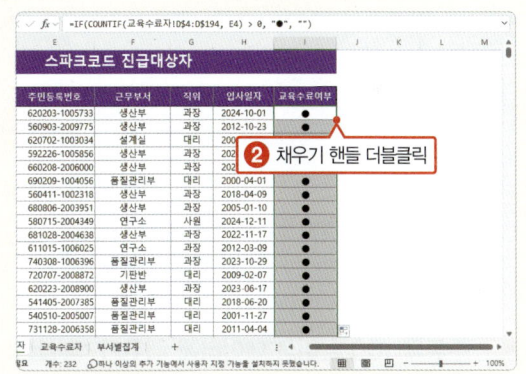

03 수료율 계산하기 [교육수료자] 시트에서 I열의 수료율은 교육점수에서 의무점수를 나누어서 구해야 합니다. 의무점수가 0점인 경우에는 나누기 수식으로 계산할 수 없어 오류가 표시됩니다. IFERROR 함수를 이용하여 오류 대신 0을 표시해보겠습니다. ❶ [교육수료자] 시트에서 ❷ [I4] 셀에 **=IFERROR(H4/G4,0)**를 입력합니다. ❸ [I4] 셀의 채우기 핸들을 더블클릭하여 수식을 복사합니다.

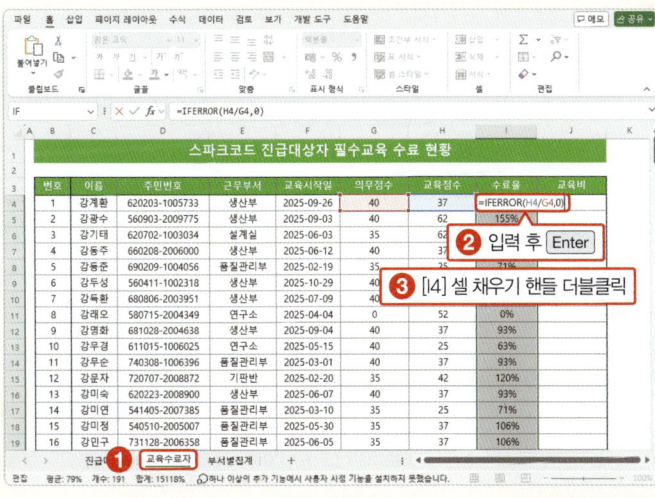

실력향상 나누는 [G4] 셀의 값이 0이면 결괏값으로 #DIV/0가 표시됩니다. 오류 대신 다른 값을 셀에 표시할 수 있도록 IFERROR 함수를 사용합니다.
함수 형식 : =IFERROR(수식,오류가 났을 경우 대체할 값이나 식)

04 교육비 계산하기

J열의 교육비에는 교육점수가 40점 미만이면 90,000원을 입력하고, 40점 이상이면 230,000원을 입력해보겠습니다. ① [J4] 셀에 **=IF(H4<40,90000,230000)**을 입력하고 Enter 를 누릅니다. ② [J4] 셀의 채우기 핸들을 더블클릭하여 수식을 복사합니다.

실력향상 IF 함수의 조건에서 교육점수가 40점 미만이면 H4<40 조건식이 TRUE가 되어 첫 번째 금액인 90,000원이 셀에 입력되고 40점 이상이면 H4<40 조건식이 FALSE가 되어 두 번째 금액인 230,000원이 입력됩니다.

함수 형식 : =IF(조건식,조건이 TRUE일 때 표시할 값이나 식,조건이 FALSE일 때 표시할 값이나 식)

05 수료율 100% 이상 데이터에 채우기 색 설정하기

조건부 서식을 사용하여 수료율이 100%를 초과하는 근무자의 행 데이터를 강조해보겠습니다 ① [B4:J194] 셀 범위를 지정하고 ② [홈] 탭-[스타일] 그룹-[조건부 서식]을 클릭한 후 ③ [새 규칙]을 클릭합니다. ④ [새 서식 규칙] 대화상자에서 [규칙 유형 선택]에는 [수식을 사용하여 서식을 지정할 셀 결정]을 선택하고 ⑤ [다음 수식이 참인 값의 서식 지정]에는 **=$I4>=100%**를 입력합니다. ⑥ [서식]을 클릭합니다. ⑦ [셀 서식] 대화상자에서 [채우기] 탭의 [배경색]으로 [연한 파랑]을 선택하고 ⑧ [확인]을 클릭합니다. ⑨ [새 서식 규칙] 대화상자에서 [확인]을 클릭합니다.

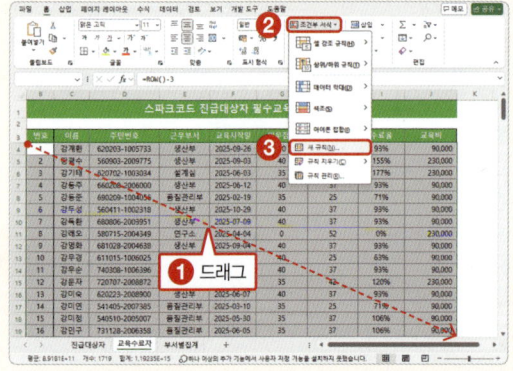
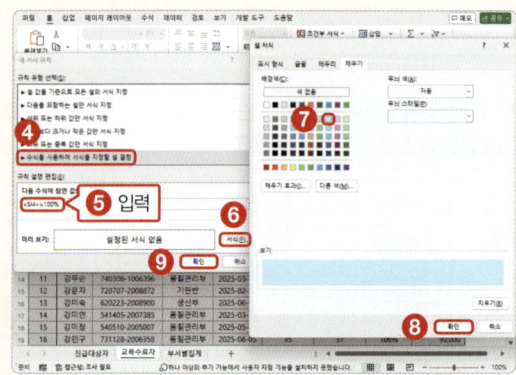

실력향상 =$I4>=100% 수식에서 I열의 값만 조건으로 사용하려면 셀 참조를 $I4로 설정해야 합니다. I열을 고정하지 않으면 모든 셀의 값을 비교하게 되어 원하는 조건부 서식 결과를 얻을 수 없습니다.

06 수료율이 100% 이상인 진급대상자의 행 데이터에 채우기 색이 설정되었습니다.

STEP 02 부서별 진급대상자와 교육수료자 통계 내기

진급대상자와 교육수료자 목록을 이용하여 부서별로 진급대상자 인원수와 수료인원, 미수료인원, 교육비 등을 한눈에 파악할 수 있는 집계표를 작성해보겠습니다.

01 함수에 사용할 셀 범위 이름 정의하기 함수에서 사용할 셀 범위가 모두 절대 참조이므로 셀 범위를 이름으로 정의합니다. ❶ [진급대상자] 시트에서 ❷ [F4:F235] 셀 범위를 지정하고 ❸ [이름 상자]에 **진급자부서**를 입력한 후 Enter 를 누릅니다. ❹ [I4:I235] 셀 범위를 지정하고 ❺ [이름 상자]에 **수료여부**를 입력한 후 Enter 를 누릅니다.

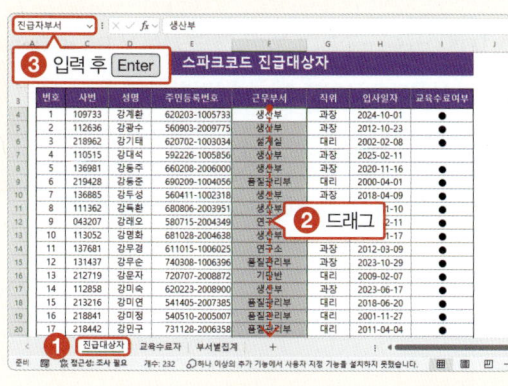 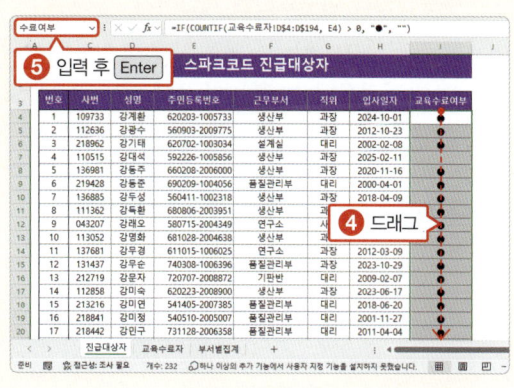

CHAPTER 03 업무에 꼭 필요한 수식과 실무 함수 **233**

02 ❶ [교육수료자] 시트에서 ❷ [E4:E194] 셀 범위를 지정하고 ❸ [이름 상자]에 **수료자부서**를 입력한 후 Enter 를 누릅니다. ❹ [J4:J194] 셀 범위를 지정하고 ❺ [이름 상자]에 **교육비**를 입력한 후 Enter 를 누릅니다.

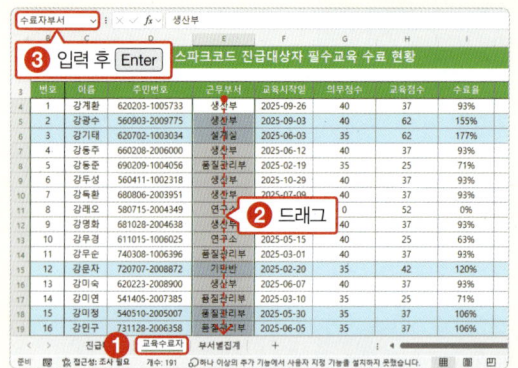 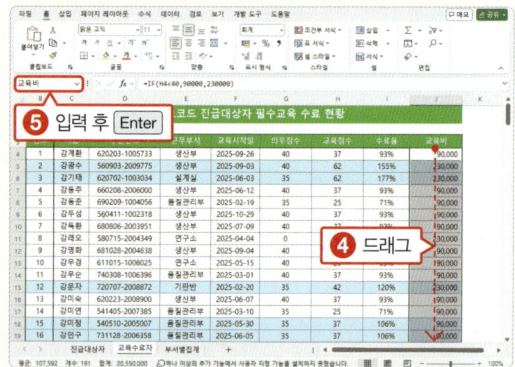

03 진급대상자 인원수 계산하기 [부서별집계] 시트의 부서별 진급대상자는 조건이 한 개이므로 COUNTIF 함수를 사용합니다. [부서별집계] 시트의 [C5] 셀에 **=COUNTIF(진급자부서,B5)**를 입력합니다.

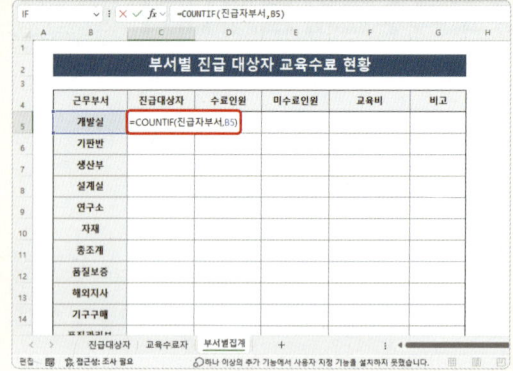

실력향상 [진급자부서] 범위에서 [B5] 셀에 입력된 부서명과 같은 부서가 몇 개인지 계산하면 해당 부서의 인원수가 됩니다.

함수 형식 : =COUNTIF(범위, 조건)

04 수료인원과 미수료인원 계산하기 수료와 미수료 인원은 근무부서 조건과 수료여부 조건을 모두 비교해야 하므로 COUNTIFS 함수를 사용합니다. ❶ [D5] 셀에 **=COUNTIFS(진급자부서,B5,수료여부,"●")**를 입력합니다. ❷ [E5] 셀에 **=COUNTIFS(진급자부서,B5,수료여부,"")**를 입력합니다.

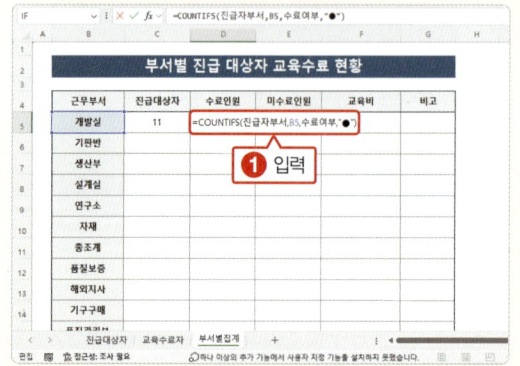 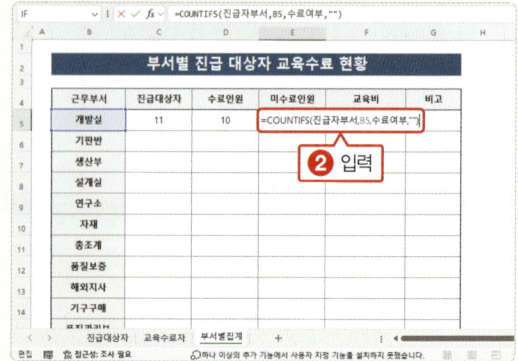

실력향상 개수를 구할 때 조건이 두 개 이상일 경우 COUNTIFS 함수를 사용합니다. [진급자부서] 셀 범위에서 [B5] 셀과 같고, '수료여부' 셀 범위에서 ●와 같은지 비교해서 두 조건이 모두 맞으면 개수에 포함합니다.

함수 형식 : =COUNTIFS(범위1,조건1,범위2,조건2,…)

05 교육비 계산하기
교육비는 [진급대상자] 시트의 부서별로 교육비 합계를 구해야 하므로 SUMIF 함수를 사용합니다. [F5] 셀에 **=SUMIF(수료자부서,B5,교육비)**를 입력합니다.

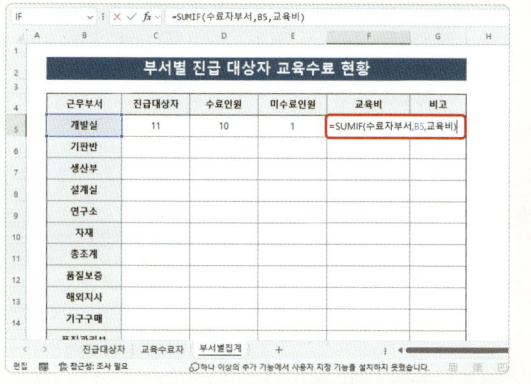

실력향상 조건에 맞는 데이터 목록의 합을 구할 때 SUMIF 함수를 사용합니다. [수료자부서] 셀 범위의 값이 [B5] 셀 데이터와 같으면 해당 근무자의 교육비를 합에 포함합니다.

함수 형식 : =SUMIF(비교할 조건 범위,조건,합을 구할 범위)

06
❶ [C5:F5] 셀 범위를 지정하고 ❷ 채우기 핸들을 [F17] 셀까지 드래그하여 수식을 복사합니다. 18행에 합계를 구해보겠습니다. ❸ [C5:F18] 셀 범위를 지정하고 ❹ [홈] 탭-[편집] 그룹-[합계]를 클릭합니다. 각 항목의 합계가 표시됩니다.

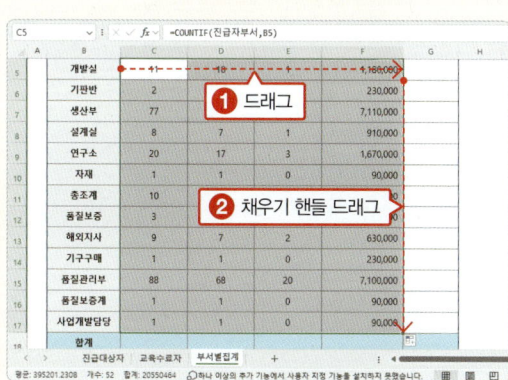
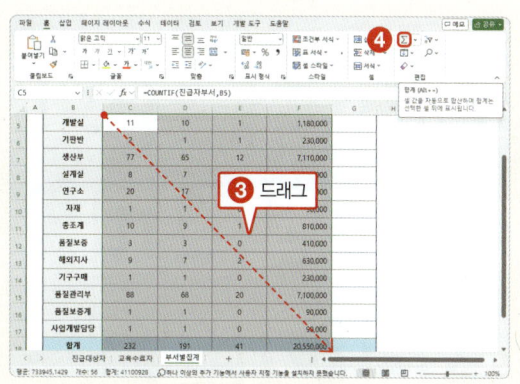

CHAPTER 04

데이터 특성에 맞는 차트 작성과 편집 기능

회 사 에 서   바 로   통 하 는   실 무   엑 셀   데 이 터   활 용 + 분 석

차트는 숫자 데이터로 구성된 표나 데이터 집합을 시각적으로 표현합니다. 단순한 숫자 나열로는 파악하기 어려운 패턴과 의미를 한눈에 이해할 수 있도록 도와줍니다. 차트의 구성과 편집 방식에 따라 전달되는 메시지가 크게 달라질 수 있으며, 효과적인 시각화를 위해서는 데이터의 특성에 맞는 차트 유형을 선택하는 것이 중요합니다. 이번 장에서는 데이터의 특성을 반영한 차트를 작성하고, 원하는 형태로 편집하여 효과적인 시각화를 구현하는 핵심 기능을 살펴보겠습니다.

with 챗GPT

01 월별 및 주간 매출 차트 추천받아 차트 작성하기

실습 파일 CHAPTER04\01_제품매출내역_챗GPT.xlsx | **완성 파일** CHAPTER04\01_제품매출내역_챗GPT(완성).xlsx

데이터 분석과 시각화는 많은 데이터를 직관적으로 이해하고 주요 인사이트를 도출하는 데 중요한 역할을 합니다. 특히 대량의 데이터에서는 전체 흐름을 파악하고 핵심 포인트를 강조하며, 이를 효과적으로 전달할 적절한 차트를 선택하는 것은 쉽지 않습니다. 이번 과정에서는 챗GPT를 활용해 데이터의 특성과 분석 목적에 적합한 차트 유형을 추천받고, 이를 편집하여 정보를 시각화하는 방법을 알아보겠습니다.

미리보기

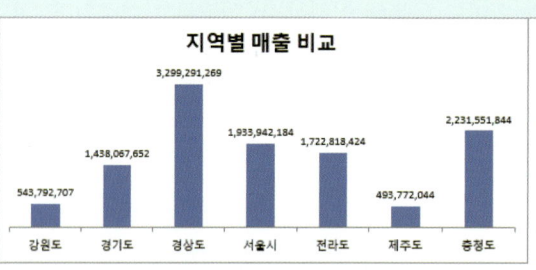
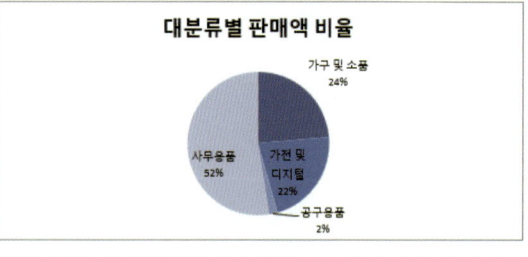

회사에서 바로 통하는 키워드

챗GPT 추천 차트, 묶은 세로 막대형 차트, 원형 차트, 꺾은선형 차트, 차트 스타일 및 요소 변경

한눈에 보는 작업 순서

1. 챗GPT에 시각화 추천 및 차트 작성 요청하기 →
2. 다운로드한 파일의 차트 수정하여 보고서 완성하기 →

01 챗GPT에게 질문하기
챗GPT로 이동하여 파일을 첨부한 후 다음과 같이 프롬프트를 입력합니다.

> **프롬프트**
>
> **첨부 파일** : CHAPTER04\01_제품매출내역_챗GPT.xlsx
>
> 첨부된 파일의 데이터를 요약하고 어떻게 시각화하면 좋을지 알려줘.
>
> #조건
> - 매출에 영향을 주는 주요 데이터(변수)를 파악해줘.
> - 분석 결과를 기반으로 어떤 데이터를 차트로 시각화하면 효과적인지 여러 개 추천해줘.
> - 필요한 경우 추가적인 인사이트도 제안해줘.

프롬프트Tip 프롬프트는 구체적이고 명확하게 작성하는 것이 좋습니다. 요청하는 내용이 많은 경우 번호를 함께 넣어 작성하는 것도 도움이 됩니다. 파일 첨부는 프롬프트 창에서 플러스 모양의 아이콘을 누르면 됩니다.

 데이터를 확인했습니다. 데이터는 제품 매출 내역으로, 주요 열은 다음과 같습니다:
- 주문번호 : 각 주문의 고유 번호
- 주문날짜 : 주문이 발생한 날짜
- 고객번호/고객명/지역 : 고객 관련 정보
- 대분류/소분류 : 제품의 분류
- 제품코드/제품명 : 제품 정보
- 판매개수/단가/판매액 : 매출 관련 데이터

1. 매출에 영향을 주는 주요 변수
- 판매개수와 단가 : 판매개수가 많거나 단가가 높을수록 매출에 큰 영향을 미침
- 지역 : 경상도가 가장 높은 매출을 기록했으며, 이어서 충청도와 서울특별시가 뒤를 이음
- 대분류 : 사무용품이 가장 큰 매출 비중을 차지하며, 그다음으로 가구 및 소품, 가전 및 디지털이 매출에 기여

2. 추천 시각화
아래와 같은 차트가 데이터를 효과적으로 전달할 수 있습니다:
① 지역별 매출 비교 : 막대그래프를 사용하여 각 지역의 매출 규모 비교
② 대분류별 매출 기여도 : 파이 차트를 활용하여 각 대분류의 매출 비율을 시각화
③ 시간 흐름에 따른 매출 추이 : 주문 날짜별 매출 데이터를 시계열 차트로 표시하여 매출 변화를 추적
④ 판매개수와 단가의 상관관계 : 산점도를 통해 판매개수와 단가가 매출에 어떻게 영향을 미치는지 확인

3. 추가 인사이트
비정상적으로 높은 매출 : 특정 제품 또는 고객 그룹에서 매우 높은 매출이 발생한 경우 상세 분석 필요
지역별 판매 전략 : 매출이 낮은 지역(예: 강원도, 제주도)에 맞춤형 마케팅 전략 도입 가능

02 다음과 같이 프롬프트를 추가로 입력합니다.

> **프롬프트**
>
> **첨부 파일** : CHAPTER04\01_제품매출내역_챗GPT.xlsx
>
> 첨부한 파일의 데이터로 아래 조건에 맞는 차트를 만들어줘.
> #조건
> – 지역별 매출 비교는 세로 막대 차트로 만들고,
> – 대분류별 판매액 비율은 원형 차트로 만들고,
> – 월별 매출 추이는 꺾은선형 차트로 만들어줘.
>
> 다음은 차트에 공통 적용되는 부분이야.
> – 차트는 [시각화]라는 새 시트를 만들어서 작성해줘.
> – 차트 작성에 필요한 데이터 요약 후 요약 데이터로 차트를 작성하고,
> – 요약 데이터는 테두리나 서식도 설정해줘.
> – 월별 매출 차트의 연월은 2020-01-01 형식으로 매년, 매월 1일 날짜 형식으로 입력해줘.
>
> 만든 파일은 엑셀로 다운로드할 수 있게 링크를 만들어줘.

> 작업이 완료되었습니다! 아래 링크에서 엑셀 파일을 다운로드할 수 있습니다. 파일에는 조건에 맞는 차트와 요약 데이터가 포함되어 있습니다.
>
> 엑셀 파일 다운로드

프롬프트Tip 작업해야 하는 내용이 많은 경우에는 다운로드 파일을 요청할 수 있습니다.

03 챗GPT가 만들어준 엑셀 파일을 실습 파일 폴더에 넣어두었습니다. 실습 파일 **01_제품매출내역_챗GPT(결과).xlsx** 파일을 엽니다.

04 다운로드한 파일의 지역별 매출 차트 수정하기 ❶ 첫 번째 '지역별 매출 비교' 차트의 '지역' 계열인 막대그래프를 클릭합니다. 표를 보면 차트에 사용된 데이터가 선택됩니다. 잘못 지정되어 있어 수정합니다. ❷ [B2] 셀 테두리를 클릭하고 [B1] 셀로 드래그하여 이동합니다. ❸ [B2:B8] 셀 범위가 지정되도록 값 범위의 모서리 조절점을 드래그합니다. ❹ 표의 열 너비와 높이를 적당히 조절합니다.

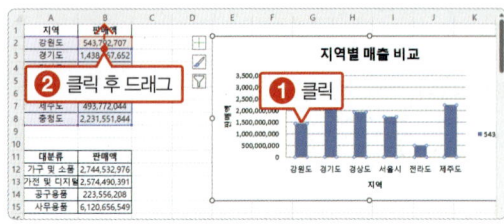
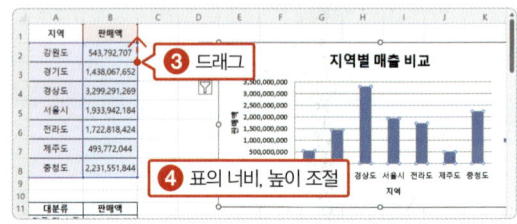

05 차트를 드래그하여 원하는 위치에 배치하고 적절한 크기로 조절합니다.

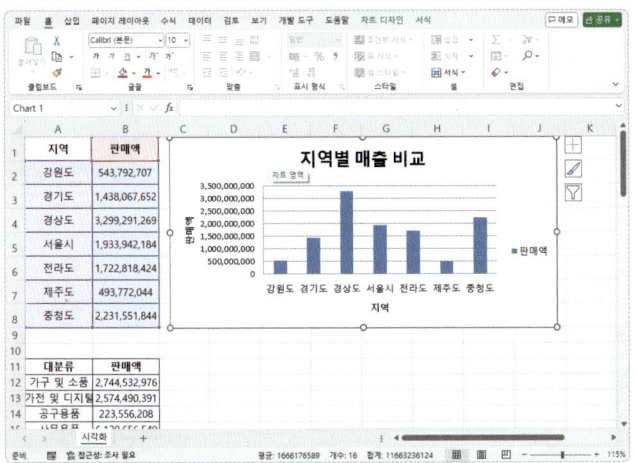

> **실력향상** 함수나 VBA 코드는 오류가 적지만 차트는 오류 발생이 많습니다. 차트를 작성할 때, 데이터 범위가 잘 지정되어 있는지 꼭 확인합니다.

06 ❶ [차트 요소]를 클릭하고 ❷ [축 제목], [눈금선], [범례]의 체크를 해제합니다. ❸ [축]의 목록 단추를 클릭하고 ❹ [기본 세로]의 체크를 해제합니다.

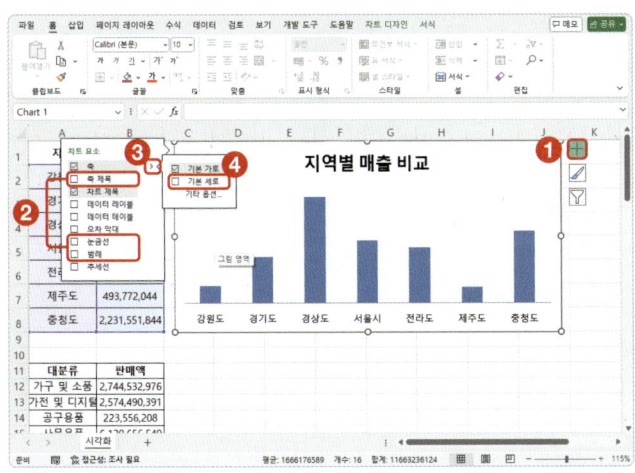

07 [차트 요소]의 [데이터 레이블]을 체크하여 지역별 매출액이 보이도록 수정합니다.

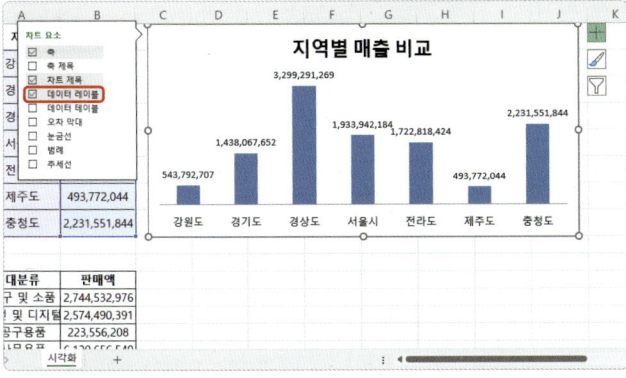

CHAPTER 04 데이터 특성에 맞는 차트 작성과 편집 기능

08 대분류별 판매액 차트 수정하기 대분류별 판매액 비율 차트의 데이터 범위도 수정하겠습니다. ❶ 두 번째 '대분류별 판매액 비율' 차트의 '대분류' 계열인 원형 차트를 클릭합니다. ❷ [B12] 셀 테두리를 클릭하고 [B11] 셀로 드래그하여 이동합니다. ❸ [B12:B15] 셀 범위가 지정되도록 값 범위의 모서리 조절점을 드래그합니다. ❹ 표의 열 너비와 높이를 적당히 조절합니다.

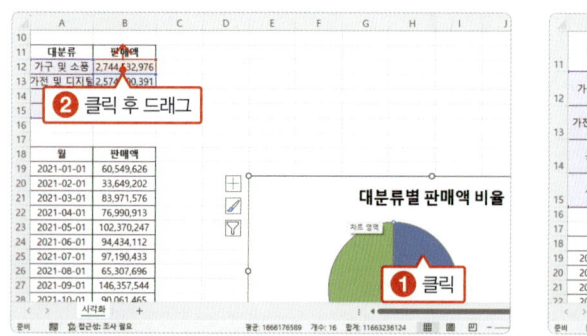
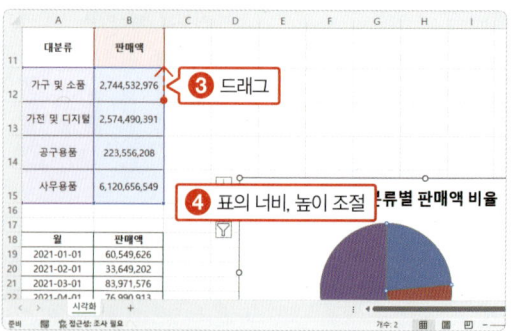

09 차트를 드래그하여 원하는 위치에 배치하고 적절한 크기로 조절합니다.

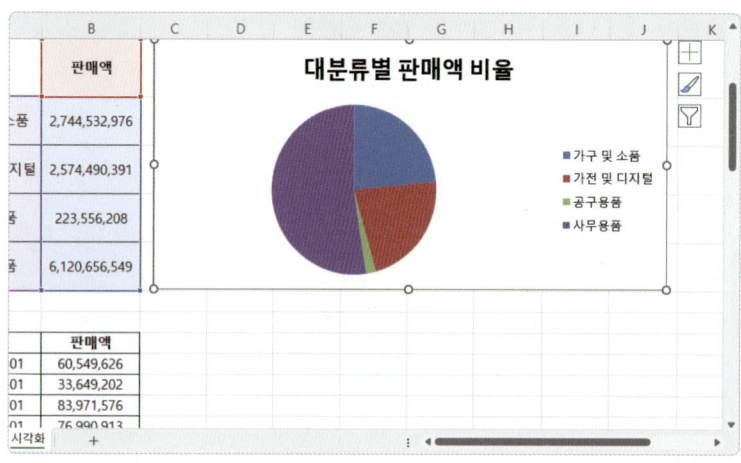

10 ❶ [차트 스타일]을 클릭하고 ❷ [색]을 선택합니다. ❸ [단색형]-[단색 색상표1]을 선택합니다. ❹ [차트 요소]를 클릭하고 ❺ [범례]의 체크는 해제하고 [데이터 레이블]은 체크합니다.

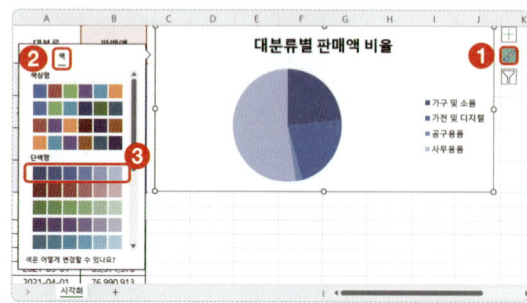
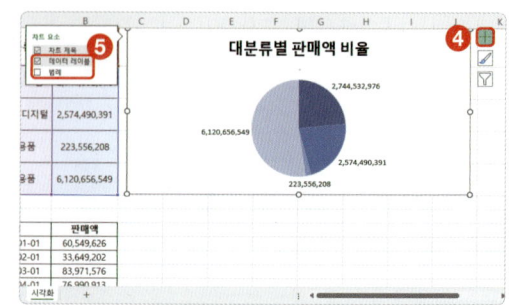

> **실력향상** 색은 버전에 따라 다르게 구성됩니다. [페이지 레이아웃] 탭-[테마] 그룹-[색]을 클릭한 후 [Office]에서 버전에 해당하는 색을 선택하면 다른 색 구성을 사용할 수 있습니다.

11 ❶ 데이터 레이블에서 마우스 오른쪽 버튼을 클릭하고 ❷ [데이터 레이블 서식]을 선택합니다. ❸ [데이터 레이블 서식] 작업 창의 [레이블 옵션]에서 [항목 이름]과 [백분율]에 체크하고 [값]은 체크를 해제합니다. ❹ 작업 창을 닫습니다.

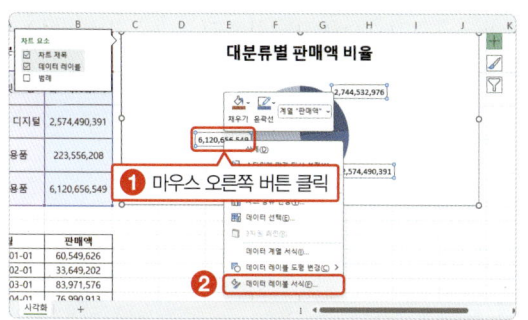
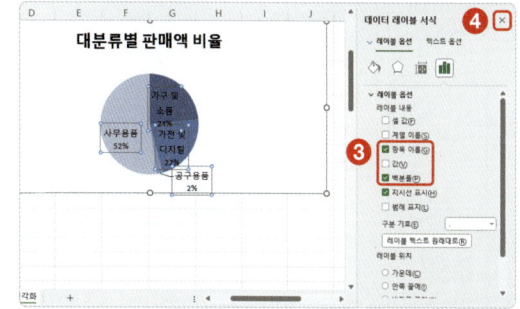

12 월별 매출 차트 수정하기 월별 매출 차트의 데이터 범위도 수정하겠습니다. ❶ 세 번째 '월별 매출 추이' 차트의 '월' 계열인 꺾은선 그래프를 클릭합니다. ❷ [B20] 셀 테두리를 클릭하고 [B18] 셀로 드래그하여 이동합니다. 날짜와 매출 데이터 범위가 하나씩 밀려 있습니다. ❸ [A19:A78] 셀 범위가 지정되도록 날짜 범위의 모서리 조절점을 드래그합니다. ❹ [B19:B78] 셀 범위가 지정되도록 매출 범위의 모서리 조절점을 드래그합니다.

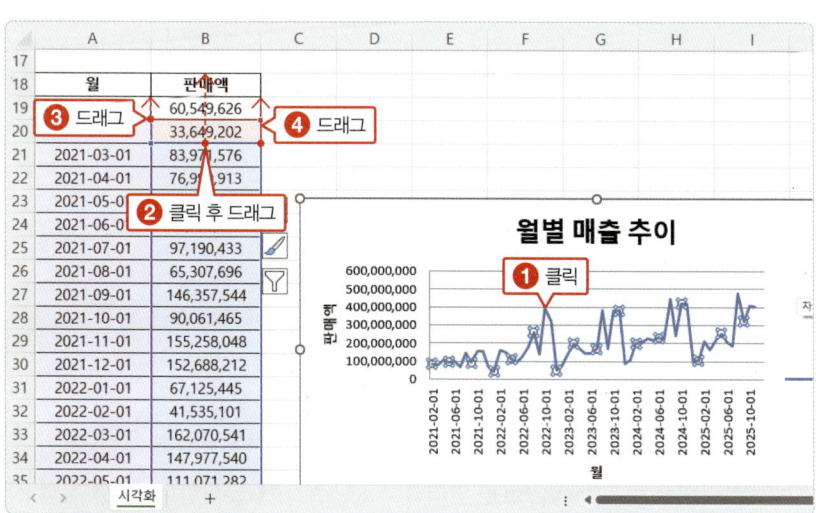

CHAPTER 04 데이터 특성에 맞는 차트 작성과 편집 기능 **243**

13 차트를 드래그하여 원하는 위치에 배치하고 적절한 크기로 조절합니다.

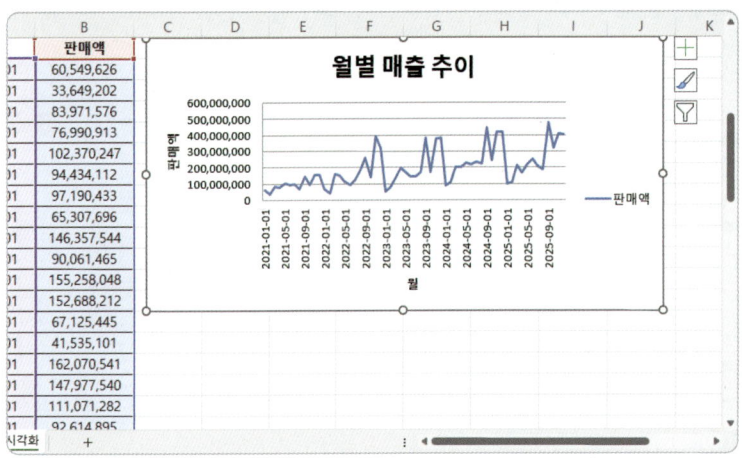

14 ❶ [차트 요소]를 클릭하고 ❷ [축 제목], [눈금선], [범례]의 체크를 해제합니다. ❸ [축]의 목록 단추를 클릭하고 ❹ [기본 세로]의 체크를 해제합니다.

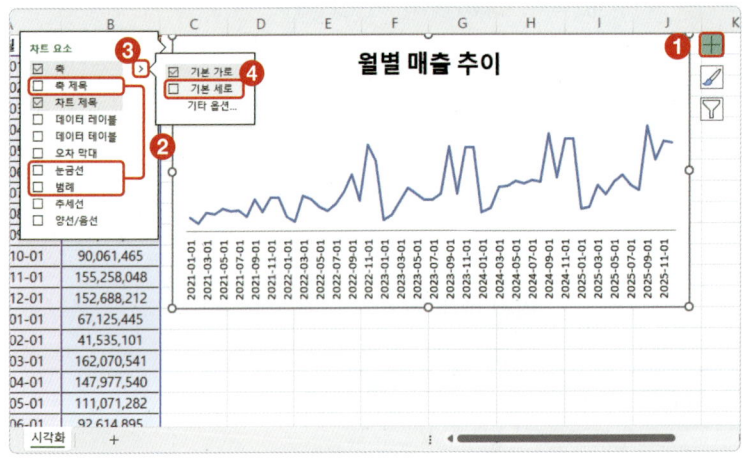

15 ❶ [가로축]에서 마우스 오른쪽 버튼을 클릭하고 ❷ [축 서식]을 선택합니다. ❸ [축 서식] 작업 창의 [축 옵션]에서 ❹ [표시 형식]-[서식 코드]에 yy/m을 입력하고 ❺ [추가]를 클릭합니다. ❻ 작업 창을 닫습니다.

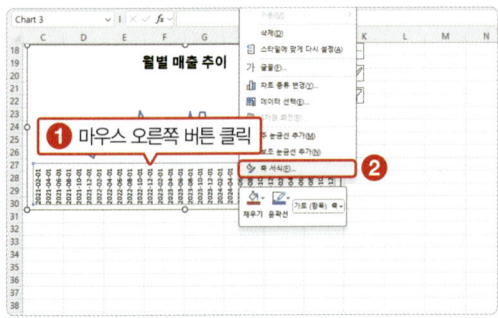
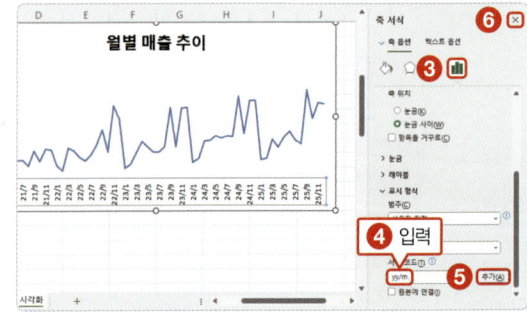

비법 Note 차트 구성 요소 살펴보기

차트를 구성하고 있는 요소와 그 기능을 살펴보겠습니다.

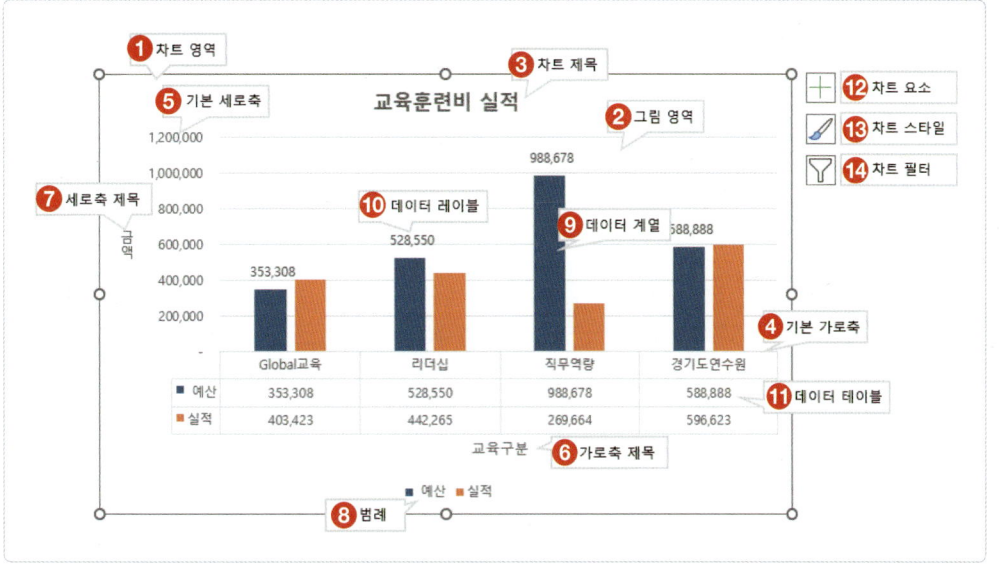

① **차트 영역** : 차트 전체를 의미합니다. 차트 전체를 수정하거나 이동, 크기를 조절할 때 차트 영역을 선택해야 합니다.
② **그림 영역** : 차트 내의 그래프가 표시되는 곳입니다. 데이터 계열이 이 영역에 그림 형태로 표현되며 눈금선, 데이터 레이블도 그림 영역 내에 표시됩니다.
③ **차트 제목** : 차트의 주제 또는 차트를 설명할 문구를 나타내는 곳으로 사용자 임의로 수정할 수 있습니다.
④ **기본 가로축** : 차트에 표시되는 항목들을 나타내는 축입니다.
⑤ **기본 세로축** : 데이터 계열의 값이 표시되는 곳으로 왼쪽은 기본 축으로 사용합니다. 데이터 값 단위가 다른 데이터 계열은 오른쪽에 보조 축으로 추가 설정할 수 있습니다.
⑥ **가로축 제목** : 가로축의 항목 내용을 대표하는 문구로 임의로 수정할 수 있습니다.
⑦ **세로축 제목** : 세로축의 내용을 설명하는 문구로 임의로 수정할 수 있습니다.
⑧ **범례** : 차트에 표현된 데이터 계열을 색과 이름으로 구분하여 설명하는 표식입니다.
⑨ **데이터 계열** : 데이터가 막대, 선 등의 요소로 표현되며 같은 계열의 요소들을 모아 하나의 데이터 계열로 표현합니다.
⑩ **데이터 레이블** : 데이터 계열의 값이 표시되는 곳으로 항목, 계열, 값, 백분율 등을 표시합니다.
⑪ **데이터 테이블** : 차트에 사용된 원본 데이터를 표로 표시합니다.
⑫ **차트 요소** : 차트를 구성하는 요소를 선택 또는 선택 해제하여 표시 여부를 결정합니다.
⑬ **차트 스타일** : 차트의 스타일과 색상 구성을 변경할 수 있습니다.
⑭ **차트 필터** : 차트에 표시된 가로축, 세로축의 요소들을 선택 또는 선택 해제하여 표시 여부를 결정합니다.

02 두 개의 차트를 표시하는 혼합 차트 작성하기

실습 파일 CHAPTER04\02_생산량과 불량률.xlsx | 완성 파일 CHAPTER04\02_생산량과 불량률(완성).xlsx

콤보 차트는 서로 다른 단위나 규모의 데이터를 두 가지 이상의 차트 종류를 결합하여 한 화면에 효과적으로 시각화할 수 있는 차트입니다. 데이터를 직관적으로 비교하고 관계를 명확히 이해하는 데 유용합니다. 이번에는 제품별 생산량과 불량률처럼 단위가 다른 두 데이터를 콤보 차트로 시각화하여, 두 데이터 간의 관계를 확인해보겠습니다.

미리보기

회사에서 바로 통하는 키워드

콤보 차트, 차트 요소 변경, 범례 위치 변경, 데이터 레이블 서식 설정

한눈에 보는 작업 순서

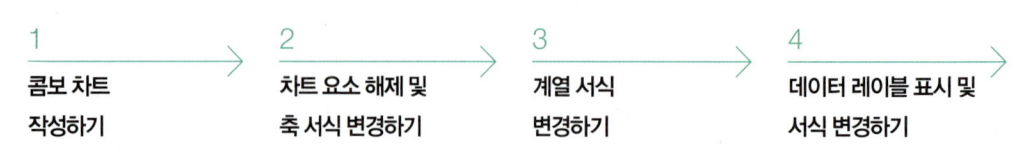

1. 콤보 차트 작성하기
2. 차트 요소 해제 및 축 서식 변경하기
3. 계열 서식 변경하기
4. 데이터 레이블 표시 및 서식 변경하기

01 콤보 차트 작성하기 ❶ [B4:B11] 셀 범위를 지정하고 ❷❸ Ctrl 을 누른 상태에서 [D4:D11], [H4:H11] 셀 범위를 지정합니다. ❹ [삽입] 탭-[차트] 그룹-[콤보 차트 삽입]을 클릭하고 ❺ [혼합]-[묶은 세로 막대형 - 꺾은선형, 보조 축]을 선택합니다.

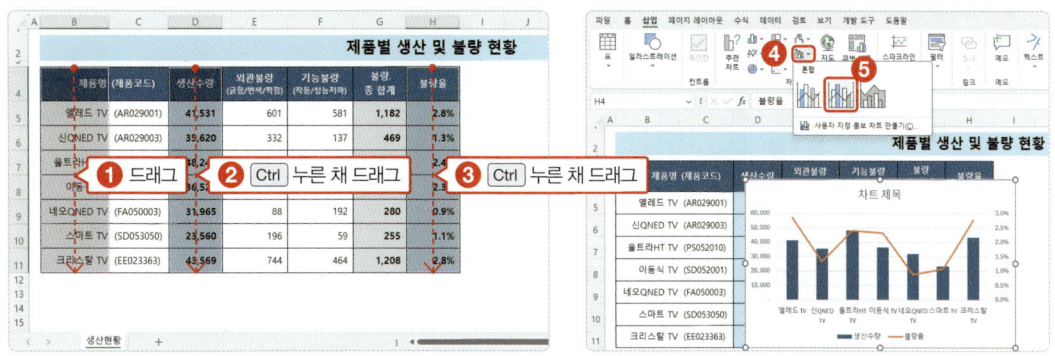

실력향상 기본으로 제공되는 콤보 차트에는 [묶은 세로 막대형-꺾은선형], [묶은 세로 막대형-꺾은선형, 보조 축], [누적 영역형-묶은 세로 막대형]이 있습니다. 임의의 콤보 차트를 작성하고 싶다면 [사용자 지정 콤보 차트 만들기]를 선택합니다.

실력향상 차트를 작성할 때 차트 종류에 마우스 포인터를 갖다 대면 만들어질 차트가 워크시트 중앙에 미리 보기가 됩니다.

02 콤보 차트가 삽입되었습니다. 차트를 드래그하여 원하는 위치에 배치하고 적절한 크기로 조절합니다.

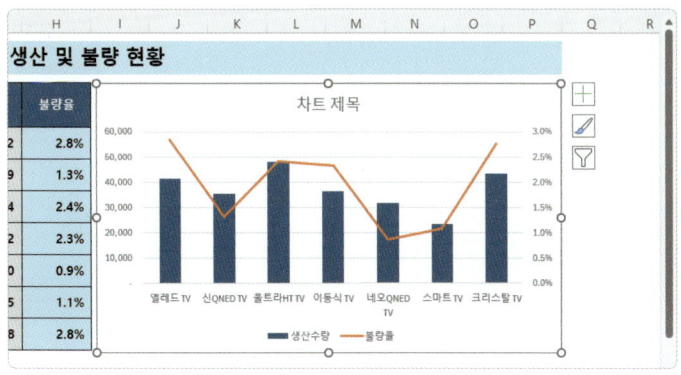

03 차트 요소 해제 및 축 서식 변경하기 ❶ [차트 요소]를 클릭하고 ❷ [차트 제목]과 [눈금선]의 체크를 해제합니다. ❸ [범례]의 목록 단추를 클릭하고 ❹ [위쪽]을 선택합니다.

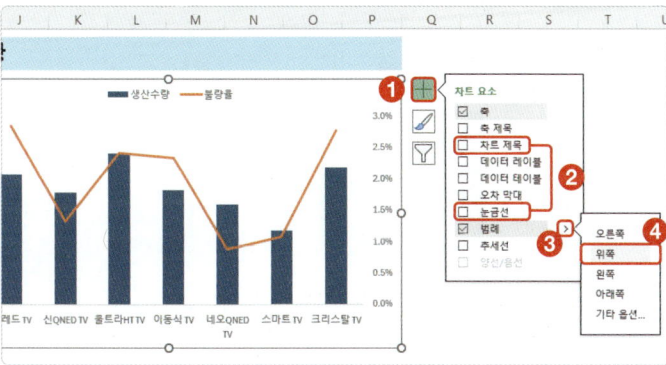

CHAPTER 04 데이터 특성에 맞는 차트 작성과 편집 기능 **247**

04 ❶ [세로축]에서 마우스 오른쪽 버튼을 클릭하고 ❷ [축 서식]을 선택합니다. ❸ [축 서식] 작업 창의 [축 옵션]에서 ❹ [레이블]-[레이블 위치]를 ❺ [없음]으로 변경합니다.

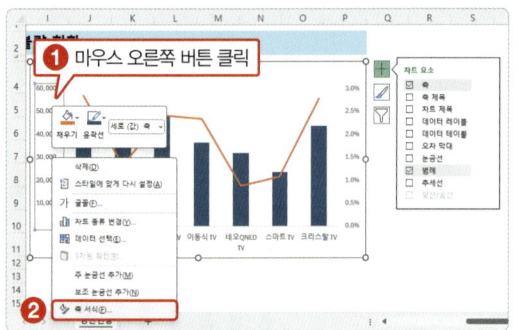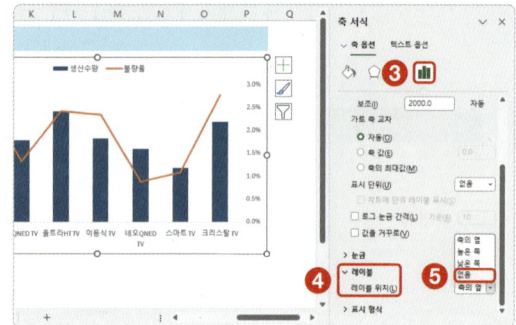

실력향상 축 선택 후 Delete 를 누르면 축이 제거되면서 보조 축의 값에 맞춰 차트가 다시 작성됩니다. 축을 유지하면서 보이지 않게만 하고 싶다면 [레이블]을 [없음]으로 설정합니다.

05 ❶ [보조 세로축]을 클릭하고 ❷ [축 서식] 작업 창의 [축 옵션]에서 [레이블]-[레이블 위치]를 [없음]으로 변경합니다.

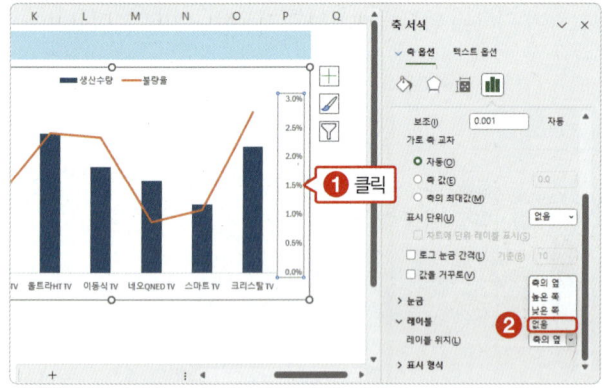

06 계열 서식 변경하기 계열의 너비 및 서식을 변경하겠습니다. ❶ '생산수량' 계열을 클릭하고 ❷ [데이터 계열 서식] 작업 창의 [계열 옵션]-[간격 너비]를 **90%**로 변경합니다. ❸ '불량율' 계열을 클릭하고 ❹ [계열 옵션]의 [채우기 및 선]에서 ❺ [선]-[색]을 [진한 청록, 강조 1, 60% 더 밝게]로 변경합니다.

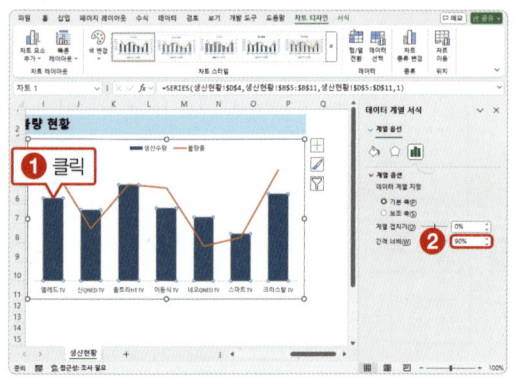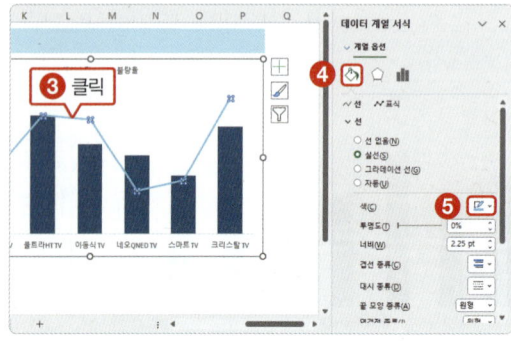

07 ❶ ❷ [표식]-[표식 옵션]을 클릭하고 ❸ [기본 제공]을 선택합니다. ❹ [형식]에서 원을 선택하고 ❺ [채우기]-[색]을 ❻ [흰색, 배경1]로 변경합니다. ❼ [테두리]-[색]은 [진한 청록, 강조 1, 60% 더 밝게]로 변경합니다.

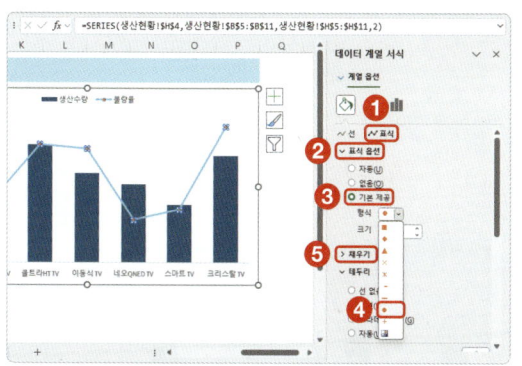 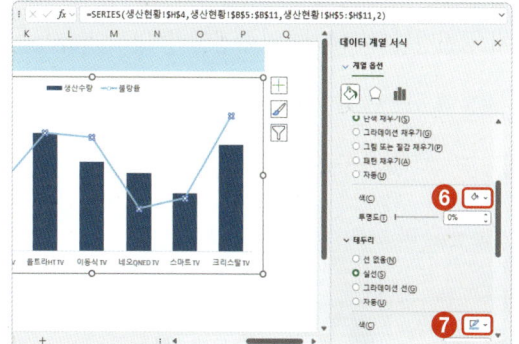

08 데이터 레이블 표시 및 서식 변경하기 ❶ [차트 영역]을 클릭하고 ❷ [차트 요소]를 클릭한 후 ❸ [데이터 레이블]에 체크합니다. 생산수량과 불량율의 데이터 레이블이 모두 표시됩니다.

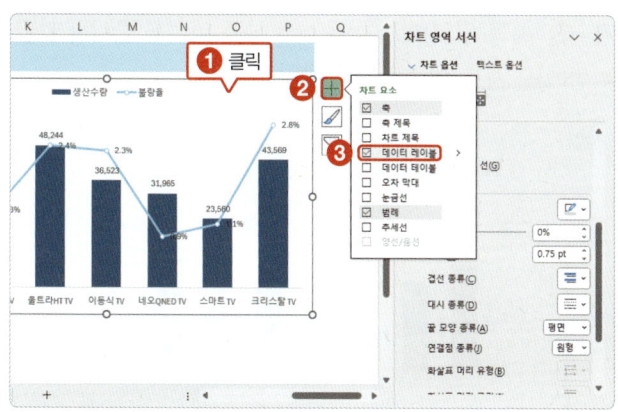

실력향상 차트 전체를 선택해야 생산수량과 불량율에 데이터 레이블이 표시됩니다. '불량율'만 선택하고 [데이터 레이블]에 체크하면 '불량율' 계열의 데이터 레이블만 표시됩니다.

09 ❶ '생산수량' 계열의 데이터 레이블을 클릭하고 ❷ [데이터 레이블 서식] 작업 창의 [레이블 옵션]-[레이블 위치]에서 [축에 가깝게]를 선택합니다. ❸ 작업 창을 닫습니다.

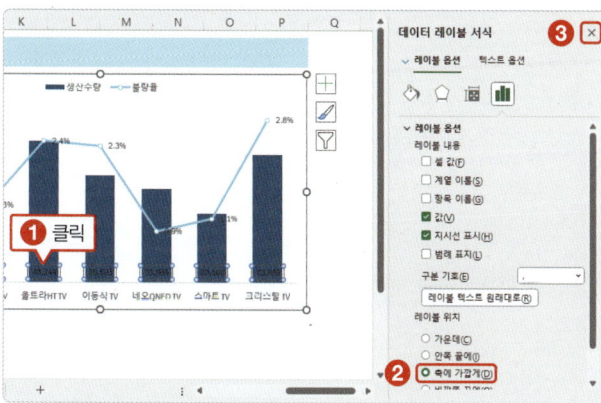

CHAPTER 04 데이터 특성에 맞는 차트 작성과 편집 기능 **249**

10 ① '생산수량' 데이터 레이블이 선택된 상태에서 [홈] 탭-[글꼴] 그룹-[글꼴 색]을 [흰색, 배경1]로 변경합니다. ② '불량율' 계열에서 '스마트 TV' 데이터 레이블을 두 번 클릭합니다. ③ '스마트 TV' 데이터 레이블만 선택된 상태에서 선이 꺾이는 지점 아래로 드래그합니다. ④ [홈] 탭-[글꼴] 그룹-[글꼴 색]을 [흰색, 배경1]로 변경합니다. ⑤ '신QNED TV'와 '네오QNED TV' 데이터 레이블도 동일하게 위치를 변경하고 글꼴 색을 수정합니다.

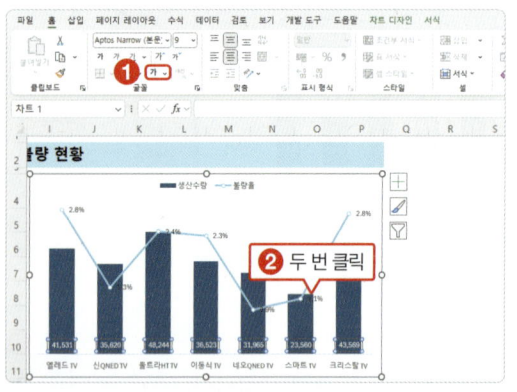 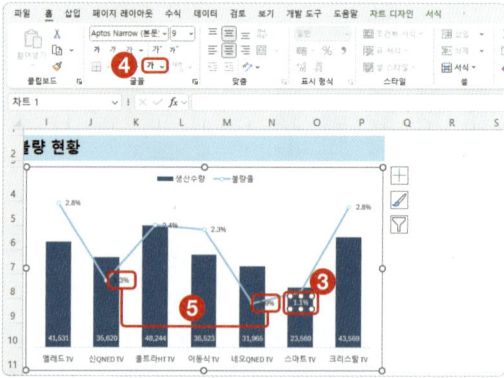

11 **차트 윤곽선 해제 및 범례 위치 이동하기** ① [차트 영역]에서 마우스 오른쪽 버튼을 클릭하고 ② ③ [윤곽선]-[윤곽선 없음]을 선택합니다. ④ [범례]를 차트 오른쪽으로 드래그합니다.

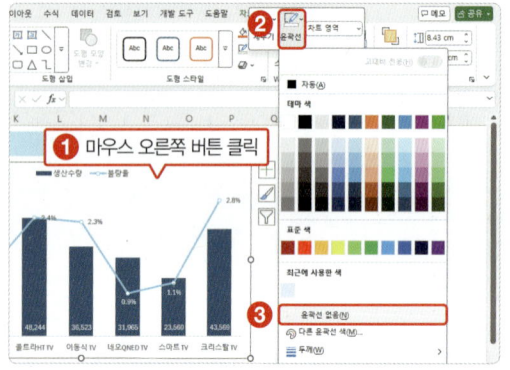 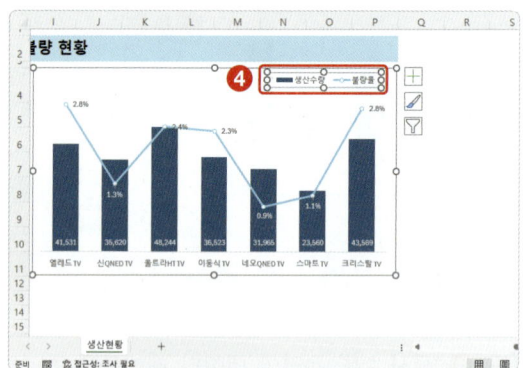

편차가 큰 데이터, 중간을 생략한 차트로 표현하기

실습 파일 CHAPTER04\03_교육훈련비실적.xlsx | 완성 파일 CHAPTER04\03_교육훈련비실적(완성).xlsx

차트에 사용되는 데이터의 최솟값과 최댓값 간의 차이가 클 경우, 일반적인 막대 차트는 값의 편차를 과도하게 강조하여 데이터 분석이 어려울 수 있습니다. 이러한 상황에서는 세로축 레이블을 로그 눈금 간격으로 설정하면 최솟값과 최댓값 간의 격차를 효과적으로 완화할 수 있습니다. 즉, 데이터를 보다 직관적으로 비교할 수 있습니다.

미리보기

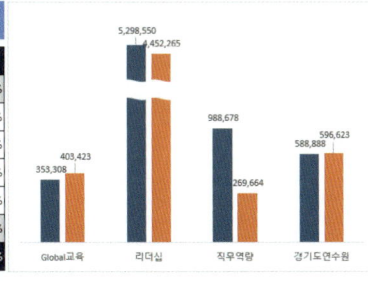

회사에서 바로 통하는 키워드

묶은 세로 막대형 차트, 세로축 로그 눈금, 도형 삽입

한눈에 보는 작업 순서

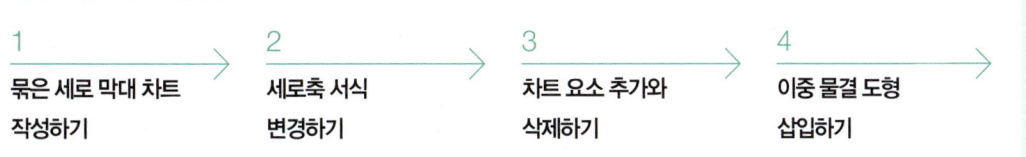

1. 묶은 세로 막대 차트 작성하기
2. 세로축 서식 변경하기
3. 차트 요소 추가와 삭제하기
4. 이중 물결 도형 삽입하기

01 묶은 세로 막대 차트 작성하기 ❶ [C4:E4] 셀 범위를 지정하고 ❷ Ctrl 을 누른 상태에서 [C6:E9] 셀 범위를 지정합니다. ❸ [삽입] 탭–[차트] 그룹–[세로 또는 가로 막대형 차트 삽입]을 클릭하고 ❹ [2차원 세로 막대형]–[묶은 세로 막대형]을 선택합니다.

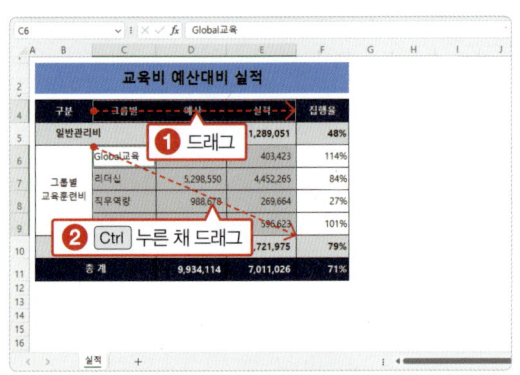 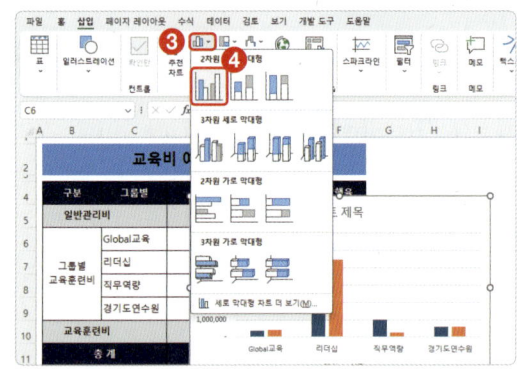

시간단축 차트를 작성할 셀 범위를 지정한 상태에서 Alt + F1 을 누르면 현재 워크시트에 2차원 묶은 세로 막대형 차트가 삽입됩니다. F11 을 누르면 차트 시트가 만들어지며 해당 시트에 차트가 삽입됩니다.

02 차트를 드래그하여 원하는 위치에 배치하고 적절한 크기로 조절합니다.

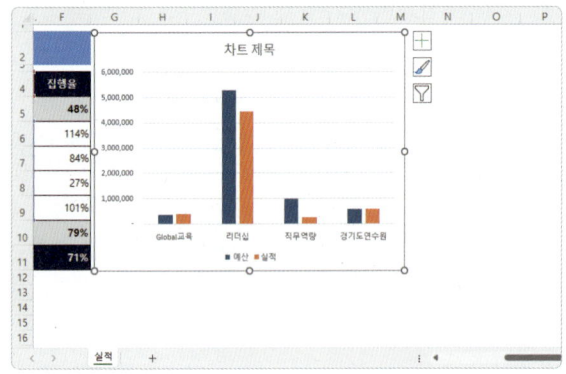

03 세로축 서식 변경하기 세로축 눈금을 로그 단위로 변경하여 최솟값과 최댓값의 차이를 줄여보겠습니다. ❶ [세로축]에서 마우스 오른쪽 버튼을 클릭하고 ❷ [축 서식]을 선택합니다. ❸ [축 서식] 작업 창의 [축 옵션]–[최소값]에 **100000**을 입력하고 ❹ [로그 눈금 간격]에 체크합니다. ❺ 작업 창을 닫습니다.

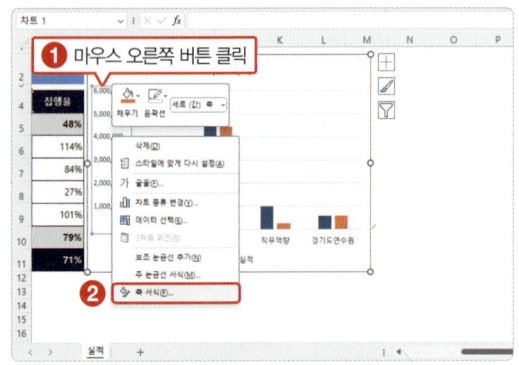 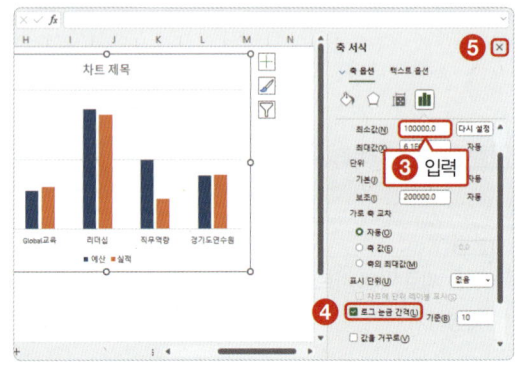

실력향상 [로그 눈금 간격]을 설정하면 [세로축]의 단위가 '1, 10, 100, 1000, 10000,…'으로 표시되어 십만 단위와 백만 단위의 데이터가 비슷한 크기로 표시됩니다. 이때 [최소값]을 100,000으로 변경하면 차이를 넓힐 수 있습니다.

시간단축 [세로축]을 더블클릭해도 [축 서식] 작업 창이 표시됩니다.

04 차트 요소 추가와 삭제하기
차트에 필요하지 않은 구성 요소들을 삭제한 후 데이터 레이블을 추가해보겠습니다. ❶ [차트 요소]를 클릭하고 ❷ [차트 제목], [범례], [눈금선]의 체크를 해제합니다. ❸ [축]의 목록 단추를 클릭하고 ❹ [기본 세로]의 체크를 해제합니다.

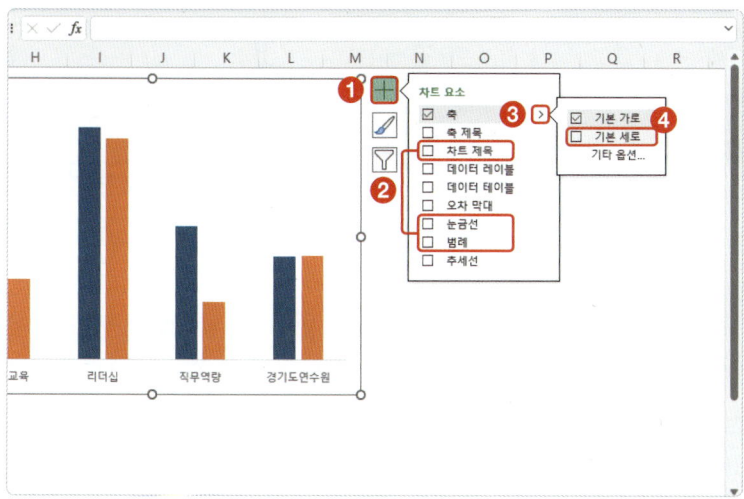

05 ❶ [차트 요소]에서 [데이터 레이블]에 체크합니다. 차트에 값이 표시됩니다. ❷ '실적' 계열의 'Global교육' 데이터 레이블을 두 번 클릭합니다. ❸ 'Global교육' 데이터 레이블만 선택된 상태에서 위로 조금만 드래그합니다. ❹ 같은 방법으로 '실적' 계열의 '경기도연수원' 데이터 레이블과 '예산' 계열의 '리더십' 데이터 레이블도 위로 조금만 드래그합니다.

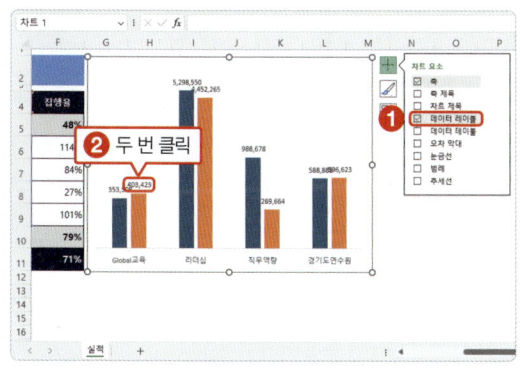
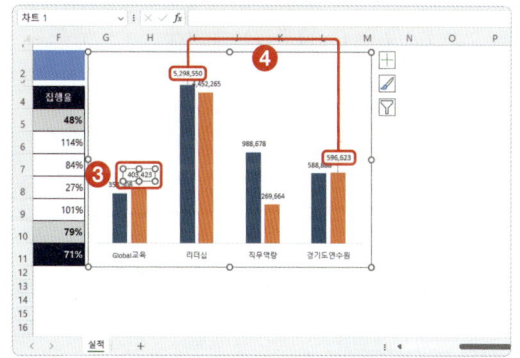

실력향상 데이터 레이블을 한 번 클릭하면 같은 계열의 레이블이 모두 선택됩니다. 한 번 더 클릭하면 요소 단위로 한 개씩 선택할 수 있습니다.

06 이중 물결 도형 삽입하기 '리더십' 항목에 이중 물결 도형을 삽입해보겠습니다. ❶ [차트 영역]을 클릭하고 ❷ [서식] 탭-[도형 삽입] 그룹에서 [자세히]를 클릭합니다. ❸ [별 및 현수막]-[이중 물결]을 선택합니다.

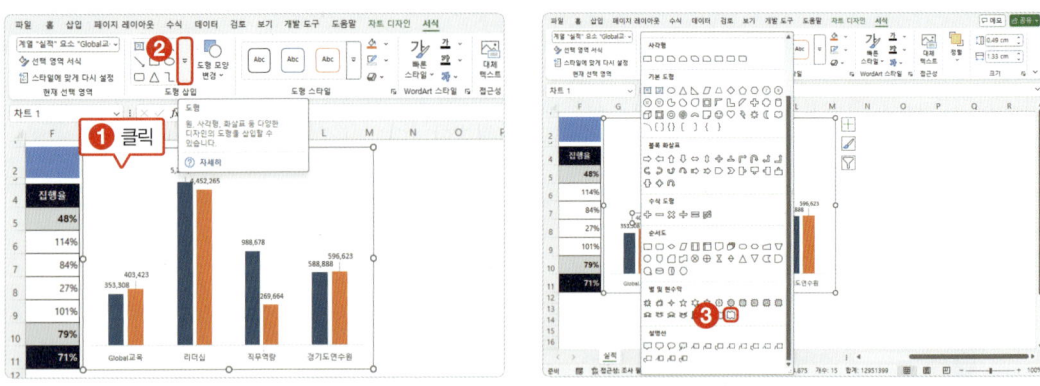

실력향상 차트를 클릭하면 차트의 [서식] 메뉴가 표시됩니다.

07 ❶ '리더십' 막대그래프 위에 드래그하여 도형을 삽입합니다. ❷ 도형이 선택된 상태에서 [도형 서식] 탭-[도형 스타일] 그룹-[도형 채우기]-[흰색, 배경 1]을 클릭하고 ❸ ❹ [도형 윤곽선]-[윤곽선 없음]을 클릭합니다.

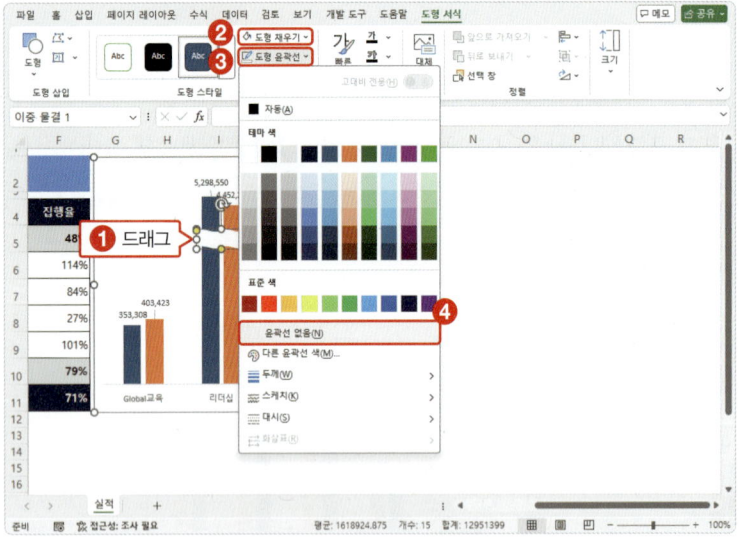

실력향상 [삽입] 탭-[일러스트레이션] 그룹-[도형]을 클릭하여 [이중 물결]을 삽입해도 됩니다. 이때 반드시 차트를 클릭한 상태에서 삽입해야 차트에 도형이 포함됩니다. 차트를 이동하거나 크기를 조절할 때 도형이 분리되지 않고 같이 이동 및 크기를 조절할 수 있습니다.

기간별 추세를 분석하는 꺾은선 차트 작성하기

실습 파일 CHAPTER04\04_환경기온추세.xlsx | **완성 파일** CHAPTER04\04_환경기온추세(완성).xlsx

꺾은선형 차트는 데이터를 시간적 흐름이나 기간별 변화에 따라 시각적으로 명확하게 표현하는 데 유용합니다. 이번에는 연간 환경 기온의 최고, 최저, 평균 기온 데이터를 한눈에 파악할 수 있도록 꺾은선형 차트를 삽입하고, 효과적으로 편집하는 방법을 알아보겠습니다.

미리보기

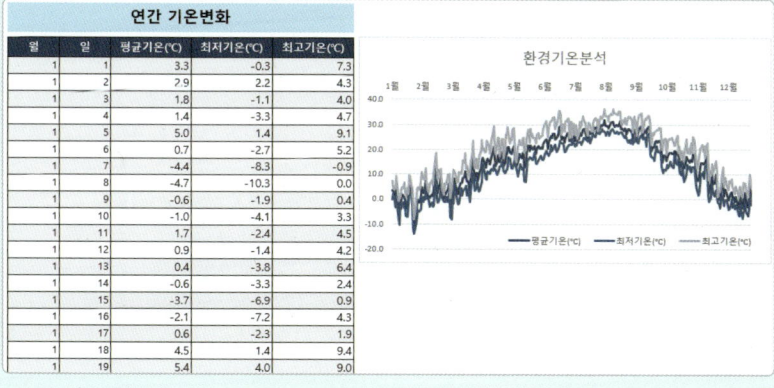

회사에서 바로 통하는 키워드

꺾은선형 차트, 가로축 눈금, 가로축 표시 형식, 범례 위치 변경

한눈에 보는 작업 순서

1. 꺾은선형 차트 작성하기
2. 차트 색 구성 변경하기
3. 가로축 레이블 편집하기
4. 차트 제목과 범례 위치 변경하기

01 꺾은선형 차트 작성하기
❶ [D4:F369] 셀 범위를 지정하고 ❷ [삽입] 탭-[차트] 그룹-[꺾은선형 또는 영역형 차트 삽입]을 클릭합니다. ❸ [2차원 꺾은선형]-[꺾은선형]을 선택합니다.

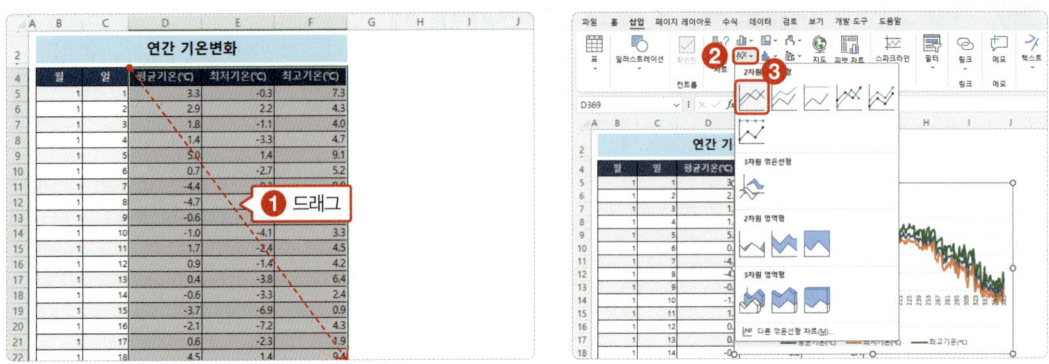

시간단축 [D4:F4] 셀 범위를 지정하고 Ctrl + Shift + ↓ 를 누르면 데이터가 입력된 맨 아래 셀까지 범위를 빠르게 지정할 수 있습니다.

실력향상 [D4] 셀부터 아래쪽 방향으로 범위를 지정하고 차트를 삽입하면 352행에 차트가 삽입됩니다. 범위를 지정하고 화면을 위로 스크롤한 후 차트를 삽입합니다. 또는 Ctrl + ↓ 를 눌러 맨 아래로 이동한 후 [D369:F369] 셀 범위를 지정하여 Ctrl + Shift + ↑ 를 누르면 범위 지정도 빠르게 할 수 있으며 차트도 위쪽에 삽입됩니다.

02 차트를 드래그하여 원하는 위치에 배치하고 적절한 크기로 조절합니다.

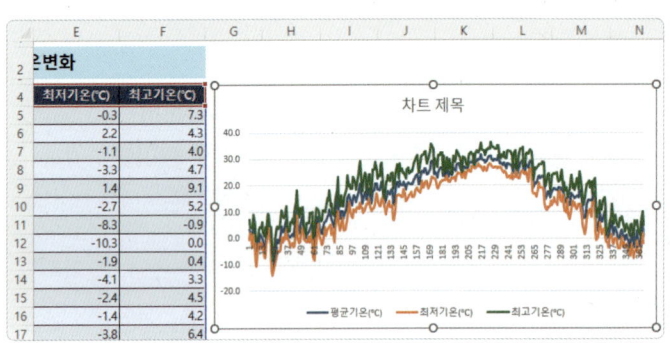

03 색 구성 변경하기
❶ [차트 스타일]을 클릭하고 ❷ [색]을 선택합니다. ❸ [단색형]-[단색 색상표 1]을 선택합니다.

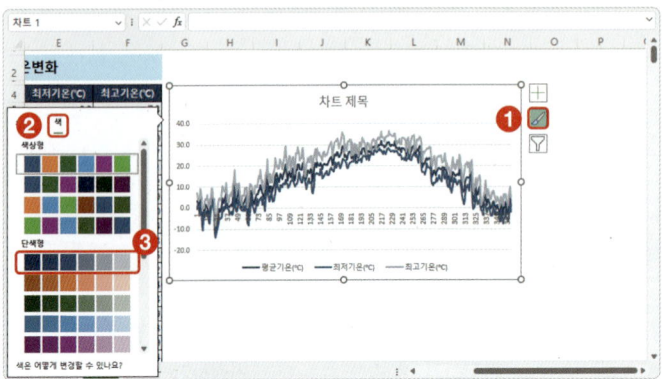

04 가로축 레이블 편집하기 삽입된 꺾은선형 차트에는 가로축 레이블이 지정되지 않아서 숫자로 설정되어 있습니다. B열의 월 데이터를 가로축 레이블로 설정해보겠습니다. ❶ [차트 디자인] 탭-[데이터] 그룹-[데이터 선택]을 클릭합니다. ❷ [데이터 원본 선택] 대화상자에서 [가로(항목) 축 레이블]의 [편집]을 클릭합니다. ❸ [축 레이블] 대화상자에서 [축 레이블 범위]의 입력란을 클릭하고 [B5:B369] 셀 범위를 지정한 후 ❹ [확인]을 클릭합니다. ❺ [데이터 원본 선택] 대화상자에서 [확인]을 클릭합니다.

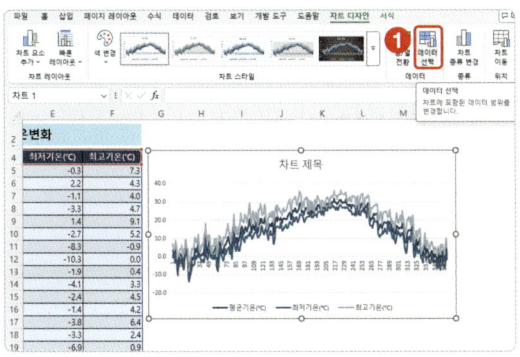
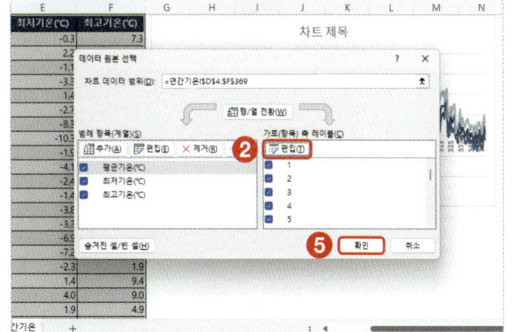

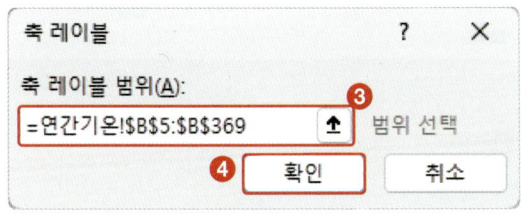

시간단축 [B5] 셀을 클릭하고 Ctrl + Shift + ↓ 를 누르면 빠르게 범위를 지정할 수 있습니다.

05 ❶ 가로축에서 마우스 오른쪽 버튼을 클릭하고 ❷ [축 서식]을 선택합니다. ❸ [축 서식] 작업 창의 [축 옵션]-[눈금] 클릭하고 ❹ [눈금 사이에 들어갈 간격]에 **31**을 입력합니다. ❺ [주 눈금]-[바깥쪽]으로 변경하고 ❻ [레이블]-[간격 단위 지정]을 선택한 후 **31**을 입력합니다.

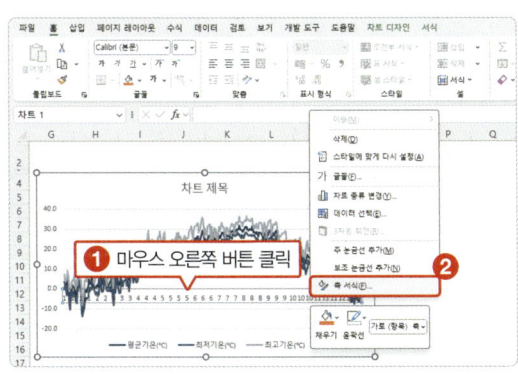
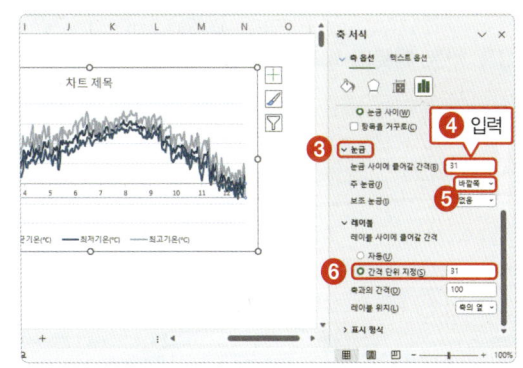

실력향상 [눈금 사이에 들어갈 간격]과 [간격 단위 지정]을 31로 설정하면 365개의 셀 데이터가 모두 표시되지 않고 31개 간격으로만 표시됩니다. 가로축 레이블과 눈금이 '1, 2, 3, 4, …, 12'로 열두 개가 표시됩니다.

06 ❶ [축 서식] 작업 창의 [표시 형식]-[서식 코드]에 **0월**을 입력하고 ❷ [추가]를 클릭합니다.

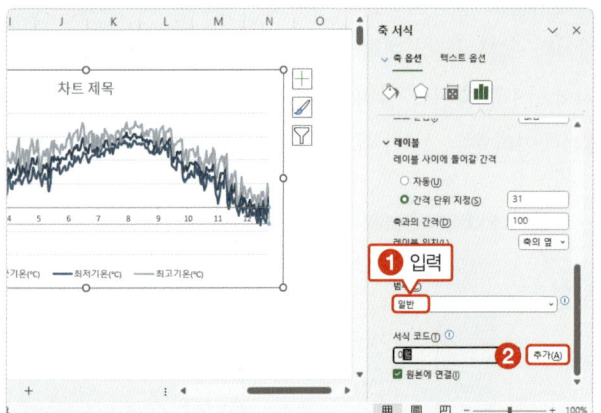

실력향상 가로축에 설정된 레이블 값은 숫자 데이터이므로 0월로 표시 형식을 설정하면 숫자 데이터 뒤에 '월'이 모두 표시됩니다.

07 ❶ 세로축을 클릭하고 ❷ [축 서식] 작업 창의 [축 옵션]에서 [가로 축 교차]-[축의 최대값]을 선택합니다. ❸ 작업 창을 닫습니다.

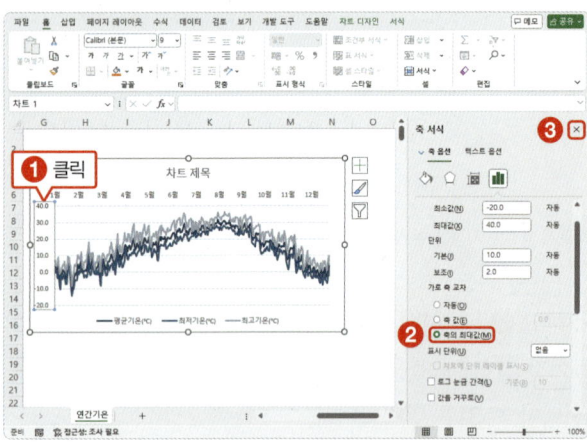

08 차트 제목과 범례 위치 변경하기 ❶ [차트 제목]을 **환경기온분석**으로 수정하고 ❷ [그림 영역]을 클릭하여 높이를 조금 크게 조절합니다. ❸ [범례]를 오른쪽으로 드래그합니다.

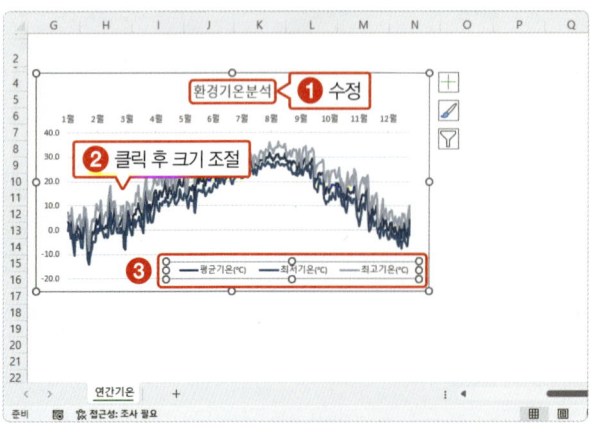

실력향상 [그림 영역]이나 [범례]의 크기 및 위치를 사용자 임의로 변경하면 [차트 요소]에서 범례의 위치를 변경할 때 [그림 영역]의 크기가 자동으로 변경되지 않습니다. 차트와 범례가 겹쳐 표시될 수 있습니다.

겹친 막대 차트 작성하여 서식 파일로 저장하기

실습 파일 CHAPTER04\05_사업비내역.xlsx | **완성 파일** CHAPTER04\05_사업비내역(완성).xlsx

묶은 세로 막대형 차트에서 두 계열을 기본 축과 보조 축으로 나누어 설정하면, 계열 간격을 조정하여 막대 요소를 겹치게 표현할 수 있습니다. 이를 통해 예산 대비 실적을 한눈에 비교할 수 있는 겹친 세로 막대형 차트를 작성하고, 이를 서식 파일로 저장해보겠습니다.

미리보기

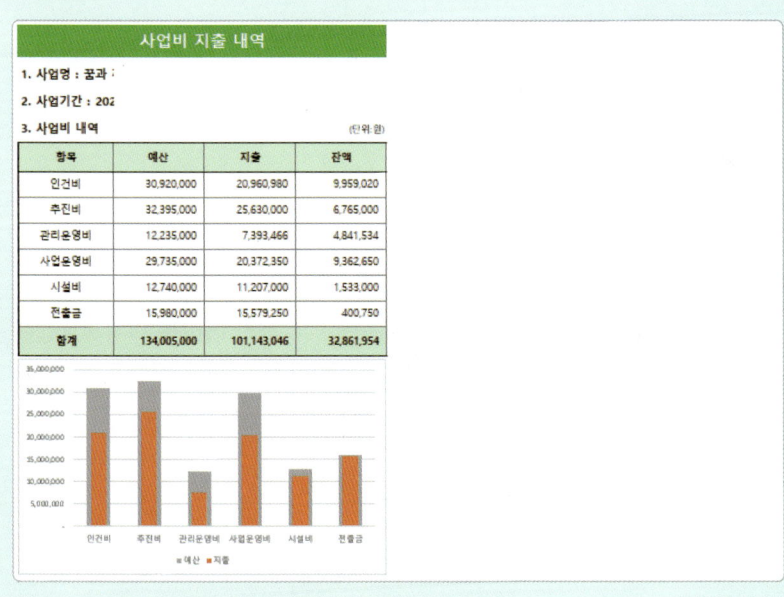

회사에서 바로 통하는 키워드

묶은 세로 막대형 차트, 보조 축, 계열 간격, 서식 파일로 저장

한눈에 보는 작업 순서

1. 묶은 세로 막대 차트 작성하기
2. 계열 서식 변경하기
3. 서식 파일로 저장하기

01 묶은 세로 막대 차트 작성하기
❶ [B7:D13] 셀 범위를 지정하고 ❷ [삽입] 탭-[차트] 그룹-[세로 또는 가로 막대형 차트 삽입]을 클릭합니다. ❸ [2차원 세로 막대형]-[묶은 세로 막대형]을 선택합니다.

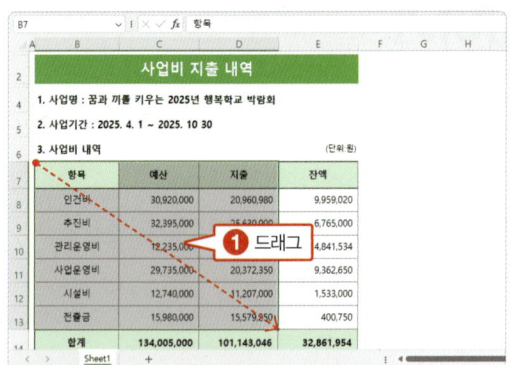
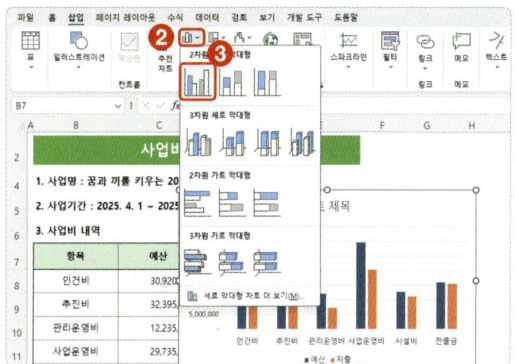

02
차트를 드래그하여 원하는 위치에 배치하고 적절한 크기로 조절합니다.

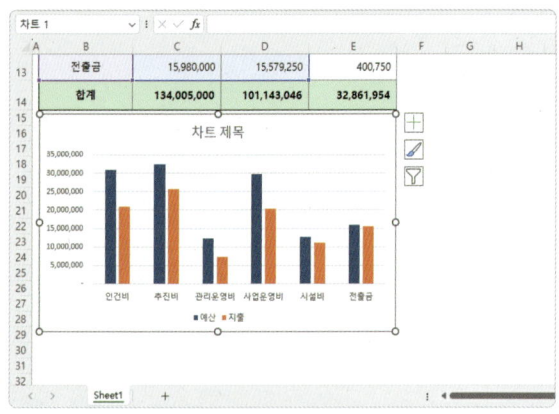

03 계열 서식 변경하기
'지출' 계열은 보조 축으로 설정하고 '예산' 계열은 간격 너비를 변경해보겠습니다. ❶ '지출' 계열에서 마우스 오른쪽 버튼을 클릭하고 ❷ [데이터 계열 서식]을 선택합니다. ❸ [데이터 계열 서식] 작업 창에서 [계열 옵션]-[데이터 계열 지정] 항목에서 [보조 축]을 선택합니다. 보조 축이 표시되고 두 계열의 막대가 겹쳐집니다.

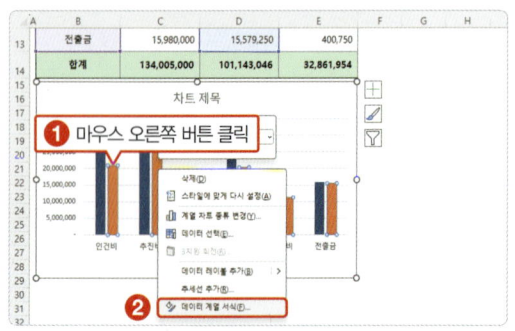
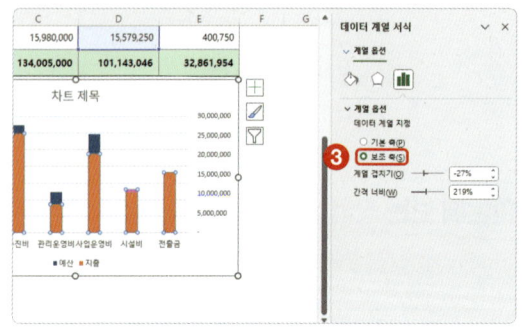

실력향상 '예산'과 '지출' 계열을 겹치게 표시하고 간격 너비를 다르게 지정하려면 한 개의 계열은 [보조 축]으로 설정해야 합니다. 두 계열이 겹쳐졌을 때 보조 축으로 설정한 계열이 위에 표시됩니다.

04 ❶ '예산' 계열을 클릭하고 ❷ [데이터 계열 서식] 작업 창에서 [계열 옵션]-[간격 너비]를 **115%**로 변경합니다. ❸ [채우기 및 선]을 클릭하고 ❹ [채우기]-[단색 채우기]를 선택한 후 ❺ [색]-[밝은 회색, 배경 2, 25% 더 어둡게]를 선택합니다. ❻ 작업 창을 닫습니다.

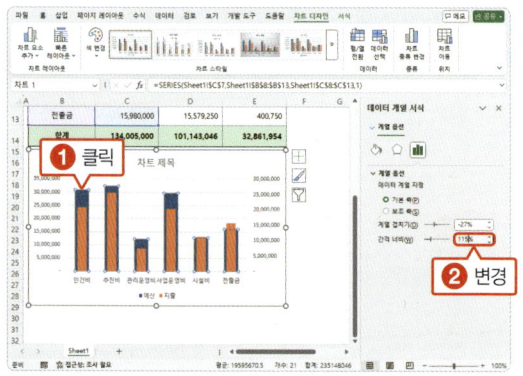
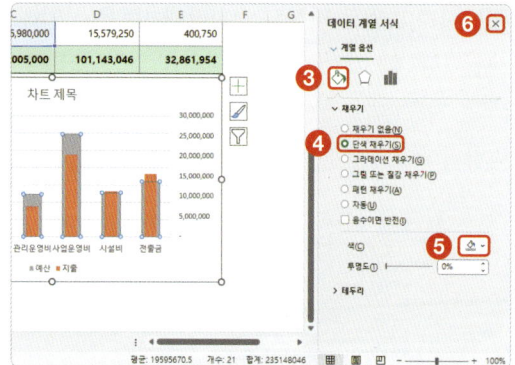

05 [기본 축]과 [보조 축]의 최댓값과 눈금이 서로 다릅니다. 같은 기준이 적용되어야 하므로 [보조 축]의 눈금을 삭제하겠습니다. ❶ [보조 세로 축]을 클릭하고 Delete 를 눌러 삭제합니다. '지출' 계열이 [기본 축]의 눈금 기준으로 표시됩니다. ❷ [차트 제목]을 클릭하고 Delete 를 눌러 삭제합니다.

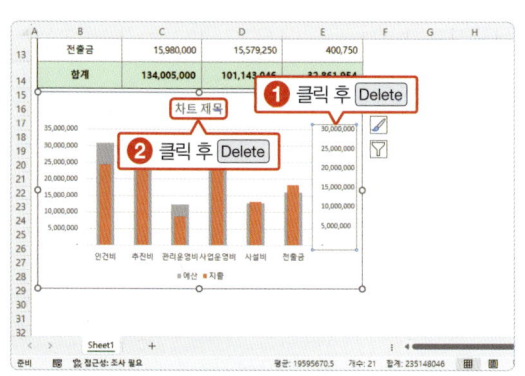
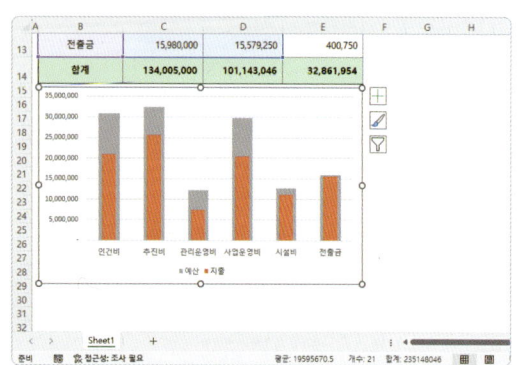

06 서식 파일로 저장하기 편집 완료된 차트를 다음에 계속 사용할 수 있도록 서식 파일로 저장해보겠습니다. ❶ [차트 영역]에서 마우스 오른쪽 버튼을 클릭하고 ❷ [서식 파일로 저장]을 선택합니다. ❸ [차트 서식 파일 저장] 대화상자에서 [파일 이름]에 **겹친막대차트**를 입력하고 ❹ [저장]을 클릭합니다.

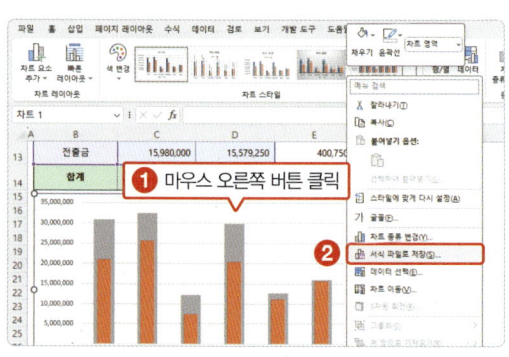
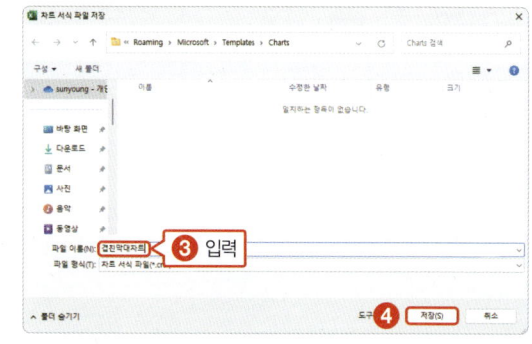

실력향상 [서식 파일로 저장] 메뉴는 차트 영역이나 그림 영역에서 마우스 오른쪽 버튼을 클릭하면 표시됩니다. [차트 서식 파일 저장] 대화상자에서 저장 경로는 자동으로 표시되는 [C:\Users\사용자\AppData\Roaming\Microsoft\Templates\Charts] 폴더를 그대로 사용해야 합니다. 폴더를 변경하면 [모든 차트]-[서식 파일]에 등록되지 않습니다.

07 서식 파일로 저장된 겹친막대차트를 삽입해보겠습니다. 기존에 삽입한 차트는 Delete 를 눌러 삭제합니다. ❶ [B7:D13] 셀 범위를 지정하고 ❷ [삽입] 탭-[차트] 그룹-[추천 차트]를 클릭합니다. ❸ [모든 차트] 탭을 클릭하고 ❹ [서식 파일]을 클릭합니다. ❺ [겹친막대차트]를 클릭하고 ❻ [확인]을 클릭합니다.

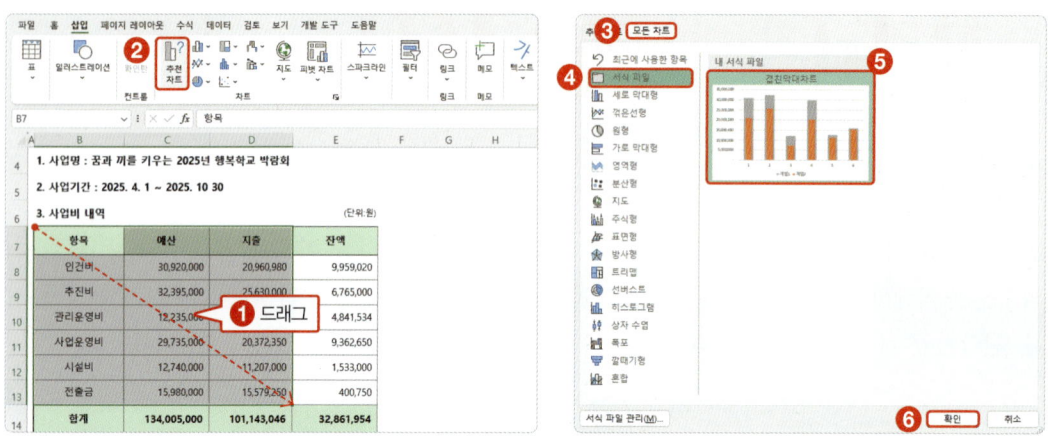

08 서식 파일로 저장한 '겹친막대차트'가 삽입됩니다.

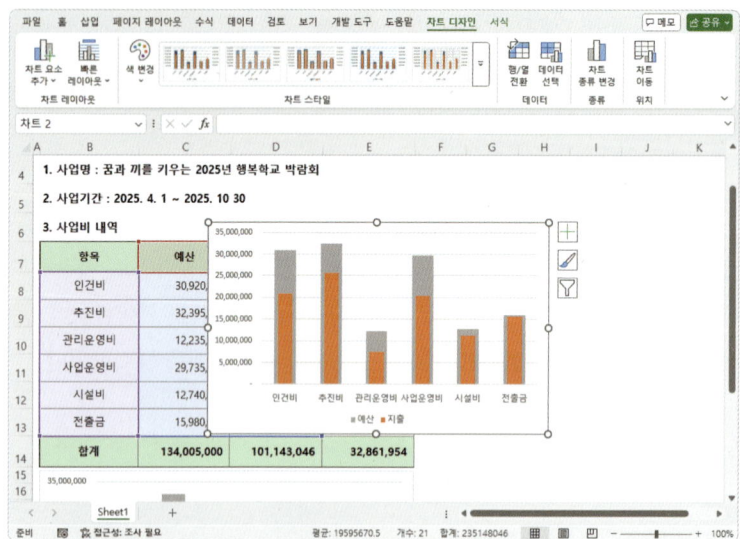

폭포 차트로 증감률 분석하기

실습 파일 CHAPTER04\06_매출증감분석.xlsx | 완성 파일 CHAPTER04\06_매출증감분석(완성).xlsx

폭포 차트는 막대의 색상을 통해 양수와 음수를 직관적으로 구분하며, 증가와 감소의 누적 변화를 시각적으로 나타내는 데 효과적입니다. 이를 활용하여 전월 대비 당월 매출 증감을 분석할 수 있는 차트를 작성해보겠습니다.

미리보기

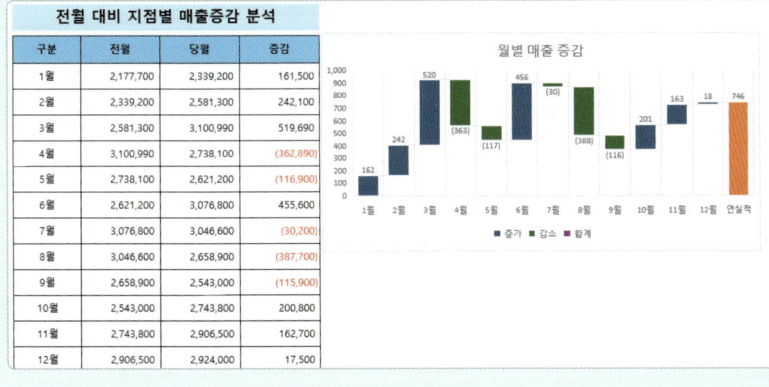

회사에서 바로 통하는 키워드

폭포 차트, 합계로 표시, 차트 서식 변경, 축 눈금 단위 변경

한눈에 보는 작업 순서

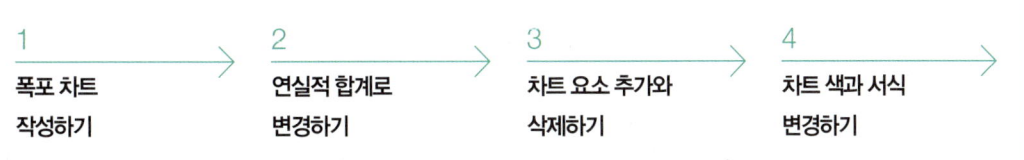

1. 폭포 차트 작성하기
2. 연실적 합계로 변경하기
3. 차트 요소 추가와 삭제하기
4. 차트 색과 서식 변경하기

01 폭포 차트 작성하기
❶ [B4:B17] 셀 범위를 지정하고 ❷ Ctrl 을 누른 상태에서 [E4:E17] 셀 범위를 지정합니다. ❸ [삽입] 탭-[차트] 그룹-[폭포, 깔때기형, 주식형, 표면형 또는 방사형 차트 삽입]을 클릭하고 ❹ [폭포]-[폭포]를 선택합니다.

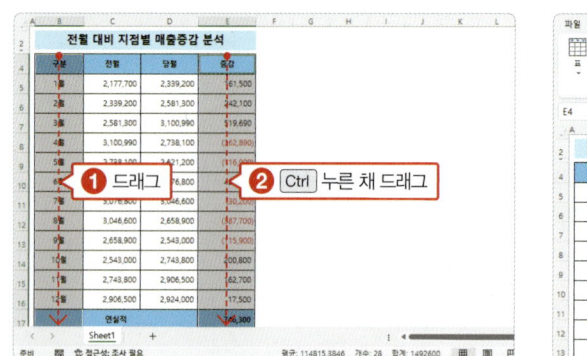 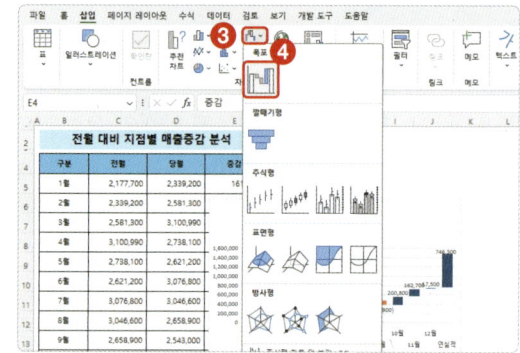

실력향상 폭포 차트는 엑셀 2016 버전부터 작성할 수 있습니다.

02
❶ 차트를 드래그하여 원하는 위치에 배치하고 적절한 크기로 조절합니다. ❷ [차트 제목]은 **월별 매출 증감**으로 수정합니다.

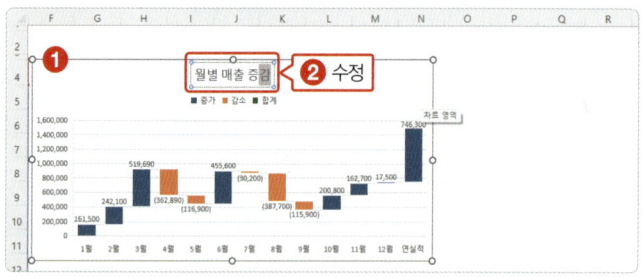

03 연실적 합계로 변경하기
'연실적' 항목을 합계로 변경하여 누계로 표시되지 않도록 설정해보겠습니다. ❶ '연실적' 계열을 두 번 클릭합니다. ❷ [연실적] 요소만 선택된 상태에서 마우스 오른쪽 버튼을 클릭하고 ❸ [합계로 설정]을 선택합니다.

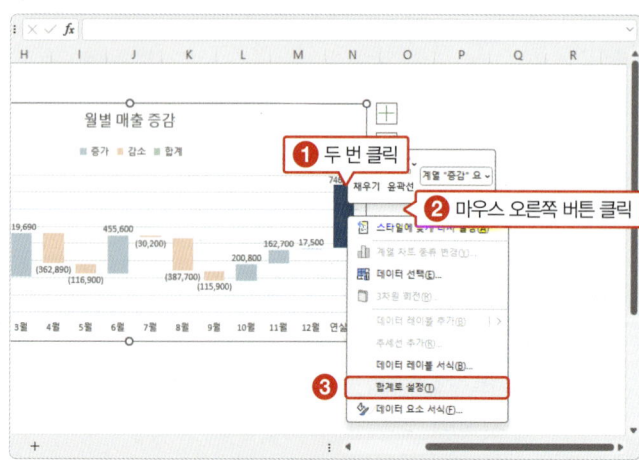

04 차트 요소 변경하기 ❶ [차트 요소]를 클릭하고 ❷ [눈금선]의 목록 단추를 클릭한 후 ❸ [기본 주 가로]의 체크는 해제, [기본 주 세로]에는 체크합니다. 가로 눈금선이 삭제되고 세로 눈금선이 표시됩니다. ❹ [범례]의 목록 단추를 클릭하고 ❺ [아래쪽]을 선택합니다.

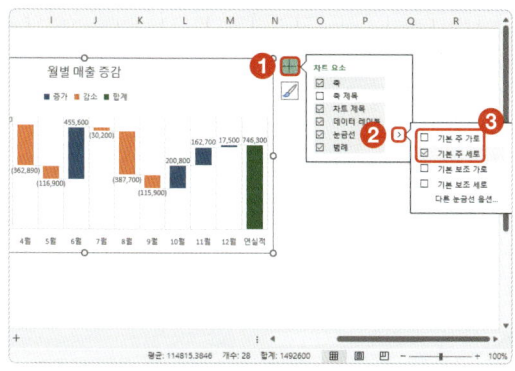 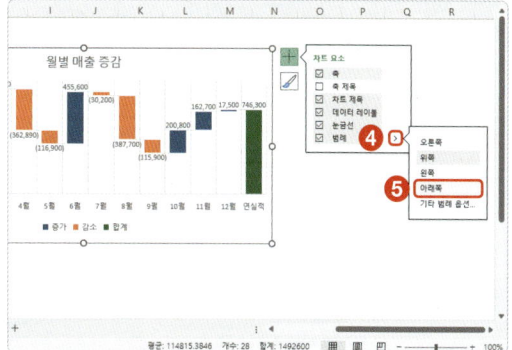

05 차트 색과 서식 변경하기 ❶ [차트 스타일]을 클릭하고 ❷ [색]을 선택합니다. ❸ [색상형]–[다양한 색상표 2]를 선택합니다.

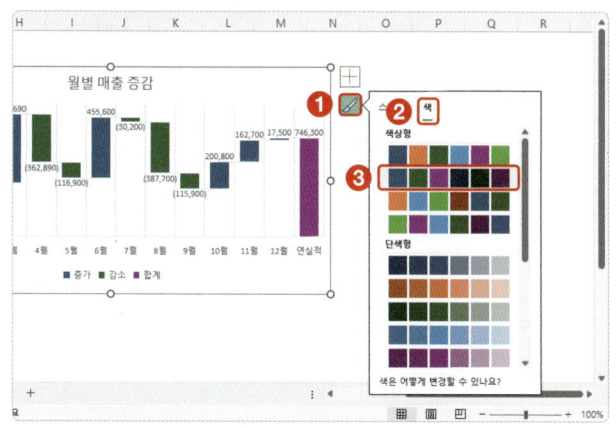

06 ❶ '연실적' 계열을 두 번 클릭합니다. ❷ '연실적' 요소만 선택된 상태에서 마우스 오른쪽 버튼을 클릭하고 ❸ [데이터 요소 서식]을 선택합니다. ❹ [데이터 요소 서식] 작업 창에서 [채우기 및 선]을 클릭하고 ❺ [채우기]–[단색 채우기]를 선택합니다. ❻ [색]–[주황, 강조 2]를 선택합니다.

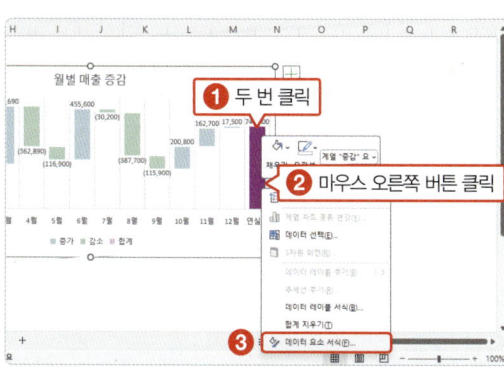 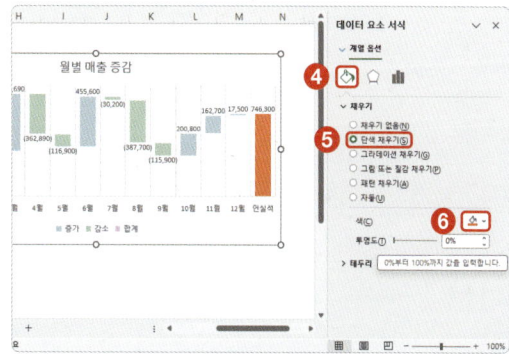

07 ❶ [세로축]을 클릭하고 ❷ [축 서식] 작업 창의 [축 옵션]-[표시 단위]를 [천]으로 변경합니다. ❸ 작업 창을 닫습니다.

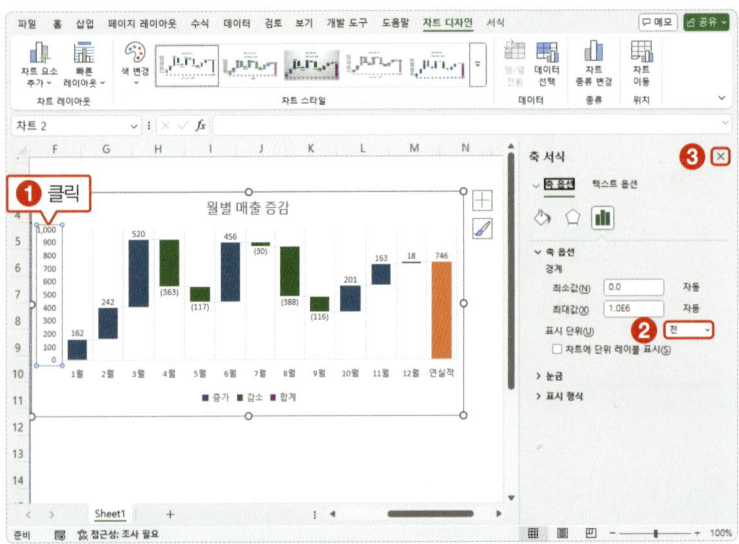

실력향상 [축 서식] 작업 창이 표시된 상태에서 차트의 다른 구성 요소를 클릭하면 작업 창에 선택한 구성 요소의 서식이 표시됩니다. [축 서식]-[축 옵션]에서 [차트에 단위 레이블 표시]가 체크되어 있으면 해제합니다.

데이터에 따라 평균선을 자동으로 표시하는 차트 작성하기

실습 파일 Chapter04\07_상반기판매평균.xlsx | 완성 파일 CHAPTER04\07_상반기판매평균(완성).xlsx

상반기 제품별 데이터를 전체 평균과 비교 분석할 때, 세로 막대형과 꺾은선형을 혼합해 사용합니다. 제품별 상반기 판매 평균을 세로 막대형으로, 전체 평균을 꺾은선형으로 표현해보겠습니다. 전체 평균을 나타내는 가로선을 기준으로 항목별 평균의 차이를 직관적으로 확인할 수 있도록 작성해보겠습니다.

미리보기

회사에서 바로 통하는 키워드

콤보 차트, 가로축 눈금 서식, 데이터 레이블 표시, 숨겨진 셀 차트에 표시

한눈에 보는 작업 순서

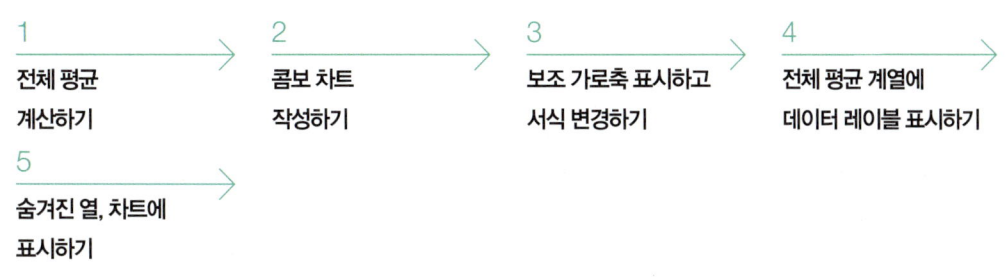

1. 전체 평균 계산하기
2. 콤보 차트 작성하기
3. 보조 가로축 표시하고 서식 변경하기
4. 전체 평균 계열에 데이터 레이블 표시하기
5. 숨겨진 열, 차트에 표시하기

01 전체 평균 계산하기
❶ [J4] 셀에 **전체평균**을 입력합니다. ❷ [J5:J9] 셀 범위를 지정하고 ❸ =AVERAGE($I$5:$I$9)를 입력한 후 Ctrl + Enter 를 누릅니다.

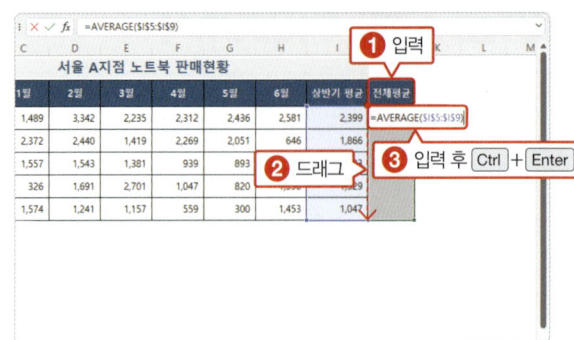

실력향상 전체 평균을 차트의 가로선으로 표시하려면 제품명의 전체 평균이 모두 입력되어 있어야 합니다.

실력향상 셀 범위를 지정하고 수식을 입력한 후 Ctrl + Enter 를 누르면 지정된 범위에 동시에 같은 값을 입력할 수 있습니다.

02 콤보 차트 작성하기
❶ [B4:B9] 셀 범위를 지정하고 ❷ Ctrl 을 누른 상태에서 [I4:J9] 셀 범위를 지정합니다. ❸ [삽입] 탭-[차트] 그룹-[콤보 차트 삽입]을 클릭하고 ❹ [사용자 지정 콤보 차트 만들기]를 클릭합니다. ❺ [차트 삽입] 대화상자의 [모든 차트] 탭에서 [혼합]을 클릭하고 ❻ [전체평균] 계열의 [보조 축]에 체크합니다. ❼ [확인]을 클릭합니다.

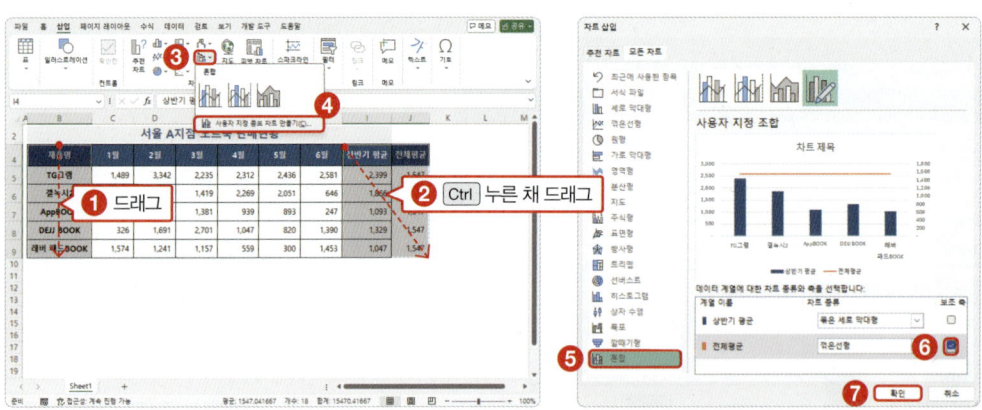

실력향상 '전체평균' 계열을 보조 축으로 설정하면 '상반기 평균' 계열과 '전체평균' 계열의 가로축과 세로축 서식을 다르게 지정할 수 있습니다.

03
콤보 차트가 삽입되었습니다. 차트를 드래그하여 원하는 위치에 배치하고 적절한 크기로 조절합니다.

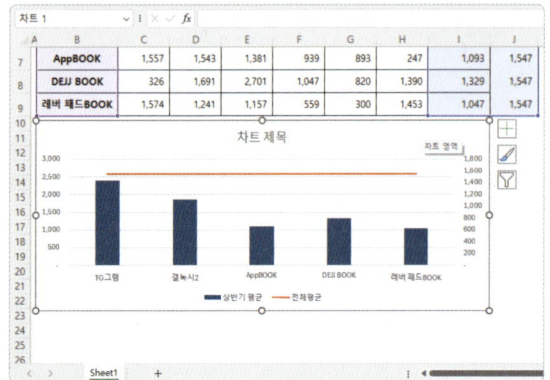

04 보조 가로축 표시하고 서식 변경하기 '전체평균' 계열의 꺾은선을 세로축 레이블 위치까지 늘리기 위해 보조 가로축을 표시하고 서식을 변경해보겠습니다. ❶ [차트 요소]를 클릭하고 ❷ [축]의 목록 단추를 클릭한 후 ❸ [보조 가로]에 체크합니다. 보조 가로축이 표시됩니다.

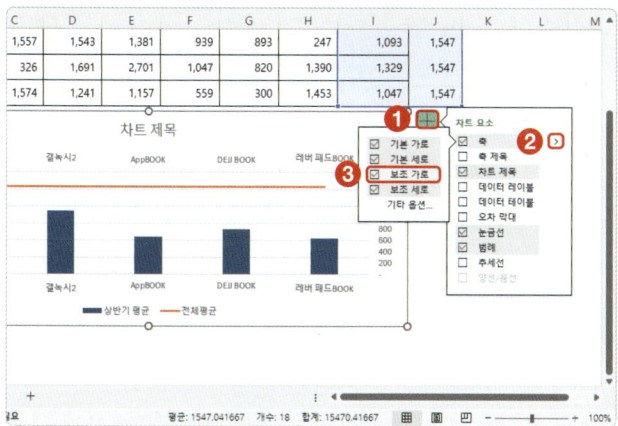

05 ❶ [보조 가로 축]에서 마우스 오른쪽 버튼을 클릭하고 ❷ [축 서식]을 선택합니다. ❸ [축 서식] 작업 창의 [축 옵션]에서 [축 위치]-[눈금]을 선택합니다. '전체평균' 계열의 꺾은선이 양쪽으로 늘어납니다.

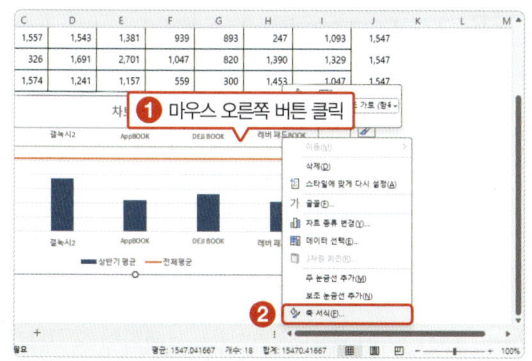 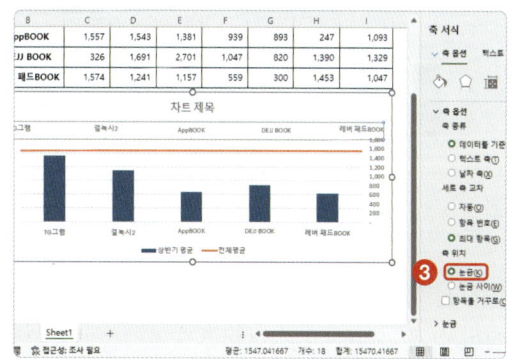

06 ❶ [축 서식] 작업 창의 [축 옵션]에서 [눈금]-[주 눈금]을 [없음]으로 변경합니다. ❷ [레이블]-[레이블 위치]도 [없음]으로 변경합니다. [보조 가로축]이 표시되지 않습니다.

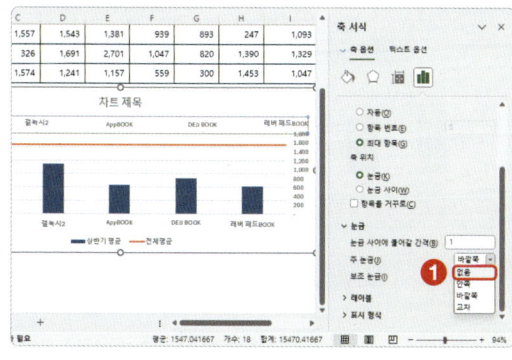 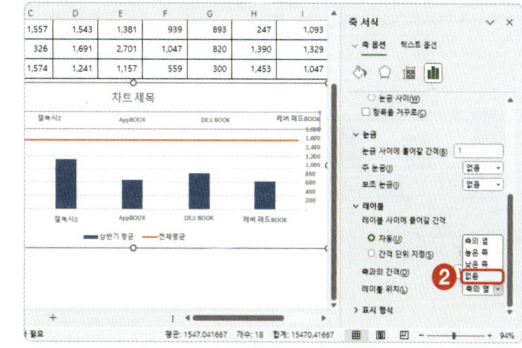

실력향상 [보조 가로축]을 삭제하면 '전체평균' 계열이 [주 가로축] 서식으로 변경되어 가로선이 다시 짧아집니다.

07 ❶ '상반기 평균' 계열을 클릭하고 ❷ [데이터 계열 서식] 작업 창의 [계열 옵션]-[간격 너비]를 **120%**로 변경합니다. ❸ '전체평균' 계열을 클릭하고 ❹ [채우기 및 선]에서 ❺ [선]-[색]을 [빨강]으로 변경합니다. ❻ 작업 창을 닫습니다.

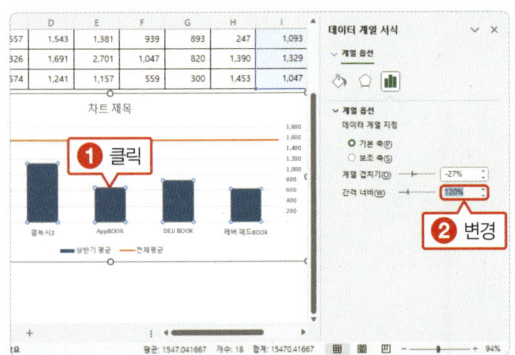 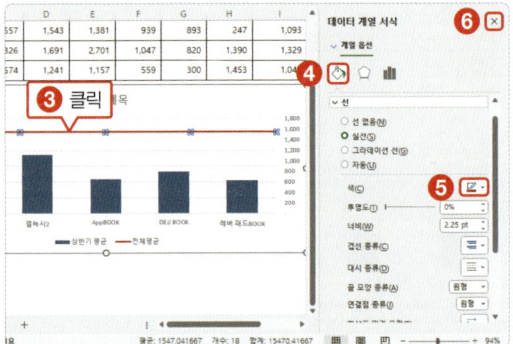

08 ❶ [차트 제목]을 **제품 판매현황**으로 수정합니다. ❷ [보조 세로축]을 클릭하고 Delete 를 눌러 삭제합니다.

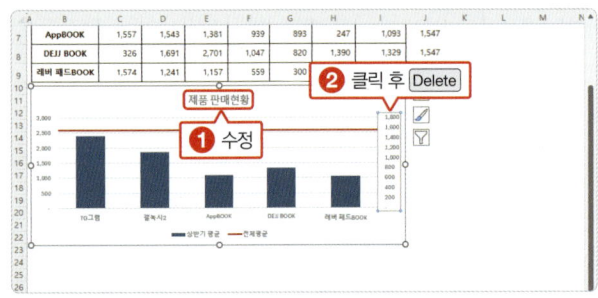

09 전체평균 계열에 데이터 레이블 표시하기 ❶ '전체평균' 계열을 클릭하고 ❷ '레버 패드BOOK' 항목만 다시 클릭합니다. ❸ 마우스 오른쪽 버튼을 클릭하고 ❹ [데이터 레이블 추가]를 선택합니다. 차트에 데이터 레이블이 표시되었지만 [그림 영역]과 겹쳐 표시됩니다. ❺ [그림 영역]을 클릭하고 가로 크기를 줄여 데이터 레이블이 표시되도록 합니다.

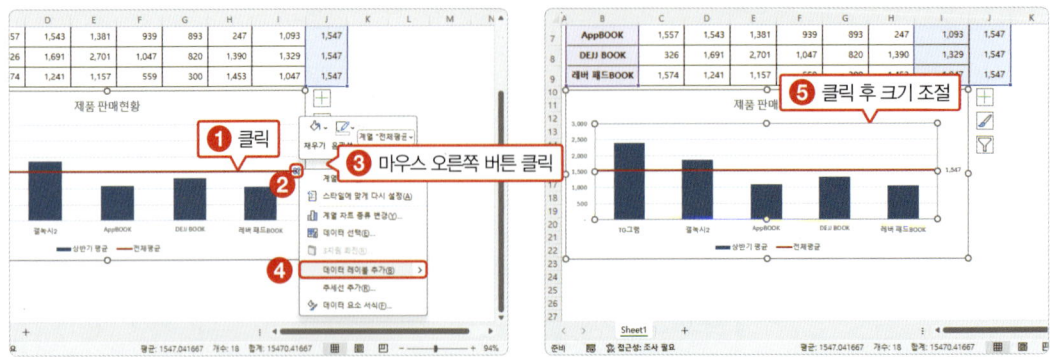

실력향상 데이터 레이블은 한 개만 표시해야 하므로 '전체평균' 계열의 마지막 항목인 '레버 패드BOOK'을 클릭한 후 [데이터 레이블 추가]를 선택합니다.

10 ① [데이터 레이블]을 클릭하고 ② [홈] 탭-[글꼴] 그룹에서 [굵게] ③ [크기]는 10pt ④ [글꼴 색]은 [빨강]으로 변경합니다.

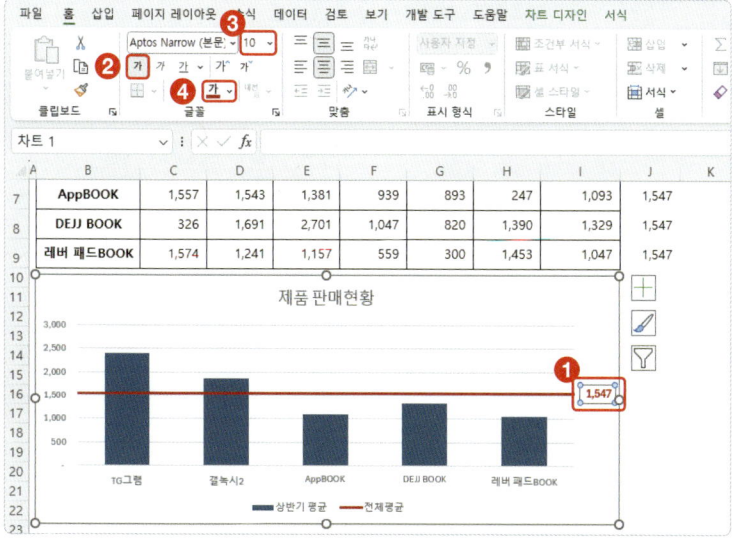

11 **숨겨진 열 차트에 표시하기** J열에 입력해둔 [전체평균]을 숨겨보겠습니다. ① J열 머리글에서 마우스 오른쪽 버튼을 클릭한 후 ② [숨기기]를 선택합니다. J열을 숨기면 차트에 '전체평균' 계열이 표시되지 않습니다. ③ 차트를 클릭하고 ④ [차트 디자인] 탭-[데이터] 그룹-[데이터 선택]을 클릭합니다.

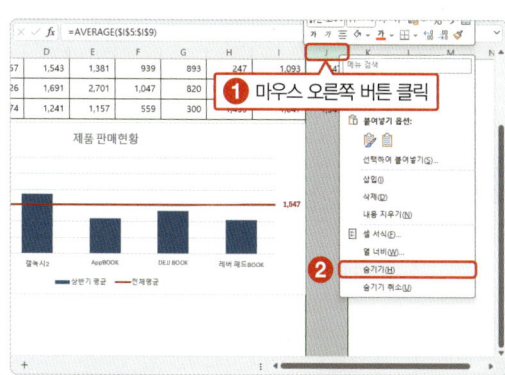

12 ❶ [데이터 원본 선택] 대화상자에서 [숨겨진 셀/빈 셀]을 클릭합니다. ❷ [숨겨진 셀/빈 셀 설정] 대화상자에서 [숨겨진 행 및 열에 데이터 표시]에 체크하고 ❸ [확인]을 클릭합니다. ❹ [데이터 원본 선택] 대화상자에서 [확인]을 클릭합니다. 차트에 '전체평균' 계열이 다시 표시됩니다.

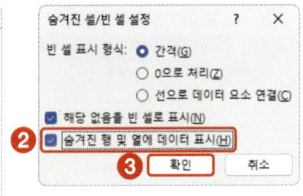
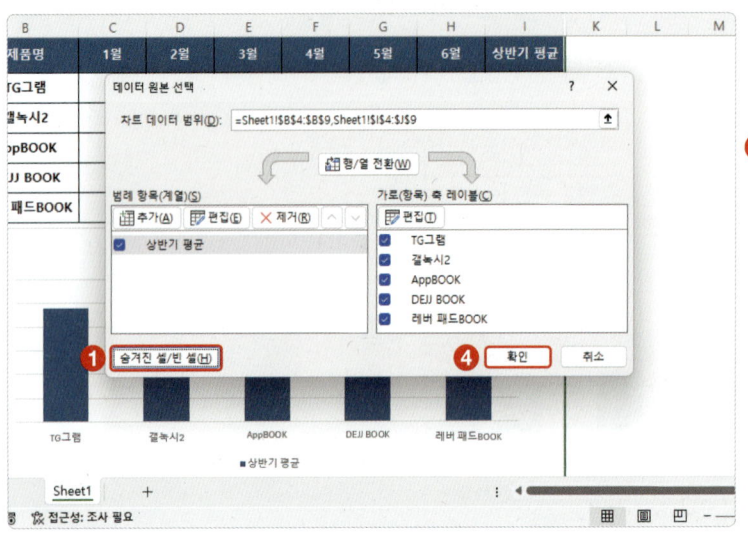
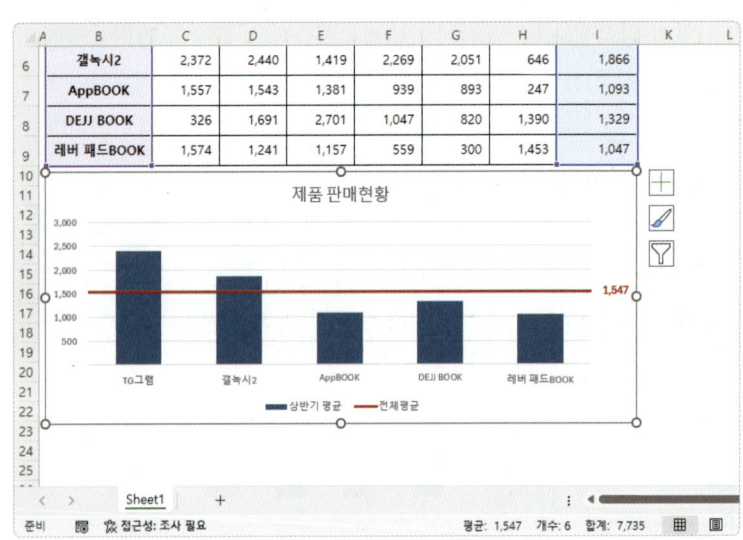

선택한 항목을 확인하는 강조 차트 작성하기

실습 파일 CHAPTER04\08_고객가입현황.xlsx | 완성 파일 CHAPTER04\08_고객가입현황(완성).xlsx

원하는 데이터를 시각적으로 강조하거나 특정 모양의 차트를 작성하려면 데이터의 가공이 필요합니다. 선택한 고객 등급의 연령대별 가입자 수와 가입률을 바탕으로 필요한 수식을 작성합니다. 또, 가장 많은 가입자를 보유한 연령대를 강조한 차트를 만들어보겠습니다.

미리보기

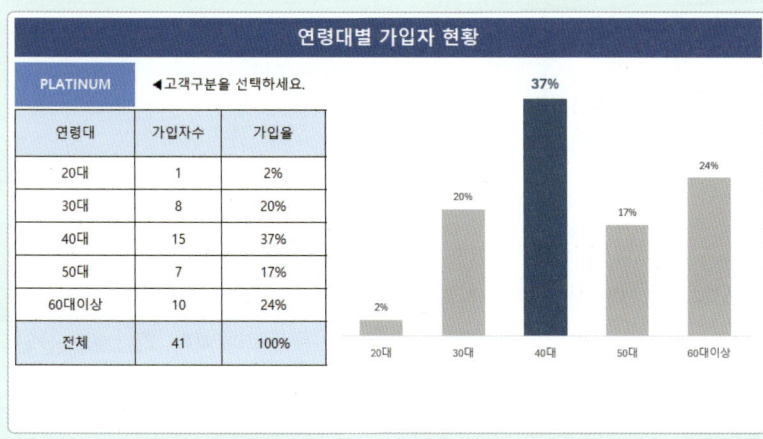

회사에서 바로 통하는 키워드

콤보 차트, IF 함수, MAX 함수, 차트 요소 변경, 계열 서식 변경, 데이터 레이블 서식 설정

한눈에 보는 작업 순서

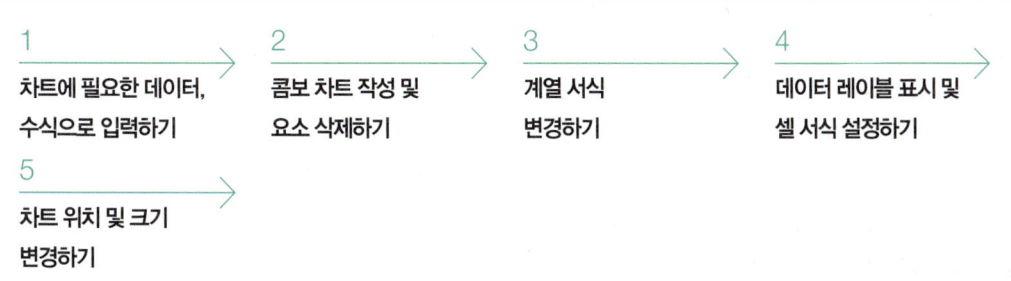

CHAPTER 04 데이터 특성에 맞는 차트 작성과 편집 기능 **273**

01 차트에 필요한 데이터, 수식으로 입력하기
❶ [E7] 셀에 =IF(D7=MAX($D$7:$D$11),D7,0)를 입력합니다. ❷ [E7] 셀의 채우기 핸들을 [E11] 셀까지 드래그하여 수식을 복사합니다.

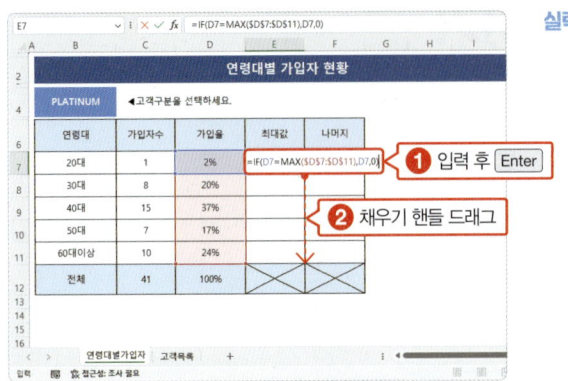

실력향상 IF(조건식,참일 때 표시할 값,거짓일 때 표시할 값) 형식으로 최댓값만 표시하기 위해 =IF(D7=MAX($D$7:$D$11),D7,0) 수식을 입력합니다. 각 연령대의 가입률 중 MAX 함수로 구한 가장 높은 가입률과 동일한 경우에만 해당 가입률을 표시하고 그렇지 않은 경우에는 0이 표시됩니다. IF 함수에 대한 자세한 설명은 172쪽을 참고하세요.

02
❶ [F7] 셀에 =IF(E7=0,D7,0)를 입력합니다. ❷ [F7] 셀의 채우기 핸들을 [F11] 셀까지 드래그하여 수식을 복사합니다.

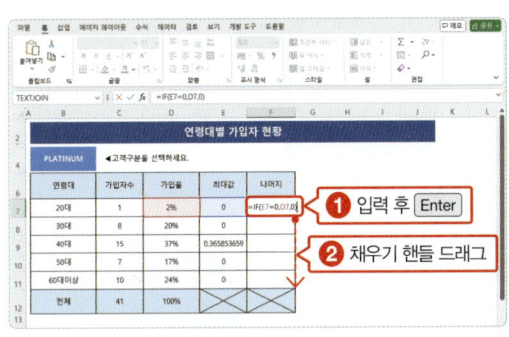

실력향상 가장 높은 가입률을 제외한 다른 가입률을 표시하기 위해 =IF(E7=0,D7,0) 수식을 입력합니다. 높은 가입률이 아니어서 0으로 표시된 경우에는 해당 연령대의 가입률이 표시되고, 가입률이 가장 높아서 최댓값이 표시된 경우에는 0을 표시하는 수식입니다.

03 콤보 차트 작성 및 요소 삭제하기
❶ [B6:B11] 셀 범위를 지정하고 ❷ Ctrl 을 누른 상태에서 [E6:F11] 셀 범위를 지정합니다. ❸ [삽입] 탭-[차트] 그룹-[추천 차트]를 클릭합니다. ❹ [차트 삽입] 대화상자의 [모든 차트] 탭에서 [혼합]을 클릭하고 ❺ [최댓값] 계열의 [보조 축]에 체크합니다. ❻ [나머지] 계열의 [차트 종류]는 [묶은 세로 막대형]으로 변경하고 ❼ [확인]을 클릭합니다.

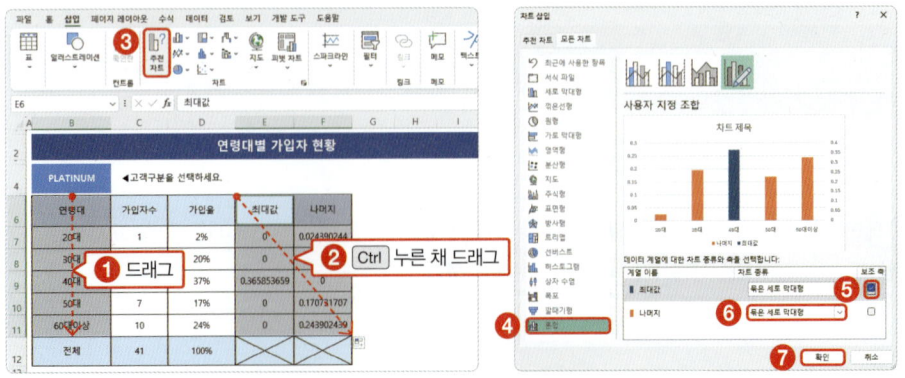

실력향상 차트가 겹쳐서 표시될 때, 보조 축으로 설정한 차트 계열이 앞쪽에 배치됩니다.

04 ① [차트 요소]를 클릭하고 ② [차트 제목], [눈금선], [범례]의 체크를 해제합니다. ③ [축]의 목록 단추를 클릭하고 ④ [기본 세로]와 [보조 세로]의 체크를 해제합니다.

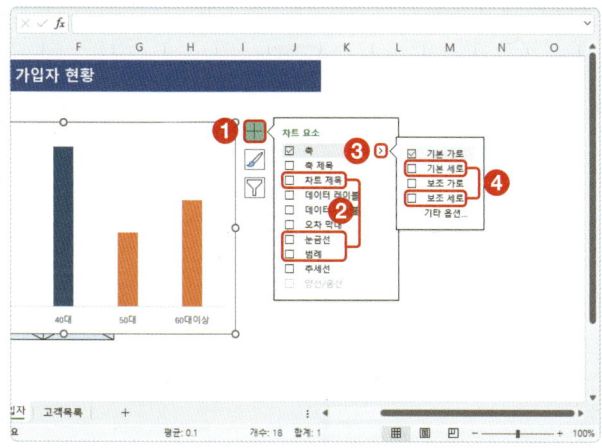

05 계열 서식 변경하기 ① '최대값' 계열에서 마우스 오른쪽 버튼을 클릭한 후 ② [데이터 계열 서식]을 선택합니다. ③ [데이터 계열 서식] 작업 창에서 [계열 옵션]-[간격 너비]를 **90%**로 변경합니다.

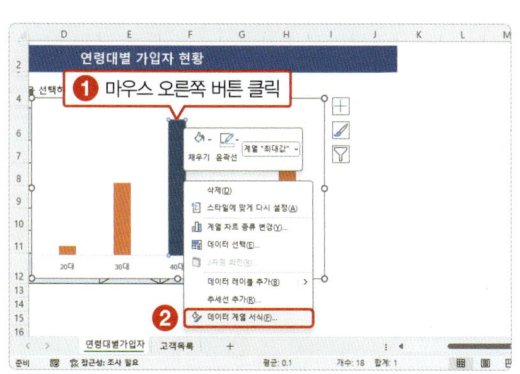 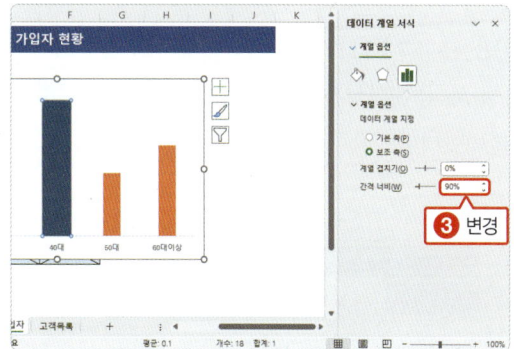

06 ① '나머지' 계열을 클릭하고 ② [계열 옵션]-[간격 너비]를 동일하게 **90%**로 변경합니다. ③ [채우기 및 선]을 클릭하고 ④ [채우기]-[단색 채우기]를 선택합니다. ⑤ [색]-[흰색, 배경 1, 25% 더 어둡게]로 변경하고 ⑥ 작업 창을 닫습니다.

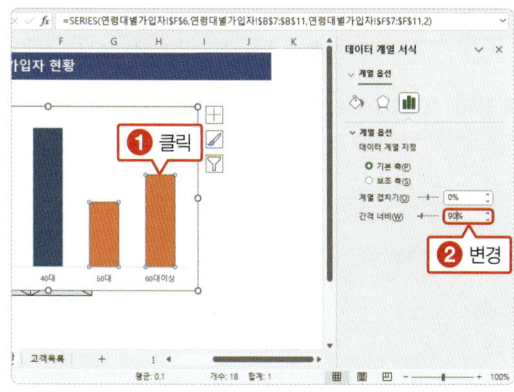 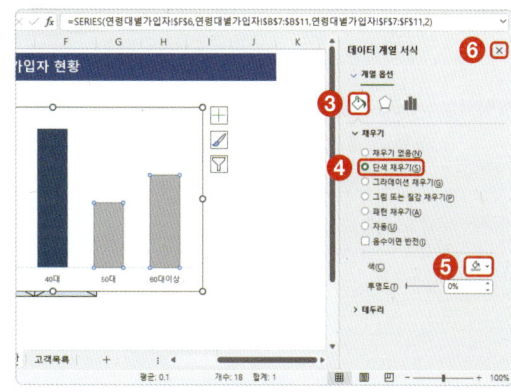

07 데이터 레이블 표시 및 셀 서식 설정하기 데이터 레이블을 표시한 후 셀 서식을 변경하여 데이터가 0이 아닌 경우에만 레이블이 표시되도록 해보겠습니다. ❶ [차트 영역] 선택 후 [차트 요소]를 클릭하고 ❸ [데이터 레이블]에 체크합니다. 셀에 표시된 데이터 값이 그대로 표시됩니다.

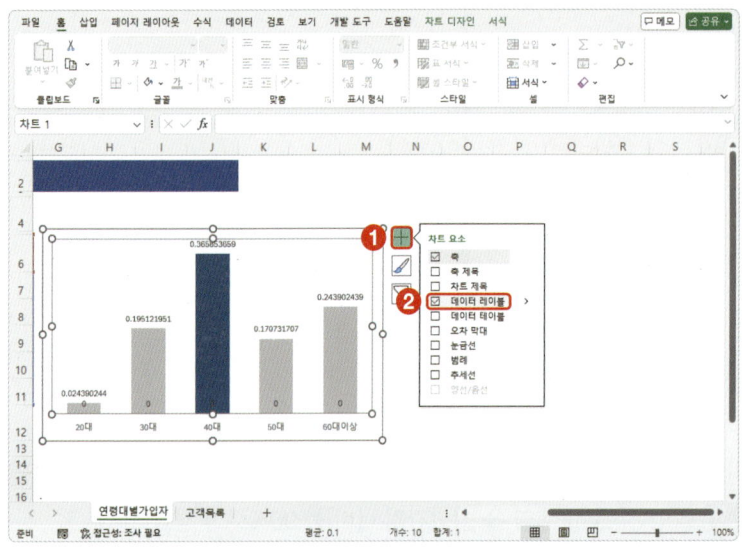

08 ❶ [E7:F11] 셀 범위를 지정하고 마우스 오른쪽 버튼을 클릭한 후 ❷ [셀 서식]을 선택합니다. ❸ [셀 서식] 대화상자에서 [사용자 지정]을 클릭하고 ❹ [형식] 입력란에 **0%;;;**을 입력합니다. ❺ [확인]을 클릭합니다.

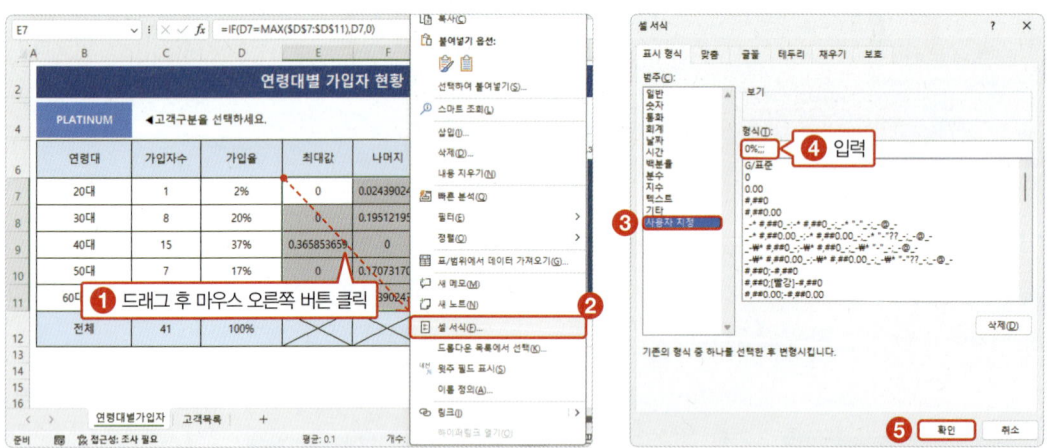

실력향상 [사용자 지정]의 [형식]에 세미콜론(;) 기호를 기준으로 **양수;음수;0;문자**의 서식을 설정할 수 있습니다. 가입률이 표시된 경우에만 백분율 형식으로 표시되고 0이나 음수, 문자들은 아무것도 표시되지 않도록 0%;;; 형식으로 서식 설정합니다.

09 ❶ '최대값'의 데이터 레이블을 클릭하고 ❷ [홈] 탭-[글꼴] 그룹-[글꼴 색]을 [진한 청록, 강조 1]로 변경합니다. ❸ [굵게]를 클릭하고 ❹ [글꼴 크기]를 **13pt**로 변경하여 강조 표시합니다.

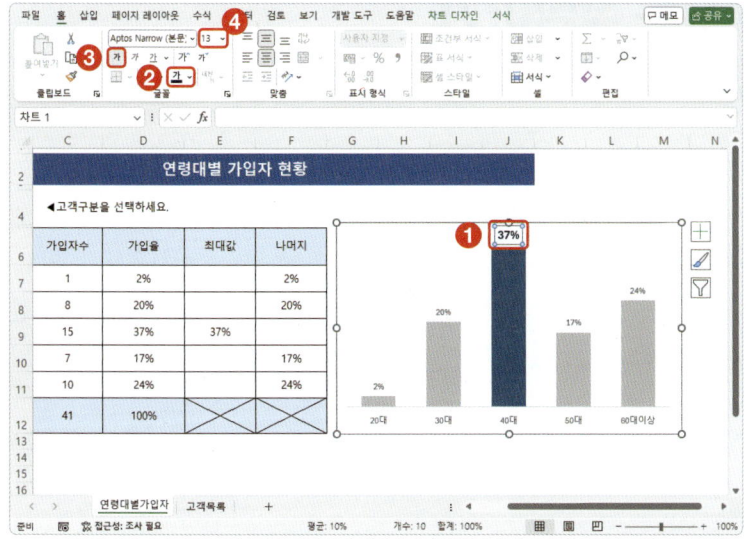

10 차트 위치 및 크기 변경하기 최대값과 나머지 데이터를 숨겨보겠습니다. ❶ 차트를 [E4:J12] 셀 범위에 맞춰 배치하고 크기를 변경합니다. ❷ 차트에서 마우스 오른쪽 버튼을 클릭하고 ❸ ❹ [윤곽선]-[윤곽선 없음]을 선택합니다. [B4] 셀의 목록 단추를 클릭하여 고객구분을 변경하면 해당 구분의 가입자와 가입률, 가입률이 가장 높은 연령대가 강조됩니다.

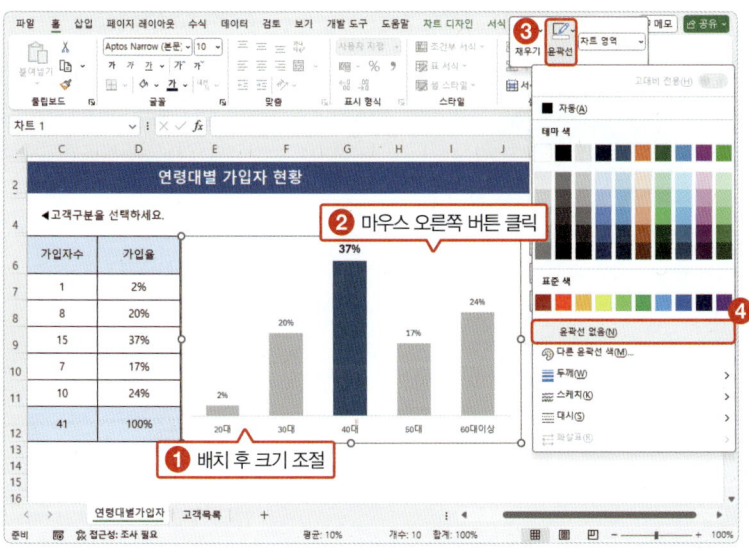

09 시장점유율을 확인하는 반원 차트 작성하기

실습 파일 CHAPTER04\09_수출입대상국순위.xlsx | 완성 파일 CHAPTER04\09_수출입대상국순위(완성).xlsx

전체 데이터의 비율을 확인할 때 원형 차트는 정보를 직관적으로 전달하는 데 유용합니다. 그러나 표와 차트를 함께 배치해야 할 경우, 원형 차트는 많은 공간을 차지해 가독성이 떨어질 수 있습니다. 이를 해결하기 위해 도넛 차트를 활용하여 반원 형태의 차트를 작성하면 공간을 효율적으로 사용할 수 있고, 정보 전달도 더욱 명확해집니다. 이번에는 수출 국가별 비중과 전체 비율을 도넛 차트를 기반으로 한 반원 차트로 표현하고, 이를 서식 파일로 저장하겠습니다. 그리고 저장한 서식 파일을 활용하여 수입 국가별 비중도 동일한 도넛 차트로 작성해보겠습니다.

미리보기

주요 수출 대상국 순위

순위	국가	수출액(억 달러)	비중(%)
1	중국	1,330	27%
2	미국	1,278	26%
3	아세안	1,100	22%
4	유럽연합	700	14%
5	일본	500	10%
합계		4,908	100%

주요 수입 대상국 순위

순위	국가	수출액(억 달러)	비중(%)
1	중국	1,160	45%
2	미국	600	23%
3	일본	380	15%
4	독일	250	10%
5	베트남	200	8%
합계		2,590	100%

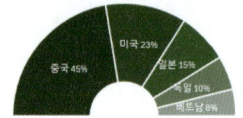

회사에서 바로 통하는 키워드

도넛 차트, 반원 차트, 서식 파일로 저장, 데이터 레이블 서식 설정

한눈에 보는 작업 순서

1. 도넛 차트 작성하기
2. 차트 스타일과 요소 변경하기
3. 데이터 계열 서식과 레이블 서식 변경하기
4. 서식 파일로 저장하고 사용하기

01 도넛 차트 작성하기

❶ [C4:C10] 셀 범위를 지정하고 ❷ Ctrl 을 누른 상태에서 [E4:E10] 셀 범위를 지정합니다. ❸ [삽입] 탭–[차트] 그룹–[원형 또는 도넛형 차트 삽입]을 클릭하고 ❹ [도넛형]–[도넛형]을 선택합니다.

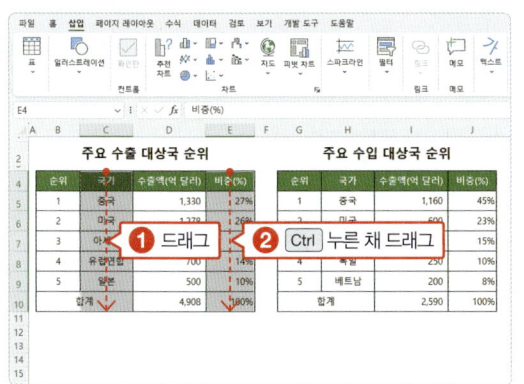 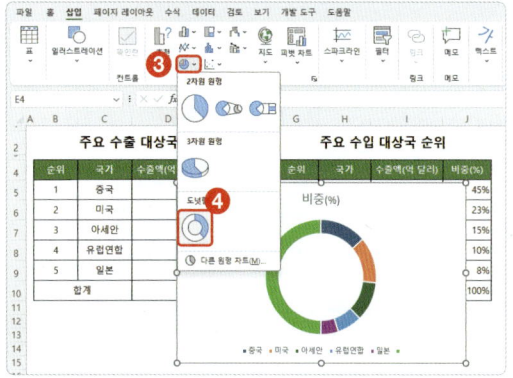

02

❶ 삽입된 차트를 드래그하여 원하는 위치에 배치합니다. ❷ [그림 영역]을 클릭하고 오른쪽과 왼쪽 위의 크기 조절점을 드래그하여 차트 영역과 비슷한 크기로 변경합니다.

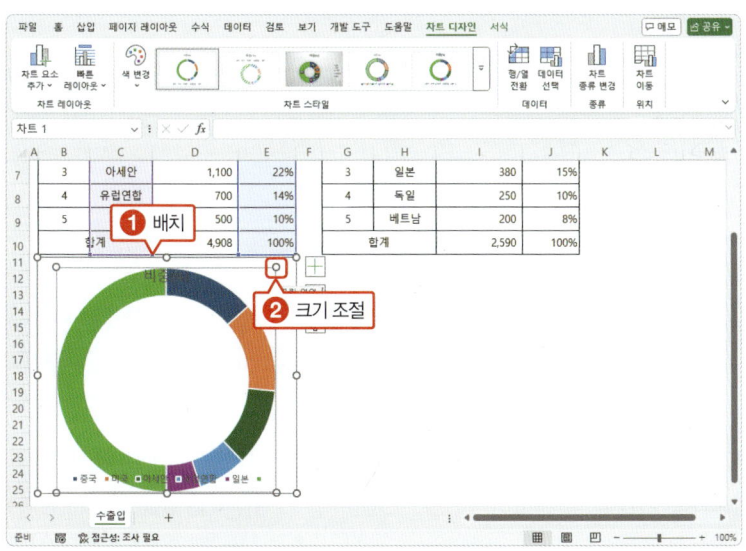

시간단축 그림 영역의 크기를 조절할 때 Ctrl 을 누른 상태에서 드래그합니다. 중심이 고정된 상태에서 양옆과 위아래의 크기가 동일하게 변경됩니다.

03 차트 스타일과 차트 요소 변경하기 ❶ [차트 스타일]을 클릭하고 ❷ [색]을 선택합니다. ❸ [단색형]-[단색 색상표 3]을 선택합니다. ❹ [차트 요소]를 클릭하고 ❺ [차트 제목]과 [범례]의 체크를 해제합니다.

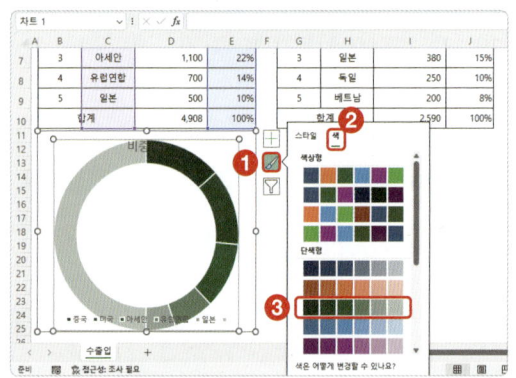
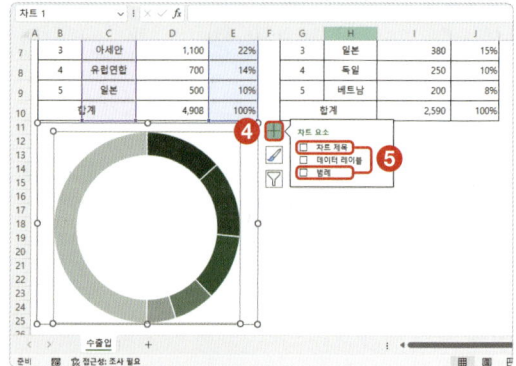

04 ❶ [차트 요소]에서 [데이터 레이블]의 목록 단추를 클릭하고 ❷ [기타 옵션]을 선택합니다. ❸ [데이터 레이블 서식] 작업 창의 [레이블 옵션]에서 [항목 이름]에 체크하고 ❹ [구분 기호]는 [(공백)]으로 변경합니다.

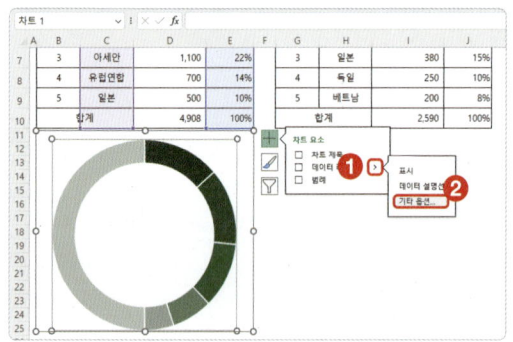
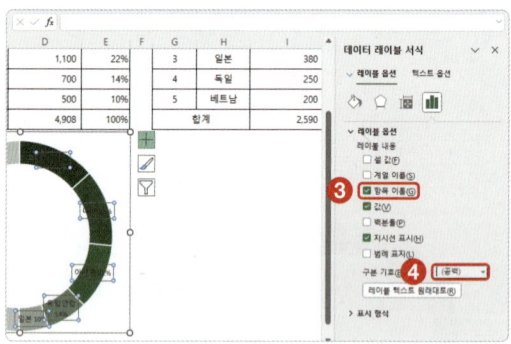

05 데이터 계열 서식과 레이블 서식 변경하기 ❶ '비중' 계열을 클릭하고 ❷ [데이터 계열 서식] 작업 창의 [계열 옵션]-[첫째 조각의 각]을 270°로 변경합니다. ❸ [도넛 구멍 크기]는 30%로 변경하고 ❹ 작업 창을 닫습니다.

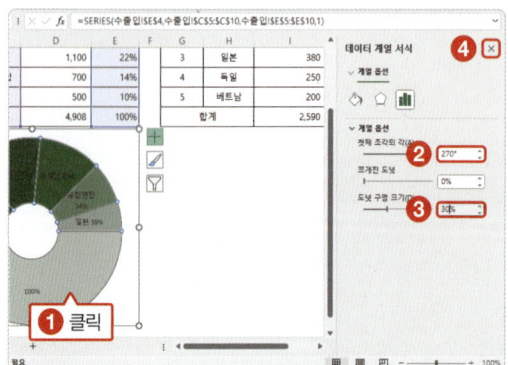

06 ① 데이터 레이블을 클릭하고 ② [홈] 탭-[글꼴] 그룹-[글꼴 색]을 [흰색, 배경1]로 변경합니다. ③ '합계' 데이터 레이블을 한 번 더 클릭하고 Delete 를 눌러 삭제합니다.

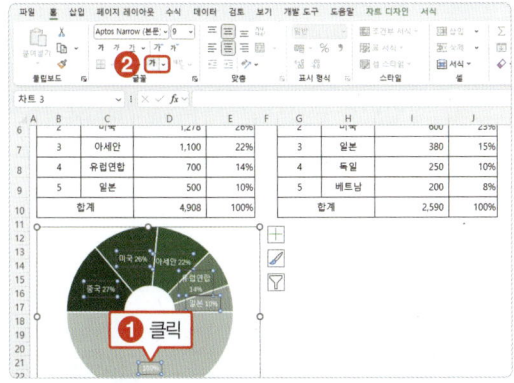 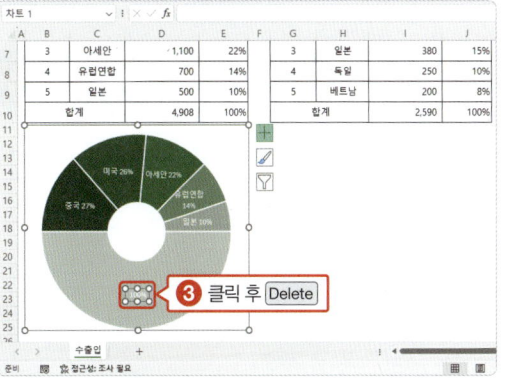

07 ① '합계' 계열을 두 번 클릭하고 마우스 오른쪽 버튼을 클릭한 후 ② ③ [채우기]-[채우기 없음]을 선택합니다. ④ [차트 영역]에서 마우스 오른쪽 버튼을 클릭하고 ⑤ ⑥ [윤곽선]-[윤곽선 없음]을 선택합니다.

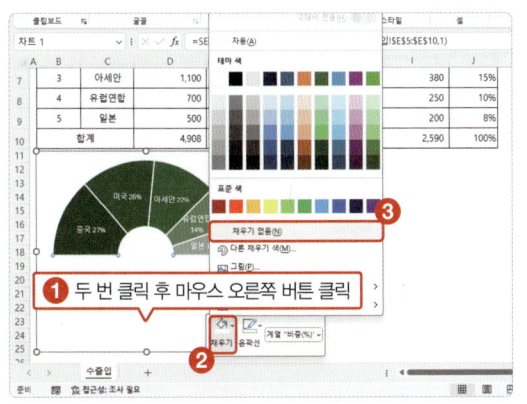 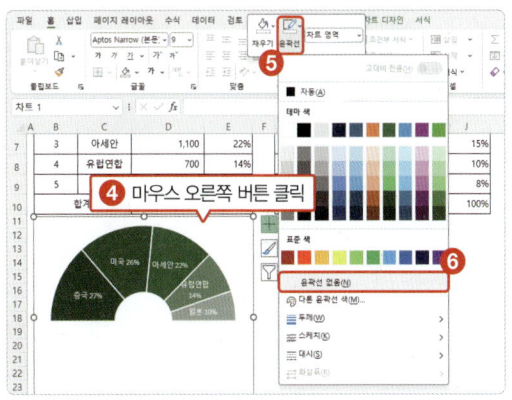

08 서식 파일로 저장하고 사용하기 편집 완료된 차트를 계속 사용할 수 있도록 서식 파일로 저장하겠습니다. ① 차트 영역이 선택된 상태에서 마우스 오른쪽 버튼을 클릭하고 ② [서식 파일로 저장]을 선택합니다. ③ [차트 서식 파일 저장] 대화상자에서 [파일 이름]을 **반원차트**로 입력하고 ④ [저장]을 클릭합니다.

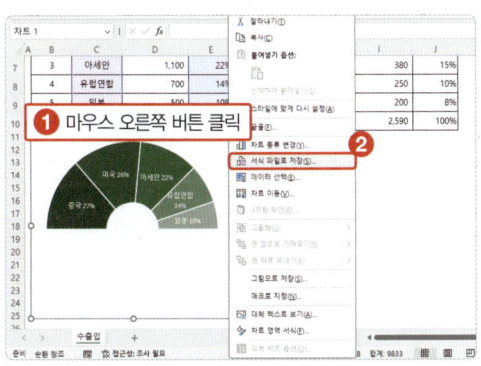 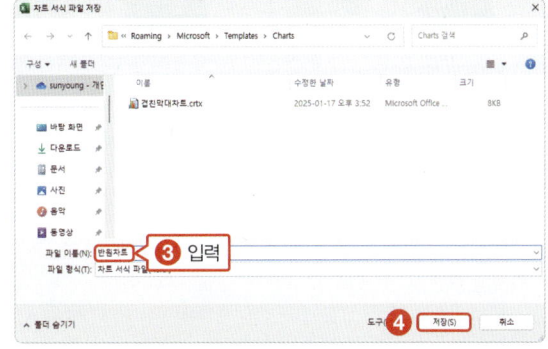

실력향상 [서식 파일로 저장] 메뉴는 [차트 영역] 또는 [그림 영역]에서 마우스 오른쪽 버튼을 클릭해야 표시됩니다. [차트 서식 파일 저장] 대화상자에서 [저장 경로]는 자동으로 표시되는 위치로 둡니다. 저장되는 폴더 위치를 변경하면 [모든 차트]-[서식 파일]에 등록되지 않아 서식을 재사용할 수 없습니다.

09 저장된 '반원차트'와 동일한 서식으로 차트를 작성하겠습니다. ❶ [H4:H10] 셀 범위를 지정하고 ❷ Ctrl 을 누른 상태에서 [J4:J10] 셀 범위를 지정합니다. ❸ [삽입] 탭-[차트] 그룹-[추천 차트]를 클릭합니다. ❹ [차트 삽입] 대화상자의 [모든 차트] 탭에서 [서식 파일]을 클릭하고 ❺ [반원차트]를 선택한 후 ❻ [확인]을 클릭합니다.

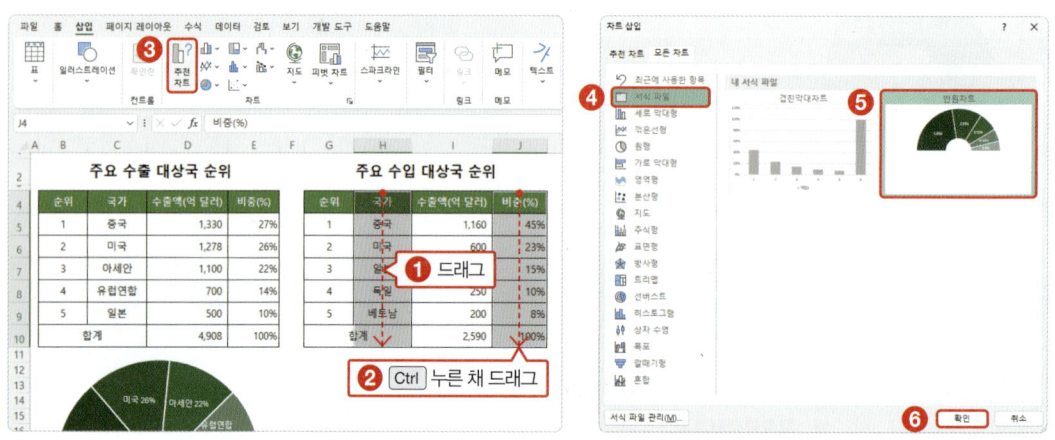

10 차트를 드래그하여 원하는 위치에 배치하고 적절한 크기로 조절합니다.

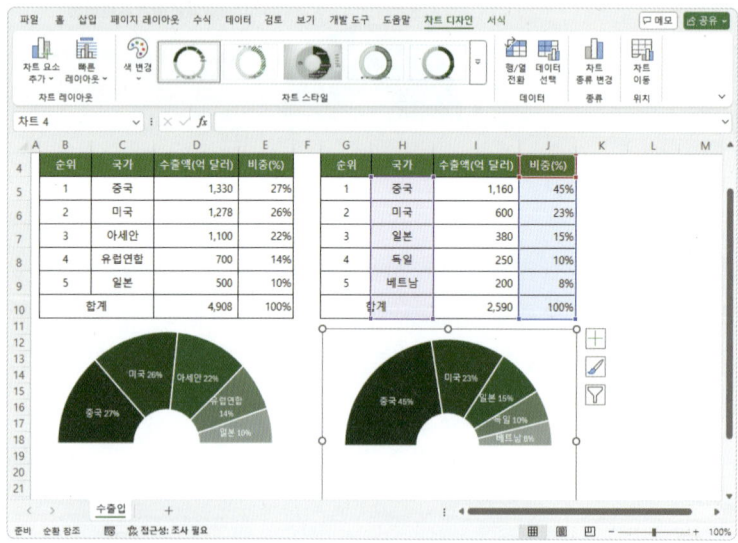

 목표와 달성률을 확인하는 와플 차트 작성하기

실습 파일 CHAPTER04\10_목표매출액과달성률.xlsx | **완성 파일** CHAPTER04\10_목표매출액과달성률(완성).xlsx

와플 차트는 10×10 격자로 구성되어 각 셀이 전체의 1%를 나타내며, 데이터의 비율이나 진행 상황을 시각적으로 명확하게 전달하는 데 효과적입니다. 이번에는 도형과 가로 막대형 차트를 결합하여 이러한 와플 차트를 구현해보겠습니다. 선택한 제품의 목표 매출 금액과 달성률이 표시된 상태에서 달성률만 와플 차트에 표시하기 위해 채울 값과 표시 값을 계산하여, 해당 값에 맞는 와플 차트가 나타나도록 작성해보겠습니다.

미리보기

회사에서 바로 통하는 키워드

묶은 가로 막대형 차트, 와플 차트, IF 함수, MAX 함수, 도형 삽입, 배율에 맞게 쌓기

한눈에 보는 작업 순서

1. 차트 작성에 필요한 데이터 입력 및 수식 작성하기 →
2. 묶은 가로 막대 차트 삽입하기 →
3. 축 서식 변경 및 차트 요소 표시 해제하기 →
4. 차트를 채울 도형 삽입하기 →
5. 배경과 채우기 계열 서식 변경하기

01 차트 작성에 필요한 데이터 입력 및 수식 작성하기

❶ [B6] 셀에 **10**, [B7] 셀에 **20**을 입력합니다. ❷ [B6:B7] 셀 범위를 지정하고 ❸ [B15] 셀까지 채우기 핸들을 드래그하여 수식을 복사합니다. ❹ [C6:C15] 셀 범위를 지정하고 **10**을 입력합니다. ❺ Ctrl + Enter 를 누릅니다.

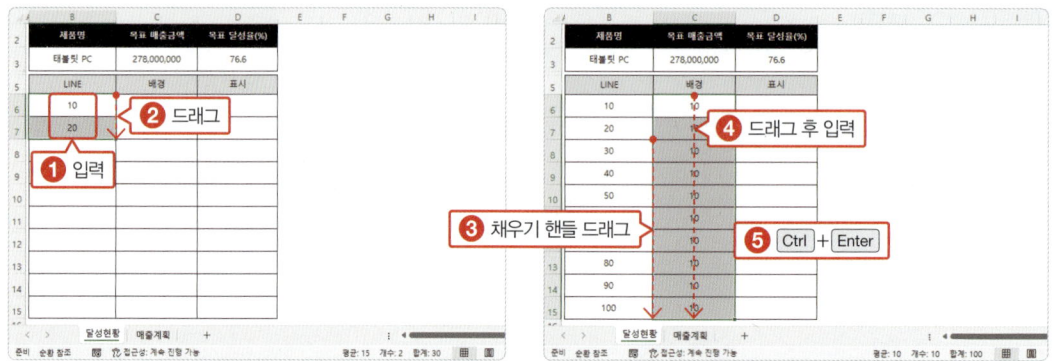

실력향상 달성률이 몇 퍼센트에 해당하는지 계산하기 위해 LINE 값을 입력합니다.

실력향상 배경으로 채울 값으로 동일하게 10을 입력합니다. 범위를 지정하고 데이터를 입력한 후 Ctrl + Enter 를 누르면 지정한 범위에 동시에 같은 값을 입력할 수 있습니다.

02

❶ [D6] 셀에 **=IF($D$3>B6,10,MAX(0,$D$3−B5))**를 입력하고 ❷ 채우기 핸들을 [D15] 셀까지 드래그하여 수식을 복사합니다. ❸ 수식을 채운 범위가 선택된 상태에서 [홈] 탭-[표시 형식] 그룹-[표시 형식]의 목록 단추를 클릭하고 ❹ [숫자]를 선택합니다.

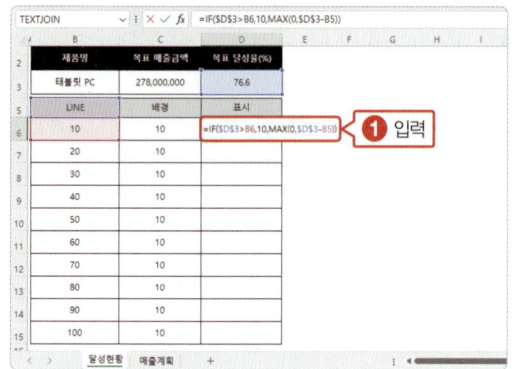 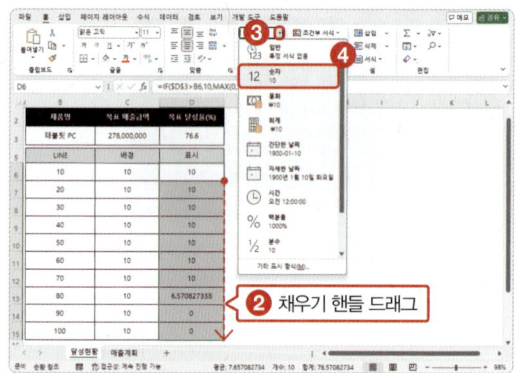

실력향상 차트에 표시될 값을 입력하는 수식으로 =IF($D$3>B6,10,MAX(0,$D$3−B5))를 입력합니다. B열에 입력된 숫자보다 크면 10을 표시하고, 숫자보다 작으면 0과 목표 달성률에서 10단위의 숫자를 뺀 일 단위 숫자만 표시합니다. 목표 달성률이 76.6이라면 10라인부터 70라인까지는 76.6이 크므로 10을 표시하고, 80라인은 76.6보다 커서 목표 달성률인 76.6에서 바로 전 라인인 70을 뺀 6.6이 표시됩니다. 90, 100라인은 0과 마이너스 값 중 큰 값인 0이 표시됩니다.

03 묶은 가로 막대 차트 삽입하기 ❶ [C5:D15] 셀 범위를 지정하고 ❷ [삽입] 탭-[차트] 그룹-[추천 차트]를 클릭합니다. ❸ [차트 삽입] 대화상자의 [모든 차트] 탭에서 [혼합]을 클릭하고 ❹ [표시] 계열의 [차트 종류]를 [묶은 가로 막대형]으로 변경하고 [보조 축]에 체크합니다. ❺ [배경] 계열도 동일하게 [묶은 가로 막대형]으로 변경하고 ❻ [확인]을 클릭합니다.

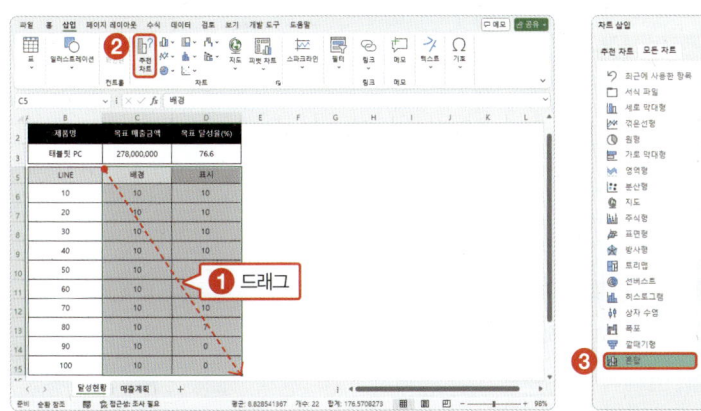
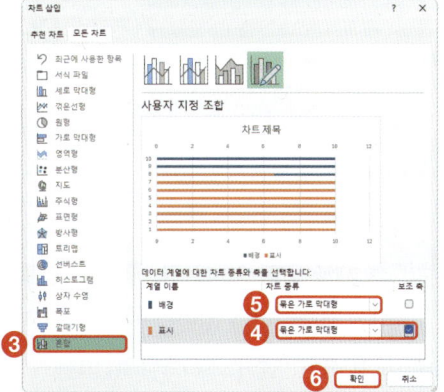

실력향상 '배경' 계열이 뒤로 가고 '표시' 계열이 앞에 표시되도록 '표시' 계열을 [보조 축]으로 설정합니다.

04 삽입된 차트를 [B5:D15] 셀 범위에 맞춰 이동한 후 크기를 조절합니다.

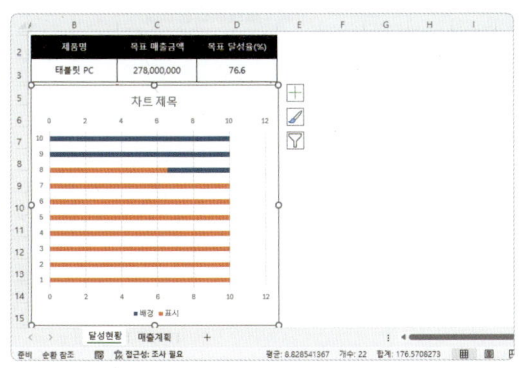

05 축 서식 변경 및 차트 요소 표시 해제하기 ❶ [가로축]에서 마우스 오른쪽 버튼을 클릭하고 ❷ [축 서식]을 선택합니다. ❸ [축 서식] 작업 창의 [축 옵션]에서 [경계]-[최대값]에 10을 입력합니다.

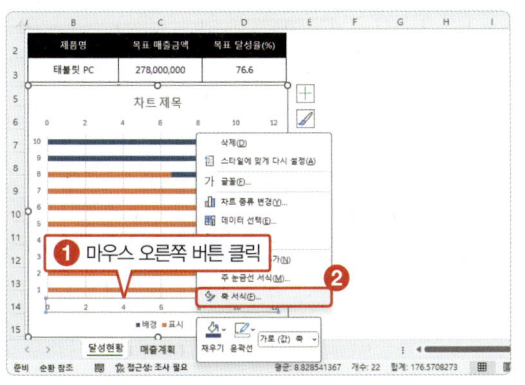
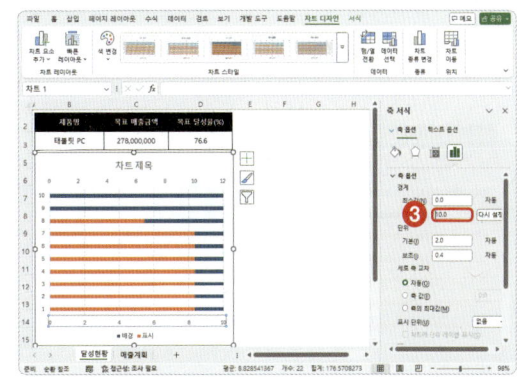

CHAPTER 04 데이터 특성에 맞는 차트 작성과 편집 기능 **285**

06 ❶ [차트 요소]를 클릭하고 ❷ [축], [차트 제목], [눈금선], [범례]의 체크를 모두 해제합니다.

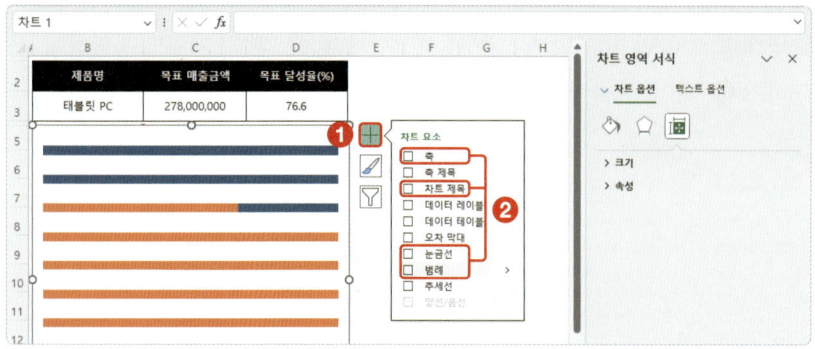

07 차트를 채울 도형 삽입하기 ❶ [삽입] 탭-[일러스트레이션] 그룹-[도형]을 클릭하고 ❷ [기본 도형]-[타원]을 선택합니다. ❸ Shift 를 누른 상태에서 드래그하여 원을 삽입합니다. ❹ 원이 선택된 상태에서 [도형 서식] 탭-[도형 스타일] 그룹-[도형 채우기]를 클릭하고 ❺ [흰색, 배경 1, 5% 더 어둡게]를 선택합니다.

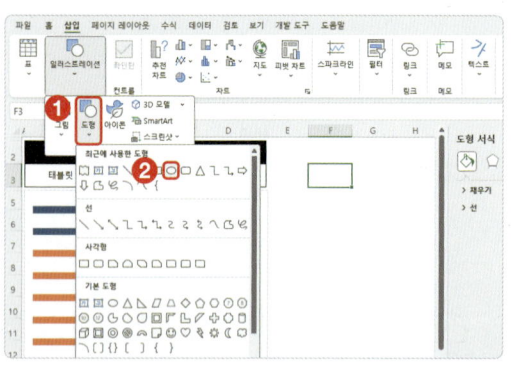 

시간단축 Shift 를 누른 상태에서 도형을 그리면 가로, 세로 비율이 동일한 원이 그려집니다.

08 ❶ [도형 서식] 탭-[도형 스타일] 그룹-[도형 윤곽선]을 클릭하고 ❷ [윤곽선 없음]을 클릭합니다. ❸ 도형이 선택된 상태에서 Ctrl 을 누른 채 드래그하여 도형을 복제합니다. ❹ 복제된 도형이 선택된 상태에서 [도형 서식] 탭-[도형 스타일] 그룹-[도형 채우기]를 클릭하고 ❺ [검정, 텍스트 1]을 선택합니다.

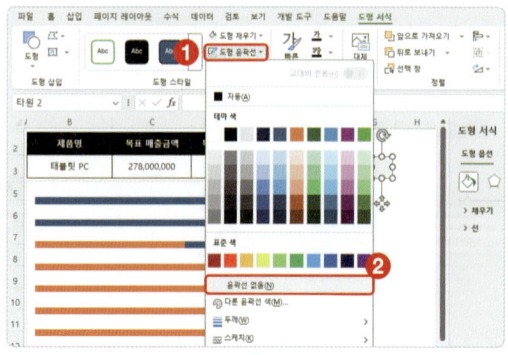 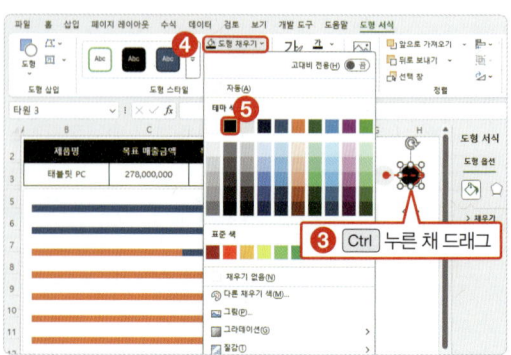

09 계열의 너비 및 채우기 서식 설정하기

❶ 회색 도형을 선택하고 Ctrl + C 를 눌러 복사합니다. ❷ '배경' 계열을 클릭하고 Ctrl + V 를 눌러 붙여 넣습니다. ❸ [배경] 계열이 선택된 상태에서 [데이터 계열 서식] 작업 창의 [계열 옵션]-[간격 너비]를 0%로 변경합니다. ❹ [채우기 및 선]을 클릭 ❺ [채우기]-[다음 배율에 맞게 쌓기]를 선택합니다.

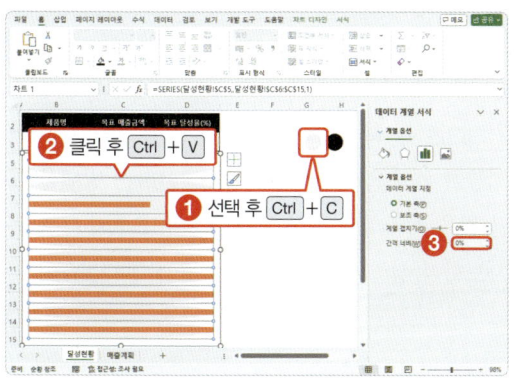
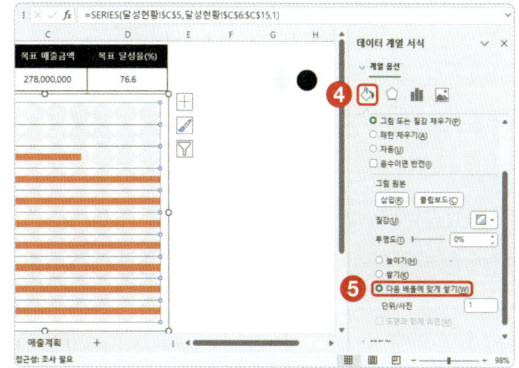

10

❶ 검정 도형을 선택하고 Ctrl + C 를 눌러 복사합니다. ❷ '표시' 계열을 클릭하고 Ctrl + V 를 눌러 붙여 넣습니다. ❸ [데이터 계열 서식] 작업 창의 [계열 옵션]-[간격 너비]를 0%로 변경합니다. ❹ [채우기 및 선]을 클릭하고 ❺ [채우기]-[다음 배율에 맞게 쌓기]를 선택합니다. ❻ 작업 창을 닫습니다.

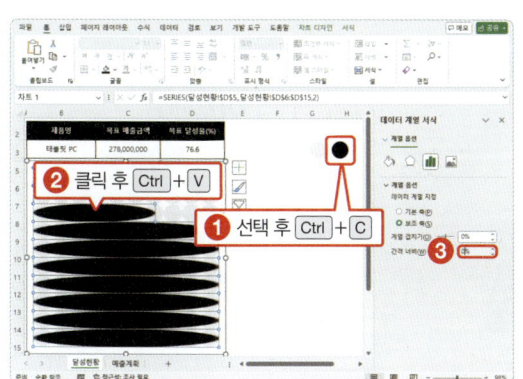

11

❶ 회색 도형과 검정 도형을 드래그하여 선택하고 Delete 를 눌러 삭제합니다. ❷ [제품명]의 목록 단추를 클릭한 후 다른 제품을 선택하면 해당 제품의 목표 매출금액, 목표 달성률이 표시되고 달성률이 차트에 표시됩니다.

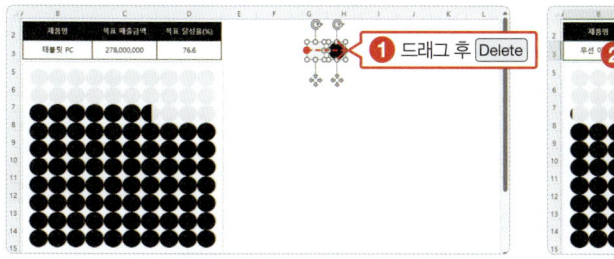

CHAPTER 04 데이터 특성에 맞는 차트 작성과 편집 기능

용도와 품목, 사이즈 등 계층별 비율을 확인하는 선버스트 차트 만들기

실습 파일 CHAPTER04\11_판매수량현황.xlsx | 완성 파일 CHAPTER04\11_판매수량현황(완성).xlsx

선버스트 차트는 각 계층을 원의 층으로 시각화하여, 데이터의 구조와 관계를 직관적으로 파악할 수 있는 도구입니다. 이 차트는 트리 구조나 계층적인 분류 데이터를 효과적으로 분석하는 데 유용합니다. 이번 예제에서는 용도, 품목, 사이즈, 세부 사이즈의 계층을 기준으로 판매 수량을 계산하는 방법을 살펴보겠습니다. 수식에 필요한 범위를 이름 정의하고 빈 셀을 처리하기 위해 SUMIFS와 IF 함수를 활용하여 수식을 작성하겠습니다. 이를 기반으로 선버스트 차트를 작성하는 과정을 단계별로 진행하겠습니다.

미리보기

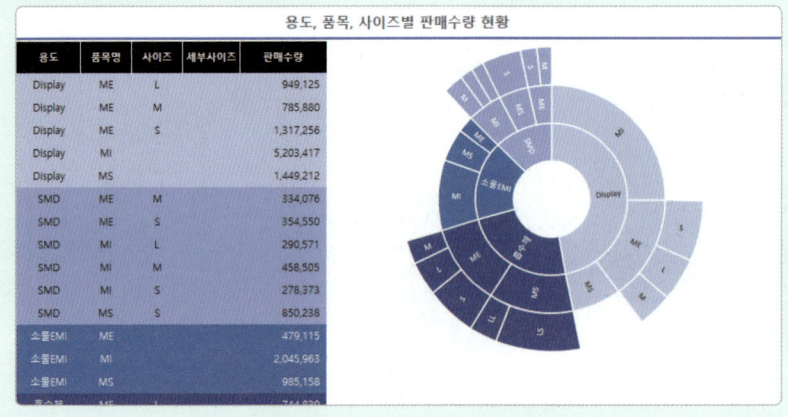

회사에서 바로 통하는 키워드

선버스트 차트, 이름 정의, SUMIFS 함수, IF 함수, 빈 셀 함수로 처리

한눈에 보는 작업 순서

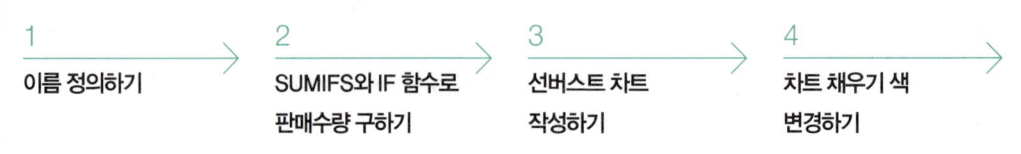

1 이름 정의하기 → 2 SUMIFS와 IF 함수로 판매수량 구하기 → 3 선버스트 차트 작성하기 → 4 차트 채우기 색 변경하기

01 수식에 필요한 범위 이름 정의하기
❶ [판매계획] 시트에서 ❷ [B4:F388] 셀 범위를 지정하고 ❸ Ctrl 을 누른 상태에서 [J4:J388] 셀 범위를 지정합니다. ❹ [수식] 탭-[정의된 이름] 그룹-[선택 영역에서 만들기]를 클릭합니다. ❺ [선택 영역에서 이름 만들기] 대화상자에서 [첫 행]에 체크하고 ❻ [확인]을 클릭합니다.

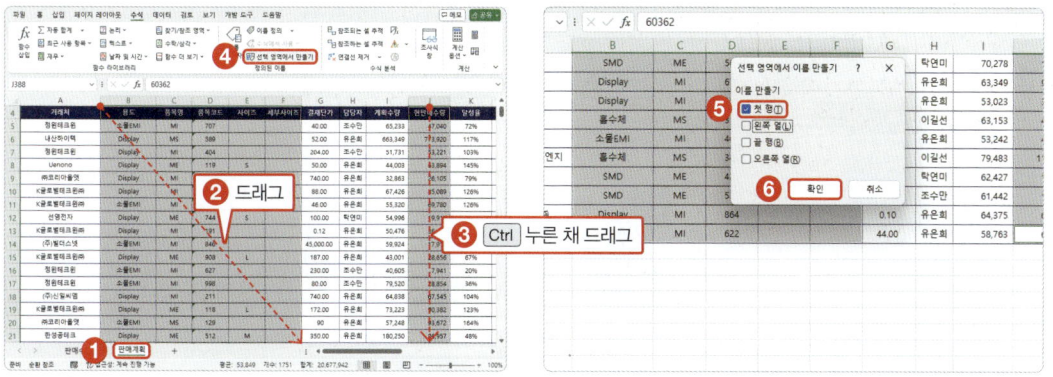

시간단축 [B4:F4] 셀 범위를 지정하고 Ctrl + Shift + ↓ 를 누르면 데이터가 있는 맨 아래 셀까지 지정됩니다. 그런 다음 Ctrl 을 누른 상태에서 [J388] 셀을 클릭한 후 Ctrl + Shift + ↑ 를 누르면 범위를 쉽게 지정할 수 있습니다.

실력향상 계산에 필요한 범위만 지정하여 이름을 정의합니다. 정의한 이름은 [수식] 탭-[정의된 이름] 그룹-[이름 관리자]에서 확인할 수 있습니다.

02
❶ [판매수량현황] 시트에서 ❷ [F5] 셀에 **=SUMIFS(현판매수량,용도,B5,품목명,C5,사이즈,IF(D5="","",D5),세부사이즈,IF(E5="","",E5))** 를 입력합니다. ❸ [F5] 셀의 채우기 핸들을 [F23] 셀까지 드래그하여 수식을 복사하고 ❹ [자동 채우기 옵션]을 클릭한 후 ❺ [서식 없이 채우기]를 선택합니다.

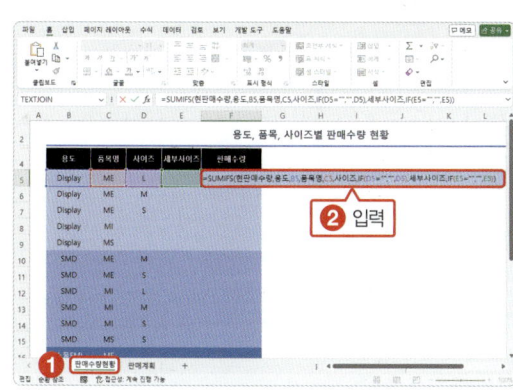 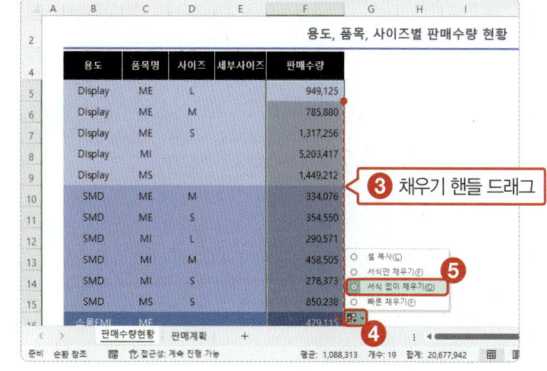

실력향상 SUMIFS(합계를 구할 범위,조건 확인 범위,조건,조건 확인 범위2,조건2…) 형식으로 용도 범위에서 [B5] 셀과 같은 용도를 찾고, [C5] 셀과 같은 품목, [D5] 셀과 같은 사이즈, [E5] 셀과 같은 세부 사이즈에 해당하는 현판매수량의 합계를 구합니다. SUMIFS에 대한 자세한 설명은 187쪽을 참고하세요.

실력향상 사이즈나 세부 사이즈가 빈 셀인 경우 집계가 구해지지 않습니다. 사이즈나 세부 사이즈가 빈칸인 경우에는 빈칸을 조건으로, 그렇지 않으면 입력된 사이즈, 세부 사이즈를 조건으로 입력하기 위해 IF(E5="","",E5) 수식을 SUMIFS 함수의 조건으로 입력합니다.

실력향상 해당 사항이 없는 경우는 빈 셀로 표시해야 계층에 맞는 선버스트 차트가 작성됩니다.

03 차트 작성하고 서식 변경하기 ❶ [B4:F23] 셀 범위를 지정하고 ❷ [삽입] 탭-[차트] 그룹-[계층 구조 차트 삽입]을 클릭합니다. ❸ [선버스트]-[선버스트]를 선택합니다.

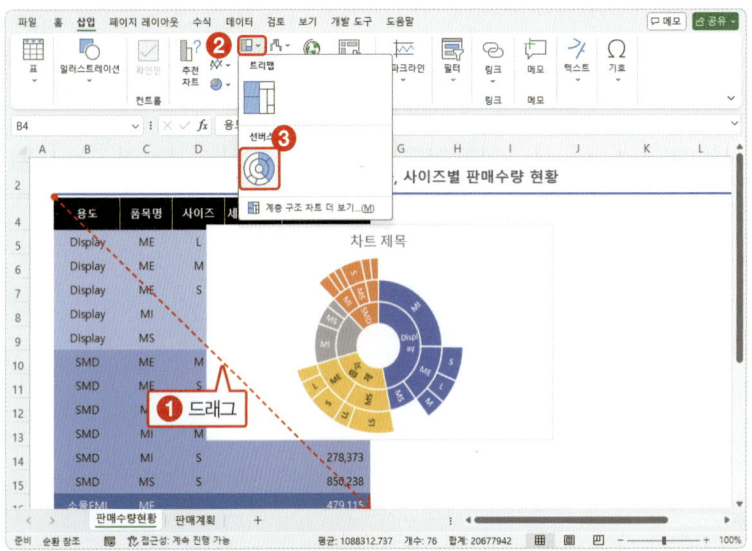

시간단축 표 안의 셀을 클릭하고 Ctrl + A 를 눌러 표 전체를 선택합니다.

실력향상 개별 항목과 전체 항목을 비교하거나 계층 구조 형태로 입력되어 있는 데이터에 계층 구조 차트인 선버스트 차트를 적용합니다.

04 ❶ 차트를 드래그하여 원하는 위치에 배치하고 적절한 크기로 조절합니다. ❷ [차트 제목]은 삭제합니다.

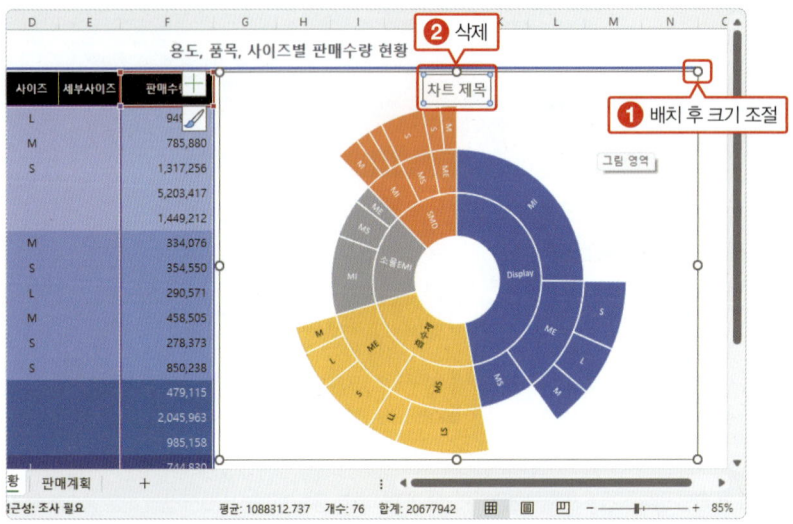

05 ① 'Display' 요소를 두 번 클릭합니다. ② [서식] 탭-[도형 스타일] 그룹-[도형 채우기]를 클릭하고 ③ [파랑, 강조 1, 60% 더 밝게]를 선택하여 채우기 색상을 변경합니다. ④ 'SMD' 요소는 [도형 채우기]-[파랑, 강조 1, 40% 더 밝게], ⑤ '소물EMI' 요소는 [도형 채우기]-[파랑, 강조 5, 25% 더 어둡게], ⑥ '흡수체' 요소는 [도형 채우기]-[파랑, 강조 1, 25% 더 어둡게]로 각 색상을 변경합니다.

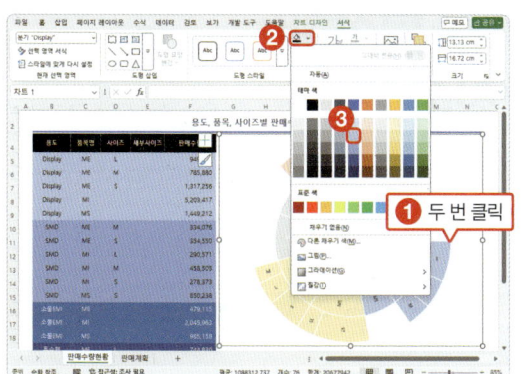 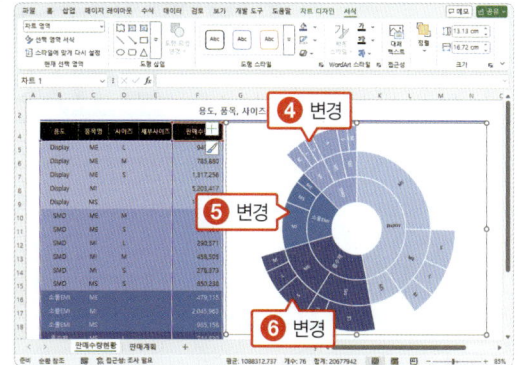

06 ① [차트 영역]에서 마우스 오른쪽 버튼을 클릭하고 ② ③ [윤곽선]-[윤곽선 없음]을 선택합니다.

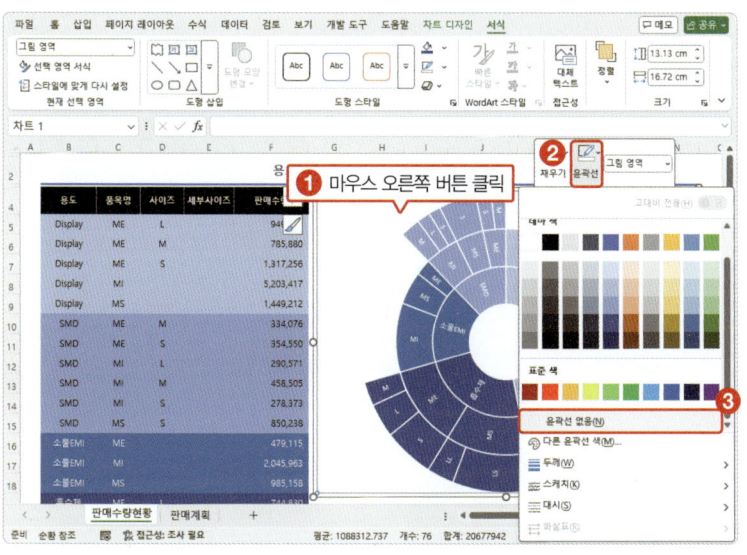

CHAPTER 04 데이터 특성에 맞는 차트 작성과 편집 기능 **291**

요일별 매출금액을 분석하는 보고서 작성하기

실습 파일 CHAPTER04\프로젝트_1사분기매출현황.xlsx | **완성 파일** CHAPTER04\프로젝트_1사분기매출현황(완성).xlsx

01 프로젝트 시작하기

날짜별 지점 매출현황 데이터를 요일별로 비교할 수 있도록 설정해보겠습니다. 먼저, 유효성 검사 기능을 활용하여 요일을 선택할 수 있는 목록을 만들고, SUMIFS 함수를 이용해 선택한 요일에 해당하는 지점별 매출 합계를 자동으로 계산하여 표시합니다. 이후, 요일과 지점별 매출 데이터를 바탕으로 세로 막대 차트를 작성하여 각 지점의 매출을 시각적으로 비교할 수 있도록 합니다. 또한, 차트에 전체 평균값을 추가하여 각 지점의 매출 금액과 비교할 수 있도록 시각화합니다. 이 과정에서는 유효성 검사와 SUMIFS 함수를 사용해 선택 항목에 맞는 집계 결과를 실시간으로 확인하고, 이에 따라 값이 변하는 유동적인 차트를 만드는 방법을 익힐 수 있습니다.

회사에서 바로 통하는 키워드

세로 막대 차트, 분산형 차트, 오차 막대, SUMIFS 함수, TEXT 함수, 유효성 검사

02 프로젝트 예제 미리보기

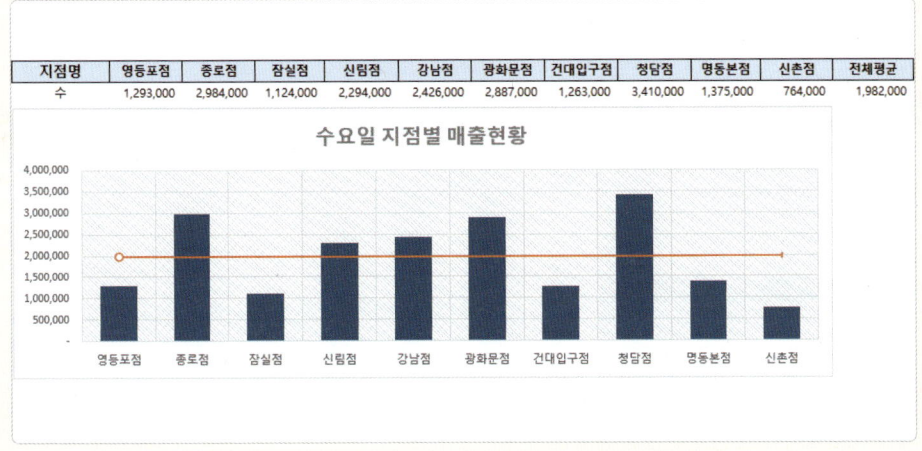

한눈에 보는 작업 순서

1 TEXT 함수로 요일 표시하기
2 지점 목록 열 방향으로 표시하기
3 유효성 검사로 요일 목록 표시하기
4 선택 요일의 지점별 매출합계 구하기
5 차트 삽입하기
6 계열 서식 설정하기
7 수식 작성하여 차트 제목에 연결하기
8 전체 평균 계산하기
9 차트에 평균값 표시하기
10 전체평균 계열, 차트 변경하고 오차 막대 설정하기

03 핵심 기능 미리보기

STEP 01 요일, 지점별 판매금액의 합계 구하기

① 날짜 데이터에 맞는 요일을 TEXT 함수로 표시하고, 지점을 중복 제거하여 열 방향으로 표시합니다.

② 유효성 검사로 요일 목록을 만들고 SUMIFS 함수로 월별, 지점별 판매금액 합계를 구합니다.

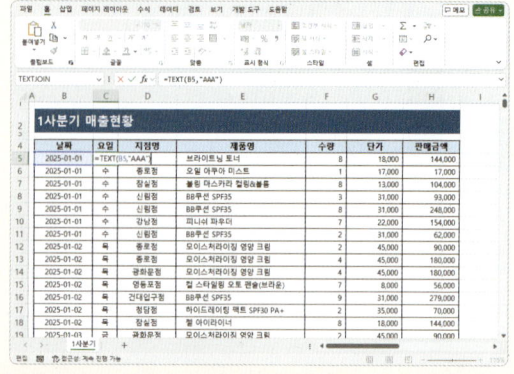 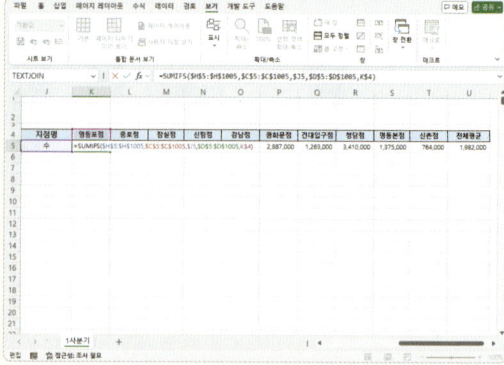

STEP 02 요일별 지점의 매출현황 차트 작성하기

선택한 요일의 지점별 판매현황을 세로 막대 차트를 이용하여 시각적으로 표현합니다.

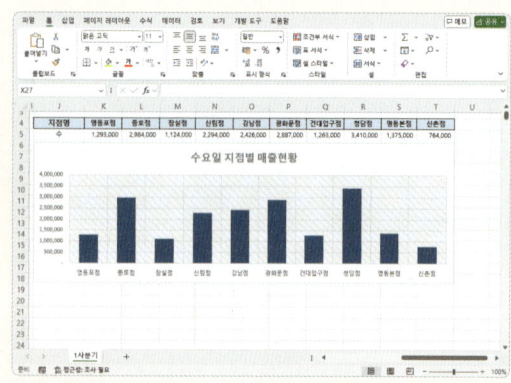

STEP 03 전체 평균과 각 지점의 매출현황 비교하기

전체 매출 평균을 계산하고 전체 평균을 분산형 차트의 오차 막대로 차트에 추가합니다.

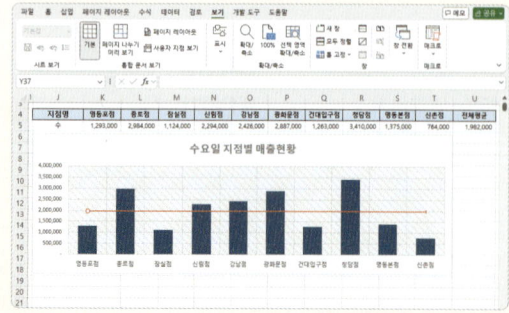

STEP 01   요일, 지점별 판매금액의 합계 구하기

1사분기 매출현황 데이터를 활용하여 선택한 요일에 대한 지점별 매출현황을 파악해보겠습니다. 먼저, 날짜에서 요일을 구하기 위해 TEXT 함수를 사용하여 수식을 작성한 후, 유효성 검사 기능을 활용해 요일을 목록으로 표시합니다. 그런 다음, 지점 목록은 기존 데이터를 복사한 후 중복 데이터를 제거하여 가로로 나열하고, SUMIFS 함수를 이용해 선택한 요일에 해당하는 지점별 판매금액 합계를 계산해보겠습니다.

01 TEXT 함수로 요일 표시하기 ① C열 머리글에서 마우스 오른쪽 버튼을 클릭하고 ② [삽입]을 선택합니다.

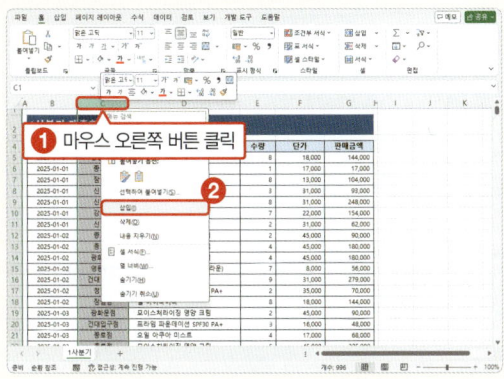

02 ① [C4] 셀에 **요일**을 입력하고 ② [C5] 셀에 **=TEXT(B5,"AAA")**를 입력한 후 ③ 채우기 핸들을 더블클릭합니다.

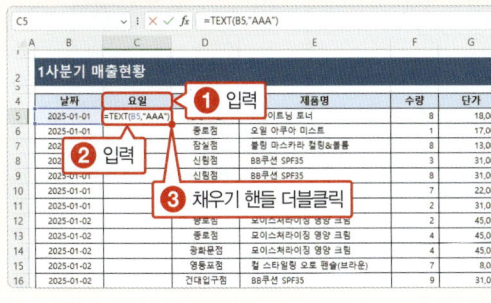

실력향상 TEXT 함수는 값을 사용자가 지정한 표시 형식으로 표시합니다. B열의 날짜 데이터를 요일로 표시하기 위해 "AAA"를 입력하여 월, 화 형식으로 표시합니다. "AAAA"를 입력하면 월요일, 화요일과 같은 형식으로 표시합니다.

비법 Note   TEXT 함수

함수 형식	TEXT(Value,Format_text)
인수	- **Value** : 데이터 값 - **Format_text** : 표현할 표시 형식을 지정합니다. [셀 서식] 대화상자의 [표시 형식]에서 사용되는 형식과 같습니다.

CHAPTER 04 데이터 특성에 맞는 차트 작성과 편집 기능   **295**

03 ❶ [C4] 셀을 클릭하고 ❷ [홈] 탭-[셀] 그룹-[서식]을 클릭한 후 ❸ [열 너비 자동 맞춤]을 클릭합니다.

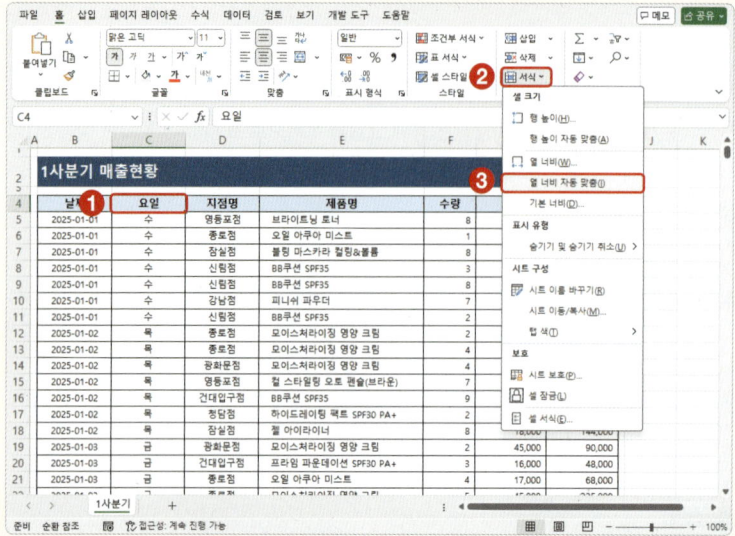

실력향상 가장 긴 텍스트가 입력된 [C4] 셀의 너비에 맞춰 열 너비가 조절됩니다.

04 지점 목록 열 방향으로 표시하기 ❶ D열 머리글을 클릭하고 Ctrl + C 를 눌러 복사합니다. ❷ J열 머리글을 클릭하고 Enter 를 눌러 붙여 넣습니다.

 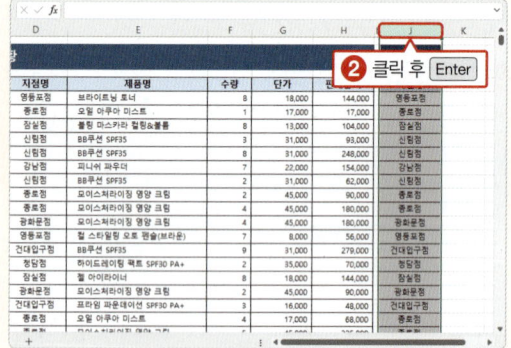

실력향상 Enter 를 누르면 한 번만 붙여 넣을 수 있으며, 붙여넣기 옵션은 표시되지 않습니다.

05 ❶ [J4] 셀을 클릭하고 ❷ [데이터] 탭-[데이터 도구] 그룹-[중복된 항목 제거]를 클릭합니다. ❸ [중복 값 제거] 대화상자에서 [확인]을 클릭합니다. ❹ 중복된 데이터 개수와 고유 데이터 개수를 보여주는 메시지 창이 나타나면 [확인]을 클릭하여 중복된 항목을 제거합니다.

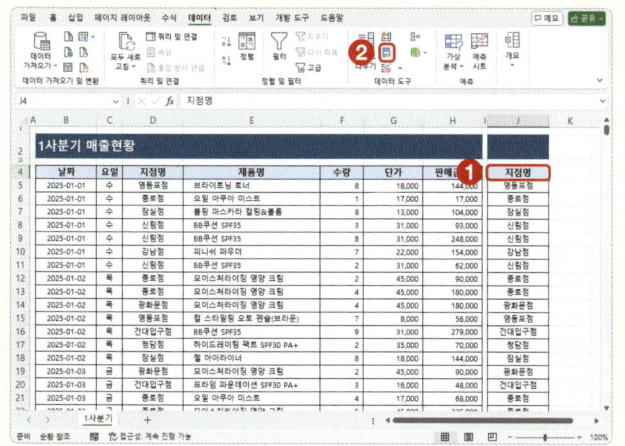
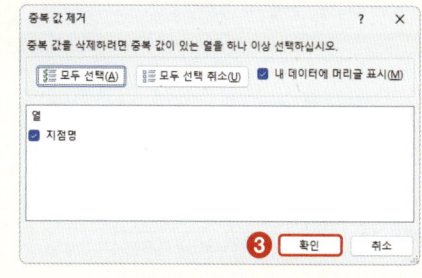
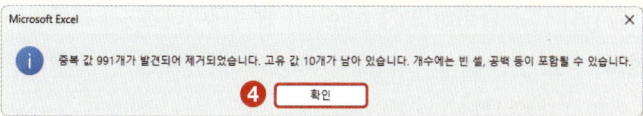

06 ❶ [J5:J14] 셀 범위를 지정하고 Ctrl + C 를 눌러 복사합니다. ❷ [K4] 셀에서 마우스 오른쪽 버튼을 클릭하고 ❸ [붙여넣기 옵션]-[행/열 바꿈]을 선택합니다.

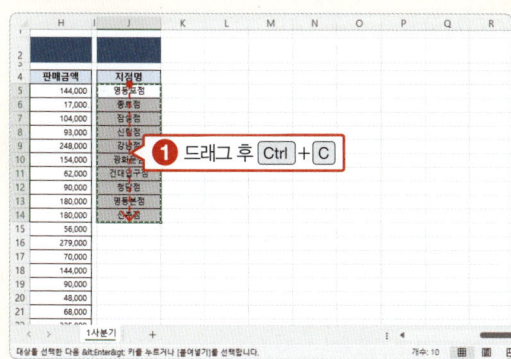
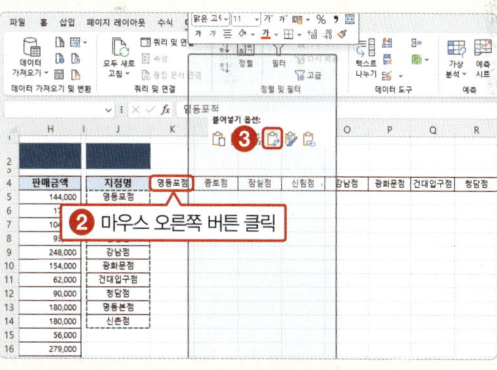

07 ❶ [J2] 셀을 클릭하고 ❷ Ctrl 을 누른 상태에서 [J5:J14] 셀 범위를 지정합니다. ❸ [홈] 탭-[편집] 그룹-[지우기]-[모두 지우기]를 클릭합니다. ❹ [J4] 셀을 클릭하고 ❺ [홈] 탭-[클립보드] 그룹-[서식 복사]를 클릭합니다. ❻ [K4:T4] 범위를 드래그해 서식을 붙여 넣습니다. ❼ [홈] 탭-[글꼴] 그룹-[글꼴 크기]를 10으로 변경합니다.

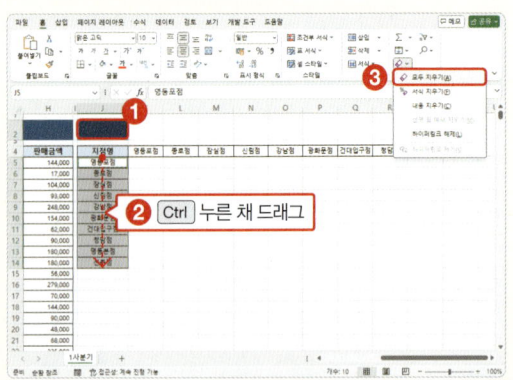 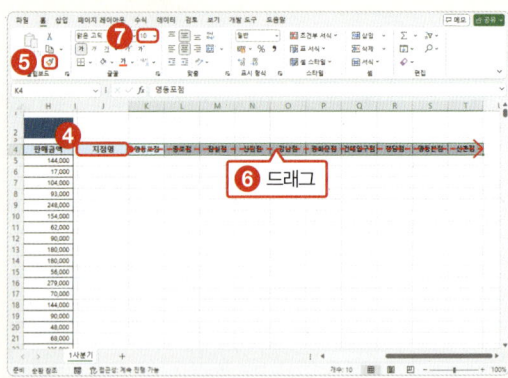

08 유효성 검사로 요일 목록 표시하기 ❶ [J5] 셀을 클릭하고 ❷ [데이터] 탭-[데이터 도구] 그룹-[데이터 유효성 검사]를 클릭합니다. ❸ [데이터 유효성] 대화상자의 [제한 대상]에서 [목록]을 선택합니다. ❹ [원본] 입력란에 **월,화,수,목,금,토,일**을 입력하고 ❺ [확인]을 클릭합니다.

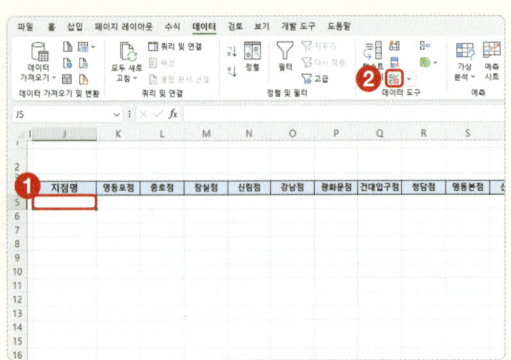 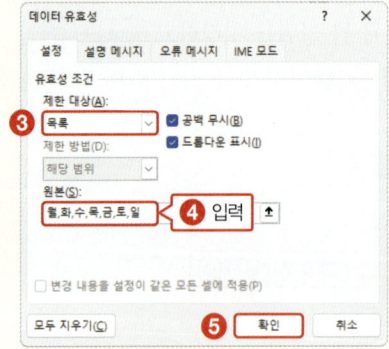

09 ❶ [J5] 셀의 목록 단추를 클릭하고 ❷ 요일 목록 중 [화]를 선택합니다. ❸ [홈] 탭-[글꼴] 그룹-[글꼴 크기]를 10으로 수정하고 ❹ [홈] 탭-[맞춤] 그룹-[가운데 맞춤]을 클릭합니다.

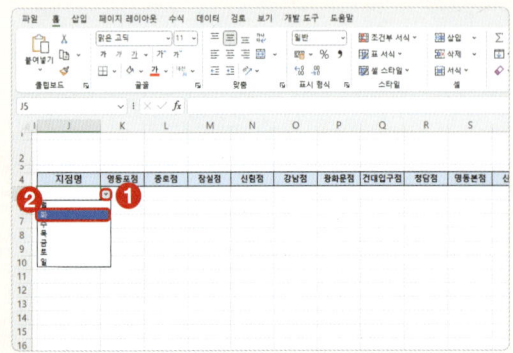 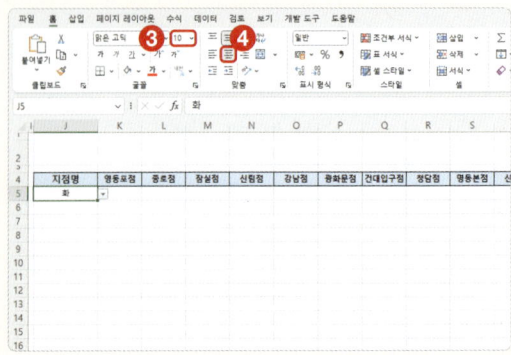

10 선택 요일의 지점별 매출합계 구하기 ❶ [K5] 셀에 =SUMIFS($H$5:$H$1005,$C$5:$C$1005,$J$5,$D$5:$D$1005,K$4)를 입력한 후 Enter를 눌러 수식 결과를 확인합니다. ❷ [K5] 셀의 채우기 핸들을 [T5] 셀까지 드래그하여 매출 합계를 구합니다. ❸ [K5:T5] 셀 범위가 지정된 상태에서 [홈] 탭-[글꼴] 그룹-[글꼴 크기]를 10으로 변경하고 ❹ [홈] 탭-[표시 형식] 그룹-[쉼표 스타일]을 클릭합니다.

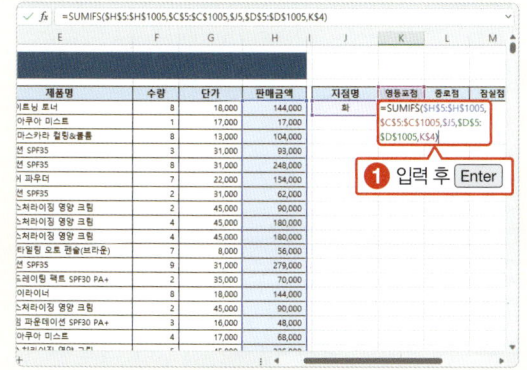
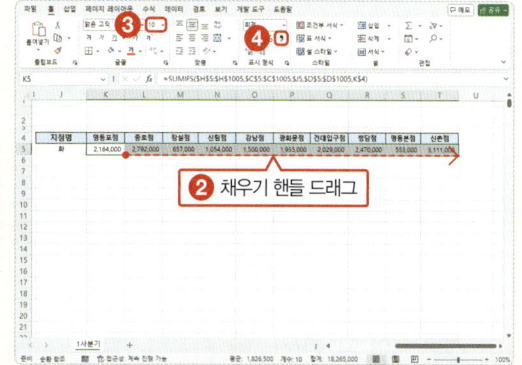

실력향상 SUMIFS(합계 구할 범위,조건 확인 범위,조건,조건 확인 범위2,조건2…) 형식으로 =SUMIFS($H$5:$H$1005,$C$5:$C$1005,$J$5,$D$5:$D$1005,K$4) 수식은 C열의 요일 범위에서 [J5] 셀에 선택된 요일, D열의 지점 범위에서 [K4] 셀의 지점에 해당하는 H열, 판매금액의 합계를 구합니다. SUMIFS 함수에 대한 자세한 설명은 187쪽을 참고합니다.

STEP 02 요일별 지점의 매출현황 차트 작성하기

함수를 이용해 구한 요일의 지점별 매출현황을, 세로 막대 차트로 표현하고 서식을 설정하겠습니다. 이후에 차트 제목으로 표시할 수식을 셀에 입력한 후 해당 셀을 차트 제목에 연결합니다. 선택된 요일에 맞춰 차트 제목이 자동 변경되도록 차트를 완성해보겠습니다.

01 차트 삽입하기 ❶ [J4:T5] 셀 범위를 지정하고 ❷ [삽입] 탭-[차트] 그룹-[세로 또는 가로 막대형 차트 삽입]을 클릭합니다. ❸ [2차원 세로 막대형]-[묶은 세로 막대형]을 선택합니다.

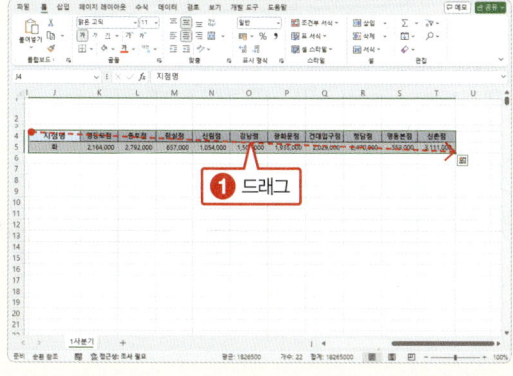

02 ① 삽입된 차트를 다음과 같은 위치로 드래그하여 옮기고 크기를 조절합니다. ② [차트 스타일]을 클릭하고 ③ [스타일]-[스타일 8]을 선택합니다.

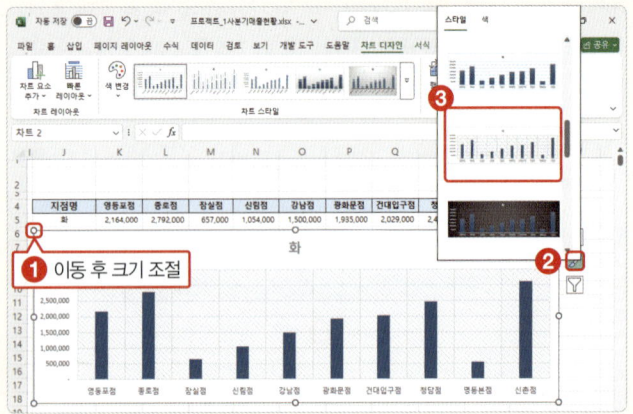

03 계열 서식 설정하기 ① '화요일' 계열에서 마우스 오른쪽 버튼을 클릭하고 ② [데이터 계열 서식]을 선택합니다. ③ [데이터 계열 서식] 작업 창에서 [계열 옵션]-[간격 너비]를 **100%**로 변경하고 ④ 작업 창을 닫습니다.

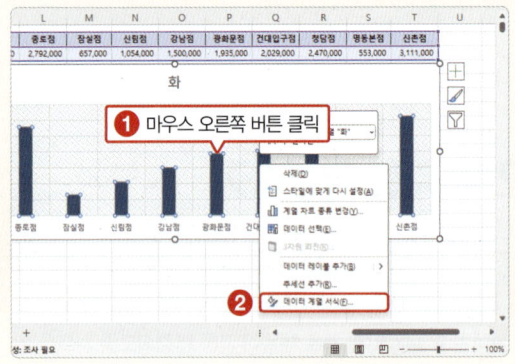 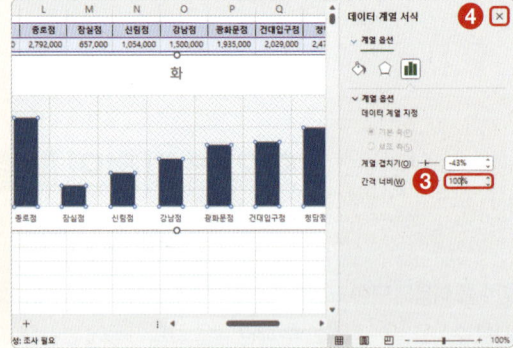

04 수식 작성하여 차트 제목에 연결하기 ① [J2] 셀에 **=J5&"요일 지점별 매출현황"**을 입력합니다. ② [차트 제목]을 선택하고 ③ [수식 입력줄]을 클릭하여 **=**를 입력하고 ④ [J2] 셀을 클릭합니다. Enter 를 누릅니다. [J2] 셀의 수식 결과를 차트 제목에 동일하게 표시합니다.

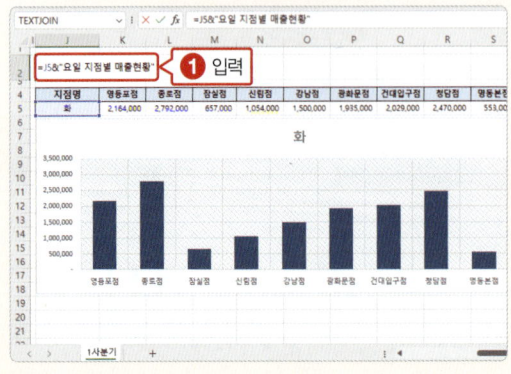 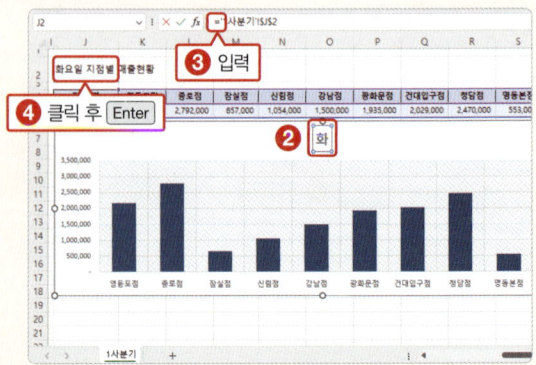

05 ❶ [J2] 셀을 클릭하고 ❷ [홈] 탭–[글꼴] 그룹–[글꼴 색]을 [흰색, 배경 1]로 선택합니다. [J2] 셀의 텍스트를 보이지 않게 설정합니다.

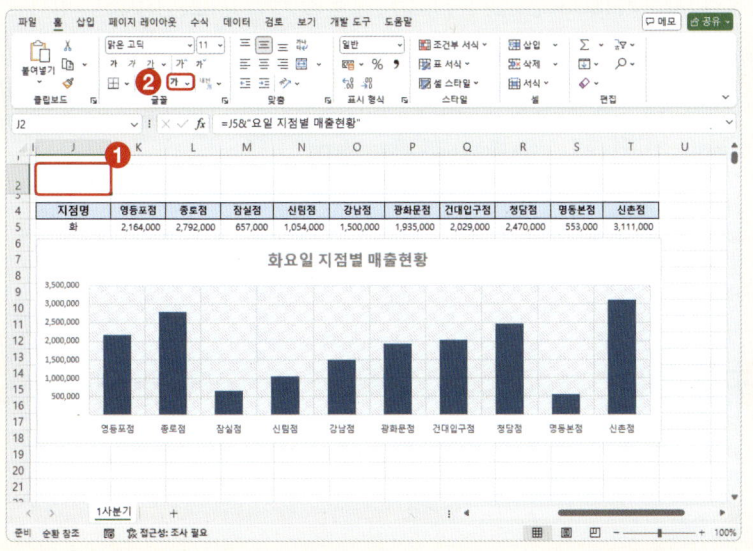

STEP 03 전체 평균과 각 지점의 매출현황 비교하기

선택한 요일의 지점별 매출현황이 표시된 차트에 전체의 매출 평균을 추가하여, 전체 평균과 각 지점의 매출을 비교해보겠습니다. 전체 매출 평균은 AVERAGE 함수를 이용하여 계산하고, 이를 분산형 차트의 오차 막대로 표현하여 시각적으로 비교해보겠습니다.

01 전체 평균 계산하기 ❶ [U4] 셀에 **전체평균**을 입력하고 [U5] 셀에 **=AVERAGE(K5:T5)**를 입력합니다. ❷ [T4:T5] 셀 범위를 지정하고 ❸ [홈] 탭–[클립보드] 그룹–[서식 복사]를 클릭합니다. ❹ 복사한 서식을 [U4:U5] 셀 범위를 드래그하여 붙여 넣습니다.

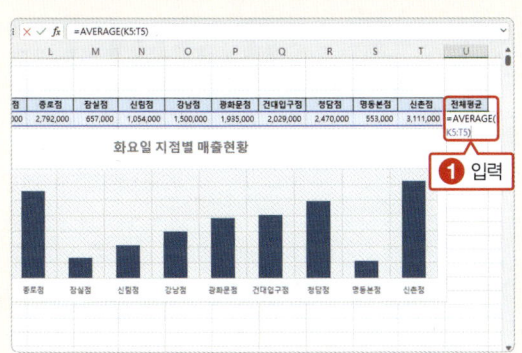
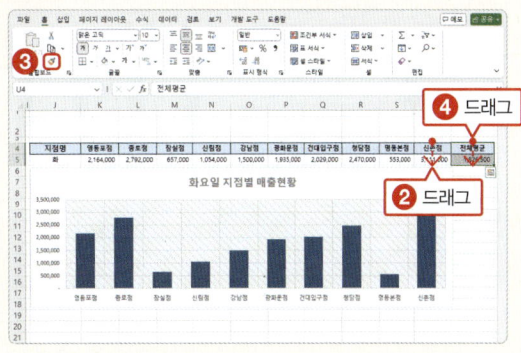

02 차트에 평균값 표시하기

❶ 차트를 클릭하고 ❷ [차트 디자인] 탭-[데이터] 그룹-[데이터 선택]을 클릭합니다. ❸ [데이터 원본 선택] 대화상자의 [범례 항목(계열)]에서 [추가]를 클릭합니다. ❹ [계열 편집] 대화상자에서 [계열 이름]에 **='1사분기'!$U$4**를 입력하고 ❺ [계열 값]에 **='1사분기'!$U$5**를 입력한 후 ❻ [확인]을 클릭합니다. ❼ [데이터 원본 선택] 대화상자에서 [확인]을 클릭합니다.

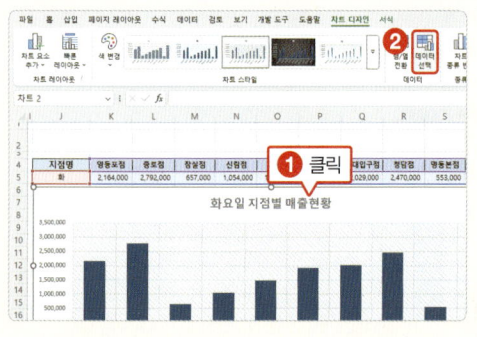
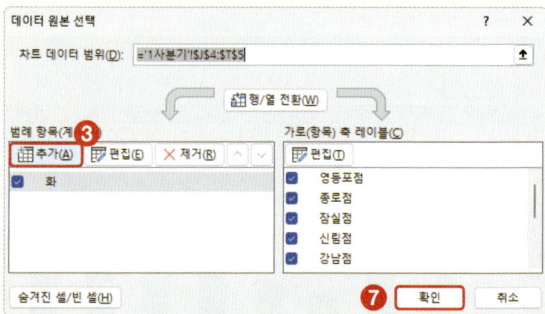
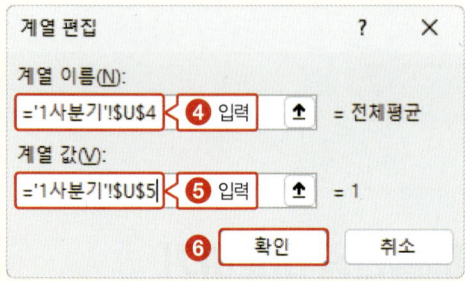

시간단축 [계열 이름]과 [계열 값]은 해당 셀을 클릭하면 쉽게 입력할 수 있습니다.

03 전체평균 계열, 차트 변경하고 오차 막대 설정하기

❶ '전체평균' 계열에서 마우스 오른쪽 버튼을 클릭하고 ❷ [계열 차트 종류 변경]을 선택합니다. ❸ [차트 종류 변경] 대화상자에서 [전체평균] 계열의 [차트 종류]를 [분산형]-[분산형]으로 선택하고 ❹ [확인]을 클릭합니다.

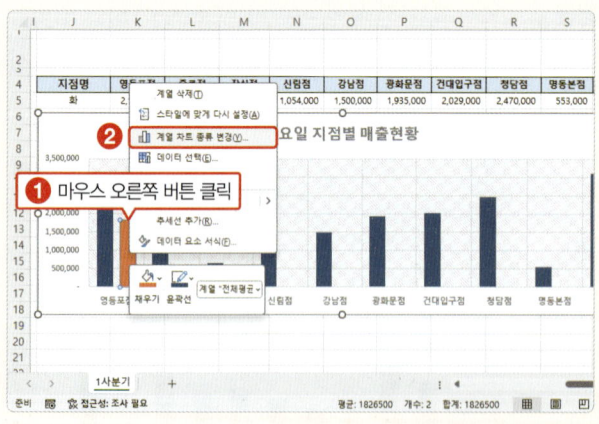
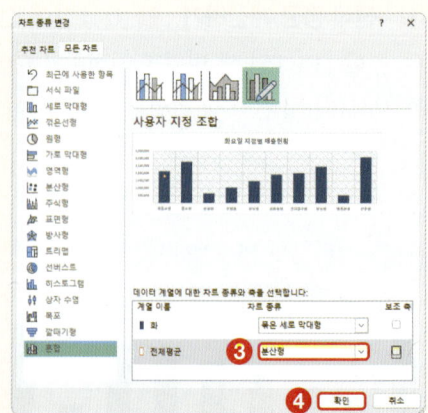

04 ① '전체평균' 계열을 클릭하고 ② [차트 요소]를 클릭한 후 ③ [오차 막대]에 체크합니다. ④ [오차 막대]의 목록 단추를 클릭하고 ⑤ [기타 옵션]을 선택합니다.

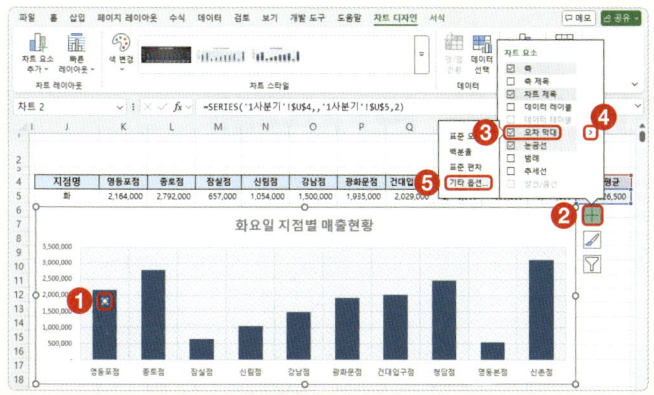

05 ① [오차 막대 서식] 작업 창의 [오차량]에서 [사용자 지정]을 선택합니다. ② [값 지정]을 클릭하고 ③ [오차 막대 사용자 지정] 대화상자에서 [양의 오류 값]에는 9, [음의 오류 값]에는 0을 입력한 후 ④ [확인]을 클릭합니다.

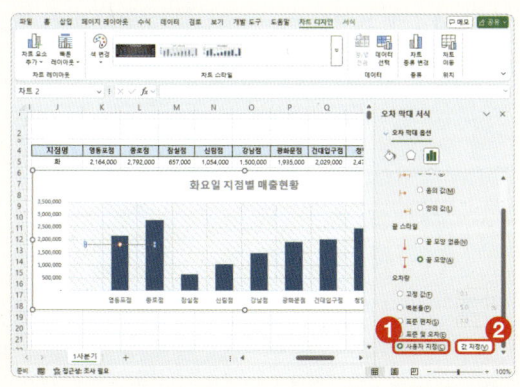
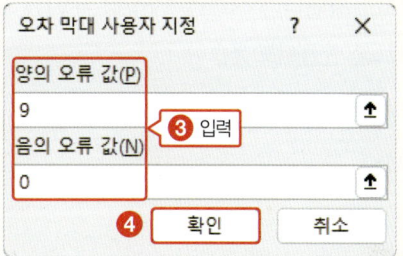

06 ① [오차 막대 서식] 작업 창의 [채우기 및 선]을 클릭합니다. ② [색]-[주황, 강조2], ③ [너비]는 1.25pt로 변경하고 ④ 작업 창을 닫습니다. ⑤ [J5] 셀의 목록 단추를 클릭하여 요일을 변경하면 전체평균과 선택한 지점의 매출이 함께 표시되어 매출 현황을 비교해볼 수 있습니다.

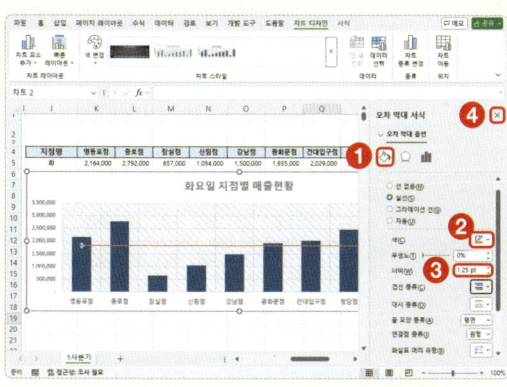
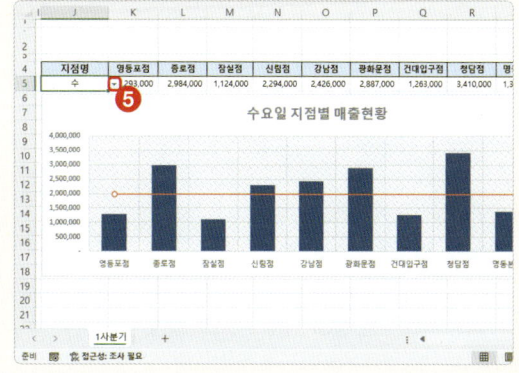

실무 프로젝트 with 챗GPT

각 시트 데이터를 하나의 시트에 시각화하는 자동 차트 작성하기

실습 파일 CHAPTER04\프로젝트_월별영업이익_챗GPT.xlsx | **완성 파일** CHAPTER04\프로젝트_월별영업이익_챗GPT(완성).xlsx

01 프로젝트 시작하기

지점별 영업이익, 영업이익의 총합계, 전년도 월 영업이익 데이터가 1월부터 12월까지 각각 다른 시트에 입력되어 있습니다. 이제 [전체영업이익] 시트에 월별 영업이익을 차트로 작성하여 시각적으로 표시하려고 합니다. 이 작업은 하나씩 차트를 만드는 것보다는 VBA 코드를 사용하여 자동으로 차트를 작성하는 것이 효율적입니다. 차트를 작성하는 VBA 코드를 챗GPT에 요청하고, 그 코드를 실행하여 한 번에 모든 차트를 만들어보겠습니다.

회사에서 바로 통하는 키워드

자동 차트 작성, 챗GPT, VBA 코드 실행, 차트 서식

02 프로젝트 예제 미리보기

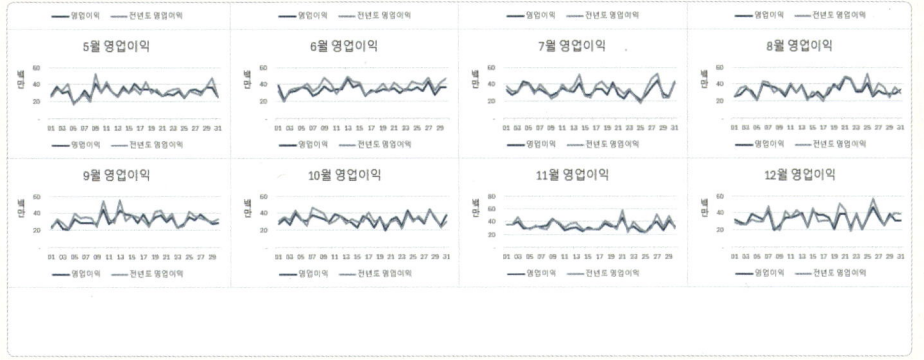

한눈에 보는 **작업 순서**

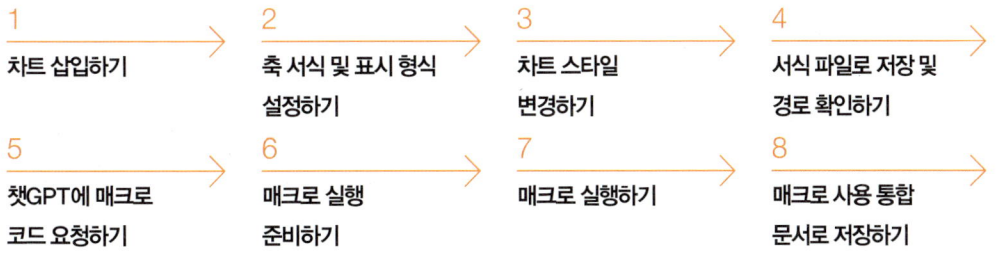

03 핵심 기능 미리보기

STEP 01 차트 서식 설정 및 서식 파일로 저장

❶ 1월의 영업이익과 전년도 영업이익 데이터로 꺾은선형 차트를 작성합니다.

❷ 일관된 서식을 사용할 수 있도록 차트를 서식 파일로 저장합니다.

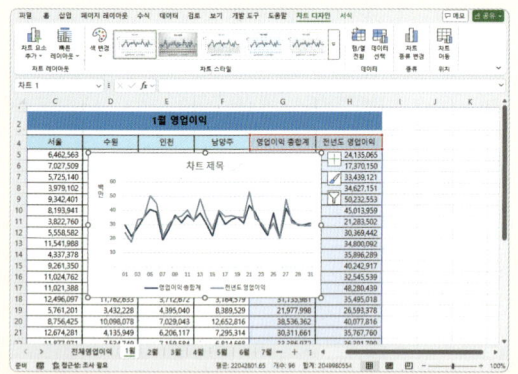
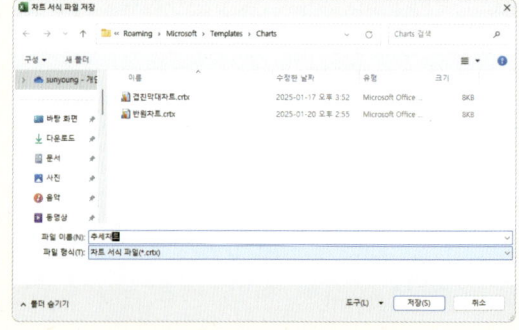

STEP 02 차트 자동 작성 매크로 코드 요청 및 실행

❶ 챗GPT에 매크로 코드와 실행 방법을 요청합니다.

❷ 매크로를 실행하여 12개의 차트를 한 번에 작성합니다.

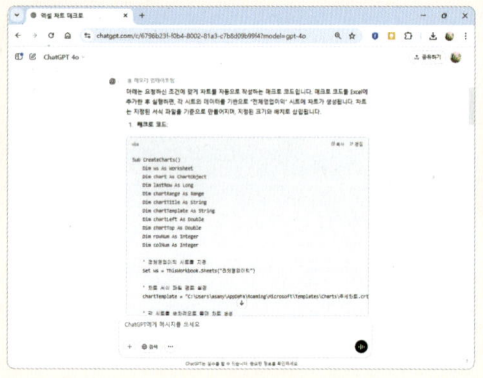
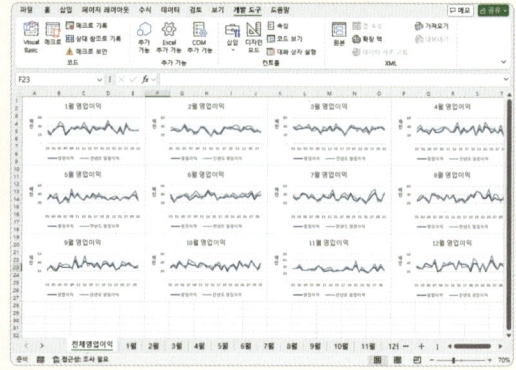

STEP 01 차트 서식 설정 및 서식 파일로 저장

1월의 영업이익과 전년도 영업이익 데이터를 바탕으로 추세를 확인할 수 있는 꺾은선형 차트를 작성하고, 필요한 서식을 설정합니다. 이후 서식 파일로 저장하여 다른 차트에 일관된 서식을 적용할 수 있도록 합니다. 또한, 매크로에서 서식 파일을 사용할 수 있도록 서식 파일의 경로도 확인하겠습니다.

01 차트 삽입하기 ① [1월] 시트에서 ② [B4:B35] 셀 범위를 지정하고 ③ Ctrl 을 누른 상태에서 [G4:H35] 셀 범위를 지정합니다. ④ [삽입] 탭-[차트] 그룹-[꺾은선형 또는 영역형 차트 삽입]을 클릭하고 ⑤ [2차원 꺾은선형]-[꺾은선형]을 선택합니다.

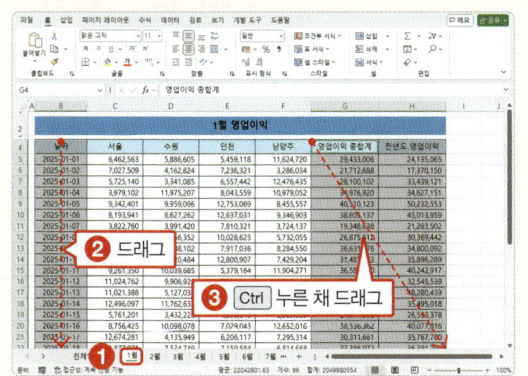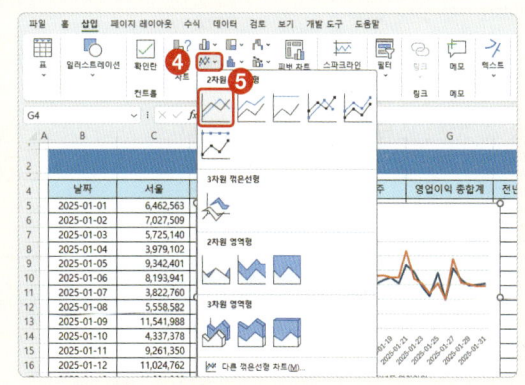

02 축 서식 및 표시 형식 설정하기 ① [세로축]에서 마우스 오른쪽 버튼을 클릭하고 ② [축 서식]을 선택합니다. ③ [축 서식] 작업 창의 [축 옵션]-[표시 단위]를 [백만]으로 선택합니다.

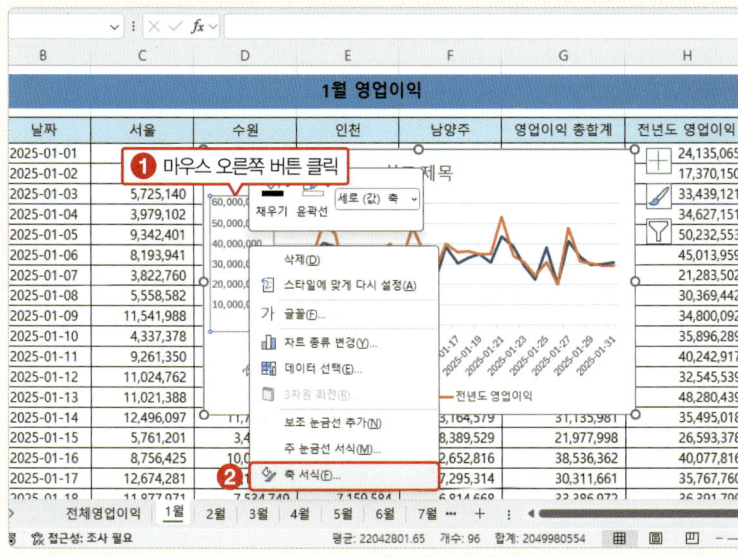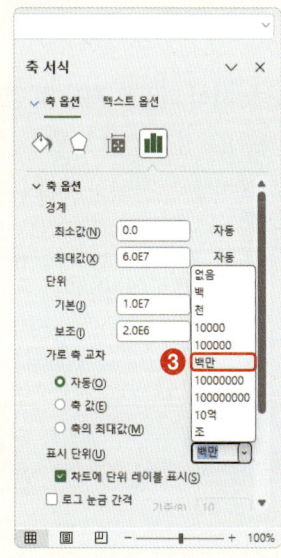

CHAPTER 04 데이터 특성에 맞는 차트 작성과 편집 기능 **307**

03 ① 축 제목인 [백만]을 클릭합니다. ② [표시 단위 레이블 서식] 작업 창의 [레이블 옵션]에서 ③ [크기 및 속성]의 ④ [맞춤]-[텍스트 방향]을 [세로]로 선택합니다. ⑤ [가로축]을 클릭합니다. ⑥ [축 서식] 작업 창의 [축 옵션]에서 ⑦ [표시 형식]-[서식 코드]에 **DD**를 입력하고 ⑧ [추가]를 클릭합니다. ⑨ 작업 창을 닫습니다.

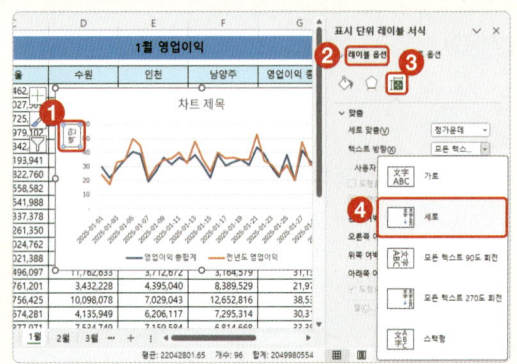 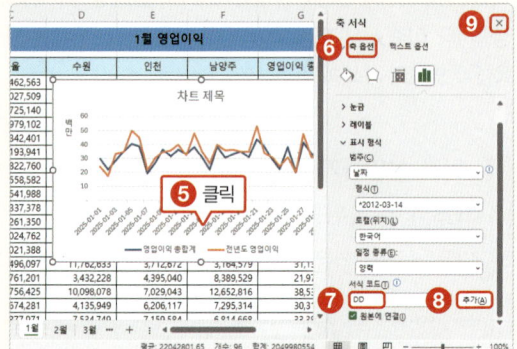

04 차트 스타일 변경하기 ① [차트 스타일]을 클릭하고 ② [색]을 선택합니다. ③ [단색형]-[단색 색상표 1]을 선택합니다.

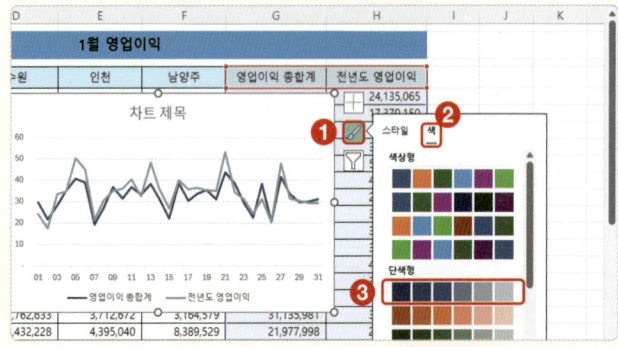

05 서식 파일로 저장 및 경로 확인하기 ① 차트에서 마우스 오른쪽 버튼을 클릭하고 ② [서식 파일로 저장]을 선택합니다. ③ [차트 서식 파일 저장] 대화상자의 파일이 저장되는 위치를 클릭 후 마우스 오른쪽 버튼을 클릭하고 ④ [복사]를 선택합니다.

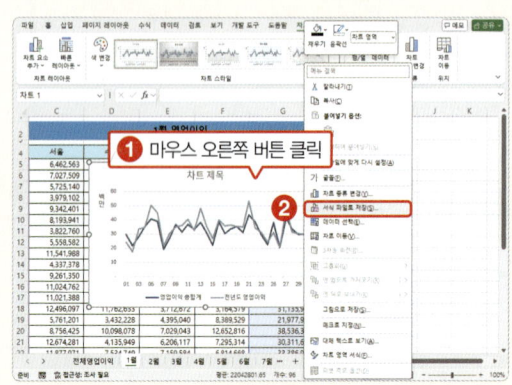 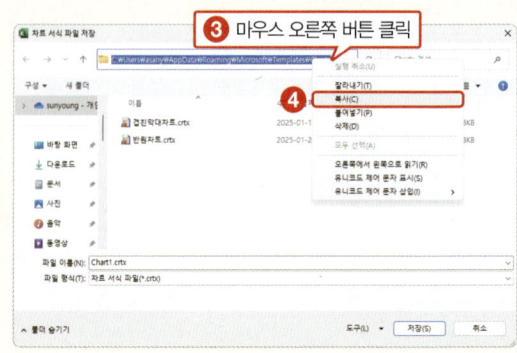

06 ❶ [파일 이름]에 **추세차트**를 입력하고 ❷ [저장]을 클릭합니다. ❸ 서식을 저장했으므로 작성된 차트는 Delete 를 눌러 삭제합니다.

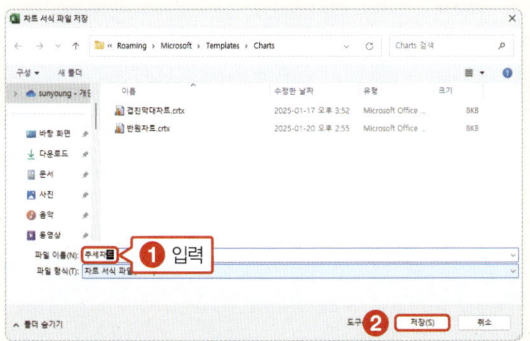 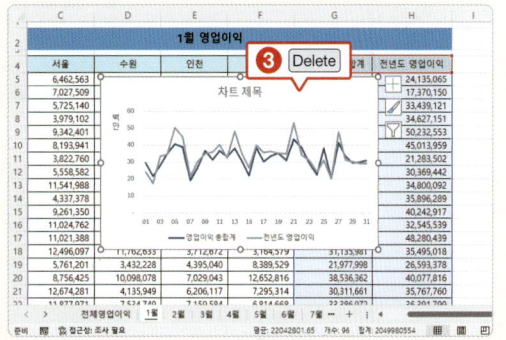

챗GPT 활용 Note 차트 자동 작성 매크로 코드 요청 및 실행하기

실습 파일 CHAPTER04\프로젝트_월별영업이익_챗GPT.xlsx
완성 파일 CHAPTER04\프로젝트_월별영업이익_챗GPT(완성).xlsx

차트를 자동으로 작성하는 매크로 코드를 챗GPT에 요청하겠습니다. 작성된 코드와 실행 방법을 확인한 후 엑셀 파일에서 매크로 코드를 실행해 월별 영업이익에 해당하는 모든 차트를 한 번에 자동으로 작성합니다. 추세차트가 저장된, 복사한 URL을 포함하여 다음과 같이 프롬프트를 입력합니다.

> **프롬프트**
>
> 차트를 자동으로 작성하는 매크로 코드를 작성하려고 해.
>
> 차트에 필요한 데이터는 각각 구분된 시트에 있고,
> 데이터는 B4 셀부터 입력되어 있어.
> 각 시트의 B열에는 날짜, G열에는 영업이익, H열에는 전년도 영업이익이 기록되어 있어.
>
> 이 데이터를 기반으로 날짜별 영업이익과 전년도 영업이익을 표시하는 꺾은선형 차트를 생성하려고 하는데 모든 차트는 "전체영업이익"이라는 시트에 표시되도록 하고 아래의 조건에 맞게 매크로 코드를 작성해줘.
>
> #조건
> – D: 경로에 저장된 "추세차트.crtx" 서식 파일을 기준으로 작성해줘.
> – 각 차트의 제목은 해당 시트의 B2 셀에 입력된 텍스트를 사용하고,
> – 모든 차트는 동일한 크기와 배치로 한 줄에 4개의 차트를 표시해줘.
>
> #예
> – "1월" 시트의 B열, G열, H열 데이터를 이용하여 만든 1월 영업현황 꺾은선형 차트는 "전체영업이익" 시트의 A1:E9 범위에 배치
> – 2월 차트는 F1:J9, 3월 차트는 K1:O9, 4월 차트는 P1:T9, 5월부터는 A10:E18 범위에 차트가 배치되도록 설정
>
> 나는 엑셀을 잘 모르는 기초 사용자야. 만들어준 매크로 코드를 어떻게 사용해야 하는지도 같이 알려줘.

> **프롬프트Tip** '추세차트.crtx'가 D 드라이브에 있는 것으로 가정하고 프롬프트를 작성했습니다. 실습 파일 폴더 안에 있는 '추세차트.crtx'를 D 드라이브 경로로 옮기고 실습을 진행합니다.

> 아래는 요청하신 조건에 맞게 차트를 자동으로 작성하는 매크로 코드입니다. 매크로 코드를 엑셀에 추가한 후 실행하면, 각 시트의 데이터를 기반으로 "전체영업이익" 시트에 차트가 생성됩니다. 차트는 지정된 서식 파일을 기준으로 만들어지며, 지정된 크기와 배치로 삽입됩니다.

```VBA
Sub CreateCharts()
    Dim ws As Worksheet
    Dim chart As ChartObject
    Dim lastRow As Long
    Dim chartRange As Range
    Dim chartTitle As String
    Dim chartTemplate As String
    Dim chartLeft As Double
    Dim chartTop As Double
    Dim rowNum As Integer
    Dim colNum As Integer
    Dim chartPosition As Range
    Dim chartSize As Range
    
    ' 전체영업이익 시트를 지정
    Set ws = ThisWorkbook.Sheets("전체영업이익")
    
    ' 차트 서식 파일 경로 설정
chartTemplate = "D:\추세차트.crtx"
    
    ' 각 시트를 순차적으로 돌며 차트 생성
    For Each Sheet In ThisWorkbook.Sheets
        ' 전체영업이익 시트는 제외
        If Sheet.Name <> "전체영업이익" Then
            ' 데이터 범위 설정 (B열: 날짜, G열: 영업이익, H열: 전년도 영업이익)
            lastRow = Sheet.Cells(Rows.Count, "B").End(xlUp).Row
            Set chartRange = Sheet.Range("B4:B" & lastRow & ", G4:G" & lastRow & ", H4:H" & lastRow)
            
            ' 차트 제목 설정 (시트의 B2 셀 텍스트 사용)
            chartTitle = Sheet.Range("B2").Value
            
            ' 차트 배치 위치 계산
```

```
            colNum = (ThisWorkbook.Sheets("전체영업이익").ChartObjects.Count) 
Mod 4
            rowNum = Int((ThisWorkbook.Sheets("전체영업이익").ChartObjects.
Count) / 4) * 9 + 1

            ' 차트 배치 위치 및 크기 계산
            Set chartPosition = ws.Range(ws.Cells(rowNum, colNum * 5 + 1), 
ws.Cells(rowNum + 8, colNum * 5 + 5))
            Set chartSize = chartPosition

            ' 차트 추가
            Set chart = ws.ChartObjects.Add(Left:=chartSize.Left, 
Top:=chartSize.Top, Width:=chartSize.Width, Height:=chartSize.Height)

            ' 차트 데이터 설정
            chart.chart.SetSourceData Source:=chartRange

            ' 차트 서식 적용
            chart.chart.ApplyChartTemplate (chartTemplate)

            ' 차트 제목 설정
            chart.chart.HasTitle = True
            chart.chart.chartTitle.Text = chartTitle
        End If
    Next Sheet
End Sub
```

매크로 코드 사용 방법

1. VBA 편집기 열기
먼저, 엑셀에서 [Alt]+[F11]을 눌러 VBA 편집기를 엽니다.

2. 새로운 모듈 추가
VBA 편집기에서 왼쪽의 프로젝트 탐색기 창에서 작업하려는 엑셀 파일을 선택합니다.
상단 메뉴에서 삽입 > 모듈을 클릭하여 새로운 모듈을 추가합니다.

3. 코드 붙여넣기
새로 추가된 모듈 창에 위의 매크로 코드를 복사하여 붙여 넣습니다.

4. 서식 파일 경로 확인
매크로에서 사용하는 서식 파일 추세차트.crtx의 경로가 정확한지 확인하세요. 경로는 C:\Users\asany\AppData\Roaming\Microsoft\Templates\Charts\추세차트.crtx로 되어 있습니다.
만약 경로가 다르다면, chartFormatPath 변수의 값을 실제 경로로 수정해야 합니다.

5. 매크로 실행

코드 작성이 끝난 후, F5 를 눌러 매크로를 실행합니다. 또는, 엑셀로 돌아가기(Alt + F11)를 한 후, 개발 탭에서 매크로 실행을 클릭하여 CreateCharts 매크로를 실행할 수 있습니다.

6. 차트 확인

매크로가 실행되면 "전체영업이익" 시트에 차트가 생성됩니다. 각 차트는 한 줄에 네 개씩 배치되며, 각 차트의 제목은 해당 월 시트의 B2 셀 값으로 자동으로 설정됩니다.

주의사항

서식 파일 :
추세차트.crtx 서식 파일이 실제로 지정된 경로에 있어야 합니다. 이 파일은 차트 디자인을 설정하는 템플릿 파일입니다. 만약 이 파일이 없다면 차트 서식이 적용되지 않습니다.

차트 크기 :
이 매크로는 차트를 동일한 크기와 배치로 자동 생성합니다. 한 줄에 네 개의 차트가 들어가며, 5월부터는 두 번째 줄에 차트를 배치합니다.

매크로 실행 결과

"전체영업이익" 시트에 월별 영업이익 및 전년도 영업이익에 대한 꺾은선형 차트가 생성되며, 각 차트는 B2 셀의 텍스트를 제목으로 가집니다.

차트의 배치와 크기는 자동으로 조정되어 한 줄에 네 개의 차트가 표시됩니다.

매크로 실행 준비하기 ❶ 챗GPT가 알려준 코드를 복사하고 엑셀 파일의 [전체영업이익] 시트에서 Alt + F11 을 누릅니다. ❷ [Visual Basic 편집기] 창이 나타나면 [삽입]-[모듈]을 클릭합니다.

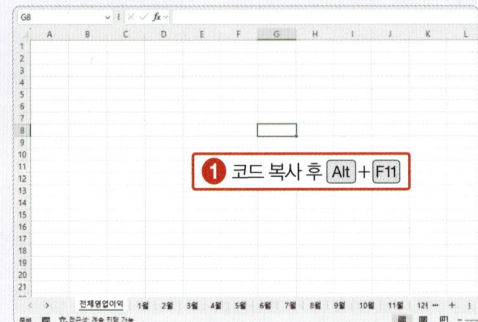 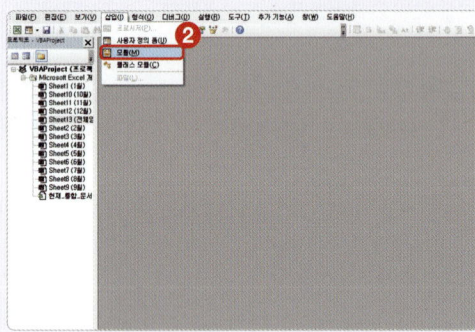

실력향상 [개발 도구] 탭-[코드] 그룹-[Visual Basic]을 클릭해도 [Visual Basic 편집기] 창이 나타납니다. [개발 도구] 탭이 보이지 않는 경우 [파일] 탭-[옵션] 메뉴를 선택하고 [Excel 옵션] 대화상자의 [리본 사용자 지정]에서 [개발 도구]를 체크합니다.

매크로 실행하기 ❶ 코드 창에 복사한 코드를 붙여 넣습니다. ❷ F5 를 눌러 코드를 실행합니다.

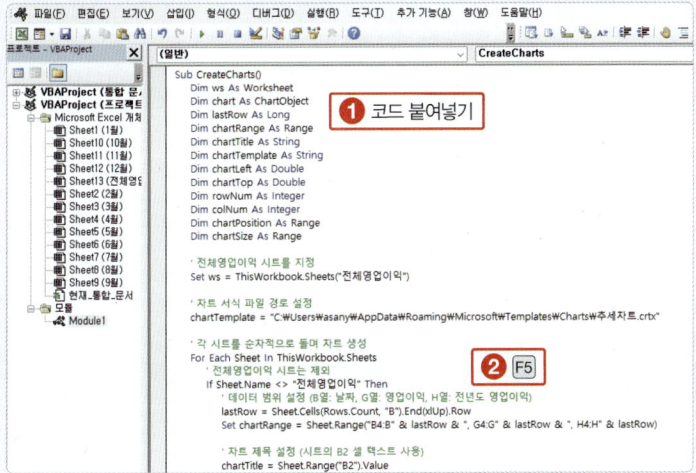

실력향상 제공된 예제 파일과 같은 폴더 안에 책에서 활용한 코드를 텍스트 파일로 넣어두었습니다. **차트 자동 작성(코드).txt**를 복사해 붙여 넣으면 됩니다.

실력향상 [Visual Basic 편집기] 창에서 F8 을 누르면 코드를 한 줄씩 실행해볼 수 있어 챗GPT가 잘못 작성한 부분을 확인할 수 있습니다. 잘못 작성된 부분에 대해 챗GPT에 물어보면 코드를 다시 작성해줍니다.

실력향상 엑셀 화면에서 해당 코드를 실행하려면 [개발 도구] 탭-[코드] 그룹-[매크로]를 클릭합니다. [매크로] 대화상자의 [CreateCharts] 매크로를 선택하고 [실행]을 클릭합니다.

매크로 사용 통합 문서로 저장하기 ❶ [전체영업이익] 시트에 12개의 차트가 작성됩니다. ❷ [파일] 탭-[다른 이름으로 저장]을 클릭합니다. ❸ [다른 이름으로 저장]에서 [파일 형식]을 [Excel 매크로 사용 통합 문서(*.xlsm)]로 지정하고 ❹ [저장]을 클릭합니다.

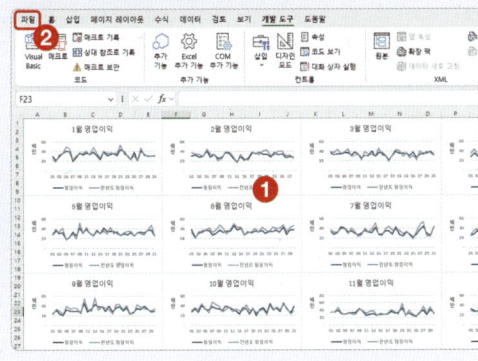
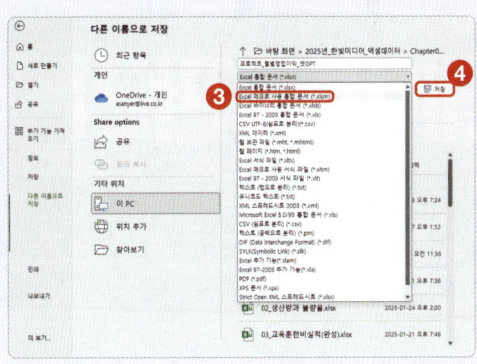

CHAPTER 05

빠르고 효율적인 데이터 관리

회사에서 바로 통하는 실무 엑셀 데이터 활용+분석

데이터 관리와 관련된 다양한 엑셀 도구들은 대량의 데이터를 효율적으로 처리하고, 빠르게 요약 및 분석할 수 있는 여러 도구를 제공합니다. 이러한 도구들을 실무에서 어떻게 활용하느냐에 따라 다양한 집계 결과와 보고서를 작성할 수 있습니다. 이번 장에서는 부분합, 통합, 고급 필터, 피벗 테이블 등을 통해 데이터를 효과적으로 관리하고, 실무 프로젝트를 통해 이를 실제 상황에 어떻게 적용할 수 있는지 알아보겠습니다. 데이터 관리의 효율성을 높이고, 필요한 정보를 신속하게 추출하는 핵심 기능들을 배우며, 업무에 실질적으로 도움이 되는 방법을 알아보겠습니다.

엑셀 표 적용하고 집계 확인하기

실습 파일 CHAPTER05\01_연간거래내역.xlsx | **완성 파일** CHAPTER05\01_연간거래내역(완성).xlsx

엑셀에서 제공하는 표 서식은 단순한 서식 설정 도구 이상의 역할을 합니다. 표 서식은 머리글을 자동으로 고정하거나 자동 계산, 범위 선택을 쉽게 해줄 뿐만 아니라 데이터 범위의 변동이 잦은 경우 자동으로 범위가 확장되고 축소되어 매우 유용하게 사용됩니다. 이번에는 데이터에 표 서식을 적용하고, 표 서식의 다양한 기능을 익혀보겠습니다. 또한, 슬라이서를 이용해 데이터를 필터링하고, 필터링한 데이터의 집계를 SUBTOTAL 함수로 계산하여 확인하는 방법을 알아보겠습니다.

미리보기

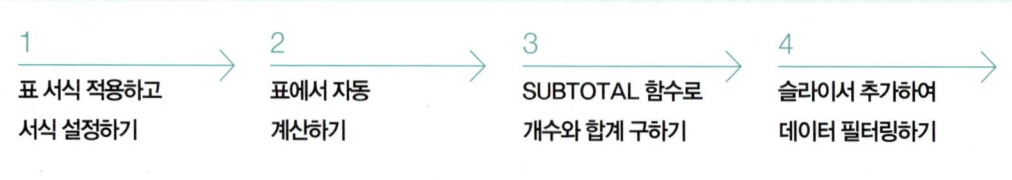

회사에서 바로 통하는 키워드

표 서식, 자동 계산, 표 이름 변경, SUBTOTAL, 슬라이서, 일반 범위로 변경

한눈에 보는 작업 순서

1. 표 서식 적용하고 서식 설정하기 → 2. 표에서 자동 계산하기 → 3. SUBTOTAL 함수로 개수와 합계 구하기 → 4. 슬라이서 추가하여 데이터 필터링하기

01 표 서식 적용하고 서식 설정하기

❶ [B7] 셀을 클릭하고 ❷ [홈] 탭-[스타일] 그룹-[표 서식]을 클릭한 후 ❸ [진한 청록, 표 스타일 밝게 9]를 선택합니다. [표 만들기] 대화상자가 나타나고 자동으로 범위가 설정됩니다. ❹ [확인]을 클릭합니다.

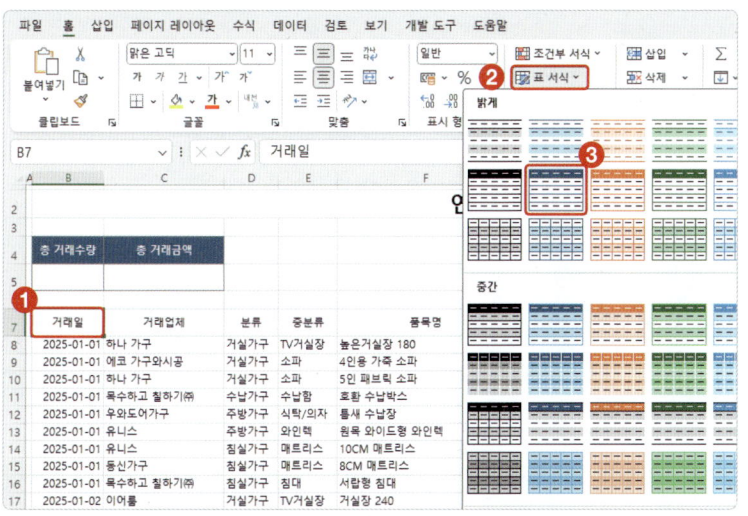
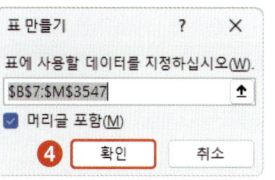

시간단축 [표 만들기] 대화상자는 [삽입] 탭-[표] 그룹-[표]를 선택하거나 단축키 Ctrl + T 를 눌러 실행할 수 있습니다. 이와 같은 방법으로 표 서식을 적용하면 기본적으로 [강조 1, 표 스타일 보통 2]가 자동 적용됩니다.

실력향상 [표 만들기] 대화상자에서 [머리글 포함]의 체크를 해제하면 표의 첫 행 위에 새로운 머리글 행이 추가됩니다. 또 선택 범위에 서식이 이미 설정되어 있는 경우에는 사용자가 설정해놓은 서식이 우선 적용됩니다.

실력향상 표 서식을 적용하면 데이터가 추가/삭제 시 데이터 범위가 자동으로 확장/축소됩니다. 변동이 많은 데이터를 관리할 때는 표 서식을 적용하는 것이 효율적입니다.

02

❶ [B8] 셀을 클릭하고 Ctrl + A 를 눌러 표 전체를 지정합니다. ❷ [홈] 탭-[맞춤] 그룹-[가운데 맞춤]을 클릭하고 ❸ [거래수량]부터 [거래금액]까지 열 머리글을 드래그하여 선택한 후 ❹ [홈] 탭-[표시 형식] 그룹-[쉼표 스타일]을 클릭합니다.

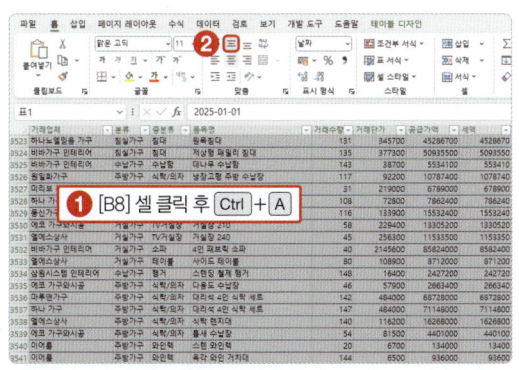
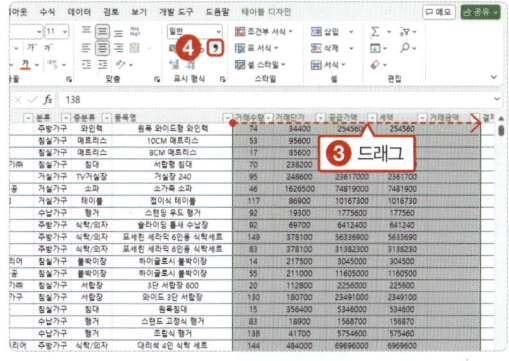

실력향상 표 서식이 적용되어 있는 상태에서 아래로 스크롤하면 기존 알파벳으로 되어 있는 열 머리글이 표의 필드명 머리글로 표시됩니다. 표의 머리글을 선택하면 표의 데이터 부분만 범위로 지정됩니다.

03 표 범위에서 자동 계산하기 ❶ [K8] 셀을 클릭하고 =를 입력합니다. ❷ [I8] 셀을 클릭합니다. 기존 셀 주소가 아닌 [@공급가액]으로 표시됩니다. ❸ +를 입력하고 ❹ [J8] 셀을 클릭합니다. [@세액]으로 표시됩니다. ❺ Enter 를 누릅니다. 자동 채우기를 하지 않아도 마지막 데이터까지 거래금액이 구해집니다.

실력향상 표 서식이 적용되면 구조적 참조 방식으로 수식이 작성됩니다. 구조적 참조는 [A1]과 같은 셀 주소를 사용하지 않고, 표의 열은 [머리글]로, 같은 행의 데이터는 [@머리글]로 입력되어 계산됩니다.

04 표 이름 변경하여 SUBTOTAL 함수로 계산하기 수식 계산 시 사용될 표 이름을 먼저 수정하겠습니다. [테이블 디자인] 탭-[속성] 그룹-[표 이름] 입력란에 **거래내역**을 입력하고 Enter 를 눌러 표 이름을 변경합니다.

실력향상 표 이름은 [표 1] 형식으로 자동 설정됩니다. 표 이름은 한글, 영문, 언더 바(_), 숫자로 구성할 수 있습니다. 이름 변경 시 첫 글자는 문자로 시작합니다.

05 ❶ [B5] 셀에 =SUBTOTAL(3,거래내역[거래업체]) 수식을 입력하고 Enter 를 누릅니다. ❷ [C5] 셀에 =SUBTOTAL(9,거래내역[거래금액]) 수식을 입력하고 Enter 를 누릅니다.

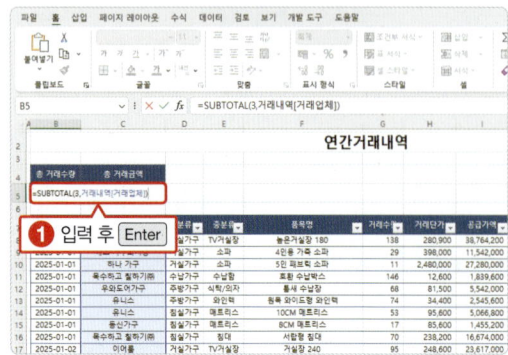
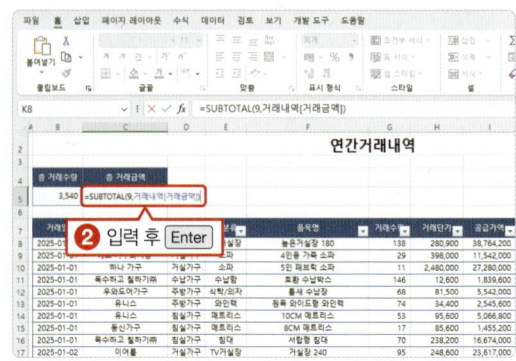

시간단축 =SUBTOTAL(까지 입력하면 함수에서 사용할 수 있는 함수 번호가 목록으로 표시됩니다. 사용할 함수번호를 더블클릭하거나 직접 입력합니다.

실력향상 SUBTOTAL 함수는 화면에 표시되는 데이터만 계산하는 부분합 함수로 =SUBTOTAL(함수 번호,범위) 형식입니다. 함수는 합계, 평균, 개수 등 총 11개의 함수를 제공합니다.

실력향상 표 밖에서 수식을 작성할 경우, 표 이름[열 이름] 형식으로 수식을 작성합니다. =SUBTOTAL(3,거래내역[거래업체]) 수식에서 숫자 3은 개수를 구하는 COUNTA의 함수 번호로 [거래내역] 표의 [거래업체] 열에서 비어 있지 않은 데이터의 개수를 구합니다. =SUBTOTAL(9,거래내역[거래금액]) 수식에서 숫자 9는 합계를 구하는 SUM의 함수 번호로 [거래내역] 표의 [거래금액] 열에 입력된 숫자의 합계를 구합니다.

비법 Note — SUBTOTAL 함수

화면에 표시된 데이터의 집계를 구해주는 함수입니다. 자동 필터로 필터링된 데이터의 집계를 구하거나 숨겨진 셀은 제외하고 화면에 표시된 데이터의 집계를 구하기 위해 사용합니다.

함수 형식	SUBTOTAL(function_num,ref1,ref2⋯)
인수	– function_num : 계산할 함수 번호를 입력합니다. 　1번~11번 : 자동 필터로 추출된 데이터의 집계를 구할 때 사용하는 함수 번호입니다. 　101번~111번 : 숨겨진 셀을 제외한 화면에 표시된 셀의 집계를 구할 때 사용하는 함수 번호입니다. {표: function_num 자동 필터와 사용 / function_num 숨겨진 셀 제외 / 함수} 1 / 101 / AVERAGE(평균) 2 / 102 / COUNT(숫자 개수) 3 / 103 / COUNTA(개수) 4 / 104 / MAX(최댓값) 5 / 105 / MIN(최솟값) 6 / 106 / PRODUCT(곱) 7 / 107 / STDEV(표본집단 표준편차) 8 / 108 / STDEVP(모집단 표준편차) 9 / 109 / SUM(합계) 10 / 110 / VAR(표본집단 분산) 11 / 111 / VARP(모집단 분산) – ref : 집계할 범위를 지정합니다.

06 슬라이서 추가하여 데이터 필터링하기
필터 단추 해제 후 슬라이서를 이용하여 데이터를 추출해 보겠습니다. ❶ [테이블 디자인] 탭-[표 스타일 옵션] 그룹-[필터 단추]의 체크를 해제합니다. ❷ [테이블 디자인] 탭-[도구] 그룹-[슬라이서 삽입]을 클릭합니다. ❸ [슬라이서 삽입] 대화상자에서 [분류]와 [중분류]에 체크한 후 ❹ [확인]을 클릭합니다.

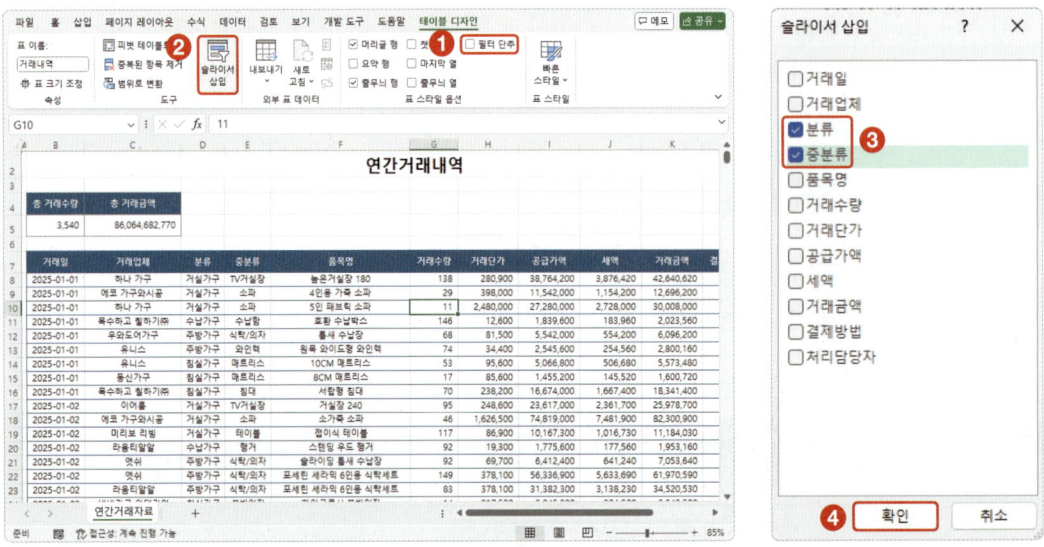

07
❶ 삽입된 슬라이서 중 [분류] 슬라이서의 윤곽선을 드래그하여 다음과 같은 위치에 배치합니다. ❷ [슬라이서] 탭-[단추] 그룹-[열]을 2로 변경합니다. ❸ [중분류] 슬라이서도 윤곽선을 드래그하여 다음과 같은 위치에 배치합니다. ❹ [슬라이서] 탭-[단추] 그룹-[열]을 7로 변경합니다.

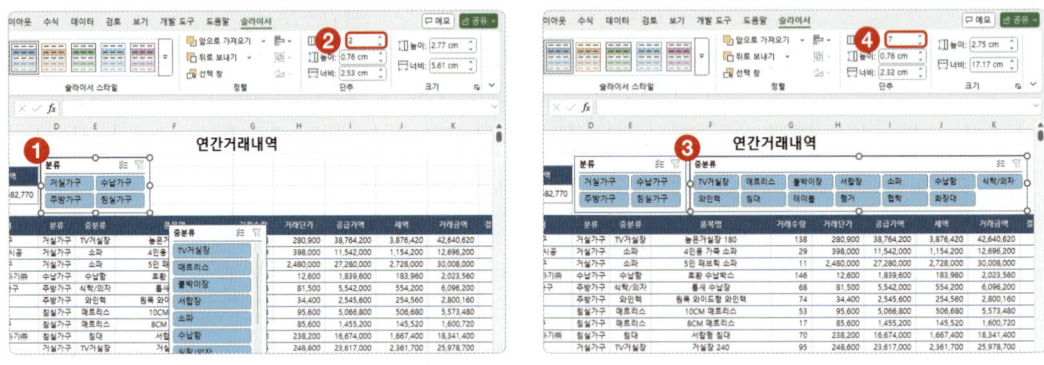

실력향상 슬라이서는 필터와 동일한 도구로 피벗 테이블과 표에서 사용할 수 있습니다.

08 [분류] 슬라이서에서 [침실가구]만 선택하면 해당 분류에 포함된 중분류만 색이 표시되고 해당 데이터가 필터링됩니다. SUBTOTAL 함수의 결과도 필터링된 데이터의 집계 결과만 표시합니다.

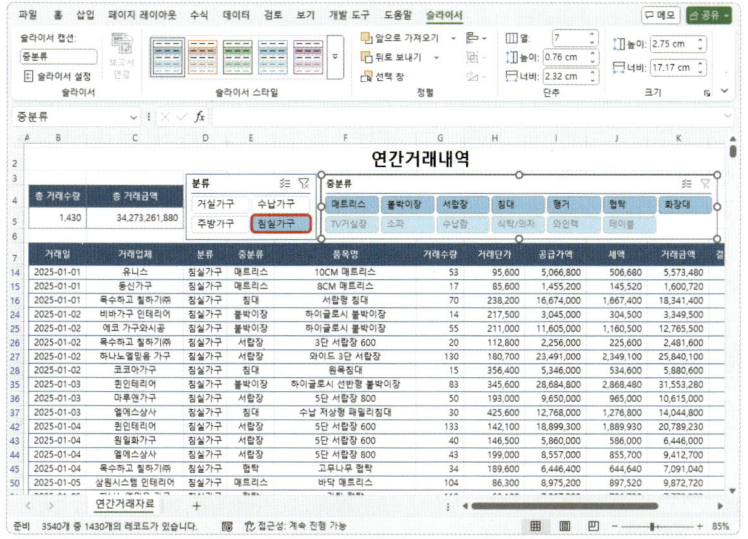

실력향상 [침실가구]가 선택된 상태에서 Ctrl 을 누른 채 [거실가구]를 클릭하면 [거실가구]도 선택됩니다. 슬라이서의 오른쪽 상단의 [필터 해제]를 클릭하면 필터가 해제되어 전체 데이터가 표시됩니다.

09 일반 범위로 변경하기 ① 표 안의 임의의 셀을 클릭하고 ② [테이블 디자인] 탭-[도구] 그룹-[범위로 변환]을 클릭합니다. ③ 다음과 같은 메시지 창이 나타나면 [예]를 클릭합니다. 표가 아닌 일반 데이터로 변경됩니다.

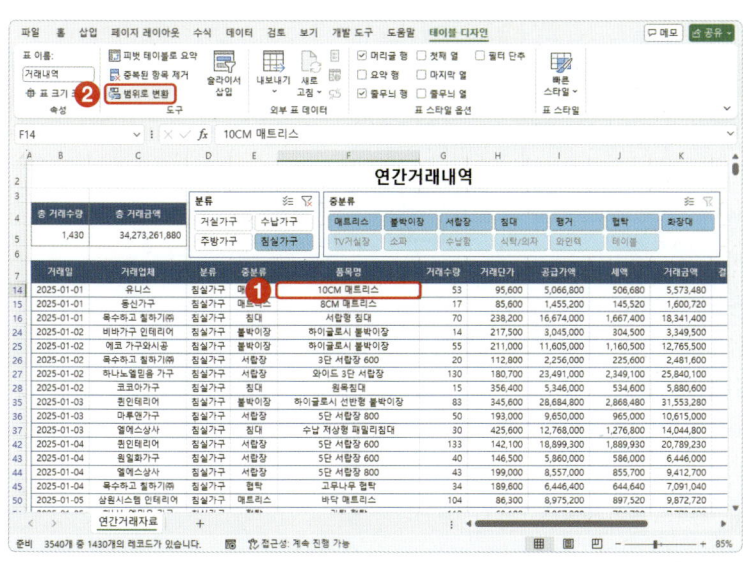

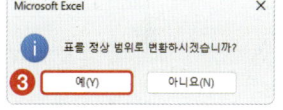

실력향상 표 서식이 아닌 일반 범위로 변경되면 수식도 기본 수식으로 변경되고 슬라이서도 삭제됩니다. 데이터 범위가 변경되어도 범위가 자동으로 확장/축소되지 않습니다.

> **비법 Note** 표 서식의 유용한 기능과 구조적 참조

데이터에 표 서식을 적용하면 표 안의 데이터가 추가/삭제될 때 자동으로 범위가 변경되고 서식도 자동 적용됩니다. 수식이 작성되어 있을 때 범위가 변경되면 수식 안의 범위도 자동으로 변경되고 머리글도 자동으로 고정됩니다.

1. 표 서식 기능

① **자동 필터와 자동 서식** : 표 서식 적용 시 선택한 서식 또는 기본 서식이 자동으로 적용됩니다. 각 머리글의 오른쪽에 필터 단추가 표시되어 정렬 및 필터 작업을 할 수 있습니다. [테이블 디자인] 탭-[표 스타일]을 클릭하여 [없음]을 선택하면 서식이 해제됩니다. [테이블 디자인] 탭-[표 스타일 옵션] 그룹-[필터 단추]의 체크를 해제하면 필터 단추도 해제할 수 있습니다.
② **머리글 고정** : 스크롤을 내려 아래쪽 데이터 확인 시 기존의 알파벳 머리글 대신 표의 머리글이 고정되어 표시됩니다.
③ **자동 계산** : 첫 번째 데이터의 계산식을 입력한 후 Enter 를 누르면 마지막 데이터까지 자동으로 수식이 입력됩니다. 데이터가 추가되면 수식도 자동으로 추가 입력됩니다.
④ **요약 행** : [테이블 디자인] 탭-[표 스타일 옵션] 그룹-[요약 행]을 체크하면 데이터 맨 아래에 열의 합계, 평균 등 요약 결과를 쉽게 구할 수 있습니다.

2. 표의 구조적 참조

표 안의 데이터로 수식을 작성하면 표 이름과 대괄호([ ]), 열 머리글로 입력되는 구조적 참조 방식이 사용됩니다. 구조적 참조는 수식 작성 시 사용되는 A1, $A1 등의 셀 참조가 아닌 표 이름과 열 머리글, 같은 행을 참조하는 방식을 말합니다.

3. 구조적 참조 사용 구문

❶ **표 이름[#모두]** : 표의 전체 내용을 반환합니다.
❷ **표 이름[#데이터] 또는 표 이름** : 표의 머리글과 요약 행을 제외한 데이터를 반환합니다.
❸ **표 이름[#머리글]** : 표의 머리글 행을 반환합니다.
❹ **표 이름[#요약]** : 표의 요약 행을 반환합니다.
❺ **표 이름[열 머리글]** : 표 안 해당 열 머리글의 데이터 범위를 참조합니다.
❻ **표 이름[@열 머리글]** : 표 안 해당 열 머리글의 같은 행의 셀 하나를 참조합니다.

부분합으로 집계 구한 후 결과 편집하여 보고서 작성하기

실습 파일 CHAPTER05\02_업무추진비.xlsx | 완성 파일 CHAPTER05\02_업무추진비(완성).xlsx

부분합은 특정 필드를 기준으로 데이터를 요약하여 원본 데이터 내에서 바로 집계 결과를 표시해줍니다. 이번에는 부분합을 활용해 데이터를 집계한 뒤, 요약된 결과를 다른 시트로 복사하여 보고서를 완성해보겠습니다. 이후에는 부분합 결과를 제거하여 데이터를 원래 상태로 복원하고 삭제 및 이동 옵션을 활용하여 데이터를 효율적으로 편집하는 방법도 알아보겠습니다.

미리보기

팀별 업무추진비 사용 현황

사용팀	업무추진건수	업무추진비
CS경영팀	17	20,170,000
경영기획팀	18	17,280,000
경영컨설팅팀	11	12,040,000
교육지원팀	11	12,210,000
구매팀	13	15,760,000
기획팀	11	9,940,000
마케팅팀	8	8,270,000
윤리감사팀	11	10,500,000
인사팀	18	23,470,000
재무회계팀	11	10,480,000
전산정보팀	11	11,740,000
총무팀	14	14,260,000
홍보팀	18	19,020,000
총합계	172	185,140,000

회사에서 바로 통하는 키워드

부분합, 이동 옵션, 화면에 보이는 셀만 선택, 바꾸기, 부분합 제거

한눈에 보는 작업 순서

1. 사용팀으로 필드 정렬하기 →
2. 부분합으로 팀별 사용 횟수와 금액의 합계 구하기 →
3. 집계 결과만 추출하여 보고서 작성하기

01 사용팀으로 필드 정렬하기 ❶ [C3] 셀을 클릭하고 ❷ [데이터] 탭-[정렬 및 필터] 그룹-[텍스트 오름차순 정렬]을 클릭합니다.

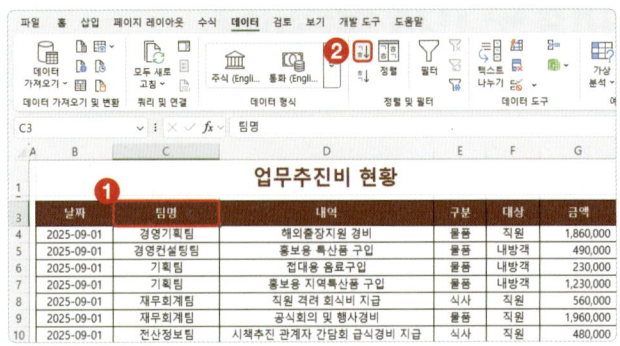

02 부분합으로 팀별 사용횟수와 금액의 합계 구하기 팀별 사용 횟수를 구해보겠습니다. ❶ [데이터] 탭-[개요] 그룹-[부분합]을 클릭합니다. ❷ [부분합] 대화상자에서 [그룹화할 항목]으로 [팀명], [사용할 함수]로 [개수]를 선택하고 ❸ [부분합 계산 항목]은 [내역]에 체크한 후 ❹ [확인]을 클릭합니다.

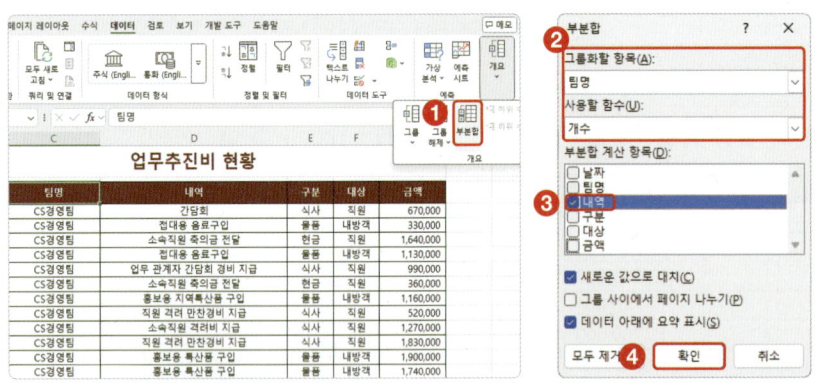

03 사용한 금액의 합계도 구하겠습니다. ❶ [데이터] 탭-[개요] 그룹-[부분합]을 클릭합니다. ❷ [부분합] 대화상자에서 [그룹화할 항목]으로 [팀명], [사용할 함수]로 [합계]를 선택하고 ❸ [부분합 계산 항목]은 [금액]에 체크합니다. ❹ [새로운 값으로 대치]의 체크를 해제하고 ❺ [확인]을 클릭합니다.

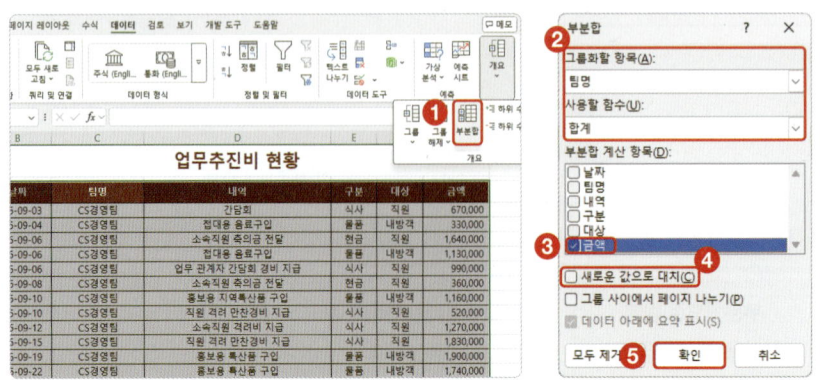

실력향상 [새로운 값으로 대치]의 체크를 해제해야 이전에 구한 개수가 유지된 상태에서 합계가 추가로 구해집니다.

04 팀명별 사용 횟수와 사용 금액의 합계가 구해집니다. 그룹 단추 중 [3]을 클릭하여 요약 결과만 표시합니다.

05 집계 결과만 추출하여 보고서 작성하기 ❶ [C3:G203] 셀 범위를 지정하고 ❷ [홈] 탭-[편집] 그룹-[찾기 및 선택]을 클릭한 후 ❸ [이동 옵션]을 클릭합니다. ❹ [이동 옵션] 대화상자에서 [화면에 보이는 셀만]을 선택하고 ❺ [확인]을 클릭합니다.

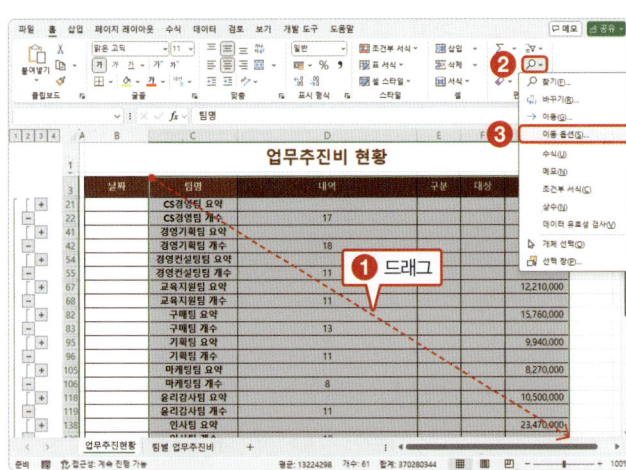
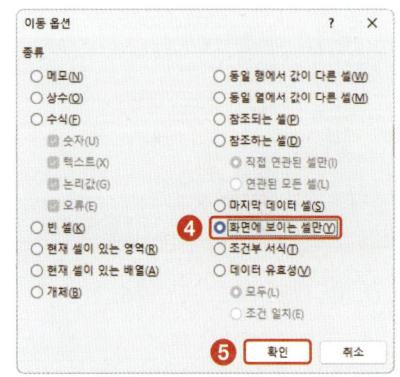

시간단축 [C3] 셀을 클릭한 후 Ctrl + Shift + ↓ 를 누른 후 Ctrl + Shift + → 를 누르면 셀 범위를 쉽게 지정할 수 있습니다.

시간단축 셀 범위를 지정한 후 Alt + ; 를 누르면 화면에 보이는 셀들만 선택됩니다.

06 ① Ctrl + C 를 눌러 복사하고 ② [팀별 업무추진비] 시트를 클릭합니다. ③ [B4] 셀에서 Ctrl + V 를 눌러 붙여 넣습니다.

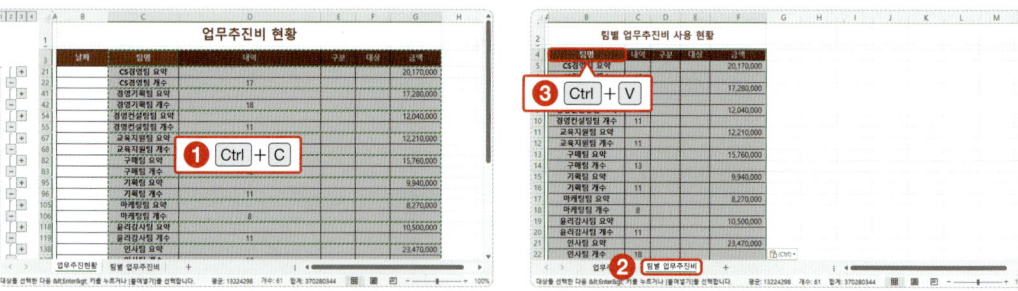

시간단축 Enter 를 눌러도 붙여 넣을 수 있습니다. Enter 를 누르면 한 번만 붙여 넣기가 되며, 붙여넣기 옵션이 표시되지 않습니다.

07 ① [D:E] 열 머리글을 드래그하여 선택하고 마우스 오른쪽 버튼을 클릭한 후 ② [삭제]를 선택합니다. ③ [C5] 셀에서 마우스 오른쪽 버튼을 클릭하고 ④ [삭제]를 선택합니다. ⑤ [삭제] 대화상자에서 [셀을 위로 밀기]를 선택하고 ⑥ [확인]을 클릭합니다.

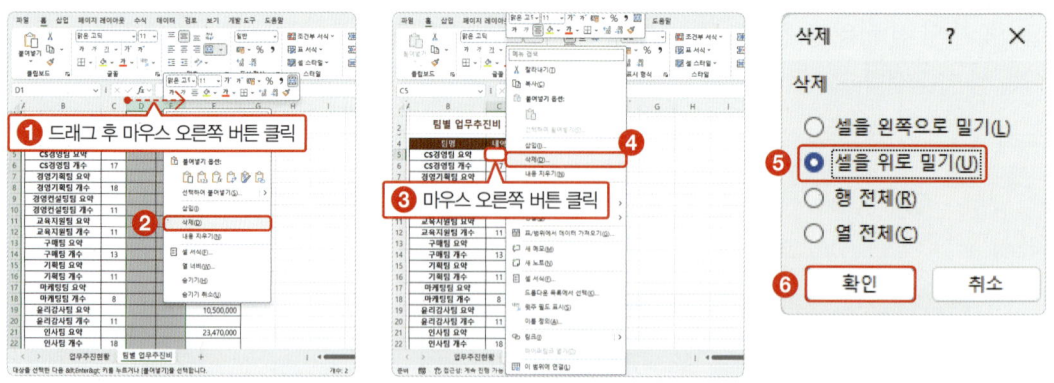

실력향상 [셀을 위로 밀기]를 선택하면, 한 칸씩 위로 밀려 개수와 합계가 한 행에 표시됩니다.

08 ① [B4] 셀에서 Ctrl + A 를 눌러 표 전체를 선택하고 ② [홈] 탭-[편집] 그룹-[찾기 및 선택]-[이동 옵션]을 클릭합니다. ③ [이동 옵션] 대화상자에서 [빈 셀]을 선택하고 ④ [확인]을 클릭합니다. 표 안의 빈 셀만 선택됩니다.

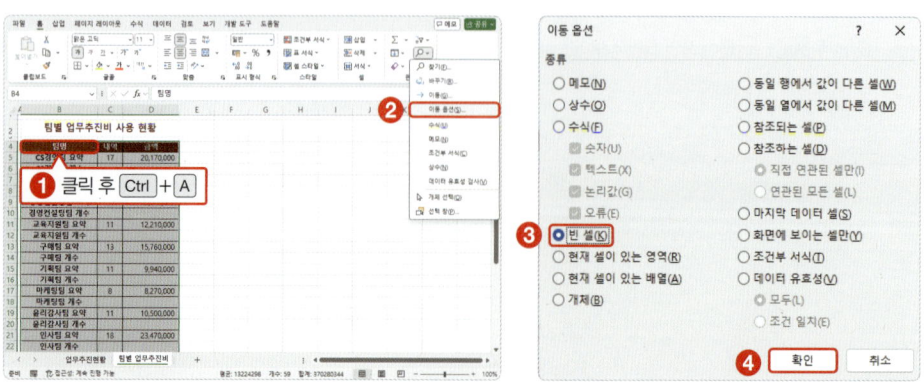

09 ① 빈 셀만 선택된 상태에서 마우스 오른쪽 버튼을 클릭하고 ② [삭제]를 선택합니다. ③ [삭제] 대화상자에서 [행 전체]를 선택하고 ④ [확인]을 클릭합니다.

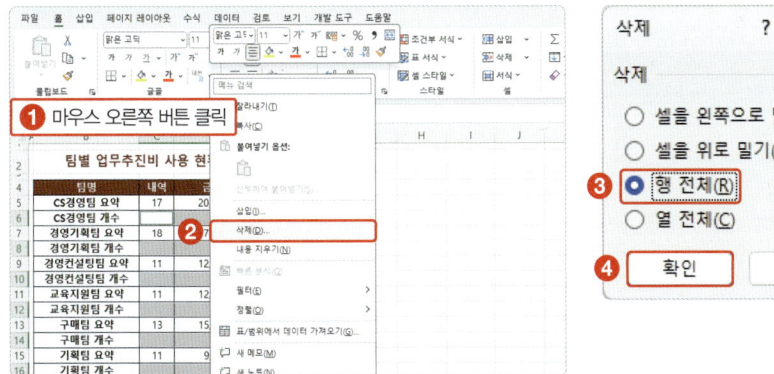

10 ① [B4] 셀에 **사용팀**, [C4] 셀에 **업무추진건수**, [D4] 셀에 **업무추진비**를 입력합니다. ② [C:D] 열 머리글을 드래그하여 선택하고 ③ 열 구분선을 더블클릭하여 열 너비를 조절합니다.

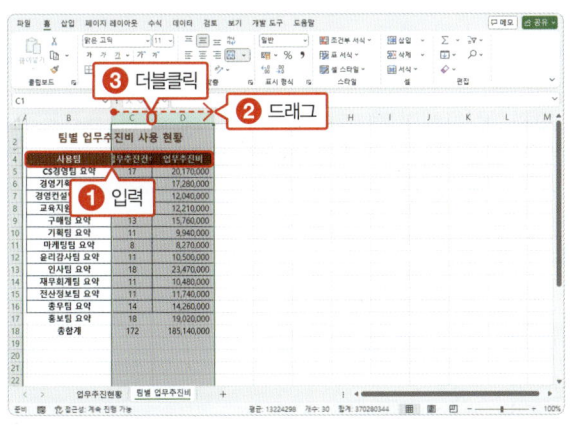

11 ① [B4] 셀에서 Ctrl + A 를 눌러 표 전체를 선택하고 ② [홈] 탭-[글꼴] 그룹-[테두리]의 목록 단추를 클릭한 후 ③ [모든 테두리]를 선택합니다.

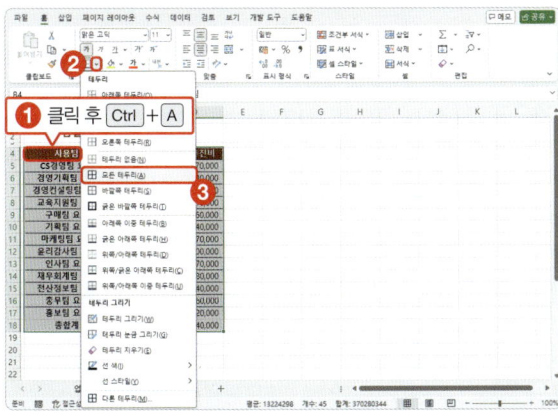

CHAPTER 05 빠르고 효율적인 데이터 관리 **327**

12 ❶ [홈] 탭-[편집] 그룹-[찾기 및 선택]-[바꾸기]를 클릭합니다. ❷ [찾기 및 바꾸기] 대화상자의 [찾을 내용]에 Spacebar 를 한 번 눌러 빈칸을 입력하고 **요약**을 입력합니다. ❸ [바꿀 내용]에는 아무것도 입력하지 않고 ❹ [모두 바꾸기]를 클릭합니다. ❺ 다음과 같은 메시지 창이 나타나면 [확인]을 클릭하고 ❻ [찾기 및 바꾸기] 대화상자의 [닫기]를 클릭합니다.

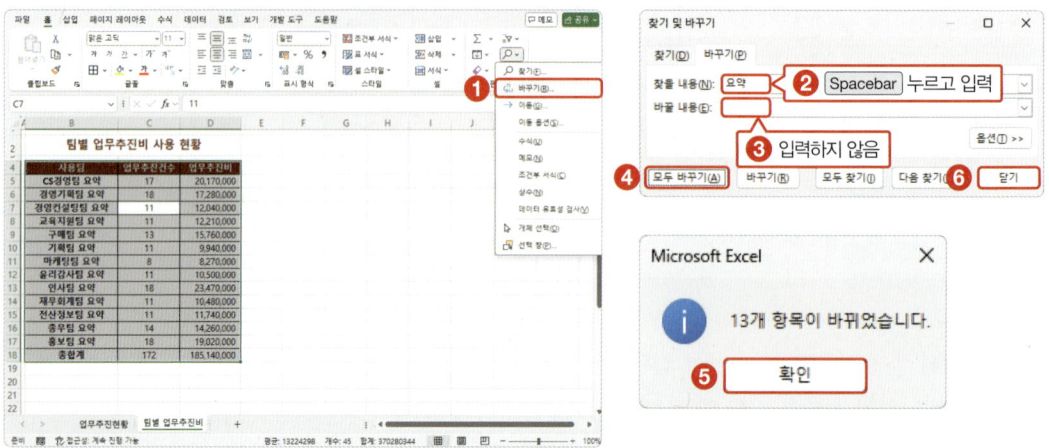

13 ❶ [업무추진현황] 시트를 클릭하고 ❷ 표 안의 임의의 셀을 클릭한 후 ❸ [데이터] 탭-[개요] 그룹-[부분합]을 클릭합니다. ❹ [부분합] 대화상자에서 [모두 제거]를 클릭하여 부분합을 제거합니다.

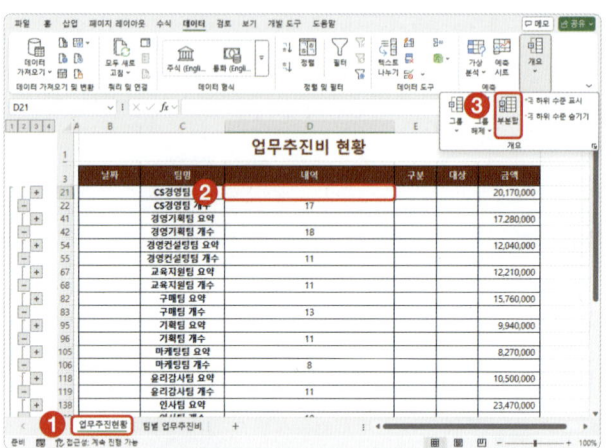
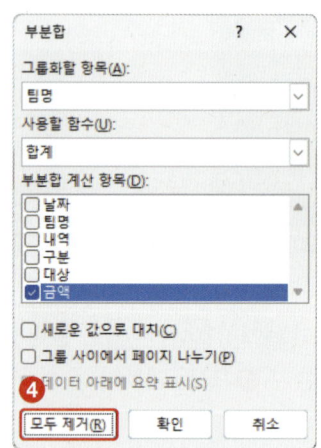

| 비법 Note | 부분합의 각 항목 기능 |

부분합은 특정 필드를 그룹으로 묶어 합계, 평균, 개수 등 부분 집계를 구해주는 도구입니다. 부분합을 사용하기 전에 그룹으로 묶어볼 필드는 정렬되어 있어야 합니다.

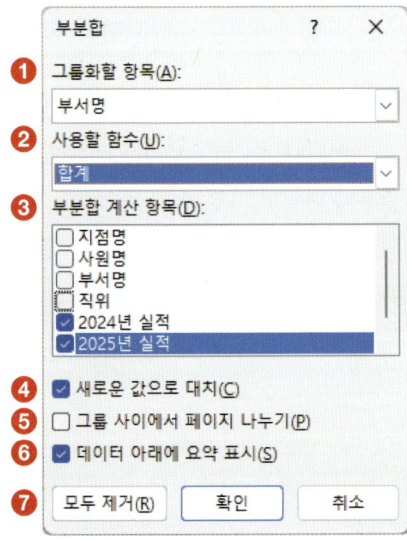

❶ **그룹화할 항목** : 그룹으로 묶어볼 기준 필드를 선택합니다. 해당 필드는 정렬되어 있어야 그룹별 집계가 제대로 구해집니다.

❷ **사용할 함수** : 집계 시 사용할 함수를 선택합니다. 합계, 개수, 평균, 최대, 최소, 곱, 숫자 개수, 표준편차, 분산 등 총 11개의 함수가 제공됩니다.

❸ **부분합 계산 항목** : 선택한 함수로 계산할 필드를 선택합니다. 여러 개의 열을 선택할 수 있으며, 텍스트 형식의 필드는 개수 계산만 가능합니다.

❹ **새로운 값으로 대치** : 체크하면 이전에 계산한 부분합은 제거되고 현재 선택한 부분합 결과만 표시됩니다. 이전에 계산한 부분합을 유지해야 할 경우, 체크를 해제하여 부분합을 계산합니다.

❺ **그룹 사이에서 페이지 나누기** : 그룹화한 항목을 기준으로 페이지를 구분합니다.

❻ **데이터 아래에 요약 표시** : 부분합 결과 위치를 변경합니다. 체크하면 그룹 아래쪽, 체크를 해제하면 그룹 위쪽에 집계 결과가 표시됩니다.

❼ **모두 제거** : 계산해놓은 부분합을 모두 제거할 때 사용합니다.

03 고급 필터를 이용해 다양한 데이터 필터링하기

실습 파일 CHAPTER05\03_기업체대출현황.xlsx | 완성 파일 CHAPTER05\03_기업체대출현황(완성).xlsx

엑셀의 자동 필터는 AND 조건만 지원하여 설정한 조건을 모두 만족하는 데이터만 추출할 수 있습니다. 또한, 같은 필드에서 지정할 수 있는 조건은 최대 두 개로 제한됩니다. 이러한 한계를 극복하고, 다수의 조건을 지정하거나 AND, OR 조건 또는 수식과 함수를 활용해 다양한 조건에 해당하는 데이터를 추출하려면 고급 필터를 사용해야 합니다. 이번에는 기업의 대출 현황 데이터에서 다양한 조건을 설정한 뒤 고급 필터를 이용해 해당 조건에 맞는 데이터를 추출하는 방법에 대해 알아보겠습니다.

미리보기

확인 필요한 대출 기업 목록

[조건 입력란]

대출후폐업의심	주소같은경우	연락처같은경우
FALSE		
	FALSE	FALSE

상호명	대출일	사업자등록번호	주소	연락처
㈜상원	2025-06-03	630-98-53773	경기 시흥시 마유로 308	010-1679-30**
성원섬유주식회사	2025-11-05	292-74-22316	경기도 수원시 영통구 원천동 327	010-3867-26**
성림공업주식회사	2024-04-25	792-00-65700	경기도 수원시 영통구 원천동 327	010-3867-26**
㈜한일섬대구공장	2024-10-03	733-46-34920	경기 시흥시 시흥대로 204	010-9212-77**
호남석유화학㈜	2024-03-14	393-32-49215	경기 시흥시 시흥대로 204	010-9212-77**
㈜에스티에스로지스	2025-06-15	039-10-47305	서울 강남구 삼성동 50-2	010-2272-90**
㈜광일	2025-01-22	901-06-48159	서울 서초구 잠원동 50-2	010-6170-13**
덕진산업㈜	2023-05-06	977-83-16436	서울 송파구 문정동 70-5	010-6649-15**
㈜원림	2024-11-29	091-51-13016	서울 송파구 문정동 70-5	010-6649-15**
동명화학	2024-06-06	904-46-89909	서울 영등포구 여의도동 20 S트윈타워	010-3721-50**
㈜유엠시이	2025-01-24	340-11-44496	서울 영등포구 여의도동 20 S트윈타워	010-3721-50**
도레이새한㈜	2025-07-30	075-69-54231	서울 용산구 한강로7가 40-9 F회관 4	010-1179-88**
전보산업㈜	2025-02-23	934-73-31437	서울 종로구 수송동 146-12 P빌딩	010-8867-17**
엘지전선㈜안양공장	2025-08-23	500-86-18897	서울 종로구 신문로1가 57 E빌딩 16층	010-5439-26**
㈜협성산업	2025-09-16	521-62-44203	서울 중구 소공동 59 C센타빌딩 신관	010-6226-91**
㈜아이팩	2025-11-13	576-86-01496	서울시 동대문구 용두동 252번지	010-7837-86**
대일케미칼	2023-04-22	117-87-94154	서울시 동대문구 용두동 252번지	010-7837-86**
중앙산업㈜	2025-10-11	545-76-09144	서울시 동대문구 청량리동 사서함 276호	010-6682-67**
덕신산업사	2025-07-14	340-63-66324	서울시 마포구 공덕동 254-2	010-7527-69**

회사에서 바로 통하는 키워드

고급 필터, AND 조건, OR 조건, COUNTIF 함수, 수식을 이용한 조건 입력, 다른 시트에 결과 표시

한눈에 보는 작업 순서

1. AND 조건에 해당하는 데이터, 고급 필터로 추출하기
2. OR 조건에 해당하는 데이터, 고급 필터로 추출하기
3. 함수로 조건 입력하여 고급 필터로 데이터 추출하기

01 특정 은행에서 10억 원 이상 대출받은 기업 추출하기 ❶ [B4] 셀에 **대출은행**, [B5] 셀에 **서울은행**, [C4] 셀에 **대출금**, [C5] 셀에 **>=1000000000**을 입력합니다. ❷ [B8] 셀을 클릭하고 ❸ [데이터] 탭-[정렬 및 필터] 그룹-[고급]을 클릭합니다. [고급 필터] 대화상자에서 [목록 범위]는 표 전체 범위인 [$B$8:$Q$173] 범위가 자동으로 설정되어 있습니다. ❹ [조건 범위]를 클릭하고 ❺ [B4:C5] 셀 범위를 지정한 후 ❻ [확인]을 클릭합니다.

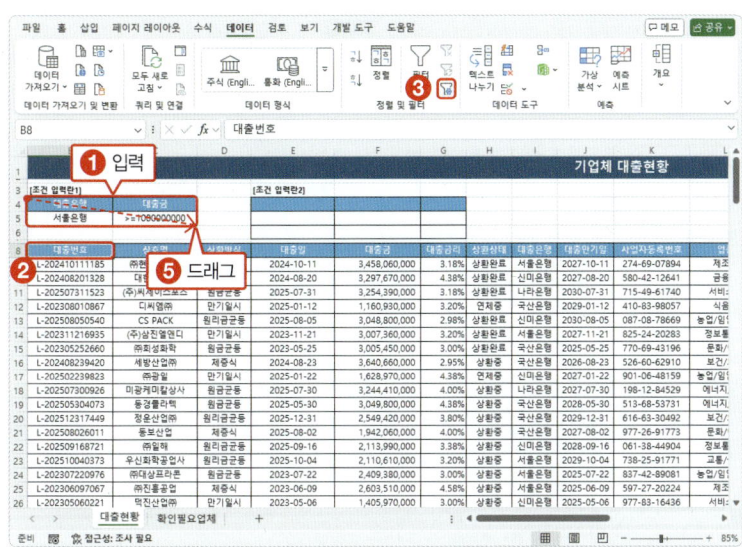
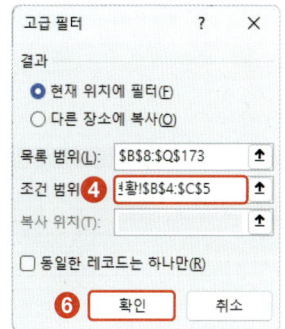

실력향상 고급 필터 조건은 머리글 아래에 필요한 조건을 입력합니다. 같은 행에 조건을 입력하면 같은 행의 조건이 모두 만족되는 AND 조건, 즉 서울은행에서 10억 원 이상 대출받은 기업체가 추출됩니다.

02 서울은행에서 10억 원 이상 대출받은 기업체만 필터링됩니다. [데이터] 탭-[정렬 및 필터] 그룹-[지우기]를 클릭하여 필터를 해제합니다.

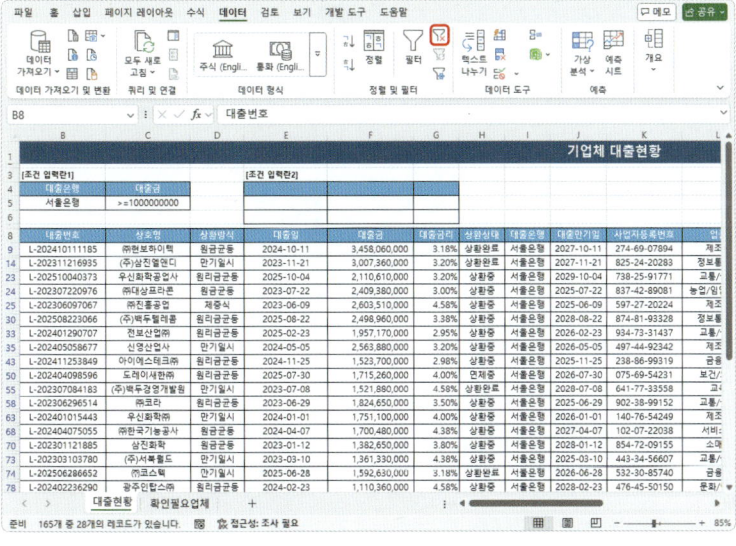

03 고액 대출 기업 또는 연체 상태인 기업 추출하기

❶ [E4] 셀에 **대출금**, [E5] 셀에 **>=3000000000**, [F4] 셀에 **상환방식**, [F5] 셀에 **체증식**, [G4] 셀에 **상환상태**, [G6] 셀에 **연체중**을 입력합니다. ❷ [B8] 셀을 클릭하고 ❸ [데이터] 탭-[정렬 및 필터] 그룹-[고급]을 클릭합니다. [고급 필터] 대화상자에 [목록 범위]는 표 전체 범위인 [$B$8:$Q$173] 범위가 자동으로 설정되어 있습니다. ❹ [조건 범위]를 클릭하고 ❺ [E4:G6] 셀 범위를 지정한 후 ❻ [확인]을 클릭합니다.

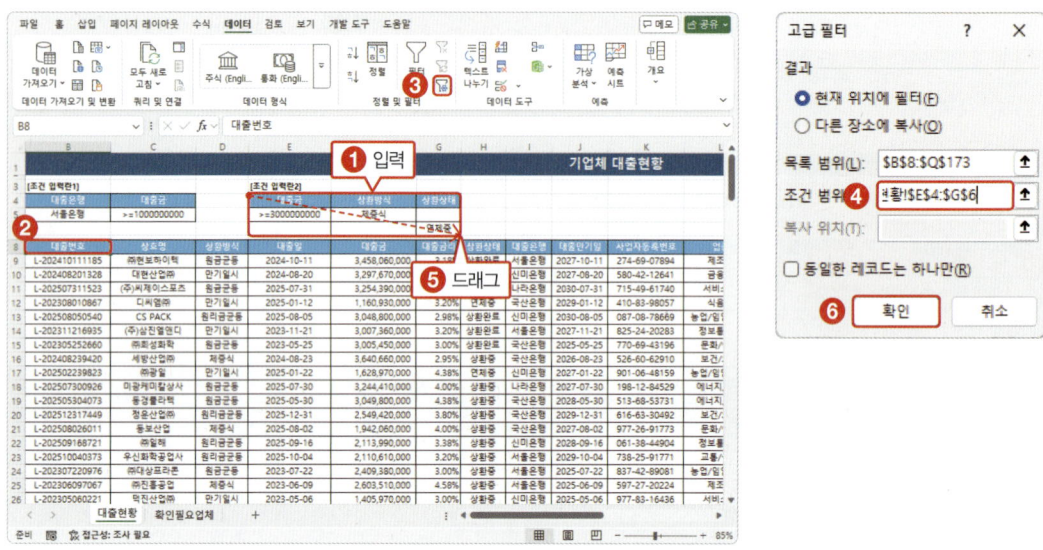

실력향상 같은 행에 입력된 조건은 AND 조건, 다른 행에 입력된 조건은 OR 조건으로 결과가 추출됩니다. 30억 원 이상 체증식인 상환방식으로 대출받은 기업체이거나 현재 연체중인 기업체가 모두 추출됩니다.

04 30억 원 이상 대출받은 기업 중 체증식으로 상환하거나 연체중인 기업체만 추출됩니다. [데이터] 탭-[정렬 및 필터] 그룹-[지우기]를 클릭하여 필터를 해제합니다.

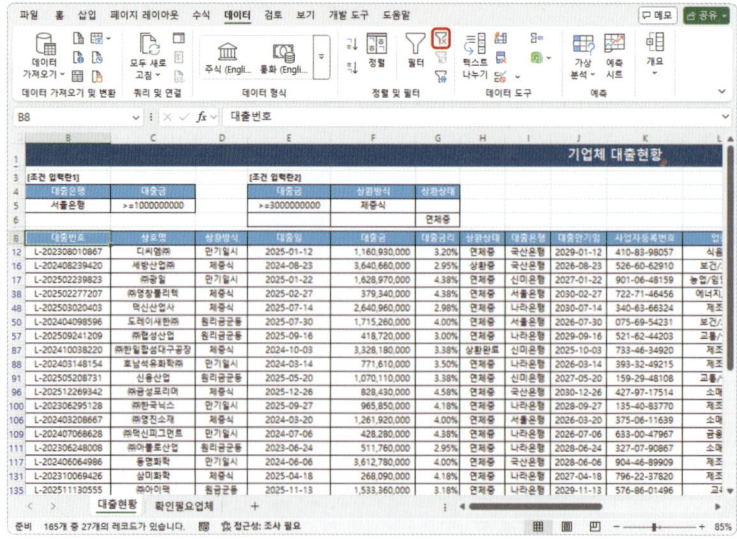

05 대출일·폐업일 동일 또는 주소·연락처 중복 기업 추출 확인이 필요한 대출 명단을 [확인필요업체] 시트에 추출해보겠습니다. ❶ [확인필요업체] 시트에서 ❷ [A4] 셀에 **대출후폐업의심**, [A5] 셀에 **=대출현황!E9=대출현황!Q9**를 입력합니다. [B4] 셀에 **주소같은경우**, [B6] 셀에 **=COUNTIF(대출현황!$N$9:$N$173,대출현황!$N9)>1**, [C4] 셀에 **연락처같은경우**, [C6] 셀에 **=COUNTIF(대출현황!$O$9:$O$173,대출현황!$O9)>1**을 입력합니다.

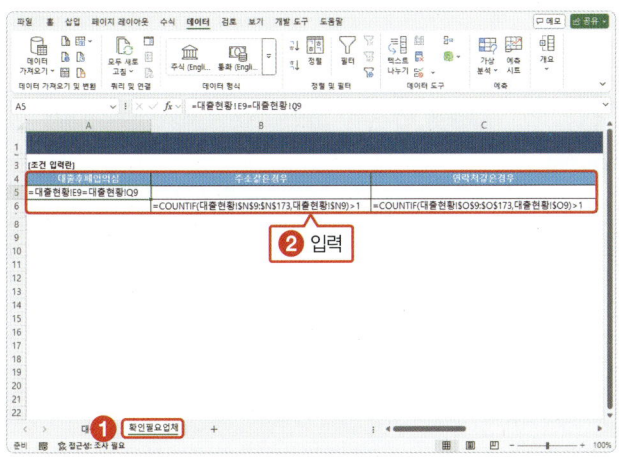

시간단축 =을 입력한 후 [대출현황] 시트의 [E9] 셀을 클릭하고 =을 입력한 후 [Q9] 셀을 클릭합니다. 그런 다음 Enter 를 눌러 수식을 입력할 수 있습니다.

실력향상 E열의 대출일자와 Q열의 폐업일자가 같은 업체를 찾기 위해 **=대출현황!E9=대출현황!Q9** 수식을 입력합니다. 상대 참조로 입력하면 9행부터 마지막까지 자동으로 비교 작업을 합니다. 수식 또는 함수로 고급 필터 조건을 작성할 경우, 필드명은 원본 목록 범위에서 사용하는 필드명을 제외하고 사용자 임의로 입력합니다.

실력향상 COUNTIF(조건 찾을 범위,조건) 형식으로 N열의 주소 전체 범위에서 각 행의 주소와 같은 개수를 구하기 위해 **=COUNTIF(대출현황!$N$9:$N$173,대출현황!$N9)** 수식을 작성합니다. 그런 다음 같은 주소가 한 개 이상인 업체를 찾기 위해 **>1** 비교식을 입력합니다. 연락처도 동일한 수식으로 입력합니다. 상호명이나 사업자번호는 달라도 같은 주소와 연락처를 사용하는, 확인이 필요한 업체를 찾기 위해 같은 행에 COUNTIF 함수를 이용하여 수식을 작성합니다.

06 결과는 모든 데이터가 아닌 필요한 데이터만 추출해보겠습니다. ❶ [대출현황] 시트에서 ❷ [C8] 셀을 클릭하고 ❸ Ctrl 을 누른 상태에서 [E8], [K8], [N8:O8], [Q8] 셀 범위를 지정합니다. ❹ Ctrl + C 를 눌러 복사하고 ❺ [확인필요업체] 시트에서 ❻ [A8] 셀을 클릭한 후 Enter 를 눌러 붙여 넣습니다.

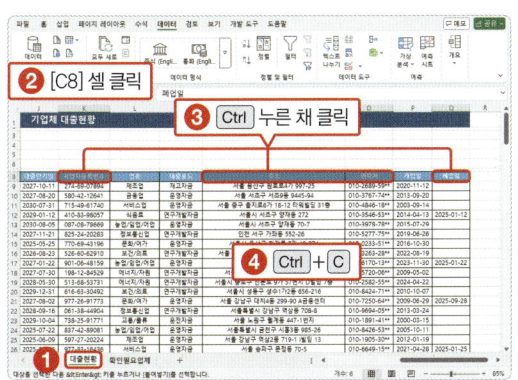
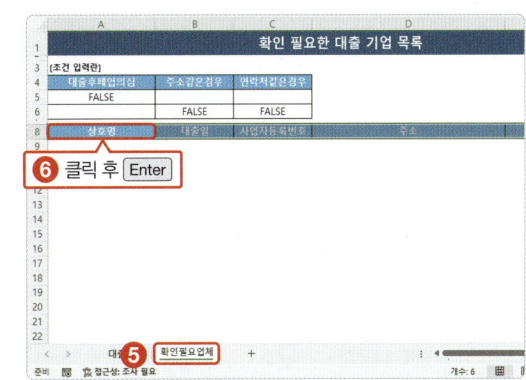

07 ❶ [확인필요업체] 시트에서 주변에 데이터가 입력되어 있지 않은 빈 셀을 클릭하고 ❷ [데이터] 탭-[정렬 및 필터] 그룹-[고급]을 클릭합니다. ❸ [고급 필터] 대화상자의 [목록 범위]를 클릭하고 [대출현황] 시트에서 표 안의 임의의 셀을 클릭한 후 Ctrl + A 를 눌러 표 전체를 선택합니다. ❹ [조건 범위]를 클릭하고 ❺ [A4:C6] 셀 범위를 지정합니다. ❻ [다른 장소에 복사]를 선택하고 ❼ [복사 위치]를 클릭한 후 ❽ [A8:F8] 셀 범위를 지정합니다. ❾ [확인]을 클릭합니다.

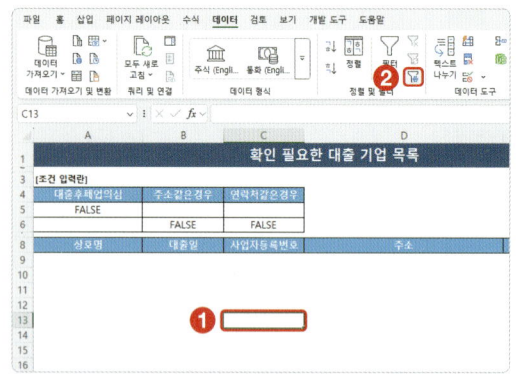 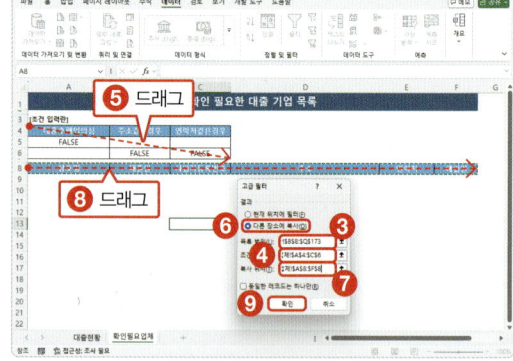

실력향상 [고급] 명령을 실행할 때는 [고급 필터] 대화상자에서 [목록 범위]로 인식할 수 있는 범위 안의 임의의 셀을 선택하거나 주변에 데이터가 없는 빈 셀을 먼저 선택합니다. [A8:F8] 셀 범위는 머리글과 데이터로 구성된 여러 데이터 범위로 인식되지 않습니다. [A8:F8] 범위 안의 셀이나 바로 옆의 빈 셀을 선택한 후 [고급] 명령을 실행하면 오류 메시지가 나타납니다.

실력향상 [목록 범위]에 입력할 원본 데이터와 [복사 위치]에 결과를 표시할 위치가 다른 시트로 구분되어 있을 때는 결과를 표시할 시트에서 고급 필터를 사용합니다.

실력향상 [고급 필터]의 [조건 범위], [복사 위치]에 동일한 범위를 여러 번 지정하면 해당 범위에 이름이 자동 설정되어 [A4:C6]와 같은 셀 범위가 아닌 Criteria, Extract와 같은 이름이 입력되기도 합니다. 자동 설정된 Criteria, Extract 이름은 [수식] 탭-[정의된 이름] 그룹-[이름 관리자]에서 확인할 수 있으며, 사용하지 않을 경우에는 [이름 관리자] 창에서 삭제할 수 있습니다.

08 ❶ 주소가 입력되어 있는 [D8] 셀을 클릭하고 ❷ [데이터] 탭-[정렬 및 필터] 그룹-[텍스트 오름차순 정렬]을 클릭합니다. 상호명은 다르지만 주소와 연락처가 동일하거나 대출일과 폐업일이 동일한 업체들을 확인합니다.

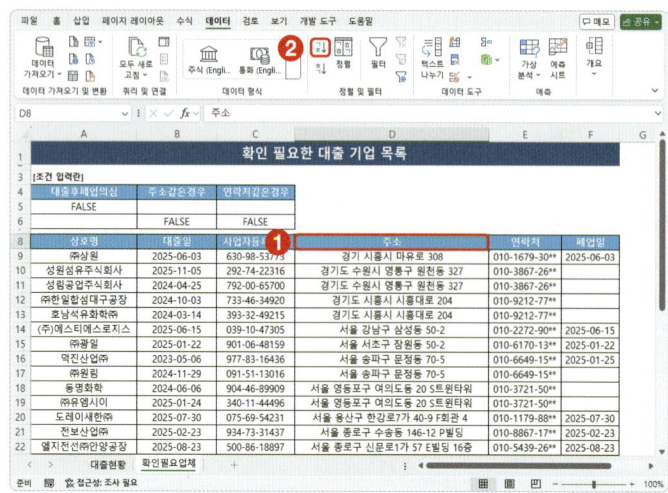

비법 Note 고급 필터 기능

추출할 데이터의 조건이 복잡하거나 수식을 사용해야 할 경우, 고급 필터를 활용해 데이터를 추출할 수 있습니다. 고급 필터는 결과를 사용자가 지정한 위치에 별도로 표시할 수 있어, 다양한 조건의 결과를 원하는 위치에 효과적으로 추출할 때 유용합니다.

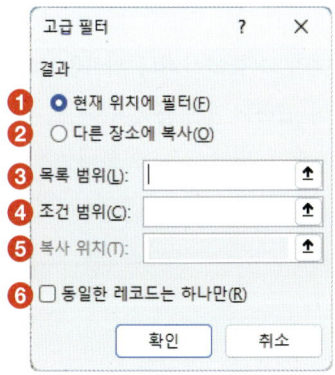

❶ **현재 위치에 필터** : 필터 결과를 원본 데이터 위치에서 확인할 때 사용합니다.
❷ **다른 장소에 복사** : 필터 결과를 원본 데이터와 다른 위치에 표시할 때 사용합니다.
❸ **목록 범위** : 원본 데이터의 전체 범위를 지정합니다.
❹ **조건 범위** : 추출 시 적용할 조건이 입력된 셀 범위를 지정합니다. 조건 범위는 머리글과 조건으로 이루어진 최소 두 개 이상의 셀 범위를 지정합니다.
❺ **복사 위치** : 결과가 표시될 셀을 지정합니다. [다른 장소에 복사]를 선택한 경우에 [복사 위치]가 활성화됩니다.
❻ **동일한 레코드는 하나만** : 체크하면 중복 데이터가 있는 경우 하나만 표시됩니다.

비법 Note 고급 필터 조건 입력 방법

고급 필터의 조건은 필드명과 필드명 아래에 해당 조건을 입력하며, 필드명은 데이터베이스의 필드명과 같게 입력해야 합니다. 단 함수로 조건을 입력할 때는 데이터베이스의 필드명과 같지 않게 사용자 임의대로 필드명을 입력합니다. 조건은 AND와 OR 조건으로 구분하여 입력합니다.

❶ **AND 조건** : 여러 조건이 모두 만족되는 데이터를 추출할 때 사용하며, 조건들을 모두 같은 행에 입력합니다.

대출금	상환 방식
<500,000,000	원리금 균등

대출금이 5억 원 미만이면서 상환 방식을 원리금 균등으로 대출한 기업체를 추출합니다.

❷ **OR 조건** : 여러 조건 중 하나의 조건이라도 만족하는 데이터를 추출할 때 사용하며, 조건들을 다른 행에 입력합니다.

대출 용도	대출 만기일
연구개발자금	
	>=2028-12-31

대출 용도가 연구개발자금이거나 대출 만기일이 2028년 12월 31일 이후인 둘 중 하나의 조건이 일치하는 모든 데이터를 추출합니다.

04 분산된 데이터 통합 도구로 한곳에 모으기

실습 파일 CHAPTER05\04_법인별채권및어음목록.xlsx | 완성 파일 CHAPTER05\04_법인별채권및어음목록(완성).xlsx

엑셀의 통합 기능은 여러 시트나 통합 문서에 분산된 데이터를 하나로 모아 요약하거나 취합할 수 있는 도구입니다. 데이터의 위치가 달라도 구조가 동일하면 시트에 나뉘어 입력된 정보를 손쉽게 집계하고 취합하여 분석할 수 있습니다. 각기 다른 시트에 정리된 법인별 매출채권, 받을어음, 외화매출채권 데이터를 통합 도구를 이용해 취합해보겠습니다.

미리보기

법인명	매출채권	받을어음	외화매출채권	합계
태신산업	645,950			645,950
㈜인텍스	13,161,207			13,161,207
㈜한국파닉스	12,103,220	10,302,500		22,405,720
㈜효성	2,629,000			2,629,000
㈜덕선피그먼트	949,250			949,250
㈜세윤화학		12,216,856		12,216,856
㈜화성건설	20,005,957	81,825,900		101,831,857
제이알켐텍㈜	6,986,950			6,986,950
K글로벌테크원㈜	12,053,456			12,053,456
인탑스㈜	853,960			853,960
㈜아이오팩	7,146,957			7,146,957
미림산업㈜	92,116,767			92,116,767
㈜효성산업안양공장	2,323,457			2,323,457
전진산업㈜	20,798,850	65,083,420		85,882,270
원테크	1,428,880			1,428,880
대일화학	1,143,140	4,237,450		5,380,590
삼광전자㈜	51,407,050			51,407,050
대현산업㈜	604,580			604,580

회사에서 바로 통하는 키워드

통합, 자동 합계

한눈에 보는 작업 순서

1. 통합으로 법인명별 데이터 취합하기 →
2. 법인명별 전체 합계 구하고 서식 설정하기

01 **법인명별 데이터 취합하기** ❶ [법인별현황] 시트에서 [B4:E4] 셀 범위를 지정하고 ❷ [데이터] 탭-[데이터 도구] 그룹-[통합]을 클릭합니다. ❸ [통합] 대화상자의 [함수]에서 [합계]를 선택하고 ❹ [참조] 입력란을 클릭한 후 ❺ [매출채권] 시트의 ❻ [B4:E170] 셀 범위를 지정합니다. ❼ [추가]를 클릭하여 [모든 참조 영역]에 지정한 범위를 추가합니다.

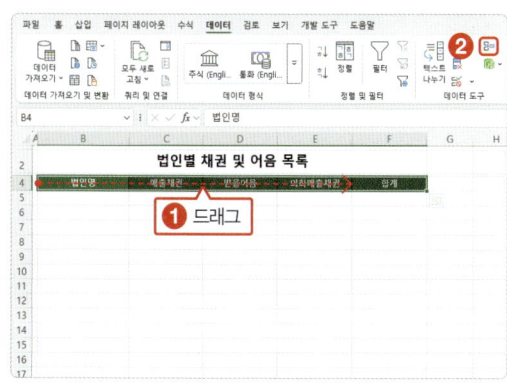
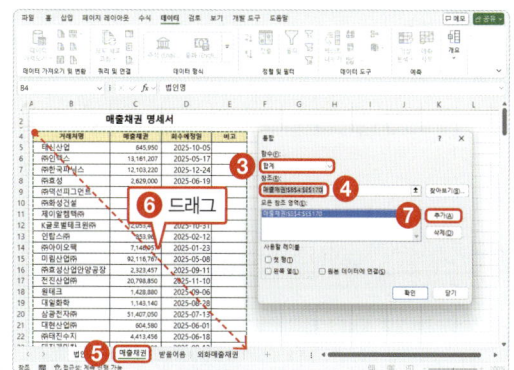

실력향상 통합은 첫 행, 왼쪽 열 기준으로 여러 시트 또는 분산된 데이터를 모으거나 합계, 개수, 평균 등 다양한 함수로 요약 결과를 구해주는 도구입니다. 법인명 기준으로 매출채권, 받을어음, 외화매출채권순으로 데이터를 취합하기 위해 미리 [B4:E4] 셀 범위를 지정합니다.

시간단축 [B4] 셀을 클릭하고 Ctrl + A 를 누르면 데이터가 입력된 [B4:E170] 셀 범위를 쉽게 지정할 수 있습니다.

시간단축 [모든 참조 영역]에 추가된 범위는 삭제하지 않으면 그대로 유지됩니다. 참조할 범위가 변경되었거나 사용하지 않는 경우 해당 범위를 지정한 후 [삭제]를 눌러 제거하고 다시 추가합니다.

02 [통합] 대화상자의 [참조] 입력란에 기존 [매출채권] 범위가 선택된 상태에서 ❶ [받을어음] 시트의 ❷ [B4:F46] 셀 범위를 지정하고 ❸ [추가]를 클릭합니다. [모든 참조 영역]에 지정한 범위가 추가됩니다. ❹ 같은 방법으로 [외화매출채권] 시트의 ❺ [B4:C10] 셀 범위를 지정하고 ❻ [추가]를 클릭하여 [모든 참조 영역]에 추가합니다. ❼ [사용할 레이블]의 [첫 행]과 [왼쪽 열]에 체크하고 ❽ [확인]을 클릭합니다.

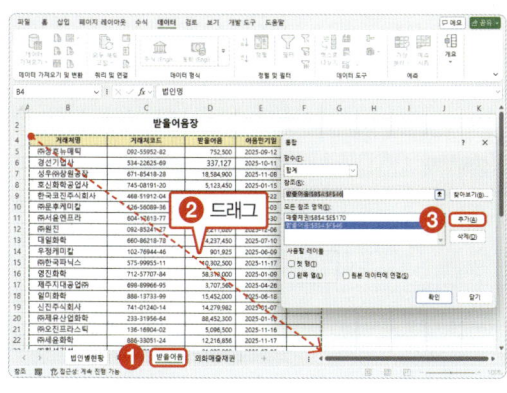
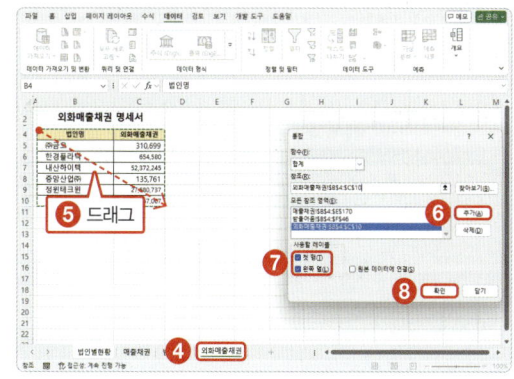

실력향상 참조 범위를 지정하고 [추가]를 클릭하면 추가된 범위가 [참조] 입력란에 블록 지정된 상태로 그대로 입력되어 보입니다. 추가로 필요한 범위를 바로 드래그 또는 단축키를 이용하여 범위를 지정하면 새로 지정한 범위로 변경됩니다.

실력향상 [첫 행]과 [왼쪽 열]에 체크하면 제목 행과 제목 열을 기준으로 통합 및 요약됩니다.

비법 Note 데이터를 모으고 계산해주는 통합

통합은 흩어져 있는 동일한 구조의 표를 하나의 표로 합치거나 흩어져 있는 동일한 구조의 표의 통계 값을 계산할 때 사용합니다. 동일한 구조의 표는 첫 행이나 왼쪽 열을 기준으로 모아지고 통계 결과가 구해집니다.

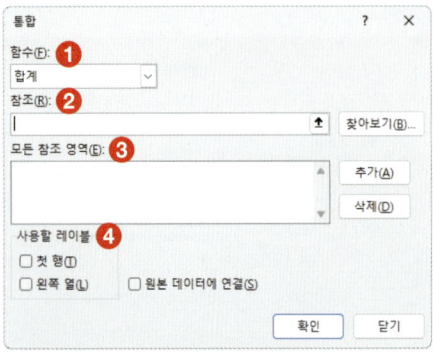

① **함수** : 통합에서 사용되는 함수로 합계, 개수, 평균 등 총 11가지 함수가 있으며, 데이터를 모으는 용도로 사용할 때는 합계 함수를 선택합니다.

② **참조** : 통합할 표의 일시적인 범위를 지정합니다. 범위를 지정한 후 [추가]를 클릭하여 모든 참조 영역에 보관합니다.

③ **모든 참조 영역** : 다른 시트나 다른 파일의 흩어져 있는 표 범위를 보관합니다. [참조]에서 범위를 지정한 후 [추가]를 클릭하여 모든 참조 영역에 추가합니다. 보관된 참조 범위를 제거할 때는 [삭제]를 클릭하여 제거합니다.

④ **사용할 레이블** : 표 범위의 데이터들을 모으거나 계산 작업 시 기준이 될 머리글을 선택하는 메뉴입니다. 첫 행이나 왼쪽 열을 기준으로 데이터를 모으거나 계산합니다.

03 법인명별 전체 합계 구하고 서식 설정하기 ① [F5] 셀을 클릭하고 ② [수식] 탭-[함수 라이브러리] 그룹-[자동 합계]를 클릭합니다. ③ [F5] 셀의 채우기 핸들을 더블클릭하여 마지막까지 수식을 복사합니다. ④ Ctrl + A 를 눌러 표 전체를 선택하고 ⑤ [홈] 탭-[글꼴] 그룹-[테두리]의 목록 단추를 클릭한 후 ⑥ [모든 테두리]를 선택합니다.

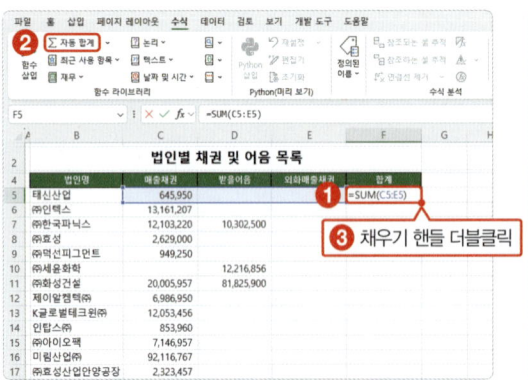
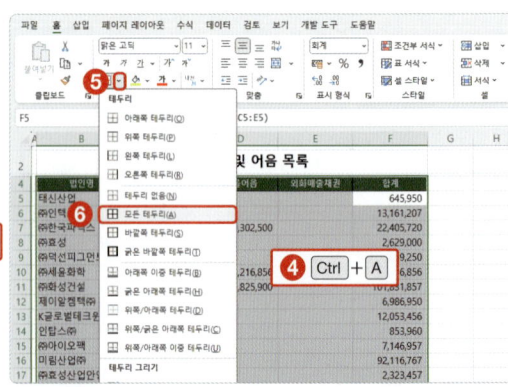

피벗 테이블로 데이터 요약 분석하기

실습 파일 CHAPTER05\05_소모품신청내역.xlsx | 완성 파일 CHAPTER05\05_소모품신청내역(완성).xlsx

엑셀의 피벗 테이블은 대량의 데이터를 요약하고 통계를 내는 데 유용한 도구입니다. 여러 필드로 구성된 데이터를 손쉽게 요약하여 데이터를 빠르게 분석할 수 있습니다. 소모품 신청 내역 데이터를 피벗 테이블을 이용하여 분기/월별 신청 금액의 집계 결과와 전체에 대한 비율을 확인해보겠습니다.

미리보기

신청부서	(모두)		
분기(신청)	개월(신청일)	신청금액	분기/월 비율
⊟1사분기		2,605,760	38.20%
	1월	825,980	12.11%
	2월	786,600	11.53%
	3월	993,180	14.56%
⊟2사분기		828,830	12.15%
	4월	774,530	11.35%
	5월	54,300	0.80%
⊟3사분기		472,200	6.92%
	8월	149,350	2.19%
	9월	322,850	4.73%
⊟4사분기		2,914,640	42.73%
	10월	625,760	9.17%
	11월	628,880	9.22%
	12월	1,660,000	24.34%
총합계		6,821,430	100.00%

회사에서 바로 통하는 키워드

피벗 테이블 보고서, 날짜 그룹 설정, 열 합계 비율

한눈에 보는 작업 순서

1. 피벗 테이블 만들고 레이아웃 설정하기 →
2. 신청일 필드 그룹 수정하기 →
3. 값 표시 형식 변경하고 서식 설정하기 →
4. 피벗 테이블 디자인 및 서식 설정하기

01 피벗 테이블 만들고 레이아웃 설정하기 ❶ [B3] 셀을 클릭하고 ❷ [삽입] 탭-[표] 그룹-[피벗 테이블]을 클릭합니다. ❸ [표 또는 범위의 피벗 테이블] 대화상자의 [테이블 또는 범위 선택]-[표/범위]에 [B3:L258] 셀 범위가 자동 지정되어 있습니다. 피벗 테이블을 배치할 위치로 [새 워크시트]가 선택되어 있는지 확인하고 ❹ [확인]을 클릭합니다.

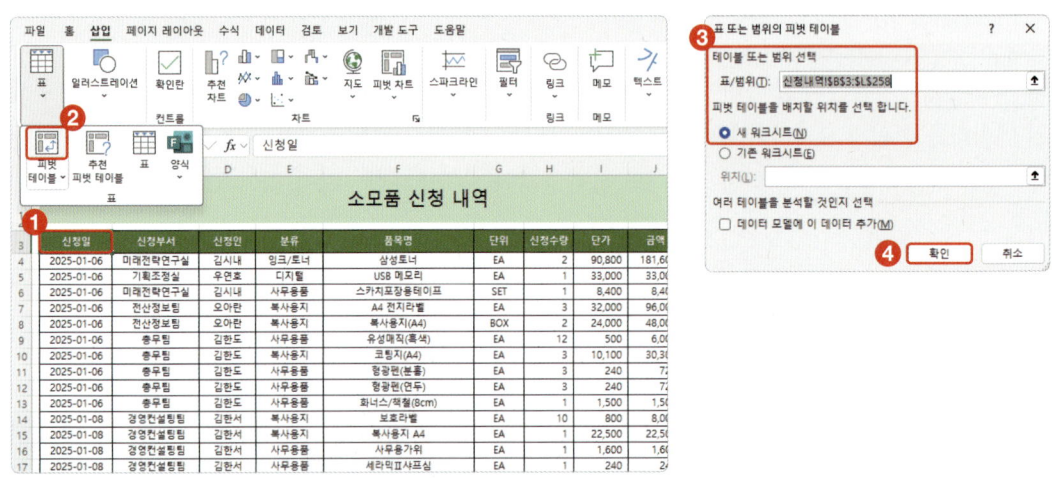

실력향상 표 안의 임의의 셀을 클릭하고 [피벗 테이블] 명령을 실행하면 선택한 셀과 연관된 셀 범위가 자동으로 설정됩니다.

02 [Sheet1] 이름을 가진 새로운 시트가 삽입되면서 시트 왼쪽에는 피벗 테이블 작업 영역이, 오른쪽에는 [피벗 테이블 필드] 작업 창이 나타납니다. ❶ 작업 창의 필드 목록에서 [신청부서] 필드를 [필터] 영역으로 드래그합니다. ❷ [신청일] 필드는 [행] 영역으로 ❸ [금액] 필드는 [값] 영역으로 드래그합니다. ❹ 한 번 더 [금액] 필드를 [값] 영역으로 드래그합니다.

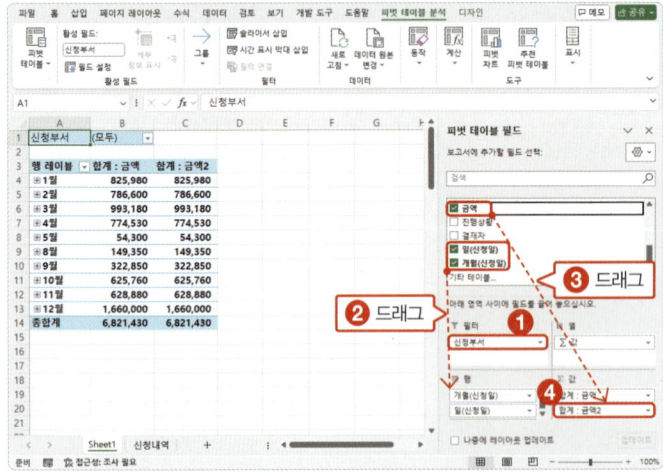

시간단축 작업 창의 필드 목록에서 [신청일] 필드 앞의 체크 박스를 체크하면 [행] 영역으로, [금액] 필드 앞의 체크 박스를 체크하면 [값] 영역으로 자동 위치합니다. 체크한 필드의 데이터가 문자이거나 날짜이면 [행] 영역, 숫자이면 [값] 영역에 위치하며 숫자의 합계가 구해집니다.

실력향상 날짜 데이터가 입력된 필드를 행/열 레이블 영역으로 드래그하면 자동 그룹 설정됩니다. 날짜가 입력된 범위에 따라 [월], [분기], [연]으로 그룹 설정되어 표시됩니다.

비법 Note — 피벗 테이블 레이아웃

❶ **필드 목록** : 원본 데이터의 필드 목록이 표시됩니다. 필드를 드래그하거나 확인란을 체크하여 [필터], [열], [행], [값] 영역에 추가할 수 있습니다. 확인란을 체크하면 데이터 형식이 문자이면 [행] 영역에, 숫자이면 [값] 영역에 자동으로 추가됩니다.

❷ **필터** : 피벗 테이블 보고서에서 필터링하여 볼 필드를 삽입합니다.

❸ **열** : 피벗 테이블 보고서에서 열 방향(가로)으로 표시할 필드를 삽입합니다.

❹ **행** : 피벗 테이블 보고서에서 행 방향(세로)으로 표시할 필드를 삽입합니다.

❺ **Σ 값** : 행과 열이 교차하는 위치에 계산할 필드를 추가하며 합계, 평균 등이 계산됩니다. 데이터 형식이 문자인 필드를 값 영역에 위치시키면 개수가 계산됩니다.

03 신청일 필드 그룹 수정하기 [월]로 그룹 설정된 [신청일] 필드를 월, 분기로 그룹 변경하겠습니다. ❶ 날짜가 표시된 임의의 셀에서 마우스 오른쪽 버튼을 클릭하고 ❷ [그룹]을 선택합니다. ❸ [그룹화] 대화상자의 [단위] 영역에서 [월]과 [분기]를 선택하고 ❹ [확인]을 클릭합니다.

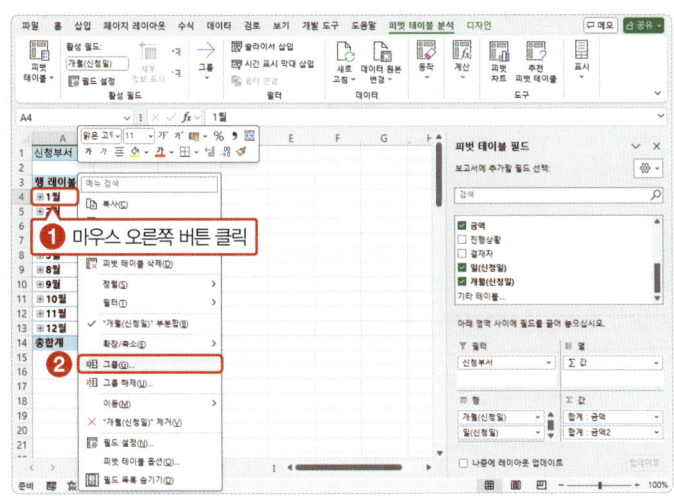
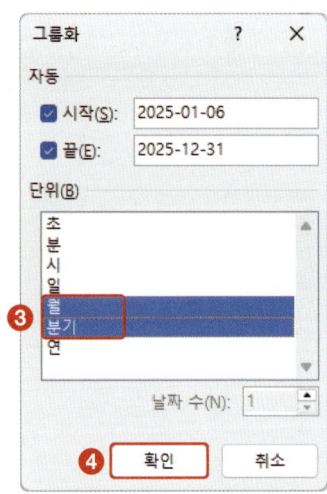

실력향상 [그룹화] 대화상자의 [시작]은 가장 이전 날짜, [끝]은 가장 마지막 날짜의 바로 다음 날짜가 자동 입력되어 있습니다. 날짜 단위는 여러 개를 중복 선택하여 그룹 단위를 설정할 수 있습니다.

04 값 표시 형식 변경하고 서식 설정하기
❶ [A3] 셀에 **분기/월**, [B3] 셀에 **신청금액**, [C3] 셀에 **분기/월 비율**을 각각 입력합니다. ❷ [C4] 셀에서 마우스 오른쪽 버튼을 클릭하고 ❸ [값 표시 형식]-[열 합계 비율]을 선택합니다.

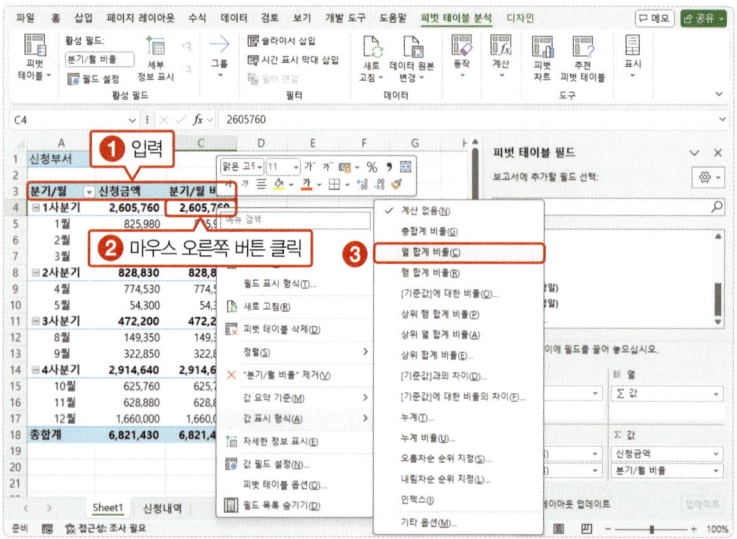

실력향상 엑셀 버전에 따라 쉼표 스타일이 자동 적용되지 않을 수 있습니다. 범위를 지정하고 [홈] 탭-[표시 형식] 그룹-[쉼표 스타일]을 클릭하여 숫자 서식을 적용합니다.

실력향상 숫자가 입력된 셀에서 마우스 오른쪽 버튼을 클릭하여 [값 요약 기준]에서는 함수, [값 표시 형식]에서는 누계, 비율 등의 집계를 구할 수 있습니다. [열 합계 비율]은 열 전체에 대한 각 값의 비율을 구해줍니다.

05 피벗 테이블 디자인 및 서식 설정하기
❶ [디자인] 탭-[레이아웃] 그룹-[보고서 레이아웃]을 클릭하고 ❷ [개요 형식으로 표시]를 클릭합니다.

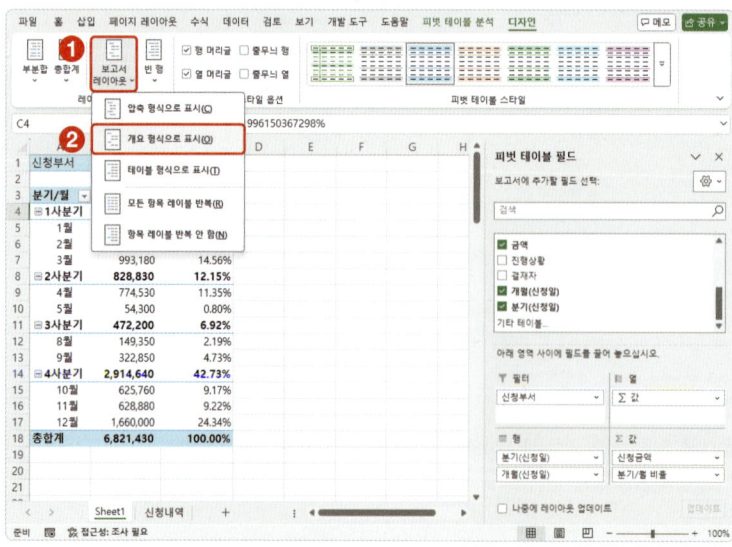

효과적인 피벗 보고서 작성하기

실습 파일 CHAPTER05\06_진료예약현황.xlsx | 완성 파일 CHAPTER05\06_진료예약현황(완성).xlsx

앞서 대량의 데이터로 효율적으로 요약하고 분석하는 데 유용한 피벗 보고서를 간단하게 작성해보았습니다. 이번에는 진료 예약 현황 데이터를 활용하여 부서별로 초진과 재진을 구분하고, 내원 환자 수와 총 진료 비용을 파악하는 피벗 보고서를 작성해보겠습니다. 이 과정에서는 기존의 피벗 테이블 작성 방법뿐만 아니라 피벗 테이블 옵션 설정과 정렬 도구를 활용하여 데이터를 더욱 효과적으로 분석할 수 있습니다.

미리보기

회사에서
바로 통하는
키워드

피벗 테이블, 피벗 테이블 디자인, 피벗 테이블 레이아웃, 피벗 테이블 옵션, 정렬

한눈에 보는 **작업 순서**

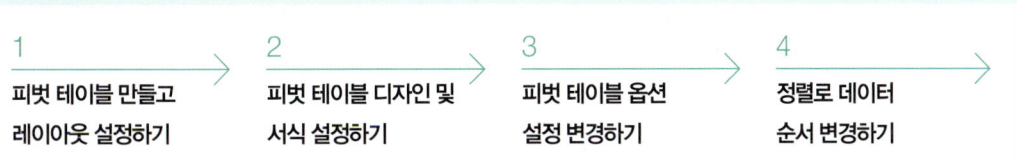

1 피벗 테이블 만들고 레이아웃 설정하기 → 2 피벗 테이블 디자인 및 서식 설정하기 → 3 피벗 테이블 옵션 설정 변경하기 → 4 정렬로 데이터 순서 변경하기

01 피벗 테이블 만들고 레이아웃 설정하기 ❶ [B4] 셀을 클릭하고 ❷ [삽입] 탭-[표] 그룹-[피벗 테이블]을 클릭합니다. ❸ [표 또는 범위의 피벗 테이블] 대화상자의 [테이블 또는 범위 선택]-[표/범위]에 [B4:P665] 셀 범위가 자동 지정되어 있습니다. 피벗 테이블을 배치할 위치로 [새 워크시트]가 선택되어 있는지 확인하고 ❹ [확인]을 클릭합니다.

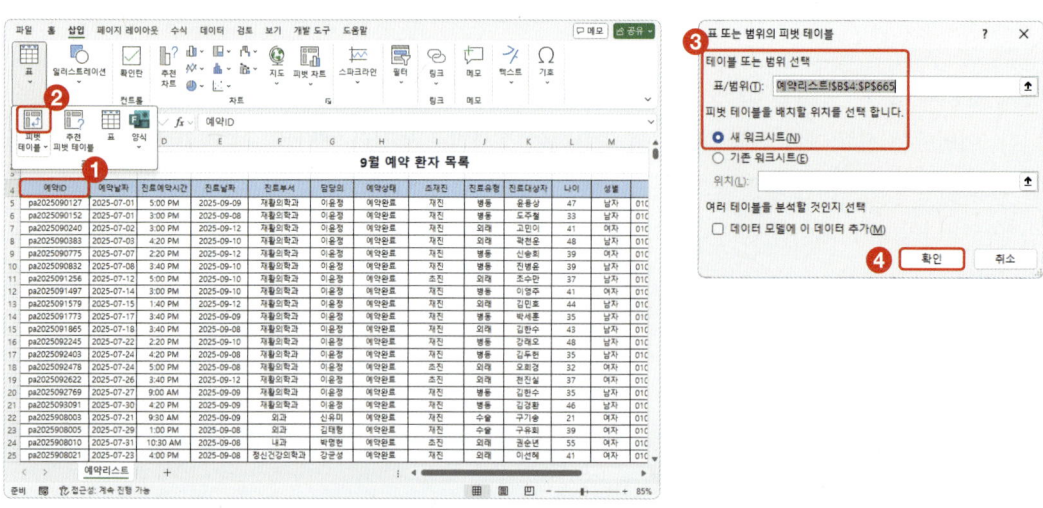

02 [Sheet1]의 새로운 시트가 삽입되면서 시트 왼쪽에는 피벗 테이블 작업 영역이, 오른쪽에는 [피벗 테이블 필드] 작업 창이 나타납니다. ❶ [Sheet1]을 더블클릭하고 **내원환자현황**으로 변경합니다. ❷ [피벗 테이블 필드] 작업 창에서 [진료부서] 필드와 [보험적용여부] 필드를 [행] 영역으로 드래그합니다. ❸ [초재진] 필드는 [열] 영역으로 ❹ [진료대상자] 필드와 [진료비용] 필드는 [값] 영역으로 드래그합니다.

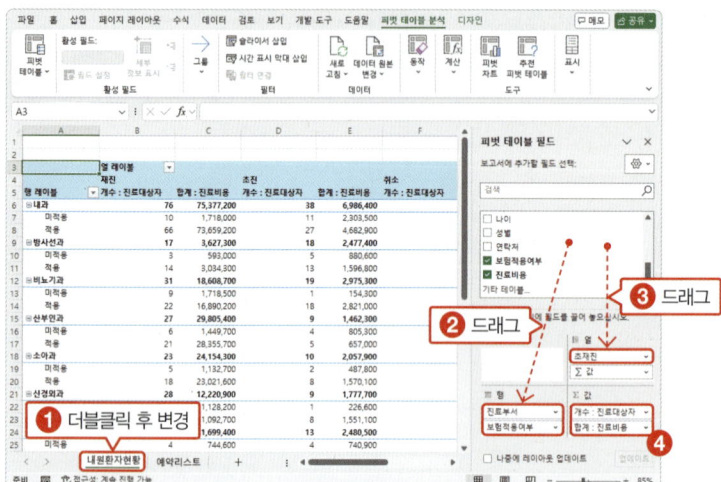

03 피벗 테이블 디자인 및 서식 설정하기 ❶ [디자인] 탭-[레이아웃] 그룹-[보고서 레이아웃]을 클릭하고 ❷ [테이블 형식으로 표시]를 클릭합니다. ❸ [디자인] 탭-[레이아웃] 그룹-[부분합]을 클릭하고 ❹ [부분합 표시 안 함]을 클릭합니다.

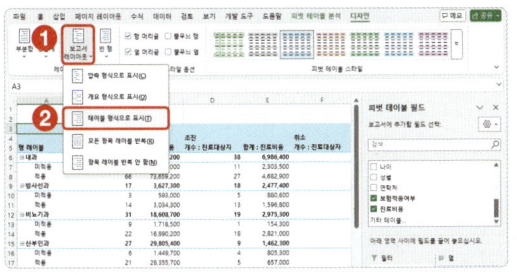
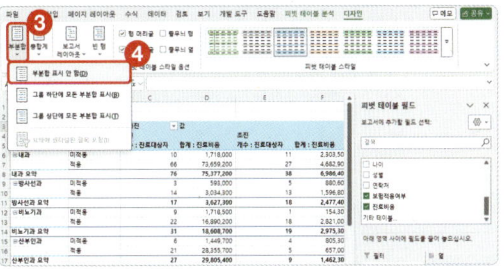

실력향상 [테이블 형식으로 표시]를 클릭하면 [행] 영역의 각 필드를 다른 열로 나열할 수 있습니다.

04 ❶ [C3] 셀의 목록 단추를 클릭하고 ❷ [취소]의 체크를 해제한 후 ❸ [확인]을 클릭합니다. ❹ [C5] 셀에 **내원환자수**, [D5] 셀에 **총 진료비용**을 입력하고 ❺ 각 열의 너비를 적절하게 조절합니다.

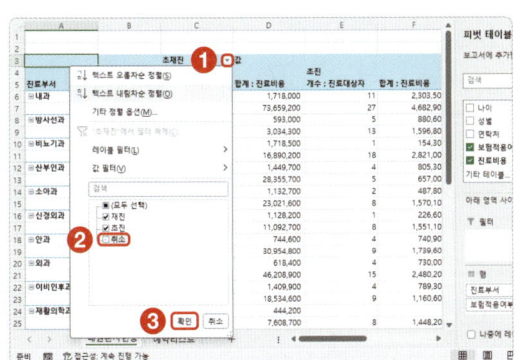
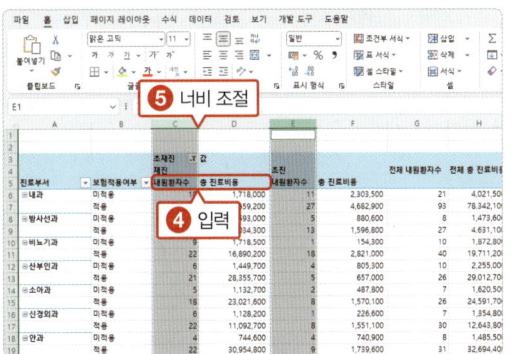

05 ❶ [A4:A32] 셀 범위를 지정하고 ❷ [홈] 탭-[글꼴] 그룹-[테두리]의 목록 단추를 클릭한 후 ❸ [바깥쪽 테두리]를 선택합니다. ❹ [B4:B32], [C4:D32], [E4:F32], [G4:G32], [H4:H32] 셀 범위도 모두 [바깥쪽 테두리]를 설정합니다.

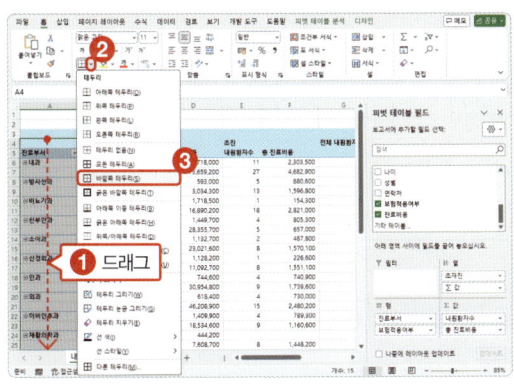
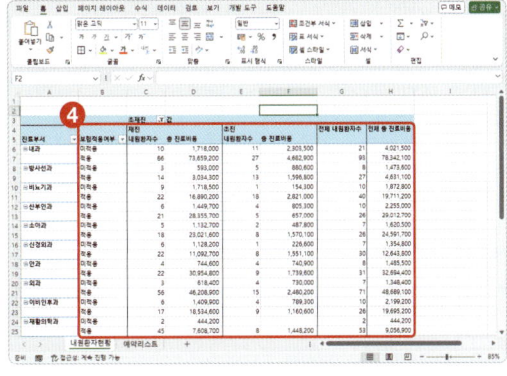

시간단축 바깥쪽 테두리를 설정하고 동일하게 테두리 서식을 적용할 범위를 선택한 후 F4 를 누르면 이전에 했던 명령이 재실행됩니다.

06 ❶ 3행에서 마우스 오른쪽 버튼을 클릭하고 ❷ [숨기기]를 선택합니다.

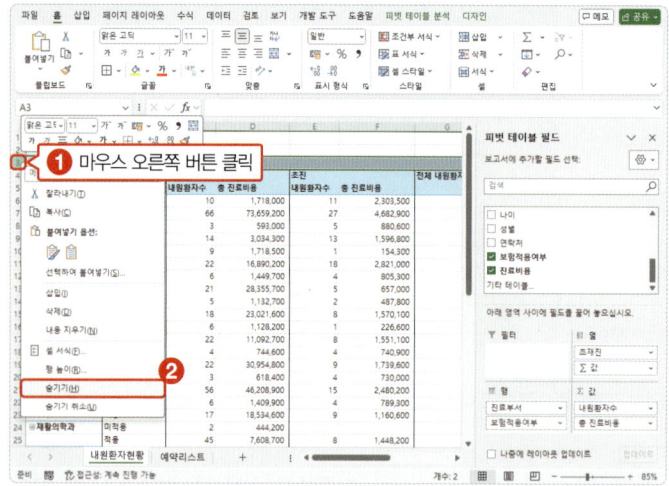

07 피벗 테이블 옵션 설정 변경하기 ❶ 피벗 테이블의 임의의 셀에서 마우스 오른쪽 버튼을 클릭하고 ❷ [피벗 테이블 옵션]을 선택합니다. ❸ [피벗 테이블 옵션] 대화상자의 [레이아웃 및 서식] 탭의 [레이블이 있는 셀 병합 및 가운데 맞춤]에 체크합니다. ❹ [업데이트 시 열 자동 맞춤]의 체크는 해제합니다.

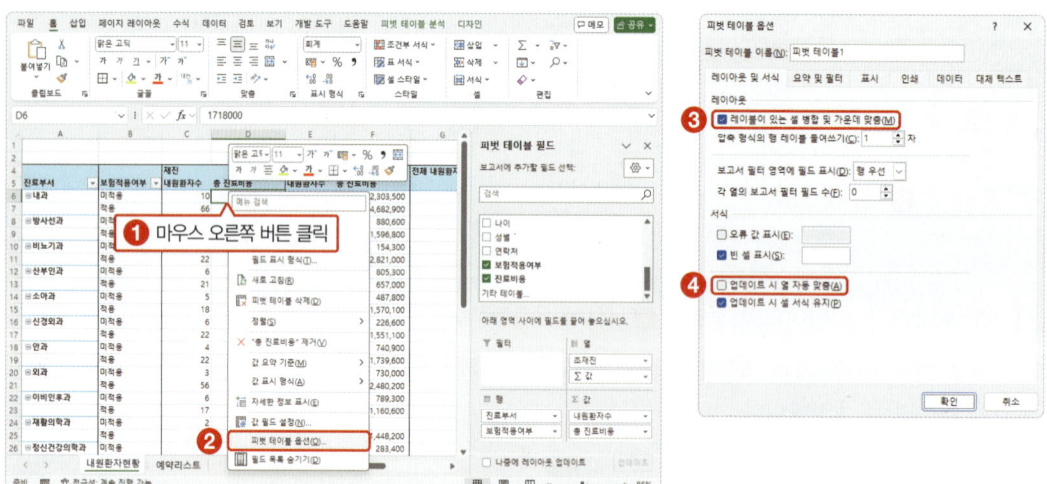

실력향상 피벗 테이블은 원본 데이터가 변경되어 새로 고침하거나 필터 영역의 데이터 변경 시 업데이트되며 열 너비가 자동으로 수정됩니다. 사용자가 지정한 열 너비를 유지하려면 [피벗 테이블 옵션] 대화상자에서 [업데이트 시 열 자동 맞춤]의 체크를 해제해야 합니다.

실력향상 데이터를 병합 표시하거나 가운데 맞춤은 [피벗 테이블 옵션] 대화상자의 [레이블이 있는 셀 병합 및 가운데 맞춤]에 체크하여 일괄 설정합니다.

08 ❶ [표시] 탭을 클릭하고 ❷ [확장/축소 단추 표시]의 체크를 해제합니다. ❸ [확인]을 클릭합니다.

시간단축 [표시] 탭의 [확장/축소 단추 표시]는 [피벗 테이블 분석] 탭-[표시] 그룹-[+/- 단추] 명령에서 표시 또는 표시를 해제할 수 있습니다.

09 정렬로 데이터 순서 변경하기 ❶ [B5] 셀의 필터 단추를 클릭하고 ❷ [텍스트 내림차순 정렬]을 클릭합니다. 적용, 미적용 순으로 표시되도록 설정합니다.

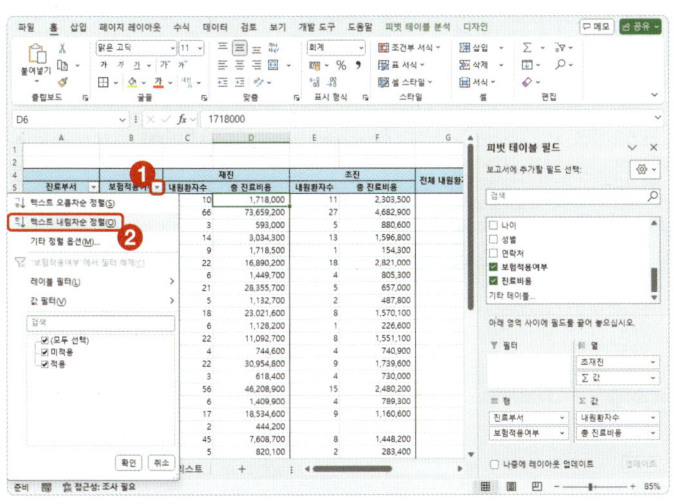

피벗 테이블, 수식으로 새로운 필드 추가하기

실습 파일 CHAPTER05\07_업체별수금표.xlsx | 완성 파일 CHAPTER05\07_업체별수금표(완성).xlsx

피벗 테이블에서는 기존 데이터 필드를 각 영역에 배치하여 보고서를 만들 뿐 아니라 계산 필드를 활용해 새로운 값을 생성할 수도 있습니다. 계산 필드는 기존 필드를 활용해 수식 또는 함수를 적용하여 새로운 값을 추가하는 기능으로, 많은 양의 데이터를 다룰 때 유용합니다. 이번 작업에서는 업체별 수금 계획 금액, 입금된 금액 등이 기록된 연간 데이터를 활용하여 피벗 보고서를 만들어보겠습니다. 또 수금해야 하는 금액이 많은 업체와 적은 업체를 한눈에 구분할 수 있도록 조건부 서식의 아이콘을 활용해 시각적으로 표현해보겠습니다.

미리보기

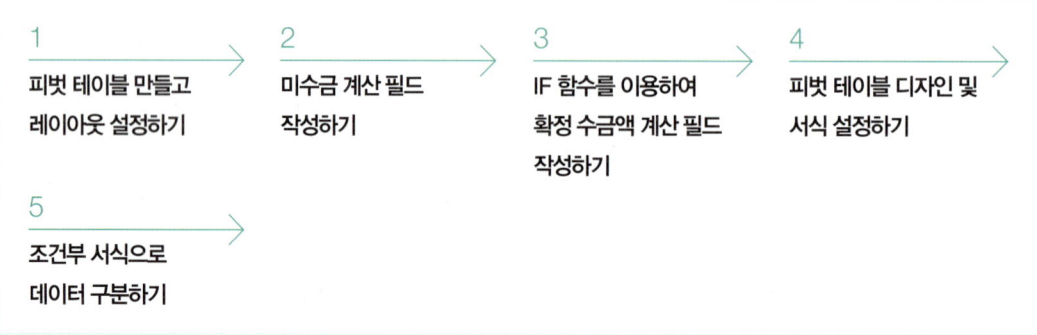

회사에서 바로 통하는 키워드

피벗 테이블, 계산 필드, IF 함수, 아이콘 집합 조건부 서식

한눈에 보는 작업 순서

1. 피벗 테이블 만들고 레이아웃 설정하기
2. 미수금 계산 필드 작성하기
3. IF 함수를 이용하여 확정 수금액 계산 필드 작성하기
4. 피벗 테이블 디자인 및 서식 설정하기
5. 조건부 서식으로 데이터 구분하기

01 피벗 테이블 만들고 레이아웃 설정하기 ❶ [B4] 셀을 클릭하고 ❷ [삽입] 탭-[표] 그룹-[피벗 테이블]을 클릭합니다.

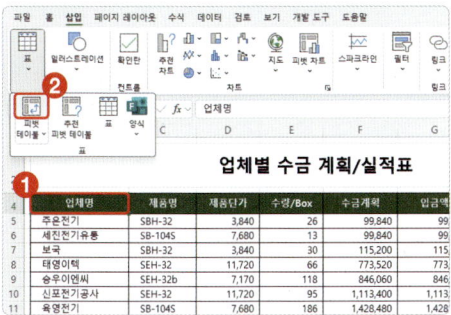

02 ❶ [표 또는 범위의 피벗 테이블] 대화상자의 [테이블 또는 범위 선택]-[표/범위]에 [B4:I919] 셀 범위가 자동 지정되어 있습니다. 피벗 테이블을 배치할 위치로 [새 워크시트]가 선택되어 있는지 확인하고 ❷ [확인]을 클릭합니다.

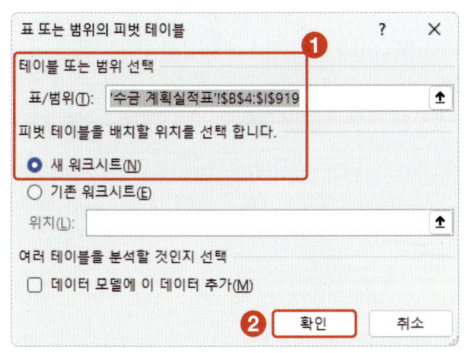

03 [Sheet1]의 새로운 시트가 삽입되면서 시트 왼쪽에는 피벗 테이블 작업 영역이, 오른쪽에는 [피벗 테이블 필드] 작업 창이 나타납니다. ❶ [피벗 테이블 필드] 작업 창에서 [업체명] 필드는 [행] 영역으로 ❷ [수금계획] 필드와 [입금액] 필드는 [값] 영역으로 드래그합니다.

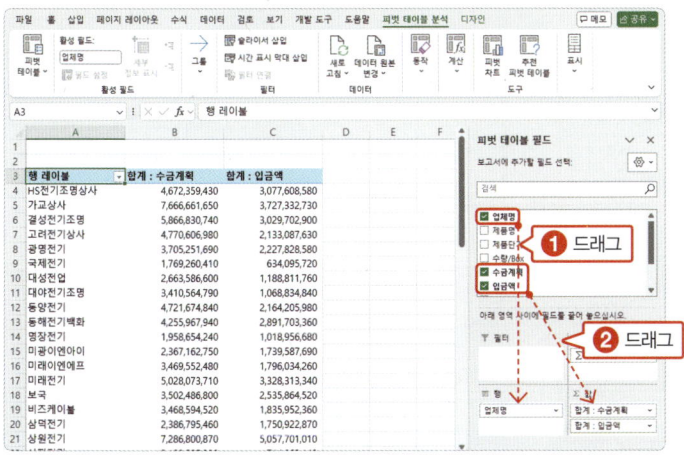

CHAPTER 05 빠르고 효율적인 데이터 관리 **349**

04 미수금 계산 필드 작성하기

❶ [피벗 테이블 분석] 탭-[계산] 그룹-[필드, 항목 및 집합]을 클릭하고 ❷ [계산 필드]를 클릭합니다.

05

❶ [계산 필드 삽입] 대화상자의 [이름]에 **미수금**, [수식]에 **=수금계획-입금액**을 입력하고 ❷ [확인]을 클릭합니다.

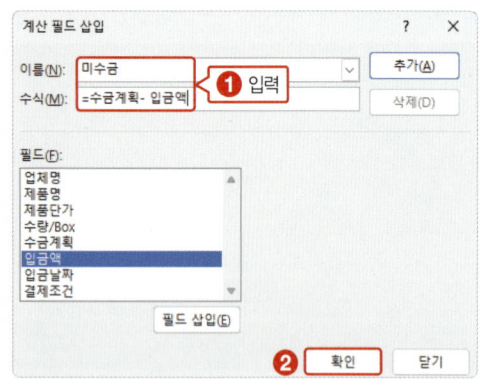

시간단축 [계산 필드 삽입] 대화상자의 [수식] 입력란의 필드명은 [계산 필드 삽입] 대화상자 아래의 [필드] 목록에서 해당 필드를 더블클릭하거나 [필드 삽입]을 클릭하여 쉽게 입력할 수 있습니다.

실력향상 [계산 필드 삽입] 대화상자의 [이름] 입력란에는 계산 필드의 이름을 입력하며, 기존 필드 이름과 동일한 이름은 입력할 수 없습니다.

06 업체별 수금계획 금액에서 입금액을 뺀 미수금이 [값] 영역에 추가되고, D열에 [미수금] 열이 추가됩니다.

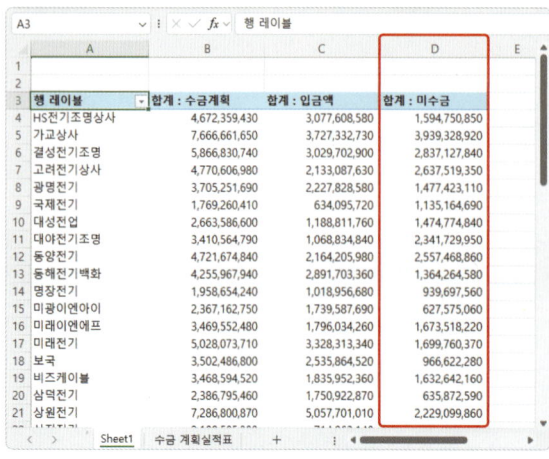

07 IF 함수를 이용하여 확정 수금액 계산 필드 작성하기 ❶ [피벗 테이블 분석] 탭-[계산] 그룹-[필드, 항목 및 집합]을 클릭하고 ❷ [계산 필드]를 클릭합니다.

08 ❶ [계산 필드 삽입] 대화상자의 [이름]에 **수금 확정 금액**, [수식]에 **=IF(입금액>=수금계획*0.6,미수금*0.9, 미수금)**를 입력하고 ❷ [확인]을 클릭합니다.

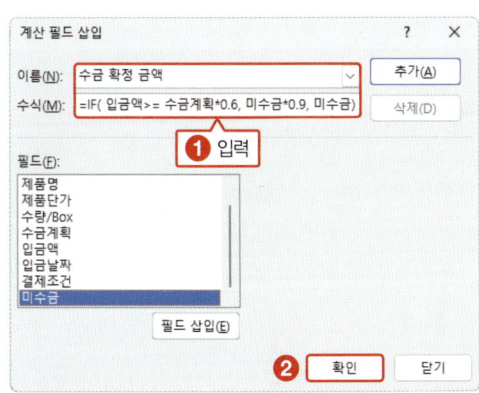

실력향상 =IF(입금액>=수금계획*0.6, 미수금*0.9, 미수금) 수식은 입금된 금액이 수금계획 금액의 60% 이상인 업체는 미수금에서 10%를 할인한 금액을 미수금으로, 그렇지 않은 업체는 기존 미수금을 그대로 표시하는 수식입니다.

09 입금을 많이 해준 업체는 할인된 미수금액이, 그렇지 않은 업체는 기존 미수금이 표시된 수금 확정 금액 필드가 추가됩니다.

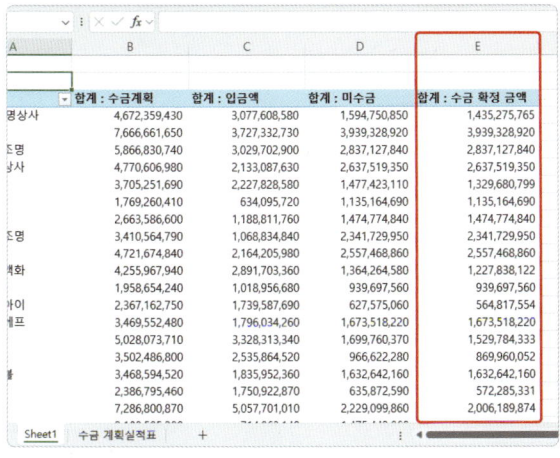

10 **피벗 테이블 디자인 및 서식 설정하기** ① 피벗 테이블에서 임의의 셀을 클릭하고 ② [디자인] 탭-[피벗 테이블 스타일] 그룹-[빠른 스타일]을 클릭합니다. ③ [중간]-[흰색, 피벗 스타일 보통 1]을 선택합니다. ④ [디자인] 탭-[피벗 테이블 스타일 옵션] 그룹-[줄무늬 행]에 체크합니다.

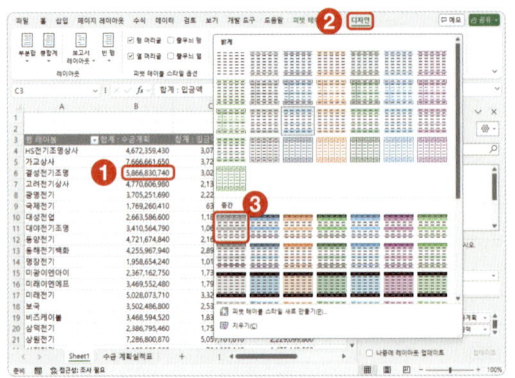
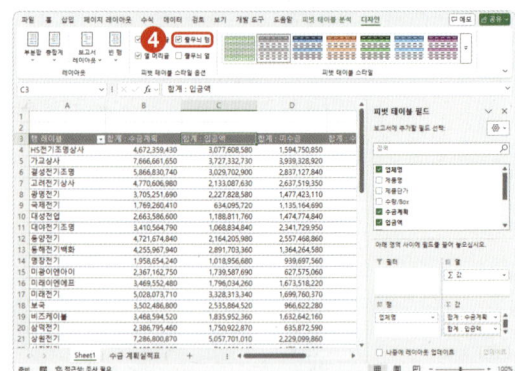

11 ① [A3] 셀에 **거래업체**, [B3] 셀에는 **수금금액**, [C3] 셀은 **입금금액**, [D3] 셀은 **미수금액**, [E3] 셀은 **수금 확정금액**을 입력합니다. ② Ctrl + A 를 눌러 표 전체를 선택하고 ③ [홈] 탭-[맞춤] 그룹-[가운데 맞춤]을 클릭합니다.

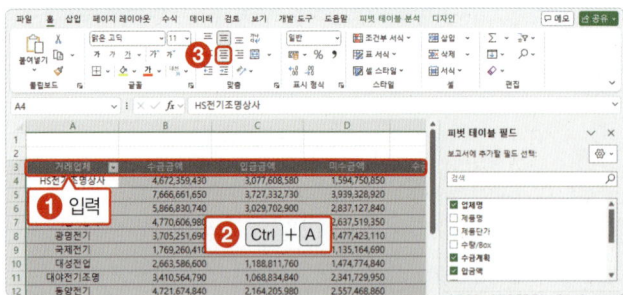

12 ① [Sheet1]을 더블클릭하여 **업체수금액**으로 변경하고 ② [B:E] 열 머리글을 드래그하여 선택한 후 열 너비를 조절합니다.

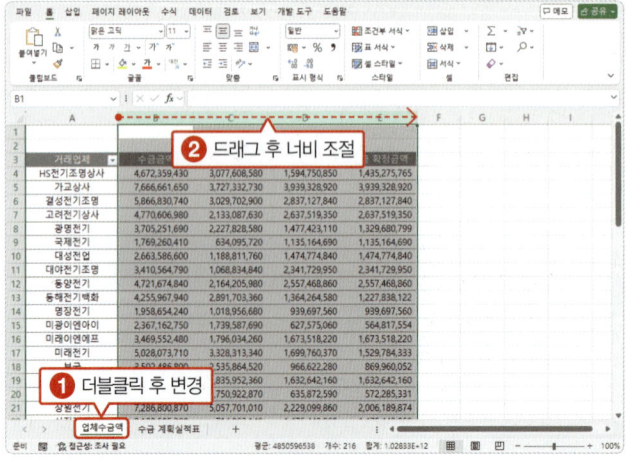

13 조건부 서식으로 데이터 구분하기 수금 확정금액을 조건부 서식의 아이콘으로 시각화해보겠습니다. ❶ [E4] 셀을 클릭하고 ❷ [홈] 탭–[스타일] 그룹–[조건부 서식]을 클릭한 후 ❸ [아이콘 집합]–[기타 규칙]을 클릭합니다. ❹ [새 서식 규칙] 대화상자의 [규칙 적용 대상]에서 ["업체명"에 대해 "수금 확정금액" 값을 표시하는 모든 셀]을 선택하고 ❺ [아이콘 스타일]은 [3가지 기호(원 없음)]을 선택한 후 ❻ [아이콘 순서 거꾸로]를 클릭합니다. ❼ [확인]을 클릭합니다.

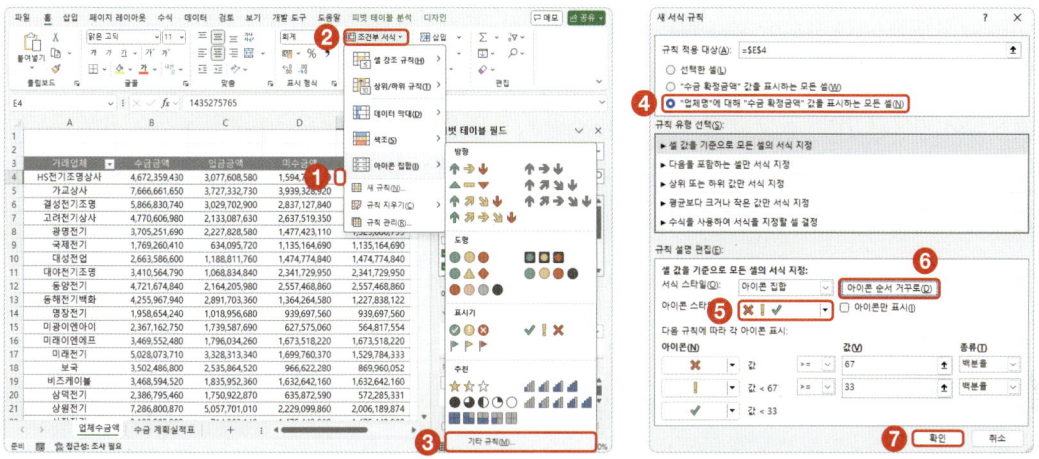

실력향상 규칙 적용 대상에서 ["수금 확정금액" 값을 표시하는 모든 셀]을 선택하면 [E4:E56] 셀 범위에 조건부 서식이 적용됩니다. [E56] 셀의 합계 금액까지 포함되므로 아이콘이 제대로 표시되지 않습니다. ["업체명"에 대해 "수금 확정금액" 값을 표시하는 모든 셀]을 선택해야 [E4:E55] 셀 범위에 조건부 서식이 적용됩니다.

14 아이콘이 표시되어 수금해야 하는 금액이 많은 업체와 그렇지 않은 업체를 시각적으로 확인할 수 있습니다.

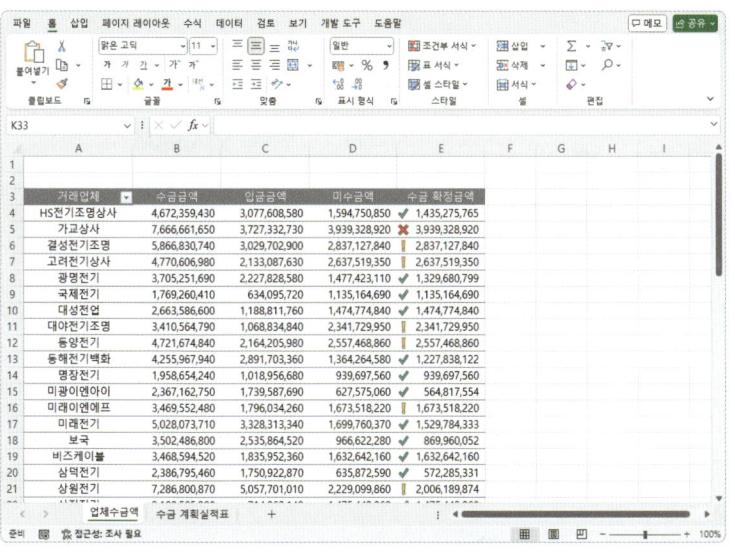

08 필드 안의 데이터로 계산 항목 작성하기

실습 파일 CHAPTER05\08_품목입출고내역.xlsx | 완성 파일 CHAPTER05\08_품목입출고내역(완성).xlsx

피벗 테이블의 계산 항목은 계산 필드와 달리 새로운 필드를 생성하는 것이 아니라, 기존 필드 내 데이터 값을 기준으로 새로운 항목을 만드는 기능입니다. 이번 작업에서는 품목 입출고 내역표의 한 필드에 혼합되어 기록된 입고, 출고, 파손 데이터를 계산 항목을 활용하여 품목별로 정리해보겠습니다. 품목별 입고, 출고, 파손 개수를 각각 구분하고, 최종적으로 재고까지 표시하여 품목의 입/출고 현황을 파악할 수 있는 보고서를 완성해보겠습니다.

미리보기

품목 입출고 내역

품목	총입고	출고	파손	재고
A002T	6,770	788	278	5,704
A0117	6,794	1,991	140	4,663
BI450	6,657	2,726	815	3,116
D0256T	6,514	460	1,244	4,810
D040X	4,883	3,898	926	59
D054R	5,163	2,157	390	2,616
D1009	7,571	3,410	641	3,520
D608Y	7,372	3,476	1,097	2,799
DN2390	3,792	1,852	676	1,264
DU030	5,352	2,887	2,171	294
EU0492	5,828	2,734	2,337	757
JS1007	6,909	2,939	526	3,444
KJ107	7,719	1,445	1,862	4,412
M006T	5,939	3,178	887	1,874
PK9902	8,673	4,205	853	3,615
S00926	5,735	3,963	865	907
T001S	5,715	4,889		826
T092	10,330	3,336	3,269	3,725

회사에서 바로 통하는 키워드

피벗 테이블, 계산 항목

한눈에 보는 작업 순서

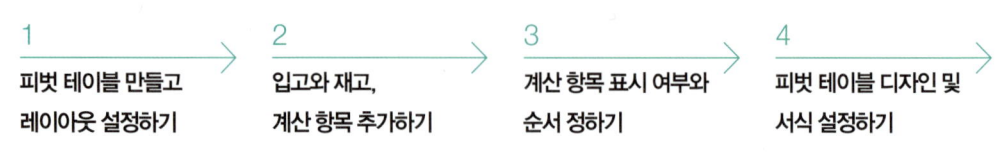

1 피벗 테이블 만들고 레이아웃 설정하기 → 2 입고와 재고, 계산 항목 추가하기 → 3 계산 항목 표시 여부와 순서 정하기 → 4 피벗 테이블 디자인 및 서식 설정하기

01 피벗 테이블 만들기
❶ [B3] 셀을 클릭하고 ❷ [삽입] 탭–[표] 그룹–[피벗 테이블]을 클릭합니다.

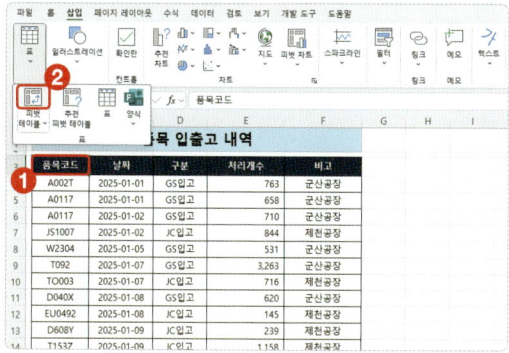

02 레이아웃 설정하기
[표 또는 범위의 피벗 테이블] 대화상자의 [테이블 또는 범위 선택]–[표/범위]에 [B3:F398] 셀 범위가 자동 지정되어 있습니다. ❶ 피벗 테이블을 배치할 위치로 [기존 워크시트]를 선택합니다. ❷ [위치] 입력란을 클릭하고 ❸ [품목 입출고 내역] 시트에서 ❹ [B3] 셀을 클릭한 후 ❺ [확인]을 클릭합니다.

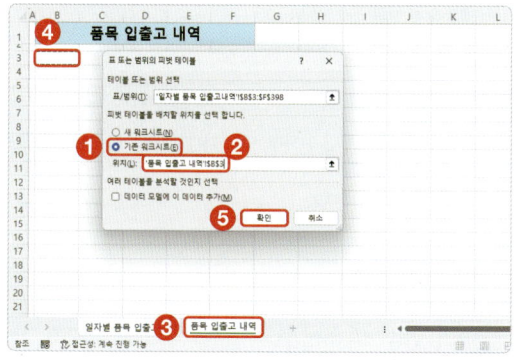

03
[품목 입출고 내역] 시트 왼쪽에는 피벗 테이블 작업 영역이, 오른쪽에는 [피벗 테이블 필드] 작업 창이 나타납니다. ❶ [피벗 테이블 필드] 작업 창에서 [품목코드] 필드는 [행] 영역으로 ❷ [구분] 필드는 [열] 영역으로 ❸ [처리개수] 필드는 [값] 영역으로 드래그합니다.

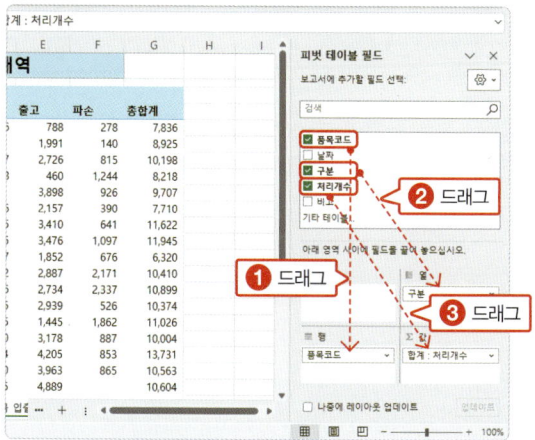

04 입고와 재고, 계산 항목 추가하기 ❶ [C4] 셀을 클릭하고 ❷ [피벗 테이블 분석] 탭-[계산] 그룹-[필드, 항목 및 집합]을 클릭한 후 ❸ [계산 항목]을 클릭합니다.

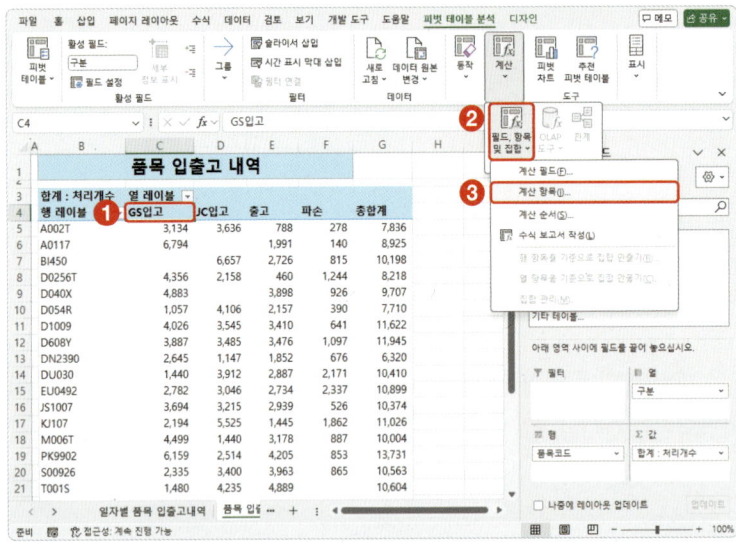

실력향상 구분 데이터가 표시된 [B4:E4] 범위 안의 셀을 선택해야 [계산 항목] 메뉴가 표시됩니다.

05 ❶ ["구분"에 계산 항목 삽입] 대화상자의 [이름]에 **총입고**, [수식] 입력란에 **=GS입고+JC입고**를 입력하고 ❷ [추가]를 클릭합니다. ❸ 입력한 이름과 수식을 지우고 다시 [이름]에 **재고**, [수식]에 **=총입고-출고-파손**을 입력한 후 ❹ [확인]을 클릭합니다.

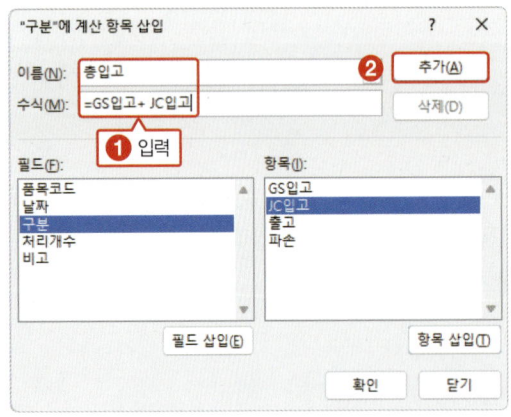 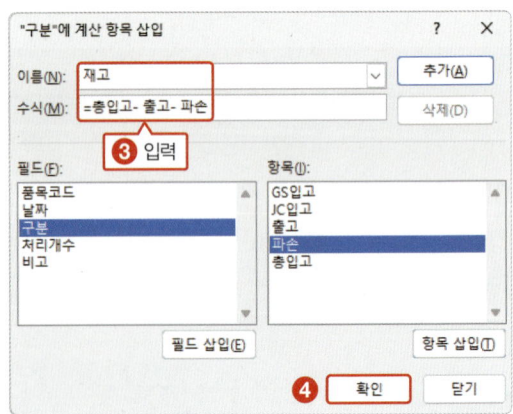

시간단축 ['구분'에 계산 항목 삽입] 대화상자에 선택한 [구분] 필드와 [구분] 필드 안의 데이터, 항목들이 표시됩니다. 수식을 작성할 때 [항목]을 더블클릭하거나 [항목 삽입]을 클릭하면 항목을 쉽게 입력할 수 있습니다.

실력향상 추가한 후에 [구분]의 항목 목록이 표시되지 않으면 [필드]에서 [구분]을 다시 선택하여 목록을 확인할 수 있습니다.

06 계산 항목 표시 여부와 순서 정하기
❶ [열 레이블]의 필터 단추를 클릭하고 ❷ [GS 입고]와 [JC 입고]의 체크를 해제한 후 ❸ [확인]을 클릭합니다.

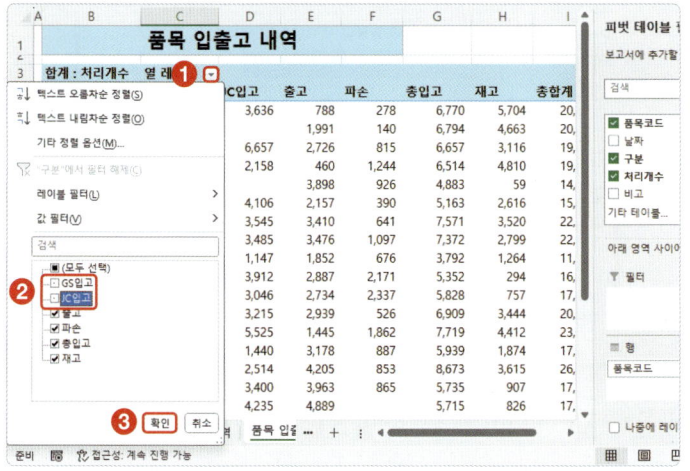

07
❶ 총입고가 입력된 [E4] 셀에 마우스 포인터를 갖다 대면 검정 화살표가 표시됩니다. 클릭하면 [총입고] 열 전체가 선택됩니다. ❷ 선택된 범위 테두리를 드래그하여 [출고] 열의 왼쪽에 배치합니다.

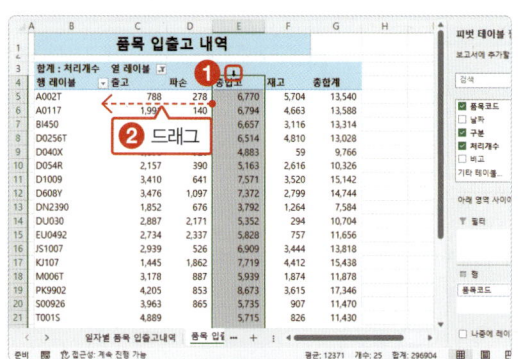
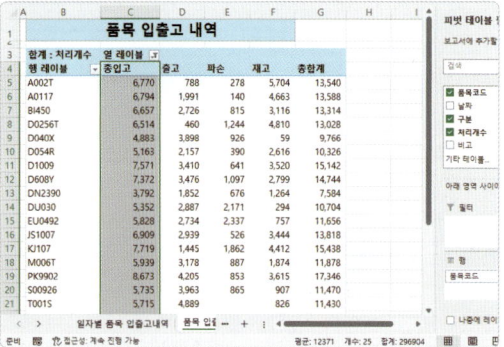

08 피벗 테이블 디자인 및 서식 설정하기
❶ [디자인] 탭-[피벗 테이블 스타일] 그룹-[빠른 스타일]을 클릭하고 ❷ [연한 옥색, 피벗 스타일 보통 12]를 선택합니다. ❸ [디자인] 탭-[피벗 테이블 스타일 옵션] 그룹-[줄무늬 열]에 체크합니다.

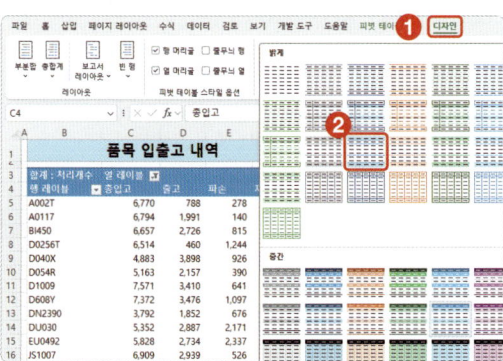
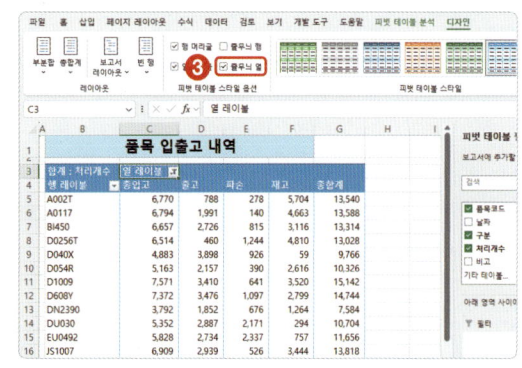

09 ① [디자인] 탭-[레이아웃] 그룹-[총합계]를 클릭하고 ② [행 및 열의 총합계 해제]를 클릭합니다.
③ [B4] 셀에 **품목**을 입력합니다.

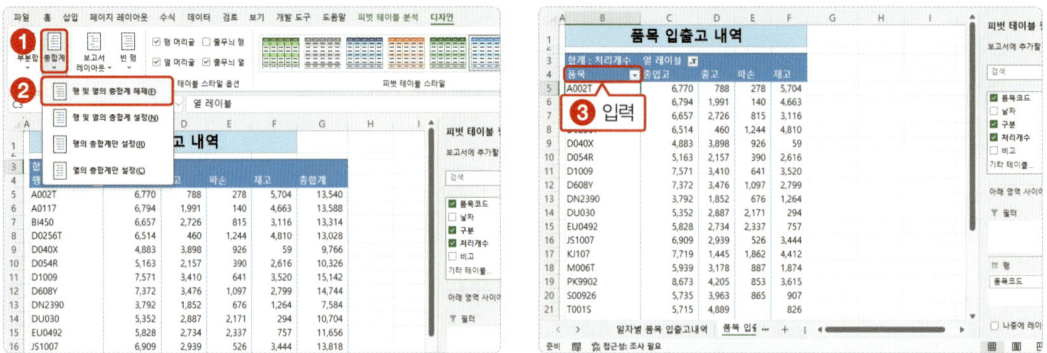

10 ① [B:E] 열 머리글을 드래그하여 선택하고 열 너비를 조절합니다. ② 3행에서 마우스 오른쪽 버튼
을 클릭하고 ③ [숨기기]를 선택합니다.

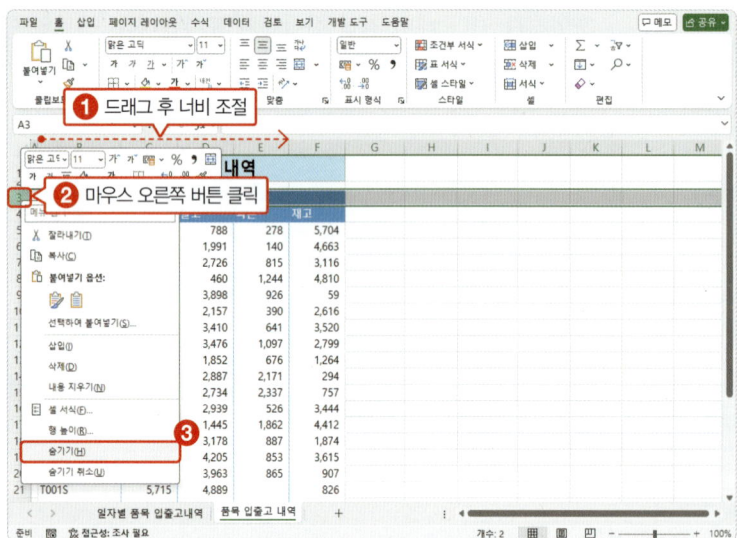

피벗 테이블의 데이터를 GETPIVOTDATA로 가져와 보고서 작성하기

실습 파일 CHAPTER05\09_배선기구연간실적보고서.xlsx | 완성 파일 CHAPTER05\09_배선기구연간실적보고서(완성).xlsx

피벗 테이블은 데이터 집계와 분석에 유용하지만, 필드의 위치를 이동하거나 사용자가 임의로 형태를 수정하기는 어렵습니다. 정해진 서식이 있는 보고서를 작성해야 하는 경우, 피벗 테이블로 직접 작업하기 어려울 수 있습니다. 이러한 상황에서는 피벗 테이블에서 필요한 집계를 간단히 생성한 후, GETPIVOTDATA 함수를 사용하여 피벗 테이블의 값을 가져올 수 있습니다. 이번 작업에서는 이미 서식이 완성된 표에 피벗 테이블 데이터를 참조하여 값을 표시하는 방법을 살펴보겠습니다.

미리보기

회사에서 바로 통하는 키워드

GETPIVOTDATA 함수, 이동 옵션, 오류 표시 셀 선택, 빈 셀 선택, 자동 합계, 피벗 테이블

한눈에 보는 작업 순서

1. 피벗 테이블 만들고 날짜별 그룹 설정하기 →
2. GETPIVOTDATA 함수로 보고서 작성하기 →
3. 오류 표시되는 셀 선택하여 삭제하기 →
4. 자동 합계 계산하기

01 피벗 테이블 만들고 날짜별 그룹 설정하기

❶ [연간실적] 시트에서 [A4] 셀을 클릭하고 ❷ [삽입] 탭-[표] 그룹-[피벗 테이블]을 클릭합니다. ❸ [표 또는 범위의 피벗 테이블] 대화상자의 [테이블 또는 범위 선택]-[표/범위]에 [A4:H1114] 셀 범위가 자동 지정되어 있습니다. 피벗 테이블을 배치할 위치로 [새 워크시트]가 선택되어 있는지 확인하고 ❹ [확인]을 클릭합니다.

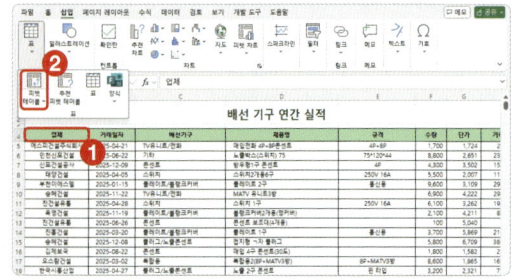
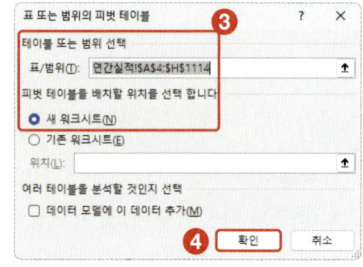

02

[Sheet1]의 새로운 시트가 삽입되면서 시트 왼쪽에는 피벗 테이블 작업 영역이, 오른쪽에는 [피벗 테이블 필드] 작업 창이 나타납니다. ❶ [피벗 테이블 필드] 작업 창에서 [배선기구] 필드는 [행] 영역으로 ❷ [거래일자] 필드는 [열] 영역으로 ❸ [거래가격] 필드는 [값] 영역으로 드래그합니다.

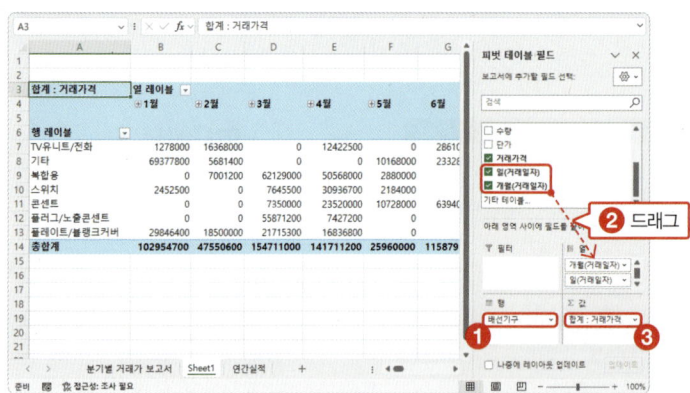

03

[월]로 그룹 설정된 날짜 필드를 분기로 그룹 변경하겠습니다. ❶ [B4] 셀에서 마우스 오른쪽 버튼을 클릭하고 ❷ [그룹]을 선택합니다. ❸ [그룹화] 대화상자의 [단위] 영역에서 [분기]를 선택하고 ❹ [확인]을 클릭합니다.

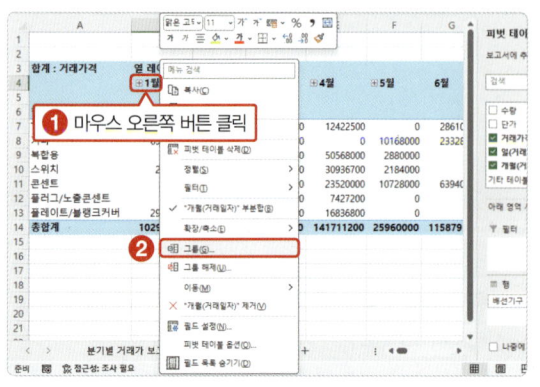
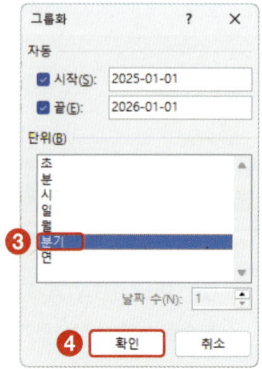

04 GETPIVOTDATA 함수로 보고서 작성하기 ❶ [분기별 거래가 보고서] 시트에서 ❷ [D5] 셀을 클릭하고 =을 입력합니다. ❸ [Sheet1] 시트에서 ❹ [B5] 셀을 클릭한 후 Enter 를 누릅니다.

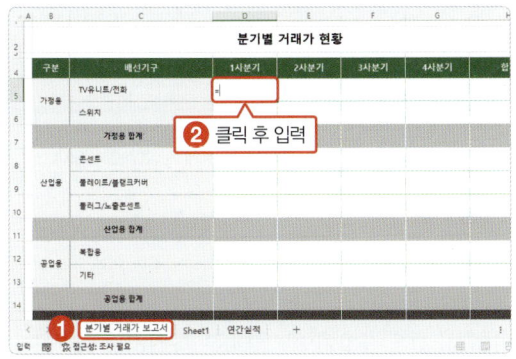
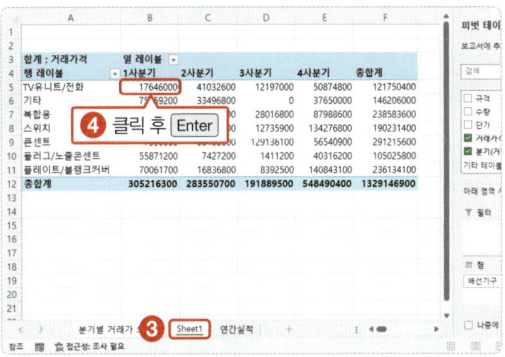

05 ❶ [D5] 셀을 더블클릭하고 함수식을 =GETPIVOTDATA("거래가격",Sheet1!$A$3,"배선기구",$C5,"분기(거래일자)",D$4)로 변경합니다. ❷ [D5] 셀의 채우기 핸들을 [G5] 셀까지 드래그하여 수식을 복사합니다. ❸ [D5:G5] 셀 범위가 선택된 상태에서 채우기 핸들을 더블클릭합니다. ❹ [자동 채우기 옵션]을 클릭하고 ❺ [서식 없이 채우기]를 선택합니다.

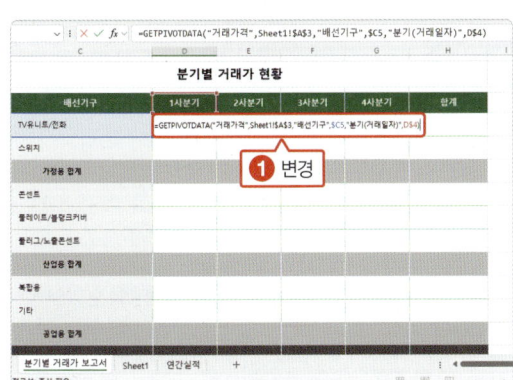
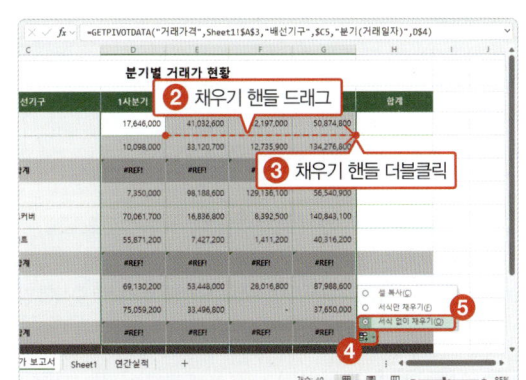

실력향상 GETPIVOTDATA(값 영역 필드,피벗 테이블 위치,참조 필드,조건…) 형식으로 사용되며 피벗 테이블 값 영역의 데이터를 참조하는 함수입니다. [Sheet1] 시트의 [A3] 셀의 피벗 테이블을 참조하며 [배선기구] 필드에서 [C5] 셀의 'TV유니트/전화'에 해당하고 [거래일자] 필드에서 [D4] 셀의 '1'사분기에 해당하는 데이터를 가져옵니다. [C5] 셀은 열 고정 혼합 참조로 [D4] 셀은 행 고정 혼합 참조로 지정합니다.

실력향상 가정용 합계와 산업용 합계, 공업용 합계가 피벗 테이블 배선기구에 없어 오류로 표시됩니다.

실력향상 GETPIVOTDATA 함수가 자동 생성되지 않는 경우, 피벗 테이블을 선택한 후 [피벗 테이블 분석] 탭-[피벗 테이블] 그룹-[옵션]의 목록 단추를 클릭하여 [GetPivotData 생성]에 체크합니다.

비법 Note GETPIVOTDATA 함수

피벗 테이블 보고서 내의 집계 값을 참조할 때 사용하는 함수입니다.

함수 형식	=GETPIVOTDATA(Data_field,Pivot_table,Field1,Item1,Field2,Item2…)
인수	– **Data_fieid** : 피벗 테이블의 [값] 영역에서 참조할 필드명을 입력합니다. – **Pivot_table** : 참조할 피벗 테이블이 작성된 셀 주소를 입력합니다. – **Field** : 행/열 영역에 위치한 참조할 필드 이름을 입력합니다. 참조할 필드 이름은 여러 개 지정할 수 있으며 Item과 세트로 구성됩니다. – **Item** : 행/열 영역에 위치한 참조할 필드 내 항목 이름을 입력합니다.

06 오류 표시되는 셀 선택하여 삭제하기
❶ [홈] 탭–[편집] 그룹–[찾기 및 선택]을 클릭하고 ❷ [이동 옵션]을 클릭합니다. ❸ [이동 옵션] 대화상자의 [수식]을 선택하고 ❹ [오류]에만 체크한 후 나머지는 모두 체크를 해제합니다. ❺ [확인]을 클릭하고 ❻ Delete 를 눌러 결괏값이 오류인 셀은 모두 지웁니다.

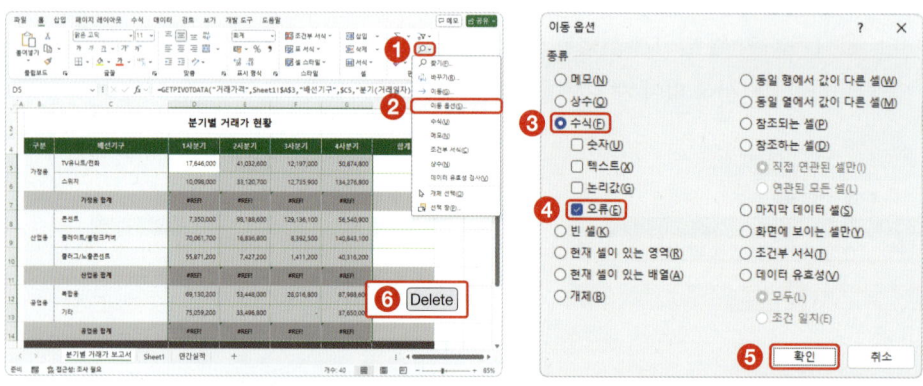

실력향상 [이동 옵션] 대화상자의 [수식]–[오류]를 체크하면 수식이 입력된 셀 중에서 결괏값이 오류인 셀들을 한 번에 선택하여 찾을 수 있습니다.

07 자동 합계 계산하기
❶ [D5:H14] 셀 범위를 지정하고 ❷ [홈] 탭–[편집] 그룹–[찾기 및 선택]을 클릭한 후 ❸ [이동 옵션]을 클릭합니다. ❹ [이동 옵션] 대화상자에서 [빈 셀]을 선택하고 ❺ [확인]을 클릭합니다.

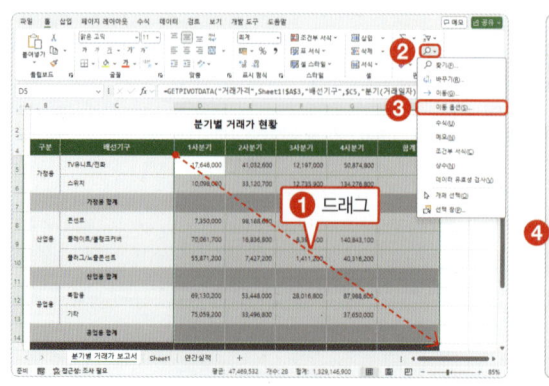
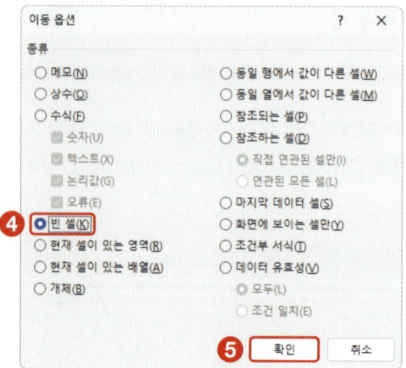

08 ❶ [수식] 탭-[함수 라이브러리] 그룹-[자동 합계]를 클릭하여 구분별 합계와 연간 합계를 계산합니다. ❷ [D15:H15] 셀 범위를 지정하고 ❸ [수식] 탭-[함수 라이브러리] 그룹-[자동 합계]를 클릭하여 전체 합계도 구합니다.

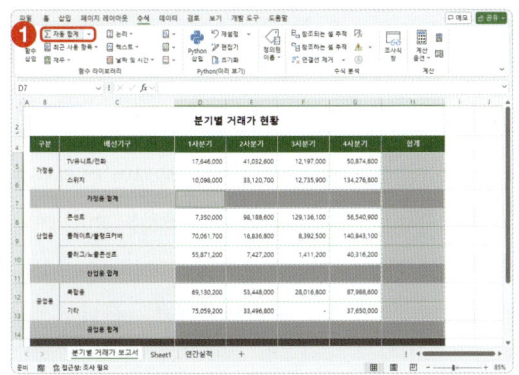 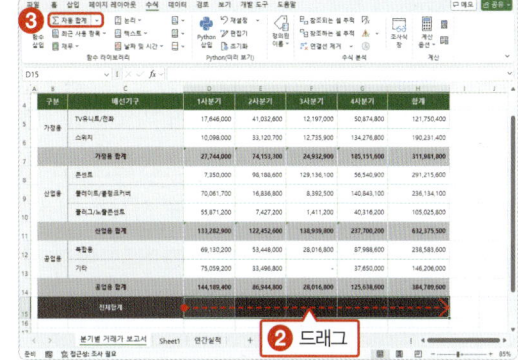

실력향상 숫자가 연속적으로 입력되어 있고 중간 집계를 표시할 빈 셀을 선택하여 [자동 합계]의 SUM 함수를 선택하면 연속적으로 입력된 위쪽, 왼쪽 셀들의 합계를 자동으로 구해줍니다.

피벗 테이블 데이터 VBA로 새로 고침 설정하기

with 챗GPT

실습 파일 CHAPTER05\10_영업계획표.xlsx | 완성 파일 CHAPTER05\10_영업계획표(완성).xlsm

데이터 범위에 표 서식을 적용하여 피벗 보고서를 작성하면 데이터가 추가 또는 삭제됐을 때 [새로 고침]을 클릭하여 추가 또는 삭제된 데이터를 반영할 수 있습니다. 그러나 이 과정이 반복되면 번거로울 수 있습니다. 이번에는 데이터에 표 서식을 적용하여 지점별 영업팀의 매출 현황을 분석하는 피벗 테이블 보고서를 작성하고, 데이터 추가 또는 삭제 시 이를 VBA를 이용해 자동으로 새로 고침하는 방법을 알아보겠습니다. 챗GPT를 활용해 코드를 찾고, 실무에 적용할 수 있도록 설정하는 과정을 살펴보겠습니다.

미리보기

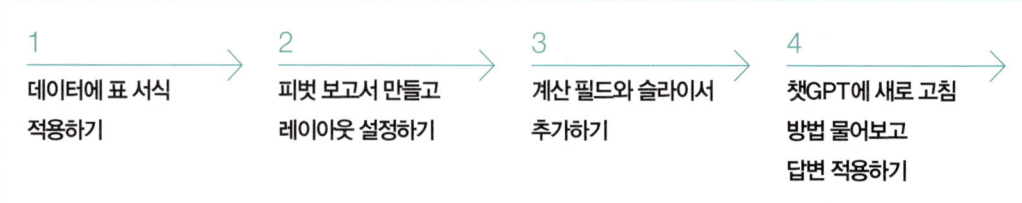

회사에서 바로 통하는 키워드

피벗 테이블, 표 서식, 계산 필드, 슬라이서, 챗GPT, VBA 새로 고침

한눈에 보는 작업 순서

1. 데이터에 표 서식 적용하기 →
2. 피벗 보고서 만들고 레이아웃 설정하기 →
3. 계산 필드와 슬라이서 추가하기 →
4. 챗GPT에 새로 고침 방법 물어보고 답변 적용하기

01 데이터에 표 서식 적용하기
❶ [서울지점] 시트에서 [B5] 셀을 클릭하고 Ctrl + T 를 누릅니다.
❷ [표 만들기] 대화상자에서 [$B$5:$H$54] 범위를 확인하고 [확인]을 클릭합니다. ❸ [테이블 디자인] 탭-[속성] 그룹-[표 이름] 입력란에 **영업매출**을 입력합니다.

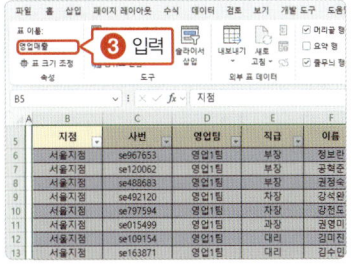

02 피벗 보고서 만들고 레이아웃 설정하기
❶ 표 안의 셀이 선택된 상태에서 [삽입] 탭-[표] 그룹-[피벗 테이블]을 클릭합니다. ❷ [표 또는 범위의 피벗 테이블] 대화상자의 [테이블 또는 범위 선택]-[표/범위]에 [영업매출] 표 범위가 자동 지정되어 있습니다. 피벗 테이블을 배치할 위치로 [새 워크시트]가 선택되어 있는지 확인하고 ❸ [확인]을 클릭합니다.

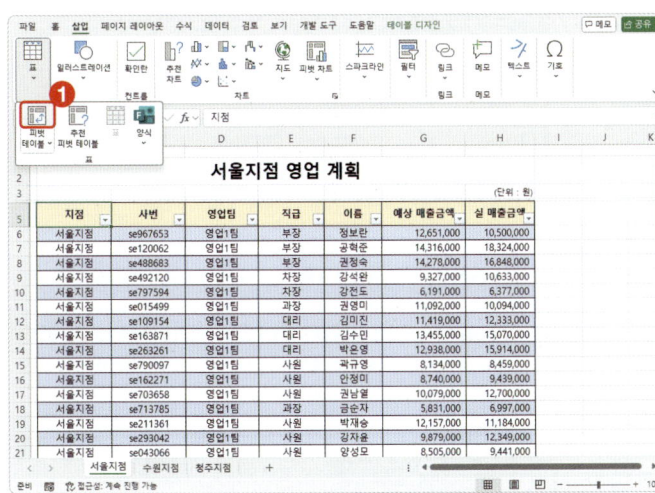

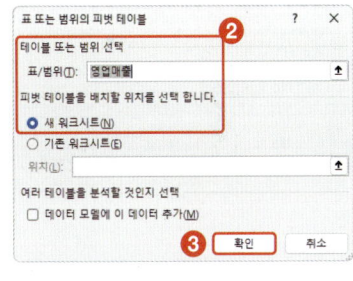

03 [Sheet1]의 새로운 시트가 삽입되면서 시트 왼쪽에는 피벗 테이블 작업 영역이, 오른쪽에는 [피벗 테이블 필드] 작업 창이 나타납니다. ❶ [피벗 테이블 필드] 작업 창에서 [영업팀] 필드와 [직급] 필드는 [행] 영역으로 ❷ [예상 매출금액] 필드와 [실 매출금액] 필드는 [값] 영역으로 드래그합니다.

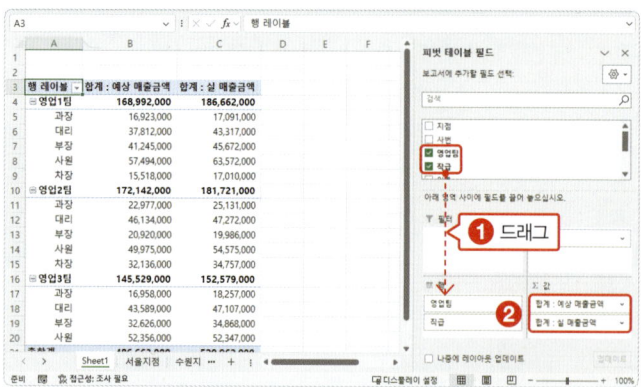

04 ❶ [디자인] 탭-[레이아웃] 그룹-[보고서 레이아웃]을 클릭하고 ❷ [개요 형식으로 표시]를 클릭합니다.

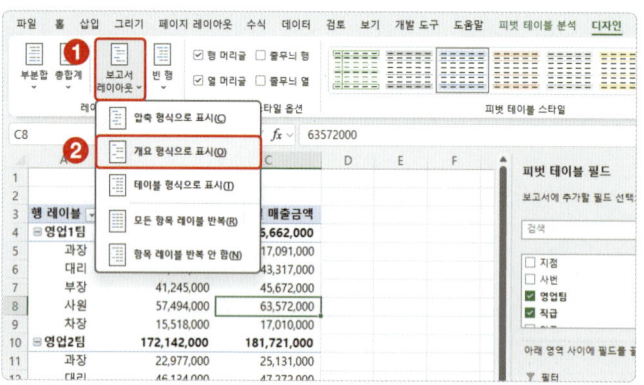

05 **사용자 지정 목록 추가 후 직급순 정렬하기** 직급 순서대로 정렬되도록 직급 목록을 입력하고 정렬하겠습니다. ❶ [파일] 탭-[옵션]을 클릭하고 ❷ [Excel 옵션] 창의 [고급] 범주를 선택합니다. ❸ 스크롤을 아래로 내려 ❹ [사용자 지정 목록 편집]을 클릭합니다.

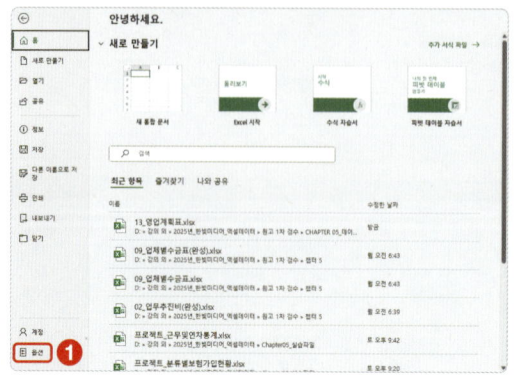 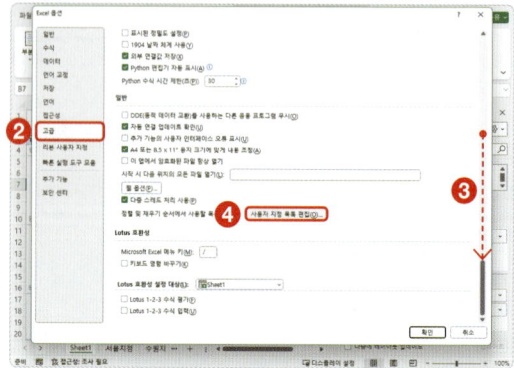

06 ❶ [사용자 지정 목록] 대화상자의 [사용자 지정 목록]에 [새 목록]이 선택된 상태에서 ❷ [목록 항목]에 **부장 차장 과장 대리 사원**을 입력하고 ❸ [확인]을 클릭합니다. [Excel 옵션] 창의 [확인]을 클릭합니다. ❹ [B5] 셀에서 마우스 오른쪽 버튼을 클릭하고 ❺ [정렬]-[기타 정렬 옵션]을 선택합니다.

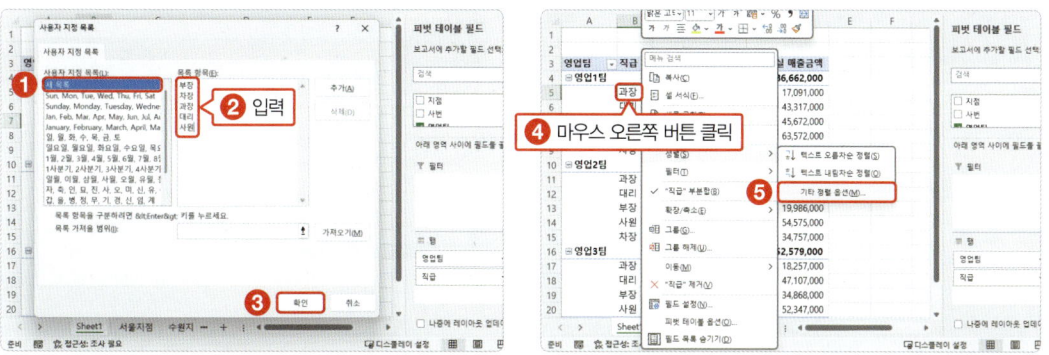

07 ❶ [정렬(직급)] 창의 [기타 옵션]을 클릭하고 ❷ [기타 정렬 옵션(직급)] 창의 [보고서가 업데이트될 때마다 자동으로 정렬]의 체크를 해제합니다. ❸ [기준 정렬 순서]에서 입력한 직급 순서 목록을 선택하고 ❹ [확인]을 클릭합니다.

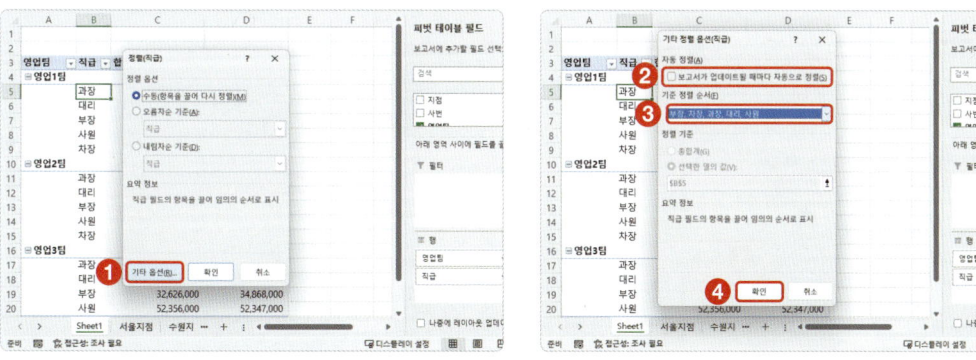

08 ❶ [오름차순 기준]을 선택하고 [직급]을 선택한 후 ❷ [확인]을 클릭합니다. ❸ [Sheet1]을 더블클릭하고 **영업매출현황**으로 변경합니다.

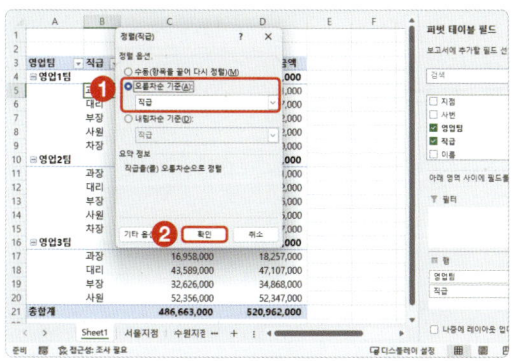
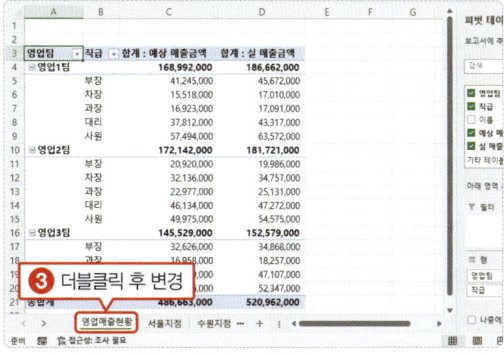

09 계산필드와 슬라이서 추가하기

❶ [피벗 테이블 분석] 탭–[계산] 그룹–[필드, 항목 및 집합]을 클릭하고 ❷ [계산 필드]를 클릭합니다. ❸ [계산 필드 삽입] 대화상자의 [이름]에 **달성율**, [수식]에 **='실 매출금액'/ '예상 매출금액'**을 입력하고 ❹ [확인]을 클릭합니다.

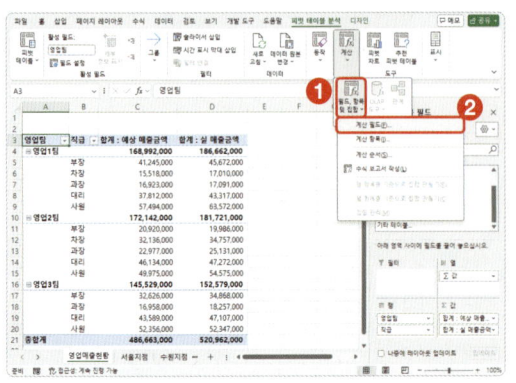
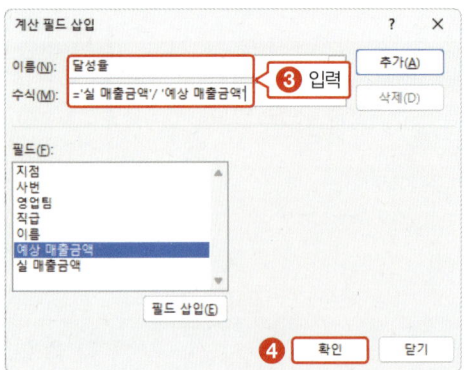

10 숫자가 회계 형식으로 표시됩니다. ❶ [E4:E21] 셀 범위를 지정하고 ❷ [홈] 탭–[표시 형식] 그룹–[백분율 스타일]을 클릭합니다. ❸ [C3] 셀에 **예상 매출액**, [D3] 셀에 **실 매출액**, [E3] 셀에 **달성율(%)**을 입력합니다.

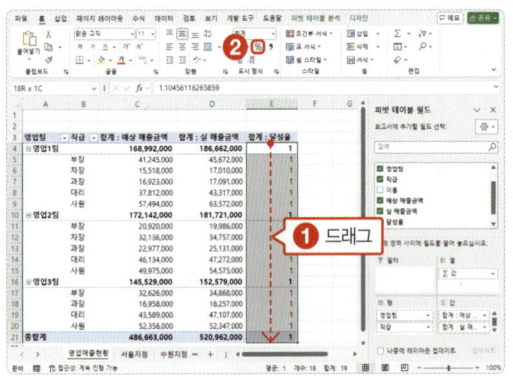
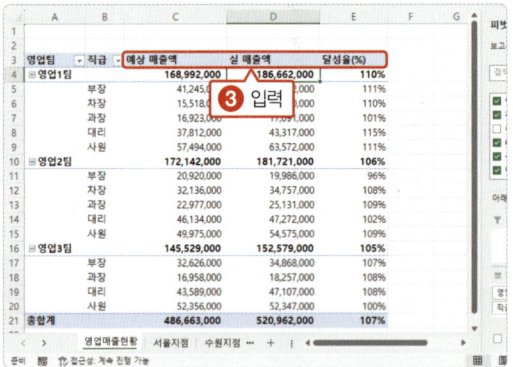

11 ❶ [피벗 테이블 분석] 탭–[필터] 그룹–[슬라이서 삽입]을 클릭합니다. ❷ [슬라이서 삽입] 대화상자에서 [지점] 필드에 체크하고 ❸ [확인]을 클릭합니다.

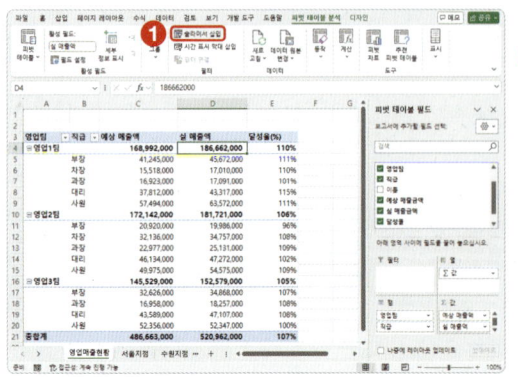

12 ❶ 1행의 높이를 적당히 조절하고 슬라이서를 피벗 테이블 위쪽에 배치한 후 적당한 크기로 조절합니다. ❷ [슬라이서] 탭–[단추] 그룹–[열]의 개수를 **3**으로 변경합니다.

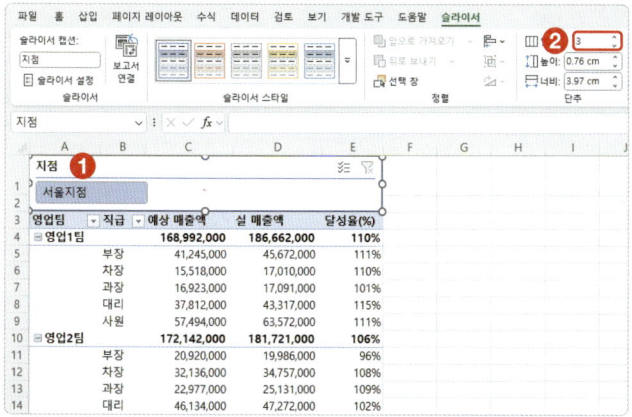

13 챗GPT에 새로 고침 방법 물어보고 답변 적용하기 [영업매출] 표 범위에 다른 지점의 데이터를 추가하거나 데이터를 삭제하면 바로 반영되도록 새로 고침에 대해 챗GPT를 사용하여 생성해보겠습니다. 챗GPT로 이동하여 아래와 같이 프롬프트를 입력합니다.

> **프롬프트**
>
> 작업하는 파일에 [영업매출현황] 시트가 있고, 해당 시트에 피벗 테이블이 작성되어 있어.
> 다른 작업 후에 [영업매출현황] 시트를 클릭하면 이 시트에 있는 피벗 테이블이 자동으로 새로 고침되었으면 좋겠어. 어떤 방법들이 있는지 추천해줘.

프롬프트Tip 챗GPT에서 프롬프트를 작성할 때 추천을 요청하거나 여러 방법을 제시해달라고 요청하면 다양한 해결 방법을 알려줍니다.

 피벗 테이블이 포함된 [영업매출현황] 시트를 클릭할 때 자동으로 새로 고침되도록 설정하는 방법은 여러 가지가 있습니다. 아래 방법 중 편한 걸 선택합니다.

1. VBA를 이용한 자동 새로 고침

시트를 클릭할 때 자동으로 피벗 테이블을 새로 고침하는 방법

1) VBA 편집기 열기
   - Alt + F11 을 눌러 VBA 편집기를 엽니다.
   - 좌측 프로젝트 창에서 영업매출현황을 더블클릭합니다.

2) Worksheet_Activate 이벤트 추가
   아래 코드를 입력하면 [영업매출현황] 시트가 활성화될 때 피벗 테이블이 자동으로 새로 고침됩니다.

```vba
VBA                                                                    복사
Private Sub Worksheet_Activate()
    Dim pt As PivotTable

    ' 현재 시트 내 모든 피벗 테이블 새로 고침
    For Each pt In Me.PivotTables
        pt.RefreshTable
    Next pt
End Sub
```

3) VBA 저장 후 활성화
- Alt + Q 를 눌러 VBA 편집기를 닫습니다.
- 매크로 사용 가능 통합 문서(*.xlsm)로 저장합니다.
- 이제 [영업매출현황] 시트를 클릭하면 피벗 테이블이 자동으로 새로 고침됩니다.

2. 피벗 테이블 옵션 설정(VBA 없이)

VBA를 쓰기 어렵다면, 파일을 열 때 자동 새로 고침하는 옵션을 설정할 수도 있습니다.

방법
- 피벗 테이블에서 오른쪽 클릭 → 피벗 테이블 옵션을 선택합니다.
- 데이터 탭에서 파일을 열 때 새로 고침 옵션을 체크합니다.
- 확인을 클릭합니다.

3. VBA 없이 "데이터 새로 고침" 단축키 활용

단축키 Alt + A + R 을 누르면 피벗 테이블이 새로 고침됩니다.

---

14 답변 중 첫 번째 VBA를 이용한 새로 고침 작업을 적용해보겠습니다. ❶ Alt + F11 을 눌러 [Visual Basic 편집기] 창이 나타나면 [영업매출현황]을 더블클릭합니다. ❷ 챗GPT가 알려준 코드를 복사하여 코드 창에 붙여 넣습니다. ❸ Alt + Q 를 눌러 창을 닫습니다.

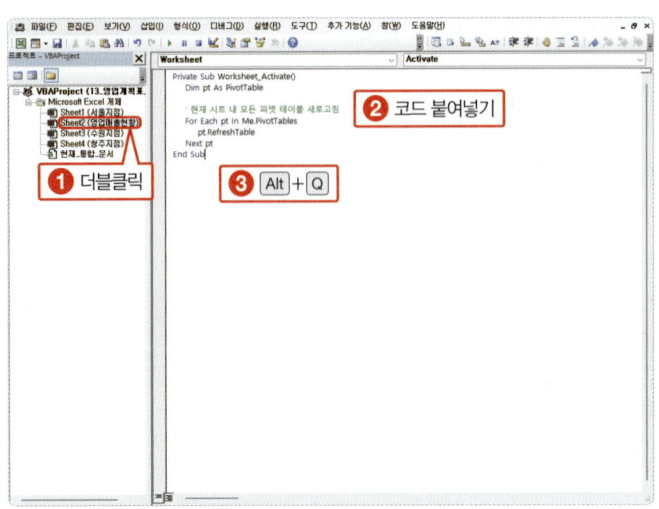

실력향상 왼쪽의 프로젝트 탐색기가 보이지 않는 경우 [보기] 탭-[프로젝트 탐색기] 메뉴를 클릭합니다.

실력향상 제공된 예제 파일과 같은 폴더 안에 책에서 활용한 코드를 텍스트 파일로 넣어두었습니다. **자동 새로 고침(코드).txt**를 복사해 붙여 넣으면 됩니다.

15 수원지점 데이터를 [영업매출] 표 범위에 추가하고 [영업매출현황] 시트를 선택하면 추가된 수원지점 매출현황이 피벗 보고서에 반영되는지 확인해보겠습니다. ❶ [수원지점] 시트에서 ❷ [B6:H65] 셀 범위를 지정하고 Ctrl + C 를 눌러 복사합니다. ❸ [서울지점] 시트에서 [B55] 셀을 클릭하고 Enter 를 눌러 붙여 넣습니다.

16 ❶ [영업매출현황] 시트를 클릭하면 ❷ [수원지점] 데이터가 피벗 보고서에 포함되고 ❸ 서울지점에는 없었던 영업4팀 데이터가 추가되어 보입니다.

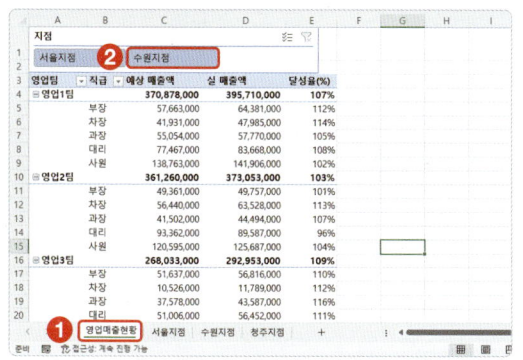
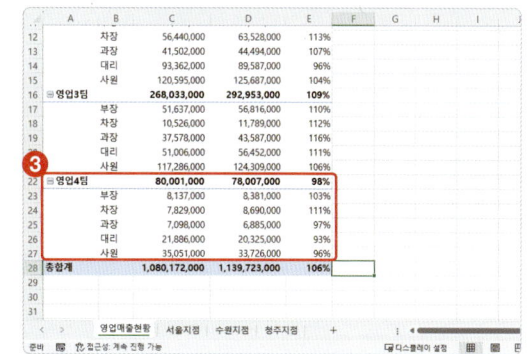

실력향상 추가한 데이터가 바로 반영되어 범위가 자동으로 확장되어 보입니다.

17 제외하는 데이터도 피벗 보고서에 바로 반영되는지 확인해보겠습니다. ❶ 영업4팀이 입력된 [서울지점] 시트의 [D106:D114] 셀 범위를 지정하고 마우스 오른쪽 버튼을 클릭한 후 ❷ [삭제]-[표 행]을 선택하여 영업4팀 데이터를 제거합니다. ❸ [영업매출현황] 시트를 클릭하면 제거된 내용이 바로 반영되어 있습니다.

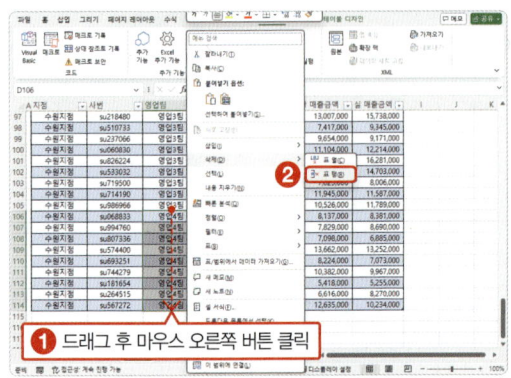
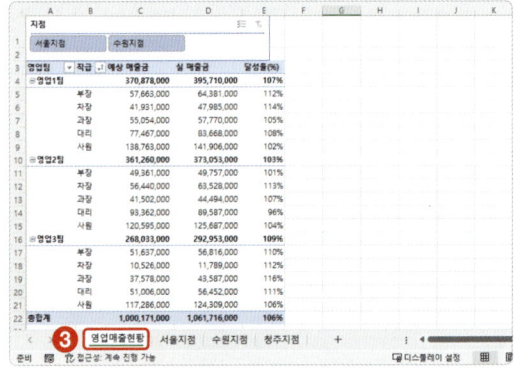

실력향상 데이터 삭제가 아닌 제외 또는 포함할 때의 데이터 현황을 파악하고 싶은 경우에는 표 데이터를 자동으로 확장/축소하는 조절점을 이용합니다. 표의 마지막 셀 오른쪽 하단의 조절점에 마우스 포인터를 갖다 대면 대각선 모양으로 마우스 포인터가 변경됩니다. 대각선을 위쪽으로 드래그하면 삭제가 아닌 잠시 데이터를 제외할 수 있습니다. 다시 조절점을 데이터가 있는 곳까지 드래그하면 데이터가 포함되었을 때의 현황을 파악할 수 있습니다.

18 ❶ [파일] 탭-[다른 이름으로 저장]을 클릭합니다. ❷ [파일 형식]을 [Excel 매크로 사용 통합 문서 (*.xlsm)]로 설정한 후 ❸ [저장]을 클릭합니다.

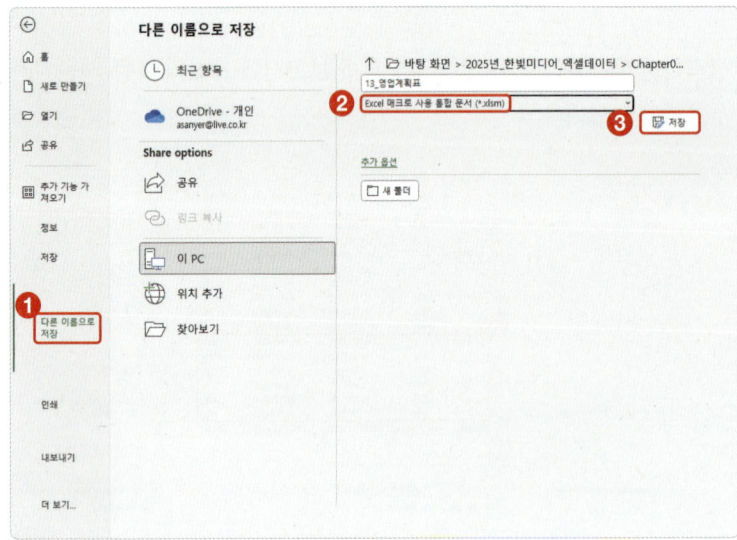

11 중복된 데이터의 고유 개수를 표시하는 피벗 테이블 작성하기

실습 파일 CHAPTER05\11_제품주문내역.xlsx | 완성 파일 CHAPTER05\11_제품주문내역(완성).xlsx

제품 주문 상세 내역에는 주문번호별로 판매된 상품과 고객 정보가 기록되어 있습니다. 하지만 한 번에 여러 상품을 주문한 경우 동일한 주문번호가 여러 행에 반복되어 나타나기 때문에, 고객의 총 주문 횟수를 직접 파악하기가 어렵습니다. 엑셀 2013 버전부터 제공되는 데이터 모델 기능을 활용하면 중복된 주문번호의 고유 개수를 계산하여 고객별 총 주문 횟수를 손쉽게 구할 수 있습니다. 이번 내용에서는 데이터 모델을 활용하여 고객별 고유 주문 횟수와 총 결제 금액을 계산하는 방법을 알아보겠습니다.

미리보기

회사에서 바로 통하는 키워드

피벗 테이블, 고유 개수, 데이터 모델링

한눈에 보는 작업 순서

1. 피벗 테이블 만들고 필드 배치하기
2. 피벗 테이블 디자인 및 레이아웃 변경하기
3. 고객별 고유 주문 횟수 구하기
4. 표시 형식 및 서식 설정하기

01 피벗 테이블 만들고 필드 배치하기
❶ [B4] 셀을 클릭하고 ❷ [삽입] 탭-[표] 그룹-[피벗 테이블]을 클릭합니다. ❸ [표 또는 범위의 피벗 테이블] 대화상자의 [테이블 또는 범위 선택]-[표/범위]에 [B4:L1552] 셀 범위가 자동 지정되어 있습니다. 피벗 테이블을 배치할 위치로 [새 워크시트]가 선택되어 있는지 확인합니다. ❹ [데이터 모델에 이 데이터 추가]에 체크하고 ❺ [확인]을 클릭합니다.

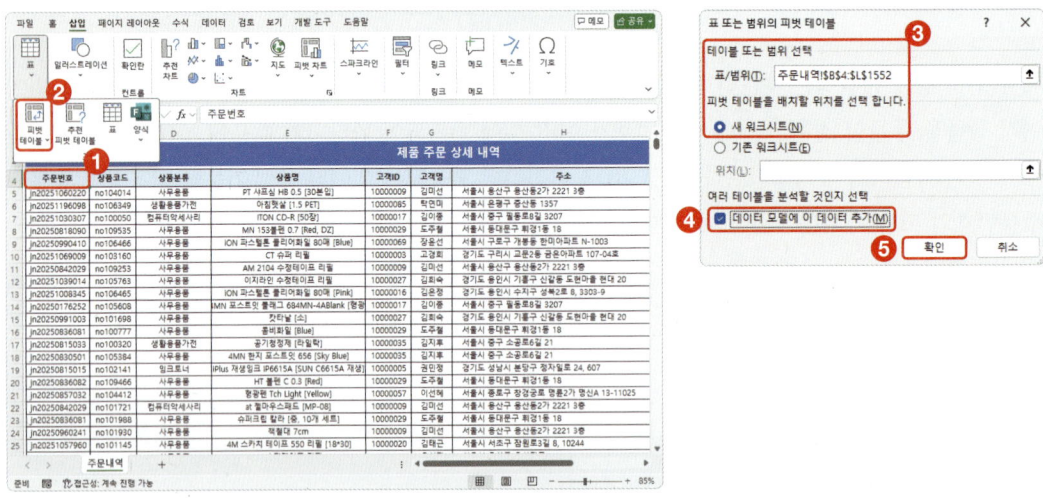

실력향상 [데이터 모델에 이 데이터 추가]에 체크하면 데이터 간의 관계 설정 등 데이터베이스 관련 추가 작업을 할 수 있습니다. 고유 개수를 구하기 위해 이 항목에 체크합니다.

02
[Sheet1]의 새로운 시트가 삽입되면서 시트 왼쪽에는 피벗 테이블 작업 영역이, 오른쪽에는 [피벗 테이블 필드] 작업 창이 나타납니다. ❶ [피벗 테이블 필드] 작업 창의 필드 목록에서 [고객명] 필드와 [고객ID] 필드는 [행] 영역으로 ❷ [주문번호] 필드와 [결제금액] 필드는 [값] 영역으로 드래그합니다.

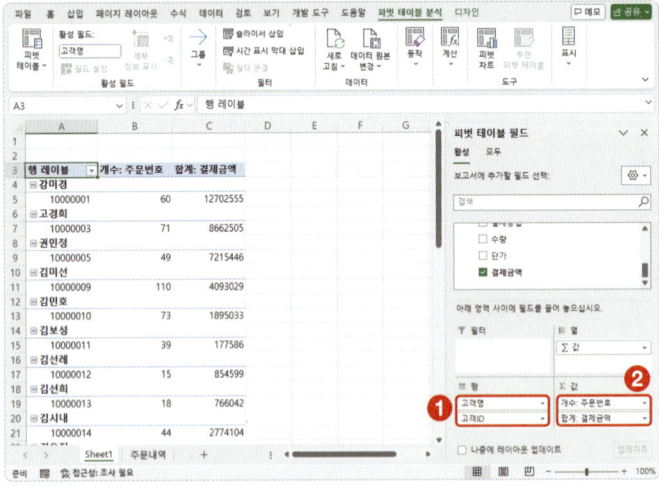

03 피벗 테이블 디자인 및 레이아웃 변경하기 ❶ [디자인] 탭-[피벗 테이블 스타일] 그룹-[빠른 스타일]을 클릭하고 ❷ [연한 주황, 피벗 스타일 밝게 17]을 선택합니다. ❸ [디자인] 탭-[피벗 테이블 스타일 옵션] 그룹-[행 머리글]의 체크를 해제합니다.

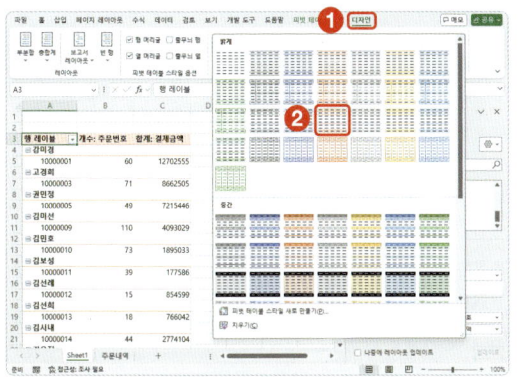
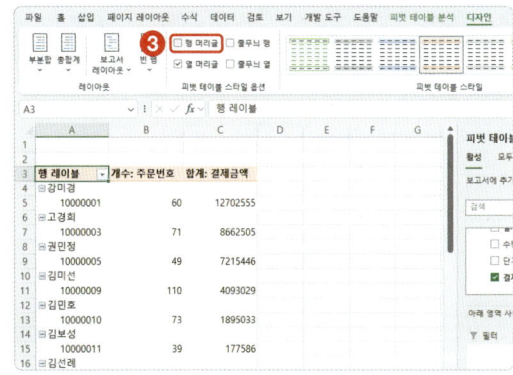

04 ❶ [디자인] 탭-[레이아웃] 그룹-[보고서 레이아웃]을 클릭하고 ❷ [테이블 형식으로 표시]를 클릭합니다. ❸ [디자인] 탭-[레이아웃] 그룹-[부분합]을 클릭하고 ❹ [부분합 표시 안 함]을 클릭합니다.

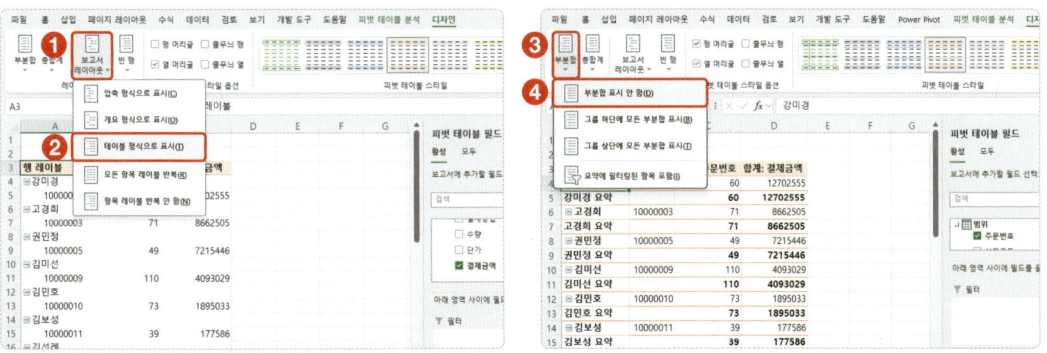

실력향상 엑셀 버전이나 PC 환경에 따라 부분합이 표시되지 않을 수도 있습니다.

05 [피벗 테이블 분석] 탭-[표시] 그룹-[+/-단추]를 클릭하여 기본 표시된 단추가 표시되지 않도록 설정합니다.

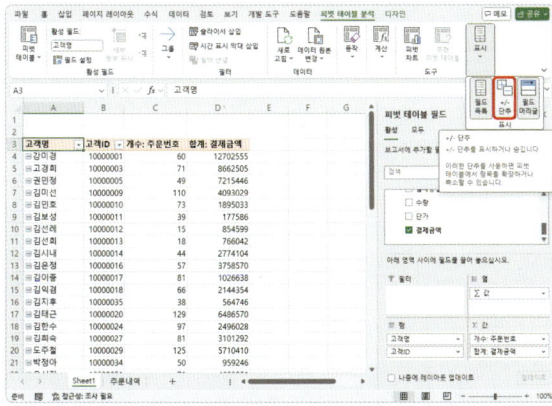

06 고객별 고유 주문 횟수 구하기

❶ [C4] 셀에서 마우스 오른쪽 버튼을 클릭하고 ❷ [값 요약 기준]-[고유 개수]를 선택합니다. ❸ [C3] 셀에 **주문횟수**, [D3] 셀에 **총 결제금액**을 입력하고 열 너비를 적당히 조절합니다.

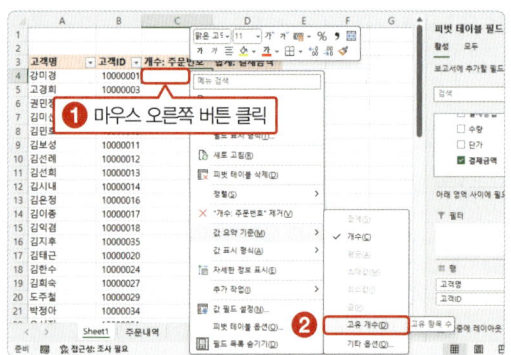 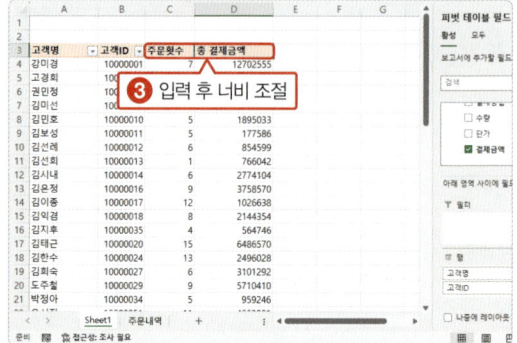

07 표시 형식 및 서식 설정하기

❶ [B4:B27] 셀 범위를 지정하고 마우스 오른쪽 버튼을 클릭한 후 ❷ [셀 서식]을 선택합니다.

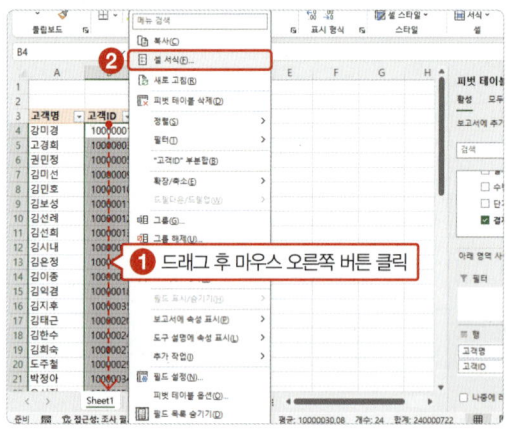

08

❶ [셀 서식] 대화상자의 [표시 형식] 탭에서 ❷ [사용자 지정]을 클릭하고 ❸ [형식] 입력란에 **(00000000)**를 입력한 후 ❹ [확인]을 클릭합니다.

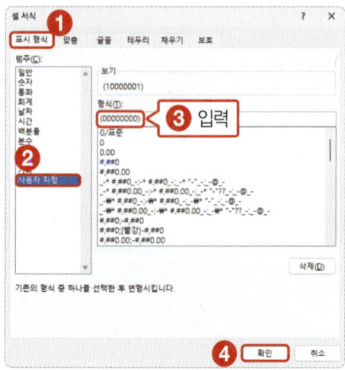

09 ① [C4] 셀에서 마우스 오른쪽 버튼을 클릭하고 ② [필드 표시 형식]을 선택합니다. ③ [셀 서식] 대화상자의 [표시 형식] 탭에서 [사용자 지정]을 클릭하고 ④ [형식] 입력란에 **0회**를 입력한 후 ⑤ [확인]을 클릭합니다.

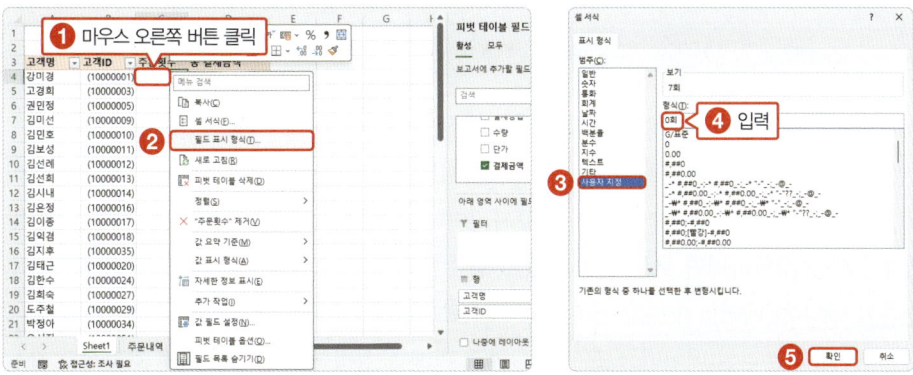

10 ① [D4] 셀에서 마우스 오른쪽 버튼을 클릭하고 ② [필드 표시 형식]을 선택합니다. ③ [셀 서식] 대화상자의 [표시 형식] 탭에서 [사용자 지정]을 클릭하고 ④ [형식] 입력란에 **#,##0원**을 입력한 후 ⑤ [확인]을 클릭합니다.

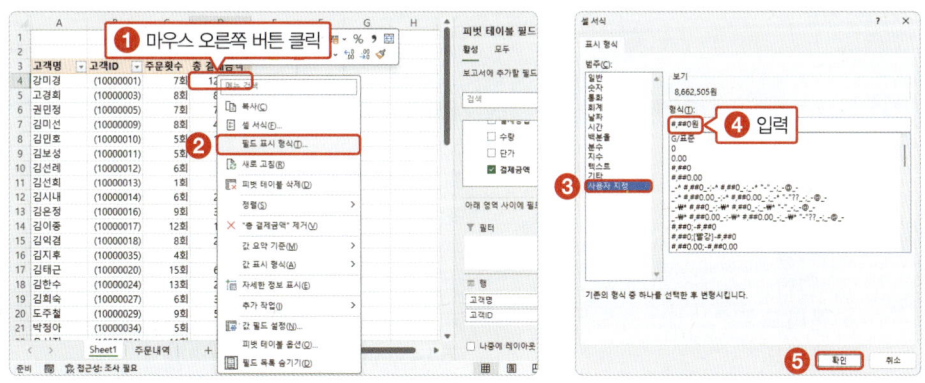

11 ① [A1] 셀에 **고객별 주문횟수와 총 결제금액**을 입력하고 [A1:D1] 셀 범위를 지정한 후 ② [홈] 탭-[맞춤] 그룹-[병합하고 가운데 맞춤]을 클릭합니다. ③ [홈] 탭-[글꼴] 그룹-[글꼴 크기]는 **14**로 입력하고 각 열의 너비와 높이를 조절하여 보고서를 완성합니다.

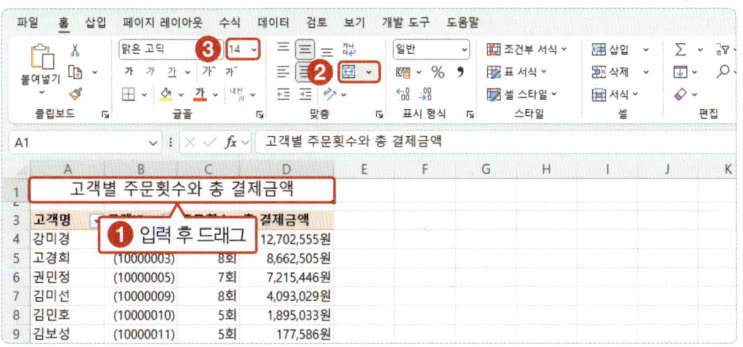

12 두 개의 표에 관계 설정하여 피벗 테이블 작성하기

실습 파일 CHAPTER05\12_지역별거래업체매출.xlsx | 완성 파일 CHAPTER05\12_지역별거래업체매출(완성).xlsx

집계할 데이터가 서로 다른 시트나 표로 분리되어 있는 경우, 일반적인 피벗 테이블만으로는 원하는 집계 보고서를 만들기가 어렵습니다. 예를 들어, 거래내역 시트에는 거래업체 코드와 함께 거래 내역이 입력되어 있고, 거래업체 시트에는 거래업체의 대표자명이나 위치한 지역 정보가 기록되어 있다고 할 때, 지역별 매출 현황을 파악하려면 보통 VLOOKUP 함수를 사용해 필요한 데이터를 가져온 후 피벗 보고서를 작성해야 합니다. 데이터가 많은 경우에는 속도도 느려지고 번거로운 작업일 수 있습니다. 이번 내용에서는 두 개의 분리된 데이터를 표로 변환하고 관계를 설정하여 필요한 피벗 보고서를 작성하는 방법에 대해 알아보겠습니다.

미리보기

지역	거래업체명	총 거래금액
강원도		162,053,100
경기		131,579,800
경상도		198,205,700
서울		495,202,400
인천		61,941,000
전라도		157,076,700
제주도		46,145,000
충청도		276,826,000
총합계		1,529,029,700

회사에서 바로 통하는 키워드

피벗 테이블, 표 서식, 관계 설정

한눈에 보는 작업 순서

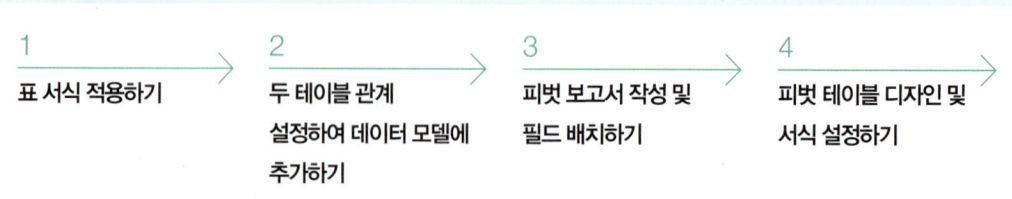

1 표 서식 적용하기 → 2 두 테이블 관계 설정하여 데이터 모델에 추가하기 → 3 피벗 보고서 작성 및 필드 배치하기 → 4 피벗 테이블 디자인 및 서식 설정하기

01 표 서식 적용하기 ❶ [거래내역] 시트에서 [B4] 셀을 클릭하고 Ctrl + T 를 누릅니다. ❷ [표 만들기] 대화상자에 다음과 같이 데이터 범위와 [머리글 포함]이 체크되어 있는지 확인한 후 ❸ [확인]을 클릭합니다.

실력향상 [거래내역] 시트 데이터의 [거래업체코드]와 [거래업체목록] 시트의 [거래업체코드]가 같은 데이터인 것으로 연결하여 관계 설정하려면 두 시트의 데이터 범위를 모두 표로 만들어야 합니다. 관계 설정 작업을 하기 위해 [표 서식]을 설정합니다.

02 ❶ [테이블 디자인] 탭-[표 스타일] 그룹-[빠른 스타일]을 클릭하고 ❷ [없음]을 선택합니다. ❸ [테이블 디자인] 탭-[속성] 그룹-[표 이름]에 **거래내역**을 입력합니다.

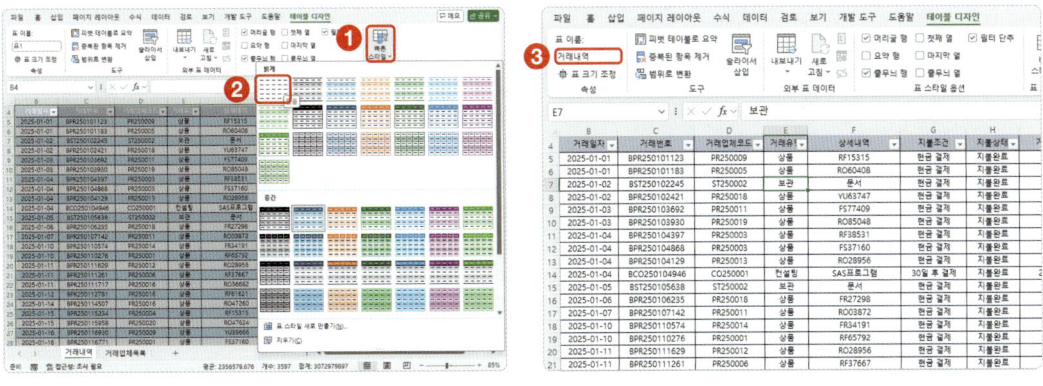

CHAPTER 05 빠르고 효율적인 데이터 관리 **379**

03 ❶ [거래업체목록] 시트에서 ❷ [B4] 셀을 클릭하고 Ctrl + T 를 누릅니다. ❸ [표 만들기] 대화상자에 다음과 같이 데이터 범위와 [머리글 포함]이 체크되어 있는지 확인한 후 ❹ [확인]을 클릭합니다.

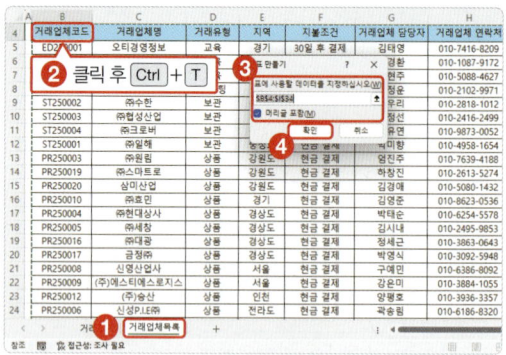

04 ❶ [테이블 디자인] 탭-[표 스타일] 그룹-[빠른 스타일]을 클릭하고 ❷ [없음]을 선택합니다. ❸ [테이블 디자인] 탭-[속성] 그룹-[표 이름]에 **거래업체목록**을 입력합니다.

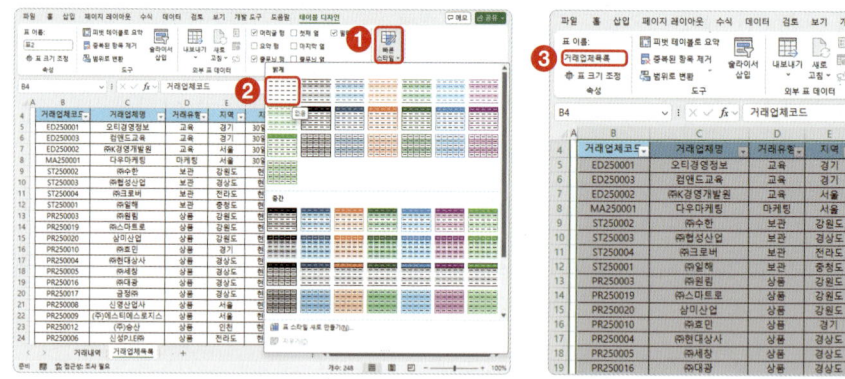

05 **두 테이블 관계 설정하여 데이터 모델에 추가하기** ❶ [데이터] 탭-[데이터 도구] 그룹-[데이터 모델]-[관계]를 클릭합니다. ❷ [관계 관리] 대화상자에서 [새로 만들기]를 클릭합니다.

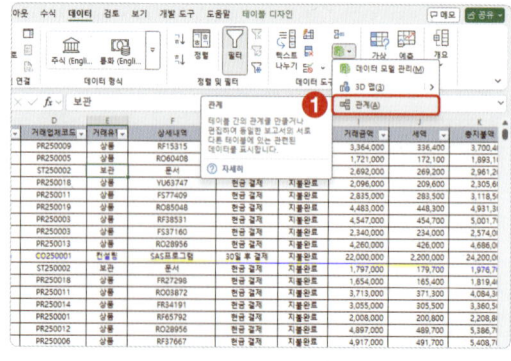 

실력향상 표로 적용된 데이터 범위가 두 개 이상이어야 [관계] 메뉴가 활성화됩니다.

실력향상 관계는 여러 개의 표를 연결하여 하나의 표처럼 사용할 수 있도록 제공되는 기능입니다. 관계로 테이블을 연결하면 두 개의 표를 가지고 하나의 피벗 보고서를 작성할 수 있습니다. 관계는 엑셀 2013 버전 이상에서만 사용할 수 있습니다.

06

① [관계 만들기] 대화상자의 [테이블]에는 [워크시트 표: 거래내역]을, [열(외래)]에는 [거래업체코드]를 선택합니다. **②** [관련 표]는 [워크시트 표: 거래업체목록]을, [관련 열(기본)]에는 [거래업체코드]를 선택합니다. **③** [확인]을 클릭합니다. [관계 관리] 대화상자에 설정한 관계가 표시되면 [닫기]를 클릭합니다.

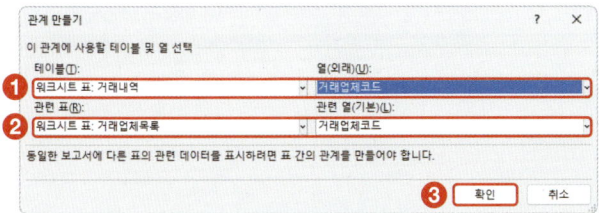

실력향상 [관계 만들기]는 두 표의 연결 작업을 합니다. [거래내역] 표에는 거래업체와 거래한 내역인 거래업체코드와 총 거래금액 등의 데이터가 입력되어 있고, [거래업체목록] 표에는 거래처를 식별할 수 있는 거래업체코드와 거래업체명, 거래업체가 위치한 지역 등의 데이터가 입력되어 있습니다. 거래업체가 위치한 지역별 거래금액 현황을 파악하기 위해 [거래내역] 표의 거래업체코드와 [거래업체내역] 표의 거래업체코드가 같다라는 관계 설정 작업을 합니다. [거래업체목록] 표의 거래업체코드는 각 거래처를 유일하게 식별할 수 있는 데이터라 기본키라고 하고, 거래할 때마다 [거래내역] 표에 거래하는 거래업체코드를 외래키라고 합니다. 그래서 [거래업체목록]을 [관련 표], [거래업체코드]를 [관련 열(기본)]으로 지정하고, [거래내역] 표를 [테이블], [거래업체코드]를 [열(외래)]로 연결할 표와 열을 각각 지정합니다.

실력향상 표 이름은 [테이블 디자인] 탭-[속성] 그룹에서 확인할 수 있습니다.

07 피벗 보고서 작성 및 필드 배치하기

① [거래내역] 시트에서 **②** 표의 임의의 셀을 클릭하고 **③** [삽입] 탭-[표] 그룹-[피벗 테이블]-[데이터 모델에서]를 클릭합니다. **④** [데이터 모델의 피벗 테이블] 대화상자에서 [새 워크시트]를 선택하고 **⑤** [확인]을 클릭합니다.

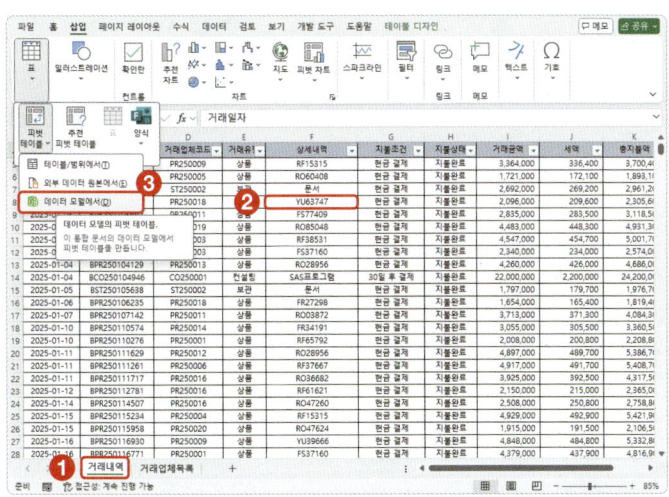

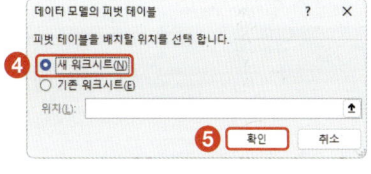

실력향상 관계 설정한 두 개의 표로 피벗 테이블을 작성하기 위해 데이터 모델을 이용합니다. [피벗 테이블]-[데이터 모델에서] 메뉴가 보이지 않는다면 버전이 다른 경우입니다. 엑셀 2013 버전에서는 [피벗 테이블 만들기] 대화상자에서 [외부 데이터 원본 사용]을 선택한 후 [연결 선택]을 클릭합니다. 엑셀 2016 이후 버전부터는 [피벗 테이블]을 클릭하여 [피벗 테이블 만들기] 대화상자가 나타나면 데이터 범위 선택란에 [이 통합 문서의 데이터 모델 사용] 항목이 함께 표시됩니다. 해당 항목을 선택하여 피벗 테이블을 작성합니다.

시간단축 선택한 시트 앞쪽에 피벗 테이블을 만드는 새 워크시트가 삽입되므로 [거래내역] 시트를 선택하고 피벗 테이블 메뉴를 선택합니다.

08 [피벗 테이블 필드] 작업 창에 데이터 모델에 존재하는 표 [거래내역]과 [거래업체목록]이 모두 표시됩니다. [거래업체목록] 테이블을 클릭하고 ❶ [지역] 필드와 [거래업체명] 필드를 [행] 영역으로 드래그합니다. [거래내역] 테이블을 클릭하고 ❷ [총지불액] 필드를 [값] 영역으로 드래그합니다.

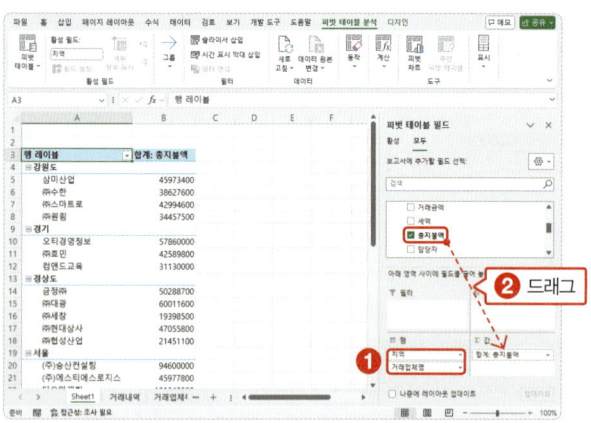

09 피벗 테이블 디자인 및 서식 설정하기 ❶ [디자인] 탭-[레이아웃] 그룹-[보고서 레이아웃]을 클릭하고 ❷ [테이블 형식으로 표시]를 클릭합니다. ❸ [디자인] 탭-[레이아웃] 그룹-[부분합]을 클릭하고 ❹ [그룹 하단에 모든 부분합 표시]를 클릭합니다.

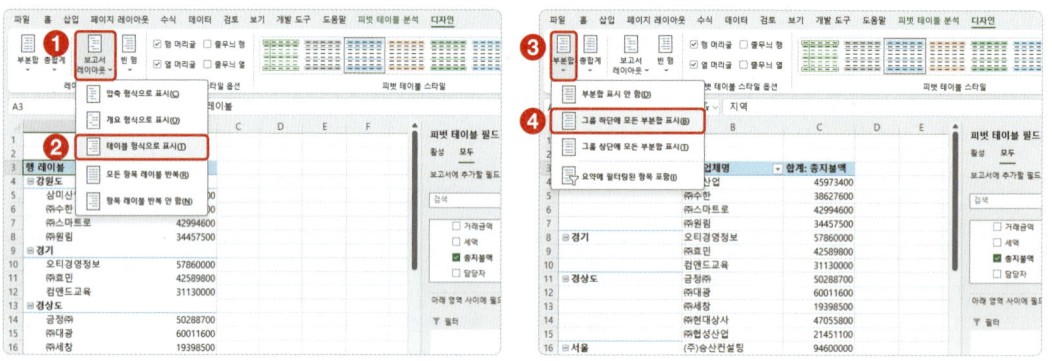

10 [디자인] 탭-[피벗 테이블 스타일 옵션] 그룹-[행 머리글]의 체크를 해제합니다.

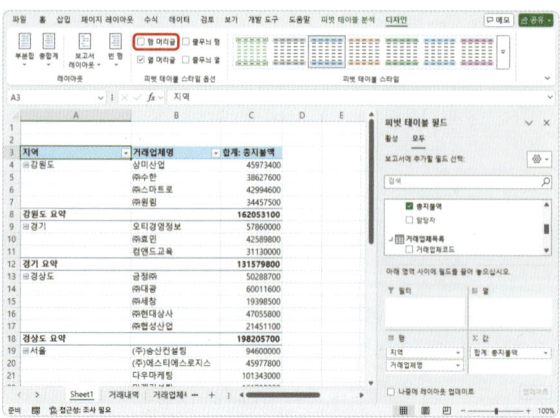

11 ❶ [C3] 셀에 **총 거래금액**을 입력하고 ❷ [C4] 셀에서 마우스 오른쪽 버튼을 클릭한 후 ❸ [필드 표시 형식]을 선택합니다. ❹ [셀 서식] 대화상자의 [표시 형식] 탭에서 [숫자]를 클릭하고 ❺ [1000 단위 구분 기호 사용]에 체크한 후 ❻ [확인]을 클릭합니다.

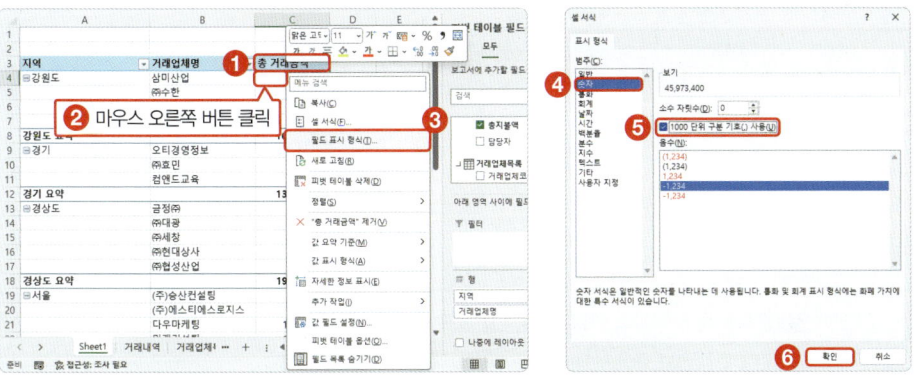

12 ❶ 피벗 테이블에서 마우스 오른쪽 버튼을 클릭하고 ❷ [피벗 테이블 옵션]을 선택합니다. ❸ [피벗 테이블 옵션] 대화상자에서 [레이블이 있는 셀 병합 및 가운데 맞춤]에 체크하고 ❹ [확인]을 클릭합니다.

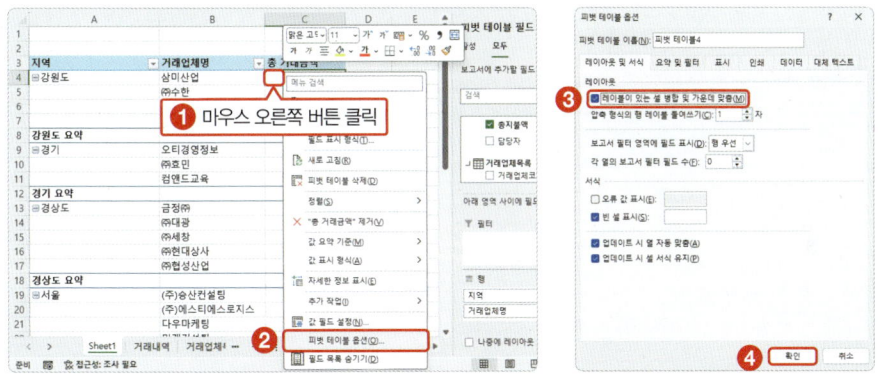

13 ❶ [필드 축소] 단추가 표시된 [지역] 열의 임의의 셀을 클릭하고 ❷ [피벗 테이블 분석] 탭-[활성 필드] 그룹-[필드 축소]를 클릭합니다. 지역별 매출 현황만 파악합니다.

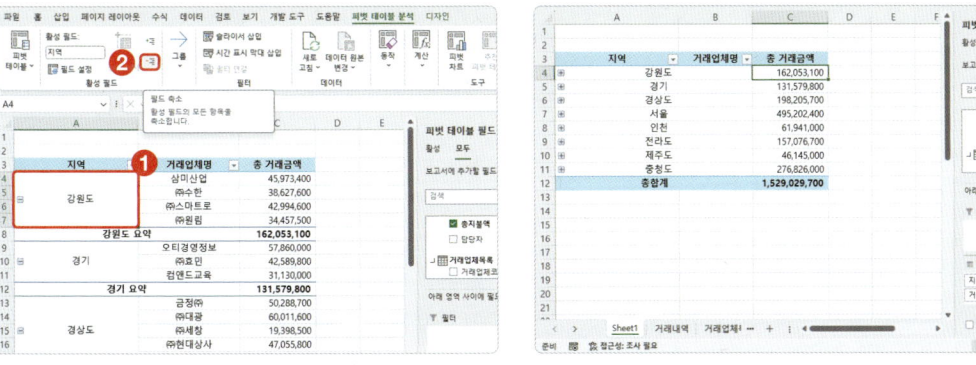

실력향상 특정 지역 앞의 [+] 단추를 클릭하면 해당 지역의 거래업체별 거래금액을 확인할 수 있습니다.

비법 Note 두 개의 데이터 표를 연결해 하나의 표로 사용할 수 있는 [관계]

두 개의 표에 모두 존재하는 필드를 연결하여 사용합니다.

〈주문내역 표〉

주문번호	고객ID	상품번호	주소	결제금액
1	0001	A	서울시	100,000
2	0002	B	경기도	200,000
3	0002	C	경기도	300,000
4	0003	D	인천	400,000
5	0001	E	서울시	500,000

〈고객정보 표〉

고객ID	고객명	연락처
0001	김지후	010-12
0002	김민서	010-34
0003	송제니	010-56

- 주문내역 표, 고객ID : 열(외래), 다른 테이블과 연결 시 사용할 필드
- 고객정보 표, 고객ID : 열(기본), 고객정보 표에서 데이터를 식별할 기준이 되는 필드

〈연결하여 고객의 총 결제금액 확인〉

고객ID	고객명	총 결제금액
0001	김지후	600,000
0002	김민서	500,000
0003	송제니	400,000

13 파워 쿼리로 데이터 편집하여 피벗 보고서 작성하기

실습 파일 CHAPTER05\13_분류별매출보고서.xlsx | **완성 파일** CHAPTER05\13_분류별매출보고서(완성).xlsx

엑셀에서 복잡한 편집 과정을 거치지 않고도 효율적으로 데이터를 정리하려면 파워 쿼리를 활용하는 것이 좋습니다. 파워 쿼리를 사용하면 구분 기호를 기준으로 행을 분리하고, 병합 기능을 통해 필요한 데이터를 가져온 후 월별 열 단위로 정리된 데이터를 편집 및 가공하여 분석하기 쉬운 형태로 변환할 수 있습니다. 이를 통해 효율적인 피벗 보고서를 작성하는 방법을 살펴보겠습니다.

미리보기

분류별 하반기 현황			
분류	3사분기	4사분기	총합계
Appliances	313,432,557	290,974,489	604,407,046
Bookcases	436,818,221	419,224,338	856,042,559
Chairs	456,198,209	435,229,579	891,427,788
Envelopes	455,889,478	474,978,497	930,867,975
Furnishings	394,128,875	440,815,239	834,944,114
Machines	488,678,367	474,770,934	963,449,301
Storage	969,102,040	963,708,120	1,932,810,160
Supplies	375,701,874	390,847,129	766,549,003
Tables	344,208,988	332,346,662	676,555,650
총합계	4,234,158,609	4,222,894,987	8,457,053,596

회사에서 바로 통하는 키워드

피벗 테이블, 파워 쿼리, 행 단위 데이터 분리, 병합, 열 피벗 해제

한눈에 보는 작업 순서

1. 파워 쿼리를 이용하여 행 단위로 데이터 분리하기
2. 파워 쿼리로 열 피벗 해제하여 데이터 정리하기

01 파워 쿼리를 이용하여 행 단위로 데이터 분리하기 ❶ [온라인업체] 시트에서 [C5] 셀을 클릭하고
❷ [데이터] 탭-[데이터 가져오기 및 변환] 그룹-[테이블/범위에서]를 클릭합니다. ❸ [표 만들기] 대화 상자에 다음과 같이 데이터 범위와 [머리글 포함]이 체크되어 있는지 확인한 후 ❹ [확인]을 클릭합니다.

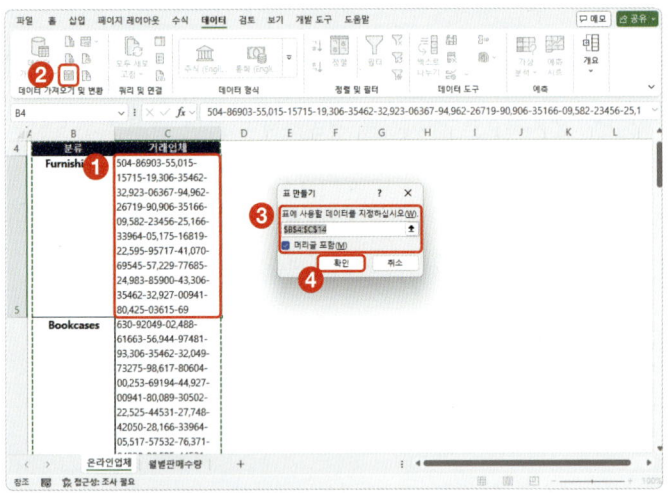

02 표 서식이 적용되면서 파워 쿼리 편집기 창이 나타납니다. ❶ [거래업체] 열 머리글을 클릭하고 ❷ [홈] 탭-[변환] 그룹-[열 분할]을 클릭한 후 ❸ [구분 기호 기준]을 클릭합니다. ❹ [구분 기호에 따라 열 분할] 대화상자에서 [구분 기호 선택 또는 입력]에서 [쉼표]를 선택합니다. ❺ [고급 옵션]을 클릭하고 ❻ [다음으로 분할]에서 [행]을 선택한 후 ❼ [확인]을 클릭합니다.

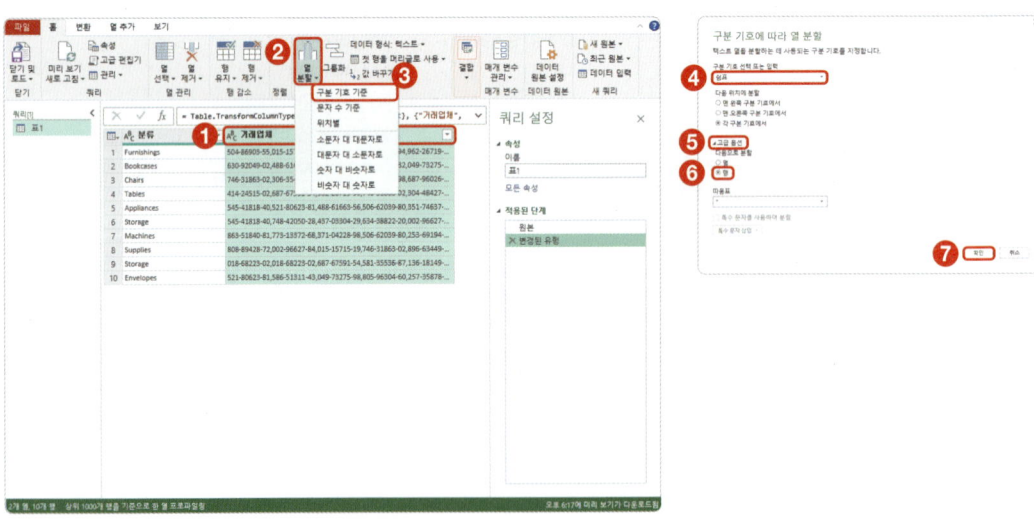

03 [쿼리 설정] 작업 창의 ❶ [속성]–[이름] 입력란에 **분류별거래업체**를 입력하고 ❷ [홈] 탭–[닫기] 그룹–[닫기 및 로드]를 클릭한 후 ❸ [닫기 및 다음으로 로드]를 클릭합니다. ❹ [데이터 가져오기] 대화상자에서 [현재 통합 문서에서 이 데이터를 표시할 방법을 선택하십시오.]는 [연결만 만들기]를 선택하고 ❺ [확인]을 클릭합니다.

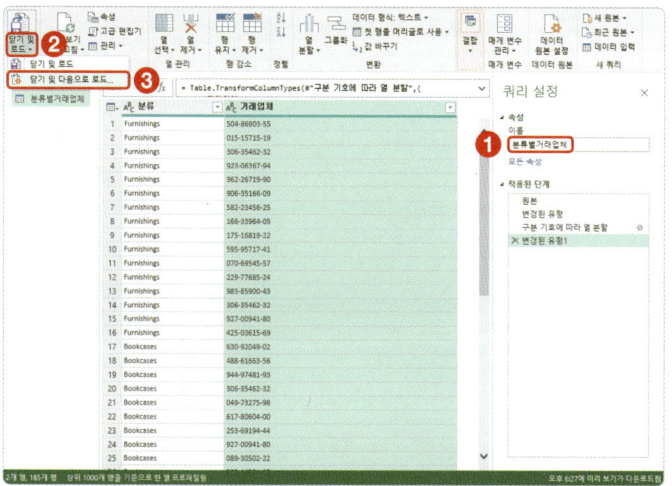
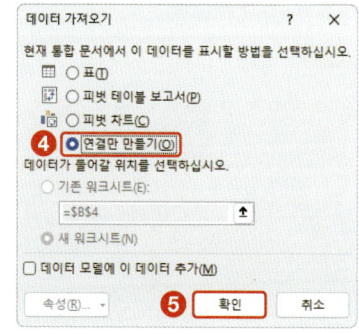

04 [쿼리 및 연결] 작업 창에서 정리된 데이터를 확인할 수 있습니다.

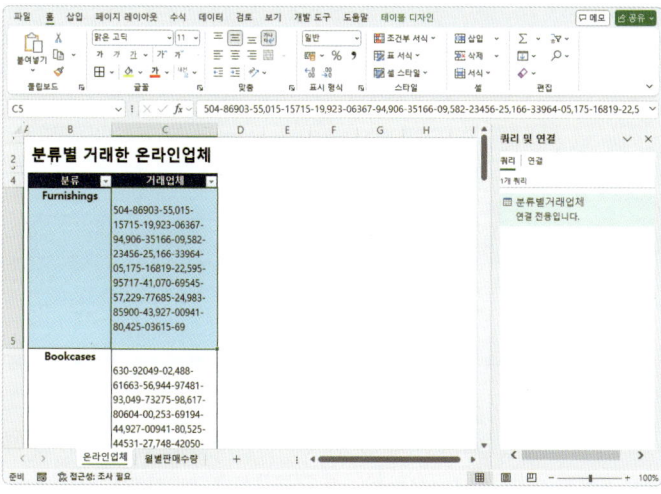

05 파워 쿼리로 열 피벗 해제하여 데이터 정리하기 ① [월별판매수량] 시트에서 ② [B4] 셀을 클릭하고 [Ctrl]+[Shift]+[End]를 눌러 [B4:Q203] 범위까지 한 번에 선택합니다. ③ [데이터] 탭-[데이터 가져오기 및 변환] 그룹-[테이블/범위에서]를 클릭합니다. ④ [표 만들기] 대화상자에 다음과 같이 데이터 범위와 [머리글 포함]이 체크되어 있는지 확인한 후 ⑤ [확인]을 클릭합니다.

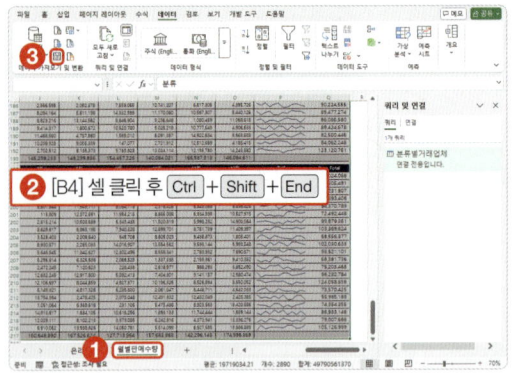 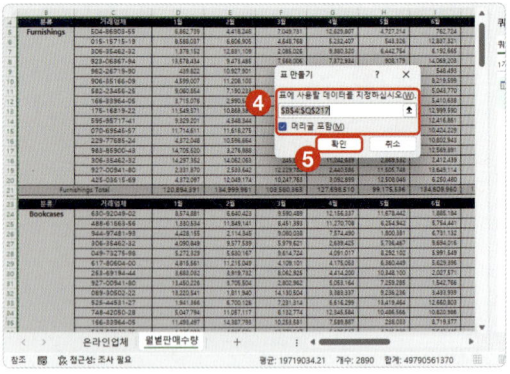

06 표 서식이 자동 적용되면서 파워 쿼리 편집기 창이 나타납니다. ① [거래업체] 열의 필터 단추를 클릭하고 ② [(Null)]의 체크를 해제합니다. ③ 목록 맨 아래의 [거래업체]의 체크를 해제하고 ④ [확인]을 클릭합니다.

 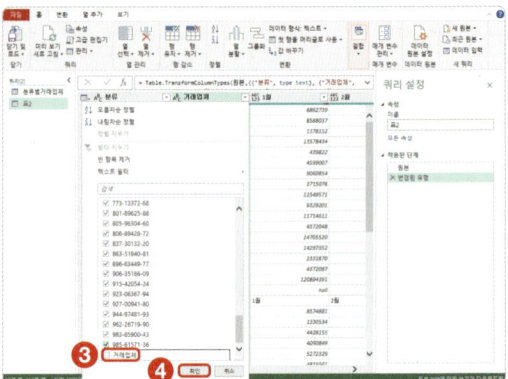

07 ① [분류] 열 머리글에서 마우스 오른쪽 버튼을 클릭하고 ② [채우기]-[아래로]를 선택합니다. ③ [1월] 열 머리글을 클릭하고 ④ 스크롤을 오른쪽으로 드래그합니다. ⑤ [Shift]를 누른 상태에서 [12월] 열 머리글을 클릭하고 ⑥ [변환] 탭-[열] 그룹-[열 피벗 해제]를 클릭합니다.

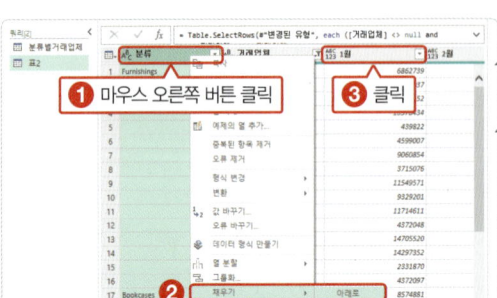 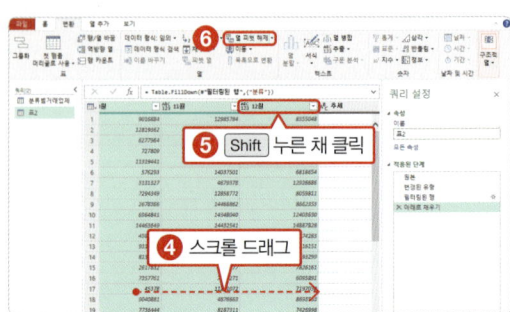

08 ① [추세] 열 머리글을 클릭하고 ② Shift 를 누른 상태에서 [Year Total] 열 머리글을 클릭한 후 ③ Delete 를 눌러 삭제합니다. ④ [특성] 열의 머리글을 더블클릭하고 **날짜**로 변경합니다. ⑤ [날짜] 열 머리글의 [데이터 형식 ABC]을 클릭하고 ⑥ [날짜]를 선택합니다.

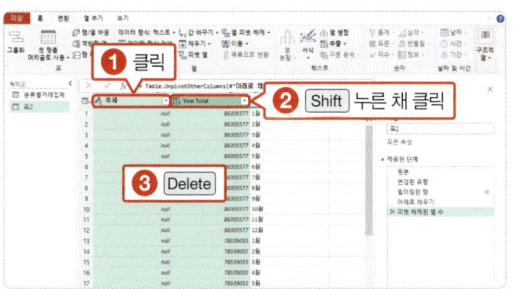 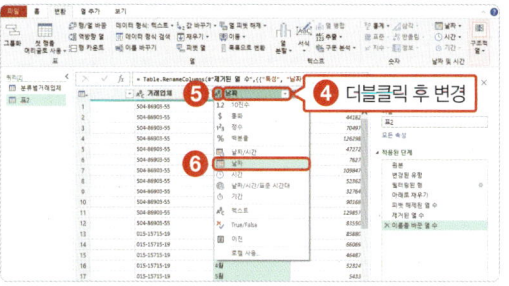

09 ① [값] 열의 머리글을 더블클릭하고 **판매수량**으로 변경합니다. ② [데이터 형식 ABC 123]을 클릭하고 ③ [정수]를 선택합니다. ④ [쿼리 설정] 작업 창의 [속성]-[이름]에 **월별판매수량**을 입력합니다.

10 필드 병합하여 데이터 가져오기 분류별 거래한 업체의 판매 수량 데이터를 가져오겠습니다. ① [분류별거래업체] 쿼리를 클릭하고 ② [홈] 탭-[결합] 그룹-[쿼리 병합]을 클릭합니다. ③ [병합] 대화상자에서 [월별판매수량] 쿼리를 선택합니다. ④ [분류별거래업체]에서 [분류] 열을 클릭하고 ⑤ Shift 를 누른 상태에서 [거래업체] 열을 클릭합니다. ⑥ [월별판매수량]에서 [분류] 열을 클릭하고 ⑦ Shift 를 누른 상태에서 [거래업체] 열을 클릭합니다. ⑧ [확인]을 클릭합니다.

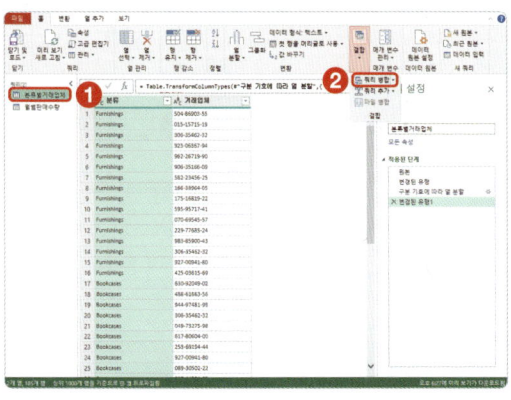 

실력향상 먼저 선택한 열부터 머리글 오른쪽에 1, 2 순으로 번호가 매겨집니다. 같은 데이터 열끼리 같은 번호를 지정하여 연결합니다.

실력향상 [조인 종류]가 [왼쪽 외부(첫 번째의 모두, 두 번째의 일치하는 행)]로 기본 설정되어 있습니다. 왼쪽 외부란 위쪽 표의 데이터는 모두 포함하고, 아래쪽 표의 데이터는 위쪽과 일치하는 경우의 데이터만 포함하는 내용입니다.

11 ① [월별판매수량] 열의 [확장 ⇌]을 클릭하고 ② [날짜]와 [판매수량]에 체크합니다. ③ [원래 열 이름을 접두사로 사용]의 체크를 해제하고 ④ [확인]을 클릭합니다.

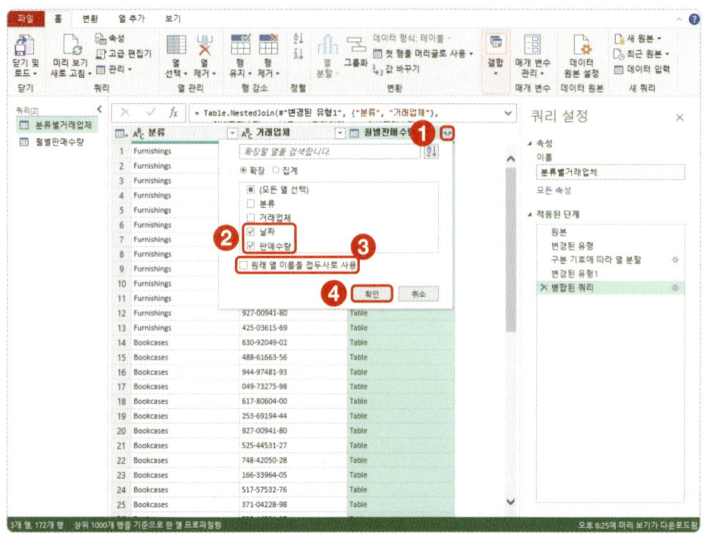

실력향상 [원래 열 이름을 접두사로 사용]에 체크하면 열 머리글이 **월별판매수량.날짜**로 입력됩니다. '날짜', '판매수량'으로 표시하기 위해 [원래 열 이름을 접두사로 사용]의 체크를 해제합니다.

12 ① [홈] 탭-[닫기] 그룹-[닫기 및 로드]를 클릭하고 ② [닫기 및 다음으로 로드]를 클릭합니다. ③ [데이터 가져오기] 대화상자에서 [현재 통합 문서에서 이 데이터를 표시할 방법을 선택하십시오.]를 [피벗 테이블 보고서]로 선택합니다. [데이터가 들어갈 위치를 선택하십시오]는 선택되어 있는 [새 워크시트]로 두고 ④ [확인]을 클릭합니다.

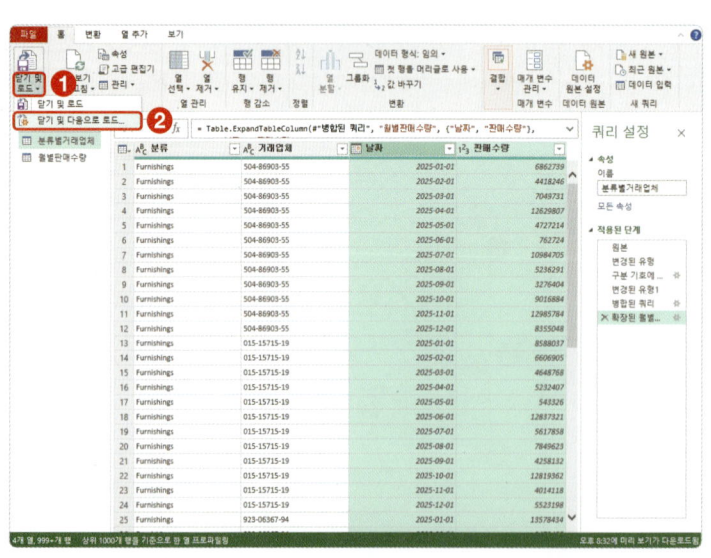

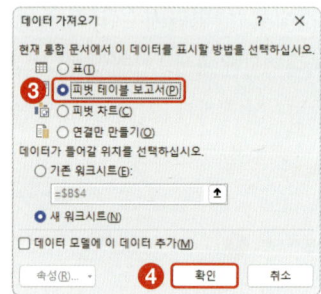

13 피벗 테이블 만들고 필드 배치하기 ❶ [피벗 테이블 필드] 작업 창에서 [분류] 필드는 [행] 영역으로 ❷ [날짜] 필드는 [열] 영역으로 ❸ [판매수량] 필드는 [값] 영역으로 드래그합니다.

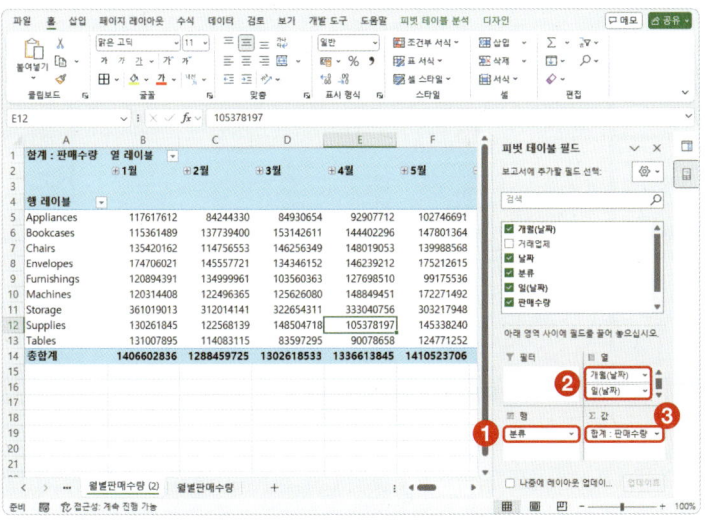

14 ❶ [B2] 셀에서 마우스 오른쪽 버튼을 클릭하고 ❷ [그룹]을 선택합니다. ❸ [그룹화] 대화상자의 [단위] 영역에서 [분기]를 선택하고 ❹ [확인]을 클릭합니다.

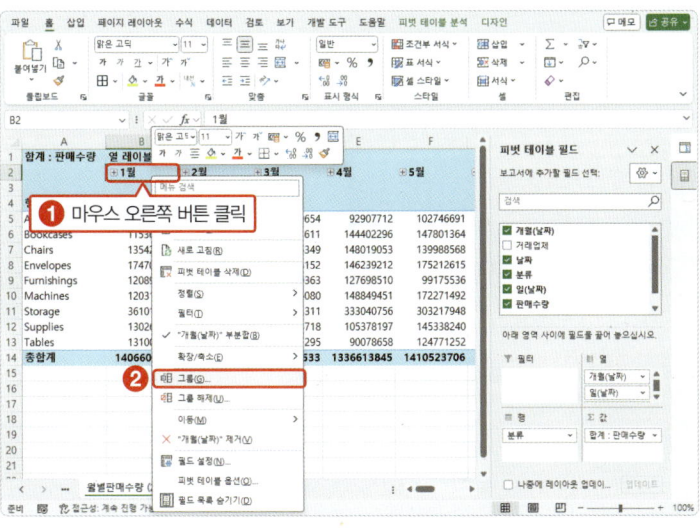
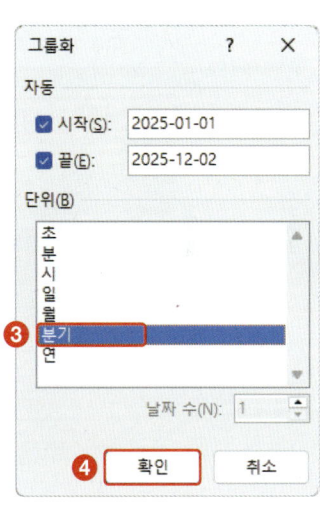

15 ❶ [B1] 셀의 목록 단추를 클릭하고 ❷ [1사분기]와 [2사분기]의 체크를 해제한 후 ❸ [확인]을 클릭합니다. ❹ [A1] 셀에 **분류별 하반기 현황**을 입력하고 ❺ [B1] 셀에는 Spacebar 를 눌러 빈 공백을 입력합니다. ❻ [A2] 셀에는 **분류**를 입력합니다.

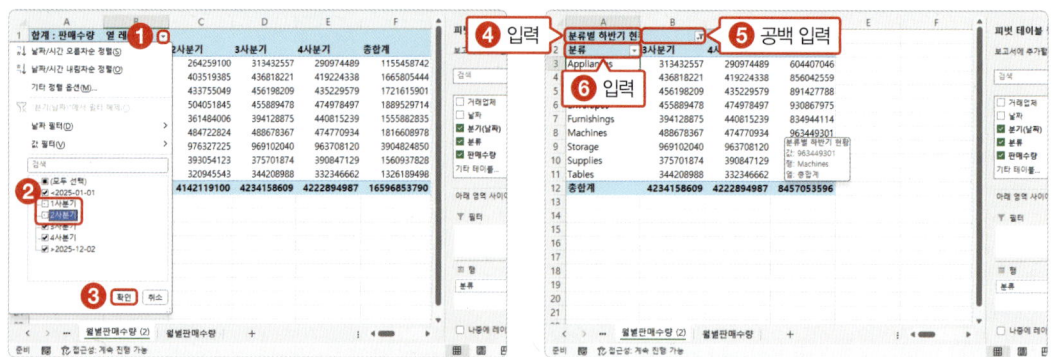

16 ❶ [B3:D12] 셀 범위를 지정하고 ❷ [홈] 탭-[표시 형식] 그룹-[쉼표 스타일]을 클릭합니다. 열 너비를 조절하여 보고서를 완성합니다.

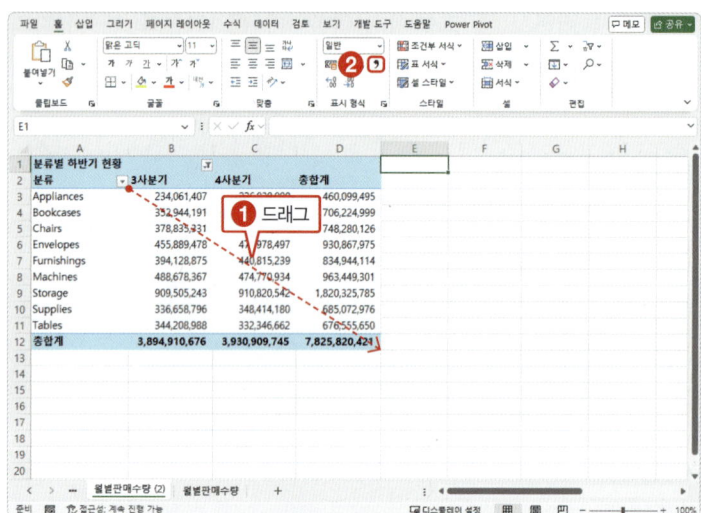

14 슬라이서로 여러 개의 피벗 테이블 연결하기

실습 파일 CHAPTER05\14_사업장수량현황.xlsx | 완성 파일 CHAPTER05\14_사업장수량현황(완성).xlsx

여러 개의 피벗 테이블을 활용하여 데이터를 분석할 때 피벗 테이블마다 동일한 필터를 반복적으로 적용해야 한다면 작업이 번거로울 수 있습니다. 이런 경우 슬라이서 도구를 사용하면 하나의 슬라이서로 여러 개의 피벗 테이블을 동시에 제어할 수 있어 보다 효율적으로 데이터를 필터링할 수 있습니다. 이번 내용에서는 슬라이서를 활용하여 여러 개의 피벗 테이블을 연결하고 필터를 간편하게 적용하는 방법에 대해 알아보겠습니다.

미리보기

사업장			생산라인				
서울	음성	진천	kl01	kl02	kl03	kl04	kl05

분기/월	생산수량	불량/파손수량	출고수량	분류	수량현황	
⊟1사분기	3,966,086	79,397	3,886,689	ACE		
1월	1,347,586	26,877	1,320,709		생산수량	898,590
2월	1,289,255	25,387	1,263,868		불량/파손수량	18,683
3월	1,329,245	27,133	1,302,112		출고수량	879,907
⊟2사분기	3,989,742	82,213	3,907,529	LED		
4월	1,347,122	27,920	1,319,202		생산수량	5,768,826
5월	1,341,074	27,980	1,313,094		불량/파손수량	114,456
6월	1,301,546	26,313	1,275,233		출고수량	5,654,370
⊟3사분기	4,022,810	79,984	3,942,826	LED_에디슨		
7월	1,371,078	27,187	1,343,891		생산수량	3,378,495
8월	1,333,239	26,334	1,306,905		불량/파손수량	68,201
9월	1,318,493	26,463	1,292,030		출고수량	3,310,294
⊟4사분기	4,093,263	81,232	4,012,031	LED_컴팩트형		
10월	1,380,632	27,908	1,352,724		생산수량	982,631
11월	1,355,920	26,571	1,329,349		불량/파손수량	19,268
12월	1,356,711	26,753	1,329,958		출고수량	963,363
총합계	16,071,901	322,826	15,749,075	LED_하이빔브		
					생산수량	886,587

회사에서 바로 통하는 키워드

피벗 테이블, 슬라이서, 보고서 연결

한눈에 보는 작업 순서

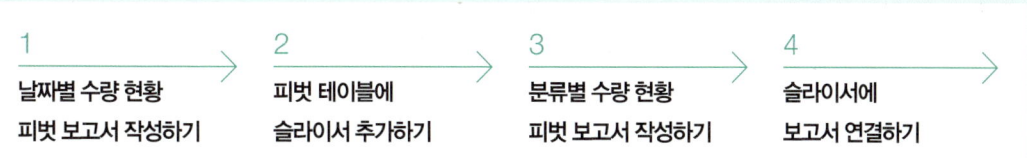

1. 날짜별 수량 현황 피벗 보고서 작성하기
2. 피벗 테이블에 슬라이서 추가하기
3. 분류별 수량 현황 피벗 보고서 작성하기
4. 슬라이서에 보고서 연결하기

01 날짜별 수량현황 피벗 보고서 작성하기 ❶ [B4] 셀을 클릭하고 ❷ [삽입] 탭-[표] 그룹-[피벗 테이블]을 클릭합니다.

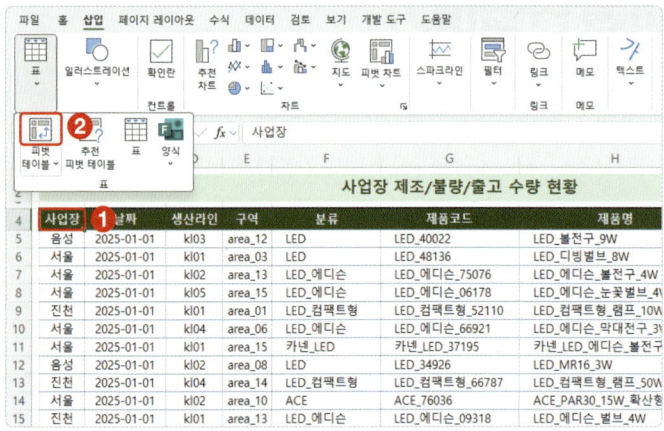

02 ❶ [표 또는 범위의 피벗 테이블] 대화상자의 [테이블 또는 범위 선택]-[표/범위]에 [B4:K18856] 셀 범위가 자동 지정되어 있습니다. 피벗 테이블을 배치할 위치로 [새 워크시트]가 선택되어 있는지 확인하고 ❷ [확인]을 클릭합니다.

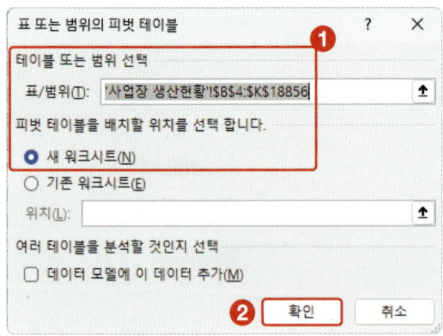

03 [Sheet1]의 새로운 시트가 삽입되면서 시트 왼쪽에는 피벗 테이블 작업 영역이, 오른쪽에는 [피벗 테이블 필드] 작업 창이 나타납니다. ❶ [피벗 테이블 필드] 작업 창의 필드 목록에서 [날짜] 필드는 [행] 영역으로 ❷ [생산], [불량/파손], [출고] 필드는 [값] 영역으로 드래그합니다.

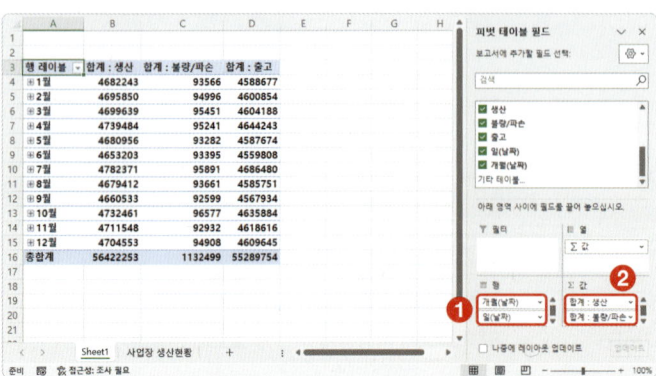

04 ❶ 날짜가 표시된 [A4] 셀에서 마우스 오른쪽 버튼을 클릭하고 ❷ [그룹]을 선택합니다. ❸ [그룹화] 대화상자의 [단위] 영역에서 [월]과 [분기]를 선택하고 ❹ [확인]을 클릭합니다.

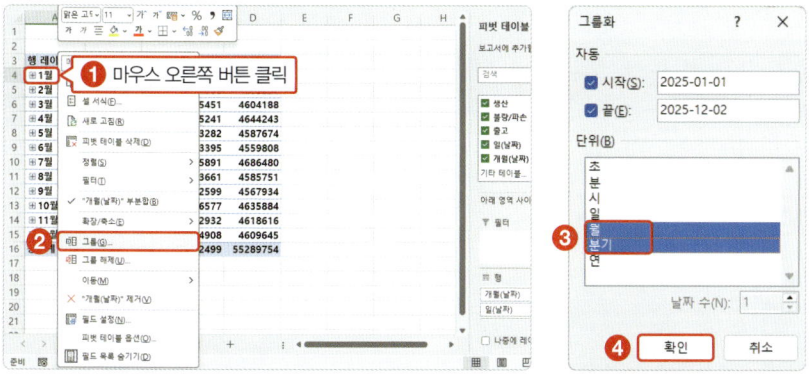

05 ❶ [A3] 셀에 **분기/월**, [B3] 셀에 **생산수량**, [C3] 셀에 **불량/파손수량**, [D3] 셀에 **출고수량**을 입력합니다. ❷ [B4:D20] 셀 범위를 지정하고 ❸ [홈] 탭–[표시 형식] 그룹–[쉼표 스타일]을 클릭합니다.

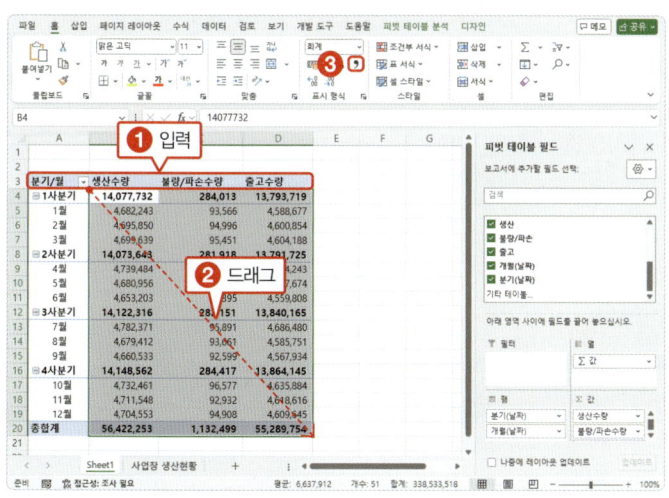

06 피벗 테이블에 슬라이서 추가하기 ❶ [피벗 테이블 분석] 탭–[필터] 그룹–[슬라이서 삽입]을 클릭합니다. ❷ [슬라이서 삽입] 대화상자에서 [사업장]과 [생산라인]에 체크하고 ❸ [확인]을 클릭합니다.

07 ❶ [사업장] 슬라이서를 선택하고 ❷ [슬라이서] 탭-[단추] 그룹-[열]의 개수를 **3**으로 변경합니다.
❸ [슬라이서] 탭-[슬라이서 스타일] 그룹-[빠른 스타일]을 클릭하고 [연한 파랑, 슬라이서 스타일 어둡게 5]를 선택합니다.

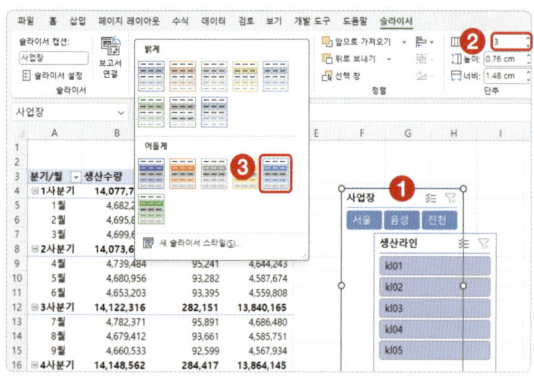

실력향상 [슬라이서] 탭-[단추] 그룹에서 슬라이서의 열 개수, 열의 너비와 높이 값을 입력하여 크기를 지정할 수 있습니다.

08 ❶ [생산라인] 슬라이서를 선택하고 ❷ [슬라이서] 탭-[단추] 그룹-[열]의 개수를 **5**로 변경합니다.
❸ [슬라이서] 탭-[슬라이서 스타일] 그룹-[빠른 스타일]을 클릭하고 [연한 파랑, 슬라이서 스타일 어둡게 5]를 선택합니다.

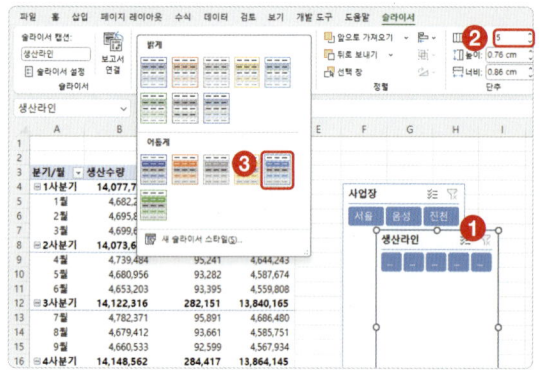

09 ❶ [사업장]과 [생산라인] 슬라이서의 크기 조절점을 드래그하여 다음과 같이 적당한 크기로 변경합니다. ❷ 1행의 높이를 적당히 조절한 후 두 개의 슬라이서를 피벗 보고서 상단에 배치합니다.

10 분류별 수량현황 피벗 보고서 작성하기 ❶ [사업장 생산현황] 시트에서 ❷ [B4] 셀을 클릭하고 ❸ [삽입] 탭-[표] 그룹-[피벗 테이블]을 클릭합니다. [표 또는 범위의 피벗 테이블] 대화상자의 [테이블 또는 범위 선택]-[표/범위]에 [B4:K18856] 셀 범위가 자동 지정되어 있습니다. ❹ 피벗 테이블을 배치할 위치로 [기존 워크시트]를 선택하고 ❺ [위치] 입력란을 클릭한 후 ❻ [Sheet1] 시트의 ❼ [F3] 셀을 클릭합니다. ❽ [확인]을 클릭합니다.

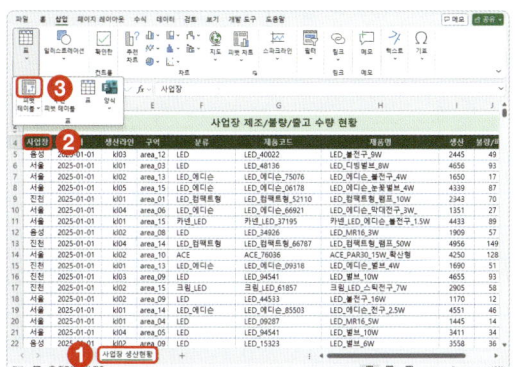 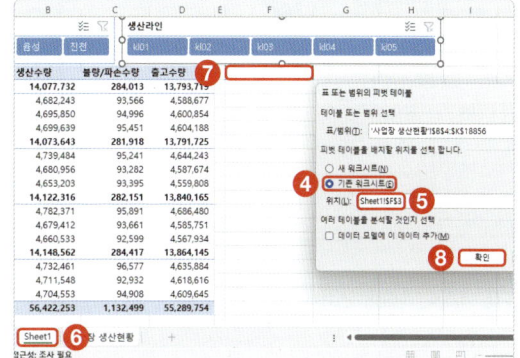

11 두 번째 피벗 테이블 작업 영역이 선택되어 있습니다. ❶ [피벗 테이블 필드] 작업 창에서 [분류] 필드는 [행] 영역으로 ❷ [생산], [불량/파손], [출고] 필드는 [값] 영역으로 드래그합니다. ❸ [열] 영역의 [Σ 값] 필드를 [행] 영역의 [분류] 필드 아래로 드래그합니다.

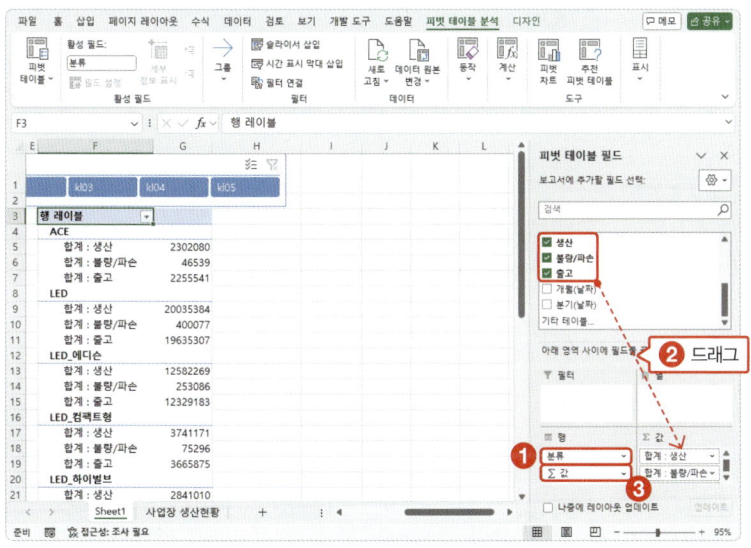

실력향상 [값] 영역에 두 개 이상의 필드를 추가하면 [값] 영역의 집계 값이 [열] 단위로 표시됩니다. 집계 값의 표시를 행 단위로 변경할 때는 자동 추가된 [Σ값] 필드를 [행] 영역으로 드래그하여 이동합니다.

12 ❶ [디자인] 탭-[레이아웃] 그룹-[보고서 레이아웃]을 클릭하고 ❷ [개요 형식으로 표시]를 클릭합니다.

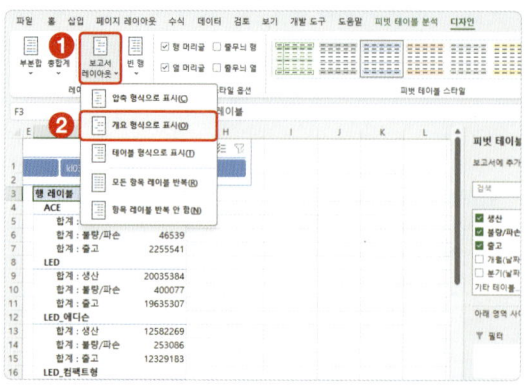

13 [G3] 셀에 **수량현황**, [G5] 셀에 **생산수량**, [G6] 셀에 **불량/파손수량**, [G7] 셀에 **출고수량**을 입력합니다.

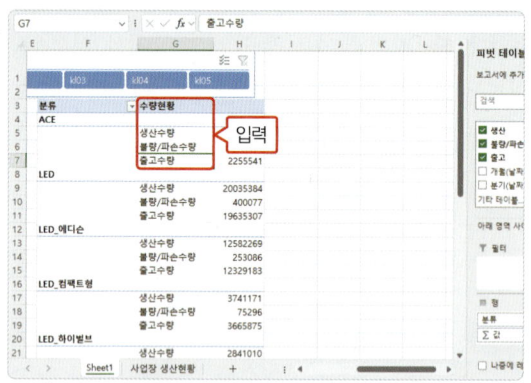

14 ❶ [H5:H42] 셀 범위를 지정하고 ❷ [홈] 탭-[표시 형식] 그룹-[쉼표 스타일]을 클릭합니다. ❸ 열 너비를 적당히 조절합니다.

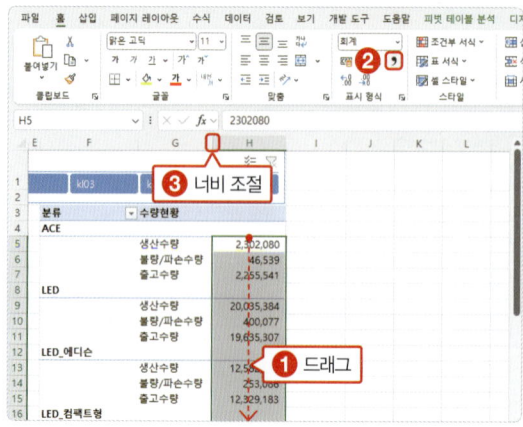

15 피벗 테이블 이름 변경 및 슬라이서에 보고서 연결하기 ❶ 왼쪽 피벗 보고서에서 임의의 셀을 클릭하고 ❷ [피벗 테이블 분석] 탭-[피벗 테이블] 그룹-[피벗 테이블 이름]을 **날짜별 수량**으로 입력합니다. ❸ 오른쪽 피벗 보고서에서 임의의 셀을 클릭하고 ❹ [피벗 테이블 분석] 탭-[피벗 테이블] 그룹-[피벗 테이블 이름]을 **분류별 수량**으로 입력합니다.

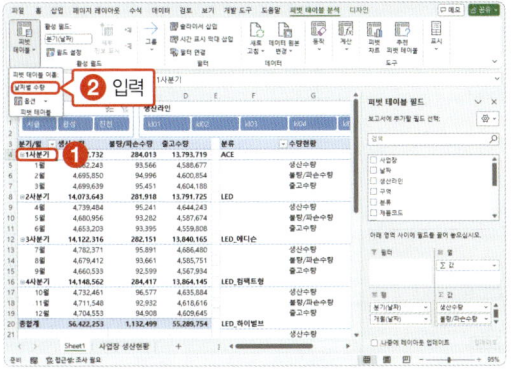
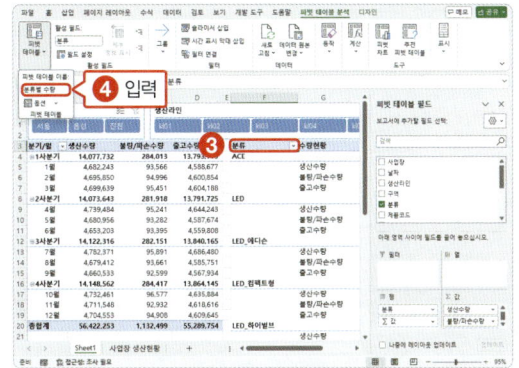

16 ❶ [사업장] 슬라이서를 선택하고 ❷ [슬라이서] 탭-[슬라이서] 그룹-[보고서 연결]을 클릭합니다. ❸ [보고서 연결(사업장)] 대화상자에서 [분류별 수량]에 체크하고 ❹ [확인]을 클릭합니다.

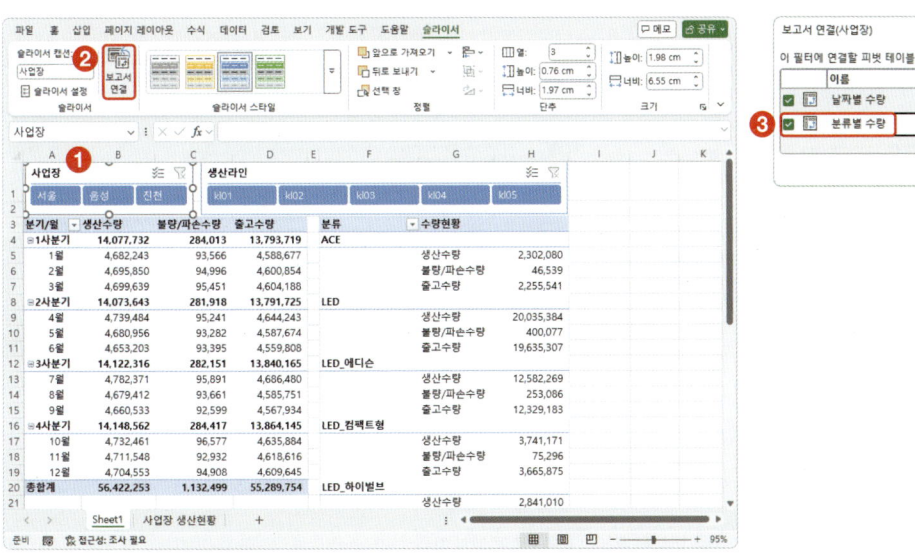

실력향상 [보고서 연결] 대화상자에서 체크한 피벗 테이블은 모두 연결됩니다. [사업장] 슬라이서를 클릭하면 두 개의 피벗 보고서에 모두 연결되어 사업장의 날짜별 수량 현황과 분류별 수량 현황을 모두 파악할 수 있습니다.

17 ❶ [생산라인] 슬라이서를 선택하고 ❷ [슬라이서] 탭-[슬라이서] 그룹-[보고서 연결]을 클릭합니다. ❸ [보고서 연결(생산라인)] 대화상자에서 [분류별 수량]에 체크하고 ❹ [확인]을 클릭합니다.

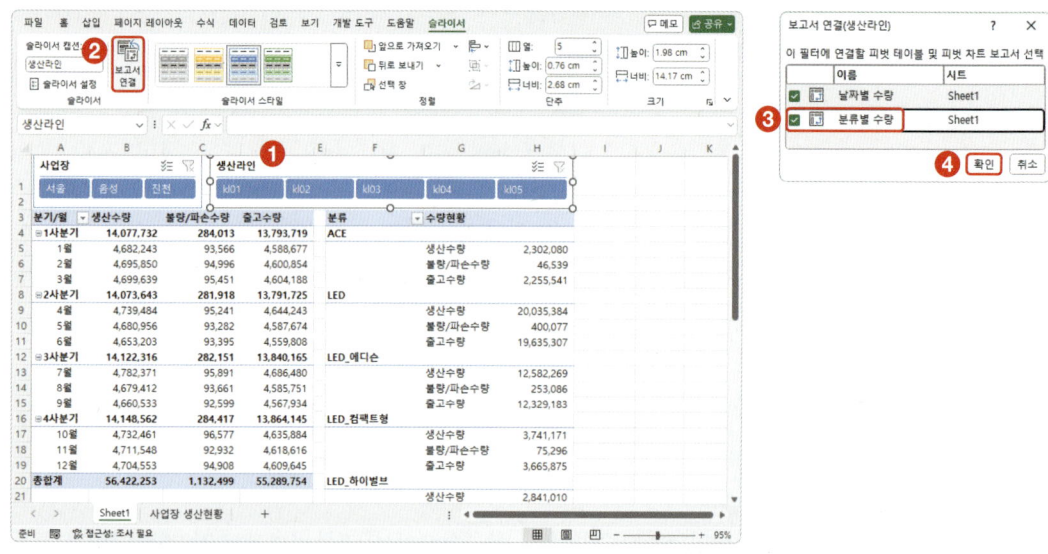

18 ❶ [사업장] 슬라이서에서 [서울]을 선택하면 [서울] 사업장의 날짜별, 분류별 수량 현황을 파악할 수 있습니다. ❷ [생산라인] 슬라이서에서 [kl01]을 클릭하고 ❸ Ctrl 을 누른 상태에서 [kl02], [kl03]을 클릭합니다. 선택한 생산라인의 현황만 파악할 수 있습니다.

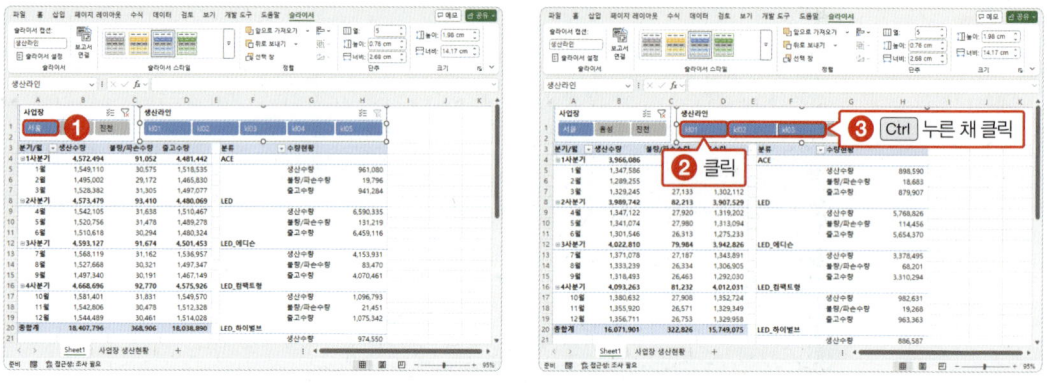

실력향상 슬라이서를 선택할 때 열 너비가 자동 변경됩니다. 각 피벗 테이블에서 마우스 오른쪽 버튼을 클릭한 후 [피벗 테이블 옵션]에서 [업데이트 시 열 자동 맞춤]의 체크를 해제하면 열 너비가 고정됩니다.

비법 Note 슬라이서의 필터

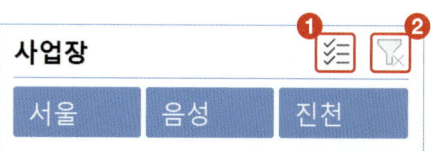

❶ **다중 선택** : [다중 선택]을 클릭하여 여러 항목을 클릭만으로 쉽게 선택/해제할 수 있습니다. 다중 선택은 단축키 Alt + S 를 눌러 적용할 수도 있으며, Ctrl 을 누른 상태에서 원하는 항목을 선택할 수도 있습니다.

❷ **필터 해제** : [필터 해제]를 클릭하거나 Alt + C 를 눌러 해제할 수 있습니다.

비법 Note 슬라이서 설정 변경하는 방법

슬라이서를 선택한 후 [슬라이서] 탭-[슬라이서] 그룹-[슬라이서 설정]을 클릭하여 설정을 변경할 수 있습니다.

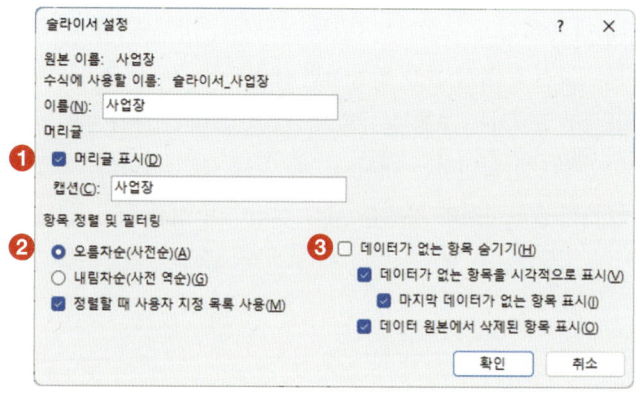

❶ **머리글 표시** : 체크를 해제하면 슬라이서 위쪽의 슬라이서 이름이 표시되지 않으며, 다중 선택과 필터 해제도 표시되지 않습니다.

❷ **오름차순/내림차순** : 슬라이서의 항목을 정렬할 때 사용합니다.

❸ **데이터가 없는 항목 숨기기** : 선택한 항목에 포함되지 않는 항목들은 희미한 색상으로 구분됩니다. 포함되지 않는 항목들이 표시되지 않도록 [데이터가 없는 항목 숨기기]에 체크합니다.

피벗 테이블과 슬라이서,
피벗 차트로 대시보드 작성하기

실습 파일 CHAPTER05\프로젝트_분류별보험가입현황.xlsx | 완성 파일 CHAPTER05\프로젝트_분류별보험가입현황(완성).xlsx

01 프로젝트 시작하기

여러 데이터를 시각적으로 정리하여 한눈에 파악하고 분석할 수 있는 보고서를 대시보드라고 합니다. 엑셀의 피벗 테이블, 피벗 차트, 슬라이서, 조건부 서식 등을 활용하면 데이터를 효과적으로 요약하고 시각적으로 표현할 수 있습니다. 이번 프로젝트에서는 보험 분류별, 금리별, 온라인 가입 여부별 가입자 수를 분석하고, 성별 비율 및 부서별 만족도를 확인하는 대시보드를 만들어보겠습니다. 이를 위해 피벗 테이블을 활용하여 데이터를 요약하고, 슬라이서와 차트를 서식 설정하여 직관적인 대시보드로 표현하는 방법을 알아보겠습니다.

회사에서 바로 통하는 키워드

피벗 테이블, 슬라이서, 피벗 차트, 묶은 세로 막대형 차트, 도넛 차트, 다음 배율에 맞게 쌓기

02 프로젝트 예제 미리보기

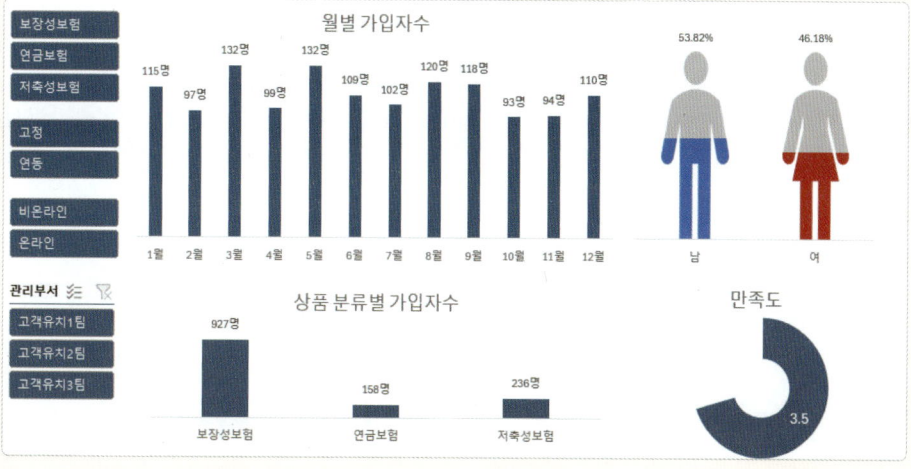

한눈에 보는 작업 순서

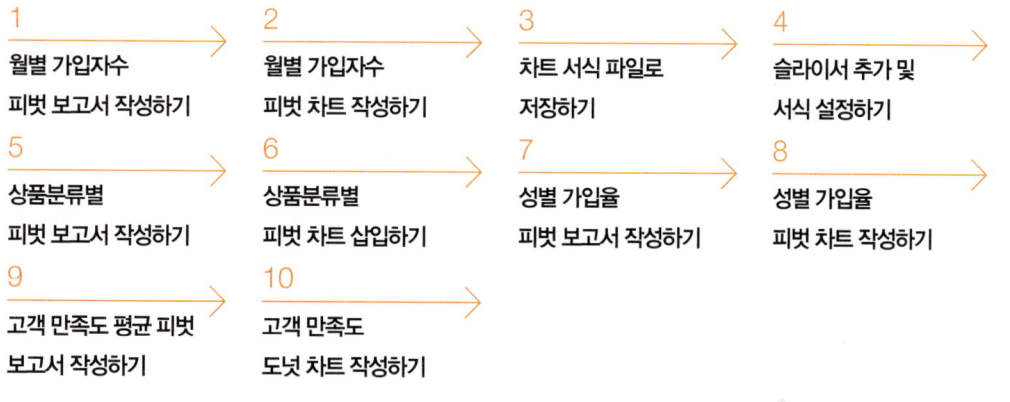

1. 월별 가입자수 피벗 보고서 작성하기
2. 월별 가입자수 피벗 차트 작성하기
3. 차트 서식 파일로 저장하기
4. 슬라이서 추가 및 서식 설정하기
5. 상품분류별 피벗 보고서 작성하기
6. 상품분류별 피벗 차트 삽입하기
7. 성별 가입율 피벗 보고서 작성하기
8. 성별 가입율 피벗 차트 작성하기
9. 고객 만족도 평균 피벗 보고서 작성하기
10. 고객 만족도 도넛 차트 작성하기

03 핵심 기능 미리보기

STEP 01 월별 가입자수 피벗 보고서와 차트 작성하기

① 보험가입일자로 월별 가입자수 피벗 보고서를 작성합니다.

② 작성한 피벗 보고서로 월별 가입자수 피벗 차트를 작성하고 보험 분류, 금리, 온라인 가입 슬라이서를 삽입합니다. 슬라이서는 서식 설정합니다.

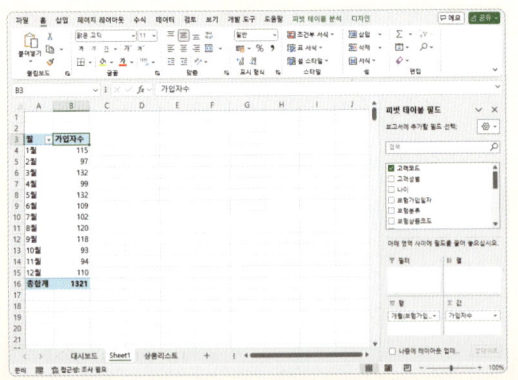 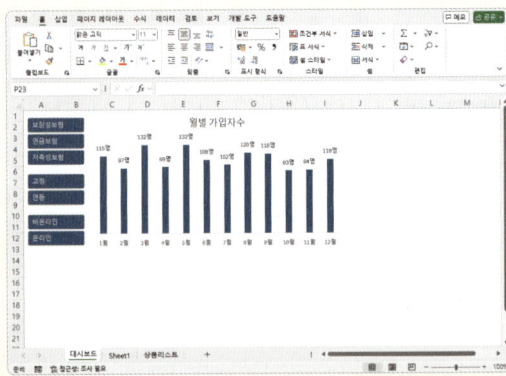

STEP 02 분류별, 성별 피벗 보고서와 차트 작성하기

① 분류별 가입자수와 남녀 성별 가입율을 표시하는 피벗 보고서를 작성합니다.

② 분류별 가입자수와 성별 가입율을 표시하는 세로 막대 차트를 작성합니다.

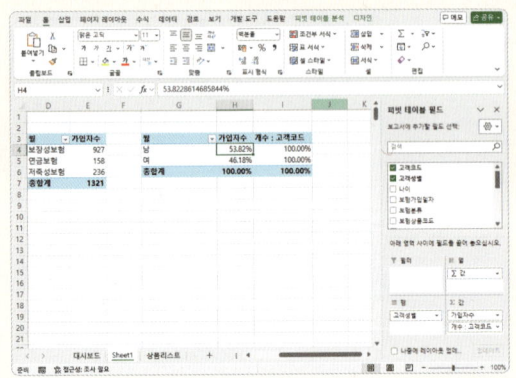 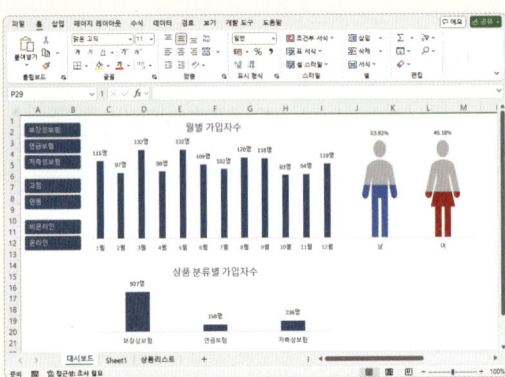

STEP 03 부서별 고객만족도 피벗 보고서 및 차트 작성하기

❶ 만족도를 표시하는 피벗 보고서와 차트에 표시될 데이터를 가공합니다.

❷ 부서별 만족도를 확인하는 슬라이서와 도넛 차트를 삽입하여 선택한 부서의 만족도 현황을 파악합니다.

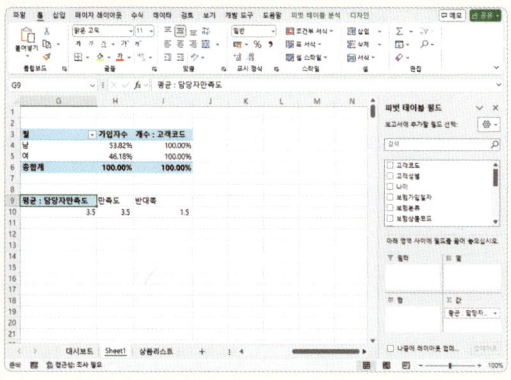 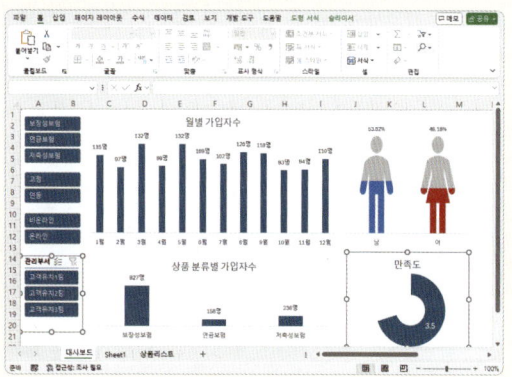

STEP 01 월별 가입자수 피벗 보고서와 차트 작성하기

월별 가입자수를 확인하는 피벗 보고서를 만들고 피벗 차트로 시각화해보겠습니다. 특정 항목에 해당하는 월별 가입자수를 확인해보기 위해 보험분류, 금리연동구분, 온라인여부를 슬라이서로 추가하고 슬라이서의 스타일을 수정하여 차트의 색상과 맞게 서식 수정하는 방법도 알아보겠습니다.

01 월별 가입자수 피벗 보고서 작성하기 ❶ [상품리스트] 시트에서 ❷ [A4] 셀을 클릭하고 ❸ [삽입] 탭–[표] 그룹–[피벗 테이블]을 클릭합니다. ❹ [표 또는 범위의 피벗 테이블] 대화상자의 [테이블 또는 범위 선택]–[표/범위]에 [A4:O1325] 셀 범위가 자동 지정되어 있습니다. 피벗 테이블을 배치할 위치로 [새 워크시트]가 선택되어 있는지 확인하고 ❺ [확인]을 클릭합니다.

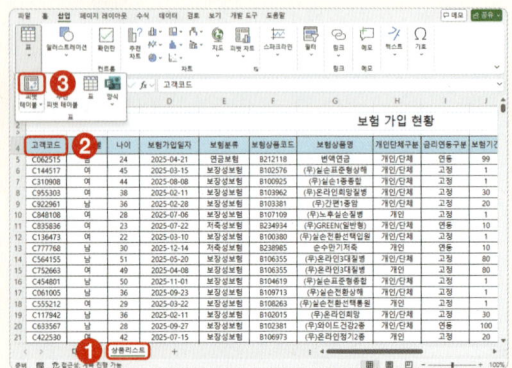 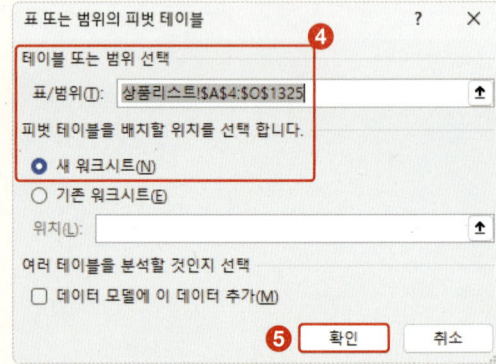

02 [Sheet1]의 새로운 시트가 삽입되면서 시트 왼쪽에는 피벗 테이블 작업 영역이, 오른쪽에는 [피벗 테이블 필드] 작업 창이 나타납니다. ❶ 작업 창의 필드 목록에서 [보험가입일자] 필드는 [행] 영역으로 ❷ [고객코드] 필드는 [값] 영역으로 드래그합니다. ❸ [A3] 셀에 **월**, [B3] 셀에 **가입자수**를 입력합니다.

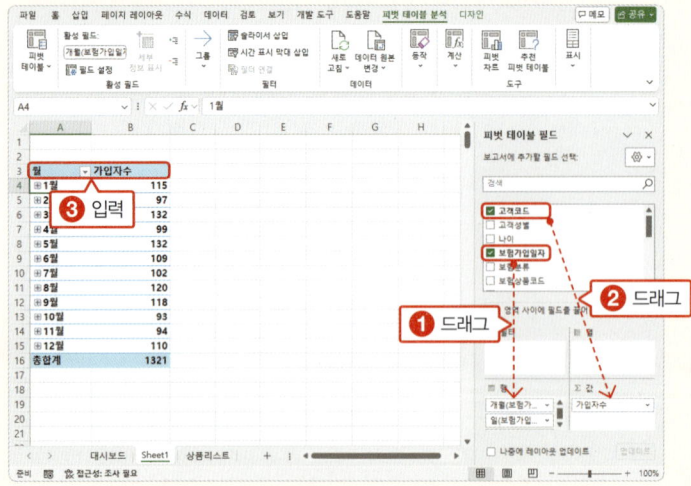

03 ① [A4] 셀에서 마우스 오른쪽 버튼을 클릭하고 ② [그룹]을 선택합니다. ③ [그룹화] 대화상자의 [단위] 영역에서 [월]을 선택하고 ④ [확인]을 클릭합니다.

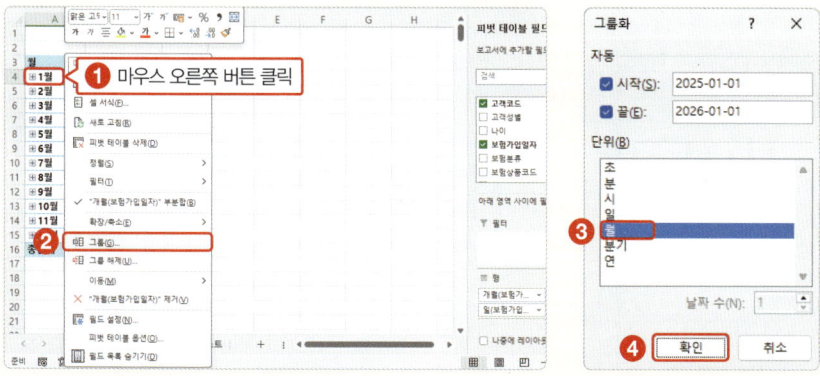

04 월별 가입자수 피벗 차트 작성하기 ① 피벗 보고서의 임의의 셀을 클릭하고 ② [삽입] 탭-[차트] 그룹-[피벗 차트]를 클릭합니다. ③ [차트 삽입] 대화상자에서 [세로 막대형]-[묶은 세로 막대형]을 선택하고 ④ [확인]을 클릭합니다.

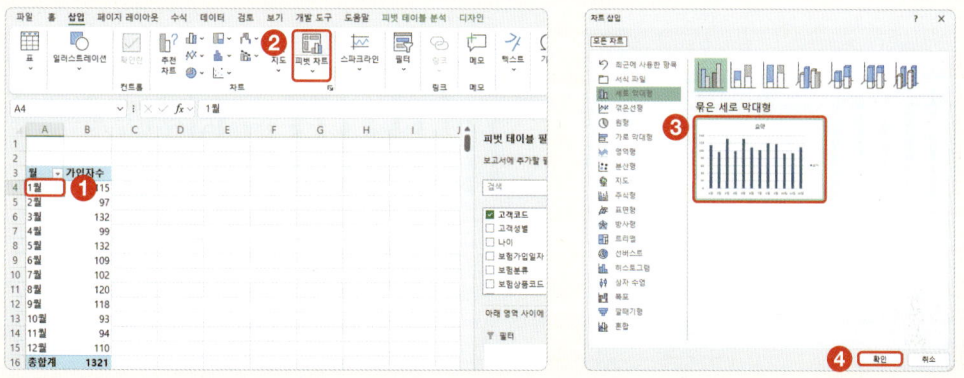

05 ① 차트가 선택된 상태에서 Ctrl + X 를 눌러 잘라냅니다. ② [대시보드] 시트에서 ③ Ctrl + V 를 눌러 붙여 넣습니다. ④ 차트를 드래그하여 왼쪽 상단 위치에 배치하고 적절한 크기로 조절합니다.

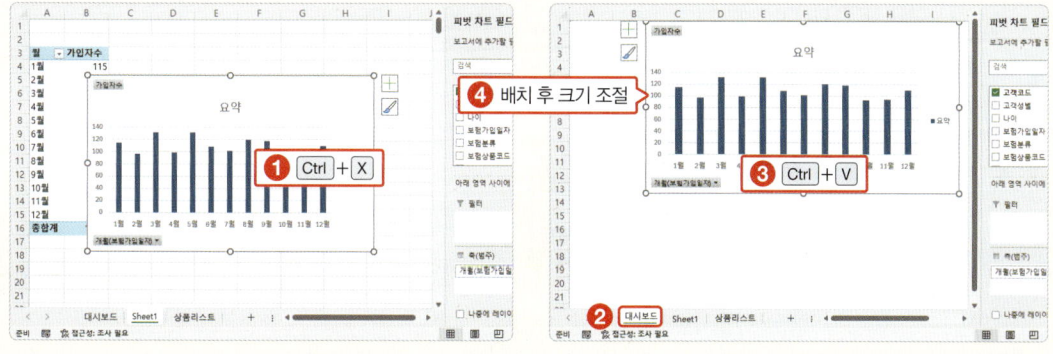

06 ① 차트의 회색 필드 단추에서 마우스 오른쪽 버튼을 클릭하고 ② [차트에서 모든 필드 단추 숨기기]를 선택합니다. ③ [차트 요소]를 클릭하고 ④ [눈금선], [범례]의 체크는 해제하고 ⑤ [데이터 레이블]은 체크합니다. ⑥ [축]의 목록 단추를 클릭하고 ⑦ [기본 세로]의 체크를 해제합니다.

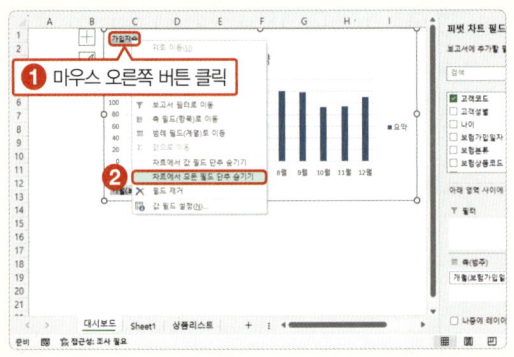 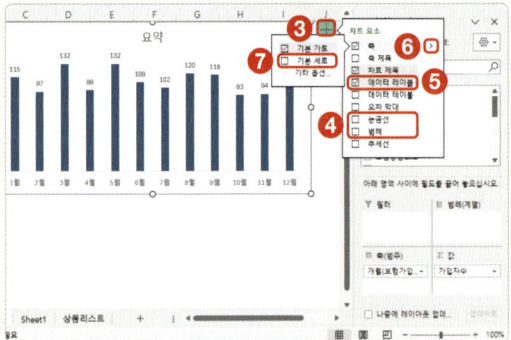

07 ① 데이터 레이블에서 마우스 오른쪽 버튼을 클릭하고 ② [데이터 레이블 서식]을 선택합니다. ③ [데이터 레이블 서식] 작업 창의 [레이블 옵션]에서 ④ [표시 형식]-[서식 코드]에 **0명**을 입력하고 ⑤ [추가]를 클릭합니다.

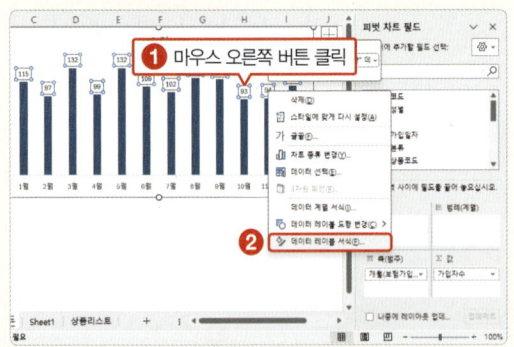 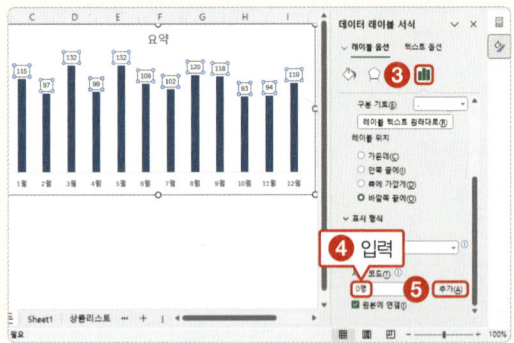

08 ① 차트 제목은 **월별 가입자수**로 변경합니다. ② 차트 영역에서 마우스 오른쪽 버튼을 클릭하고 ③ [윤곽선]-[윤곽선 없음]을 선택합니다.

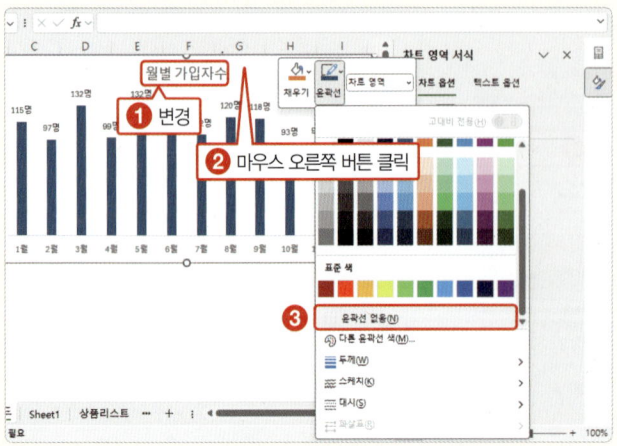

09 차트 서식 파일로 저장하기 ❶ 차트에서 마우스 오른쪽 버튼을 클릭하고 ❷ [서식 파일로 저장]을 선택합니다. ❸ [차트 서식 파일 저장] 대화상자에서 [파일 이름]에 **대시보드차트**를 입력하고 ❹ [저장]을 클릭합니다. ❺ [차트 영역 서식] 창을 닫습니다.

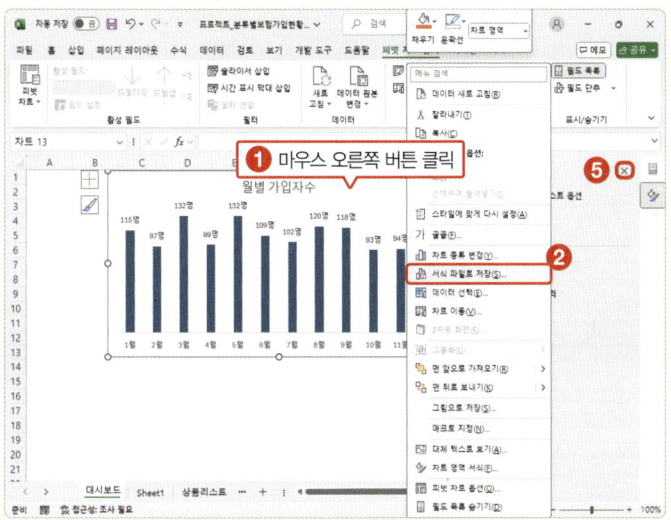
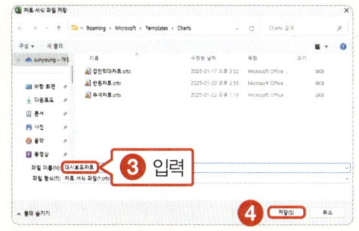

10 슬라이서 추가 및 서식 설정하기 ❶ 차트가 선택된 상태에서 [피벗 차트 분석] 탭-[필터] 그룹-[슬라이서 삽입]을 클릭합니다. ❷ [슬라이서 삽입] 대화상자에서 [보험분류], [금리연동구분], [온라인여부]에 체크하고 ❸ [확인]을 클릭합니다.

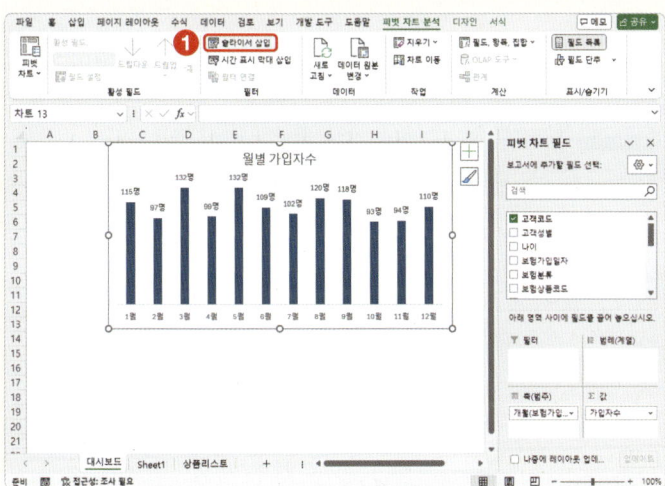
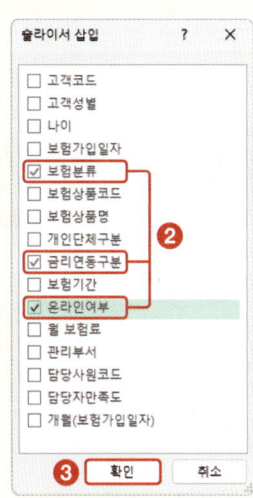

11 슬라이서의 스타일을 변경하겠습니다. ❶ [보험 분류] 슬라이서를 선택하고 ❷ [슬라이서] 탭-[슬라이서 스타일] 그룹의 스타일에서 마우스 오른쪽 버튼을 클릭한 후 ❸ [중복]을 선택합니다. ❹ [슬라이서 스타일 수정] 대화상자의 [이름] 입력란에 **SlicerStyle**을 입력하고 ❺ [서식]을 클릭합니다.

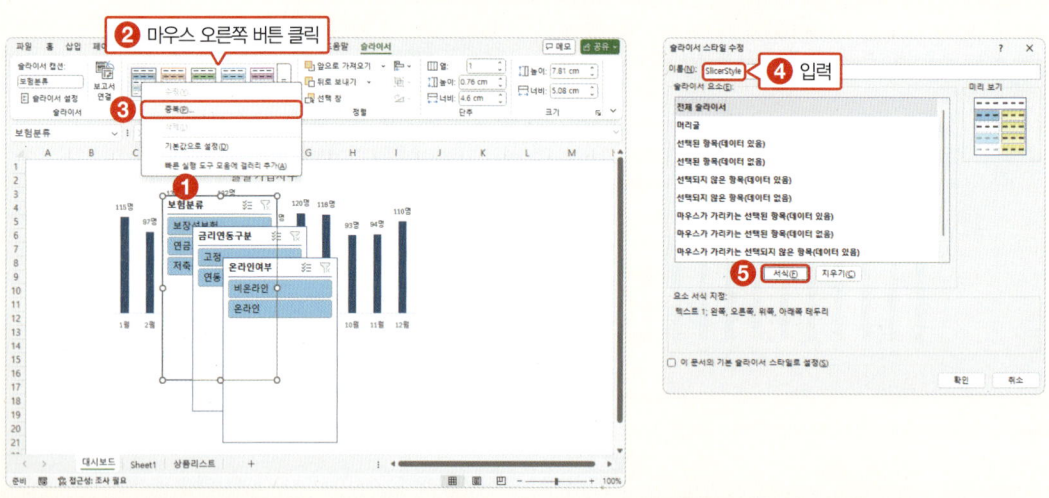

시간단축 기본으로 [전체 슬라이서]가 선택되어 있습니다. [전체 슬라이서]의 서식을 변경하기 위해 바로 [서식]을 클릭합니다.

12 ❶ [슬라이서 요소 서식] 대화상자의 [글꼴] 탭에서 [글꼴 크기]를 **10**으로 변경합니다. ❷ [테두리] 탭을 클릭하고 ❸ [미리 설정]-[없음]을 선택한 후 ❹ [확인]을 클릭합니다.

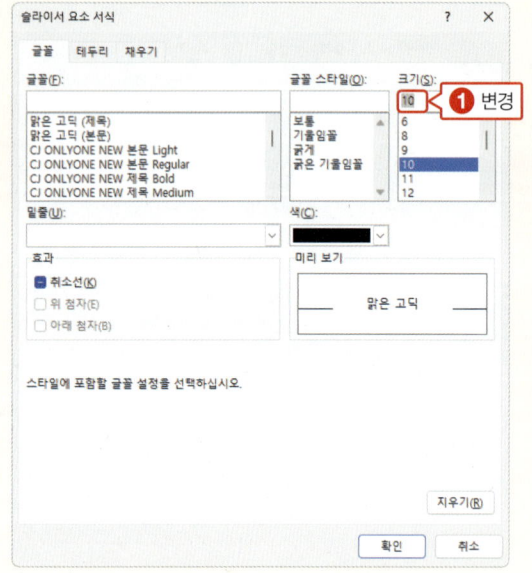
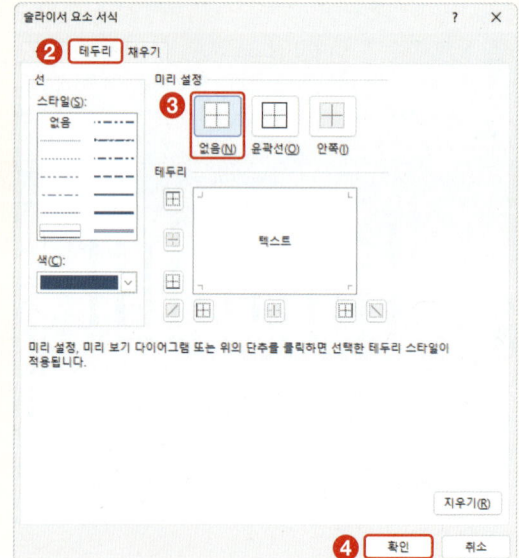

13 ❶ [슬라이서 스타일 수정] 대화상자에서 [선택된 항목(데이터 있음)]을 선택하고 ❷ [서식]을 클릭합니다. ❸ [채우기] 탭을 클릭하고 ❹ [배경색]-[진한 청록, 강조1]을 선택합니다. ❺ [글꼴] 탭을 클릭하고 ❻ [색]-[흰색]으로 변경한 후 ❼ [확인]을 클릭합니다. ❽ [슬라이서 스타일 수정] 대화상자에서도 [확인]을 클릭합니다.

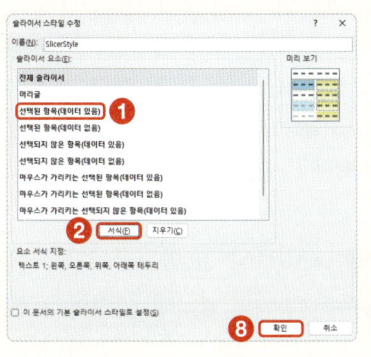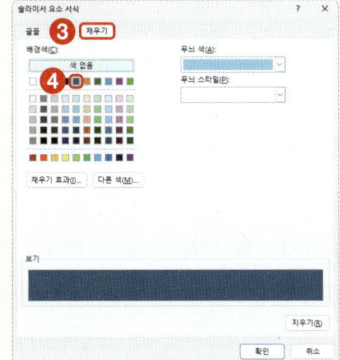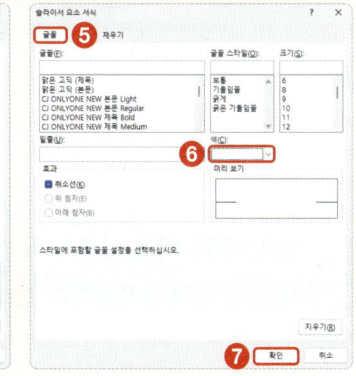

14 ❶ [보험분류] 슬라이서가 선택된 상태에서 [슬라이서] 탭-[슬라이서 스타일] 그룹-[SlicerStyle]을 클릭합니다. ❷ [슬라이서] 탭-[슬라이서] 그룹-[슬라이서 설정]을 클릭합니다 ❸ [슬라이서 설정] 대화상자의 [머리글 표시]의 체크를 해제한 후 ❹ [확인]을 클릭합니다. ❺ [금리연동구분] 슬라이서와 [온라인여부] 슬라이서에도 동일한 스타일을 설정하고 다음과 같이 모든 슬라이서를 적절한 크기로 조절한 후 배치합니다.

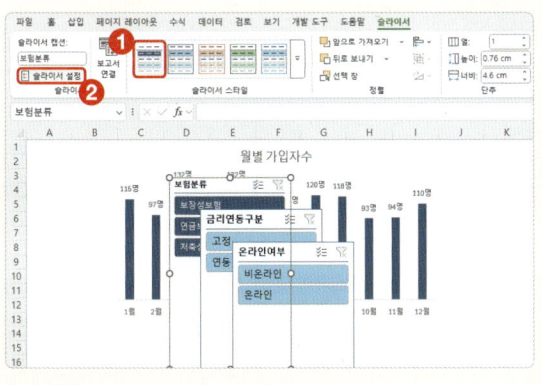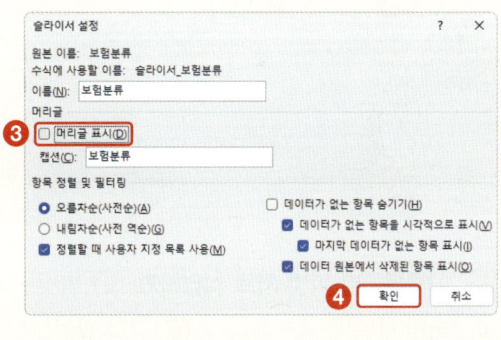

STEP 02   분류별, 성별 피벗 보고서와 차트 작성하기

보험 분류별 가입자 수와 성별 가입 비율을 분석하는 피벗 보고서를 생성하고, 이를 피벗 차트로 시각화해보겠습니다. 먼저, 기존의 피벗 보고서를 복사하여 수정하면 슬라이서가 자동으로 연결되므로 이를 활용하여 새로운 보고서를 효율적으로 작성할 수 있습니다. 월별 가입자 수 피벗 보고서를 복사한 후 이를 분류별 가입자 수와 성별 가입 비율을 분석할 수 있도록 수정하고, 세로 막대 차트로 시각화하겠습니다. 분류별 가입자 수는 대시보드 서식 파일을 활용하여 차트를 작성하고, 성별 가입 비율은 픽토그램을 이용한 차트로 표현하여 보다 직관적인 시각 자료를 완성해보겠습니다.

01 상품분류별 피벗 보고서 작성하기 ❶ [Sheet1] 시트에서 ❷ [A3:B16] 셀 범위를 지정하고 Ctrl + C 를 눌러 복사합니다. ❸ [D3] 셀에서 Ctrl + V 를 눌러 붙여 넣습니다. ❹ [행] 영역의 [보험가입일자] 필드는 왼쪽으로 드래그하여 제거합니다. ❺ [보험분류] 필드를 [행] 영역으로 드래그합니다.

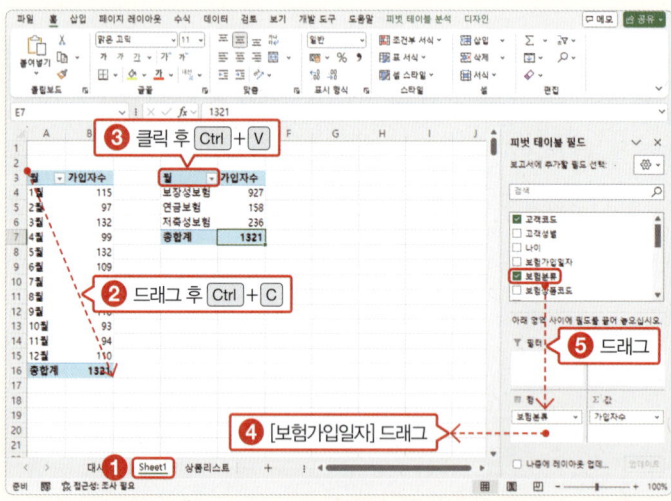

02 상품분류별 피벗 차트 삽입하기 ❶ 피벗 보고서의 임의의 셀을 클릭하고 ❷ [삽입] 탭-[차트] 그룹-[피벗 차트]를 클릭합니다. ❸ [차트 삽입] 대화상자에서 [서식 파일]-[대시보드차트]를 선택하고 ❹ [확인]을 클릭합니다.

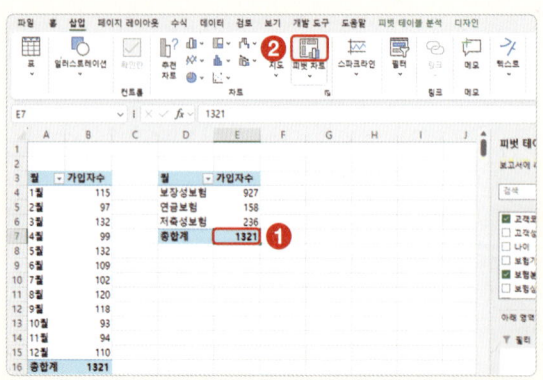 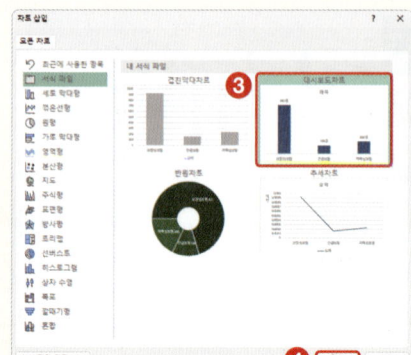

03 ① 삽입된 차트가 선택된 상태에서 Ctrl + X 를 눌러 잘라냅니다. ② [대시보드] 시트에서 ③ Ctrl + V 를 눌러 붙여 넣습니다. ④ 차트를 [월별 가입자수] 차트 아래로 배치한 후 크기를 조절합니다. ⑤ 차트 제목은 **상품분류별 가입자수**로 변경합니다.

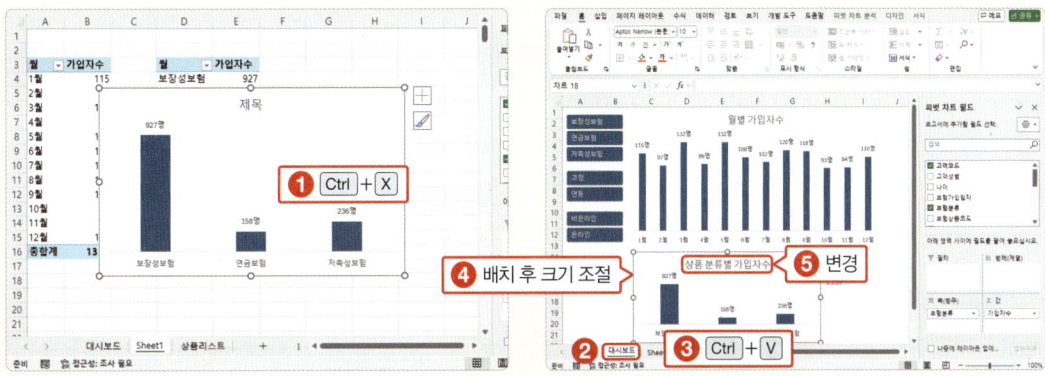

04 성별 가입율 피벗 보고서 작성하기 ① [Sheet1] 시트에서 ② [D3:E7] 셀 범위를 지정하고 Ctrl + C 를 눌러 복사합니다. ③ [G3] 셀에서 Ctrl + V 를 눌러 붙여 넣습니다. ④ [행] 영역의 [보험분류] 필드는 왼쪽으로 드래그하여 제거합니다. ⑤ [고객성별] 필드를 [행] 영역으로 드래그하고 ⑥ [고객코드] 필드를 [값] 영역으로 드래그합니다.

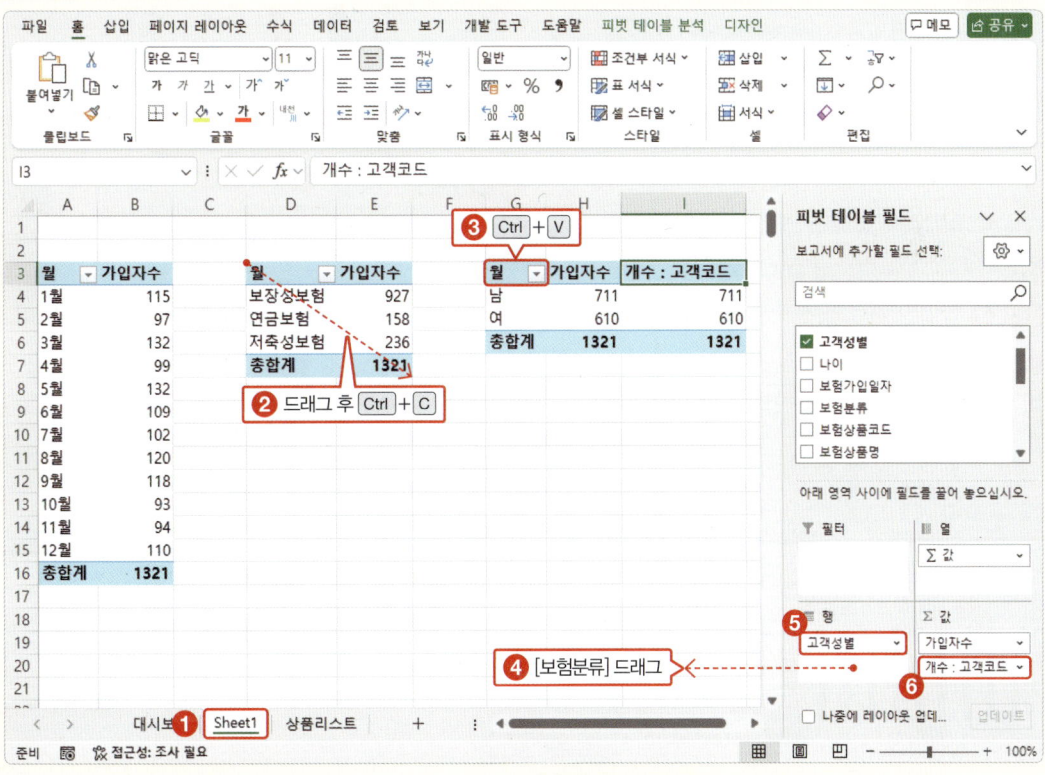

05 ❶ 가입자 수가 표시된 [H4] 셀에서 마우스 오른쪽 버튼을 클릭하고 ❷ [값 표시 형식]-[열 합계 비율]을 선택합니다. ❸ [I4] 셀에서 마우스 오른쪽 버튼을 클릭하고 ❹ [값 표시 형식]-[행 합계 비율]을 선택합니다.

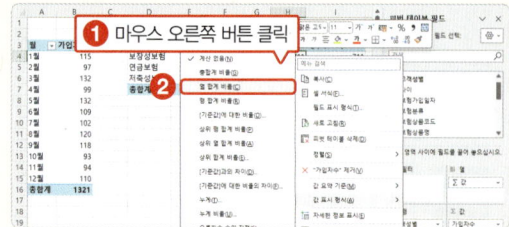 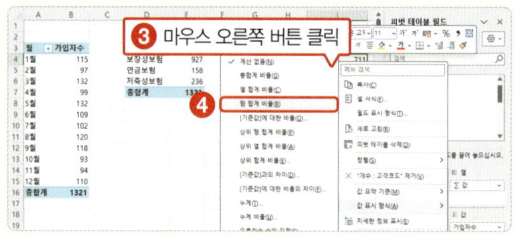

06 성별 가입율 피벗 차트 작성하기 ❶ 피벗 보고서에 임의의 셀이 선택된 상태에서 [삽입] 탭-[차트] 그룹-[피벗 차트]를 클릭합니다. ❷ [차트 삽입] 대화상자에서 [혼합]을 클릭하고 ❸ [개수 : 고객코드] 계열의 차트 종류를 [묶은 세로 막대형]으로 선택합니다. ❹ [가입자수] 계열의 [보조 축]에 체크하고 ❺ [확인]을 클릭합니다.

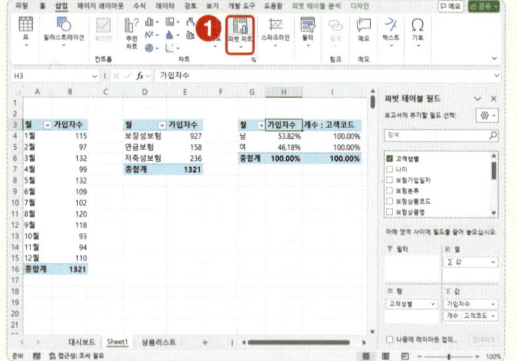 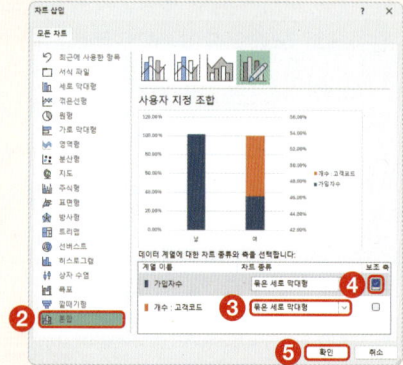

07 ❶ 삽입된 차트가 선택된 상태에서 Ctrl + X 를 눌러 잘라낸 후 [대시보드] 시트에 붙여 넣습니다. ❷ 차트를 [월별 가입자수] 차트 오른쪽에 배치하고 크기를 조절합니다. ❸ 차트의 회색 필드 단추에서 마우스 오른쪽 버튼을 클릭하고 ❹ [차트에서 모든 필드 단추 숨기기]를 선택합니다.

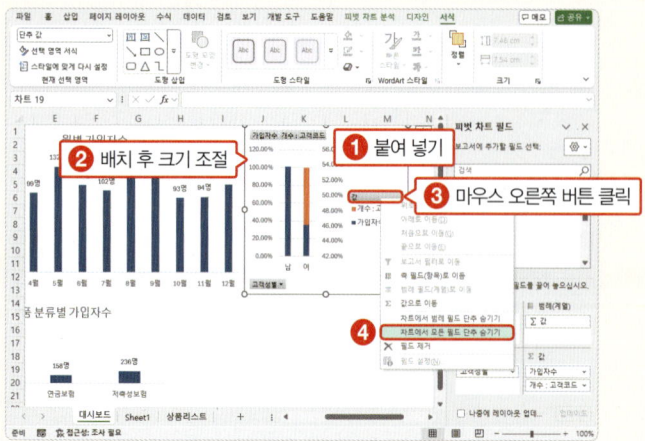

08 ❶ [차트 요소]를 클릭하고 ❷ [눈금선], [범례]의 체크를 해제합니다. ❸ [축]의 목록 단추를 클릭하고 ❹ [기본 세로]와 [보조 세로]의 체크를 해제합니다. ❺ 차트 영역에서 마우스 오른쪽 버튼을 클릭하고 ❻ [윤곽선]-[윤곽선 없음]을 선택합니다.

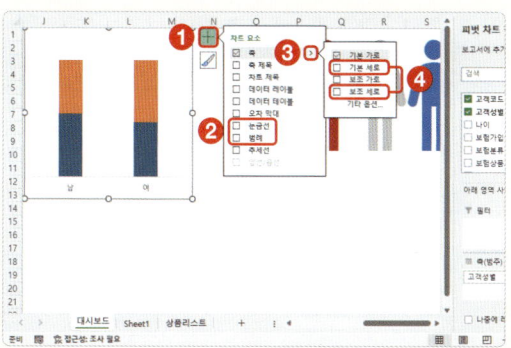
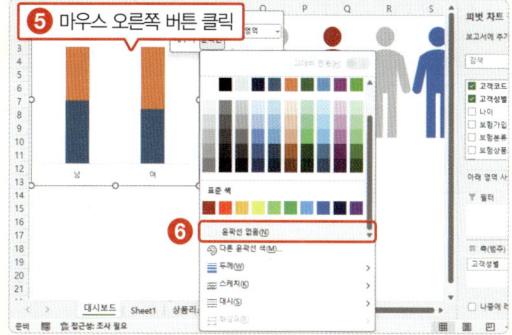

09 ❶ 회색 남자 도형을 선택하고 Ctrl + C 를 눌러 복사합니다. ❷ [개수:고객코드] 계열의 [남] 요소를 두 번 클릭하고 Ctrl + V 를 눌러 붙여 넣습니다.

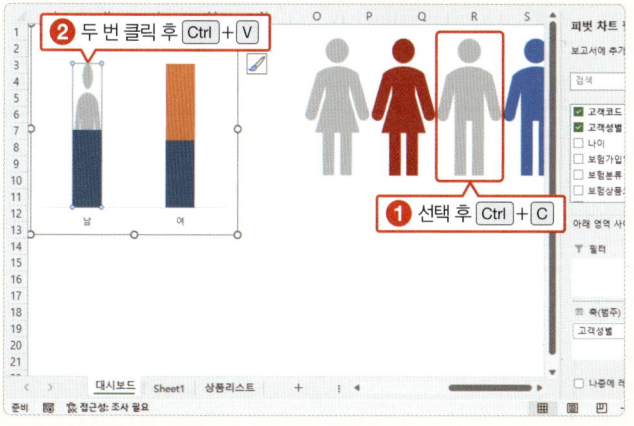

10 ❶ 여자 회색 도형은 [개수:고객코드] 계열의 [여] 요소에 붙여 넣습니다. ❷ 남자 파랑 도형은 [가입자수] 계열의 [남] 요소에, ❸ 여자 빨강 도형은 [가입자수] 계열의 [여] 요소에 각각 붙여 넣습니다.

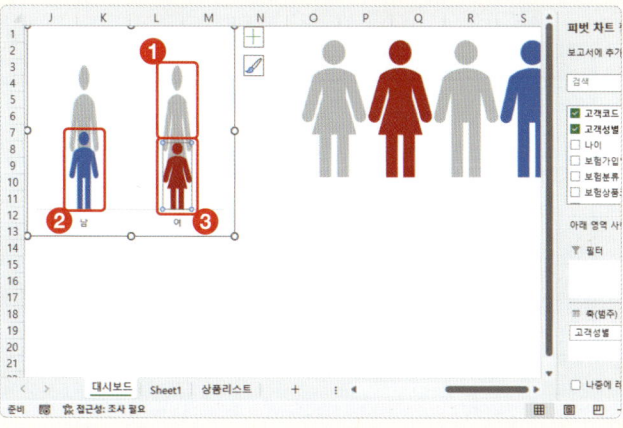

CHAPTER 05 빠르고 효율적인 데이터 관리 **415**

11 ❶ [개수:고객코드] 계열에서 마우스 오른쪽 버튼을 클릭하고 [데이터 계열 서식]을 선택합니다. ❷ [데이터 계열 서식] 작업 창의 [계열 옵션]-[간격 너비]를 **80%**로 변경합니다. ❸ [가입자수] 계열을 클릭하고 ❹ [데이터 계열 서식] 작업 창의 [계열 옵션]-[간격 너비]를 **80%**로 변경합니다.

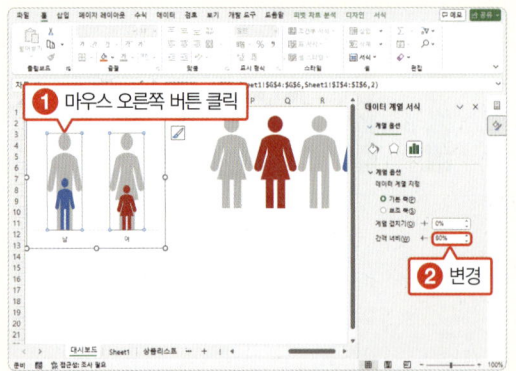
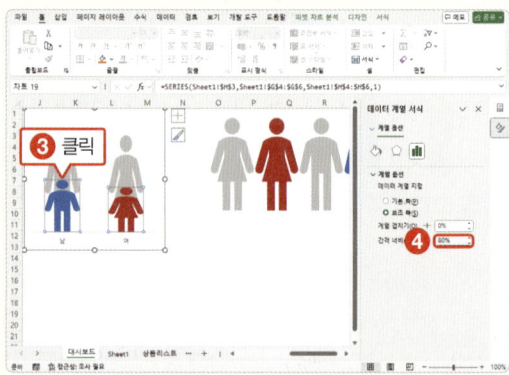

12 ❶ [가입자수] 계열의 [남] 요소를 클릭하고 ❷ [데이터 요소 서식] 작업 창의 [채우기 및 선]을 클릭합니다. ❸ [채우기]-[다음 배율에 맞게 쌓기]를 선택합니다. ❹ [가입자수] 계열의 [여] 요소를 클릭하고 ❺ [데이터 요소 서식] 작업 창의 [채우기]-[다음 배율에 맞게 쌓기]를 선택합니다.

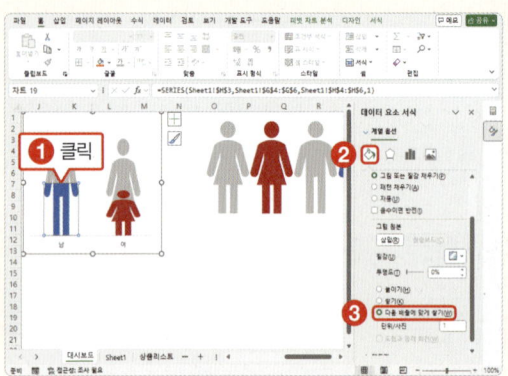
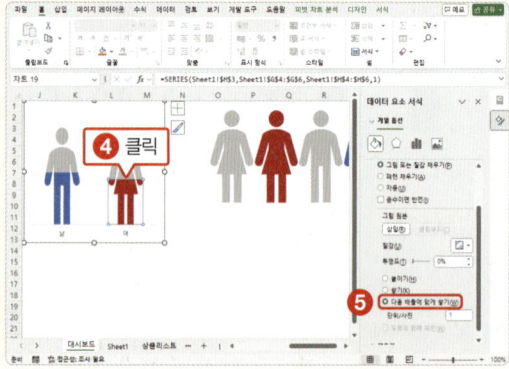

13 ❶ [개수:고객코드] 계열에서 마우스 오른쪽 버튼을 클릭하고 ❷ [데이터 레이블 추가]를 선택합니다. ❸ 데이터 레이블을 클릭하고 ❹ [데이터 레이블 서식] 작업 창의 [레이블 옵션]에서 [셀 값]에 체크합니다.

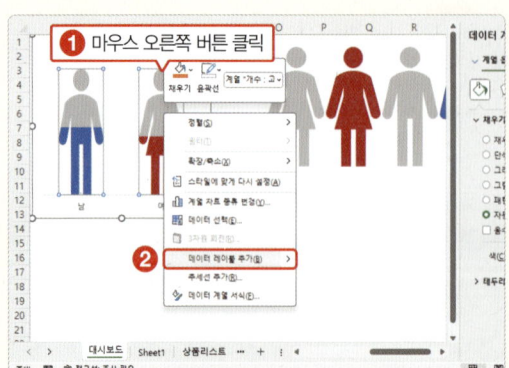
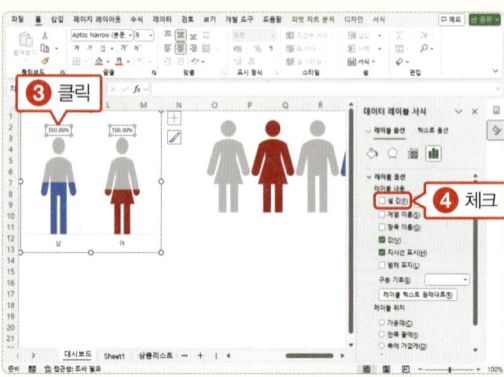

14 ❶ [데이터 레이블 범위] 대화상자의 입력란을 클릭하고 ❷ [Sheet1] 시트의 [H4:H5] 셀 범위를 지정한 후 ❸ [확인]을 클릭합니다. ❹ [데이터 레이블 서식] 작업 창의 [레이블 옵션]에서 [값]의 체크를 해제합니다.

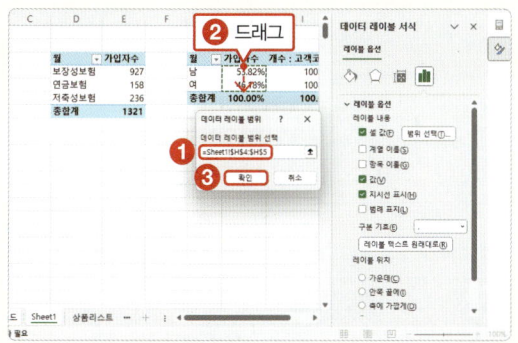
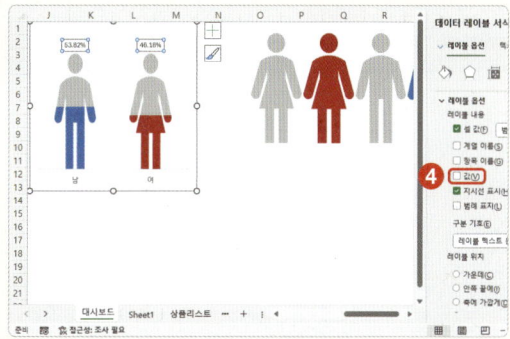

STEP 03 부서별 고객만족도 피벗 보고서 및 차트 작성하기

고객 만족도의 평균을 구하는 피벗 보고서를 작성한 후, 차트 작성을 위해 필요한 데이터를 추가 입력하여 도넛 차트로 시각화해보겠습니다. 또한, 각 부서의 현황을 직관적으로 확인할 수 있도록 슬라이서를 활용하여 관리부서를 필터링하고 시각적으로 표현해보겠습니다.

01 고객 만족도 평균 피벗 보고서 작성하기 ❶ [Sheet1] 시트에서 ❷ [D3:E7] 셀 범위를 지정하고 Ctrl + C 를 눌러 복사합니다. ❸ [G9] 셀에서 Ctrl + V 를 눌러 붙여 넣습니다. ❹ [행] 영역의 [보험분류] 필드와 [값] 영역의 [가입자수]를 모두 왼쪽으로 드래그하여 제거합니다. ❺ [담당자만족도] 필드를 [값] 영역으로 드래그합니다. ❻ [G10] 셀에서 마우스 오른쪽 버튼을 클릭하고 ❼ [값 요약 기준]-[평균]을 선택합니다.

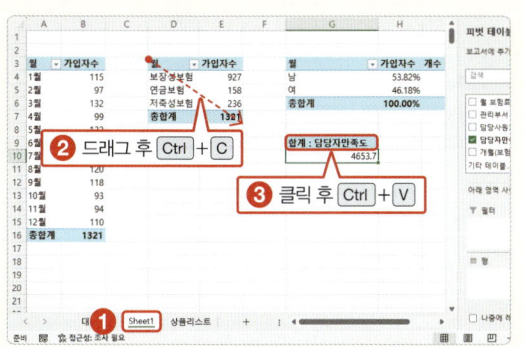
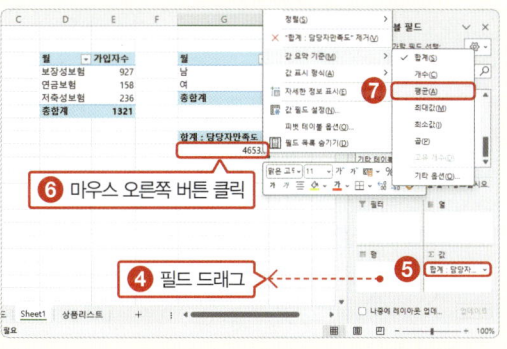

02 고객 만족도 도넛 차트 작성하기
하나의 값으로 도넛 차트를 작성할 수 없어 차트에 필요한 데이터를 입력하겠습니다. ① [H9] 셀에 **만족도**, [H10] 셀에 **=G10**, [I9] 셀에 **반대쪽**, [I10] 셀에 **=5-H10**을 입력합니다. ② [H10:I10] 셀 범위를 지정하고 ③ [홈] 탭-[표시 형식] 그룹-[표시 형식]의 목록 단추를 클릭하여 [숫자]를 선택합니다. ④ [홈] 탭-[표시 형식] 그룹-[자릿수 늘림]을 클릭하여 소수점 첫째 자리까지 표시합니다.

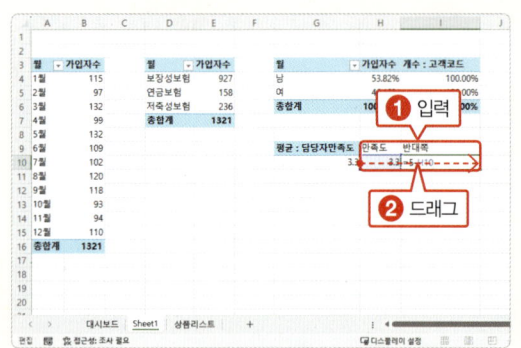
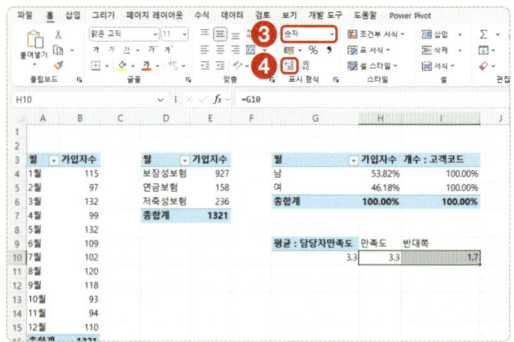

03
① [H9:I10] 셀 범위를 지정하고 ② [삽입] 탭-[차트] 그룹-[원형 또는 도넛형 차트 삽입]을 클릭한 후 ③ [도넛형]-[도넛형]을 선택합니다.

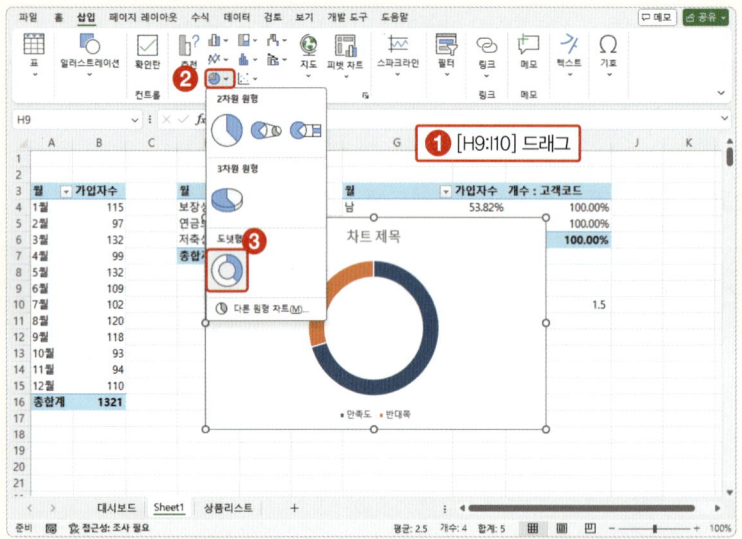

04 ❶ [만족도] 계열에서 마우스 오른쪽 버튼을 클릭하고 ❷ [데이터 계열 서식]을 선택합니다. ❸ [데이터 계열 서식] 작업 창의 [계열 옵션]에서 [도넛 구멍 크기]를 **40%**로 변경하고 ❹ 작업 창을 닫습니다.

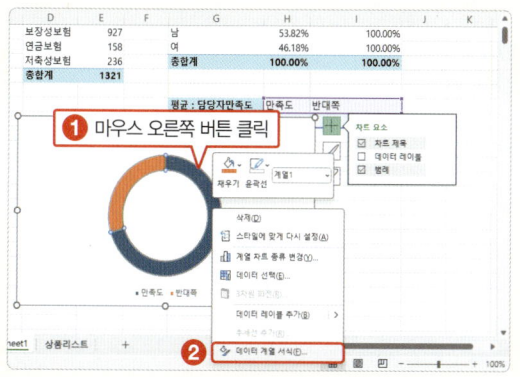 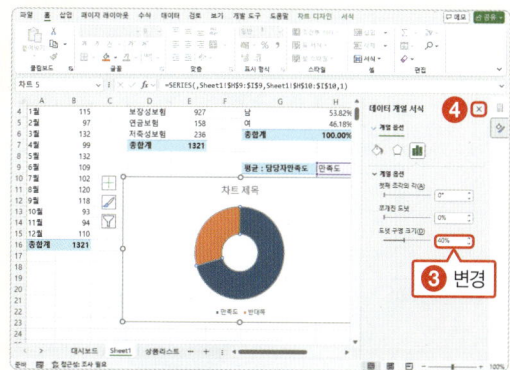

05 ❶ 차트 제목을 **만족도**로 변경합니다. ❷ [차트 요소]를 클릭하고 ❸ [범례]의 체크는 해제, [데이터 레이블]은 체크합니다.

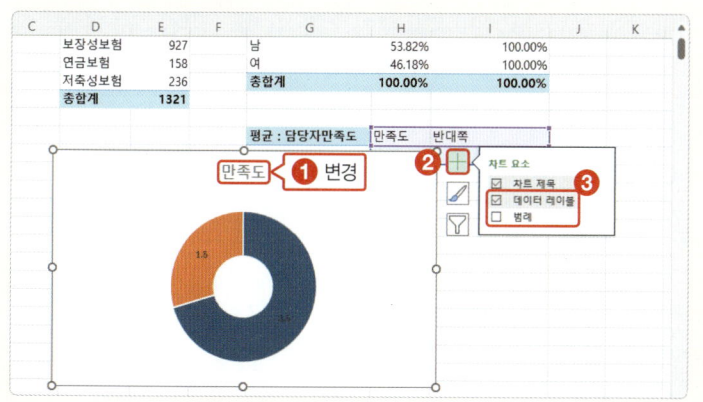

06 ❶ [반대쪽] 계열을 두 번 클릭하고 마우스 오른쪽 버튼을 클릭한 후 ❷ [채우기]-[채우기 없음]을 선택합니다. ❸ 데이터 레이블을 클릭하고 ❹ [홈] 탭-[글꼴] 그룹-[글꼴 색]은 [흰색, 배경1], ❺ [글꼴 크기]는 **12**로 변경합니다.

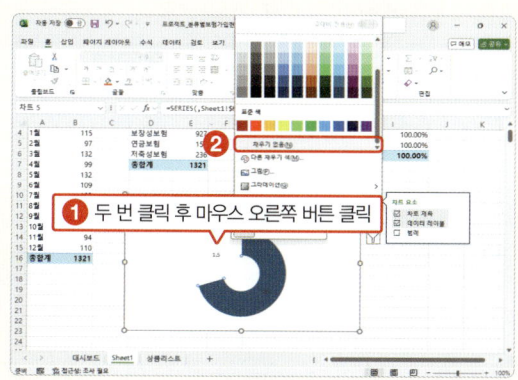 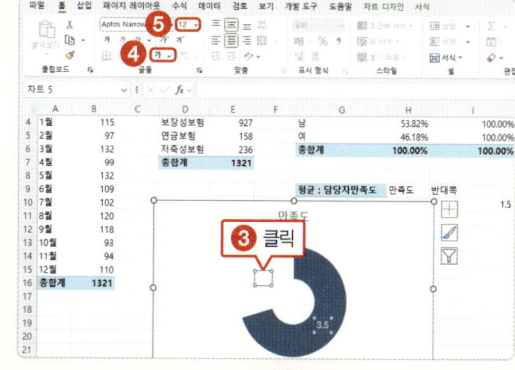

07 ❶ 차트 영역에서 마우스 오른쪽 버튼을 클릭하고 ❷ [윤곽선]-[윤곽선 없음]을 선택합니다.

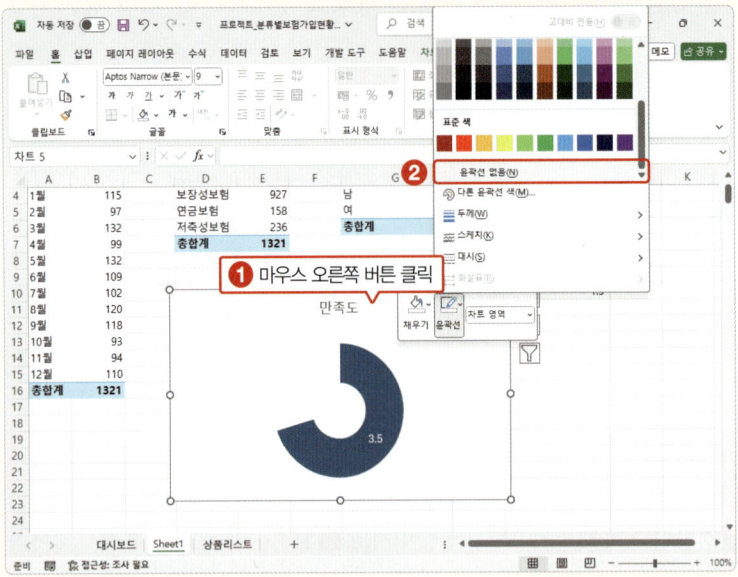

08 ❶ 만족도 피벗 테이블에서 임의의 셀을 클릭하고 ❷ [피벗 테이블 분석] 탭-[필터] 그룹-[슬라이서 삽입]을 클릭합니다. ❸ [슬라이서 삽입] 대화상자에서 [관리부서]에 체크하고 ❹ [확인]을 클릭합니다.

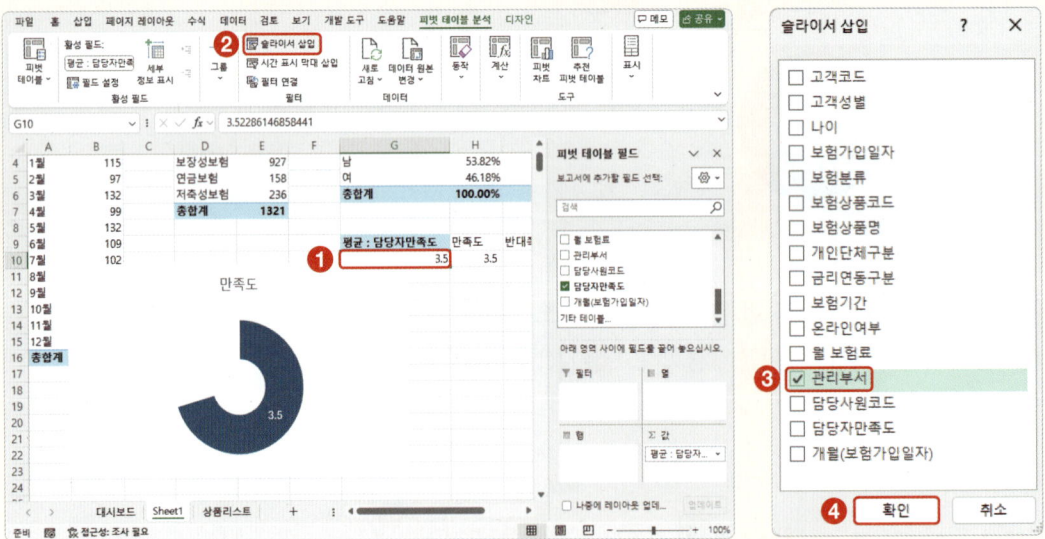

09 ① 슬라이서가 선택되어 있는 상태에서 Shift 를 누르고 차트를 클릭합니다. ② Ctrl + X 를 눌러 잘라냅니다. ③ [대시보드] 시트에서 Ctrl + V 를 눌러 붙여 넣습니다. ④ ⑤ 슬라이서와 차트를 드래그하여 다음과 같은 위치에 배치한 후 크기를 조절합니다.

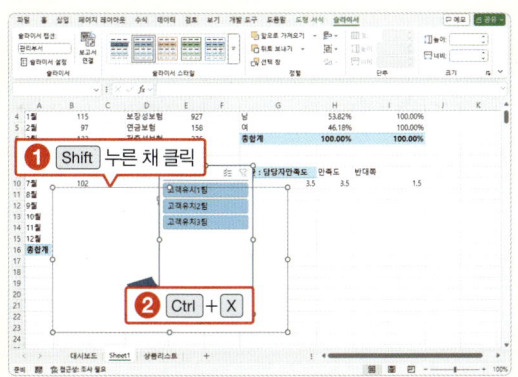
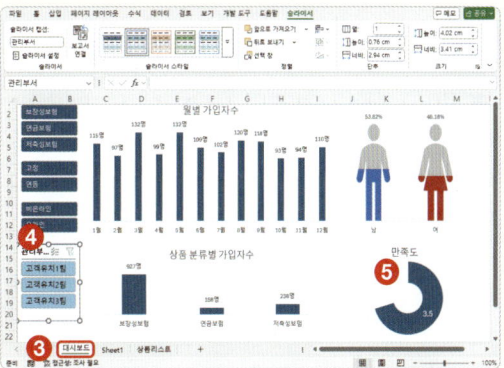

10 ① [관리부서] 슬라이서를 선택하고 ② [슬라이서] 탭-[슬라이서 스타일] 그룹-[SlicerStyle]을 클릭하여 적용합니다.

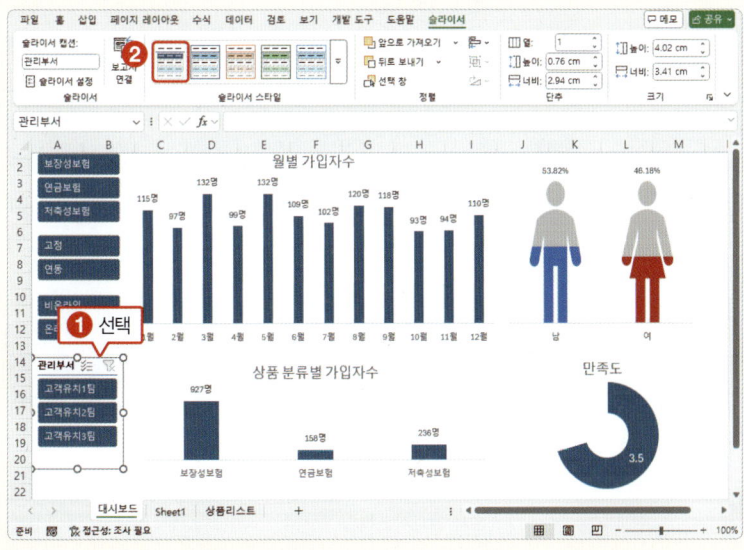

찾아보기

ㄱ

개발 도구	061
계산 필드	350
계열 서식	248
고급 필터	331
고급 필터 기능	335
고급 필터 조건 입력 방법	335
관계	384
관계 만들기	381
균등 분할	034
꺾은선형 차트	256

ㄴ

| 눈금선 | 079 |

ㄷ

| 데이터 모델 | 374, 381 |
| 도넛 차트 | 278 |

ㅁ

| 매크로 파일 형식 | 061 |
| 묶은 세로 막대 차트 | 252 |

ㅂ

보고서 레이아웃	056
보고서 연결	399
보조 가로 축	269
부분합	323
붙여넣기 옵션	051
빈 셀에 데이터 채우기	018
빠른 채우기	047

ㅅ

사용자 지정 목록	366
사용자 지정 표시 형식 기호	129
상대 참조	151
새 서식 규칙	167
서식 바꾸기	038
서식 복사	053
선버스트 차트	290
선택 영역에서 이름 만들기	154
선택 영역의 가운데로	122
선택하여 붙여넣기	051, 064
셀 서식	034
셀과 범위 지정	016
수식 오류	159
수식 표시하기	152
숫자를 한글로 표시	131
슬라이서	320, 395
슬라이서 설정 변경	401
슬라이서 필터	401

ㅇ

연결된 그림으로 붙여넣기	134
연결하여 붙여넣기	162
열 숨기기	135
오류 메시지 스타일	027
오차 막대	302
와일드카드 문자	037
유효성 검사	024
이동 옵션	019
이름 정의	154, 156

ㅈ

절대 참조	151
정보 함수 종류	175
정의된 이름 확인하기	154

조건부 서식	165
중복된 항목 제거	220

ㅊ

차트 구성 요소	245
찾기 및 바꾸기	033
챗GPT	030

ㅋ

콤보 차트	247

ㅌ

텍스트 나누기	040
통합	338

ㅍ

파워 쿼리 새로 고침	091
파워 쿼리 편집기	084
폭포 차트	264
표 서식 기능	322
표로 로드하기	085
표시 형식	129
피벗 테이블 레이아웃	341

ㅎ

하이퍼링크로 설정	048
행 숨기기	135
혼합 참조	151

A

AND 조건	335

C

COLUMN 함수	191
COUNTA 함수	181
COUNTIF 함수	178
COUNTIFS 함수	178
CSV 파일	103

F

FILTER 함수	182

G

GETPIVOTDATA 함수	362

I

IF 함수	172
IFERROR 함수	174
INDEX 함수	199
INDIRECT 함수	155
ISERROR 함수	175

M

MATCH 함수	199

O

OR 조건	335

R

ROW 함수	191

S

SORT 함수	191
SUBTOTAL 함수	319
SUMIF 함수	187
SUMIFS 함수	187

T

TEXT 함수	295
TEXTJOIN 함수	214
TEXTSPLIT 함수	044

U

UNIQUE 함수	181

V

VLOOKUP 함수	195

X

XLOOKUP 함수	204
XLStyles Tool	137

기호

######	159
#DIV/0!	159
#NAME?	159
#REF!	159
#VALUE!	159
#N/A	159
#NUM!	159
#NULL!	159